MANUEL
D'ÉCONOMIE POLITIQUE

MANUEL

D'ÉCONOMIE POLITIQUE

PAR

VILFREDO PARETO

TRADUIT SUR L'ÉDITION ITALIENNE PAR

Alfred BONNET

(REVUE PAR L'AUTEUR)

AMS PRESS
NEW YORK

Reprinted from the edition of 1909, Paris
First AMS EDITION published 1969
Manufactured in the United States of America

Library of Congress Catalog Card Number: 79-108770
SBN: 404-04879-X

AMS PRESS, INC.
New York, N.Y. 10003

MANUEL
D'ÉCONOMIE POLITIQUE

CHAPITRE I

PRINCIPES GÉNÉRAUX

1. Parmi les buts que peut se proposer l'étude de l'économie politique et de la sociologie, on peut indiquer les trois suivants : 1° Cette étude peut consister à recueillir des recettes utiles aux particuliers et aux autorités publiques pour leur activité économique et sociale. L'auteur a simplement en vue alors cette utilité, tout comme l'auteur d'un traité sur l'élevage des lapins a simplement pour but d'être utile à ceux qui élèvent ces petits animaux. 2° L'auteur peut se croire en possession d'une doctrine à son avis excellente, qui doit procurer toutes sortes de biens à une nation, ou même au genre humain, et se proposer de la divulguer, comme le ferait un apôtre, afin de les rendre heureux, ou simplement, comme le dit une formule consacrée, « pour faire un peu de bien ». Le but, c'est encore ici l'utilité, mais une utilité beaucoup plus générale et moins terre à terre. Entre ces deux genres d'étude il y a, d'une façon générale, la différence qu'il peut y avoir entre un recueil

de préceptes et un traité de morale. Il en est exactement
de même, mais sous une forme plus voilée, quand l'auteur sous-entend la doctrine qu'il tient pour meilleure,
et déclare simplement qu'il étudie les phénomènes afin
de réaliser le bien de l'humanité (1). De la même manière, la botanique étudierait les végétaux en vue de
connaître ceux qui sont utiles à l'homme, la géométrie
étudierait les lignes et les surfaces en vue de la mesure
des terres, etc. C'est ainsi, il est vrai, que les sciences
ont commencé ; elles ont été d'abord des arts, mais peu
à peu elles se sont mises à étudier les phénomènes indépendamment de tout autre but. 3° L'auteur peut se
proposer uniquement de rechercher les uniformités que

(1) En 1904, M. G. de Greef donne encore cette définition (*Sociologie économique*, p. 101) : « L'économique est cette partie fondamentale de la science sociale qui a pour objet l'étude et la connaissance du fonctionnement et de la structure du système nutritif
des sociétés, en vue de leur conservation et aussi de leur perfectionnement par la réduction progressive de l'effort humain et du
poids mort, et par l'accroissement de l'effet utile, dans l'intérêt et
pour le bonheur commun de l'individu et de l'espèce organisés en
société ».
1° Il est d'abord étrange que l'auteur nous donne pour définition une métaphore (système nutritif). 2° L'*économique* s'occupe-
t-elle de la production des poisons, de la construction des chemins de fer, des tunnels de chemins de fer, des cuirassés, etc. ?
Si non, quelle science s'en occupe ? Si oui, est-ce que tout cela
est mangé par la société (*système nutritif*) ? Quel appétit ! 3° Cette
étude est faite dans un but pratico-humanitaire (*en vue*) ; c'est
donc la définition d'un art et non pas celle d'une science. 4° Les
définitions, on le sait, ne se discutent pas ; aussi ne doivent-elles
contenir aucun théorème. Notre auteur en a, lui, inséré un certain
nombre. Il nous parle du perfectionnement qu'on obtient par la
réduction du *poids mort* (les capitalistes doivent en faire partie ;
ainsi les voilà condamnés par définition) et aussi du *bonheur commun de l'individu et de l'espèce*, et il se débarrasse ainsi, par définition, du problème difficile de savoir quand existe ce bonheur
commun, et quand, au contraire, le bonheur de l'individu s'oppose
au bonheur de l'espèce, ou inversement. On pourrait faire encore
bon nombre d'observations sur cette définition, mais nous nous en
tiendrons là.

présentent les phénomènes, c'est-à-dire leurs lois (§ 4), sans avoir en vue aucune utilité pratique directe, sans se préoccuper en aucune manière de donner des recettes ou des préceptes, sans rechercher même le bonheur, l'utilité ou le bien-être de l'humanité ou d'une de ses parties. Le but est dans ce cas exclusivement scientifique ; on veut *connaître*, *savoir*, sans plus.

Je dois avertir le lecteur que je me propose dans ce Manuel, exclusivement ce troisième objet. Ce n'est pas que je déprécie les deux autres ; j'entends simplement distinguer, séparer des méthodes, et indiquer celle qui sera adoptée dans ce livre.

Je l'avertis également que je m'efforce, autant que cela m'est possible, — et sachant combien cela est difficile, je crains de ne pas pouvoir toujours atteindre mon but — d'employer uniquement des mots qui correspondent clairement à des choses réelles bien définies, et de ne me servir jamais de mots pouvant influencer l'esprit du lecteur. Ce n'est point, je le répète, que je veuille ravaler ou déprécier cette façon de procéder, que je tiens, au contraire, comme la seule capable d'amener la persuasion chez un grand nombre d'individus, et à laquelle il faut s'astreindre nécessairement si on vise à ce résultat. Mais dans cet ouvrage je ne cherche à convaincre personne ; je recherche simplement les uniformités des phénomènes. Ceux qui ont un autre objet, trouveront sans peine une infinité d'ouvrages qui leur donneront toute satisfaction ; ils n'ont pas besoin de lire celui-ci.

2. Dans presque toutes les branches des connaissances humaines les phénomènes ont été étudiés aux points de vue que nous venons d'indiquer ; et d'ordinaire l'ordre chronologique de ces points de vue correspond à notre énumération ; cependant le premier est souvent mélangé avec le second, et, pour certaines matières très pratiques, le second n'est guère employé.

L'ouvrage de Caton, *De re rustica*, appartient au premier genre ; dans la préface, cependant, il se place parfois au second point de vue. Les ouvrages publiés en Angleterre vers la fin du xviiie siècle en faveur des nouvelles méthodes de culture appartiennent en partie au second genre, en partie au premier. Les traités de chimie agricole et d'autres sciences semblables appartiennent en grande partie au troisième genre.

L'*Histoire naturelle* de Pline donne des recettes de physique et de chimie ; ce sont également des recettes qu'on trouve dans les livres d'alchimie ; les travaux modernes sur la chimie appartiennent au contraire au troisième genre.

3. Dans la plupart des ouvrages consacrés à l'économie politique on fait encore emploi des trois méthodes, et la science n'est pas encore séparée de l'art. Non seulement on ne se place pas nettement et franchement à ce troisième point de vue dans les traités d'économie politique, mais la plupart des auteurs désapprouvent l'emploi exclusif de cette méthode. Adam Smith déclare nettement que « l'économie politique, considérée comme une branche des connaissances du législateur et de l'homme d'État, se propose deux objets distincts : le premier, de procurer au peuple un revenu ou une subsistance abondante, ou, pour mieux dire, de le mettre en état de se procurer lui-même ce revenu ou cette subsistance abondante ; le second objet est de fournir à l'État ou à la communauté un revenu suffisant pour le service public : elle se propose d'enrichir à la fois le peuple et le souverain ». Ce serait se placer exclusivement à notre premier point de vue ; heureusement, Smith ne s'en tient pas à sa définition et se place le plus souvent à notre troisième point de vue.

John Stuart Mill déclare que « les économistes se donnent pour mission soit de rechercher, soit d'enseigner

la nature de la richesse et les lois de sa production et de
sa distribution ». Cette définition rentre dans le troisième
genre ; mais Mill se place souvent au second point de
vue et prêche en faveur des pauvres.

M. Paul Leroy-Beaulieu dit qu'il est revenu à la
méthode d'Adam Smith. Peut-être même remonte-t-il
plus haut : dans son *Traité* il s'en tient le plus souvent
à la première méthode, quelquefois à la seconde, rarement à la troisième.

4. Les actions humaines présentent certaines uniformités, et c'est seulement grâce à cette propriété qu'elles
peuvent faire l'objet d'une étude scientifique. Ces uniformités portent encore un autre nom ; on les appelle des
lois.

5. Quiconque étudie une science sociale, quiconque
affirme quelque chose au sujet des effets de telle ou
telle mesure économique, politique ou sociale, admet
implicitement l'existence de ces uniformités, sinon son
étude n'aurait pas d'objet, ses affirmations seraient sans
fondement. S'il n'y avait pas d'uniformités, on ne pourrait pas dresser, avec quelque approximation, le budget
d'un Etat, d'une Commune, pas plus d'ailleurs que d'une
société industrielle.

Certains auteurs, tout en n'admettant pas l'existence
des uniformités (lois) économiques, se proposent néanmoins d'écrire l'histoire économique de tel ou tel peuple ;
mais c'est là une contradiction évidente. Pour faire un
choix entre les faits survenus à un moment donné et séparer ceux que l'on veut retenir de ceux que l'on néglige,
il faut admettre l'existence de certaines uniformités. Si
on sépare les faits A, B, C..., des faits M, N, P..., c'est
parce qu'on a constaté que les premiers se succèdent
uniformément, tandis qu'ils ne se produisent pas d'une
manière uniforme avec les seconds ; et cette affirmation
est l'affirmation d'une loi. Si celui qui décrit l'ensemen-

cement du blé n'admet pas qu'il y ait des uniformités, il devra relever toutes les particularités de l'opération : il devra nous dire, par exemple, si l'homme qui sème a les cheveux rouges ou noirs, de même qu'il nous dit que l'on sème après avoir labouré. Pourquoi omet-on le premier fait, et tient-on compte du second ? Parce que, dit-on, le premier n'a rien à voir avec la germination ou la croissance du blé. Mais qu'est-ce à dire, sinon que le blé germe et croît de la même façon, que celui qui le sème ait les cheveux noirs ou rouges, c'est-à-dire que la combinaison de ces deux faits ne présente aucune uniformité. Au contraire, cette uniformité existe entre le fait que la terre a été ou n'a pas été labourée et l'autre fait que le blé pousse bien ou mal.

6. Lorsque nous affirmons que A a été observé en même temps que B, nous ne disons pas d'ordinaire si nous considérons cette coïncidence comme fortuite ou non. C'est sur cette équivoque que s'appuient ceux qui veulent constituer une économie politique, tout en niant qu'elle soit une science. Si vous leur faites observer qu'en affirmant que A accompagne B, ils admettent qu'il y a là une uniformité, une loi, ils répondent : « nous racontons simplement ce qui s'est passé ». Mais après avoir fait accepter leur proposition dans ce sens, ils l'emploient dans un autre, et déclarent qu'à l'avenir A sera suivi de B. Or si, de ce que les phénomènes économiques ou sociaux A et B ont été unis dans certains cas dans le passé, on tire cette conséquence, qu'ils seront également unis à l'avenir, on affirme par là manifestement une uniformité, une loi ; et après cela, il est ridicule de vouloir nier l'existence des lois économiques et sociales.

Si on n'admet pas qu'il y ait des uniformités, la connaissance du passé et du présent est une pure curiosité, et on ne peut rien en déduire pour l'avenir ; la lecture d'un roman de chevalerie ou des *Trois Mousquetaires* vaut celle de l'histoire de Thucydide. Si, au contraire, de la connaissance du passé on prétend tirer la moindre déduction touchant l'avenir, c'est qu'on admet, au moins implicitement, qu'il y a des uniformités.

7. A proprement parler, il ne peut y avoir d'exceptions aux lois économiques et sociologiques, pas plus qu'aux autres lois scientifiques. Une uniformité non uniforme n'a pas de sens.

Mais les lois scientifiques n'ont pas une existence objective. L'imperfection de notre esprit ne nous permet pas de considérer les phénomènes dans leur ensemble (1),

(1) Un auteur de beaucoup de talent, M. Benedetto Croce, m'a fait, lors de la publication de l'édition italienne, quelques critiques, qu'il convient de noter ici, non dans un but de polémique, car c'est là une chose qui est généralement fort inutile, mais parce qu'elles peuvent servir d'exemples pour éclaircir des théories générales.

L'auteur que nous venons de nommer observe : « Qu'est-ce que l'*imperfection* de l'esprit humain ? Connaîtrait-on, par hasard, *un esprit parfait*, en comparaison duquel on peut établir que l'esprit humain est *imparfait* ? »

On pourrait répondre que, si l'usage du terme « imparfait » n'est licite que lorsque l'on peut, par opposition, indiquer quelque chose de « parfait », il faut bannir du dictionnaire le terme « imparfait » ; car on ne trouvera jamais l'occasion d'en faire usage : la perfection n'étant pas de ce monde, à ce qu'on dit.

Mais cette réponse ne serait que formelle. Il faut aller au fond des choses, et voir ce qu'il y a sous les mots.

M. Croce, étant hégélien, s'est trouvé évidemment froissé par l'épithète malsonnante d'*imparfait* accolée à l'esprit humain. L'esprit humain ne saurait être imparfait puisqu'il est la seule chose qui existe en ce monde.

Mais si l'on veut se donner la peine de rechercher ce qu'expriment les termes de notre texte, on s'apercevra immédiatement que le sens demeure absolument le même si, au lieu de dire : « L'imperfection de notre esprit ne nous permet pas, etc. », l'on disait : « La nature de notre esprit ne nous permet pas, etc. ». Dans une discussion objective et non verbale, il est donc inutile de s'attacher à ce terme : *imperfection*.

Alors, pourrait-on nous objecter, puisque vous reconnaissez

et nous sommes obligés de les étudier séparément. Par
conséquent, au lieu d'uniformités générales, qui sont et
qui resteront toujours inconnues, nous sommes obligés
de considérer un nombre infini d'uniformités partielles,
qui se croisent, se superposent et s'opposent de mille
manières. Lorsque nous considérons une de ces uniformités, et que ses effets sont modifiés ou cachés par les
effets d'autres uniformités, que nous n'avons pas l'intention de considérer, nous disons d'ordinaire, mais
l'expression est impropre, que l'uniformité ou la loi
considérée souffre des exceptions. Si l'on admet cette
façon de parler, les lois physiques et même les lois mathématiques (1) comportent des exceptions, tout comme
les lois économiques.

que ce terme *imperfection* n'est pas essentiel pour exprimer votre
pensée, pourquoi ne le biffez-vous pas de la traduction française?
Vous contenteriez ainsi à peu de frais les admirateurs de l'esprit
humain.

Cela appelle quelques observations générales, qu'il est bon de
faire une fois pour toutes.

L'usage du langage vulgaire, au lieu du langage technique que
possèdent certaines sciences, a de grands inconvénients, dont le
moindre n'est pas celui du défaut de précision ; mais il a aussi
quelques avantages ; et, subissant les premiers, il est bon de profiter des seconds. Parmi ceux-ci se trouve la faculté que l'on a de
suggérer par un mot des considérations accessoires, qui, si elles
étaient trop longuement développées, distrairaient l'attention du
sujet principal que l'on a en vue.

L'usage fait ici du terme *imperfection* suggère qu'il s'agit d'une
chose pouvant être plus ou moins imparfaite, qui varie par degrés.
En effet, les hommes peuvent considérer une portion plus ou moins
étendue des phénomènes ; certains esprits synthétiques en embras-
sent une plus grande partie que d'autres esprits plus portés à
l'analyse ; mais tous, en tout cas, ne peuvent embrasser qu'une
partie souvent fort restreinte de l'ensemble.

Ces considérations sont accessoires ; elles peuvent trouver place
dans une note ; elles ne pouvaient s'insérer dans le texte sans
nuire gravement à la clarté du discours.

(1) Supposons qu'un mathématicien puisse observer, en même
temps, des espaces euclidiens et des espaces non euclidiens. Il
constatera que les théorèmes de géométrie qui dépendent du pos-

D'après la loi de la pesanteur une plume lancée en l'air devrait tomber vers le centre de la terre. Au contraire, souvent elle s'en éloigne, sous l'influence du vent. On pourrait donc dire que la loi de la pesanteur comporte des exceptions ; mais c'est là une expression impropre, dont les physiciens ne se servent pas. Nous sommes simplement en présence d'autres phénomènes qui se superposent à ceux que considère la loi de la pesanteur (1).

8. Une loi ou une uniformité n'est vraie que sous certaines conditions, qui nous servent précisément à indiquer quels sont les phénomènes que nous voulons détacher de l'ensemble. Par exemple, les lois chimiques qui dépendent de l'affinité sont différentes suivant que la température se maintient dans certaines limites, ou les dépasse. Jusqu'à une certaine température deux corps ne se combinent pas ; au-delà de cette température ils se combinent, mais si la température augmente encore au-delà d'une certaine limite, ils se dissocient.

9. Ces conditions sont les unes implicites, les autres explicites. On ne doit faire rentrer parmi les premières que celles qui sont sous-entendues aisément par tous et sans la moindre équivoque ; sinon ce serait un rébus et non pas un théorème scientifique. Il n'y a pas de proposition qu'on ne puisse certifier vraie sous certaines conditions, à déterminer. Les conditions d'un phénomène font partie intégrante de ce phénomène et ne peuvent pas en être séparées.

10. Nous ne connaissons, nous ne pouvons jamais connaître un phénomène concret dans tous ses détails ;

---

tulatum d'Euclide ne sont pas vrais pour ces derniers, et, par suite, en acceptant la façon de parler dont il est question au texte, il dira que ces théorèmes comportent des exceptions.

(1) *Systèmes*, II, p. 75 et s.

il y a toujours un résidu (1). Cette constatation se fait parfois matériellement. Par exemple, on croyait connaître complètement la composition de l'air atmosphérique, et un beau jour on découvre l'argon, et un peu plus tard, une fois sur cette voie, on découvre dans l'atmosphère un grand nombre d'autres gaz. Quoi de plus simple que la chute d'un corps? Et cependant nous n'en connaissons et nous n'en connaîtrons jamais toutes les particularités.

11. De l'observation qui précède résulte un grand nombre de conséquences d'une grande importance.

(1) Ici M. Croce demande : « Et qui le connaîtra si ce n'est l'homme ? »

Tous les croyants sont pointilleux au sujet de leur foi ; M. Croce a dû voir encore ici (§ 7, note 1) un nouveau blasphème contre l'esprit humain. Mais vraiment je n'avais aucune mauvaise intention de ce genre. Il suffit de lire, même très superficiellement, ce paragraphe pour voir qu'il exprime simplement que de nouveaux détails d'un même phénomène arrivent continuellement à notre connaissance. L'exemple de l'air atmosphérique me semble exprimer cela clairement.

Peut-être M. Croce a-t-il cru que je voulais résoudre incidemment la grave question du monde objectif. Les partisans de l'*existence* du monde extérieur s'exprimeront en disant que l'argon existait avant qu'il fût découvert ; les partisans de l'*existence* des seuls concepts humains diront qu'il n'a *existé* que du jour où il a été découvert.

Je dois avertir le lecteur que je n'entends nullement me livrer à ce genre de discussions. On ne doit donc jamais chercher dans ce qui se trouve écrit dans ce volume aucune solution de ces problèmes, que j'abandonne entièrement aux métaphysiciens.

Je répèterai que je ne combats que l'invasion des métaphysiciens sur le terrain de la θεωρία φυσική, — ce terme étant étendu à tout ce qui est réel — ; s'ils demeurent en dehors, au delà de la θεωρία φυσική, je ne veux en rien les molester, et j'admets même qu'ils atteignent, dans ce domaine exclusivement, à des résultats qui sont inaccessibles à nous autres adeptes de la méthode expérimentale.

Enfin, cette question de la valeur intrinsèque de certaines doctrines n'a rien à voir avec leur utilité sociale. Il n'y a pas de rapport entre une chose et l'autre.

Puisque nous ne connaissons entièrement aucun phénomène concret, nos théories de ces phénomènes ne sont qu'approximatives. Nous ne connaissons que des phénomènes idéaux, qui se rapprochent plus ou moins des phénomènes concrets. Nous sommes dans la situation d'un individu qui ne connaîtrait un objet que par des photographies. Quelle que soit leur perfection, elles diffèrent toujours de quelque façon de l'objet lui-même. Nous ne devons donc jamais juger de la valeur d'une théorie en recherchant si elle s'écarte en quelque manière de la réalité, parce que aucune théorie ne résiste et ne résistera jamais à cette épreuve.

Il faut ajouter que les théories ne sont que des moyens de connaître et d'étudier les phénomènes. Une théorie peut être bonne pour atteindre un certain but ; une autre peut l'être pour atteindre un autre but. Mais de toutes façons elles doivent être d'accord avec les faits, car autrement elles n'auraient aucune utilité.

A l'étude qualitative il faut substituer l'étude quantitative, et rechercher dans quelle mesure la théorie s'écarte de la réalité. De deux théories nous choisirons celle qui s'en éloigne le moins. Nous n'oublierons jamais qu'une théorie ne doit être acceptée que temporairement ; celle que nous tenons pour vraie aujourd'hui, devra être abandonnée demain, si on en découvre une autre qui se rapproche davantage de la réalité. La science est dans un perpétuel devenir.

12. Il serait absurde de faire de l'existence du Mont Blanc une objection à la théorie de la sphéricité de la terre, parce que la hauteur de cette montagne est négligeable par rapport au diamètre de la sphère terrestre (1).

_____

(1) Pline se trompait dans son évaluation de la hauteur des montagnes des Alpes ; aussi, à propos de l'observation de Dicéarque, que la hauteur des montagnes est négligeable comparée à la grandeur de la terre, dit-il : *Mihi incerta haec videtur conjecta-*

13. En nous représentant la terre comme une sphère nous nous rapprochons plus de la réalité qu'en nous la figurant plane ou cylindrique, comme certains l'ont fait dans l'antiquité (1) ; par conséquent, la théorie de la sphéricité de la terre doit être préférée à celle de la terre plane, ou cylindrique.

En nous représentant la terre comme un ellipsoïde de révolution nous nous rapprochons plus de la réalité qu'en nous la figurant sphérique. Il est donc utile que la théorie de l'ellipsoïde ait remplacé celle de la sphère (2).

Mais même cette théorie de l'ellipsoïde doit aujourd'hui être abandonnée, parce que le géodésie moderne nous apprend que la forme du sphéroïde terrestre est beaucoup plus complexe. Chaque jour de nouvelles études nous rapprochent davantage de la réalité.

Néanmoins, pour certains calculs d'approximation, nous nous servons encore de la forme de l'ellipsoïde. Nous commettons ainsi une erreur, mais nous savons qu'elle est moindre que d'autres auxquelles ces études sont sujettes, et alors, pour simplifier les calculs, nous pouvons négliger les différences qu'il y a entre l'ellipsoïde et le sphéroïde terrestre.

14. Cette façon de se rapprocher de la réalité par des

---

tio, haud ignaro quosdam Alpium vertices, longo tractu, nec breviore quinquaginta millibus pasuum assurgere. Hist. Mundi., II, 65. On aurait ainsi une hauteur d'environ 74.000 mètres, alors qu'en réalité le Mont Blanc n'a que 4.810 mètres.

(1) Anaximène la croyait plane ; Anaximandre la croyait cylindrique.

(2) PAUL TANNERY, *Rech. sur l'hist. de l'astrono. anc.*, p. 106, parlant du postulat de la sphéricité de la terre, dit : « Toutefois, eu égard à sa partie objective, il avait la valeur d'une première approximation, de même que, pour nous, l'hypothèse de l'ellipsoïde de révolution constitue une seconde approximation. La grande différence est qu'à la suite des mesures et observations poursuivies en différents points du globe, nous pouvons assigner des limites aux écarts entre cette approximation et la réalité, tandis que les anciens ne pouvaient le faire sérieusement. »

théories qui toujours davantage concordent avec elle, et qui par suite deviennent généralement de plus en plus complexes, c'est ce qu'on appelle la méthode des *approximations successives* ; on s'en sert, implicitement ou explicitement, dans toutes les sciences (§ 30, note).

15. Autre conséquence. Il est faux de croire que l'on puisse découvrir exactement les propriétés des faits concrets en raisonnant sur les idées que nous nous faisons *a priori* de ces faits, sans modifier ces concepts en comparant *a posteriori* ces conséquences avec les faits. Cette erreur est analogue à celle que commettrait un agriculteur qui s'imaginerait pouvoir juger de l'utilité qu'il y aurait pour lui à acheter une propriété qu'il ne connaîtrait que par une photographie.

La notion que nous avons d'un phénomène concret concorde en partie avec ce phénomène et en diffère sur d'autres points. L'égalité qui existe entre les notions de deux phénomènes n'a pas pour conséquence l'égalité des phénomènes eux-mêmes.

Il est bien évident qu'un phénomène quelconque ne peut être connu que par la notion qu'il fait naître en nous ; mais précisément parce que nous n'arrivons ainsi qu'à une image imparfaite de la réalité, il nous faut toujours comparer le phénomène subjectif, c'est-à-dire la théorie, avec le phénomène objectif, c'est-à-dire avec le fait expérimental.

16. D'ailleurs les notions que nous avons des phénomènes, sans autre vérification expérimentale, forment les matériaux qui se trouvent le plus facilement à notre disposition, puisqu'ils existent en nous, et on peut parfois tirer quelque chose de ces matériaux. D'où il résulte que les hommes, surtout aux débuts d'une science, ont une tendance irrésistible à raisonner sur les notions qu'ils possèdent déjà des faits, sans se préoccuper de rectifier ces notions par des recherches expérimentales. De même

ils veulent trouver dans l'étymologie les propriétés des choses exprimées par les mots. Ils expérimentent sur les noms des faits, au lieu d'expérimenter sur les faits eux-mêmes. On peut bien découvrir ainsi certaines vérités, mais seulement alors que la science en est à ses commencements ; quand elle s'est un peu développée, cette méthode devient absolument vaine, et il faut, pour acquérir des notions qui se rapprochent toujours davantage des faits, étudier ceux-ci directement et non plus en les regardant à travers certaines notions *a priori*, ou à travers la signification des mots qui servent à les désigner.

17. Toutes les sciences naturelles sont maintenant arrivées au point où les faits sont étudiés directement. L'économie politique y est arrivée elle aussi, en grande partie du moins. Ce n'est que dans les autres sciences sociales qu'on s'obstine encore à raisonner sur des mots (1) ; mais il

---

(1) M. Croce observe : « Comme si le *Manuel* même de M. Pareto n'était pas un tissu de *conceptions* et de *mots* ! L'homme pense par des conceptions et les exprime par des mots ! »

C'est une autre critique verbale, comme celles que nous avons déjà notées (§ 7 note ; § 10 note). Il est bien évident que nous n'avons jamais entendu nier que tout ouvrage est un tissu de conceptions et de mots ; mais que nous avons entendu distinguer les mots sous lesquels il n'y a que des rêveries, des mots sous lesquels il y a des réalités.

Maintenant, si quelque métaphysicien est choqué par ce terme de « réalités », je ne puis que lui conseiller de ne pas continuer la lecture de ce livre. Je l'avertis — s'il ne s'en est déjà aperçu — que nous parlons deux langues différentes et telles qu'aucun de nous deux ne comprend celle de l'autre. Pour ma part, je crois être suffisamment clair en disant qu'il faut distinguer un louis d'or réel d'un louis d'or imaginaire ; et si quelqu'un affirmait qu'il n'y a pas de différences, je lui proposerais un simple échange : je lui donnerai des louis d'or imaginaires, et il m'en rendra de réels.

Enfin, laissant de côté toute discussion sur la manière de nommer les choses, il est plusieurs types des « tissus de conceptions et de mots ». Il est un type qui est à l'usage des métaphy-

faut se débarrasser de cette méthode, si on veut que ces sciences progressent.

18. Autre conséquence. La méthode de raisonnement, qu'on pourrait appeler *par élimination*, et qui est souvent encore employée dans les sciences sociales, est inexacte. Voici en quoi elle consiste. Un phénomène concret X a une certaine propriété Z. D'après ce que nous savons déjà, ce phénomène se compose des parties A, B, C. On démontre que Z n'appartient ni à B, ni à C, et on conclut qu'il doit nécessairement appartenir à A.

siciens, et dont je tâche de m'éloigner autant qu'il est possible ; il est un autre type que l'on trouve dans les ouvrages traitant des sciences physiques, et c'est de ce type que je veux m'efforcer de me rapprocher, en traitant des sciences sociales.

Hegel dit : « Le cristal typique est le diamant, ce produit de la terre, à l'aspect duquel l'œil se réjouit parce qu'il y voit le premier né de la lumière et de la pesanteur. La lumière est l'identité abstraite et complètement libre. L'air est l'identité des éléments. L'identité subordonnée est une identité passive pour la lumière, et c'est là la transparence du cristal. » (Cette traduction ne m'appartient pas ; elle est d'un hégélien célèbre : de A. VERA, *Philosophie de la Nature*, II, p. 21).

Cette explication de la transparence doit être excellente, mais j'avoue humblement que je n'y comprends rien, et c'est là un modèle que je tiens beaucoup à ne pas imiter.

La démonstration que donne Hegel des lois de la mécanique céleste (*Systèmes*, II, p. 72) me semble le comble de l'absurdité, tandis que je comprends parfaitement des livres tels que : *Les méthodes nouvelles de la mécanique céleste*, par H. Poincaré. Lorsque cet auteur dit : « Le but final de la mécanique céleste est de résoudre cette grande question de savoir si la loi de Newton explique à elle seule tous les phénomènes astronomiques ; le seul moyen d'y parvenir est de faire des observations aussi précises que possible et de les comparer ensuite aux résultats des calculs » (I, p. 1), je trouve « un tissu de conceptions et de mots » tout différent de celui que j'ai rencontré chez Hegel, Platon et autres semblables auteurs ; et mon but est précisément de faire, pour les sciences sociales, « des observations aussi précises que possible et de les comparer ensuite aux résultats des théories ».

Un auteur doit à ses lecteurs de les avertir de la voie qu'il veut suivre ; et c'est uniquement dans ce but que j'ai écrit ce premier chapitre.

La conclusion est inexacte, parce que l'énumération des parties de X n'est jamais et ne peut jamais être complète. En plus de A, B, C, que nous connaissons — ou que l'auteur du raisonnement connaît seulement, ou qu'il considère seules — il peut y en avoir d'autres D, E, F..., que nous ignorons ou que l'auteur du raisonnement a négligées (1).

19. Autre conséquence. Quand les résultats de la théorie passent dans la pratique, on peut être sûr qu'ils seront toujours plus ou moins modifiés par d'autres résultats, qui dépendent de phénomènes non considérés par la théorie.

20. A ce point de vue il y a deux grandes classes de sciences : celles qui, comme la physique, la chimie, la mécanique, peuvent avoir recours à l'expérience, et celles qui, comme la météorologie, l'astronomie, l'économie politique, ne peuvent pas, ou ne peuvent que difficilement, avoir recours à l'expérience, et qui doivent se contenter de l'observation. Les premières peuvent séparer matériellement les phénomènes qui correspondent à l'uniformité ou loi qu'ils veulent étudier, les secondes ne peuvent les séparer que mentalement, théoriquement ; mais dans un cas comme dans l'autre, c'est toujours le phénomène concret qui décide si une théorie doit être acceptée ou repoussée. Il n'y a pas, et il ne peut y avoir, d'autre critérium de la vérité d'une théorie, que son accord plus ou moins parfait avec les phénomènes concrets.

Quand nous parlons de la méthode expérimentale, nous nous exprimons d'une manière elliptique, et nous entendons la méthode qui fait usage soit de l'expérience, soit de l'observation, soit des deux ensemble si cela est possible.

(1) *Systèmes*, II, p. 252.

Les sciences qui ne peuvent utiliser que l'observation séparent par abstraction certains phénomènes de certains autres ; les sciences qui peuvent se servir également de l'expérience réalisent matériellement cette abstraction ; mais l'abstraction constitue pour toutes les sciences la condition préliminaire et indispensable de toute recherche.

21. Cette abstraction résulte de nécessités subjectives, elle n'a rien d'objectif ; elle est donc arbitraire, au moins dans certaines limites, parce qu'il faut tenir compte du but auquel elle doit servir. Par conséquent, une certaine abstraction ou une certaine classification n'excluent pas nécessairement une autre abstraction, ou une autre classification. Elles peuvent être toutes deux utilisées, suivant le but qu'on se propose.

La mécanique rationnelle, quand elle réduit les corps à de simples points matériels, l'économie pure, quand elle réduit les hommes réels à l'*homo oeconomicus*, se servent d'abstractions parfaitement semblables (1) et imposées par des nécessités semblables.

La chimie, quand elle parle de corps chimiquement purs, fait également usage d'une abstraction, mais elle a la possibilité d'obtenir artificiellement des corps réels qui réalisent plus ou moins cette abstraction.

22. L'abstraction peut revêtir deux formes, qui sont exactement équivalentes. Dans la première on considère un être abstrait qui ne possède que les qualités qu'on veut étudier ; dans la seconde, on considère directement ces propriétés et on les sépare des autres.

23. L'homme réel accomplit des actions économiques, morales, religieuses, esthétiques, etc. On exprime exactement la même idée, qu'on dise : « j'étudie les actions économiques, et je fais abstraction des autres », ou

---

(1) Vito Volterra, *Giornale degli economisti,* novembre 1901.

bien : « j'étudie l'*homo oeconomicus*, qui n'accomplit que des actions économiques ». De même on exprime la même idée sous les deux formes suivantes : « j'étudie les réactions du soufre et de l'oxygène concrets, en faisant abstraction des corps étrangers qu'ils peuvent contenir », ou bien « j'étudie les relations du soufre et de l'oxygène chimiquement purs ».

Ce même corps, que je considère comme chimiquement pur en vue d'une étude chimique, je puis le considérer comme un point matériel en vue d'une étude mécanique ; je puis n'en considérer que la forme en vue d'une étude géométrique, etc. Le même homme, que je considère comme *homo oeconomicus* pour une étude économique, je puis le considérer comme *homo ethicus* pour une étude morale, comme *homo religiosus* pour une étude religieuse, etc.

Le corps concret comprend le corps chimique, le corps mécanique, le corps géométrique, etc. ; l'homme réel comprend l'*homo oeconomicus*, l'*homo ethicus*, l'*homo religiosus*, etc. En somme, considérer ces différents corps, ces différents hommes, cela revient à considérer les différentes propriétés de ce corps réel, de cet homme réel, et ne tend qu'à découper en tranches la matière à étudier.

24. On se trompe donc lourdement quand on accuse celui qui étudie les actions économiques — ou l'*homo oeconomicus* — de négliger, ou même de dédaigner les actions morales, religieuses, etc., — c'est-à-dire l'*homo ethicus*, l'*homo religiosus*, etc. — ; autant vaudrait dire que la géométrie néglige, dédaigne les propriétés chimiques des corps, leurs propriétés physiques, etc. On commet la même erreur quand on accuse l'économie politique de ne pas tenir compte de la morale ; c'est comme si on accusait une théorie du jeu d'échecs de ne pas tenir compte de l'art culinaire.

25. En étudiant A séparément de B on se soumet im-

plicitement à une nécessité absolue de l'esprit humain ;
mais parce qu'on étudie A on ne veut nullement affirmer
sa prééminence sur B. En séparant l'étude de l'économie
politique de celle de la morale, on ne veut nullement
affirmer que celle-là l'emporte sur celle-ci. En écrivant
un traité du jeu d'échecs on ne veut nullement affirmer
par là la prééminence du jeu d'échecs sur l'art culinaire,
ou sur n'importe quelle science, ou n'importe quel art.

26. Quand on revient de l'abstrait au concret, il faut
à nouveau réunir les parties, que pour les mieux étudier
on avait séparées. La science est essentiellement analy-
tique ; la pratique est essentiellement synthétique (1).

L'économie politique n'a pas à tenir compte de la morale ; mais celui qui préconise une mesure pratique, doit
tenir compte, non seulement des conséquences économiques, mais aussi des conséquences morales, religieuses, politiques, etc. La mécanique rationnelle n'a pas
à tenir compte des propriétés chimiques des corps ; mais
celui qui voudra prévoir ce qui se passera quand un
corps donné sera mis en contact avec un autre corps,
devra tenir compte, non seulement des résultats de la
mécanique, mais aussi de ceux de la chimie, de la physique, etc.

27. Pour certains phénomènes concrets le côté économique l'emporte sur tous les autres ; on pourra alors
s'en tenir, sans grave erreur, aux seules conséquences
de la science économique. Il y a d'autres phénomènes
concrets dans lesquels le côté économique est insigni-
fiant ; il serait absurde de s'en tenir pour eux aux seules
conséquences de la science économique ; il faudra, au
contraire, les négliger. Il y a des phénomènes intermédiaires entre ces deux types ; la science économique

(1) On en aura un exemple — dans lequel d'ailleurs la synthèse
n'est pas encore complète — dans le chapitre ix, où nous parlons
du libre échange et de la protection.

nous en fera connaître un côté plus ou moins important. Dans tous les cas, c'est une question de degré, de plus ou de moins.

En d'autres termes on peut dire : parfois les actions de l'homme concret sont, sauf une légère erreur, celles de l'*homo oeconomicus ;* parfois elles concordent presque exactement avec celles de l'*homo ethicus ;* parfois elles concordent avec celles de l'*homo religiosus,* etc. ; d'autres fois encore elles participent aux actions de tous ces hommes.

28. Quand un auteur oublie cette observation, on a l'habitude, pour le combattre, de mettre en opposition la théorie et la pratique. C'est une façon imparfaite de s'exprimer. La pratique ne s'oppose pas à la théorie ; mais elle réunit les différentes théories qui s'appliquent au cas que l'on considère, et elle s'en sert pour une fin concrète.

L'économiste, par exemple, qui préconise une loi en ne prenant en considération que ses seuls effets économiques, n'est pas trop théoricien ; il ne l'est pas assez, puisqu'il néglige d'autres théories qu'il devrait réunir à la sienne pour porter un jugement sur ce cas pratique. Celui qui préconise le libre échange en s'en tenant à ses effets économiques, ne fait pas une théorie inexacte du commerce international, mais il fait une application inexacte d'une théorie intrinsèquement vraie ; son erreur consiste à négliger d'autres effets politiques et sociaux, qui forment l'objet d'autres théories (1).

_____

(1) G. Sorel a en partie raison quand il dit : « L'homme d'État sera, d'ordinaire, très peu sensible à la démonstration par laquelle on lui prouve que le protectionnisme détruit toujours de la richesse, s'il croit que le protectionnisme est le moyen le moins coûteux pour acclimater l'industrie et l'esprit d'entreprise dans son pays... » (*Introd. à l'écon. moderne,* p. 26). A cette comparaison qualitative, il faut substituer une comparaison quantitative et dire « je perdrai tant de millions par an, et j'en gagnerai tant »,

29. Distinguer les différentes parties d'un phénomène pour les étudier séparément, puis les réunir à nouveau pour en faire la synthèse, c'est là un procédé qu'on ne pratique et qu'on ne peut pratiquer, que lorsque la science est déjà très avancée ; au commencement on étudie en même temps toutes les parties, l'analyse et la synthèse se confondent.

C'est là une des raisons pour lesquelles les sciences naissent d'abord sous la forme d'art, et c'est aussi une des raisons pour lesquelles les sciences, à mesure qu'elles progressent, se séparent et se subdivisent.

30. Sorel, dans son *Introduction à l'économie moderne*, propose de revenir à cet état de la science dans lequel on ne distingue pas l'analyse de la synthèse, et sa tentative s'explique si nous considérons l'état peu avancé des sciences sociales ; mais c'est remonter le fleuve vers sa source, et non le descendre en suivant le courant. Il faut d'ailleurs remarquer qu'on fait ainsi implicitement de la théorie. En effet, Sorel ne se propose pas seulement de décrire le passé, il veut également connaître l'avenir ; mais, comme nous l'avons déjà montré, l'avenir ne peut être rattaché au passé que si l'on admet explicitement, ou implicitement, certaines uniformités, et on ne peut connaître ces uniformités qu'en procédant par l'analyse scientifique (1).

---

et se décider ensuite. Si on venait à détruire ainsi 500 millions de richesse par an, pour n'en gagner que 100, on ferait une mauvaise affaire. Je remarque encore que Sorel ne pose le problème qu'au point de vue économique, et qu'il y a un côté social et politique très important, dont il faut également tenir compte.

(1) Sorel dit, *op. cit.*, p. 25 : « On ne saurait... imaginer une méthode d'approximations successives pour résoudre la question de savoir s'il vaut mieux épouser une jeune fille intelligente et pauvre qu'une riche héritière dépourvue d'esprit ».

Remarquons d'abord que le problème posé est un problème d'intérêt privé et qu'il est d'ordinaire résolu, non par la raison, mais par le sentiment. Cependant, si l'on veut se servir du raison-

31. La critique essentiellement négative d'une
théorie est parfaitement vaine et stérile ; pour qu'elle
ait quelque utilité, il faut que la négation soit suivie
d'une affirmation, qu'on substitue à la théorie fausse
une théorie plus exacte. Si parfois il n'en est pas ainsi,
c'est simplement parce que la théorie plus exacte est
présente à l'esprit, quoique sous-entendue.

Si quelqu'un nie que la terre ait la forme d'un plan,
il n'augmente nullement la somme de nos connaissances, comme il le ferait s'il déclarait que la terre n'a
pas la forme d'un plan, mais celle d'un corps rond.

Remarquons d'ailleurs que si nous voulons être par-

nement, on peut parfaitement imaginer la méthode qu'on pourrait
suivre.

1re *approximation*. — On fera l'examen des conditions matérielles
et morales des futurs époux. L'homme, par exemple, prise plus
les biens matériels que les facultés intellectuelles. Il aura raison
d'épouser la riche héritière.

2e *approximation*. — Examinons de plus près les qualités de
cette richesse. Autrefois, si l'homme et la femme avaient des propriétés foncières voisines, un mariage qui réunissait ces propriétés était considéré comme très avantageux. Voyons si la
femme, ayant de la fortune, n'a pas par hasard l'habitude de dépenser plus que son revenu. Quelle est la nature de l'intelligence
de celle qui est pauvre. Si elle a des aptitudes commerciales, et
si le futur mari est à la tête d'un commerce ou d'une industrie
qu'il ne sait pas diriger et que cette femme pourrait diriger convenablement, il peut lui être avantageux de prendre la femme
pauvre et intelligente.

3e *approximation*. — Nous avons parlé de la richesse et de l'intelligence ; mais n'y a-t-il pas à tenir compte de la santé, de la
beauté, de la douceur du caractère. etc. ? Pour beaucoup ces
qualités tiendront la première place. Et il reste encore à considérer un nombre infini de circonstances.

Si le problème était social au lieu d'être individuel, c'est-à-dire
si on se demandait s'il est utile pour un peuple que les jeunes
gens dirigent le choix de leur compagne en se préoccupant de sa
richesse ou de son intelligence, on arriverait à des considérations
analogues, qui consistent essentiellement en analyses (séparation
des parties), approximations successives, et enfin en synthèses,
c'est-à-dire dans la réunion des éléments d'abord séparés.

faitement rigoureux, toute théorie est fausse, dans ce sens qu'elle ne correspond pas et qu'elle ne pourra jamais correspondre à la réalité (§ 11). C'est donc un pléonasme que de répéter pour une théorie particulière ce qui est vrai de toutes les théories. Nous n'avons pas à choisir entre une théorie plus ou moins approchée et une théorie qui correspond en tout et pour tout au concret, puisqu'il n'en existe pas de telle, mais entre deux théories dont l'une se rapproche moins et l'autre davantage du concret.

32. Ce n'est pas seulement en raison de notre ignorance que les théories s'éloignent plus ou moins du concret. Nous nous éloignons souvent du concret afin d'arriver, en compensation de cet écart, à plus de simplicité.

Les difficultés que nous rencontrons dans l'étude d'un phénomène sont de deux genres, c'est-à-dire objectives et subjectives ; elles dépendent de la nature du phénomène et des difficultés que nous avons à percevoir un ensemble un peu étendu d'objets ou de théories particulières.

Le phénomène économique est excessivement complexe, et il y a de grandes difficultés objectives pour connaître les théories de ses différentes parties. Supposons, pour un moment, qu'on ait triomphé de ces difficultés, et que, par exemple, dans certains gros volumes in-folio soient contenues les lois des prix de toutes les marchandises. Nous serons loin d'avoir une idée du phénomène du prix. L'abondance même des renseignements que nous trouvons dans tous ces volumes ne nous permettrait pas d'avoir une notion quelconque du phénomène des prix. Le jour où quelqu'un, après avoir feuilleté tous ces documents, nous dirait que *la demande baisse quand le prix hausse*, il nous donnerait une indication très précieuse, bien que s'éloignant beaucoup, mais beaucoup plus, du concret que les documents étudiés par lui.

Aussi l'économiste, comme d'ailleurs tous ceux qui étudient des phénomènes très complexes, doit-il à chaque instant résoudre le problème de savoir jusqu'à quel point il convient de pousser l'étude des détails. On ne peut pas déterminer d'une façon absolue le point où il est avantageux de s'arrêter ; ce point dépend du but qu'on se propose. Le producteur de briques qui veut savoir à quel prix il pourra les vendre, doit tenir compte d'autres éléments que ceux que considère le savant qui recherche, en général, la loi des prix des matériaux de construction ; ce sont d'autres éléments que doit également considérer celui qui recherche non plus les lois des prix spéciaux, mais bien la loi des prix en général.

33. L'étude de l'origine des phénomènes économiques a été faite avec soin par beaucoup de savants modernes, et elle est certainement utile au point de vue historique, mais ce serait une erreur de croire qu'on puisse par là arriver à la connaissance des relations qui existent entre les phénomènes de notre société.

C'est la même erreur que commettaient les philosophes anciens qui voulaient toujours remonter à l'origine des choses. Au lieu de l'astronomie, ils étudiaient des cosmogonies ; au lieu de tâcher de connaître d'une façon expérimentale les minéraux, les végétaux, les animaux, qu'ils avaient sous les yeux, ils recherchaient comment ces êtres avaient été engendrés. La géologie n'est devenue une science et n'a progressé que le jour où on s'est mis à étudier les phénomènes actuels, pour remonter ensuite aux phénomènes passés, au lieu de suivre le chemin inverse. Pour connaître complètement un arbre nous pouvons commencer par les racines et remonter aux feuilles, ou bien commencer par les feuilles pour descendre aux racines. La science métaphysique ancienne a suivi largement la première voie ; la science expérimentale moderne s'est servi exclusivement de la seconde, et les 'faits ont démontré que celle-ci conduit seule à la connaissance de la vérité.

Il ne sert à rien de savoir comment s'est constituée la propriété privée dans les temps préhistoriques, pour connaître le rôle économique de la propriété dans nos sociétés modernes. Ce n'est pas que l'un de ces faits ne soit étroitement lié à l'autre, mais la chaîne qui les unit est si longue et se perd dans des régions si obscures que nous ne pouvons raisonnablement espérer la connaître, au moins pour le moment.

Nous ne savons pas de quelle plante sauvage dérive le blé ; mais même si nous le savions, cela ne nous servirait à rien pour connaître la meilleure façon de cultiver et de produire le blé. Etudiez autant que vous le voulez les semences du chêne, du hêtre et du tilleul, cette étude ne pourra jamais, pour celui qui a besoin de bois de construction, remplacer l'étude directe des qualités du bois produit par ces arbres. Et cependant, dans ce cas, nous connaissons parfaitement la relation qui existe entre les faits extrêmes du phénomène, entre l'origine et la fin. Il n'est pas douteux que le gland produira le chêne. Personne n'a vu un gland donner naissance à un tilleul, ni une graine de tilleul donner naissance à un chêne. La relation qui existe entre le bois de chêne et son origine nous est connue avec une certitude que nous n'aurons jamais pour celle qui unit l'origine de la propriété privée et cette propriété à notre époque, ou, en général, entre l'origine d'un phénomène économique et ce phénomène à notre époque. Mais il ne suffit pas de savoir lequel de deux faits est nécessairement la conséquence de l'autre pour pouvoir déduire des propriétés du premier celles du second.

34. L'étude de l'évolution des phénomènes économiques dans des temps voisins du nôtre et dans des so-

ciétés qui ne diffèrent pas énormément de la nôtre est beaucoup plus utile que celle de leur origine ; et cela à deux points de vue. Elle nous permet d'abord de remplacer l'expérience directe, qui est impossible dans les sciences sociales. Quand nous pouvons faire des expériences, nous essayons de produire le phénomène qui est l'objet de notre étude, dans des circonstances variées, pour voir comment elles agissent sur lui, si elles le modifient ou si elles ne le modifient pas. Mais lorsque nous ne pouvons procéder ainsi, il ne nous reste qu'à rechercher si nous ne trouvons pas produites naturellement dans l'espace et dans le temps ces expériences que nous ne pouvons pas réaliser artificiellement.

L'étude de l'évolution des phénomènes peut ensuite nous être utile en ce qu'elle nous facilite la découverte des uniformités que peut présenter cette évolution, et qu'elle nous met à même de tirer du passé la prévision de l'avenir. Il est manifeste que plus est longue la chaîne des déductions entre les faits passés et les faits futurs, plus ces déductions deviennent incertaines et douteuses ; ce n'est donc que d'un passé très rapproché que l'on peut prévoir un avenir très prochain et, malheureusement, même dans ces étroites limites, les prévisions sont très difficiles (1).

35. Les discussions sur la « méthode » de l'économie politique sont sans aucune utilité. Le but de la science est de connaître les uniformités des phénomènes ; il faut par conséquent employer tous les procédés, utiliser toutes les méthodes qui nous conduisent à ce but. C'est à l'épreuve que se reconnaissent les bonnes et les mauvaises méthodes. Celle qui nous conduit au but est bonne, tout au moins tant qu'on n'en a pas trouvé une meilleure. L'histoire nous est utile en ce qu'elle prolonge

(1) *Cours*, § 578.

dans le passé l'expérience du présent, et qu'elle supplée aux expériences que nous ne pouvons faire : la méthode historique est donc bonne. Mais la méthode déductive, ou la méthode inductive, qui s'applique aux faits présents n'est pas moins bonne. Là où, dans les déductions, la logique courante suffit, on s'en contente ; là où elle ne suffit pas, on la remplace, sans aucun scrupule, par la méthode mathématique. Enfin si un auteur préfère telle ou telle méthode, nous ne le chicanerons pas pour cela ; nous lui demanderons simplement de nous faire connaître des lois scientifiques, sans trop nous soucier de la voie qu'il a suivie pour arriver à les connaître.

36. Certains auteurs ont coutume d'affirmer que l'économie politique ne peut pas se servir des mêmes moyens que les sciences naturelles, « parce qu'elle est une science morale ». Sous cette expression très imparfaite se cachent des conceptions qu'il est bon d'analyser. Tout d'abord, pour ce qui est de la *vérité* d'une théorie, il ne peut y avoir d'autre critérium que sa concordance avec les faits (II, 6), et il n'y a qu'un moyen de connaître cette concordance : à ce point de vue on ne saurait trouver de différences entre l'économie politique et les autres sciences.

Mais certains prétendent qu'en dehors de cette vérité expérimentale il en existe une autre, qui échappe à l'expérience, et qu'ils tiennent pour supérieure à la première. Ceux qui ont du temps à perdre peuvent bien disputer sur les mots ; ceux qui visent à quelque chose de plus substantiel s'en abstiendront. Nous ne contesterons pas l'emploi que l'on veut faire du mot « vérité » ; nous dirons simplement que l'on peut ranger sous deux catégories toutes les propositions. Dans la première, que, pour être brefs, nous appellerons X, nous mettrons les affirmations que l'on peut vérifier expérimentalement ;

dans la seconde, que nous appellerons Y, nous mettrons celles qu'on ne peut pas vérifier expérimentalement ; nous séparerons d'ailleurs en deux cette dernière catégorié ; nous appellerons Yα, les affirmations que l'on ne peut actuellement vérifier expérimentalement, mais qui pourraient l'être un jour : dans cette catégorie rentreront par exemple cette affirmation que le soleil, avec sa suite de planètes, nous conduira un jour dans un espace à quatre dimensions ; Yβ, les affirmations qui, ni aujourd'hui ni plus tard, autant qu'on peut le prévoir d'après nos faibles connaissances, ne pourront être soumises à une vérification expérimentale. Dans cette catégorie rentrerait l'affirmation de l'immortalité de l'âme, et autres affirmations semblables.

37. La science ne s'occupe que des propositions X, qui sont seules susceptibles de démonstration ; tout ce qui n'est pas compris dans cette catégorie X reste en dehors de la science. Nous ne nous proposons nullement, d'ailleurs, d'exalter une catégorie pour rabaisser l'autre ; nous ne voulons que les distinguer. Qu'on rabaisse autant qu'on le veut les propositions scientifiques, et qu'on exalte les autres autant que le désire le croyant le plus fervent, il restera toujours vrai qu'elles diffèrent essentiellement l'une de l'autre. Elles occupent des domaines différents, qui n'ont rien de commun.

38. Celui qui affirme que Pallas Athéna, *invisible et intangible,* habite l'acropole de la cité d'Athènes, affirme quelque chose qui, ne pouvant être vérifié expérimentalement, est en dehors de la science ; celle-ci ne peut s'en occuper ni pour accepter, ni pour repousser cette affirmation ; et le croyant a parfaitement raison de dédaigner les affirmations qu'une pseudo-science voudrait lui opposer. Il en est de même de la proposition : Apollon inspire la prêtresse de Delphes ; mais non pas de cette autre proposition, que les oracles de la prêtresse concordent

avec certains faits futurs. Cette dernière proposition peut être vérifiée par l'expérience ; par conséquent, elle rentre dans le domaine de la science, et la foi n'a plus rien à y voir.

39. Tout ce qui a l'allure d'un précepte n'est pas scientifique, à moins que la forme seule ait l'allure d'un précepte, et qu'en réalité ce soit une affirmation de faits. Ces deux propositions : pour obtenir la surface d'un rectangle, *il faut* multiplier la base par la hauteur (1), et : *il faut* aimer son prochain comme soi-même (2), sont, au fond, essentiellement différentes. Dans la première on peut supprimer les mots : *il faut*, et dire simplement la surface d'un rectangle est égale à la base multipliée par la hauteur ; dans la seconde, l'idée de devoir ne peut être supprimée. Cette seconde proposition n'est pas scientifique.

L'économie politique nous dit que la mauvaise monnaie chasse la bonne. Cette proposition est d'ordre scien-

---

(1) Au point de vue où nous nous plaçons, les vérités géomé-triques sont des vérités expérimentales, la logique elle-même étant expérimentale.

D'ailleurs on peut, en ce cas, remarquer que la surface d'un rectangle concret se rapprochera d'autant plus du produit de la base par la hauteur que le rectangle concret se rapprochera du rectangle abstrait que considère la géométrie.

(2) On a objecté que « tout *honnête homme* pense ainsi ». D'abord c'est là une proposition différente de celle du texte. Les deux propositions : « A est égal à B » et : « Tous les hommes — ou certains hommes — pensent que A est égal à B, ou doit être égal à B », expriment des choses absolument distinctes.

Ensuite, c'est un fait connu qu'il y a des hommes — tels par exemple que les adeptes de Nietzsche — qui sont loin d'admettre cette proposition. Si l'on répond que ce ne sont pas des « honnêtes gens », on est tenu — ce qui nous paraît fort difficile, sinon impossible — d'en donner une preuve qui ne se réduira pas en dernière analyse à affirmer que ce ne sont pas des *honnêtes gens*, parce qu'ils n'aiment pas leur prochain ; car si l'on donne cette preuve on fait tout simplement un raisonnement en cercle.

tifique, et c'est à la science seule qu'il appartient de vérifier si elle est vraie ou fausse. Mais si l'on disait que
l'Etat *ne doit pas* émettre de la mauvaise monnaie, on
serait en présence d'une proposition qui n'est pas d'ordre
scientifique. C'est parce que l'économie politique a contenu jusqu'ici des propositions de ce genre qu'on peut
trouver une excuse à ceux qui prétendent que l'économie
politique étant une science morale échappe aux règles
des sciences naturelles.

40. Remarquons d'ailleurs que cette dernière proposition pourrait être elliptique et, dans ce cas, elle pourrait
devenir scientifique, en supprimant l'ellipse. Si on disait,
par exemple, que l'Etat *ne doit pas* émettre de la mauvaise
monnaie si on veut obtenir le maximum d'utilité pour
la société ; et si l'on définissait par des faits ce qu'on
entend par ce *maximum d'utilité*, la proposition deviendrait susceptible d'une vérification expérimentale et par
conséquent deviendrait une proposition scientifique
(§ 49, note).

41. Il est absurde d'affirmer, comme certains le font,
que leur foi est *plus scientifique* que celle d'autrui. La
science et la foi n'ont rien de commun, et celle-ci ne
peut pas contenir plus ou moins de celle-là. De nos
jours est née une nouvelle foi qui affirme que tout être
humain *doit* se sacrifier au bien « des petits et des
humbles » ; et ses croyants parlent avec dédain des
autres croyances, qu'ils considèrent comme peu scientifiques ; ces braves gens ne s'aperçoivent pas que leur
précepte n'a pas plus de fondement scientifique que
n'importe quel autre précepte religieux.

42. Depuis les époques les plus reculées jusqu'à aujourd'hui, les hommes ont toujours voulu mêler et confondre les propositions X avec les propositions Y, et
c'est là un des obstacles les plus sérieux aux progrès des
sciences sociales.

Ceux qui croient aux propositions Y envahissent constamment le domaine des propositions X. Pour la plupart cela vient de ce qu'ils ne distinguent pas les deux domaines; pour beaucoup d'autres c'est la faiblesse de leur foi qui appelle le secours de l'expérience. Les matérialistes ont tort de ridiculiser le *credo quia absurdum*, qui, en un certain sens, admet cette distinction des propositions ; c'est ce qu'a si bien exprimé Dante (1) :

> State contenti, umana gente, al *quia ;*
> Chè se potuto aveste veder tutto,
> Mestier non era partorir Maria.

43. Il faut nous mettre en garde contre une certaine façon de confondre les propositions X et Y, qui repose sur une équivoque analogue à celle du § 40. Supposons que la proposition : A est B, ne soit pas du domaine de l'expérience et par conséquent de la science; on s'imagine en donner une démonstration scientifique en faisant voir l'utilité qu'ont les hommes de croire que A est B. Mais ces propositions ne sont nullement identiques ; et même si l'expérience montre que cette seconde proposition est vraie, nous n'en pouvons rien conclure de la première. Certains affirment que seul le *vrai* est utile, mais si on donne au mot *vrai* le sens de *vrai expérimental*, cette proposition ne concorde pas avec les faits, qui la contredisent à chaque instant.

44. Voici un autre procédé équivoque. On démontre, ou plus exactement on croit démontrer, que l' « évolution » rapproche A de B, et on croit avoir ainsi démontré que chacun *doit* s'efforcer de faire que A soit égal à B, ou même que A est égal à B. Ce sont là trois proposi-

---

(1) *Purg.*, III, 37-39. Et *Parad.*, II, 43-44.

> Li si vedra ció che tenem per fede,
> Non dimostrato, ma fia per se noto,
> A guisa del ver primo che l'uom crede.

tions différentes, et la démonstration de la première n'entraîne pas la démonstration des autres. Ajoutons que la démonstration de la première est d'ordinaire très imparfaite (1).

45. La confusion entre les propositions X et Y peut également venir de ce que l'on s'efforce de montrer que, pouvant avoir une commune origine, elles ont une nature et des caractères communs ; c'est là un procédé ancien, qui reparaît de temps à autre. Cette origine commune, on l'a vue parfois dans le consentement universel, ou dans un autre fait analogue ; de nos jours on la trouve plus souvent dans l'*intuition*.

La logique sert à la démonstration, mais rarement, presque jamais, à l'invention (§ 51). Un homme reçoit certaines impressions ; sous leur influence il énonce, sans pouvoir dire ni comment ni pourquoi, et s'il essaye de le faire il se trompe, une proposition que l'on peut vérifier expérimentalement, et qui, par conséquent, est du genre des propositions que nous appelons X. Lorsque cette vérification a été faite, et que le fait se produit tel qu'il a été prévu, on donne à l'opération que nous venons de décrire le nom d'INTUITION. Si un paysan regardant le ciel le soir dit : « il pleuvra demain », et s'il pleut demain, on dit qu'il a eu l'intuition qu'il devait pleuvoir ; mais on n'en dirait pas autant s'il avait fait beau temps. Si un individu ayant la pratique des malades dit de l'un d'eux : « demain il sera mort », et si vraiment le malade meurt, on dira que cet individu a eu l'intuition de cette mort ; on n'en pourrait dire autant si le malade s'était rétabli.

Comme nous l'avons dit déjà si souvent, et comme nous le répéterons encore, il est tout à fait inutile de disputer sur les noms des choses. Par conséquent, s'il

_____

(1) *Systèmes*, I, p. 344 ; *Cours*, II, 578.

plaît à quelqu'un d'appeler également intuition l'opération par laquelle on prédit la pluie quand au contraire il a fait beau temps, ou la mort de celui dont la santé se rétablit, libre à lui ; mais dans ce cas il faut distinguer les intuitions vraies des intuitions fausses, et c'est ce départ que fait la vérification expérimentale ; les premières seront utiles, les secondes sans utilité.

Par la même opération qui donne des propositions susceptibles de démonstration expérimentale, et qui peuvent être reconnues vraies ou fausses, on peut arriver également à des propositions non susceptibles de démonstration expérimentale ; et, si l'on veut, on pourra donner à cette opération le nom d'*intuition*.

Nous aurons ainsi trois espèces d'intuition : 1° l'intuition qui conduit à des propositions X, qu'ensuite l'expérience vérifie ; 2° l'intuition qui conduit à des propositions X, qu'ensuite l'expérience ne vérifie pas ; 3° l'intuition qui conduit à des propositions du genre Y, et que par conséquent l'expérience ne peut ni vérifier, ni contredire.

En donnant ainsi le même nom à trois choses bien différentes, il devient facile de les confondre ; on a soin d'opérer cette confusion entre la troisième et la première, en oubliant à propos la seconde ; on dit : « par l'intuition l'homme arrive à connaître la *vérité*, qu'elle soit ou non expérimentale », et de cette façon on a atteint le but désiré, qui est de confondre les propositions X avec les propositions Y.

Si on avait posé à Périclès les deux questions suivantes : « Que croyez-vous que feront les Athéniens dans telles circonstances ? » et « Croyez-vous que Pallas Athéna protège votre cité ? », il aurait donné, par intuition, deux réponses de nature absolument différente, parce que la première pouvait être vérifiée expérimentalement, et la seconde ne pouvait pas l'être.

L'origine de ces réponses est la même ; elles sont toutes deux, sans que Périclès en eût conscience, la traduction de certaines de ses impressions. Mais cette traduction a, dans ces deux cas, une valeur bien différente. L'opinion de Périclès avait une grande importance pour la première question, tandis que l'opinion d'un Scythe quelconque qui ne connaissait pas les Athéniens n'aurait eu aucune valeur ; mais sur la seconde question, l'opinion de Périclès et celle du Scythe avaient la même valeur, car, à vrai dire, ni l'un ni l'autre n'avaient aucun rapport avec Pallas Athéna.

Périclès avait eu l'occasion à plusieurs reprises de vérifier, de corriger, d'adapter ses prévisions au sujet des Athéniens, et le résultat de son expérience passée se traduisait en une nouvelle intuition, qui en tirait toute sa valeur ; mais il ne pouvait en être de même en ce qui concerne Pallas Athéna.

Si quelqu'un qui ne connaît rien à l'arboriculture, nous déclare à la vue d'un arbre, qu'il va mourir, nous ne donnerons à ses paroles pas plus d'importance que s'il les avait dites au hasard ; si, au contraire, c'est le jugement porté par un arboriculteur expérimenté, nous tiendrons son intuition pour bonne, car elle est fondée sur l'expérience. Et même si ces deux hommes ont a priori les mêmes connaissances, mais si nous savons par expérience que celui-ci se trompe rarement dans ses prévisions ou intuitions, et que celui-là, au contraire, se trompe le plus souvent, nous accorderons au premier une confiance que nous refuserons au second. Mais là où l'expérience ne peut intervenir, les prévisions ou intuitions de tous les deux auront la même valeur, et cette valeur est expérimentalement égale à zéro.

Les intuitions de faits d'expérience peuvent être contredites par les faits eux-mêmes ; les intuitions doivent donc s'adapter aux faits. Les intuitions non expérimentales sont contredites seulement par d'autres intuitions du même genre ; pour qu'il y ait adaptation, il suffit que certains hommes aient tous la même opinion. La première adaptation est objective ; la seconde, subjective. Si l'on confond l'une avec l'autre, cela provient de cette erreur commune qui fait que l'homme se considère comme le centre de l'univers et la mesure de toutes choses.

46. Le consentement universel des hommes n'a pas la vertu de rendre expérimentale une proposition qui ne l'est pas, même si ce consentement s'étend dans le temps, et s'il comprend tous les hommes qui ont existé. Ainsi le principe que ce qui n'est pas concevable ne peut être réel est absolument sans valeur, et il est absurde de s'imaginer que la possibilité de l'univers est limitée par la capacité de l'esprit humain.

47. Les métaphysiciens, qui se servent des propositions Y, affirment d'ordinaire qu'elles sont nécessaires pour tirer une conclusion quelconque des propositions X, parce que, sans un principe supérieur, la conclusion ne résulterait pas *nécessairement* des prémisses. Ils font ainsi un cercle vicieux, parce qu'ils supposent précisément qu'on veut mettre les propositions X dans la catégorie des propositions qui ont un caractère de *nécessité* et de vérité absolue (1) ; et, en effet, il est exact que si

(1) Je me sers de ces expressions parce qu'on les emploie, mais je ne sais pas trop quelles sont les choses qu'on veut indiquer par ces mots.

M. Croce m'invite à l'apprendre, et, pour cela, à lire Platon, Aristote, Descartes, Leibnitz, Kant, et autres métaphysiciens. Hélas ! il me faut renoncer à ce que mon ignorance puisse jamais se dissiper, car c'est précisément après une étude attentive de ces auteurs que ce terme *absolu* m'a paru incompréhensible pour moi... et je crains bien aussi pour eux.

Je dois en outre avouer que beaucoup des raisonnements de Platon me semblent pouvoir se ranger en deux classes. Ceux qui sont compréhensibles sont puérils ; ceux qui ne sont pas puérils

l'on veut donner à quelque conséquence de la catégorie X
les caractères des propositions Y, il faut que celles-ci
interviennent ou dans les prémisses ou dans la façon de
tirer la conclusion ; mais si l'on soutient que les propositions X sont étroitement subordonnées à l'expérience,
et qu'elles ne sont jamais acceptées à titre définitif, mais
seulement aussi longtemps que l'expérience ne leur est
pas contraire, on n'a aucun besoin d'avoir recours à des
propositions Y. A ce point de vue, la logique elle-même
est tenue pour une science expérimentale.

48. D'autre part, ceux qui s'occupent des proposi-

---

sont incompréhensibles. Si l'on veut voir jusqu'où cet auteur
peut être entraîné par la manie des explications purement ver-
bales, on n'a qu'à relire le Cratyle. Il est difficile d'imaginer
quelque chose de plus absurde que ce dialogue. L'homme le plus
morose se déridera quand il apprendra que les dieux ont été appelés θεοί parce qu'ils courent toujours !

On rapporte que Diogène disputant avec Platon sur les idées,
et celui-ci nommant la τραπεζότης (essence de la table, qualité
d'être une table, la table en soi) et la κυαθότης (essence de la
tasse, qualité d'être une tasse, la tasse en soi), dit : Moi — oh !
Platon — je vois la table (τράπεζα) et la tasse (κύαθος), mais je ne
vois aucunement la τραπεζότης et la κυαθότης. Sur ce Platon :
« C'est juste, car tu as les yeux avec lesquels on voit la table et
la tasse, et tu n'as pas ceux avec lesquels on voit la τραπεζότης et
la κυαθότης. »

Ἡλάτωνος περὶ ἰδεῶν διαλεγομένου, καὶ ὀνομάζοντος τραπεζότητα
καὶ κυαθότητα, Ἐγὼ, εἶπεν, ὦ Πλάτων, τράπεζαν μὲν καὶ κύαθον
ὁρῶ · τραπεζότητα δὲ καὶ κυαθότητα, οὐδαμῶς (Diog. Laer., vi, 53).

Je dois avouer au lecteur que je suis à peu près aussi aveugle
que l'était Diogène, et que l'essence des choses m'échappe entièrement.

Claude BERNARD, La science expérimentale, p. 53 : « Newton a
dit que celui qui se livre à la recherche des causes premières
donne par cela même la preuve qu'il n'est pas un savant. En
effet, cette recherche reste stérile, parce qu'elle nous pose des
problèmes qui sont inabordables à l'aide de la méthode expérimentale. »

J'entends ne faire usage, pour l'étude de l'économie politique
et de la sociologie, que de la méthode expérimentale ; je m'en
tiendrai donc exclusivement aux seuls problèmes qu'elle peut
résoudre.

tions X envahissent souvent aussi le terrain des propositions Y, soit en donnant des préceptes au nom de la
« science », qui semble donner des oracles comme un
Dieu, soit en niant les propositions Y, sur lesquelles la
science n'a aucun pouvoir. C'est cette invasion qui justifie en partie l'affirmation de M. Brunetière, que la
« science a fait faillite ». La science n'a jamais fait
faillite tant qu'elle est restée sur son domaine, qui est
celui des propositions X ; elle a toujours fait faillite, et
elle fera toujours faillite, quand elle a envahi, ou quand
elle envahira, le domaine des propositions Y.

« Si l'on voulait répondre à cette question : « Pourquoi
l'hydrogène, en se combinant avec de l'oxygène, donne-
t-il de l'eau ? », on serait obligé de dire : « Parce qu'il
y a dans l'hydrogène une propriété capable d'engendrer
l'eau. » C'est donc seulement la question du pourquoi
qui est absurde, puisqu'elle entraîne une réponse qui paraît naïve ou ridicule. Il vaut mieux reconnaître que
nous ne savons pas, et que c'est là que se place la limite
de notre connaissance. Nous pouvons savoir comment,
et dans quelles conditions, l'opium fait dormir, mais
nous ne saurons jamais pourquoi » (Claude Bernard,
La scien. exp., p. 57, 58).

49. On est en présence d'une situation tout à fait
différente de celle dont nous venons de parler, lorsque,
partant d'une prémisse qu'on ne peut pas vérifier expérimentalement, on en déduit logiquement des conclusions.
Celles-ci ne peuvent pas non plus être vérifiées expérimentalement, mais elles sont liées à la prémisse de telle
sorte, que si celle-ci est une proposition que l'on pourra
vérifier plus tard par l'expérience, c'est-à-dire une des
propositions que nous avons désignées par $Y\alpha$ au § 36,
les conclusions deviendront elles aussi expérimentales.
Si la prémisse est une proposition $Y\beta$, les conclusions
resteront toujours en dehors de l'expérience, tout en

étant reliées à la prémisse de telle sorte que celui qui
accepte celle-ci doit aussi accepter celles-là (1).

50. Pour que cette façon de raisonner soit possible, il
faut que les prémisses soient claires et précises. Par
exemple, l'espace dans lequel nous vivons est un espace
euclidien, ou qui n'en diffère que très peu, comme le
démontrent d'innombrables faits d'expérience. On peut
cependant imaginer des espaces non euclidiens, et ainsi
en partant de prémisses précises, on a pu construire des
géométries non euclidiennes, qui sont en dehors de l'expérience.

Quand les prémisses ne sont pas précises, ainsi qu'il
arrive pour toutes celles que les moralistes voudraient
introduire dans la science sociale et dans l'économie politique, il est impossible d'en tirer aucune conclusion rigoureusement logique. Ces prémisses peu précises pourraient ne pas être inutiles, si on pouvait vérifier les conclusions et corriger ainsi petit à petit ce qu'elles ont
d'imprécis ; mais là où cette vérification fait défaut, le
pseudo-raisonnement qu'on veut faire finit par n'avoir
d'autre valeur que celle d'un rêve.

51. Nous n'avons parlé jusqu'ici que de démonstration, il en est tout autrement de l'invention. Il est constant que celle-ci peut parfois avoir son origine dans des
idées qui n'ont rien à voir avec la réalité et qui peuvent
même être absurdes. Le hasard, un mauvais raisonnement, des analogies imaginaires, peuvent conduire à des
propositions vraies. Mais quand on les veut démontrer,
il n'y a pas d'autre moyen que de rechercher si directe-

---

(1) Cette proposition est elliptique, de la nature de celles dont
nous avons parlé au § 40. Il faut sous-entendre : « si on veut
raisonner logiquement ». Il est évident que l'on ne pourrait rien
démontrer à la personne qui refuserait d'accepter cette condition.

ment ou indirectement ellés concordent avec l'expérience (1).

(1) *Systèmes*, II, p. 80 note ; Paul TANNERY (*Rech. sur l'hist. de l'astronomie ancienne*, p. 260) qui, d'ailleurs, a une tendance à aller un peu au-delà des faits, pour défendre certaines idées métaphysiques, dit, à propos des théories du système solaire : « Il y a là un exemple notable et sur lequel on ne saurait trop insister de l'importance capitale des idées *a priori* (métaphysiques) dans le développement de la science. Lorsque celle-ci est constituée, il est facile d'écarter les considérations de simplicité des lois de la nature, etc., qui ont guidé les fondateurs... Mais on oublie que ce n'est pas ainsi que se sont faites les grandes découvertes, qu'ont été réalisés les principaux progrès.... »

CHAPITRE II

1. La psychologie est évidemment à la base de l'économie politique et, en général, de toutes les sciences sociales. Un jour viendra peut-être où nous pourrons déduire des principes de la psychologie les lois de la science sociale, de même qu'un jour peut-être les principes de la constitution de la matière nous donneront par déduction toutes les lois de la physique et de la chimie ; mais nous sommes encore fort loin de cet état de choses, et il nous faut prendre un autre chemin. Nous devons partir de certains principes empiriques pour expliquer les phénomènes de la sociologie, comme ceux de la physique et de la chimie. Plus tard, la psychologie, en prolongeant la chaîne de ses déductions, la sociologie, en remontant à des principes toujours plus généraux, pourront se rejoindre et constituer une science déductive ; mais ces espérances sont encore loin de pouvoir se réaliser.

2. Pour mettre un peu d'ordre dans l'infinie variété des actions humaines que nous avons à étudier, il sera utile de les classer selon certains types.

Il en est deux qui s'offrent immédiatement à nous. Voici un homme bien élevé qui entre dans un salon ; il ôte son chapeau, prononce certains mots, fait certains gestes. Si nous lui en demandons le pourquoi, il ne saura nous répondre que ceci : c'est l'usage. Il se conduit de la même façon pour certaines choses de beaucoup plus d'importance. S'il est catholique et s'il assiste à la messe, il fera certains actes « parce qu'on doit faire ainsi ». Il justifiera un autre très grand nombre de ses actes en disant qu'ainsi le veut la morale. Mais supposons ce même individu dans son bureau, occupé à acheter une grande quantité de blé. Il ne dira plus qu'il agit de telle façon parce que tel est l'usage, mais l'achat du blé sera le terme dernier d'une série de raisonnements logiques, qui s'appuient sur certaines données d'expérience ; ces données venant à changer, la conclusion changerait elle aussi, et il peut arriver qu'il s'abstienne d'acheter, ou même qu'il vende du blé au lieu d'en acheter.

3. Nous pouvons donc, par abstraction, distinguer : 1º les actions non-logiques ; 2º les actions logiques.

Nous disons : par abstraction, parce que dans les actions réelles les types sont presque toujours mêlés, et une action peut être en grande partie non-logique et en petite partie logique, ou inversement.

Par exemple, les actions d'un spéculateur à la Bourse sont certainement logiques ; mais elles dépendent aussi, ne serait-ce que dans une faible mesure, du caractère de cet individu, et par là elles sont aussi non-logiques. C'est un fait connu que certains individus jouent plus ordinairement à la hausse, et d'autres à la baisse.

Remarquons d'ailleurs que non-logique ne signifie pas illogique ; une action non-logique peut être ce qu'on aurait pu trouver de mieux, d'après l'observation des faits et la logique, pour adapter les moyens au but ; mais cette adaptation a été obtenue par un autre procédé que par celui d'un raisonnement logique.

On sait, par exemple, que les alvéoles des abeilles se terminent en pyramide, et qu'avec le minimum de surface, c'est-à-dire la plus petite dépense de cire, elles ont le maximum de volume, c'est-à-dire elles peuvent contenir la plus grande quantité de miel. Personne ne suppose cependant qu'il en est ainsi parce que les abeilles ont résolu par l'emploi du syllogisme et des mathématiques un problème de maximum ; c'est évidemment une action non-logique, bien que les moyens soient parfaitement adaptés à la fin, et que, par conséquent, l'action soit loin d'être illogique. On peut faire la même observation pour un grand nombre d'autres actions, que l'on appelle d'ordinaire instinctives, soit chez l'homme, soit chez les animaux.

4. Il faut ajouter que l'homme a une tendance très marquée à se représenter comme logiques les actions non-logiques. C'est par une tendance du même genre que l'homme anime, personnifie certains objets et phénomènes matériels. Ces deux tendances se retrouvent dans le langage courant, lequel, conservant la trace des sentiments qui existaient quand il s'est formé, personnifie les choses et les faits, et les présente comme des résultats d'une volonté logique.

5. Cette tendance à se représenter comme logiques les actions non-logiques s'atténue et devient la tendance, également erronée, à considérer les relations entre les phénomènes comme ayant uniquement la forme de relations de cause à effet, tandis que les relations qui existent entre les phénomènes sociaux sont beaucoup plus fréquemment des relations de mutuelle dépendance (1). Remarquons en passant que les relations de cause à effet sont beaucoup plus faciles à étudier que les relations de dépendance mutuelle. La logique courante suffit d'ordinaire pour les premières, tandis qu'il faut souvent employer pour les secondes une forme spéciale des raison-

_____

(1) *Cours d'économie politique*, I, § 225, Lausanne, 1896-1897.

nements logiques, à savoir les raisonnements mathématiques (1).

6. Soit A un fait réel et B un autre fait réel, qui ont entre eux une relation de cause à effet, ou bien de mutuelle dépendance. C'est ce que nous appellerons une relation *objective*.

A cette relation correspond, dans l'esprit de l'homme, une autre relation A'B', qui est proprement une relation entre deux concepts de l'esprit, tandis que AB était une relation entre deux choses. A cette relation A'B' nous donnerons le nom de *subjective*.

Si nous trouvons dans l'esprit des hommes d'une société donnée une certaine relation A'B', nous pouvons rechercher α ι) quel est le caractère de cette relation subjective, si les termes A'B' ont une signification précise, s'il y a, ou s'il n'y a pas, entre eux de lien logique; β) quelle est la relation objective AB qui correspond à cette relation subjective A'B'; γ) comment est née et comment a été déterminée cette relation subjective A'B'; δ) de quelle façon la relation AB s'est transformée dans la relation A'B'; ε) quel est sur la société l'effet de l'existence de ces relations A'B', qu'elles correspondent à quelque chose d'objectif AB, ou même qu'elles soient complètement imaginaires.

Quand à AB correspond A'B' les deux phénomènes se développent parallèlement; lorsque celui-ci devient un peu complexe, il prend le nom de *théorie*. On la considère comme *vraie* (I, 36) quand dans tout son développement

_____

(1) C'est ce que ne comprennent pas beaucoup d'économistes qui parlent de la « méthode mathématique », sans en avoir la moindre notion. Ils ont imaginé toute sorte de motifs pour expliquer, d'après eux, l'emploi de ce monstre inconnu auquel ils ont donné le nom de « méthode mathématique », mais ils n'ont jamais songé à celui-ci, même depuis qu'il a été explicitement indiqué dans le vol. I du *Cours d'économie politique*, publié à Lausanne en 1896.

A'B' correspond à AB, c'est-à-dire quand la théorie et l'expérience concordent. Il n'y a pas, et il ne peut pas y avoir, d'autre critérium de la vérité scientifique.

Les mêmes faits peuvent d'ailleurs être expliqués par une infinité de théories, toutes également vraies, car toutes reproduisent les faits à expliquer. C'est en ce sens que Poincaré a pu dire que par là même qu'un phénomène comporte une explication mécanique, il en comporte une infinité.

D'une manière plus générale, on peut observer qu'établir une théorie revient en quelque sorte à faire passer une courbe par un certain nombre de points déterminés. Une infinité de courbes peuvent satisfaire à cette condition (1).

7. Nous avons déjà fait remarquer (I, 10) que nous ne pouvons connaître tous les détails d'aucun phénomène naturel ; par conséquent, la relation A'B' sera toujours incomplète si on la compare à la relation AB ; et même, à défaut d'autre raison, jamais ces relations ne pourront coïncider entièrement, jamais le phénomène subjectif ne pourra être une copie rigoureusement fidèle du phénomène objectif.

8. Beaucoup d'autres raisons peuvent faire diverger ces phénomènes l'un de l'autre. Si, pour le savant qui étudie expérimentalement les faits naturels dans son laboratoire, le phénomène subjectif se rapproche autant qu'il est possible du phénomène objectif ; pour l'homme que troublent le sentiment et la passsion, le phénomène subjectif peut diverger du phénomène objectif au point de n'avoir plus rien de commun avec lui.

9. Il faut remarquer que le phénomène objectif ne se présente à notre esprit que sous la forme de phénomène

_____

(1) *Rivista di scienza*, Bologna, n° 2. 1907, *Les doctrines sociales et économiques considérées comme science.*

subjectif, et que, par suite, c'est celui-ci, et non celui-là, qui est la cause des actions humaines ; pour que le phénomène objectif puisse agir sur elles, il faut qu'il se transforme d'abord en phénomène subjectif (1). De là vient la grande importance qu'a pour la sociologie l'étude des phénomènes subjectifs et de leurs relations avec les phénomènes objectifs.

Les relations entre les phénomènes subjectifs sont bien rarement une copie fidèle des relations qui existent entre les phénomènes objectifs correspondants. On y relève très fréquemment la différence suivante. Sous l'influence des conditions de la vie, on fait certaines actions P.....Q ; puis, quand on raisonne sur elles on découvre, ou on croit découvrir, un principe commun à P.....Q, et alors on s'imagine qu'on a fait P.....Q comme conséquence logique de ce principe. En réalité P.....Q ne sont pas la conséquence du principe, mais c'est le principe qui est la conséquence de P.....Q. Il est vrai que quand le principe est établi, il s'ensuit des actions R.....S, qui s'en déduisent, et ainsi la proposition contestée n'est qu'en partie fausse.

Les lois du langage nous fournissent un bon exemple. La grammaire n'a pas précédé, mais suivi la formation des mots ; pourtant une fois établies, les règles grammaticales ont donné naissance à certaines formes, qui sont venues s'ajouter aux formes existantes.

En résumé, faisons deux groupes des actions P.....Q et R.....S : le premier, P.....Q, qui est le plus nombreux et le plus important, préexiste au principe qui semble régir ces actions; le second, R.....S, qui est accessoire et souvent de faible importance, est la conséquence du principe ; ou, en d'autres termes, il est une conséquence indirecte des mêmes causes qui ont directement donné P.....Q.

(1) *Systèmes socialistes*, I, p. 15.

10. Les phénomènes A' et B' du § 6 ne correspondent pas toujours aux phénomènes réels A, B ; très souvent il arrive que A' ou B', ou même tous deux, ne correspondent à rien de réel, et sont des entités exclusivement imaginaires. De plus, la relation entre A' et B' peut n'être logique qu'en apparence et non en réalité (1). De là différents cas qu'il est bon de distinguer.

11. Soit A un phénomène réel, dont un autre phénomène, réel lui aussi, B, est la conséquence. Il y a une relation objective de cause à effet entre A et B. Si un individu a des notions plus ou moins grossièrement approximatives de A et de B, et qu'il mette ces notions en rapport de cause à effet, il obtient une relation A' B', qui est une image plus ou moins fidèle du phénomène objectif. A ce genre appartiennent les relations que le savant découvre dans son laboratoire.

12. On peut ignorer que B est la conséquence de A, et croire qu'il est au contraire la conséquence d'un autre fait réel, C ; ou bien on peut, tout en sachant que B est la conséquence de A, vouloir le considérer délibérément comme la conséquence de C.

Les erreurs scientifiques rentrent dans le premier cas ; et il y en aura toujours des exemples parce que l'homme est sujet à l'erreur. On trouve des exemples du second cas, dans les *fictions légales*, dans les raisonnements dont font usage les partis politiques pour s'opprimer réciproquement, ou dans d'autres circonstances semblables ; c'est ainsi que raisonne, dans la fable, le loup qui veut manger l'agneau. La plupart des raisonnements que l'on fait pour l'établissement des impôts appartiennent à ce même genre : on déclare que l'on veut

Fig. 1

(1) *Systèmes socialistes*, I, p. 22.

que les impôts B s'inspirent de certains principes de
justice, ou d'intérêt général ; mais en réalité B est lié,
par un rapport de cause à effet, à l'avantage A de la
classe dominante. Enfin, à ce même genre de raisonne-
ménts nous pouvons rattacher, au moins en partie,
l'origine de la casuistique (1).

13. Nous avons jusqu'ici parlé de trois faits réels,
A, B, C ; mais dans les spéculations humaines interviennent très souvent des faits complètement imaginaires.

Un de ces cas imaginaires M peut être mis en rapport
logique avec un fait réel B ; cette erreur, qui est fréquente
encore dans les sciences sociales, était courante autrefois
dans les sciences physiques. Par exemple, on enlève l'air
contenu dans un tube qui communique avec un vase
plein d'eau ; la pression de l'air sur la
surface de l'eau est le fait A, la montée
de l'eau dans le tube est le fait B. Or,
ce fait on l'a expliqué autrefois par un
autre fait complètement imaginaire, M,
c'est-à-dire par « l'horreur de la nature
pour le vide », qui a bien d'ailleurs B
pour conséquence logique. Au commencement du xixᵉ siècle la « force vitale »
expliquait un nombre infini de faits bio-

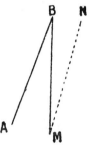

Fig. 2

logiques. Les sociologues contemporains expliquent et
démontrent une infinité de choses par l'intervention de
la notion de « progrès ». Les « droits naturels » ont
eu et continuent à avoir une grande importance dans
l'explication des faits sociaux. Pour beaucoup de gens
qui ont appris comme des perroquets les théories socialistes, le « capitalisme » explique tout et il est la
cause de tout le mal qu'on rencontre dans la société hu-

(1) *Systèmes socialistes*, I, p. 178, 27.

maine. D'autres parlent de la « terre libre », que personne
n'a jamais vue ; et on nous raconte que tous les maux de
la société sont nés le jour où « l'homme a été séparé des
moyens de production ». A quel moment ? C'est ce qu'on
ne sait pas ; peut-être le jour où Pandore ouvrit sa
boîte, ou bien aux temps où les bêtes parlaient.

14. Quand on fait intervenir des faits imaginaires M,
comme on est libre dans le choix qu'on en fait, il semble
qu'on devrait au moins faire en sorte que le lien MB fût
logique ; pourtant il n'en est pas toujours ainsi, soit
parce que certains hommes sont réfractaires à la logique,
soit parce qu'on se propose d'agir sur les sentiments.
Il s'ensuit que souvent le fait imaginaire M est mis en
relation avec un autre fait imaginaire N par un lien
logique, ou même par un lien illogique. Nous trouvons
de nombreux exemples de ce dernier genre en métaphysique et en théologie, et dans certaines œuvres philosophiques comme la *Philosophie de la nature* de
Hegel (1).

Cicéron (*De nat. deor.*, II, 3) cite un raisonnement
par lequel, de l'existence de la divination M, on déduit
l'existence N des dieux. Dans un autre ouvrage il cite un
raisonnement inverse, par lequel de l'existence des
dieux on déduit celle de la divination (2) ; et il en montre
la fausseté.

Tertullien sait pourquoi les démons peuvent prédire
la pluie : c'est parce qu'ils vivent dans l'air, et qu'ils
ressentent les effets de la pluie avant qu'elle n'arrive
jusqu'à la terre (3).

(1) *Systèmes socialistes*, II, p. 71 et s.
(2) *De divin.*, I, 5 : « Ego enim sic existimo : si sint ea genera
divinandi vera, de quibus accepimus, quaeque colimus, esse deos ;
vicissimque, si dii sint, esse, qui divinent. »
(3) *Apolog.*, 22 : « Habent de incolatu aëris, et de vicinia side-
rum, et de conmercio nubium coelestes sapere paraturas, ut et
pluvias quas jam sentiunt, repromittant. »

Au Moyen Age, quand les hommes voulaient construire une théorie, ils étaient presque invinciblement portés à raisonner, ou mieux à déraisonner, de cette façon ; et si par hasard, chose rare, quelqu'un se hasardait à émettre quelques doutes, il était persécuté comme ennemi de Dieu et des hommes, par ceux qui, à n'en pas douter, étaient en opposition absolue avec le bon sens et avec la logique. Les disputes inconcevables sur la prédestination, sur la grâce efficace, etc., et de nos jours les divagations sur la solidarité, démontrent que les hommes ne se délivrent pas de ces rêveries, dont on ne s'est débarrassé que dans les sciences physiques, tandis qu'elles encombrent encore les sciences sociales.

De nos jours on a vu se produire une tendance à justifier ces modes de raisonnement. Ce qu'il y a de vrai dans ce nouveau point de vue, c'est la conception de la relativité de toutes les théories et la réaction contre le sentiment qui attribue une valeur absolue aux théories scientifiques modernes.

La théorie de la gravitation universelle n'a pas un contenu réel absolu à opposer à « l'erreur » de la théorie attribuant à chaque corps céleste un ange qui en règle les mouvements. Cette seconde théorie peut d'ailleurs être rendue aussi vraie que la première, en ajoutant que ces anges, pour des raisons à nous inconnues, font mouvoir les corps célestes *comme* s'ils s'attiraient en raison directe des masses et inverse des carrés des distances. Seulement alors l'intervention des anges est une superfétation, et doit être éliminée, par le motif que, dans la science, toute hypothèse inutile est nuisible. Peut-être, un jour, le même motif fera-t-il éliminer la conception de la gravitation universelle ; mais — et c'est là l'important — les équations de la mécanique céleste continueront à subsister (1).

(1) H. Poincaré, *La science et l'hypothèse*, p. 189-190 : « Nulle

15. Si une relation objective AB coïncide approximativement avec une relation subjective A′B′ dans l'esprit de quelqu'un, celui-ci, en raisonnant logiquement, pourra tirer de A′ d'autres conséquences C′, D′, etc., qui ne s'éloigneront pas trop des faits réels C, D, etc. Au contraire, si M étant un motif imaginaire, ou même un fait réel différent de A, la relation objective AB correspond à la relation subjective MB′, dans l'esprit de quelqu'un, celui-ci, toujours en raisonnant logiquement, en tirera certaines conséquences N, P, Q, etc., qui n'au

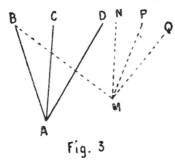

ront rien de réel. Si donc il compare ses déductions à la réalité, dans l'intention de rechercher uniquement la vérité et sans que quelque émotion forte le trouble, il s'apercevra que M n'est pas la raison de B ; et ainsi petit à petit, par l'expérience et

Fig. 3

en comparant ses déductions théoriques à la réalité, il modifiera la relation subjective MB′ et il la remplacera par une autre A′B′, qui se rapproche davantage de la réalité.

16. A ce genre appartiennent les études expérimentales du savant, et aussi un grand nombre d'actions pratiques de l'homme, y compris celles qu'étudie l'éco-

théorie ne semblait plus solide que celle de Fresnel qui attribuait la lumière aux mouvements de l'éther. Cependant on lui préfère maintenant celle de Maxwell. Cela veut-il dire que l'œuvre de Fresnel a été vaine ? Non, car le but de Fresnel n'était pas de savoir s'il y a réellement un éther, s'il est ou non formé d'atomes, si ces atomes se meuvent réellement dans tel ou tel sens ; c'était de prévoir les phénomènes optiques. Or, cela la théorie de Fresnel le permet toujours, aujourd'hui aussi bien qu'avant Maxwell. Les équations différentielles sont toujours vraies ; on peut toujours les intégrer par les mêmes procédés et les résultats de cette intégration conservent toujours leur valeur. »

nomie politique. Ces actions sont répétées un très grand
nombre de fois, et on fait varier les conditions, de façon
à pouvoir examiner un grand nombre de conséquences
de A, ou de M, et arriver à une idée exacte des relations
objectives.

17. Celui qui, au contraire, agit rarement selon la
relation AB, ou agit en se plaçant toujours dans les
mêmes conditions, ou bien qui se laisse dominer par ses
sentiments, peut avoir de la relation AB une notion en
partie imaginaire MB', et parfois une notion entièrement
imaginaire MN.

18. La théorie de ce premier genre d'actions est essentiellement différente de la théorie du second genre. Nous
ne donnerons que quelques indications sur celui-ci,
notre manuel ayant principalement pour objet l'étude
de celui-là.

Remarquons que, dans la vie sociale, ce second genre
d'actions est fort étendu et de très grande importance.
Ce que l'on appelle la morale et les mœurs en dépendent
entièrement. Il est constant que jusqu'ici aucun peuple
n'a eu une morale scientifique ou expérimentale. Les
tentatives des philosophes modernes pour ramener la
morale à une telle forme n'ont pas abouti ; mais quand
bien même elles auraient été concluantes, il resterajt
vrai qu'elles ne concernent qu'un nombre très restreint
d'individus et que la plupart des hommes, presque tous,
les ignorent complètement. De même, de temps en temps
on signale le caractère anti-scientifique, anti-expéri-
mental de tel ou tel usage ; et cela peut être l'occasion d'un bon nombre de productions littéraires, mais
ne peut avoir la moindre influence sur ces usages,
qui ne se transforment que pour de tout autres raisons.

Il existe certains phénomènes auxquels on donne le
nom d'ÉTHIQUES ou de MORAUX, que tout le monde croit

connaître parfaitement, et que jamais personne n'a pu définir d'une façon rigoureuse.

Ils n'ont presque jamais été étudiés en se plaçant au point de vue purement objectif. Tous ceux qui s'en occupent défendent quelque principe qu'ils voudraient imposer à autrui, et qu'ils estiment supérieur à tout autre. Ils ne recherchent donc pas ce que les hommes d'une époque et d'un lieu donné ont appelé morale, mais ce que, d'après eux, on doit appeler de ce nom ; et quand, ils daignent étudier quelqu'autre morale, ils ne la conçoivent qu'à travers leurs préjugés, et ils se contentent de la comparer à la leur, qui devient la mesure et le type de toutes les autres. De cette comparaison découlent ensuite un certain nombre de théories, implicites ou explicites. La morale type a été considérée comme quelque chose d'absolu, révélé ou imposé par Dieu, d'après le plus grand nombre, dérivant de la nature de l'homme, d'après certains philosophes. S'il y a des peuples qui ne la suivent pas, c'est parce qu'ils ne la connaissent pas, et les missionnaires doivent la leur enseigner et ouvrir les yeux de ces malheureux à la lumière de la vérité ; ou bien les philosophes s'efforceront d'enlever les voiles épais qui empêchent les faibles mortels de connaître le *Vrai*, le *Beau*, le *Bien* absolus ; ces mots sont d'usage courant, bien que personne n'ait jamais su ce qu'ils signifient, ni à quelles réalités ils correspondent. Ceux qui subtilisent sur ces matières voient dans les diverses espèces de morale, — certains disent également dans les diverses espèces de religion, — un effort de l'*Humanité* (une autre abstraction du même genre que les précédentes, bien qu'un peu moins inintelligible) pour arriver à la connaissance du *Bien* et du *Vrai* suprême.

Ces idées se sont modifiées à notre époque, peut-être beaucoup plus dans la forme que dans le fonds, mais en tout cas en se rapprochant un peu plus de la réalité, et on a élaboré une morale évolutionniste. On n'a pas cependant abandonné l'idée d'une morale type ; seulement elle a été placée au terme de l'évolution, dont elle est l'aboutissement, soit d'une façon absolue, soit d'une façon temporaire. Il est bien évident que cette morale type, élaborée par l'auteur qui la propose, est meilleure que toutes celles qui l'ont précédée. C'est ce que l'on peut démontrer, si on le désire, à l'aide d'une autre très belle et, de nos jours, très puissante entité métaphysique, le *Progrès*, qui nous certifie que chaque terme de l'évolution marque un état meilleur sur le terme précédent, et qui empêche, grâce à certaines de ses vertus occultes mais néanmoins très efficaces, que cet état puisse empirer.

En réalité, et en laissant de côté tous ces discours vides ou sans portée, cette morale type n'est que le produit des sentiments de celui qui la construit, sentiments qui, pour la plus grande partie, sont empruntés à la société dans laquelle il vit, et qui, pour une très faible part, lui appartiennent en propre ; qui sont un produit non-logique que le raisonnement modifie légèrement ; elle n'a d'autre valeur que d'être la manifestation de ces sentiments et de ce raisonnement.

Telle n'est pas, cependant, l'opinion de son auteur. Il a accepté cette morale sous l'influence du sentiment, et il se pose ce problème : comment la démontrer par l'expérience et la logique ? Il tombe ainsi nécessairement dans de pures logomachies, parce que ce problème est insoluble par sa nature même.

19. Les hommes, et probablement aussi les animaux qui vivent en société, ont certains sentiments qui, dans certaines circonstances déterminées, servent de norme à leurs actions. Ces sentiments de l'homme ont été répartis en diverses classes, parmi lesquelles nous devons considérer celles qu'on a appelées : la religion, la morale,

le droit, la coutume. On ne peut pas, même aujourd'hui, marquer avec précision les limites de ces différentes classes, et il fut un temps où toutes ces classes étaient confondues et formaient un ensemble à peu .près homogène. Elles n'ont aucune réalité objective précise et elles ne sont qu'un produit de notre esprit ; c'est pour cela que c'est une chose vaine de rechercher, par exemple, ce qu'est objectivement la morale, ou la justice. Cependant les hommes ont de tout temps raisonné comme si la.morale et la justice avaient une existence propre, agissant sous l'influence de cette tendance, très forte en eux, qui leur fait prêter un caractère objectif aux laits subjectifs et de ce besoin impérieux qui leur fait recouvrir d'un vernis logique les relations de leurs sentiments. La plupart des disputes théologiques ont cette origine, comme aussi l'idée véritablement monstrueuse d'une religion scientifique.

La morale et la justice furent d'abord placées sous la dépendance de la divinité ; plus tard elles acquirent une vie indépendante et on voulut même, par un renversement des termes, soumettre le Tout-puissant lui-même à leurs lois (1). C'est bien là une manifestation du ca-

---

(1) De nos jours cette opinion est générale. Déjà Montesquieu avait écrit, *Lettres persanes*, LXXXIII : « S'il y a un Dieu, mon cher Rhédi, il faut nécessairement qu'il soit juste ; car s'il ne l'était pas, il serait le plus mauvais et le plus imparfait de tous les êtres. La justice est un rapport de convenance qui se trouve réellement entre deux choses : ce rapport est toujours le même, quelque être qui le considère, soit que ce soit Dieu, soit que ce soit un ange, ou enfin que ce soit un homme. »

Relevons d'abord une contradiction. Le Tout-puissant a créé, avec les choses, ce « rapport de convenance » qu'elles ont entre elles ; et ensuite il se trouve obligé de se soumettre à ce « rapport de convenance ».

Signalons ensuite l'erreur courante qui donne une valeur objective à ce qui n'a qu'une valeur subjective. Cette relation de convenance n'existe que dans l'esprit de l'homme. Cette erreur

ractère changeant de la foi dans l'esprit de l'homme. Quand elle est toute-puissante, l'idée de la divinité est prépondérante, quand la foi diminue, l'idée de la divinité fait place à des concepts métaphysiques comme ceux que nous avons indiqués (§ 48) et plus tard à des notions expérimentales. Ce mouvement n'a pas toujours la même direction ; il est soumis à de larges oscillations. Déjà Platon faisait le procès des dieux de l'Olympe au nom d'abstractions métaphysiques ; il y eut ensuite un retour de la foi, suivi d'autres oscillations ; finalement, pour certains théologiens de notre époque, la croyance en Dieu n'est plus qu'une croyance dans la « solidarité », et la religion un nébuleux humanitarisme. Ceux-ci s'imaginent qu'ils raisonnent scientifiquement parce qu'ils ont débarrassé leur manière de voir de toute notion de religion positive, et ils ne s'aperçoivent pas que leur conception, n'ayant pas plus que les religions de base expérimentale, ne s'exprime que par des mots vides de sens, capables seulement d'éveiller chez certains hommes, par le bruit qu'ils font, des sentiments indéfinis, imprécis comme ceux que l'on a dans le demi-sommeil. Si on compare une vie de saint écrite au Moyen Age à ces vains discours, on voit que ceux-ci comme celle-là ne reposent sur aucun concept expérimental, mais celle-là au moins est intelligible, tandis que ceux-ci sont inintelligibles.

20. Les recherches utiles que l'ont peut instituer à l'occasion de ces sentiments ont pour objet leur nature, leur origine, leur histoire ; les relations qu'ils ont avec d'autres faits sociaux ; les relations qu'ils peuvent avoir avec l'utilité de l'individu et de l'espèce (§ 6).

Alors même qu'on s'occupe de ce genre de recherches, il est bien dificile de procéder d'une façon entièrement sereine et scientifique ; car à cela s'oppose la profonde

explique, et supprime en partie, la contradiction que nous avons relevée.

émotion que font éprouver aux hommes ces sortes de choses. D'ordinaire ceux qui raisonnent sur ces sentiments en distinguent deux classes ; dans la première ils mettent ceux qu'ils partagent, et qu'ils déclarent bons et vrais ; et dans l'autre, ceux qu'ils ne partagent pas, et qu'ils déclarent faux et mauvais : et cette opinion réagit sur leurs jugements, et domine toutes leurs recherches. En Europe, du Moyen Age jusque vers le xviiie siècle, il n'était pas permis de parler d'autres religions que de la religion chrétienne, si ce n'est comme de funestes erreurs ; de nos jours est née une religion humanitaire-démocratique, qui seule est vraie et bonne ; toutes les autres, y compris la religion chrétienne, sont fausses et pernicieuses. Ceux qui défendent ces conceptions s'imaginent naïvement qu'ils sont scientifiquement beaucoup au-dessus de ceux qui pratiquaient, dans le passé, la même intolérance (1).

C'est un travers dont ne sont pas exempts parmi les modernes beaucoup de ceux qui étudient l'évolution de ces sentiments, parce que d'ordinaire ils ont une foi à laquelle ils soumettent plus ou moins les faits, et parce qu'ils veulent démontrer que l'évolution se fait dans le sens auquel ils tiennent. Néanmoins, leurs travaux ont contribué au développement de la science par tous les faits qu'ils ont recueillis, ordonnés, illustrés, et aussi parce que ce genre d'études a fini par faire naître l'habitude de considérer, au moins dans une faible mesure, ces sentiments d'une manière objective. En tout cas, l'évolution ou l'histoire de ces sentiments est ce qu'il y a de

(1) ALFRED DE MUSSET, L'Espoir en Dieu :
« Sous les rois absolus, je trouve un Dieu despote ;
On nous parle aujourd'hui d'un Dieu républicain. »

Actuellement on nous parle d'un Dieu socialiste ; et il est des chrétiens qui n'admirent dans le Christ qu'un précurseur de M. Jaurès.

plus connu, ou de moins inconnu, en sociologie; aussi, étant donné le peu d'espace dont nous disposons, ne nous appesantirons-nous pas sur ce sujet, pour insister davantage sur les parties moins connues, et celles-ci même ne pourront être étudiées dans leur ensemble ; nous en énumèrerons seulement certains cas particuliers qui illustreront les théories générales.

21. On discute depuis longtemps sur les relations des sentiments religieux et des sentiments moraux. Les deux opinions extrêmes sont : 1º que la morale est une dépendance de la religion ; 2º qu'au contraire la morale est autonome ; de là est née la théorie de la « morale indépendante ».

Remarquons d'abord que ces discussions ne sont pas sans arrière-pensées. Ceux qui défendent la première de ces opinions se proposent de démontrer l'utilité de la religion, comme créatrice de la morale ; ceux qui défendent la seconde veulent démontrer l'inutilité de la religion ou, plus exactement, d'une certaine religion qui ne leur plaît pas. Si nous examinons le problème d'une façon intrinsèque, nous verrons qu'il est mal posé, parce qu'il réduit en un seul deux problèmes différents et qui, comme nous allons le montrer, peuvent avoir des solutions divergentes. Il nous faut ici, comme dans tous les cas semblables, distinguer les relations logiques qu'il peut nous convenir de créer entre les sentiments et les relations de fait qui existent entre eux, c'est-à-dire qu'il faut, comme à l'ordinaire, distinguer entre les relations subjectives et les relations objectives.

22. Supposons qu'un individu ait certains sentiments A, B, C ; si, pour qu'ils existent en même temps, il était nécessaire qu'il y eut entre eux un lien logique, les deux problèmes que nous venons de distinguer se ramèneraient à un seul. Aussi fait-on d'ordinaire cette réduction. C'est une opinion commune, implicite ou explicite, que les

hommes sont uniquement guidés par la raison et que
par conséquent tous leurs sentiments sont liés d'une
façon logique ; mais c'est là une opinion fausse et démentie par des faits sans nombre, qui nous font pencher
vers une autre opinion extrême, tout aussi fausse
d'ailleurs, à savoir que l'homme est guidé exclusivement
par ses sentiments et non par la raison. Ces sentiments
ont leur origine dans la nature de l'homme combinée
avec les circonstances dans lesquelles il a vécu, et il ne
nous est pas permis d'affirmer *a priori* qu'il y a entre eux
un lien logique. Il y a entre la forme du bec de faisan
et la qualité de sa nourriture un lien logique, mais il
n'y en a pas, ou du moins elle nous est inconnue, entre
la forme du bec et la couleur des plumes du mâle.

23. Le problème posé au § 21 se divise donc de la
façon suivante : 1° si nous supposons (remarquons cette
prémisse) que l'on veuille démontrer logiquement que
l'homme doit suivre certaines règles morales, quel est
le raisonnement qui paraît le plus rigoureux dans la
forme ? 2° Les sentiments religieux, ou pour restreindre
un peu ce problème peut-être trop général, les sentiments déterminés par une religion positive admettant
un Dieu personnel, sentiments que nous appellerons A,
sont-ils toujours, ou d'ordinaire, accompagnés des sentiments moraux B, c'est-à-dire les A existent-ils toujours,
ou d'ordinaire, en même temps que les B, ou bien les B
se rencontrent-ils seuls, ou d'ordinaire sans les A ?

Le premier problème fait partie de ceux que nous
avons désignés par (α) au § 6 ; le second, de ceux que
nous avons désignés par (β).

24. Occupons-nous du premier de ces problèmes.
D'ordinaire le raisonnement tend à amener l'homme à
faire une certaine chose A qui n'est pas agréable par
elle-même, ou qui n'est pas suffisamment agréable pour
que l'homme soit directement poussé à la faire. En

général, du reste, A comprend non seulement l'action mais aussi l'abstention.

25. Parmi les raisonnements sans nombre qu'on fait sur le premier problème, il faudra considérer ceux qui se répartissent dans les classes suivantes : (I) On démontre que A est, en dernière analyse, avantageux à l'homme : (Iα) parce qu'un être surnaturel, ou même simplement une loi naturelle ou surnaturelle (bouddhisme), récompense ceux qui font A, punit ceux qui ne font pas A, soit (Iα1) dans cetle vie, soit (Iα2) dans l'autre ; ou bien (Iβ) parce que, par lui-même, A finit par être avantageux : (Iβ1) à l'individu, ou bien (Iβ2) à l'espèce. (II) on démontre que A est la conséquence d'un certain principe, d'ordinaire métaphysique, d'un certain précepte admis *a priori*, de quelque autre sentiment moral. Par exemple : (IIα) A coïncide avec ce que veut la *nature* ; ou bien, pour certains auteurs modernes, avec l'évolution, avec la théorie de la « solidarité », etc. ; (IIβ) A est la conséquence du précepte que nous *devons* travailler à nous rapprocher de la perfection ; que nous devons « poursuivre le bonheur du genre humain, ou mieux de tous les êtres sensibles » (1) ; ou bien que nous devons faire tout ce qui peut améliorer et glorifier l'*humanité* ; ou que « nous devons agir de telle sorte que la règle de notre vouloir puisse prendre la forme d'un principe de législation universelle » (Kant), etc.

26. Les raisonnements (Iα) sont les plus logiques et parmi eux les meilleurs sont les (Iα2). Quand, pour démontrer que les hôtes doivent-être bien traités, Ulysse dit qu'ils viennent de Zeus (2), il emploie un argument

(1) John Stuart Mill, *Logique*, VI, 12, § 7.
(2) *Odyss.*, VI, 207, 208.

πρὸς γὰρ Διός εἰσιν ἅπαντες
ξεῖνοί τε πτωχοί τε.

qui, si on accepte la prémisse, est parfaitement logique.
Il ne peut être récusé que par ceux qui, comme le Cyclope,
se croient aussi forts que Zeus, mais ceux qui se savent
plus faibles, ne peuvent s'y soustraire ; et, remarquons-le,
ils sont battus par leurs propres armes : c'est par égoïsme
qu'ils refusent de venir en aide à l'hôte, et c'est par
égoïsme qu'ils doivent redouter la toute-puissance de
Zeus.

27. Le lien logique est très fort ; examinons la prémisse qui se trouve dans cette affirmation que Zeus venge
les étrangers. Dans le cas (Ια1) cette proposition peut
être vérifiée expérimentalement (I, 36), et par conséquent elle peut être facilement détruite par les constata-
tions de quelque Diagoras (1), ou par celles que Cicéron
met dans la bouche de Cotta (*De nat. deor.*, III, 34 et
passim) ; mais dans le cas (Ια2), la proposition, n'étant
pas expérimentale, échappe à toute vérification expérimentale, et le raisonnement devient si fort qu'on ne peut
que lui opposer un *non liquet* ; il est impossible de le
réfuter en prouvant le contraire.

28. Les raisonnements du genre (Iβ), et notamment les
raisonnements (Iβ1), conduisent à des sophismes évidents. En somme, en supprimant les voiles métaphysiques, affirmer que l'individu poursuit son propre avantage en se conduisant d'après les règles morales revient

« Parce que c'est de Zeus que viennent tous les étrangers et tous
les mendiants. »
Au Cyclope (IX, 270) il dit :

Ζεὺς δ' ἐπιτιμήτωρ ἱκετάων τε ξείνων τε,

« Zeus venge les suppliants et les étrangers ».
Le Cyclope répond (IX, 275) :

Οὐ γὰρ Κύκλωπες Διὸς αἰγιόχου ἀλέγουσιν,

« Les Cyclopes ne se soucient pas de Zeus. »
(1) Certains prétendent que Diagoras devint athée parce qu'un
individu qui, par son parjure, lui avait nui demeura impuni. *Sext.
Emp., Adversus physicos*, p. 562 ; *Schol. in Aristoph., Nub.*, 830.

à affirmer que la vertu est toujours récompensée et le vice puni, ce qui est manifestement faux. La démonstration employé d'ordinaire, depuis Platon (1), consiste à remplacer les sensations agréables ou pénibles qu'éprouve l'homme par des abstractions qu'on définit de façon à les faire dépendre du fait d'avoir agi moralement ; ensuite on fait un cercle vicieux : si le bonheur est la conséquence d'une conduite morale, il n'est pas difficile de conclure que la conduite morale donne le bonheur.

29. Ces erreurs proviennent de ce qu'on ne veut pas comprendre que la sensation agréable, ou désagréable, est un fait primitif, qui ne peut être déduit par le raisonnement. Quand un homme éprouve une sensation, il est absurde de vouloir lui démontrer qu'il en éprouve une autre. Si un homme se sent heureux, il est profondément ridicule de vouloir lui démontrer qu'il est malheureux, ou inversement.

Il est étrange qu'un homme comme Spencer ait pu tomber en une aussi grossière erreur ; tout son traité sur la morale n'est pas digne de son intelligence. Dans le § 79 de la *Morale évolutionniste,* il veut démontrer que « les actions accomplies dans l'intérêt d'autrui nous procurent des plaisirs personnels, par cette raison encore qu'ils font régner la joie autour de nous ». Il y a

(1) *Civitas,* I, p. 353, 354 : « *Soc.* : La justice n'est-elle pas la vertu de l'âme ; l'injustice, n'en est-elle pas le vice ? *Thras.* : Certainement. *Soc.* Donc l'homme juste et l'âme juste vivront bien ; l'homme injuste, mal. *Thras.* C'est ce qu'il semble. *Soc.* Mais celui qui vit bien est content et heureux ; le contraire arrive pour qui ne vit pas bien. *Thras.* Evidemment. *Soc.* Le juste donc est heureux ; l'injuste malheureux. — Ὁ μὲν δίχαιος ἄρα εὐδαίμων, ὁ δ' ἄδιχος ἄθλιος. » C'est ce qu'il paraphrase encore III, p. 444, 445. Nous ne savons pas quelle était la véritable manière de voir de Socrate ; mais le Socrate de Xénophon considère presque toujours comme identique le bien et l'utile, le mal et le nuisible. Quand on procède ainsi, on va contre les faits, et pour prouver son assertion il ne peut alors avoir recours qu'à des sophismes.

là une pétition de principe. Ou bien un homme éprouve
du plaisir à voir les autres contents, et dans ce cas il est
inutile de lui démontrer qu'il éprouvera du plaisir en
rendant les autres contents ; c'est comme si l'on disait :
« Le vin vous plaît ; donc, pour vous procurer du plaisir,
buvez du vin. » Ou bien cet homme n'éprouve aucun
plaisir à voir les autres contents, et, dans ce cas, il n'est
pas du tout vrai qu'en rendant service à autrui il se procurera un plaisir à lui-même. C'est comme si l'on disait : « Le vin ne vous plaît pas ; mais, s'il vous plaisait
et si vous en buviez, vous seriez content ; donc buvez-en,
et vous serez content. »

Au § 80, Spencer veut nous démontrer que « celui
qui s'emploie à procurer du plaisir à autrui ressent d'une
façon plus forte ses propres plaisirs que celui qui se
soucie exclusivement de ceux-ci ». C'est ici encore un
cercle vicieux ; on prend comme prémisse ce qu'il faut
démontrer. C'est une étrange prétention de Spencer que
de vouloir nous démontrer logiquement que nous sentons ce que nous ne sentons pas ! Voici un homme qui
mange un poulet ; on veut lui démontrer qu'il éprouverait plus de plaisir en n'en mangeant que la moitié, et en
donnant l'autre moitié à son voisin. Il répond : « Certainement non ; j'ai déjà essayé et je vous assure que
j'éprouve plus de plaisir à le manger tout entier qu'en en
donnant la moitié à mon voisin ». Vous pouvez le traiter
de méchant, vous pouvez l'injurier, mais vous ne pouvez
pas lui démontrer logiquement qu'il n'éprouve pas cette
sensation. L'individu est seul juge de ce qui lui plaît ou lui
déplaît ; et si, par exemple, c'est un homme qui n'aime
pas les épinards, c'est le comble du ridicule et de l'absurde que de vouloir lui démontrer, de la même façon
qu'on démontre le théorème de Pythagore, qu'ils lui
plaisent. On peut bien lui démontrer qu'en supportant
une certaine sensation désagréable, il se procurera une

autre sensation agréable ; que, par exemple, en mangeant tous les jours des épinards, il se guérira d'une certaine maladie, mais il reste toujours le seul juge de savoir si cette compensation existe ou non entre ce plaisir et cette peine, et personne ne peut lui démontrer par la logique que cette compensation existe, s'il sent qu'elle n'existe pas.

Nous laissons de côté les phénomènes de suggestion, qui n'ont rien à voir avec les démonstrations logiques.

30. Dans les raisonnements du genre (Iβ2), on sousentend généralement une prémisse ; le raisonnement complet serait : « L'individu doit faire tout ce qui est utile à l'espèce ; A est utile à l'espèce, donc l'individu doit faire A ». On ne parle pas de cette prémisse, parce qu'on ne trouverait pas facilement d'adhésion sans restriction à cette affirmation, que l'individu doit faire tout ce qui est utile à l'espèce ; et l'introduction de restrictions nous force à résoudre un problème difficile, parce que l'utilité de l'individu et l'utilité de l'espèce sont des quantités hétérogènes qui se prètent mal à une comparaison. La sélection agit en sacrifiant l'individu à l'espèce (VII, 99). Il arrive très souvent que ce qui est bon, utile pour l'individu est en opposition absolue avec certaines circonstances qui sont favorables à l'espèce. Sans doute l'individu ne peut exister sans l'espèce, et inversement ; par conséquent, si on détruit l'espèce on détruit l'individu, et inversement ; mais cela ne suffit pas pour identifier le bien de l'individu et celui de l'espèce : un individu peut vivre et être heureux en poursuivant le mal de tous les autres individus qui composent l'espèce. Les raisonnements du genre ci-dessus indiqué sont généralement en défaut au point de vue logique.

31. Les raisonnements de la classe (II), comme d'ailleurs aussi ceux de la classe (I), peuvent être considérés à deux points de vue. On pourrait prétendre que le prin-

cipe auquel on veut ramener les sentiments moraux est
simplement le type des sentiments existants. De même
il existe un nombre infini de cristaux qui tous peuvent
se déduire du système cubique. Mais les auteurs des raisonnements (II) ne l'entendent pas d'ordinaire de cette
façon ; et s'ils l'entendaient ainsi, il leur serait impossible de démontrer que tous les sentiments existants
et qui ont existé peuvent être déduits du principe qu'ils
défendent. On ne voit pas comment, du même principe,
on pourrait déduire ce précepte, qu'on retrouve chez un
grand nombre de peuples : « on doit se venger de son
ennemi », ou même simplement le précepte grec : « haïs
qui te hait, aime fortement qui t'aime (1) », et cet autre :
« pardonne à tes ennemis ; aime ton prochain comme
toi-même ». En général les auteurs veulent donner le
type, non pas des sentiments qui ont existé, mais de
ceux qui *devraient* exister. De là le second point de vue
auquel nous apparaissent ces raisonnements, qui ont
pour objet, non pas de décrire ce qui est, mais ce qui
devrait être ; et c'est pour cela qu'ils n'ont aucune valeur
logique.

Herbert Spencer se tire d'affaire en appelant *pro-mo-*
rale les usages et les coutumes que l'observation nous
prouve exister ou avoir existé ; et il réserve le nom de
morale à quelque chose d'absolu qui *devrait* exister. Il
blâme les morales *a priori,* comme la morale chrétienne ;
mais au fond sa morale est aussi *a priori* que celles qu'il
repousse, et il est forcé lui-même de reconnaître que
l'observation ne nous donne que la *pro-morale.*

Par exemple, il est persuadé que la guerre est immo-
rale. Cette proposition peut satisfaire ses sentiments et
ceux des autres hommes, mais on ne peut pas la démontrer scientifiquement, et personne ne peut dire si la

_____

(1) Μισοῦντα μίσει, τόν φιλοῦνθ᾽ ὑπερφίλει.

guerre disparaîtra jamais de cette terre. La répugnance de Spencer pour la guerre et pour les sentiments belliqueux est purement subjective ; mais, selon un procédé courant, il en fait un principe objectif, qui lui sert à juger la morale des divers peuples. Il ne s'aperçoit pas qu'il ne fait ainsi qu'imiter l'homme religieux, pour lequel sont fausses toutes les religions en dehors de la sienne. Spencer a simplement la religion de la paix, et cette religion ne vaut ni plus ni moins que l'islanisme, le bouddhisme, ou n'importe quelle autre religion.

Spencer parcourt une partie du chemin en suivant les procédés du raisonnement scientifique ; puis il abandonne ce chemin, poussé par la force puissante qui entraîne les hommes à donner une valeur objective à des faits subjectifs, et il passe sur le terrain de la foi, où il s'enfonce de plus en plus.

32. Dans les cas semblables, le principe dont se servent les auteurs n'est pas plus évident que les conclusions auxquelles ils veulent arriver ; et ils finissent par prouver une chose incertaine en la déduisant d'une chose plus incertaine encore. Ne recherchons pas si telle chose est conforme à la *nature* (1), à la *fin* de l'homme, ou à telle autre entité imaginaire, ou bien si elle est conforme à l'évolution, ou à telle autre abstraction analogue, parce que, même si nous pouvions nous en assurer, ce qui n'est pas, nous n'en pourrions pas tirer cette conclusion que tel individu déterminé doit faire cette chose, et passons aux raisonnements (IIβ), dans lesquels les lacunes semblent être moindres.

33. Ils ont un vice commun, du point de vue de la logique, en ce que leurs prémisses manquent de précision et n'ont pas de sens réel correspondant. On ne s'en aperçoit pas tout d'abord, parce que ces prémisses s'accordent

(1) *Systèmes socialistes*, II, p. 21.

avec certains de nos sentiments, mais quand nous les
examinons de plus près, plus nous essayons de comprendre ce qu'elles signifient, moins elles deviennent in-
telligibles.

34. Prenons par exemple une des moins mauvaises de
ces théories : celle de Stuart Mill. Laissons de côté la
dernière partie, celle qui concerne les êtres sensibles, —
laquelle nous empêcherait de nous nourrir de viande et
de poisson, et même de marcher, de peur d'écraser
quelque insecte, — et considérons-la sous la forme la
plus raisonnable, celle de la poursuite du bonheur du
genre humain. Ces termes nous trompent, ils nous paraissent clairs et ils ne le sont pas. Le « genre humain »
n'est pas un individu qui ait des sensations simples de
bonheur ou de malheur, mais c'est un ensemble d'individus qui éprouvent ces genres de sensation. La définition donnée suppose implicitement : 1° qu'on sait ce
qu'est exactement le genre humain, s'il comprend uniquement les individus qui vivent à un moment donné,
ou bien ceux qui ont vécu et ceux qui vivront ; 2° que les
conditions du bonheur de chaque individu d'une collectivité donnée ne sont pas contradictoires ; sinon le problème qui consiste à assurer le bonheur de cette collectivité ressemblerait au problème de la construction d'un
triangle carré ; 3° que les quantités de bonheur dont
jouit chaque individu sont homogènes, de façon à pouvoir être additionnées ; sinon on ne voit pas comment on
pourrait connaître la somme de bonheur dont jouit une
collectivité ; et si cette somme est inconnue, nous n'avons
aucun critérium pour savoir si, certaines circonstances
étant données, la collectivité est plus heureuse que dans
d'autres circonstances.

35. 1° En réalité, ceux qui parlent du genre humain
entendent par là d'ordinaire leur propre pays, ou tout au
plus leur race ; et les très moraux peuples civilisés ont

détruit, et continuent à détruire, sans le moindre scrupule, les peuples sauvages ou barbares. Mais supposons que par genre humain on entende tous les hommes ; il reste encore à résoudre de très graves questions : quand le bonheur des hommes actuellement vivants est en opsition avec celui des hommes à venir, qui doit l'emporter ? Quand, comme cela arrive souvent, le bonheur des individus actuels est en opposition avec le bonheur de l'espèce, qui doit céder ? Remarquons que la civilisation européenne est le fruit d'un nombre infini de guerres et d'une très forte destruction de faibles par les forts ; c'est avec ces souffrances qu'on a acquis la prospérité actuelle : est-ce un bien ou un mal ? Le principe posé ne suffit pas à lui seul à résoudre ces questions.

36. 2° Supposons une collectivité constituée par un loup et par un agneau ; le bonheur du loup consiste à manger l'agneau, celui de l'agneau à ne pas être mangé. Comment rendre cette collectivité heureuse ? Le genre humain se compose de peuples belliqueux et de peuples pacifiques ; le bonheur des premiers consiste à faire la conquête des seconds ; et le bonheur de ceux-ci consiste à n'être pas conquis. Il nous faut avoir recours à quelque autre principe, et éliminer, par exemple, le bonheur des peuples belliqueux, le juger moins digne que celui des peuples pacifiques, dont on tient uniquement compte. Dans ce cas, ce beau principe qui devait permettre de résoudre les problèmes moraux, est mis de côté et ne sert à rien.

Le bonheur des Romains se trouvait dans la destruction de Carthage ; le bonheur des Carthaginois, peut-être dans la destruction de Rome, en tout cas, dans la conservation de leur ville. Comment réaliser le bonheur des Romains et celui des Carthaginois ?

37. 3° On pourrait répondre : le bonheur total, au cas où les Romains ne détruiraient pas Carthage, ni les

Carthaginois Rome, serait plus grand que si une de ces cités était détruite. C'est là une affirmation en l'air et qui ne peut être appuyée d'aucune preuve. Comment peut-on comparer ces sensations agréables, ou pénibles, et les additionner ? Mais pour pousser jusqu'à l'extrême nos concessions, admettons que cela soit possible et essayons de résoudre ce problème : l'esclavage est-il ou n'est-il pas moral ? Si les maîtres sont nombreux et les esclaves en petit nombre, il se peut que les sensations agréables des maîtres forment une somme (?) plus grande que celle des sensations pénibles des esclaves ; et inversement, s'il y a peu de maîtres et beaucoup d'esclaves. Cette solution ne serait cependant pas acceptée par ceux qui préconisent le principe du plus grand bonheur du genre humain. Pour savoir si le vol est, ou n'est pas, moral, devons-nous comparer les sentiments pénibles des volés aux sentiments agréables des voleurs, et rechercher ceux dont l'intensité est la plus grande ?

38. Pour pouvoir utiliser le principe de Mill, on est amené à le combiner implicitement avec d'autres principes ; par exemple avec des principes dont celui de Kant nous fournit le type. Même alors, les difficultés qui semblent être ainsi supprimées reparaissent dès qu'on veut raisonner avec quelque rigueur. Il ne peut y avoir de principe de législation proprement universel dans une société, comme celle des hommes, composée d'individus qui diffèrent entre eux par le sexe, l'âge, les qualités physiques et intellectuelles, etc. ; et si ce principe doit être soumis à des restrictions, qui tiennent compte de telles ou telles circonstances, le problème principal consiste alors à savoir quelles sont les restrictions qu'il faut accueillir et celles qu'il faut repousser ; et les prémisses posées deviennent tout à fait inutiles.

Les dispositions qu'on lit dans Gaius, *De conditione*

hominum, I, § 9, 10, 11 (1) ont-elles ou n'ont-elles pas le caractère d'un « principe de législation universelle » ? Si oui, l'esclavage est justifié ; si non, il n'est pas même licite de décider que certains hommes, élus par le peuple par exemple et préposés à certains services, doivent commander et d'autres obéir. Au point de vue formel, toutes ces dispositions sont identiques, et elles ne diffèrent que par la nature et le mode des restrictions.

39. On sait la grande influence que le sentiment a sur les hommes, la plupart en perdent l'usage de la saine raison. Par exemple, en ce moment en France un grand nombre d'hommes, qui d'ailleurs paraissent raisonnables, admirent les paroles vides de sens de la célèbre *Déclaration des Droits de l'homme*. Le premier paragraphe a quelque ressemblance avec un principe de législation universelle. Il déclare que : « Les hommes naissent et demeurent libres et égaux en droits ; les distinctions sociales ne peuvent être fondées que sur l'utilité commune. » Passons sur ceci que cette liberté et cette égalité signifient simplement que les hommes naissent et demeurent libres, sauf pour les choses pour lesquelles ils sont sujets ; et égaux en tout, sauf pour les choses dans lesquelles ils sont inégaux : c'est-à-dire moins que rien ; et arrêtons-nous uniquement sur cette proposition, que les distinctions sociales ne peuvent être fondées que sur l'utilité commune. Cela ne nous sert pas à grand chose pour résoudre la difficulté, qui consiste maintenant à déterminer ce que c'est que l'utilité commune. Il suffit de lire Aristote pour voir que l'esclavage

---

(1) § 9. Et quidem summa divisio de iure personarum haec est, quod omnes homines aut liberi sunt aut servi.

§ 10. Rursus liberorum hominum alii ingenui sunt ; alii libertini.

§ 11. Ingenui sunt, qui liberi nati sunt ; libertini, qui ex iusta servitate manumissi sunt.

peut être défendu en soutenant qu'il est d'utilité commune (1) ; on peut de même justifier la féodalité, si haïe par les révolutionnaires qui ont écrit cette *Déclaration*. De nos jours les jacobins français considèrent comme justifiée par l'utilité commune la distinction qu'ils font entre les citoyens qui appartiennent à des loges maçonniques et ceux qui appartiennent à des ordres religieux ; mais les Athéniens tenaient également comme fondée sur l'utilité commune la distinction qu'ils faisaient entre le barbare et le citoyen d'Athènes.

En résumé, tous ces raisonnements pseudo-scientifiques sont moins clairs et ont moins de valeur que la maxime chrétienne : « Aime ton prochain comme toi-même ». Nous retrouvons d'ailleurs cette maxime à des époques très différentes et chez des peuples absolument distincts ; on la trouve même dans le Lun-Yu chinois (2).

40. Les raisonnements métaphysiques dont nous nous sommes occupés n'ont aucune valeur objective, parce qu'ils se préoccupent de choses qui n'existent pas. Ils sont du même genre que ceux que l'on ferait pour savoir si Eros avait précédé le Chaos, la Terre et le Tartare, ou s'il était fils d'Aphrodite. C'est une chose vaine que de rechercher ce qu'il en était véritablement ; nous pouvons seulement rechercher comment l'ont conçu les Grecs ;

_____

(1) *Systèmes socialistes*, II, p. 110.

(2) *Lun-Yu ou colloques philosophiques*, traduction Pauthier, I, 4, 15 : « La doctrine de notre maître consiste uniquement à avoir la droiture du cœur et à aimer son prochain comme soi-même ». Le traducteur ajoute : « On croira difficilement que notre traduction soit exacte ; cependant nous ne pensons pas que l'on puisse en faire une plus fidèle. »

Il est dit également dans le *Mahabharata* que nous devons traiter les autres comme nous voudrions être traités. On trouve des maximes plus ou moins semblables chez beaucoup de peuples. Elles dérivent des sentiments de bienveillance à l'égard d'autrui, et du besoin qu'éprouve l'homme faible d'en appeler, pour se défendre, aux sentiments d'égalité.

leurs manières de voir sont pour nous des faits dont nous pouvons faire l'histoire.

Nombreux sont les systèmes de morale qui ont eu cours et qui ont cours encore aujourd'hui ; aucun d'eux n'a acquis une préférence marquée sur les autres. La question est pendante encore de savoir quel système est le meilleur, tout comme pour les trois anneaux dont parle Bocace dans une de ses nouvelles ; et il ne pouvait en être autrement parce qu'il n'y a pas de critérium expérimental ou scientifique pour trancher une semblable question.

L'unique contenu expérimental ou scientifique de tous ces systèmes, se trouve dans le fait que certains hommes ont éprouvé certains sentiments, et la façon dont ils les ont exprimés.

41. Dans les paragraphes précédents nous avons considéré sous un aspect analogue ce que les hommes pensent à l'égard de certaines abstractions ; mais il reste d'autres recherches plus importantes à faire. Nous pouvons rechercher la nature de ces sentiments, et les relations qui existent réellement entre eux, en négligeant les relations imaginaires et que les hommes se figurent exister. Puis nous pouvons rechercher comment et de quelle manière les relations réelles se sont transformées en relations imaginaires. Cela nous amène à considérer les problèmes (β) (γ) (δ) du § 6.

42. Recherchons d'abord si ces sentiments ont une existence objective, indépendante de la diversité des intelligences humaines, ou bien s'ils sont subordonnés à cette diversité. Il est facile de voir que nous ne pouvons retenir que cette seconde hypothèse. Alors même que les sentiments qui ont rapport à la religion, à la morale, au patriotisme, etc., ont des expressions littéralement et formellement communes à beaucoup d'hommes, ceux-ci les comprennent diversement. Le Socrate de

Platon (§ 65) et l'homme superstitieux de Théophraste avaient la même religion, mais ils la comprenaient certainement de façon bien différente (1). Sans recourir à l'histoire, d'ailleurs, on peut trouver autour de soi des exemples sans nombre. Lors donc que nous parlons, par exemple, de l'amour de la patrie, nous avons en vue une classe abstraite de sentiments, formée par les sentiments particuliers, qui existent chez les différents individus ; et cette classe n'a pas plus d'existence objective que la classe des mammifères, formée par chacun des animaux particuliers qui seuls existent réellement. Pour les hommes qui constituent une nation, ces sentiments, même s'ils diffèrent en partie, ont néanmoins quelque chose de commun.

43. Les sentiments qui appartiennent à des classes différentes nous apparaissent comme n'étant pas complètement indépendants. Cette dépendance n'est pas généralement logique, comme se l'imaginent à tort la plupart des hommes, mais elle vient de ce que ces sentiments ont des causes lointaines et communes ; et c'est pour cela qu'elles nous apparaissent comme autant de rameaux qui naissent d'un même tronc.

La dépendance apparaît entre les actions du même genre ; les actions non-logiques sont dans leur ensemble favorisées ou contrariées, et de même les actions logiques. Celui qui cède à une espèce de sentiments, cédera plus facilement à d'autres espèces ; celui qui a l'habitude

---

(1) G. Boissier, *La religion romaine*, I, p. 179, parlant de l'apothéose des empereurs dit : « En général, le vulgaire pensait que les Césars étaient des dieux comme les autres ; il leur attribuait la même puissance, et supposait qu'elle se révélait de la même manière, par des apparitions et des songes. Les gens éclairés, au contraire, mettaient une certaine différence entre eux et les autres divinités ; c'était pour eux quelque chose comme les *héros* ou demi-dieux des anciens grecs. En somme, ils ne leur accordaient pas plus de privilèges que les stoïciens n'en attribuaient à leur sage après la mort ».

de se servir du raisonnement dans certains cas, s'en servira plus facilement dans d'autres.

44. Si donc, comme nous le ferons pour la richesse (VII, 11), nous disposons les hommes en couches d'après les qualités de leur intelligence et de leur caractère, en mettant dans les couches supérieures ceux qui possèdent ces qualités au plus haut degré, et dans les couches inférieures ceux qui ne possèdent qu'à un faible degré une de ces qualités, ou toutes les deux, nous verrons alors que les différents sentiments sont d'autant moins dépendants à mesure qu'on monte aux étages supérieurs, et d'autant plus dépendants à mesure qu'on descend aux étages inférieurs. Si nous continuons notre comparaison, nous dirons que dans les couches supérieures les rameaux sont distincts et séparés, tandis que dans les couches inférieures ils sont confondus.

La société humaine présente donc dans l'espace une figure analogue (mais non pas identique) à celle qu'elle présente dans le temps ; on sait, en effet, que dans les temps primitifs les différents sentiments, maintenant complètement distincts, formaient comme une masse homogène (§ 81 note).

45. Les qualités de l'intelligence et du caractère ne sont pas les seules qui agissent en sens opposé ; beaucoup d'autres circonstances produisent ce même effet. Ceux qui gouvernent, du bas jusqu'au haut de l'échelle, depuis la société industrielle privée jusqu'à l'Etat, ont des sentiments généralement plus distincts et plus indépendants que ceux qui sont gouvernés ; et cela vient de ce que ceux-là doivent, plus que ceux-ci, nécessairement avoir des vues larges ; et précisément parce qu'ils voient les choses de plus haut, ils acquièrent, par la pratique, des notions qui manquent à ceux que leurs occupations retiennent sur un domaine plus restreint (1).

(1) Il faut noter qu'il ne faut pas confondre un homme d'Etat

46. Cette nouvelle classification coïncide en partie avec
la précédente, et elle coïncide en partie aussi avec la
classification que l'on obtient en disposant les hommes
d'après leur richesse (1) ; mais ces classes diffèrent aussi
en partie. D'abord on peut constater qu'il y a dans les
couches supérieures des éléments qui descendent, et dans
les couches inférieures des éléments qui montent. Ensuite il y a des hommes qui appartiennent à l'aristocratie
intellectuelle et qui n'emploient pas leurs facultés à se
procurer des biens matériels, mais qui s'occupent d'art,
de littérature et de science : il y a les oisifs, les incapables, qui dépensent leur intelligence et leur vigueur
dans les sports, etc. Enfin, des circonstances sans
nombre peuvent placer différemment dans la hiérarchie
sociale des hommes qui ont les mêmes qualités d'intelligence et de caractère.

47. Remarquons, et c'est une nouvelle analogie avec
ce qui se produit dans le temps (§ 81 note), que la faculté d'abstraction va en augmentant de bas en haut ;
c'est dans les couches supérieures seulement que nous
trouvons les principes généraux qui résument les divers
genres d'actions ; et avec l'apparition de ces principes se
manifestent les contradictions qui peuvent exister entre
eux, et qui échappent plus facilement dans les cas concrets d'où ces principes sont abstraits.

---

et un politicien ; bien plus, l'habitude acquise par celui qui a
pendant longtemps gouverné une partie quelconque, grande ou
petite, de l'activité humaine, et l'habitude acquise par le beau
parleur, intrigant, flatteur de Dèmos, sont essentiellement différentes.

(1) Ceux qui ont une grande fortune et qui l'administrent, gouvernent une partie notable de l'activité humaine, et par conséquent ils acquièrent d'ordinaire les habitudes de la fonction qu'ils
remplissent. Celui qui jouit simplement de sa fortune, qu'il fait
administrer par un intendant, n'appartient pas à cette classe, de
même que le politicien n'appartient pas à la classe des gouvernants.

48. L'esprit humain est ainsi fait que dans les temps de foi ardente il ne découvre aucune contradiction entre ses idées sur la religion et ses autres idées sur la morale ou sur les faits d'expérience ; et ces différentes idées, quoique parfois complètement opposées, peuvent coexister dans un même esprit. Mais, quand la foi s'évanouit, ou même quand, en passant des couches inférieures aux couches supérieures dans une même société, les diverses espèces de sentiments deviennent plus indépendantes (§ 19), cette coexistence devient déplaisante, douloureuse, et l'homme cherche à la faire disparaître, en supprimant ces contradictions, qu'il découvre seulement alors.

Dans l'esprit des anciens Grecs se mêlaient, sans se heurter, les aventures scandaleuses de leurs dieux et des principes de morale assez purs. Dans une même intelligence, se trouvaient la croyance que Kronos avait, avec une faux dentelée, coupé les parties viriles de son père Uranus (1) et la croyance que les dieux repoussaient l'homme qui avait insulté son vieux père (2). A l'époque de Platon, au contraire, le contraste était devenu aigu, et l'une de ces croyances était sur le point de chasser l'autre. Platon ne peut admettre qu'on s'imagine que Zeus se soit uni à sa sœur Héra à l'insu de ses parents, ni que « nous croyons ou que nous laissions affirmer que Thésée, fils de Poseidon, et Piritoous, fils de Zeus, aient essayé d'enlever Perséphoné, ou quelque autre fils des dieux, ou [que] quelque héros se soit rendu coupable d'impiété et des crimes dont parlent les poètes. » Avec le temps augmenta la manie d'interpréter artificiellement les antiques croyances et de changer leur sens ; tandis que, comme le remarque justement Grote, « la doctrine qu'on suppose avoir été exprimée d'une façon symbolique par les mythes grecs et qui se serait obscurcie postérieure-

(1) Hesiod., *Theog.*, 180.
(2) Hesiod., *Op. et di.*, 329.

ment, y a été réellement introduite pour la première fois par l'imagination inconsciente d'interprètes modernes. C'était un des moyens qu'acceptaient les hommes cultivés pour échapper à la nécessité d'accepter littéralement les anciens mythes, pour arriver à quelque nouvelle forme de croyance qui correspondit mieux à l'idée qu'ils se faisaient des dieux ».

De même les chrétiens du Moyen Age ne voyaient pas, et ne pouvaient pas voir, entre les récits de la Bible et la morale, les contrastes que les philosophes du xviii° siècle mirent en lumière avec tant de malice (1).

49. Le contraste que nous venons d'indiquer n'est qu'un cas particulier d'un fait beaucoup plus général. Les peuples barbares et les hommes du peuple chez les nations civilisées ont bien d'autre occupation que celle d'étudier leurs sentiments. Si quelque philosophe pratique la maxime « connais-toi toi-même », le plus grand nombre des hommes ne s'en soucie guère. De plus, l'homme qui a certains concepts, qui éprouve certains sentiments, ne se soucie pas de les mettre en relation les uns avec les autres, et même quand, avec le progrès des temps, un petit nombre d'hommes, habitués à raisonner, viennent à s'en occuper, ils se contentent facilement du rapport quelconque que leur suggère leur imagination. Ainsi, chez certains peuples, tout ce que l'homme doit faire est commandé par Dieu ; et ce commandement forme le lien qui fixe la relation entre des faits complètement différents ; ceux qui raisonnent da-

(1) Comme on le sait, Dante, bien que profondément chrétien, croit que la vengeance est juste (*Inf.*, XXIX, 31-36).

O Duca mio, la violenta morte
Che non gli è vendicata ancor, diss'io,
Per alcun che dell'onta sia consorte,
Fece lui disdegnoso ; onde sen gío
Senza parlarmi, sí com'io stimo :
Ed in ciò m'ha e' fatto a sè più pio.

vantage supposent quelque lien métaphysique : et enfin ce n'est que lorsque la civilisation a fait de grands progrès, qu'un très petit nombre d'hommes s'efforce de rechercher les liens expérimentaux de ces faits.

Si on ne s'en rend pas compte d'ordinaire, c'est parce qu'on tombe dans l'erreur indiquée au § 9. On suppose que ces faits sont la conséquence logique d'un principe, et alors il paraît étrange qu'ils puissent se contredire ; on suppose que l'homme agit sous l'influence de ces déductions logiques, et alors on ne conçoit pas que ses différents actes puissent, en partie, n'être pas reliés les uns aux autres.

50. Sous l'influence de ces préjugés, l'homme cherche toujours à rétablir entre les faits les relations logiques qu'il croit devoir nécessairement exister, et qui n'ont pu s'obscurcir que par suite d'une grossière erreur et d'une profonde ignorance.

Les tentatives faites pour concilier la foi avec la raison, la religion avec la science, l'expérience et l'histoire, nous fournissent de remarquables exemples de cette façon de faire.

Il faut constater que jusqu'ici aucune de ces tentatives n'a abouti ; bien plus, on pourrait poser comme règle générale que plus une foi quelconque essaye de se concilier avec la science, plus sa décadence est rapide (1) ; et cela est naturel, parce qu'il suffit d'ouvrir un peu les yeux pour s'apercevoir que jamais personne n'est devenu croyant à la suite d'une démonstration analogue à celle d'un théorème de géométrie.

De même les religions métaphysiques n'ont aucune, ou presque aucune valeur pratique, parce qu'elles n'ont

(1) C'est ce qui est arrivé pour un certain « protestantisme libéral », qui n'est même plus un théisme. Un théologien définissait la religion « l'ensemble de toutes les solidarités ».

pas les qualités nécessaires pour agir sur la raison et sur
les sens du vulgaire.

L'*Armée du salut*, en employant des moyens en rapport avec les personnes auxquelles elle s'adresse, a une
efficacité sociale beaucoup plus grande que celle des discussions métaphysiques les plus savantes et les plus
subtiles.

Ceux qui veulent introduire dans la religion chrétienne
la critique historique de la Bible ne voient pas quelle divergence absolue il y a entre la science et la religion,
entre la raison et la foi, et qu'elles correspondent à des
besoins différents. Les livres sacrés de toutes les religions
tirent leur valeur non pas de leur précision historique,
mais des sentiments qu'ils peuvent éveiller chez ceux
qui les lisent ; et l'homme qui, accablé par la douleur,
appelle les secours de la religion, désire non pas une sa-
vante dissertation historique, à laquelle il ne comprendrait rien, mais des paroles de confort et d'espérance.
Ce que la religion est devenue pour certains théologiens
humanitaires n'est plus qu'un simple jouet à l'usage des
lettrés et des métaphysiciens.

Si nous considérons les sociétés de l'époque actuelle,
nous verrons que ce besoin de conciliation entre les sentiments religieux et les autres n'existe que dans les
couches supérieures ; et pour pouvoir faire accepter leurs
élucubrations par le peuple, celles-ci sont obligées de les
présenter sous un tout autre jour, c'est-à-dire comme
une conciliation des intérêts de la foi et des intérêts matériels, dont se soucient principalement les couches inférieures. C'est ainsi que nous voyons se développer la
doctrine des *démocrates-chrétiens*.

Les ouvriers syndiqués veulent être considérés comme
au moins égaux aux bourgeois, en vertu du principe que
tous les hommes sont égaux ; mais ensuite ils ne se soucient plus de ce beau principe et ils se considèrent comme

de beaucoup supérieurs aux ouvriers non syndiqués et
aux « Kroumirs ». Quand les marins du port de Mar-
seille se mirent en grève, ils estimaient que le gouvernement aurait violé la liberté de la grève s'il les avait
remplacés par des marins de la marine de guerre ; quand
ensuite les officiers de la marine marchande se mirent
à leur tour en grève, les marins demandèrent que le
gouvernement envoyât pour commander leurs navires
des officiers de la marine de guerre ; ils avaient complètement oublié le principe de la liberté de la grève. C'est
ce genre de sentiments qui dictait la réponse qu'un Bos-
chiman faisait à un voyageur : « Quand on m'enlève ma
femme, on commet une mauvaise action ; quand j'enlève
la femme d'un autre, je fais une bonne action ».

Dans les couches inférieures socialistes, on ne s'aperçoit pas de la contradiction qui existe dans les raisonnements des ouvriers syndiqués et des marins marseillais ;
et si on s'en aperçoit un peu, on ne s'y arrête pas. Seuls
les chefs s'aperçoivent de la contradiction, ils la résolvent aussitôt par une casuistique subtile, et il peut
même arriver qu'en le faisant quelques-uns soient de
bonne foi.

Une contradiction des plus patentes et passablement
comique est celle des gens qui, d'une part, réclament
l'abolition des tribunaux militaires, au nom de l'égalité
des citoyens devant la loi ; et qui, d'autre part, demandent
un for privilégié : celui des prud'hommes, pour les ouvriers et les employés.

Les mêmes personnes qui approuvaient les arrêts fantaisistes du président Magnaud, explicitement, de parti
pris, contraires à la loi, ont été indignées des timides réserves faites par d'autres arrêts, au sujet de la loi de séparation. Dans le premier cas elles disaient : « Le juge
doit se laisser guider par son sentiment d'équité,
sans se soucier de la loi » ; dans le second cas, elles af-

firmaient, non moins résolument, que « le juge n'a qu'à
appliquer strictement la loi, et si ses sentiments lui sont
contraires, il n'a qu'à s'en aller. » Le sentiment primant
la raison empêche de voir une contradiction aussi évidente, ou du moins d'en tenir compte.

En Italie, les arrêts des tribunaux en matière de dif-
famation privée sont nuls et non avenus quand les coupables sont des députés socialistes ; et cela est approuvé
par les partisans d'une égalité rigoureusement absolue
des citoyens devant la loi.

Les « intellectuels » qui ont accusé avec férocité les
procédés des tribunaux militaires dans un procès célèbre, et qui ont rempli le monde de leurs plaintes,
écoutent sans protester le procureur général Bulot affirmer qu'il y a une *raison d'Etat* devant laquelle le juge
doit s'incliner sous peine d'être destitué (1). Et malgré les

(1) Communiqué officiel fait à la presse de la séance du 24 juin
de la Commission parlementaire d'enquête sur l'affaire des Chartreux.

« *Sembat.* — Vous avez parlé, vous aussi, monsieur le procureur général, de l'intérêt supérieur. Il y a donc une raison d'Etat
devant laquelle un magistrat est obligé de s'incliner ?

« *Bulot.* — Sous peine d'être révoqué, évidemment (Rires).
. . . .

« *Berthoulat.* — Comment se fait-il que l'instruction ait continué
à marcher, bien que vous n'ayez pas eu le nom que vous décla-
riez indispensable au Président du Conseil?

« *Bulot.* — Elle n'a pas continué longtemps et elle a abouti à un
non-lieu parce qu'on ne pouvait aller plus loin ; je me suis incliné
devant la raison d'Etat, devant le « fait du prince », si vous voulez ».

Si on admet le « fait du prince », on comprend pourquoi les
magistrat furent si indulgents pour les Humbert, et si durs pour
les victimes de ces célèbres escrocs.

Funck-Brentano, *L'affaire du collier*, Paris, 1901, p. 325 : « Et
tel était le pouvoir absolu de la monarchie de l'ancien régime...
L'honneur de la reine est en jeu, la couronne peut être atteinte.
Le roi confie le soin du jugement à un tribunal dont aucun des
juges n'est à sa nomination ; à des magistrats sur lesquels il ne

paroles si claires de M. Bulot, qui l'a même appelé d'une façon explicite le « fait du prince », il est des gens qui croient que la République est exempte de pareilles fautes, propres à la monarchie.

D'autres « intellectuels » s'imaginent, de bonne foi, que les catholiques seuls menacent la « liberté de penser » ; aussi, pour conquérir cette liberté, approuvent-ils sans restriction les persécutions dirigées contre les catholiques, et sont-ils des admirateurs de M. Combes. Et même quand celui-ci déclare d'une façon très nette que son dessein est d'établir une foi nouvelle, uniforme, aussi intolérante que les autres (1), ils ne s'aperçoivent pas de la contradiction dans laquelle ils tombent.

L'anti-alcoolisme est devenu dans un certain nombre de pays une religion et il a des partisans féroces ; quelques-uns d'entre eux acceptent également la religion du matérialisme ou quelque autre religion semblable, qui les fait des adversaires déclarés du catholicisme et se moquer de l'obligation de faire maigre ! Si on leur fait remarquer que, au fond, imposer à un homme de faire maigre certains jours est une prescription du même genre, quoique moins gênante, que celle qui défend de consommer une petite quantité de boissons al-

peut rien et ne pourra jamais rien à aucun moment de leur carrière, d'aucune façon ; à des magistrats qui, par esprit et par tradition, lui sont hostiles. Ainsi que le montre Bugnot, le procureur du roi lui-même n'est pas, au Parlement, librement choisi par le roi. Mais bien plus, voici même le contrôleur général, assisté du bibliothécaire du roi... qui combat directement, dans une circonstance aussi grave, les intérêts du roi et de son autorité. Nul ne s'en étonne. Est-il aujourd'hui un gouvernement qui ait le cœur de voir fleurir sous ses yeux pareilles libertés? »

Le gouvernement qui concédait de pareilles libertés, était le gouvernement d'une classe en décadence, et il est tombé ; le gouvernement qui les supprime aujourd'hui est le gouvernement d'une aristocratie qui s'élève, et qui prospère. Et la bourgeoisie, ignorante et lâche, l'aide de son argent.

(1) Voir la note au § 94.

Pareto   6

cooliques, ils croient résoudre la contradiction en disant
que leurs prescriptions s'appuient sur la vraie « science »,
sur la sacro-sainte « science » démocratique et progressive ; ce qui signifie simplement que certains médecins,
au grand nombre de choses plus ou moins raisonnables
qu'ils affirment, ajoutent celle-là ; et ces sectaires
oublient, ou affectent d'oublier, ou ils ne s'aperçoivent
pas, que leur « science » confirme de nos jours les prescriptions catholiques, en montrant qu'on évite certaines
maladies en faisant maigre (1). On pourrait citer un nombre
infini d'exemples semblables à propos de toutes les espèces
de sectaires fanatiques, dans tous les temps et dans tous
les pays.

Herbert Spencer relève « la contradiction absolue qui

(1) En 1904, dans une longue communication faite à l'Académie de médecine de Paris, le docteur Lucas-Championnière concluait que se nourrir de viande favorise les maladies intestinales
et l'appendicite après la grippe ; il conseille de manger d'une façon intermittente des végétaux, c'est-à-dire de faire maigre de
temps en temps.

Au moment de la publication de nos *Systèmes socialistes*, lord
Salisbury venait de faire repousser une des nombreuses lois absurdes présentées par messieurs les anti-alcooliques ; mais ses
successeurs ont fait approuver une loi semblable, *Systèmes socialistes*, I, p. 274.

M. Yves Guyot ayant demandé qu'on lui démontrât que l'absinthe est un poison, un bon humanitaire lui répond en propo-
sant, pour décider la question, l'expérience suivante : « Chacun
de nous boira par 24 heures, lui deux litres d'absinthe, moi deux
litres d'eau. »

Si les humanitaires daignaient raisonner, on pourrait remarquer que, d'après cette proposition, le moyen de décider si une
substance est toxique ou non est de comparer les effets que produisent, à quantités égales, l'ingestion de cette substance et celle
de l'eau. M. Yves Guyot pourrait alors faire une contre-propo-
sition à son adversaire, et lui demander de consommer, par
24 heures, deux litres de sel (chlorure de sodium), tandis que
M. Guyot se contenterait de boire deux litres d'eau. Le sel de
table se trouverait ainsi classifié parmi les subtances toxiques
dont l'usage doit être prohibé.

existe dans toute l'Europe entre les codes qui règlent la
conduite, et qui s'accommodent tantôt aux besoins de
l'amitié à l'intérieur, tantôt à ceux de l'inimitié au dehors » (1) ; mais pour concilier ces préceptes opposés, il
prend une voie détournée : il supprime ces derniers, au
nom de *sa* morale, et il ne lui vient pas à l'esprit que ces
préceptes peuvent être aussi utiles, et même aussi indispensables que les premiers.

51. Certaines circonstances favorisent le développement des sentiments d'une certaine catégorie ; certaines
autres circonstances leur sont contraires. Ainsi se manifeste une des principales natures de dépendance de ces
phénomènes, à savoir qu'ils ont une origine commune.
C'est à cette catégorie qu'appartient, en grande partie, la
dépendance qui existe entre les sentiments religieux et
les sentiments moraux, comme nous l'avons déjà noté
au § 43 ; ils sont souvent favorisés ou contrariés en
même temps, et c'est ce que l'on doit dire d'une façon
encore plus précise, de tous les sentiments analogues (2).
De même la pluie fait, dans un pré, pousser différentes
sortes de graminées ; une sécheresse prolongée leur est
nuisible ; c'est de cette façon que sont liés entre eux les
sentiments dont nous avons parlé, mais une espèce ne
dépend pas directement des autres (§ 70).

C'est à ces principes généraux qu'il convient de rata-
cher les observations de M. S. Reinach. qui voit dans
les *tabous* l'origine de l'éthique.

La religion primitive de Rome n'était qu'un culte à
peu près vide de conceptions théologiques ; et cette circonstance n'est pas étrangère au fait de l'esprit de disci-

(1) *Morale des divers peuples.*
(2) C'est là un fait qui est en relation éloignée mais non négligeable avec cet autre fait bien connu, que celui qui a été souvent
endormi par hypnotisme perd toute faculté de résistance et peut
être endormi sur un simple signe.

pline des Romains, et par conséquent aussi au fait de leur domination sur tout le bassin de la Méditerranée.

52. Ce n'est pas à dire que nous devions chez tous les peuples rencontrer tous les sentiments, ni que tous ces sentiments augmentent en intensité ou diminuent, d'une manière égale. Cela veut dire simplement que ces sentiments qui, pour des raisons sans nombre, se rencontrent chez un peuple, sont soumis à certaines circonstances qui agissent sur eux tous. Par exemple, un peuple peut avoir certains sentiments A, B, C..., et tel autre peuple les sentiments B, C... et n'avoir pas le sentiment A. Si certaines circonstances viennent à changer, les sentiments du premier de ces peuples deviendront A', B', C'.., leur intensité ayant été modifiée, mais non pas dans une mesure égale ; et il en sera de même pour les sentiments de l'autre peuple.

53. Non seulement ces sentiments diffèrent de peuple à peuple, mais chez le même peuple ils diffèrent suivant les individus ; et les circonstances qui agissent sur ces sentiments ont des effets différents d'individu à individu. Pour les personnes chez lesquelles il existe une grande indépendance des sentiments, certaines catégories de ces sentiments peuvent être favorisées ou contrariées ; pour ceux chez lesquels cette indépendance est moins grande, les différentes catégories de sentiments sont favorisées ou contrariées en même temps. C'est pour cela qu'on peut facilement trouver dans les couches supérieures de la population des personnes chez lesquelles certains sentiments sont absents tandisque certains autres sont très développés (1).

_____

(1) BAYLE, *Pensées diverses... à l'occasion de la comète,* 4ᵉ édit. p. 353 «.... je remarquerai que ce peu de personnes qui ont fait profession ouverte d'athéisme parmi les anciens, un Diagoras, un Théodore, un Evémère, et quelques autres, n'ont pas vécu d'une manière qui ait fait crier contre le libertinage de leurs mœurs. Je

54. Si les hommes vivaient complètement séparés les uns des autres, ils pourraient avoir des sentiments religieux, moraux, de patriotisme, etc... complètement différents ; mais les hommes vivent en société et, par conséquent, plus ou moins, dans un état de communisme en ce qui concerne ces sentiments. Les patrimoines matériels peuvent être entièrement séparés ; les patrimoines des sentiments et de l'intelligence sont, en partie au moins, communs.

55. Les changements qui se produisent dans les sentiments d'une classe sociale agissent de telle sorte qu'ils amènent d'autres changements dans les sentiments des autres classes. Le mouvement peut être plus ou moins rapide, parfois même très lent. D'ordinaire les sentiments sont battus en brèche et affaiblis par le raisonnement dans les classes supérieures, et ce n'est qu'indirectement que, plus tardivement, ce mouvement s'étend aux classes inférieures. Il change souvent alors de caractère et de forme ; le raisonnement sceptique des classes supérieures peut, dans les classes inférieures, être l'origine d'une foi nouvelle. Inversement les sentiments des classes inférieures agissent sur l'esprit des classes supérieures, qui les transforment en raisonnements pseudo-scientifiques(1).

56. Les anciens spartiates avaient à un degré éminent le sentiment de l'amour de la patrie ; ils semblent aussi qu'ils étaient assez religieux, mais ils n'étaient pas moraux au même degré (2). C'est d'ailleurs ce qu'on pour-

ne vois pas qu'on les accuse de s'être distingués par les dérèglements de leur vie... »
Cet argument, très souvent cité en lui donnant une valeur générale (on le trouve aussi chez Spencer, *Faits et commentaires*) n'a que la valeur très restreinte indiquée au texte.
(1) On peut trouver autant d'exemples qu'on voudra dans l'antiquité, au Moyen Age et dans les temps modernes.
(2) Fustel de Coulanges, *Nouvelles recherches sur quelques problèmes d'histoire*, p. 92 : « Il n'y a pas de ville grecque où l'his-

rait dire de la plupart des Hellènes ; il est d'autant plus
remarquable de constater — ce qui confirme mieux
encore notre proposition générale — que, les circonstances ayant changé, tous ces sentiments s'affaiblirent
ensemble, aussi bien ceux qui étaient forts que ceux qui
étaient faibles.

57. Nous pouvons, grâce aux productions littéraires,
suivre pour Athènes la décadence des sentiments religieux dans les classes intellectuellement supérieures,
depuis l'époque d'Eschyle, en passant par Euripide,
jusqu'au temps des cyniques, des épicuriens et des scep-
tiques. Les classes inférieures résistaient à l'irréligion et
ne suivaient que lentement l'exemple qui leur venait
d'en haut. De très nombreux faits nous fournissent la
preuve de cette résistance ; il nous suffira de rappeler
les condamnations de Diagoras, de Socrate, etc. Nous
pouvons constater un phénomène analogue à Rome, aux
temps de Cicéron, alors que, d'ailleurs, la résistance des
classes populaires était simplement passive ; mais elle
devint active, et elle s'étendit aux classes supérieures,
quand les cultes orientaux se propagèrent et quand finalement le christianisme triompha, et persécuta les philosophes. On constate des réactions du même genre
au moment où se fondèrent les ordres mendiants ; puis,
quand l'irréligion des classes cultivées, dans le monde
latin notamment, fut répudiée par la grande réaction
religieuse du protestantisme ; et de nouveau, en France,
quand l'irréligion des hautes classes aboutit à la révolution de 1789, qui a été, comme le remarque fort justement
Tocqueville, une révolution *religieuse.*

58. Remarquons que dans tous ces cas, et dans d'autres
semblables qu'on pourrait citer, la réaction religieuse

toire signale autant de faits de corruption. » Et il cite un grand
nombre de ces faits.

a été accompagnée d'une réaction morale (1). La description de ces phénomènes est toujours la même : l'usage
de la raison affaiblit chez les classes supérieures les sentiments religieux et en même temps les sentiments moraux, quelquefois aussi ceux du patriotisme, et alors
apparaissent les cosmopolites ; en général on peut dire
que diminuent également beaucoup de sentiments non
logiques. Le mouvement s'étend petit à petit aux classes
inférieures ; puis il provoque chez celles-ci une réaction, qui fait revivre dans ces classes inférieures les sentiments religieux et les sentiments moraux, souvent
aussi les sentiments de patriotisme. Ce sentiment, né
ainsi chez les classes inférieures, s'étend petit à petit aux
classes supérieures, chez lesquelles les sentiments religieux acquièrent une nouvelle vigueur. Et ensuite, de

(1) G. Boissier, *La Religion romaine*, II, p. 377, signale comme
un fait singulier ce qui est au contraire la règle. A propos de
la société romaine du iii⁰ siècle de notre ère, il dit : « Ce qui
rend si remarquables les changements qui s'accomplissent alors
dans les opinions religieuses, c'est qu'ils coïncident avec ceux
qu'on observe dans la moralité publique. »
Léa, *Histoire de l'Inquisition*, trad. S. Reinach, I, p. 126 (p. 111
de l'original), donne un exemple du réveil de la morale en même
temps que des sentiments religieux : « Une après-midi qu'il
(Gervais de Tilbury) se promenait à cheval dans l'escorte de son
archevêque Guillaume, son attention fut appelée sur une jolie
fille qui travaillait seule dans une vigne. Il lui fit immédiatement des propositions, mais elle le repoussa en disant que si elle
l'écoutait, elle serait irrévocablement damnée. Une vertu si sévère était un indice manifeste d'hérésie ; l'archevêque fit immédiatement conduire la fille en prison comme suspecte de catha-
risme. »
Machiavelli, *Discorso sulla prima decade di Tito Livio*, I, 12,
parlant de son époque, rend l'Eglise de Rome responsable des
malheurs de l'Italie, parce que « par les mauvais exemples de
cette cour, cette province a perdu toute dévotion et toute religion, ce qui entraîne des désordres sans nombre... Nous avons
donc, nous autres Italiens, cette première obligation envers
l'Eglise, et les prêtres, que nous sommes devenus sans religion et
méchants... »

nouveau, ces sentiments s'affaiblissent, tout comme s'étaient affaiblis les anciens. On recommence un cycle semblable à celui que nous venons de décrire. C'est ainsi que se produisent ces variations rythmiques qui ont depuis longtemps été observées dans l'intensité des sentiments religieux (1).

59. Il ne faut pas oublier que nous parlons des sentiments, et que nous ne devons pas les confondre avec la forme que ces sentiments peuvent revêtir. Il arrive souvent que la réaction populaire, tout en revivifiant, en exaltant les sentiments religieux, leur donne une nouvelle forme ; ce n'est pas alors l'ancienne ferveur religieuse qui reparaît, mais une foi nouvelle. Il ne faut pas non plus confondre les sentiments religieux avec le culte ; ceux-là peuvent diminuer et celui-ci rester vivace. Qu'on ne croit pas non plus que les sentiments religieux aient nécessairement pour objet un dieu personnel ; l'exemple du bouddhisme suffirait pour nous empêcher de tomber dans une erreur aussi grossière ; nous avons d'ailleurs en exemple de nos jours le socialisme, qui est devenu proprement une religion (§ 85 note).

60. Si les classes supérieures pouvaient et voulaient conserver pour elles le fruit de leurs raisonnements, cette série d'actions et de réactions serait peut-être moins fréquente et moins intense. Mais, par suite des conditions mêmes de la vie sociale, il est difficile que les classes supérieures le puissent faire ; elles ne font même pas le peu qu'elles pourraient, parce que, en dehors de ceux qui trahissent leur classe pour se procurer des gains illicites, d'autres individus, matériellement honnêtes, appartenant aux classes supérieures, sont poussés par le manque de bon sens à faire participer les classes inférieures à leurs raisonnements ; et de plus ils sont

(1) *Systèmes socialistes*, I, p. 30.

poussés par l'envie et la haine qu'ils éprouvent pour les
anciennes doctrines relatives au sentiment, qu'ils veulent
juger, par suite d'une erreur très grave, en ne tenant
compte que de la logique intrinsèque. N'en comprenant
pas la haute valeur sociale, ils les considèrent comme de
vaines superstitions, faisant ainsi preuve d'un défaut de
raisonnement qu'ils tiennent pour sagesse.

61. En agissant ainsi, et dans la mesure où ils réus-
sissent dans leur projet, qui consiste généralement à
affaiblir certaines formes du sentiment religieux dans les
classes inférieures, ils atteignent également cet autre but,
qu'ils ne se sont certainement pas proposés, d'affaiblir
également les sentiments moraux. Lorsqu'ensuite ils
voient naître la réaction des sentiments religieux, sous la
forme ancienne ou sous une forme nouvelle, leur raison
s'en trouve offensée, vaincue, et en somme ils vont là
où certainement ils n'auraient pas voulu aller.

62. A Athènes la résistance des classes inférieures ne
se changea pas en une réaction qui atteignit les classes
supérieures ; et cela probablement parce que le phénomène fut troublé par la conquête romaine. Cette coexistence, pendant un certain temps, d'une classe supérieure
chez laquelle la raison dominait, et d'une classe inférieure, chez laquelle dominait le sentiment, n'est pas une
des moindres raisons du développement extraordinaire
de la civilisation d'Athènes à cette époque (1).

63. Déjà autour de Périclès se réunissaient des personnes qui parlaient librement des croyances populaires,
et leurs conversations dans la maison d'Aspasie font songer aux salons français à la veille de la révolution ; dans
les deux cas, la philosophie se mêlait avec grâce à des
mœurs faciles (2). Les accusations dirigées contre As-

(1) Voyez, dans un autre sens, analogue cependant, l'exemple
de Scipion et de ses compagnons. *Systèmes socialistes*, I, p. 303.
(2) PLUT., *Periclès*, 24, raconte qu'Aspasie faisait commerce de

pasie et contre Anaxagore eurent peut-être pour origine
la haine politique qu'on avait vouée à Périclès ; mais la
forme même de l'accusation, qui fut une accusation d'impiété, doit bien avoir eu aussi quelque appui dans les
faits ; cela est manifeste pour Anaxagore. C'est dans ses
conversations avec ce philosophe, d'après Plutarque,
Périclès, 6, que Périclès apprit à connaître la vanité des
superstitions populaires touchant les prodiges. Et déjà
chez Anaxagore s'affaiblissait, en même temps que la
religion, l'amour de la patrie (1) ; finalement Diogène,
le précurseur de nos *internationalistes*, se déclara ouvertement cosmopolite (2).

64. Des discours des philosophes et des productions
scéniques l'irréligion se répandit dans le peuple, mais
non pas sans résistance. Euripide commençait ainsi son
drame de *Mélanippe :* « Zeus, quelqu'il soit, puisque je
n'en sais que le nom », mais le public en fut si choqué,
qu'il dut changer ce vers (3). Beaucoup de passages de

courtisanes. Ath., XIII, p. 570 : Καὶ Ἀσπασία δὲ ἡ Σωκρατικὴ
ἐνεπορεύετο πλήθη καλῶν γυναικῶν, καὶ ἐπλήθυνεν ἀπὸ τῶν ταύτης
ἑταιρίδων ἡ Ἑλλὰς... « Aspasie, la socratique, faisait commerce
de beaucoup de belles femmes, et grâce à elle la Grèce fut pleine
de prostituées. » Les auteurs comiques y ajoutèrent de leur cru,
mais en somme le fait ne paraît pas douteux ; ou tout au moins
il n'a ni plus ni moins de probabilité que presque tous les faits
de l'histoire grecque.

PLUT., *Peri.*, 32, raconte comment Aspasie fut accusée d'impiété
(ἀσεβεία) par Hermippe, et aussi de faire métier d'entremetteuse,
pour avoir procuré des femmes libres à Périclès. Phidias fut
accusé d'avoir exercé le même métier d'entremetteur en faveur
de Périclès (*Ibid.*, 13).

(1) DIOG. LAERT., II, 6 : « A quelqu'un qui lui demandait : ne
te préoccupes-tu pas de la patrie? il répondit : je me préoccupe
beaucoup de la patrie, et il montrait le ciel. »

(2) DIOG. LAERT., VI, 63 : « Lorsqu'on lui demanda d'où il était,
il répondit : cosmopolite : ἐρωτηθεὶς πόθεν εἴη ; Κοσμοπολίτης,
ἔφη. » Voir aussi : LUC., *Vitar. auctione*. De même EPICTÈTE, *Aria.*,
Epict. Diss., III, 24, et ANTIGENE, *Philo. Iud.* On le dit aussi de Socrate, mais cela est peu probable.

(3) Il le remplaça par ce vers : « Zeus, ainsi qu'on t'appelle en

ses drames sont dirigés contre la religion, au moins telle que l'entendait le vulgaire ; il met même en doute les fondements de la morale (1).

65. L'exemple de Socrate est instructif. Il était très respectueux des croyances religieuses populaires, très moral, soumis aux lois de sa patrie jusqu'à supporter la mort pour ne pas se soustraire à ces lois, et cependant son œuvre fut involontairement dirigée contre la religion, la morale, l'amour de la patrie ; et cela parce que, par sa dialectique, en poussant les hommes à rechercher, en faisant usage de la raison, les motifs et la nature de ces sentiments, il les détruisait dans leurs bases. C'est là un exemple caractéristique de la théorie générale exposée au § 43.

66. On aboutit ainsi à des conclusions en apparence paradoxales ; tandis que les accusations dirigées contre Socrate sont fausses au point de vue formel et dans le détail, elles sont vraies au fond et en général. De toutes les accusations dirigées par Aristophane dans ses *Nuées*, aucune n'est littéralement vraie, même en partie, et cependant l'idée générale que les *Nuées* devaient faire naître dans l'esprit de ceux qui les entendaient, à savoir que l'œuvre de Socrate était en dernière analyse contraire aux sentiments religieux et aux sentiments moraux, est complètement justifiée. De même, il est faux que Socrate « n'ait pas considéré comme des dieux ceux que la cité réputait tels », plus faux encore qu'il « ait cor-

vérité » ; PLUT., *Amat.*, XIII, 4. Voir aussi LUC, *Iup. trag.*, 41 ; *Iust. Mart.*, p. 41.

(1) *Phen.*, 504, 525 ; *Io*, 1051, etc. D'ailleurs les paroles qu'il met dans la bouche d'Hippolyte disant que « la langue a juré, mais non pas l'esprit », et que les contemporains lui ont souvent reprochées comme très immorales, signifient en réalité que la promesse obtenue par fraude et par ruse n'a pas besoin d'être tenue ; c'est ce que, dans certaines limites, on peut d'ailleurs accorder. Nous avons là un exemple de casuistique : *Systèmes socialistes*, I, p. 29. ARIST., *Rhet.*, I, 15, 29.

rompu la jeunesse » (1) comme le prétendait l'accusation qui l'a conduit à la mort, au sens donné au mot *corrompre* par les accusateurs ; il n'en est pas moins absolument vrai que, discutant de tout avec tout le monde, il attaquait inconsciemment la croyance aux dieux de la cité et il corrompait les jeunes gens, en ce sens qu'il affaiblissait en eux la foi nécessaire pour agir conformément au bien de la cité. En outre, cette circonstance qui honore le plus Socrate, et qui, d'une façon abstraite, semble augmenter de beaucoup ses mérites, c'est-à-dire de n'avoir pas fait payer son enseignement, est précisément celle qui rendait son enseignement le plus dangereux pour la cité. En effet, les sophistes qui se faisaient payer très cher, ne pouvaient avoir qu'un petit nombre d'auditeurs, qui appartenaient pour la plupart à l'aristocratie intellectuelle ; ils ne pouvaient par conséquent ébranler les croyances nationales que d'un petit nombre de personnes, et même les sophistes pouvaient faire plus de bien que de mal, parce que leurs disciples étaient habitués à faire usage de la raison. Socrate, au contraire, s'adressait à l'artisan, à l'homme que les soucis de la vie journalière mettaient dans l'impossibilité de suivre avec fruit de longs raisonnements, subtils et abstraits, et il détruisait leur foi sans pouvoir en aucune façon la remplacer par des raisonnements scientifiques.

67. Cette œuvre insidieuse et néfaste était vivement sentie par les contemporains, qui comprenaient instinctivement tout le mal qu'elle pouvait faire ; c'est pour cela que Socrate eut des ennemis aussi bien parmi les partisans de l'oligarchie que parmi ceux de la démocratie ; les Trente lui défendirent expressément de parler avec les jeunes gens (1), les démocrates le condamnèrent à mort.

(1) Diog. Laër., II, 40 : «...ἀδικεῖ δὲ καὶ τοὺς νέους διαφθειρών».
(2) Xenoph., *Mém.*, I, 2, 36. Les Trente firent venir Socrate

68. Comme le fait remarquer Zeller (*Philosophie der Griechen*, vol. III, 2ᵉ édit., p. 193) le mal était général et il ne se limitait pas à l'enseignement de Socrate : « Les hommes cultivés de ce temps n'avaient-ils pas tous passé par l'école d'une critique indépendante qui avait sapé les fondements des croyances et de la moralité traditionnelles. » Aristophane lui-même, qui voulait ramener ses contemporains aux idées anciennes, « est tout plein des idées de son temps ».

69. Il ne faut pas oublier une circonstance qui n'a pas grande importance pour l'histoire de cette époque, mais qui acquiert de la valeur parce qu'elle nous permet de découvrir une analogie avec d'autres phénomènes postérieurs : tandis que les croyances anciennes diminuaient, les pratiques des *Mystères* se répandaient considérablement. Nous avons là l'indication d'une autre espèce de résistance qui s'est fortement manifestée dans d'autres phénomènes, c'est-à-dire que nous voyons les phénomènes religieux résister en se manifestant sous une forme nouvelle (§ 59).

70. Il nous reste à voir comment les sentiments moraux et de patriotisme diminuèrent d'intensité en même temps que les sentiments religieux. Remarquons que nous ne parlons que des sentiments qui se rattachent à des religions positives et non de ceux qui dépendent des religions métaphysiques, qui, par leur nature même, ne sont suivies que par un nombre très restreint de personnes (§ 50).

devant eux, et celui-ci faisant mine de ne pas comprendre demanda si, lorsqu'il achetait à un homme de moins de trente ans, il ne devait pas lui demander le prix. Chariclès répondit qu'il pouvait bien le faire, « mais tu as l'habitude, Socrate, de demander ce que tu sais parfaitement ; laisse là ces interrogations ». Critias, un autre membre des Trente, dit : « Il convient, Socrate, que tu ne t'occupes pas des cordonniers, des menuisiers, des forgerons, parce qu'ils sont fatigués de tes discours ».

Si nous comparons l'époque de Marathon à celle de Socrate, les opinions sont divergentes. Certains, comme Grote, ne croient pas que les mœurs fussent en décadence ; d'autres, comme Zeller, estiment, au contraire, qu'elles étaient devenues pires ; mais si nous descendons jusqu'aux temps de Démétrius Polyorcète, par exemple, la décadence des mœurs est manifeste, et personne ne la nie (1). Cela suffit pour appuyer notre proposition générale, d'après laquelle les sentiments religieux, éthiques, de patriotisme, décroissent, ou augmentent souvent ensemble ; tandis que la question de savoir si la décadence a commencé au temps de Socrate importe seulement pour établir la rapidité avec laquelle le mouvement s'est propagé des classes supérieures aux classes inférieures.

71. Si nous pouvions nous fier aux comparaisons que les contemporains faisaient entre les mœurs anciennes et celles de leur époque, nous devrions conclure que dès le temps de Socrate, et même avant, les mœurs étaient fort en décadence ; mais ces comparaisons, alors même qu'elles sont faites par des hommes comme Thucydide (III, 82, 83), n'ont aucune valeur, parce que tous les écrivains anciens partageaient ce préjugé, que le présent était pire que le passé (2).

(1) La différence est énorme entre les Athéniens qui avaient refusé « la terre et l'eau » demandée par Darius, et qui avaient ensuite soutenu le choc de la puissante flotte des perses à Salamine, et les Athéniens qui se prosternèrent lâchement aux pieds de Démétrius Polyorcète. Ils mirent celui-ci et Antigonus au nombre de leurs *dieux-sauveurs*, et ils remplacèrent le nom de l'archonte qui servait à désigner l'armée par celui du prêtre des *dieux-sauveurs*. On consacra le lieu où Démétrius descendit pour la première fois de son char, et on y éleva une statue à *Démétrius-sauveur*. On décréta que les personnages envoyés à Démétrius ne s'appelleraient pas des ambassadeurs, mais des *théores*, comme ceux qu'on envoyait à la pythie et à Olympie. Ils changèrent jusqu'au nom d'un de leurs mois, qu'ils appelèrent Démétrius. On peut voir le reste dans PLUTARCH., *Deme.*, 10, 11, 12.

(2) HORACE, *Carm.*, III, VI, résume une opinion séculaire dans ces vers :

Il nous faut donc rejeter entièrement cette confirmation facile mais trompeuse de notre proposition générale, et rechercher par un autre chemin si elle est conforme aux faits.

72. Nous n'avons qu'à recourir à l'histoire. Le contraste est trop grand entre les héros de Salamine et les ineptes courtisans de Démétrius Polyorcète, et il y a trop d'autres faits semblables, pour que nous ayons le moindre doute à ce sujet.

73. Ajoutons que le doute qui frappe les comparaisons entre le passé et le présent, n'existe pas quand il s'agit de faits de la même époque, et nous avons alors le témoignage de Polybe. Il remarque (1) que « l'excès de religion, que les autres peuples tiennent pour un vice, est ce qui maintient la république romaine. La religion est exaltée et elle a une puissance extraordinaire dans toutes les affaires privées. Beaucoup s'en étonneront, mais moi j'estime que chez eux il en est ainsi en égard à la multitude (2). S'il était possible d'avoir une république composée uniquement de sages, peut-être cela ne serait pas nécessaire... Par conséquent, il me semble que les anciennes opinions sur les dieux et les peines de l'enfer n'ont été introduites dans l'esprit du vulgaire ni par hasard, ni témérairement, tandis que c'est avec beaucoup plus de témérité et d'insanité qu'elles ont été rejetées par les modernes (3). Aussi, sans parler

Aetas parentum, pejor avis, tulit
Nos nequiores, mox daturos
Progeniem vitiosiorem.

« Nos pères étaient pires que nos aïeux, nous sommes plus mauvais que nos pères, et nous laisserons des fils plus mauvais que nous. »
De nos jours l'opinion contraire est devenue un article de foi.
(1) VI, 56, 57 et s.
(2) Ἐμοί γε μὴν δοκοῦσι τοῦ πλήθους χάριν τοῦτο πεποιηκέναι.
(3) Scipion l'Africain avait autour de lui un groupe d'amis,

du reste, ceux qui, chez les Grecs, manient la fortune publique, si on leur confie un seul talent, même quand ils ont dix cautions, dix sceaux, et un nombre double de témoins, ne respectent pas la foi jurée ; tandis que chez les Romains ceux qui, comme magistrats ou comme légats, ont le maniement de sommes considérables, respectent la parole donnée, par respect pour leur serment ». Bientôt cependant, à l'époque de Salluste et de Cicéron, les Romains devinrent semblables aux Grecs de Polybe.

74. Il faut relever deux points dans ce que dit Polybe : 1° les faits ; et il n'y a aucune bonne raison pour ne pas les croire exacts ; 2° l'interprétation ; qui partage l'erreur courante qui consiste à établir entre les sentiments religieux et les sentiments moraux une relation de cause à effet, alors qu'il n'y a qu'une relation de dépendance d'origines et de raisons communes (II, 43).

75. (§ 6,γ) Recherchons comment naissent et se maintiennent ces sentiments, et pour cela considérons un problème plus général, celui de savoir comment et pourquoi existent dans la société certains faits A, B, C.., que ce soient des sentiments, des institutions, des habitudes, etc.

76. On a donné récemment de ce problème une solution qui, si elle pouvait être acceptée, serait parfaite et ferait d'un coup de la sociologie une des sciences les plus avancées. On obtient cette solution en étendant aux faits sociaux la théorie que Darwin a donnée pour expliquer la forme des êtres vivants ; et il est certain qu'il y a similitude entre les deux cas. Nous dirons alors que les sentiments, les institutions, les habitudes d'une so-

dont était Polybe, et il est très probable que celui-ci reproduit les idées de ce groupe.

Plus tard, Cicéron, *De har. resp.*, 9, fait sienne une idée qui était courante à Rome, en déclarant que c'est à cause de leur religion que les Romains avaient vaincu les autres peuples : *omnes gentes nationesque superavimus.*

ciété donnée sont ceux qui correspondent le mieux aux circonstances dans lesquelles se trouve cette société, qu'en un mot, il y a adaptation parfaite entre les uns et les autres.

77. Les faits semblent confirmer cette solution, parce qu'elle contient, en effet, une part de vérité, qui est précisément celle qui se trouve dans la théorie des formes des êtres vivants, mise en lumière par les néo-darwinistes. Nous devons, en effet, admettre que la sélection n'intervient que pour détruire les formes les plus mauvaises, qui s'éloignent par trop de celles qui sont adaptées aux circonstances dans lesquelles se trouvent les êtres vivants, ou les sociétés ; elle ne détermine donc pas précisément les formes, mais elle pose certaines limites que ces formes ne peuvent dépasser.

Ainsi il est certain qu'un peuple belliqueux ne peut pas avoir des sentiments absolument lâches, des institutions excessivement pacifiques, des habitudes de faiblesse ; mais au delà de ces limites, ses sentiments, ses institutions, ses habitudes peuvent varier considérablement, et par conséquent ils sont déterminés par d'autres circonstances étrangères à la sélection.

78. Les peuples un peu civilisés ont des institutions d'autant moins dures pour les débiteurs qu'ils possèdent davantage de capitaux mobiliers. Ce fait, considéré d'une façon superficielle, paraît confirmer complètement la théorie du § 76, et on peut dire : moins une société possède de capitaux mobiliers, plus ils lui sont précieux, et d'autant plus elle a besoin de les conserver et de les augmenter, par conséquent d'autant plus rigides doivent être les institutions qui ont ce but.

Ce raisonnement est en partie vrai, mais aussi en partie faux. Il est vrai, en cela que si les peuples qui ont peu de richesse, n'ont pas des institutions qui en empêchent la destruction, ils tombent rapidement dans

la barbarie. Il est faux, en ce que ces institutions ne
suivent pas d'une façon précise le mouvement d'augmentation de la richesse, et par suite elles ne deviennent
pas toujours moins rigides à mesure que celles-ci augmentent, il peut arriver que pour une courte période elles
demeurent telles quelles, ou même qu'elles deviennent
plus rigides, tandis que la richesse a augmenté. La correspondance entre les deux phénomènes n'est pas parfaite, mais seulement grossièrement approximative.

Il faut également remarquer que cette correspondance
entre les deux phénomènes ne se fait pas uniquement
par l'intermédiaire de la sélection. Dans une société où
les capitaux mobiliers sont rares, toute destruction qui
en est faite cause de graves souffrances, et donne directement origine à des sentiments qui provoquent des
mesures destinées à empêcher cette destruction ; et cela,
non pas en vertu d'un raisonnement logique, mais d'une
façon analogue à celle qui pousse, non seulement
l'homme, mais aussi l'animal, à s'éloigner de tout ce qui
lui cause une douleur.

79. Une société dans laquelle chaque individu haïrait
son semblable ne pourrait évidemment pas subsister et
se dissoudrait. Il y a donc un certain minimum de bienveillance et de sympathie réciproques nécessaire pour
que les membres de cette société, en se prêtant une assistance mutuelle, puissent résister aux violences des
autres sociétés. Au-dessous de ce minimum, les sentiments d'affection peuvent varier plus ou moins.

80. On arrive à une autre solution très simple, et de
même genre que la précédente, en admettant que les
sentiments moraux, religieux, etc., sont ceux qui sont
le plus favorable à la classe sociale dominante.

Cette solution contient une part de vérité, mais proportionnellement moins grande que la précédente, et
une plus grande part d'erreur. Les préceptes moraux

ont souvent pour objet de consolider le pouvoir de la classe dominante, mais aussi très souvent de le modérer (1).

81. L'instinct de sociabilité est certainement le principal d'entre les faits qui déterminent les maximes morales générales. Nous ignorons pourquoi cet instinct existe chez certains animaux, et n'existe pas chez d'autres ; nous devons par conséquent le tenir pour un fait primitif, au-delà duquel nous ne pouvons pas remonter.

Il paraît probable que, pour la morale comme pour le droit (2), cet instinct s'est manifesté tout d'abord dans des faits séparés ; ceux-ci furent ensuite réunis et résumés dans des maximes morales, qui apparaissent ainsi comme le résultat de l'expérience. Dans un certain sens on peut aussi considérer de ce point de vue la sanction divine donnée à ces maximes, parce que celui qui ne les observait pas montrait qu'il n'avait pas les sentiments nécessaires dans les circonstances de la vie sociale dans lesquelles il se trouvait. Tôt ou tard, il en pouvait porter la peine, et ce n'était pas tout à fait une fiction que, par exemple, Zeus vengeait les suppliants.

(1) *Systèmes socialistes*, II, p. 115.
(2) Voir Post, *Grundriss der ethnologischen Iurisprudenz*, et principalement sir Henry Summer Maine, *Ancient law*. Celui-ci remarque que dans la très ancienne antiquité grecque, les θέμιστες étaient des sentences dictées au juge par la divinité. « Dans le mécanisme simple des anciennes sociétés, on voyait probablement se reproduire plus fréquemment qu'aujourd'hui le retour des mêmes circonstances, et dans la succession de ces semblables, les sentences devaient naturellement se suivre et se ressembler. Là est le germe ou rudiment de la coutume, conception postérieure à celle des Thémistes ou jugements. Avec nos associations d'idées modernes, nous sommes fortement inclinés à penser *a priori* que la notion d'une coutume doit précéder celle d'une sentence judiciaire, et qu'un jugement doit affirmer une coutume ou en punir la violation ; mais il paraît hors de doute que l'ordre historique de ces deux idées est celui dans lequel je les ai placées. » Trad. Courcelle-Seneuil, p. 5.

On raisonne d'ordinaire comme si les maximes morales avaient pour origine exclusive les sentiments des
personnes auxquelles elles imposent certaines règles d'action, ou d'abstention, alors qu'en réalité elles ont aussi
pour origine les intérêts des personnes qui en retirent
quelque avantage. Celui qui désire que d'autres fassent
quelque chose pour lui, exprime rarement ce désir nettement ; il trouve préférable de lui donner la forme d'une
idée générale ou d'une maxime morale. C'est ce qu'on
voit excellemment de nos jours quand on considère la
nouvelle morale de la solidarité.

82. Les problèmes sociaux étant essentiellement quantitatifs, alors que nous leur donnons des solutions qualitatives, il s'en suit qu'il y a des maximes morales littéralement opposées et qui ont pour objet de réprimer les
déviations excessives dans un sens et dans l'autre, en
nous ramenant au point que nous estimons quantitativement le meilleur. C'est ainsi qu'à la maxime : aime
ton prochain comme toi-même, s'oppose celle-ci : charité
bien ordonnée commence par soi-même (1). Il y a, dans
une société, des maximes favorables à la classe dominante, mais il y en a qui lui sont contraires (2) ; dans
les sociétés où l'usure est la plus inhumaine, on trouve
des maximes morales qui lui sont entièrement contraires.
Dans tous ces cas ce que les hommes tiennent pour un
mal social est corrigé par certains faits, qui sont ensuite
résumés sous forme de maximes ou de préceptes. C'est
à une origine semblable que se rattachent les maximes
ou préceptes qui s'appliquent à certaines classes sociales,
à certaines castes, à certaines collectivités, etc.

(1) Théognis de Mégare dit, 181-182, que « il vaut mieux pour
l'homme mourir que d'être pauvre et de vivre dans la dure pauvreté », et un peu plus loin, 315-318, il remarque que beaucoup
de méchants sont riches et beaucoup de pauvres, bons, et il
ajoute : « Je ne changerai pas ma vertu pour leur richesse. »
(2) *Systèmes socialistes*, II, p. 315.

Ce que l'on tient, à tort ou à raison, pour nuisible à une collectivité plus ou moins restreinte, est défendu par un précepte de la morale particulière à cette collectivité ; ce que l'on tient pour utile est imposé de la même manière. Il se produit alors des phénomènes d'interposition entre ces différentes morales, et entre elles et la morale générale.

83. C'est une chose vaine que de rechercher si les sentiments moraux ont une origine *individuelle* ou *sociale*. L'homme qui ne vit pas en société est un homme extraordinaire, qui nous est à peu près, ou plutôt qui nous est entièrement inconnu ; et la société distincte des individus est une abstraction qui ne répond à rien de réel (1). Par conséquent, tous les sentiments que l'on observe chez l'homme vivant en société, sont individuels à un certain point de vue, et sociaux à un autre. La métaphysique sociale qui sert de substratum à ce genre de recherches est simplement de la métaphysique socialiste, et tend à défendre certaines doctrines *a priori*.

84. Il serait beaucoup plus important de savoir comment les sentiments naissent, se modifient et disparaissent de nos jours que d'en rechercher l'origine. Savoir comment sont nés dans les sociétés primitives certains sentiments satisfait simplement notre curiosité (I, 33), et n'a presque pas d'autre utilité. De même le marin n'a que faire de savoir quelles étaient les limites des mers dans les anciennes époques géologiques, tandis quil lui importe beaucoup de connaître ce que sont les mers d'aujourd'hui. Malheureusement, nous savons bien peu de choses sur l'histoire naturelle des sentiments à notre époque.

85 (§ 6,γ). Sous nos yeux, en France, où la démocratie

(1) *L'individuel et le social*. Rapport au Congrès international de philosophie, Genève, 1904.

est la plus avancée, de notables changements se sont produits dans la seconde moitié du XIXᵉ siècle. Les sentiments religieux semblent avoir augmenté d'intensité ; mais ils ont changé en partie de forme, et une nouvelle religion jacobino-socialiste s'est fortement développée (1).

On peut constater les changements suivants dans les sentiments moraux : 1° une augmentation générale de pitié morbide, à laquelle on donne le nom d'*humanitarisme*. 2° Plus spécialement un sentiment de pitié et même de bienveillance envers les malfaiteurs, tandis qu'augmente l'indifférence pour les malheurs de l'honnête homme qui est tombé sous les coups de ces malfaiteurs. 3° Une augmentation notable d'indulgence et d'approbation pour les mauvaises mœurs des femmes.

Les faits qui sont en relation avec ces changements sont les suivants : 1° L'augmentation de richesse du pays, ce qui permet d'en gaspiller une partie pour l'*humanitarisme* et pour l'indulgence envers les malfaiteurs. 2° Une plus grande participation des classes pauvres au gouvernement. 3° La décadence de la bour-

---

(1) Voici un exemple, entre mille, de la façon dont la plupart des gens comprennent la nouvelle foi. M. PIDOUX *La jeunesse socialiste*, Lausanne, 15 janvier 1903 : « Le socialisme est lui-même une religion. C'est la religion par excellence, la religion humaine qui ne croit plus hypocritement à un monde meilleur, mais qui veut que les hommes, solidaires les uns des autres, unissent leurs efforts pour faire de la terre un paradis où l'espèce humaine puisse jouir de la plus grande somme de bonheur possible... Cette religion vaut bien celle qui depuis vingt ans a planté sa croix sur la terre... Notre religion veut établir entre les hommes l'égalité... Elle est la religion de l'homme, de la science, de la raison... Notre religion fait germer dans les cœurs l'amour du prochain et la haine du mal. Elle fait germer aussi la révolte qui libère et qui console... Elle fait germer la révolte contre la société où nous vivons, et prépare la transformation de celle-ci sur les bases du collectivisme. Deux religions sont en présence. L'une est la religion de l'égoïsme et de l'envie, l'autre est celle de la solidarité et de la science. Cette dernière sera la religion de l'avenir. »

geoisie. 4° Un état de paix ininterrompue pendant trente-quatre ans.

Les relations qui dépendent du premier fait appartiennent au genre dont nous avons parlé aux §§ 76-79. Celles qui dépendent du second fait appartiennent au genre cité au § 80.

Enfin le mouvement a commencé dans les classes intellectuellement supérieures ; il s'est manifesté dans la littérature, puis il a atteint les classes inférieures, et il a pris des formes pratiques.

86. Les sentiments de blâme pour les malfaiteurs, notamment pour les voleurs, sont certainement beaucoup affaiblis ; et on considère comme de bons juges aujourd'hui ceux qui, avec peu de science et sans conscience, jaloux uniquement d'une popularité malsaine, protègent les malfaiteurs et ne sont sévères et rudes qu'envers les honnêtes gens. C'est là une façon de voir que n'aurait pas difficilement comprise la plupart des Français qui vivaient, par exemple, en 1830, bien que déjà elle eût pénétré dans la littérature, mais il semblait que c'étaient là de simples exercices de littérature.

Il en est de même pour les mauvaises mœurs. Il se pourrait que, en fait, les mœurs ne fussent pas pires qu'il y a cinquante ans, mais la théorie n'est certainement plus la même.

Ce changement lui aussi s'est opéré dans la partie intellectuelle de la société ; il s'est manifesté d'abord sous une forme exclusivement littéraire ; on n'y a vu alors qu'un amusement de l'esprit, mais on ne croyait pas que cela pût faire partie un jour de la morale sociale.

Plus tard tous ces changements sont devenus autant d'armes dans les mains des adversaires de l'ordre social actuel, ils ont trouvé un appui dans les théories socialistes, qu'ils ont fortifié, en même temps qu'ils étaient accueillis par une bourgeoisie en décadence, avide de jouissances perverses, comme cela se produit souvent chez les dégénérés.

Le droit positif n'a suivi que lentement cette évolution de la morale ; aussi certains juges, avides des louanges vulgaires et désireux de captiver la bonne grâce des nouveaux gouvernants, méprisent-ils ouvertement le code et les lois, et vont chercher les considérants de leurs jugements dans les romans de George Sand et dans les *Misérables* de Victor Hugo.

87. Ce moindre blâme pour les voleurs a peut-être quelque relation avec le progrès des théories qui attaquent la propriété individuelle, mais cette relation n'est pas certaine ; la relation est au contraire plus évidente avec la démocratie et le suffrage universel (1). Il faut remarquer ici que, même si les délinquants étaient proportionnellement en nombre égal dans les classes supérieures et dans les classes inférieures, les effets en seraient encore différents suivant que le pouvoir est entre les mains des uns ou des autres.

Dans les classes supérieures on s'efforce de maintenir les lois et les règles morales, alors qu'on les transgresse ; dans les classes inférieures on tend à changer ces lois et ces règles, et cela parce que le fort se met au-dessus de la loi et des mœurs, tandis que le faible leur est soumis.

Les cas dans lesquels, en France, les députés doivent intervenir en faveur de petits délinquants, leurs électeurs sont si nombreux, qu'ils ont fini par se traduire en maximes générales, qui forment une législation non écrite, parallèle à la législation écrite, mais différente ; et les juges désireux de ne pas être frappés par le gou-

---

(1) En Australie, les vols d'or dans les mines restent impunis, parce que les voleurs sont très nombreux et qu'ils ont, par leur vote, une part appréciable dans le gouvernement.

Les adoucissements apportés aux lois pénales en plusieurs pays de l'Europe ont augmenté considérablement le nombre des malfaiteurs qui conservent leurs droits électoraux.

vernement, ou de gagner sa faveur, suivent celle-là et non pas celle-ci. L'histoire des fraudeurs demeurant constamment impunis pour peu qu'ils aient quelque protection politique est particulièrement édifiante. En réalité, on ne poursuit plus un grand nombre de délits, qui sont cependant encore punis par la loi (IX, § 32 et s.). Les magistrats plaisantent avec esprit sur l'adultère. « Pourquoi continuer votre plaidoirie? — disait un de ces juges à l'avocat. Vous connaissez cependant le tarif du tribunal ; c'est vingt-cinq francs, et c'est tout ». C'est aussi le tarif des autres juges français ; et même celui qui s'est acquis, par sa bienveillance envers les malhonnêtes gens, le nom de *bon juge*, ne taxe l'adultère qu'à un franc d'amende ; et il se réjouit de cette atteinte nouvelle à la loi, à l'organisation de la famille, aux bonnes mœurs.

Quelques-unes de ces prostituées, si chères aux humanitaires, se font payer plus cher ; on punit beaucoup plus les pauvres femmes qui, après avoir appartenu à une congrégation religieuse, sont accusées de violer la loi en feignant de n'y plus appartenir, et on leur oppose pour preuve, notamment, qu'elles continuent à observer le vœu de chasteté.

Le développement de la démocratie a fortifié le sentiment d'égalité entre les deux sexes ; mais il est probable que la cessation de la guerre y a eu plus de part encore, parce que c'est là qu'apparaît le mieux la supériorité de l'homme. Ce sentiment d'égalité a fait naître la théorie d'une seule morale sexuelle pour l'homme et pour la femme ; quelques rêveurs l'interprètent dans ce sens que l'homme doit devenir plus chaste, mais le plus grand nombre, qui s'en tiennent à la réalité, l'entendent en ce que la chasteté est pour la femme une antiquaille.

Il s'est même trouvé un écrivain qui a revendiqué pour la femme « le droit à l'immoralité ». — La façon de vivre des jeunes filles devenues de plus en plus libres,

ne met certainement aucun obstacle à l'union irrégulière
des sexes, bien que cela soit nié par beaucoup, qui ne
voient que ce qu'ils désirent et ce que leur impose leur
foi dans le « progrès », et non ce qui se passe en réalité,
comme le savent les gynécologues, dont les jeunes filles
libres modernes sont d'excellentes clientes.

La facilité des avortements dans certaines grandes
villes modernes rappelle la Rome décrite par Juvénal, et
le public écoute sans les désapprouver et sans en être
dégoûté les comédies qui justifient indirectement
l'avortement, dont ils rendent la société responsable.

Tous ces phénomènes sont en relation avec la décadence de la bourgeoisie. Cette décadence n'est qu'un cas
particulier d'un fait beaucoup plus général, celui de la
circulation des élites.

88. L'exemple de la France agit sur les sentiments des
peuples qui, comme l'Italie par exemple, ont avec elle
de nombreuses et fréquentes relations personnelles et
intellectuelles ; nous avons là une nouvelle cause de
changement dans les sentiments : l'imitation.

Cette imitation ne se fait pas seulement de peuple à
peuple, mais bien entre les différentes classes sociales, et
entre les différents individus qui les composent ; c'est
ainsi qu'un mouvement qui a pris naissance en un point
quelconque d'une société, se propage par imitation, et
il continue à se propager là où il trouve des circonstances
favorables ; il s'arrête si elles lui sont contraires.

L'opposition fait pendant à l'imitation (1). Quand une
doctrine est généralement acceptée, il survient un adver-

---

(1) Sur l'imitation et sur l'opposition on peut lire les ouvrages
de TARDE, *Les lois de l'imitation* et *L'opposition universelle*, qui
manquent, d'ailleurs, de précision scientifique dans une mesure
extraordinaire.

Je rappelle au lecteur que, pour des raisons d'espace, je dois
indiquer d'un mot des théories auxquelles on pourrait consacrer
des volumes.

saire pour l'attaquer. A force d'entendre répéter toujours la même chose, le désir vient à certains d'affirmer le contraire. Une théorie trop inclinée dans un sens en appelle nécessairement une autre qui inclinera trop dans le sens opposé. La théorie de l'*humanitarisme* et de l'égalité des hommes a trouvé son contrepoids dans les théories égoïstes du *superhomme* de Nietzsche. Au Moyen Age les sorcières étaient en partie un produit de l'exaltation religieuse.

89. (§ 6,*d*). Voyons comment les relations objectives que nous venons d'étudier se transforment en relations subjectives. En général on observe les uniformités suivantes :

1° Il se produit une double transformation. Une relation objective réelle A se transforme, sans que l'homme s'en rende compte, en une relation subjective B. Puis, en vertu de la tendance qui transforme les relations subjectives en relations objectives, la relation B est transformée en une autre relation objective C, différente de A et généralement imaginaire. 2° L'homme tend toujours à donner une valeur absolue à ce qui n'est que contingent. Cette tendance est en partie satisfaite par la transformation du fait contingent B dans le fait imaginaire C, beaucoup moins contingent, ou même absolu. 3° L'homme tend toujours à établir une relation logique entre les différents faits qu'il sent être dépendants les uns des autres, sans qu'il comprenne ni comment ni pourquoi. De plus, cette relation logique est d'ordinaire celle de cause à effet. Si on fait exception pour la mécanique et les sciences analogues, les relations de mutuelle dépendance sont très rarement employées. 4° L'homme est guidé par des intérêts particuliers et principalement par les sentiments, tandis qu'il s'imagine et qu'il fait croire aux autres qu'il est guidé par des intérêts généraux et par la pure raison.

Il arrive très fréquemment que A (*fig.* 4) est un intérêt

particulier qui, sans que l'homme s'en rende compte, se transforme en B ; et puis B se transforme en intérêt général C, qui est imaginaire.

Fig. 4

Il arrive souvent aussi que la transformation A B est d'abord consciente, c'est-à-dire que l'homme se rend compte qu'il est guidé par un intérêt particulier, et puis, petit à petit, il l'oublie et à la relation A B il substitue la relation C B, c'est-à-dire il croit être poussé par un intérêt général.

Prenons un exemple pour être plus clair. A représente des sentiments de sociabilité et certaines relations utiles à l'individu et à l'espèce ; B représente des sentiments de bienveillance à l'égard des hôtes ; C représente l'explication que l'on donne de ces sentiments, en disant que l'hôte est envoyé par Zeus. Autre exemple : A représente les sentiments de cupidité de l'homme pauvre ; B est le sentiment que le riche doit donner au pauvre ; C'est le principe de la « solidarité » entre les hommes.

90. Il faut ajouter que la croyance dans la cause imaginaire C est de son côté un fait psychologique, et il se place ainsi parmi les faits réels du genre de A, qui donnent naissance à B. On a ainsi une série d'actions et de réactions. C'est ce que montre admirablement l'étude du langage.

Les faits de la phonétique et de la syntaxe n'ont certainement pas eu pour origine certaines règles grammaticales préexistantes ; ce sont celles-ci au contraire qui ont été tirées de ceux-là. Cependant, quand cette opération a été faite, l'existence de ces règles a agi, à son tour, sur les faits de la phonétique et de la syntaxe. De même pour les faits du droit. Bien que certains leur attribuent encore des raison imaginaires et leur donnent, par exemple pour origine un certain « sens juridique », on commence maintenant à comprendre que, tout au contraire, ce sont les faits de droit qui ont donné naissance aux règles abstraites (§ 80), et, si on le veut, aussi à ce sens « juridique » ; mais quand ces règles et ce sens existent, ils deviennent à leur tour des faits, et ils agissent comme tels pour déterminer les actions des hommes. Bien plus, dans ce cas particulier, cette action devient rapidement la plus importante et déterminante, parce que ces règles sont imposées par la force.

91. Quand par C on entend le principe qu'est moral tout ce qui peut être pris comme règle générale des actions humaines (ou tout autre principe analogue), on peut constater toutes les uniformités du § 89. 1° Les sentiments moraux qu'on veut expliquer ainsi sont nés de certains autres faits objectifs A, comme nous l'avons déjà vu. 2° Le principe posé est absolu ; il n'y a de restriction, ni de temps, ni de lieu ; il s'applique au nègre le plus déchu et à l'européen le plus civilisé, à l'homme préhistorique et à l'homme moderne ; la relation C B est du même genre qu'un théorème de géométrie, qui s'applique à tous les temps et lieu. Les métaphysiciens ne s'aperçoivent pas de ce qu'il y a d'absurde dans cette conséquence. 3° La relation entre ce beau principe de la règle générale des actions humaines et la conséquence B qu'on en veut tirer, est logique, du moins en apparence et autant que le permet la nature du principe, qui n'a pas de contenu réel (§ 38). De plus, c'est une relation entre une cause C et un effet B. 4° On se sert de ce raisonnement principalement pour demander à autrui de faire quelque sacrifice, ou pour obtenir que la puissance publique le lui impose. Si on disait : « donnez-moi telle chose, parce qu'elle m'est agréable », on ne réussirait pas souvent ; il faut dire, au contraire : « donnez-moi cela, parce que cela est utile à tous », et on trouve alors des alliés. Remarquez que dans ce *tous* on ne comprend

généralement pas celui auquel on soustrait la chose : mais souvent on entend par là le plus grand nombre, et cela suffit pour que, dans ces raisonnements pseudo-scientifiques, on ne remarque pas l'impropriété de l'expression.

Les ouvriers en grève luttent contre les patrons des usines et assomment, au nom de la solidarité, les ouvriers qui veulent travailler. Il est évident que cette solidarité peut bien exister entre les grévistes, mais non pas entre ceux-ci, les patrons et les « kroumirs ». Et pourtant les théoriciens parlent de la solidarité entre tous les hommes ; et puis ils étendent les propositions auxquelles ils sont arrivés à ce qu'on appellerait plus exactement une coterie. On invoque toujours la solidarité pour recevoir, jamais pour donner. L'ouvrier qui gagne dix francs par jour estime que, au nom de la solidarité, l'homme riche doit partager sa fortune ; mais il trouverait ridicule qu'on lui demandât, au nom de cette solidarité, de partager ce qu'il gagne avec ceux qui ont un salaire de vingt sous par jour.

La « démocratie » des Etats-Unis d'Amérique a pour principe l'égalité des hommes, et c'est pour cela que dans ce pays on *lynche* les nègres et les Italiens, qu'on interdit l'immigration chinoise, et qu'on ferait la guerre à la Chine si celle-ci défendait son territoire aux Américains. A New-York des sages-femmes examinent les femmes immigrantes ; on repousse celles qui ne sont pas mariées en justes noces, pour les empêcher de corrompre la pureté américaine. Les socialistes australiens veulent venir en aide « aux faibles et aux humbles » et la lâcheté bourgeoise les seconde ; mais en 1894, un missionnaire ayant été assassiné par les indigènes, les australiens firent une expédition qui détruisit sans pitié un grand nombre de ces malheureux, parfaitement innocents. Les socialistes français ont la folie de la paix, ils voient dans la guerre un crime, mais ils prêchent ouvertement l'extermination des bourgeois. En attendant, ils blessent les gendarmes, tuent les officiers et les soldats que le gouvernement charge de maintenir l'ordre. Le pillage des usines demeure impuni. En Russie, les attentats contre les directeurs d'usines ne se comptent plus. Au commencement de l'année 1907, des ouvriers enfermèrent leur directeur dans un tuyau de fer et le firent mourir en le chauffant à petit feu. Les humanitaires européens et américains n'ont pas soufflé mot ; mais ils jettent des cris d'orfraie si la police a le malheur de maltraiter les assassins qu'elle arrête. La sympathie des humanitaires s'arrête aux malfaiteurs et ne s'étend pas aux honnêtes gens. Les bourgeois décadents ferment volontairement yeux et oreilles pour ne pas voir ni entendre ; et tandis que leurs adversaires se préparent à les détruire, ils se pâment de tendresse à l'idée de l'avènement d'une « nouvelle et meilleure humanité ».

92. Il faut remarquer que, avec la pseudo-logique qui souvent sert à établir les relations C B, l'égalité de M et de N n'a pas pour conséquence l'égalité de N et de M, comme cela arriverait avec la logique courante. Par exemple, dans les démocraties modernes, le pauvre doit jouir des mêmes droits que le riche, parce que tous les hommes sont égaux ; mais ils ne sont plus égaux si on demande pour le riche les mêmes droits que pour le pauvre. Les ouvriers ont maintenant des tribunaux spéciaux et privilégiés, les prudhommes, qui, dans certains pays, donnent toujours tort aux patrons ou aux bourgeois, et toujours raison à l'ouvrier (1). Si un patron ou un bourgeois mettait le feu à la maison d'un ouvrier, il serait certainement condamné à la peine prévue par la loi ; au contraire, les grévistes français et leurs amis

(1) *Systèmes socialistes*, I, 136.

peuvent incendier et piller les maisons des patrons et des
bourgeois, sans que le gouvernement ose employer
contre eux la force publique. En Italie, les avocats socialistes et leurs amis se permettent contre les magistrats des violences et des injures qu'on réprimerait chez
d'autres. En juillet 1904, à Cluses, il y eut une grève
d'ouvriers horlogers. Pour reprendre les ouvriers, un
des patrons leur demandait de payer les vitres qu'ils
avaient cassées au commencement de la grève. Les ouvriers furent on ne peut plus indignés de cette étrange
prétention ; et cela se comprend, parce que chacun défend son intérêt ; mais les bourgeois humanitaires en
furent aussi parfaitement indignés, et cela se comprendrait moins, si on ne savait de quelle race méprisable et
déchu ils se composent. Le proverbe : « celui qui casse les
vitres les paye », ne s'applique évidemment qu'aux bourgeois, et non pas aux ouvriers, et moins encore au sacro-
saints ouvriers en grève. L'usine fut assiégée, le petit
enfant d'un des propriétaires fut atteint d'une pierre,
dans les bras de sa mère ; pour se défendre, les propriétaires tirèrent sur les agresseurs. Alors, l'usine fut pillée
et on y mit le feu, et la force armée qui l'entourait ne
fit rien pour s'y opposer. On ne poursuivit que quelques-uns des pillards, choisis, d'ailleurs, parmi les
moins coupables. Comme la grève générale aurait été
déclarée si on les avait arrêtés, ils furent laissés en liberté ; au contraire, les patrons qui s'étaient défendus
subirent la prison préventive ; ceux-ci furent condamnés (1) et les pillards absous.

A la fin de 1903 le parlement français vota l'amnistie
pour tous les faits de grèves et faits connexes. Pendant
qu'on discutait cette amnistie, des individus, sûrs de
l'impunité, pillèrent quelques boutiques à Paris. Deux

(1) Même le gouvernement de M. Combes finit par avoir honte,
et, quatre mois, après, gracia ces malheureux.

d'entre eux furent traduits devant les tribunaux, qui déclarèrent que l'amnistie leur était applicable ; on laissa les autres tranquilles. Si un boutiquier avait saccagé la maison d'un de ces malfaiteurs, il aurait été certainement condamné par les tribunaux. Et pourtant il est des gens qui croient de bonne foi que c'est là le régime de l'égalité des citoyens, et qui se pâment de joie en pensant à sa supériorité sur les anciens régimes, sous lesquels il y avait des citoyens privilégiés.

93. Les personnes qui veulent faire croire qu'ils sont guidés par l'intérêt général et non par un intérêt particulier, peuvent parfois ne pas être de bonne foi. Au nombre des sophismes les plus courants, quand on veut frapper particulièrement une chose E, en ayant l'air d'établir une mesure d'ordre général, il faut signaler le suivant. La chose E a certains caractères M, N, P,... ; on en choisit un, par exemple M, qui, en apparence, semble distinguer cette chose des autres, et on affirme que la mesure est générale et dirigée contre M. Les anciennes républiques firent souvent des lois qui semblaient générales, et qui, au fond, tendaient à frapper un petit nombre d'individus, ou même un seul.

Sparte, au commencement de la guerre du Péloponèse, envoya des ambassadeurs à Athènes, demander aux « Athéniens de venger le sacrilège fait à la déesse » (1). C'était une périphrase pour lui demander de chasser Périclès, qui descendait par sa mère des Alcméonides, considérés comme coupables de ce sacrilège.

Le sophisme est plus évident quand M se trouve aussi dans une autre chose F, à laquelle ne s'applique pas la mesure prise contre E, à cause de M, dit-on. Par exemple, en 1906, en France, afin de défendre l'enseignement aux congrégations religieuses, certains ont affirmé que la

(1) THUCYD., I, 126 : «... ἐκέλευον τοὺς ᾿Αθηναίους τὸ ἄγος ἐλαύνειν τῆς θεοῦ.

défense ne tendait qu'à supprimer la possibilité d'enseigner aux gens qui n'étaient pas mariés. Mais il est manifeste que si les hommes qui appartiennent aux congrégations ne sont pas mariés, pas plus que les femmes, il est également vrai que tous les célibataires ne font pas partie d'une congrégation ; et si on avait voulu frapper ceux-ci, il aurait fallu le faire directement et non pas par l'intermédiaire des congrégations.

94. Une même idée peut être exprimée en plusieurs langues différentes, et, dans la même langue, sous plusieurs formes. La même discussion qui aurait pris, il y a quelques siècles, la forme théologique, prendrait aujourd'hui la forme socialiste. Quand on dit dans le jargon moderne qu'une loi est « largement humaine », il faut traduire ainsi : elle favorise les paresseux et les coquins aux dépens des hommes actifs et honnêtes. Si l'on voulait exprimer cette idée qu'un homme paraît digne de blâme, on dirait, dans la langue du Moyen Age, que c'est un hérétique ou un excommunié ; dans la langue des jacobins de la fin du xviiie siècle, que c'est un aristocrate ; dans la langue des jacobins modernes, que c'est un réactionnaire (1). Ce sont simplement des façons différentes d'exprimer la même idée.

Plus généralement on peut remarquer que, dans la société, un phénomène qui reste au fond le même, prend dans le cours du temps des formes variées et souvent très différentes ; en d'autres termes, il y a permanence du même phénomène sous des formes variées (2).

(1) Le correspondant parisien du *Journal de Genève* (29 janvier 1905) dit fort bien : « Car le mot de clérical a tout aussi bien perdu son sens propre aujourd'hui que celui d'aristocrate sous le comité de Salut public. »
(2) On trouvera de nombreux faits à l'appui de cette théorie dans nos *Systèmes socialistes*, et à la table des matières : *Persistance des mêmes phénomènes sociaux*. Nous n'ajouterons qu'un fait qui s'est produit postérieurement à la publication de ce livre.

95. Ce qui précède nous montre qu'il y a une part de vérité dans cette observation de G. Sorel, à savoir que ce qui concerne la patrie et la tradition a un caractère mythique (1) et que « les mythes sont nécessaires pour exposer, d'une manière exacte, les conclusions d'une philosophie sociale qui ne veut pas se tromper elle-même... » En effet, chaque fois que nous voulons chercher à comprendre ce qu'ont pensé ou ce que pensent certains hommes, il nous faut connaître la langue et les formes dans lesquelles ils exprimaient leur pensée. Grote, par exemple, a fait voir à l'évidence que nous ne pouvons comprendre l'histoire des anciens Grecs, si nous ne cherchons pas à faire nôtres, autant que possible, les mythes qui formaient le milieu intellectuel dans lequel ils vivaient (2).

De même celui qui veut agir d'une façon active sur les hommes doit parler leur langue et adopter les formes qui leur plaisent, et par conséquent employer le langage des mythes.

96. Mais la théorie de G. Sorel et incomplète, parce qu'en dehors de ces phénomènes subjectifs, il y en a qui sont objectifs, et on ne peut empêcher que d'autres s'en

Dans la séance du Sénat français du 24 juin 1904, le président du Conseil, M. Combes, en défendant la loi qui exclut de l'enseignement les congrégations religieuses, disait : « Nous croyons qu'il n'est pas chimérique de considérer comme souhaitable et comme praticable de réaliser dans la France contemporaine ce que l'ancien régime avait si bien établi dans la France d'autrefois. Un seul roi, une seule foi : telle était alors la devise. Cette maxime a fait la force de nos gouvernements monarchiques, il faudrait en trouver une qui soit analogue et qui corresponde aux exigences du temps présent. »
Beaucoup de gens, en France, pensent de même ; la persistance de cet état d'esprit est remarquable depuis la révocation de l'édit de Nantes, pour ne pas remonter plus haut, jusqu'à nos jours. La forme change, le fond reste le même.
(1) *La ruine du monde antique*, p. 213.
(2) *Introduction à l'économie moderne*, p. 377.

occupent. Son erreur provient du précepte qu'il pose :
« Ce qu'il faut à la sociologie, c'est qu'elle adopte, dès le
début, une allure franchement subjective, qu'elle sache
ce qu'elle veut faire et qu'elle subordonne ainsi toutes
ses recherches au genre de solution qu'elle veut préco-
niser (1) ». C'est bien là l'objet de la propagande, mais
non pas de la science. Ne disputons pas sur les mots ;
et laissons que cette chose porte le nom qu'on veut !
Comment empêchera-t-on quelqu'un de rechercher quels
sont les faits objectifs qui sont au-dessous de ces faits
subjectifs, ou même simplement de rechercher les uniformités que présentent ces façons de considérer les faits
subjectifs ?

G. Sorel nous fournit lui-même un exemple des deux
espèces de considérations que comporte un fait subjectif.
Il dit qu' « il est probable que Marx déjà n'avait pré-
senté la conception catastrophique [la destruction de la
bourgeoisie résultant de la concentration de la richesse]
que comme un mythe, illustrant d'une manière très
claire la lutte de classe et la révolution sociale (2) ».

Marx a pensé ce qu'il a voulu, mais il nous sera loi-
sible de rechercher si cette catastrophe s'est produite, ou
si elle ne s'est pas produite, dans les limites de temps
qui lui ont été assignées. On ne comprend pas comment
il serait défendu de s'occuper de ce fait objectif.

De plus, si Marx voulait parler par mythes, il n'aurait pas été mauvais qu'il nous en prévînt avant que les
faits aient démenti ses prévisions ; autrement le métier
de prophète deviendrait par trop facile. On fait une prophétie ; si les faits lui donnent raison, on admire la
perspicacité de son auteur ; si elle est démentie par les
faits, on déclare qu'il s'agissait là d'un mythe.

(1) *Introduction à l'économie moderne*, p. 368.
(2) *Introduction à l'économie moderne*, p. 377.

97. (§ 6 ε). Nos recherches ont porté jusqu'ici sur des faits qui avaient effectivement lieu, sur des mouvements que nous pouvons appeler RÉELS, afin de les distinguer d'autres mouvements qui sont hypothétiques, et que nous appellerons VIRTUELS (III, 22).

Nous n'avons pas épuisé notre sujet en recherchant comment certains faits se produisent ; il nous reste à étudier un problème de grande importance : si un des faits qui ont été mis en relation entre eux venait, par hypothèse, à être modifié, quels changements les autres éprouveraient-ils ? Ce problème est une préparation nécessaire à la solution d'un second problème, consistant à rechercher les conditions qui procurent le maximum d'utilité à la société, à une partie de la société, à une classe sociale, à un individu déterminé, quand, naturellement, on a défini au préalable ce qu'on entend par cette utilité.

98. Ces problèmes se posent pour toutes les actions de l'homme, et aussi par conséquent pour celles qui sont l'objet de la POLITIQUE. Pratiquement ils ont plus d'importance que tous les autres. Bien plus, toujours à ce point de vue pratique, ce sont les seuls qui importent, et toute autre étude n'est utile qu'en tant qu'elle prépare leur solution. Ce sont aussi les plus difficiles ; nous les retrouverons en économie politique, et nous pourrons alors arriver à des solutions au moins approximatives. Au contraire, ces problèmes n'ont pas encore de solutions, même grossièrement approximatives, quand il s'agit des actions qui dépendent des sentiments et de la politique. Cette différence nous donne la raison principale de l'état plus avancé de la science économique parmi les autres sciences sociales.

99. Dans cette matière, la base de tout raisonnement gît dans le problème suivant : quels effets auront sur les sentiments certaines mesures données ? Non seulement nous ne sommes pas à même de résoudre ce problème

en général, théoriquement ; mais nous ne possédons
même pas les solutions pratiques qui précèdent d'ordinaire, dans l'histoire des connaissances humaines, les
solutions théoriques, et qui forment souvent la matière
d'où l'on tire celles-ci. Même les hommes d'Etat les plus
éminents se trompent presque toujours quand ils cherchent ces solutions. Il nous suffit de rappeler l'exemple
de Bismark. Il se proposait de résoudre le problème suivant : quelles mesures peuvent affaiblir les sentiments
qui alimentent le parti catholique et le parti socialiste ?
Il crut avoir trouvé la solution dans les mesures du *Kulturkampf* et des lois exceptionnelles contre les socialistes.
Les faits ont démontré qu'il s'était lourdement trompé.
Les effets qui s'ensuivirent furent précisément le contraire de ce qu'il avait espéré : le parti catholique a dominé dans le Reichstag ; le parti socialiste s'est développé toujours davantage, et chaque élection a vu grandir
le nombre des voix qu'il recueillait. Non seulement les
mesures de Bismark n'ont pas empêché ces conséquences, mais elles y ont beaucoup contribué (1).

100. Les difficultés qui s'opposent à l'élaboration d'une
théorie en cette matière sont en partie objectives, en
partie subjectives.

Au nombre des difficultés objectives nous relèverons
celles-ci :

1° Les phénomènes se produisent très lentement, et ne
présentent pas par conséquent la fréquence nécessaire
pour pouvoir, avec des preuves et des contre-épreuves,
constituer une théorie. Toutes les sciences ont fait des

---

(1) Enfin, ce que nous savons de plus certain sur ce point, se
trouve déjà dans Machiavel : «... il faut cajoler ou exterminer les
hommes, parce qu'ils se vengent des offenses légères ; ils ne le
peuvent pas des offenses graves ; de sorte que l'offense que l'on
fait à l'homme doit être telle qu'on ne craigne pas sa vengeance ».
Il principe, ch. III.

progrès extraordinaires, et cependant, dans la matière dont nous nous occupons, ce que nous avons de meilleur est encore dans les œuvres d'Aristote et de Machiavel. Parmi les nombreuses raisons de ce fait, la circonstance que ces deux auteurs ont vécu à des époques où les changements politiques étaient rapides, multiples dans l'espace, fréquents dans les temps, n'est pas parmi les moindres. Aristote a trouvé dans les nombreuses républiques grecques une matière très abondante pour ses études, comme Machiavel, dans les nombreux Etats italiens.

Supposons que les expériences semblables à celles dont nous avons parlé à propos de Bismark eussent été nombreuses et répétées en un petit nombre d'années, nous aurions pu, en les comparant, en recherchant ce qu'elles pouvaient avoir de commun et ce en quoi elles différaient, découvrir peut-être quelque uniformité, qui serait un commencement de théorie. Il nous a fallu, au contraire, attendre jusqu'à maintenant pour avoir une expérience semblable : celle que nous offre la lutte des jacobins français contre les catholiques. S'il en résulte un fait semblable à celui qui a suivi le *Kulturkampf* allemand, nous aurons un indice d'uniformité. Mais quel faible indice que celui qui ne s'appuie que sur deux faits !

2° Les phénomènes qui se rattachent au sentiment ne peuvent être mesurés avec précision ; nous ne pouvons donc pas avoir recours à la statistique, si utile en économie politique. L'assertion que certains sentiments s'affaiblissent ou se renforcent est toujours un peu arbitraire, et dépend toujours un peu de l'auteur qui juge les événements.

3° Les phénomènes sociologiques sont parfois beaucoup plus rares et plus complexes que ceux qu'étudie l'économie politique, et ils sont la résultante de beaucoup plus de causes, ou, plus exactement, ils sont en relation mutuelle avec un plus grand nombre d'autres phénomènes.

4° Comme ils sont très souvent non-logiques (§ 3) nous ne pouvons pas les mettre en rapport réciproque au moyen de déductions logiques, ce que nous pouvons faire en économie politique. La difficulté est encore accrue par ce fait que les hommes ont l'habitude de donner à leurs actions des motifs logiques non-réels.

5° Il est très difficile de connaître d'une façon précise les sentiments d'autrui et même ses propres sentiments ; la matière qui devrait servir de fondement à la théorie est toujours un peu incertaine. Par exemple, au § 99 nous avons donné comme preuve de la puissance des sentiments socialistes en Allemagne ce fait que le nombre des votes recueillis par le parti socialiste allait en augmentant. Mais ce n'est là qu'un indice, qui a besoin d'être appuyé sur d'autres preuves, parce que beaucoup de ces électeurs ne sont pas des socialistes, mais des radicaux, des libéraux, de simples mécontents.

101. Passons aux difficultés subjectives :

1° Les auteurs ne recherchent presque jamais la vérité, ils recherchent des arguments pour défendre ce qu'ils croient par avance être la vérité, et qui est pour eux un article de foi. Des recherches de ce genre sont toujours stériles, au moins en partie. Non seulement les auteurs procèdent ainsi parce qu'ils sont involontairement le jouet de leurs passions, mais ils le font souvent de propos délibéré, et ils blâment violemment ceux qui se refusent à procéder ainsi. Que de sottes accusations on a portées contre Machiavel ! Cette difficulté existe aussi pour l'économie politique ; et de même les difficultés dont nous allons parler sont communes à la sociologie et à l'économie politique. La plupart des économistes étudient et exposent les phénomènes avec

l'intention arrêtée de conclure d'une certaine manière.
2° Infinis sont les préjugés et les idées *a priori* dépendant de la religion, de la morale, du patriotisme, etc., et ils nous empêchent de raisonner d'une manière scientifique sur les matières sociales. Les jacobins, par exemple, croient sérieusement que « les rois et les prêtres » sont la cause de tous les maux de l'humanité (1), et ils voient toute l'histoire à travers ces lunettes truquées. Beaucoup d'entre eux s'imaginent que Socrate a été victime des « prêtres », alors que les prêtres n'ont eu précisément aucune part à la mort de Socrate. Pour beaucoup de socialistes, tout malheur, petit ou grand, qui peut frapper l'homme est une conséquence certaine du « capitalisme ». M. Roosevelt est persuadé que le peuple américain est de beaucoup supérieur aux autres peuples ; et il ne voit pas ce qu'il y a de ridicule à citer Washington pour faire savoir au monde que « la façon la plus certaine d'avoir la paix est de préparer la guerre » (*American Ideals*, ch. VIII, ; ce chapitre est intitulé : *Un précepte oublié de Washington* (2). Nous autres, pauvres européens, nous nous imaginions que, quelque temps avant Washington, certains habitants d'un petit pays qu'on appelait le Latium avaient, dans leur idiome, déjà dit : *si vis pacem*, et cætera ; mais il paraît que nous nous trompions, les latins ont sans doute copié Washington et répété ce qu'il avait dit le premier.

On trouvera l'indication d'autres difficultés du même genre dans l'*Introduction à la science sociale* de Herbert Spencer.

(1) *Systèmes socialistes*, II, p. 491.
(2) Trad. franç. de de Rousiers, p. 130 : « Une maxime oubliée de Washington. — Il y a un siècle, Washington écrivait : « Le plus sûr moyen d'obtenir la paix est d'être prêt pour la guerre ». Nous rendons à cette maxime l'hommage des lèvres que nous rendons si souvent aux paroles de Washington ; mais elle n'a jamais été gravée profondément dans nos cœurs. »

On rencontre les mêmes difficultés dans l'étude de l'économie politique. Les économistes « éthiques » parlent, avec une belle suffisance, de ce qu'ils ne comprennent pas. Tel autre, pour cacher son ignorance, fait la roue comme un paon et annonce au public qu'il suit la « méthode historique ». Tel autre parle de la « méthode mathématique » et il la juge et la condamne, mais il connait ce dont il parle tout autant qu'un Athénien du temps de Périclès pouvait connaître le chinois.

3° La difficulté subjective indiquée au n° 5 du § 100 est en relation avec une difficulté subjective analogue, c'est-à-dire qu'il nous est très difficile de ne pas juger les actions d'autrui avec nos sentiments propres. Il n'y a pas longtemps qu'on a enfin compris que pour avoir une idée claire des faits d'un peuple donné et d'une époque donnée, il fallait s'efforcer, autant que possible, de les voir avec les sentiments et les idées d'un homme appartenant à ce peuple et à cette époque. On a aussi découvert qu'il est bien des choses qui, tout en portant le même nom, sont essentiellement différentes, dans les lieux et dans les temps où elles ont été observées. Les jacobins français de la première révolution croyaient, et une partie de leurs successeurs actuels croient encore, que la république française est semblable ou presque à la république romaine ou à la république athénienne.

4° La foi seule pousse fortement les hommes à agir ; aussi n'est-il pas désirable, pour le bien de la société, que la masse des hommes, ou même seulement beaucoup d'entre eux, s'occupent scientifiquement des matières sociales. Il y a antagonisme entre les conditions de l'*action* et celles du *savoir* (1). Et c'est là un nouvel argu-

(1) Par exemple le livre de M. Roosewelt, *American Ideals*, pourra peut-être servir à pousser à l'action les citoyens des Etat-Unis, mais assurément il n'ajoute rien à nos connaissances, et sa valeur scientifique est très voisine de zéro.

ment (§ 60) qui nous montre combien ceux qui veulent faire participer indistinctement, sans discernement, tout le monde au savoir, agissent avec peu de sagesse. Il est vrai que le mal que cela pourrait entraîner est corrigé, en partie, par le fait que ce qu'ils appellent *savoir* est simplement une forme particulière de foi sectaire ; et il faudrait nous arrêter moins sur les maux qu'entraîne le scepticisme que sur ceux qui résultent de cette foi.

5° Le contraste entre les conditions de l'action et celles du savoir apparaît aussi en ce que, pour agir, nous nous conformons à certaines règles des mœurs et de la morale ; il ne serait vraiment pas possible de faire autrement, ne serait-ce que parce que nous n'aurions ni le temps ni les moyens de remonter aux origines, dans chaque cas particulier, et d'en faire la théorie complète ; au contraire, pour connaître les relations des choses, pour *savoir*, il faut précisément mettre en discussion ces principes eux-mêmes.

Par exemple, chez un peuple belliqueux les mœurs sont favorables aux sentiments guerriers. Si on admet que ce peuple doit rester belliqueux, il lui est utile que, au moins dans certaines limites, l'activité des individus soit d'accord avec ces sentiments ; on a donc raison, toujours dans ces limites, de juger qu'une activité donnée est nuisible par cela seul qu'elle est en opposition avec ces sentiments. Mais cette conclusion n'est plus valable, si on recherche s'il est bon pour ce peuple d'être belliqueux ou pacifique.

L'auteur croit que son pays est le premier du monde; « avoir le nom d'américain c'est avoir le plus honorable de tous les titres »; un Anglais peut penser la même chose de l'Angleterre ; un Allemand, de l'Allemagne, etc. Logiquement les deux propositions suivantes : A l'emporte sur B, et B l'emporte sur A, sont contradictoires, et ne peuvent subsister toutes deux, mais elles peuvent très bien subsister toutes deux si elles n'ont pour objet que de pousser les hommes à l'action.

De même, là où existe la propriété privée, il existe des
sentiments qui sont heurtés par toute violation de ce
droit ; et aussi longtemps qu'on croit utile de le maintenir, il est logique de condamner les actes qui sont en opposition avec ces sentiments. Ceux-ci deviennent ainsi
un critérium approprié pour décider ce qui est bien ou
mal dans cette société. Mais ils ne peuvent plus jouer ce
rôle lorsqu'on demande s'il faut maintenir ou détruire la
propriété. Opposer aux socialistes, comme le faisaient
certains auteurs de la première moitié du xixe siècle,
qu'ils sont des malfaiteurs parce qu'ils veulent détruire
la propriété privée, c'est proprement faire un cercle vicieux, et prendre l'accusé pour juge. On commettrait la
même erreur si l'on voulait porter un jugement sur
l'amour libre en invoquant les sentiments de chasteté,
de décence, de pudeur.

Dans une société organisée d'une certaine manière, et
où existent certains sentiments A, on peut raisonnablement penser qu'une chose B contraire à ces sentiments
peut être nuisible ; mais puisque l'expérience nous apprend qu'il existe des sociétés organisées d'une façon différente, il peut dans une de celles-ci exister des sentiments
C, favorables à B, et B peut être utile à cette société.
Par conséquent, quand on propose d'établir B pour passer
de la première organisation à la seconde, on ne peut plus
objecter que B est contraire aux sentiments A qui existent
dans la première organisation.

Remarquons encore que le consentement universel des
hommes, alors même que par hypothèse on pourrait le
connaître, ne changerait en rien cette conclusion, même
si l'on néglige cette considération que le consentement
universel de hier peut bien n'être pas celui de demain.

5° Pour convaincre quelqu'un en matière de science,
il faut exposer des faits autant que possible certains, et

les mettre en relation logique avec les conséquences qu'on en veut tirer. Pour convaincre quelqu'un en matière de sentiments, et presque tous les raisonnements qu'on fait sur la société et sur les institutions humaines appartiennent à cette catégorie, il faut exposer des faits capables d'éveiller ces sentiments, pour que ceux-ci suggèrent la conclusion qu'on en veut tirer. Il est manifeste que ces deux façons de raisonner sont complètement différentes.

Voici un exemple. Brunetière, répondant à M. René Bazin, dans la séance du 29 avril 1904 de l'Académie française, commence par démontrer que l'art doit être *humain* : « Nous pouvons, tout nous invite à croire que, si nous n'existions pas, les planètes n'en décriraient pas moins leurs orbites à travers l'espace ; et il ne paraît pas probable que, si nous disparaissions quelque jour de la surface du globe, la nature et la vie dussent s'anéantir et disparaître avec nous. Mais qu'est-ce que l'art en dehors de l'homme ? A quoi répondrait-il ? Et quelle en serait seulement la matière ? L'art n'a proprement d'existence et de réalité, que pour l'homme et par l'homme... C'est pourquoi la première condition de l'art est d'être humain, même avant que d'être de l'art. » Remarquons qu'*humain* signifie ici simplement : qui appartient à l'homme ; et dans ce sens la proposition énoncée est incontestable. Mais à peine après avoir démontré sa proposition dans un certain sens, Brunetière l'emploie dans un autre ; et par un tour de passe-passe, *humain* se change en *humanitaire*, ce qui n'est pas du tout la même chose. « Les naturalistes avaient fini par l'entendre (la proposition dans le sens indiqué ci-dessus)... ils se sont rendus compte que le roman naturaliste, libéré de ses anciennes contraintes, ne pouvait manquer de tendre tôt ou tard au roman social. » Voilà le sens nouveau qui se montre. « *En se jetant dans le peuple*, selon le mot de La

Bruyère, il était donc inévitable que le naturalisme fit des
découvertes... » Et voilà que *social* prend un sens particulier, et signifie : ce qui appartient à certaines classes
sociales ; plus loin ce sens devient toujours plus particulier, et l'art *humain* devient non seulement l'art
humanitaire, mais même *humanitaire* au sens qui
convient à Brunetière : « Vous vous êtes rendu compte
que la curiosité du plaisir ou de la souffrance des autres
n'était que de l'indiscrétion et même de la perversité
si nous n'y cherchions pas des raisons et des moyens de
nouer ou de resserrer les liens de la solidarité qui nous
rattachent à eux ». Il semble que les malheureux bourgeois ne sont pas des hommes, et que ce qui les concerne
n'est pas *humain*. Brunetière demande si, dans les romans
de M. Bazin, on a remarqué que « c'était à peine si l'on
voyait passer, à l'arrière-plan et à peine esquissés, quelques héros bourgeois. Mais les vrais, ceux que vous ai-
mez, les préférés de votre cœur et de votre talent... sont
tous du peuple, du vrai peuple, celui qui travaille de ses
mains, cultivateurs, ouvriers d'usine... C'est dans le
cercle étroit de leur profession que vous avez enfermé le
drame de leur existence. On ne voit même pas paraître,
dans *la Terre qui meurt*, le propriétaire de la ferme que
les Lumineau font valoir... » Si on l'avait vu paraître,
le roman n'aurait plus été *humain;* le propriétaire n'est
pas un homme. Enfin, dans un accès de lyrisme notre
auteur, s'adressant à M. Bazin, déclare : « Je ne sache
guère, dans la littérature contemporaine, d'œuvre moins
aristocratique et moins bourgeoise, plus populaire que
la vôtre. Pas un des maîtres du théâtre ou du roman com-
temporain ne s'est penché plus complaisamment vers
les humbles avec une curiosité plus inquiète ou plus pas-
sionnée de leurs maux » (1).

(1) Pour comprendre l'intention de ce discours, il ne faut pas
oublier qu'il y a une forte concurrence entre le socialisme catho-

En somme, le raisonnement de notre auteur se ramène à ceci : l'art doit s'occuper de choses qui concernent l'homme, être humain ; donc il ne doit s'occuper que du peuple, des ouvriers, avoir pour but la solidarité, être humanitaire.

Logiquement ce raisonnement est absurde ; et pourtant il a été accueilli favorablement et applaudi par les bons bourgeois qui l'écoutaient, et cela parce qu'ils ne se sont pas attachés au raisonnement, mais aux mots qui chatouillaient agréablement certains de leurs sentiments. Ces braves gens croient que, en se prosternant devant le peuple, en se faisant humblement louangeurs, ils reviendront au pouvoir. De plus ils manquent de toute énergie civile, et, pour éprouver des sensations agréables, il leur suffit d'entendre quelque production littéraire où viennent comme en refrain les mots de : peuple, ouvriers, les petits et les humbles, humain, solidarité, etc.

Chez beaucoup de peuples, le raisonnement sur les choses sociales s'arrête là où il semble que certains faits sont, ou ne sont pas, acceptés par les sentiments religieux. Actuellement, chez les peuples civilisés, ce point se trouve là où les faits concordent, ou ne concordent pas, avec les sentiments humanitaires ; et l'on ne songe pas,

lique de Brunetière et les autres socialismes. Les partisans de l'une quelconque de ces doctrines s'ingénient toujours à démontrer que, mieux que les partisans des autres doctrines, ils s'occupent du bien du peuple. Chacun cherche à amener l'eau à son moulin, en flattant et en trompant Demos.

Brunetière réserve aux romans qu'il préfère le nom de roman social, qu'il dénie aux romans de ses adversaires ; « car je n'appelle de ce nom de « roman social » ni les *Mystères de Paris*, ni le *Compagnon du Tour de France*, ni les *Misérables* ». De leur côté, les socialistes ne permettent pas à Brunetière de s'intituler socialiste.

Celui qui pourrait s'intituler un « vrai socialiste » sans que ce titre lui fût contesté par personne aurait résolu le plus insoluble des problèmes.

comme on devrait le faire scientifiquement, à examiner
ces sentiments eux-mêmes.

Par exemple, Herbert Spencer a des sentiments absolument opposés à la guerre ; par conséquent, lorsqu'il a
poussé son raisonnement jusqu'au point où il montre
que certains faits heurtent ces sentiments, il n'y a plus
pour lui rien à ajouter, et ces faits sont condamnés (1).
D'autres auteurs s'arrêtent au point où ils peuvent démontrer qu'une certaine chose est contraire à « l'égalité
des hommes » ; et il ne leur vient pas à l'esprit que
cette égalité peut parfaitement être contestée.

102. La société humaine n'est pas homogène ; elle est
constituée par des éléments qui diffèrent plus ou moins,
non seulement par des caractères très évidents, comme
le sexe, l'âge, la force physique, la santé, etc. ; mais aussi
par des caractères moins observables, mais non moins
importants, comme les qualités intellectuelles, morales,
l'activité, le courage, etc.

L'assertion que les hommes sont objectivement égaux
est tellement absurde qu'elle ne mérite pas même d'être

_____

(1) Dans la *Morale des divers peuples*, § 127, notre auteur dit :
« on donne le nom de grand au tsar Pierre, à Frédéric [de Prusse],
à Charlemagne, à Napoléon, malgré les actes les plus cruels accomplis par eux ». Et il ne lui vient pas à l'esprit que beaucoup de
ces actes peuvent avoir contribué grandement à la civilisation humaine. Il y a plus ; il blâme lord Wolseley, qui est général de
l'armée anglaise, pour avoir dit à ses soldats qu'ils « doivent
croire que les devoirs de leur condition sont les plus nobles que
puisse remplir un homme ». Mais comment un général pourrait-il
s'exprimer autrement ? Doit-il dire à ses soldats : « Vous êtes
des malfaiteurs, parce que vous vous battez ; vous devriez
fuir » ?

Spencer lui-même reconnaît, dans ses *Principes de sociologie*,
qu'en d'autres temps la guerre a été utile à la civilisation. Nous
serions maintenant arrivés à une époque où elle n'est plus utile,
mais nuisible. Cette proposition peut être vraie — elle peut
aussi être fausse, — mais certainement elle n'est pas d'une évidence telle qu'elle puisse devenir un axiome qui serve à juger
toutes les actions des hommes de notre époque.

réfutée. Au contraire, l'idée subjective de l'égalité des hommes est un fait d'une grande importance, et qui agit puissamment pour déterminer les changements que subit la société.

103. De la même manière que dans une société on distingue les riches et les pauvres, bien que les revenus croissent insensiblement depuis les plus faibles jusqu'aux plus élevés, on peut distinguer dans une société l'élite, la partie *aristocratique*, au sens étymologique (ἄριστος = meilleur) et une partie vulgaire ; mais il faut toujours se rappeler qu'on passe insensiblement de l'une à l'autre.

La notion de cette élite est subordonnée aux qualités que l'on recherche en elle. Il peut y avoir une aristocratie de saints, comme une aristocratie de brigands, une aristocratie de savants, une aristocratie de voleurs, etc. Si l'on considère cet ensemble de qualités qui favorisent la prospérité et la domination d'une classe dans la société, on a ce que nous appellerons simplement *l'élite*.

Cette élite existe dans toutes les sociétés et les gouverne, même quand le régime est en apparence celui de la plus large démocratie.

Par suite d'une loi d'une grande importance et qui est la raison principale de beaucoup de faits sociaux et historiques, ces aristocraties ne durent pas, mais elles se renouvellent continuellement ; nous avons ainsi un phénomène qu'on pourrait appeler la *circulation des élites*.

Nous devrons revenir sur tout cela en parlant de la population ; il nous suffit d'avoir ici rappelé brièvement ces faits, dont nous avons besoin dans les considérations qui suivent.

104. Supposons qu'il existe une société composée d'une collectivité A qui domine, et d'une collectivité B sujette, lesquelles sont nettement hostiles.

Elles pourront paraître l'une et l'autre ce qu'elles sont

réellement. Mais il arrivera plus souvent que la partie dominante A voudra paraître agir pour le bien commun, parce qu'elle espère ainsi diminuer l'opposition de B ; tandis que la partie sujette B revendiquera franchement les avantages qu'elle veut obtenir.

On observe des faits semblables quand les deux parties sont de nationalité différente : par exemple, chez les Anglais et les Irlandais, chez les Russes et les Polonais.

Le phénomène devient beaucoup plus complexe dans une société de nationalité homogène ou, ce qui revient au même, considérée comme telle par ceux qui la composent.

D'abord, dans cette société, entre les deux parties adverses A et B, se place une partie C, qui participe de l'une et de l'autre et qui peut se trouver tantôt d'un côté et tantôt de l'autre. Puis la partie A se divise en deux : l'une, que nous appellerons Aα, a encore assez de force et d'énergie pour défendre sa part d'autorité; l'autre, que nous appellerons Aβ, se compose d'individus dégénérés, d'intelligence et de volonté faibles, *humanitaires*, comme on dit de nos jours. De même la partie B se divise en deux : l'une, que nous appellerons Bα, constitue la nouvelle aristocratie qui naît. Elle recueille aussi les éléments de A qui, par cupidité et par ambition, trahissent leur propre classe et se mettent à la tête des adversaires. L'autre partie, que nous appellerons Bβ, se compose de la foule vulgaire qui forme la plus grande partie de la société humaine (1).

105. Objectivement la lutte consiste uniquement en ce que les Bα veulent prendre la place des Aα; tout le reste est subordonné et accessoire.

Dans cette guerre les chefs, c'est-à-dire les Aα et les

(1) En réalité on passe par degrés insensibles de l'une à l'autre de ces classes. Il faut se souvenir de l'observation faite au § 103.

Bα, ont besoin de soldats, et chacun cherche à se les procurer comme il peut.

Les Aα tâchent de faire croire qu'ils travaillent pour le bien commun, mais dans le cas actuel c'est une arme, à deux tranchants. En effet, si, d'un côté, cela sert encore à diminuer la résistance des Bβ, de l'autre, cela diminue aussi l'énergie des Aβ, qui prennent pour vérité ce qui n'est qu'une pure fiction, et ne peut être utile que comme telle. A la longue il peut arriver que les Bβ croient de moins en moins au mot d'ordre des Aα, tandis que les Aβ le prennent de plus en plus comme règle de leur conduite réelle, et, dans ce cas, l'artifice employé par les Aα se retourne contre eux et finit par leur faire plus de mal que de bien. C'est ce que l'on peut constater actuellement, dans certains pays, dans les relations de la bourgeoisie et du peuple (1).

106. Quant aux Bα, ils apparaissent comme les défenseurs des Bβ et, mieux encore, comme les défenseurs de mesures utiles à tous les citoyens. De telle sorte que la dispute qui, objectivement, est une lutte pour la domination entre les Aα et les Bα, prend subjectivement la forme d'une lutte pour la liberté, la justice, le droit, l'égalité, et autres choses semblables ; et c'est cette forme que l'histoire enregistre.

Les avantages, pour les Bα, de cette manière d'agir sont notamment que les Bα attirent à eux non seulement les Bβ, mais une partie des C, et aussi la plupart des Aβ.

Supposez que la nouvelle élite affichât clairement et simplement ses intentions, qui sont de supplanter l'ancienne élite ; personne ne viendrait à son aide, elle serait vaincue avant d'avoir livré bataille. Au contraire, elle a l'air de ne rien demander pour elle, sachant bien que, sans le demander d'avance, elle obtiendra ce qu'elle

(1) *Systèmes socialistes*, p. 396.

voudra comme conséquence de sa victoire ; elle affirme qu'elle fait la guerre uniquement pour obtenir l'égalité entre les B et les A, en général. Grâce à cette fiction, elle conquiert la faveur, ou au moins la bienveillante neutralité de la partie intermédiaire C, qui n'aurait pas consenti à favoriser les fins particulières de la nouvelle aristocratie. Ensuite, non seulement elle a avec elle la plus grande partie du peuple, mais elle obtient aussi la faveur de la partie dégénérée de l'ancienne élite. Il faut observer que cette partie, bien que dégénérée, est toujours supérieure au vulgaire : les $A\beta$ sont supérieurs aux $B\beta$, et ils ont, de plus, l'argent nécessaire aux dépenses de la guerre. Il est constant que presque toutes les révolutions ont été l'œuvre, non pas du vulgaire, mais de l'aristocratie, et notamment de la partie déchue de l'aristocratie ; c'est ce qu'on voit dans l'histoire, en commençant à l'époque de Périclès jusqu'à l'époque de la première révolution française ; et aujourd'hui même nous voyons qu'une partie de la bourgeoisie aide fortement le socialisme, dont tous les chefs sont, d'ailleurs, des bourgeois. Les élites finissent d'ordinaire par le suicide.

Ce que nous venons de dire n'est que le résumé de faits nombreux, et n'a d'autre valeur que celle de ces faits. Mais, par défaut de place, nous renvoyons le lecteur aux *Systèmes*, où ils sont exposés en partie (1).

On voit maintenant la grande importance subjective de la conception de l'égalité des hommes, importance qui n'existe pas au point de vue objectif. Cette conception est le moyen communément employé, notamment de nos jours, pour se débarrasser d'une aristocratie et la remplacer par une autre.

107. Il faut observer que la partie dégénérée de l'élite,

---

(1) Un très grand nombre d'autres faits se trouvera dans notre *Sociologie.*

c'est-à-dire les Aβ, est celle qui est véritablement trompée et qui va là où elle ne voulait pas aller. Le vulgaire, c'est-à-dire les Bβ, finit souvent par gagner quelque chose, soit pendant la bataille, soit quand il lui arrive de changer de maître. L'élite de l'ancienne aristocratie, c'est-à-dire les Aα, n'est pas trompée, elle succombe sous la force ; la nouvelle aristocratie obtient la victoire.

L'œuvre des humanitaires du xviiie siècle, en France, a préparé les meurtres de la *Terreur ;* l'œuvre des libéraux de la première moitié du xixe siècle a préparé l'oppression démagogique dont l'aube se lève.

Ceux qui demandaient l'égalité des citoyens devant la loi ne prévoyaient pas certainement les privilèges dont jouissent maintenant les classes populaires ; on a supprimé les anciennes juridictions spéciales, et on vient d'en instituer une nouvelle, celle des prudhommes en faveur des ouvriers (1). Ceux qui demandaient la liberté de la grève ne s'imaginaient pas que la liberté, pour les grévistes, consisterait à assommer les ouvriers qui veulent continuer à travailler, et à incendier impunément les usines. Ceux qui demandaient l'égalité des impôts en faveur des pauvres, ne s'imaginaient pas qu'on arriverait à l'impôt progressif aux dépens des riches, et à une organisation dans laquelle les impôts sont votés par ceux qui ne les paient pas, de telle sorte qu'on entend parfois faire effrontément le raisonnement suivant : « L'impôt A ne frappe que les personnes riches et il servira à faire des dépenses qui ne seront utiles qu'aux moins fortunés ; il sera donc sûrement approuvé par la majorité des électeurs. »

Les naïfs qui, en quelques pays, ont désorganisé l'armée, en se laissant entraîner par des déclamations sur la justice et l'égalité, s'étonnent et s'indignent en

_____

(1) *Systèmes socialistes*, I, p. 136.

suite de la naissance de l'antimilitarisme, dont ils sont pourtant les auteurs. Leur intelligence n'arrive pas jusqu'à comprendre qu'on récolte ce qu'on a semé.

107 *bis*. La grande erreur de l'époque actuelle est de croire qu'on peut gouverner les hommes par le pur raisonnement, sans faire usage de la force, qui est au contraire le fondement de toute organisation sociale. Il est même curieux d'observer que l'antipathie de la bourgeoisie contemporaine contre la force aboutit à laisser le champ libre à la violence. Les malfaiteurs et les émeutiers, étant assurés de l'impunité, font à peu près tout ce qu'ils veulent. Les gens les plus pacifiques sont poussés à se syndiquer et à avoir recours à la menace et à la violence, par les gouvernements qui ne leur laissent que cette voie ouverte pour défendre leurs intérêts.

La religion humanitaire disparaîtra très probablement lorsqu'elle aura accompli son œuvre de dissolution sociale, et qu'une nouvelle élite se sera élevée sur les ruines de l'ancienne. La naïve inconscience d'une bourgeoisie en décadence fait toute la force de cette religion, qui ne sera plus d'aucun usage le jour où les adversaires de la bourgeoisie seront devenus assez forts pour ne plus cacher leur jeu.

C'est d'ailleurs ce que font déjà les meilleurs d'entre eux ; et le *syndicalisme* permet déjà de prévoir ce que pourra être la force et la dignité de la nouvelle élite.

Une des œuvres les plus remarquables de notre époque est celle que G. Sorel a publiée sous le titre de *Réflexions sur la violence* (1). Elle anticipe sur l'avenir en sortant complètement des déclamations vides de sens de l'humanitarisme, pour rentrer dans la réalité scientifique.

108. Les théories économiques et sociales dont se servent ceux qui prennent part aux luttes sociales ne

(1) *Le Mouvement socialiste* depuis janvier 1906, et principalement mai-juin 1906.

doivent pas être jugées pour leur valeur objective, mais principalement pour leur efficacité à susciter des émotions. La réfutation scientifique qu'on en peut faire ne sert de rien, si exacte qu'elle soit objectivement. Il y a plus. Les hommes, quand cela leur est utile, peuvent croire à une théorie dont ils ne connaissent guère plus que le nom ; c'est là, d'ailleurs, un phénomène courant dans toutes les religions. La plupart des socialistes marxistes n'ont pas lu les œuvres de Marx. Dans certains cas particuliers on peut en avoir la preuve certaine. Par exemple, avant que ces œuvres aient été traduites en français et en italien, il est certain que les socialistes français et italiens qui ne savaient pas l'allemand ne pouvaient pas les avoir lues. Les dernières parties du *Capital* de Marx ont été traduites en français au moment où le marxisme commençait à décliner en France.

Toutes les discussions scientifiques en faveur du libre échange ou contre lui n'ont eu aucune influence, ou n'ont eu qu'une part bien faible sur la pratique du libre échange ou de la protection.

Les hommes suivent leur sentiment et leur intérêt, mais il leur plaît de s'imaginer qu'ils suivent la raison ; aussi cherchent-ils, et ils trouvent toujours, une théorie qui, *a posteriori*, donne une certaine couleur logique à leurs actions. Si l'on pouvait réduire à rien scientifiquement cette théorie, on arriverait simplement à ce résultat qu'une autre théorie se substituerait à la première, pour atteindre le même but ; on se servirait d'une forme nouvelle, mais les actions resteraient les mêmes.

C'est donc principalement au sentiment et à l'intérêt qu'on peut s'adresser pour faire agir les hommes et les faire suivre le chemin que l'on désire. On ne sait encore que peu de choses sur la théorie de ces phénomènes, et nous ne pouvons pas nous étendre ici davantage.

109. L'égalité des citoyens devant la loi est un dogme pour beaucoup de gens, et en ce sens elle échappe à la critique expérimentale. Si nous voulons en parler d'une manière scientifique, nous verrons immédiatement qu'il n'est pas du tout évident *a priori* que cette égalité soit avantageuse à la société ; bien plus, étant donnée l'hétérogénéité de la société elle-même, le contraire paraît plus probable.

Si, dans les sociétés modernes, cette égalité a remplacé les statuts personnels des sociétés anciennes, c'est peut-être parce que les maux produits par l'égalité sont moindres que ceux provoqués par la contradiction en laquelle les statuts personnels se trouvent avec le sentiment d'égalité qui existe chez les modernes.

D'ailleurs cette égalité est souvent une fiction. Tous les jours on accorde de nouveaux privilèges aux ouvriers, qui obtiennent ainsi un statut personnel qui n'est pas sans utilité pour eux. Comme nous l'avons déjà remarqué, de ce que l'ouvrier est égal au bourgeois, cela n'a pas pour conséquence, grâce à la logique du sentiment, que le bourgeois soit l'égal de l'ouvrier (1).

110. L'hétérogénéité de la société a pour conséquence que les règles de conduite, les croyances, la morale,

_____

(1) Pour se renseigner sur ce qu'est l'*égalité* dans la plus avancée des démocraties modernes, on n'a qu'à lire le discours de M. Deschanel, à la Chambre française, le 8 mai 1907.

M. G. de Lamarzelle écrit à ce propos : « Aussi, sous les régimes prétendus démocratiques, ce n'est jamais la masse, c'est toujours une minorité qui dirige tout, qui est maîtresse de tout. »

« Cette minorité... elle est parvenue à tout dominer en France, et elle se sert de sa domination — le discours de M. Steeg le démontre surabondamment — surtout pour satisfaire les intérêts personnels, les appétits de ses membres. »

Ce que maintenant ces hommes d'État concluent des faits contemporains, nous l'avions déduit en général des faits de toute l'histoire dans les *Systèmes socialistes* publiés en 1902; et bien avant sir Henry Sumner Maine avait relevé cette uniformité dans l'histoire.

doivent être, en partie du moins, différentes pour les différentes parties de la société, afin de procurer le maximum d'utilité à la société. En réalité, il en est plus ou moins ainsi dans nos sociétés, et ce n'est que par fiction qu'on parle d'une morale unique. Les gouvernements, par exemple, ont sur l'honnêteté des idées toutes différentes de celles des particuliers. Il suffit de citer l'espionnage auquel ils recourent pour surprendre les secrets de la défense nationale (1), la fabrication des fausses monnaies, remplacée aujourd'hui par les émissions de papier-monnaie, etc.

Chez les particuliers nous pouvons constater différentes « morales professionnelles », qui, plus ou moins, diffèrent entre elles.

Ces différences n'empêchent pas que ces différentes morales ne puissent avoir quelque chose de commun. Le problème, comme tous les problèmes de la sociologie, est essentiellement quantitatif.

111. Si les différentes classes des sociétés humaines étaient matériellement séparées, comme le sont celles de certains insectes (termites), ces différentes morales pourraient subsister sans trop se heurter. Mais les classes des sociétés humaines sont mêlées, et de plus il existe chez les hommes de nos jours un très puissant sentiment d'égalité, qui ne pourrait être heurté sans de graves inconvénients. Aussi faut-il que ces morales essentiellement différentes aient l'apparence de ne pas être telles.

Ajoutons qu'il est difficile qu'une classe d'hommes puisse indéfiniment paraître avoir des sentiments qu'elle n'a pas ; il faut donc que ces morales différentes soient

___

(1) En 1904, beaucoup de journaux français parlaient, fort élogieusement et comme d'une héroïne, d'une certaine femme qui, étant au service de l'ambassadeur d'Allemagne à Paris, le trahissait et remettait à des agents du Gouvernement français les papiers qu'elle volait à l'ambassade.

considérées comme égales par ceux qui les suivent. La casuistique, qui est de tous les temps et de tous les peuples, y pourvoit en partie. On pose un principe général, que tous acceptent ; on y fait ensuite toutes les exceptions nécessaires, grâce auxquelles ce principe n'est plus général qu'en apparence. Tous les chrétiens du Moyen Age admettaient pleinement le précepte divin du pardon des offenses, mais les nobles féodaux s'efforçaient énergiquement de venger les injures reçues. De nos jours, tout le monde se déclare partisan de l'égalité des hommes, mais cela n'empêche pas les ouvriers d'obtenir tous les jours de nouveaux privilèges.

112. Les moyens qui servent à séparer les morales sont très imparfaits : aussi les morales se mélangent-elles en réalité, et nous nous éloignons ainsi des conditions qui peuvent faire prospérer la société.

113. Les classes inférieures ont besoin d'une morale humanitaire, qui sert aussi à !adoucir leurs souffrances. Si les classes supérieures ne l'accueillent que pour la forme, le mal n'est pas grand ; mais au contraire, si elles la suivent réellement, il en résulte de grands maux pour la société. Autrefois on a signalé souvent que les peuples ont besoin d'être gouvernés par une main de fer gantée de velours. La justice doit être rigide et paraître clémente. Le chirurgien réconforte son malade par de bonnes paroles, tandis que, d'une main sûre et sans pitié, il tranche dans le vif.

114. Dans une société plus restreinte, c'est-à-dire celle des socialistes de nos jours, nous voyons les chefs et en général les socialistes les plus cultivés avoir des croyances quelque peu différentes de celles de la masse. Tandis que celle-ci rêve d'un futur âge d'or, qui viendra avec le « collectivisme », ceux-ci, renseignés par la pratique du gouvernement de leur société, ou par celle des administrations publiques, ont une foi moindre dans la

panacée du collectivisme, et se préoccupent de préférence de réformes plus immédiates (1). Cette diversité dans la foi est fort utile aux socialistes, parce qu'ainsi chacun a la foi qui correspond le mieux à l'activité qu'il doit déployer.

115. La diversité de nature des hommes, jointe au besoin de donner satisfaction de quelque manière au sentiment qui les veut égaux, a fait qu'on s'est efforcé dans les démocraties de donner l'apparence du pouvoir au peuple et la réalité du pouvoir à une élite. Jusqu'ici les démocraties où cela a pu se faire ont seules prospéré, mais cet équilibre est instable et, après beaucoup de changements, il produit quelque bouleversement radical.

116. La légende racontée par Denys d'Halycarnasse est le type de nombreux phénomènes historiques postérieurs. Servius Tullius trompa la plèbe par les comices centuriates, et lui enleva le gouvernement de la chose publique. « Ils s'imaginaient avoir tous une égale part au gouvernement de la cité, parce que chaque homme, dans sa centurie, était appelé à donner son avis, mais ils se trompaient, parce que chaque centurie n'avait qu'un suffrage, qu'elle fût composée d'un grand nombre de citoyens ou de quelques-uns » (2), et de plus parce que

(1) Vers la fin de l'année 1906, Jaurès fut mis en demeure, à la Chambre, de préciser la législation pour établir le collectivisme, qu'il réclame depuis si longtemps. Il demanda trois mois pour faire cela ; ce qui est déjà fort étonnant, si l'on se place au seul point de vue de la logique, car on aurait dû s'attendre à ce qu'un chef de parti savait exactement ce qu'il voulait obtenir. Mais il y a plus ; les trois mois sont passés depuis longtemps, et la fin de l'année 1907 est venue sans que Jaurès ait fait connaître son plan, qui demeure toujours caché par d'épais nuages.

Cette façon d'agir peut sembler absurde à un point de vue objectivement logique ; elle est au contraire parfaitement sensée et raisonnable au point de vue subjectif d'une action sur les sentiments ; et cela pour les raisons qui viennent d'être données dans le texte.

(2) *Ant. Rom.*, IV, 21 : Ὑπελάμβανον μὲν γὰρ ἅπαντες ἴσον ἔχειν

les pauvres étaient appelés les derniers et seulement si le suffrage des premières centuries n'avait pas été décisif.

Cicéron nous dit que la liberté consiste à donner au peuple la faculté d'accorder sa confiance aux bons citoyens (1); et c'est là proprement le principe que le régime représentatif moderne se proposait de réaliser. Mais ni à Rome, ni dans les Etats modernes cela n'a été obtenu ; et le peuple a voulu plus et mieux que la simple faculté d'élire les meilleurs pour le gouverner.

117. L'histoire nous apprend que les classes dirigeantes ont toujours essayé de parler au peuple le langage qu'ils croyaient non pas le plus vrai mais celui qui convenait le mieux au but qu'elles se proposaient (2). Et c'est ce qui se passe même dans les démocraties les plus avancées, comme la démocratie française. Nous avons là un nouvel exemple, remarquable, de la persistance, sous des formes variées, des mêmes phénomènes sociaux.

118. Pour des motifs qu'il est ici inutile de rechercher, la classe qui gouverne en France se compose de deux parties, que nous appellerons A et B. Les A, pour se débarrasser des B, appelèrent à leur aide les socialistes, mais avec l'intention arrêtée de ne céder que peu

τῆς πολιτείας μέρος, κατ' ἄνδρα διερωτώμενοι τὰς γνώμας ἐν τοῖς ἰδίοις ἕκαστοι λόχοις · ἐξηπατῶντο δὲ τῷ μίαν εἶναι ψῆφον ὅλου τοῦ λόχου, .τοῦ τε ὀλίγους ἔχοντος ἐν αὐτῷ πολίτας καὶ τοῦ πάνυ πολλούς.

(1) C'est pour cela qu'il voulait que le peuple montrât son bulletin de vote et l'offrît au meilleur citoyen. De leg., III, 17 : « habeat sane populus tabellam, quasi vindicem libertatis, dummodo haec optimo cuique et gravissimo civi ostendatur, ultroque offeratur ; uti in eo sit ipso libertas, in quo populo potestas honeste bonis gratificandi datur. »

(2) Aristote décrit les artifices employés par les oligarchies, Polit., IV, 10, 6 : "Εστι δ' ὅσα προφάσεως χάριν ἐν ταῖς πολιτείαις σοφίζονται πρὸς τὸν δῆμον πέντε τὸν ἀριθμόν. « Dans les républiques on trompe le peuple de cinq façons, par des prétextes ». Et il ajoute que dans les démocraties on se sert d'artifices analogues.

de chose ou rien au peuple, en le nourrissant de fumée et en ne payant grassement que les chefs qu'ils désiraient avoir à leur service. Pour que cette façon d'agir ne fût pas trop apparente, pour détourner l'attention, ils imaginèrent la campagne anticléricale ; et avec cet appât ils entrainèrent quelques naïfs, auxquels s'ajoutèrent, sans grande peine, les humanitaires, d'intelligence et d'énergie faibles. En un mot, il y a actuellement en France des « capitalistes » qui deviennent riches et puissants en se servant des socialistes (1).

(1) Voir un excellent article de G. Sorel dans la *Rivista popolare* de Colajanni : « L'expérience de la politique anticléricale suivie avec tant d'obstination par le Gouvernement français depuis deux ans, constitue un des phénomènes sociaux les plus importants que le philosophe puisse étudier. » L'auteur signale la lâcheté des adversaires de M. Combes, ce qui n'est, d'ailleurs, qu'un cas particulier de la loi générale de la décadence des aristocraties. « Quand on commença à expulser les moines, on annonça qu'il y aurait une résistance énergique... mais après quelques tentatives en Bretagne tout est devenu calme... Le courage des adversaires n'est pas allé jusqu'à la résistance légale... La *Libre Parole* a fait remarquer plusieurs fois que le monde catholique n'a pas diminué ses fêtes et n'a rien changé à ses relations mondaines... Urbain Gohier a dénoncé, dans de vigoureux articles, toutes sortes de trafics qui auraient été pratiqués par la *Petite République*, et si beaucoup de jeunes gens sont devenus socialistes, il n'est pas douteux que c'est bien parce qu'ils étaient sûrs de faire une bonne affaire. Ils seraient vraiment curieux de savoir les noms des capitalistes qui ont donné récemment d'assez grosses sommes pour permettre à la *Petite République* de se transformer et à l'*Humanité* de naître ; personne n'imagine, je suppose, que les capitalistes fournissent de l'argent aux journaux socialistes par amour du collectivisme ! On ne donne pas un million dans les affaires de cette espèce, si ceux qui le donnent ne sont pas sûrs d'en tirer quelque profit. Le socialisme parlementaire est devenu une excellente entreprise dont les actions sont très appréciées dans le monde de la Bourse ».

L'auteur a une notion claire de la façon dont se fait l'évolution politique : « Ainsi les questions matérielles sont cachées sous une double couche de sentiments, qui empêchent les hommes de s'apercevoir qu'il y a dans leur conduite politique beaucoup plus d'égoïsme et de passions mauvaises qu'ils ne le pensent... En gé-

119. Plus on descend dans les couches sociales, plus le misonéisme domine, et plus les hommes se refusent à agir pour d'autres considérations que celle de leur intérêt direct et immédiat. C'est là-dessus que s'appuyèrent à Rome, et aussi chez les peuples modernes, les classes supérieures pour gouverner. Mais cela ne peut durer, parce que les classes inférieures finissent par mieux comprendre leur intérêt personnel, et elles se retournent contre ceux qui ont exploité leur ignorance.

120. Ce phénomène peut être bien étudié dans l'Angleterre moderne. Le parti tory a contribué à étendre toujours davantage le suffrage, pour atteindre les couches qui lui servaient à avoir le gouvernement, et en récompensant ses alliés par des mesures que l'on a fort justement appelées le « socialisme tory ». Maintenant les whigs, qui ont défendu autrefois les principes libéraux, entrent en concurrence avec les torys, pour se concilier les

néral, la politique est surtout dominée par les intérêts de ceux qui la font et qui se proposent d'en tirer avantage. Les intérêts se coalisent facilement, et c'est ainsi que, presque partout, les gouvernements libéraux s'appuient sur des gens qui ont quelque chose à obtenir ou pour eux-mêmes, ou pour leurs conseils électoraux, ou pour les groupes sociaux dont ils sollicitent les votes ».

M. Germain, qui a été directeur du *Crédit Lyonnais*, parlait fort exactement, dès 1883, des politiciens, « de ces hommes qui ne tiennent qn'à une chose : avoir la majorité et disposer du budget de la France en faveur de leur clientèle ».

Nous pouvons ajouter certains faits mis en lumière dans l'enquête sur les Chartreux. C'est d'abord quelqu'un qui déclare avoir, avec des amis, donné cent mille francs pour les élections, et qui ajoute que, d'ailleurs, « il ne s'occupe pas de politique ». C'est cet autre fait dont a parlé M. Aynard à la Chambre des députés le 12 juillet 1904 : «... il s'agit de savoir aussi ce que c'est que l'argent du comité Mascuraud, auxiliaire du Gouvernement. Il s'agit de savoir qui est ce personnage original qui tient une admirable comptabilité de ses banquets, surtout de ses banquets, et de ses allées et venues et qui ne tient aucune comptabilité de l'argent. »

Mais cela n'est rien à côté de ce qui se passe aux Etats-Unis au moment des élections.

bonnes grâces de la plèbe. Ils recherchent l'alliance des socialistes, et vont beaucoup plus loin que le socialisme mielleux et humanitaire des torys. Les deux partis luttent à qui se prosternera plus humblement aux pieds de l'homme de la plèbe, et chacun d'eux cherche à supplanter l'autre dans son adulation. Cela paraît jusque dans des détails infimes. Au moment de la préparation des élections, les candidats n'ont pas honte d'envoyer leurs femmes et leurs filles pour mendier les suffrages. Ces actes, dans leur nouveauté inattendue, captivent l'homme du peuple, surpris de tant d'amour et de tant de bienveillance ; mais à la longue, ils finissent par provoquer la nausée chez ceux qui voient trop clairement la flatterie intéressée.

121. Quand une couche sociale a compris que les classes élevées veulent simplement l'exploiter, celles-ci descendent plus bas, pour trouver d'autres partisans ; mais il est évident qu'il arrivera un jour où on ne pourra plus continuer ainsi, parce que la matière manquera. Quand le suffrage sera donné à tous les hommes, y compris les fous et les criminels, quand on l'aura étendu aux femmes, et, si l'on veut, aux enfants, il faudra bien s'arrêter ; on ne pourra pas descendre plus bas, à moins d'accorder le suffrage aux animaux, ce qui serait plus facile que de le leur faire exprimer.

122. En Allemagne, le suffrage universel a été établi en partie pour lutter contre la bourgeoisie libérale ; le phénomène est donc semblable à ce qui s'est passé en Angleterre : et de même également on a promulgué de nombreuses lois sociales dans l'espoir d'enlever des partisans au parti socialiste ; mais le résultat ne fut pas atteint et le peuple se rendit parfaitement compte des artifices qu'on employait pour le leurrer. Actuellement, les classes élevées commencent à se plaindre d'avoir le

suffrage universel, et on cherche le moyen de retourner
en arrière (1).

123. Au moment où commença l'évolution démocratique qui s'est développée dans le cours du xixe siècle
et qui semble devoir se terminer au xxe, quelques penseurs virent parfaitement quelle devait en être la fin ; mais
leurs prévisions sont oubliées, maintenant où elles se
réalisent, et où finalement l'homme appartenant aux dernières couches sociales comprendra et fera passer dans la
réalité cette observation logique, que « si l'expression
arbitraire de ma volonté est le principe de l'ordre légal,
ma jouissance peut être aussi le principe de la répartition
de la richesse » (2).

Mais l'histoire ne s'arrêtera pas au terme de l'évolution
actuelle et si l'avenir ne doit pas être complètement différent du passé, à l'évolution actuelle succédera une évolution en sens contraire.

(1) Le professeur von Jagemann, qui a fait pendant dix ans
partie, pour le gouvernement de Bade, du Conseil fédéral de
l'Empire, et qui est maintenant professeur de droit public à
l'Université de Heidelberg, a écrit un ouvrage intéressant dans
lequel il examine les moyens légaux que l'on pourrait employer
pour remplacer, en Allemagne, le suffrage universel par le suffrage restreint.
(2) STAHL, *Rechtsphilosophie*, II, 2, p. 72.

CHAPITRE III

1. Tout ce qui précède avait pour but, non pas
d'exposer la théorie, mais de donner quelques exemples
d'une classe très étendue de phénomènes, dont on ne
peut faire abstraction que bien rarement dans les questions pratiques ; nous allons étudier maintenant une
classe tout à fait différente de phénomènes, dont nous
nous proposons de construire la théorie.

Nous étudierons les actions logiques, répétées, en
grand nombre, qu'exécutent les hommes pour se procurer les choses qui satisfont leurs goûts.

Examinons une relation du genre de celle que nous
avons indiquée par AB au § 89 du chapitre II ; nous
n'aurons pas à nous occuper, au moins en économie
pure, des relations du genre BC, ni des réactions de
celles-ci sur B. En d'autres termes, nous ne nous occupons que de certaines relations entre des faits objectifs
et les faits subjectifs que sont principalement les goûts
des hommes. De plus, nous simplifierons encore le problème, en supposant que le fait subjectif s'adapte parfaitement au fait objectif ; et nous pouvons le faire parce
que nous ne considérons que des actions qui se répètent,
ce qui nous permet d'admettre que c'est un lien logique
qui unit ces actions. Un homme qui, pour la première
fois, achète un certain aliment, pourra en acheter plus qu'il

ne lui en faut pour satisfaire ses goûts, en tenant compte du prix ; mais à un second achat il rectifiera son erreur, en partie du moins ; et ainsi, petit à petit, il finira par se procurer exactement ce dont il a besoin. Nous le considérons au moment où il est arrivé à cet état. De même, s'il se trompe une première fois dans ses raisonnements au sujet de ce qu'il désire, il les rectifiera en les répétant, et il finira par les rendre complètement logiques.

2. Nous avons ainsi simplifié énormément le problème, en ne considérant qu'une partie des actions de l'homme, et en leur assignant en outre certains caractères ; c'est l'étude de ces actions qui formera l'objet de l'économie politique.

3. Mais, d'autre part, le problème est très complexe, parce que les faits objectifs sont très nombreux et qu'ils dépendent en partie les uns des autres. Cette mutuelle dépendance fait que la logique ordinaire devient bientôt impuissante, dès qu'on va au-delà des premiers éléments ; il faut alors avoir recours à une logique spéciale, appropriée à ce genre d'études, c'est-à-dire à la logique mathématique. Il n'y a donc pas lieu de parler d'une « méthode mathématique » qui *s'opposerait* à d'autres méthodes ; il s'agit d'un procédé de recherche et de démonstration, qui vient s'AJOUTER aux autres.

4. De plus, toujours par suite de difficultés inhérentes au problème lui-même, il faut scinder la matière : commencer par éliminer tout ce qui n'est pas proprement essentiel, et considérer le problème réduit à ses éléments principaux et essentiels. Nous sommes ainsi amenés à distinguer l'économie pure et l'économie appliquée. La première est représentée par une figure qui ne contient que les lignes principales ; en y ajoutant les détails on obtient la seconde. Ces deux parties de l'économie sont analogues aux deux parties de la mécanique : à la mécanique rationnelle et à la mécanique appliquée.

5. On procède d'une façon semblable dans presque toutes les branches du savoir humain. Même en grammaire, on commence par donner les principales règles phonétiques, auxquelles on ajoute ensuite les règles particulières. Quand, en grammaire grecque, on dit que l'augment est le signe du passé de l'indicatif des temps historiques, on est en présence d'une règle qu'on pourrait appeler de « grammaire pure ». Mais elle ne suffit pas, à elle seule, pour savoir quels sont effectivement ces passés ; il faut pour cela y ajouter un grand nombre de règles particulières.

6. Le problème que nous nous proposons d'étudier est donc un problème très particulier, et nous en cherchons la solution afin de pouvoir passer ensuite à des recherches ultérieures.

7. L'étude de l'économie pure se compose de trois parties : une partie statique, — une partie dynamique qui étudie des équilibres successifs, — une partie dynamique qui étudie le mouvement du phénomène économique.

Cette division correspond à la réalité concrète. Quel sera aujourd'hui, à la bourse de Paris, le prix moyen du 3 0/0 français ? C'est un problème de statique. En voici quelques autres du même genre : Quels seront ces prix moyens demain, après-demain, etc. ? Selon quelle loi varient ces prix moyens ; vont-ils en haussant, en baissant ? C'est là un problème d'équilibres successifs. Quelles lois règlent les mouvements des prix du 3 0/0 français, c'est-à-dire comment le mouvement, dans le sens de la hausse, passe-t-il au delà du point d'équilibre, pour devenir ainsi lui-même la cause d'un mouvement en sens contraire ; comment varient ces prix, rapidement ou lentement, d'un mouvement tantôt accéléré, tantôt retardé ? C'est là un problème de dynamique économique.

8. La théorie de la statique est la plus avancée ; on n'a

que très peu de notions sur la théorie des équilibres successifs ; sauf en ce qui concerne une théorie spéciale, celle des crises économiques, on ne sait rien de la théorie dynamique.

9. Nous nous occuperons d'abord exclusivement de la théorie statique. On peut considérer un phénomène économique isolé, par exemple la production et la consommation d'une certaine quantité de marchandise, ou bien on peut étudier un phénomène économique continu, c'est-à-dire la production et la consommation d'une certaine quantité de marchandise, dans l'unité de temps. Comme nous l'avons déjà vu, l'économie politique étudie des phénomènes qui se répètent (§ 1), et non pas des phénomènes accidentels, exceptionnels, mais des phénomènes moyens ; par conséquent, nous nous rapprocherons davantage de la réalité en étudiant le phénomène économique continu. Telle personne achètera-t-elle, ou n'achètera-t-elle pas, aujourd'hui, telle perle fine déterminée ? Ce peut être un problème psychologique, mais ce n'est certainement pas un problème économique. Combien de perles vend-on, en moyenne, par mois, par an, en Angleterre ? C'est là un problème économique.

10. Quand il est bien entendu que le phénomène étudié est un phénomène continu, nous pouvons sans inconvénient ne pas alourdir l'exposé de la théorie en répétant à chaque instant : « dans l'unité de temps ». Lorsque nous parlerons par exemple de l'échange de 10 kilogrammes de fer contre 1 kilogramme d'argent, il faudra, sous-entendre « qui se fait dans l'unité de temps » ; et que nous ne parlons pas d'un échange isolé, mais d'un échange répété.

11. Il y a deux grandes classes de théories. La première a pour objet de comparer les sensations d'un homme placé dans des conditions différentes, et à déterminer laquelle de ces conditions sera choisie par

cet homme. L'économie politique s'occupe principalement de cette classe de théories ; et, comme on a l'habitude de supposer que l'homme sera guidé dans son choix exclusivement par la considération de son avantage particulier, de son intérêt personnel, on dit que cette classe est constituée par les théories de l'égoïsme. Mais elle pourrait être constituée par les théories de l'*altruisme* (si on pouvait définir d'une façon rigoureuse ce que ce terme signifie), et en général par des théories qui reposent sur une règle quelconque que l'homme suit dans la comparaison de ses sensations. Ce n'est pas un caractère essentiel de cette classe de théories, que l'homme, ayant à choisir entre deux sensations, choisisse la plus agréable ; il pourrait en choisir une autre, d'après une règle qu'on pourrait fixer arbitrairement. Ce qui constitue le caractère essentiel de cette classe de théories, c'est qu'on compare les différentes sensations d'un homme, et non pas celles de différents hommes.

12. La seconde classe de théories compare les sensations d'un homme avec celles d'un autre homme, et détermine les conditions dans lesquelles les hommes doivent être placés les uns par rapport aux autres, si l'on veut atteindre certaines fins. Cette étude est parmi les plus imparfaites de la science sociale (1).

13. Deux routes s'offrent à nous pour l'étude que nous voulons faire, dont chacune a ses avantages et ses inconvénients. Nous pouvons étudier à fond chaque sujet successivement, ou bien commencer par nous faire une idée générale, et nécessairement superficielle, du phénomène, puis, revenir ensuite sur les choses déjà vues d'une façon générale, pour les étudier en détail ; et achever notre étude en nous rapprochant toujours davantage du phénomène considéré. Si l'on suit la première méthode,

_____

(1) *Cours d'économie politique*, II, § 654.

la matière sera mieux ordonnée, il n'y aura pas de répétitions; mais il est difficile d'avoir immédiatement une vue claire de l'ensemble complexe du phénomène; en suivant la seconde méthode, on obtient cette vue d'ensemble, mais il faut alors se résigner à indiquer en passant certains détails et à en renvoyer l'étude à plus tard. Malgré ses inconvénients, nous croyons utile de ne pas négliger cette méthode, et cela surtout parce qu'il est bon de la suivre quand, comme cela est vrai précisément de la science économique, on a, jusqu'ici, mieux étudié les détails que le phénomène général, qui a été complètement, ou presque complètement négligé. Il se peut qu'un jour, dans quelques années ou beaucoup plus tard, cette raison n'existe plus; il vaudra mieux alors procéder autrement et s'en tenir à la première méthode.

14. L'objet principal de notre étude est l'équilibre économique. Nous verrons bientôt que cet équilibre résulte de l'opposition qui existe entre les goûts des hommes et les obstacles à les satisfaire. Notre étude comprend donc trois parties bien distinctes : 1° l'étude des goûts ; 2° l'étude des obstacles ; 3° l'étude de la façon dont se combinent. ces deux éléments pour arriver à l'équilibre.

15. Le meilleur ordre à suivre consisterait à commencer par l'étude des goûts, et épuiser ce sujet ; à passer ensuite à l'étude des obstacles, et l'épuiser aussi ; enfin à étudier l'équilibre, sans revenir sur l'étude de goûts, ni sur celle des obstacles.

Mais il serait difficile de procéder ainsi pour l'auteur, comme pour le lecteur. Il est impossible d'épuiser un de de ces sujets sans faire intervenir fréquemment des notions qui appartiennent aux deux autres. Si ces notions ne sont pas expliquées à fond, le lecteur ne peut suivre la démonstration ; si on les explique, on arrive à mêler les sujets qu'on se proposait de séparer. De plus, le lecteur se fatigue aisément d'une longue étude dont il ne voit pas le but : l'auteur s'en rend compte et il traite des goûts et des obstacles, non point au hasard, mais seulement en tant que cela peut être utile pour déterminer l'équilibre ; le lecteur éprouve le désir légitime de savoir aussi où conduit le long chemin qu'on veut lui faire parcourir.

Pour montrer où nous voulons aller, et pour acquérir certaines notions qui nous serviront dans nos études, nous donnerons dans ce chapitre une idée générale des trois parties du phénomène. Nous n'étudierons les goûts et les obstacles que dans la mesure où cela nous est nécessaire pour avoir quelques aperçus sur l'équilibre économique. Puis nous reprendrons chacune des parties de ce tout dont nous avons eu ainsi une connaissance approximative. Nous étudierons les goûts dans le chapitre IV ; les obstacles dans le chapitre V ; nous verrons enfin dans le chapitre VI comment ces éléments se comportent lorsqu'il y a équilibre.

16. Supposons que les hommes se trouvent en présence de certaines choses susceptibles de satisfaire leurs goûts et que nous appelerons des biens économiques. Si l'on se pose ce problème : comment répartir un de ces biens entre ces individus ? nous sommes en présence d'une question qui rentre dans la deuxième classe de théories (§ 12). En effet, chaque homme n'éprouve qu'une sensation, celle qui correspond à la quantité du bien économique qui lui est assignée ; nous ne sommes pas en présence de sensations différentes d'un même individu, que nous pourrions comparer entre elles, et nous ne pouvons que comparer la sensation éprouvée par un individu avec celle qu'éprouve un autre individu.

17. S'il y a deux ou plusieurs choses, chaque individu éprouve deux ou plusieurs sensations différentes, d'après la quantité des choses dont il dispose ; nous pouvons

alors comparer ces sensations et déterminer, parmi les différentes combinaisons possibles, celle qui sera choisie par cet individu. C'est une question qui rentre dans la première classe de théories (§ 11).

18. Si toutes les quantités de biens dont dispose un individu augmentent (ou diminuent), nous verrons aussitôt que, à l'exception d'un cas dont nous parlerons plus loin (IV, 34), la nouvelle position sera plus avantageuse (ou moins avantageuse) que l'ancienne, pour l'individu considéré ; de telle sorte que, dans ce cas, il n'y a aucun problème à résoudre. Mais si, au contraire, certaines quantités augmentent tandis que d'autres diminuent, il y a lieu de rechercher si la nouvelle combinaison est, ou n'est pas, avantageuse à l'individu. C'est à cette catégorie qu'appartiennent les problèmes économiques. Nous les voyons naître, dans la réalité, à l'occasion du contrat d'échange, dans lequel on donne une chose pour en recevoir une autre, et à l'occasion de la production, dans laquelle certaines choses se transforment en certaines autres. Nous nous occuperons d'abord de ces problèmes.

19. Les éléments que nous devons combiner, sont, d'une part, les goûts de l'homme, d'autre part, les obstacles à les satisfaire. Si, au lieu d'avoir affaire à des hommes, nous avions à étudier des êtres éthérés sans goûts ni besoins, n'éprouvant même pas les besoins matériels de manger et de boire, il n'y aurait aucun problème économique à résoudre. Il en serait de même si, passant à l'extrême opposé, nous supposions qu'aucun obstacle n'empêchât les hommes de satisfaire tous leurs goûts et tous leurs désirs. Pour celui qui dispose de tout à discrétion, il n'y a pas de problème économique.

Le problème se pose, parce que les goûts rencontrent certains obstacles, et il est d'autant plus difficile à résoudre qu'il y a plusieurs moyens de donner satisfaction à ces goûts, de triompher de ces obstacles ; il y a donc lieu de rechercher comment et pourquoi tel ou tel moyen peut être préféré par les individus.

Examinons le problème de plus près.

20. Si on n'avait à choisir qu'entre deux, ou un petit nombre de choses, le problème à résoudre serait qualitatif et sa solution serait facile. Que préférez-vous d'un tonneau de vin ou d'une montre? La réponse est facile. Mais, dans la réalité, il existe un très grand nombre de choses sur lesquelles le choix peut porter ; et même pour deux choses, les combinaisons des quantités entre lesquelles on peut choisir sont innombrables. Dans une année, un homme peut boire 100, 101, 102... litres de vin ; il peut, si sa montre ne marche pas parfaitement bien, s'en procurer une autre immédiatement, ou bien attendre un mois, deux mois,... une année, deux années..., avant d'effectuer cet achat, et en attendant conserver sa montre. En d'autres termes, les variations de quantité des choses entre lesquelles il faut choisir sont en nombre infini, et ces variations peuvent être très faibles, presque insensibles. Nous devons donc construire une théorie qui permette de résoudre ce genre de problèmes.

21. Considérons une série de ces combinaisons de quantités différentes de biens. L'homme peut passer d'une de ces combinaisons aux autres, pour s'en tenir finalement à l'une d'elles. Il importe beaucoup de savoir quelle est cette dernière, et on y arrive par la théorie de l'équilibre économique.

22. **L'équilibre économique.** — On peut le définir de différentes façons, qui reviennent au fond au même. On peut dire que l'équilibre économique est l'état qui se maintiendrait indéfiniment s'il n'y avait aucun changement dans les conditions dans lesquelles on l'observe. Si, pour le moment, nous ne considérons que l'équilibre stable, nous pouvons dire qu'il est déterminé de telle sorte que, s'il n'est que faiblement modifié, il tend immé-

diatement à se rétablir, à revenir à son premier état. Les deux définitions sont équivalentes.

Par exemple : un individu, étant données certaines circonstances ou conditions, achète tous les jours 1 kilogramme de pain ; si on l'oblige un jour à en acheter 900 grammes, et s'il est redevenu libre le lendemain, il en achètera encore 1 kilogramme; si rien n'est changé dans les conditions où il se trouvera, il continuera indéfiniment à acheter 1 kilogramme de pain ; c'est ce qu'on appelle l'état d'équilibre.

Il nous faudra exprimer mathématiquement que, cet état d'équilibre étant atteint, ces variations, ou si l'on veut ces mouvements, ne se produisent pas ; ce qui revient à dire que le système se maintient indéfiniment dans l'état considéré.

Les mouvements nécessaires pour arriver effectivement à l'équilibre penvent être appelés *réels*. Ceux que l'on suppose pouvoir se produire pour nous éloigner de l'état d'équilibre, mais qui ne se produisent pas en réalité, parce que l'équilibre subsiste, peuvent être appelés *virtuels*.

L'économie politique étudie les mouvements réels, pour savoir comment les faits se passent ; et elle étudie les mouvements virtuels, pour connaître les propriétés de certains états économiques.

23. Si, un état économique étant donné, nous pouvions nous en éloigner par des mouvements quelconques, on pourrait continuer indéfiniment les mouvements qui augmentent les quantités de tous les biens qu'un homme peut désirer, et on arriverait ainsi à un état dans lequel l'homme aurait de tout à satiété. Ce serait évidemment une position d'équilibre ; mais il est évident aussi que les choses ne se passent pas ainsi dans la réalité, et que nous aurons à déterminer d'autres positions d'équilibre auxquelles on doit a'arrêter, parce

que ce ne sont pas tous les mouvements, mais seulement certains mouvements qui sont possibles. En d'autres termes, il y a des obstacles qui empêchent les mouvements, qui ne permettent pas à l'homme de suivre certaines voies, qui empêchent certaines variations d'avoir lieu. L'équilibre résulte précisément de cette opposition des goûts et des obstacles. Les deux cas extrèmes, que nous avons déjà considérés et qui ne se rencontrent pas dans la réalité, sont celui dans lequel il n'y a pas de goûts, et celui dans lequel il n'y a pas d'obstacles.

24. Si les obstacles ou les liens étaient tels qu'ils déterminent d'une façon précise chaque mouvement, on n'aurait pas à s'occuper des goûts, et la considération des obstacles suffirait à déterminer l'équilibre. En fait, il n'en est pas ainsi, du moins en général. Les obstacles ne déterminent pas d'une façon absolue tous les mouvements ; ils établissent simplement certaines limites, ils imposent certaines restrictions, mais ils permettent à l'individu de se mouvoir d'après ses propres goûts sur un domaine plus ou moins restreint ; et parmi tous les mouvements permis, nous aurons à rechercher ceux qui se produiront en réalité.

25. Les goûts et les obstacles se réfèrent à chacun des individus que l'on considère. Pour un individu, les goûts des autres hommes avec lesquels il est en rapport figurent au nombre des obstacles.

26. Pour avoir toutes les données du problème de l'équilibre, il faut ajouter aux goûts et aux obstacles les conditions de fait qui déterminent l'état des individus et des transformations des biens. Par exemple : les quantités de marchandises possédées par les individus, les moyens pour transformer les biens, etc. C'est ce que nous comprendrons mieux à mesure que nous avancerons dans notre étude.

27. Pour déterminer l'équilibre nous poserons cette condition qu'au moment où il se produit, les mouvements permis par les obstacles sont empêchés par les goûts ; ou inversement, ce qui revient au même, que, à ce moment, les mouvements permis par les goûts sont empêchés par les obstacles. En effet, il est évident que, de ces deux façons, on exprime la condition qu'aucun mouvement ne se produit, et c'est là, par définition, la caractéristique de l'équilibre.

Il nous faut donc rechercher quels sont, au point d'équilibre, les mouvements empêchés, et les mouvements permis par les goûts ; et de même quels sont les mouvements empêchés, et les mouvements permis, par les obstacles.

29. Les goûts des hommes. — Il faut trouver le moyen de les soumettre au calcul. On a eu l'idée de les déduire du plaisir que certaines choses font éprouver aux hommes. Si une chose satisfait aux besoins ou aux désirs de l'homme, on disait qu'elle avait une *valeur d'usage*, une *utilité*.

Cette notion était imparfaite et équivoque en plusieurs points. 1° On ne mettait pas suffisamment en lumière que cette *valeur d'usage*, cette *utilité*, était exclusivement une relation entre un homme et une chose. Aussi beaucoup en parlaient-ils, peut-être sans en avoir conscience, comme d'une propriété objective des choses. D'autres, qui se rapprochaient davantage mais insuffisamment encore de la vérité, en parlaient comme d'une relation entre les hommes en général et une chose. 2° On ne voyait pas que cette *valeur d'usage* dépendait (était en fonction, comme disent les mathématiciens) des quantités consommées. Par exemple, parler sans plus de la *valeur d'usage* de l'eau n'a pas de sens ; et il ne suffit pas d'ajouter, comme nous venons de le voir, que cette *valeur d'usage* est relative à un certain homme ; elle est très différente suivant que cet homme meurt de soif, ou qu'il a déjà bu autant qu'il le désirait. **Pour** être précis, il faut parler de la valeur d'usage d'une certaine quantité d'eau venant s'ajouter à une quantité connue déjà consommée.

30. Ce fut principalement par la rectification de cette erreur de l'ancienne économie que prit naissance l'économie pure. Avec Jevons elle apparut comme une rectification des théories alors en cours sur la *valeur* ; avec Walras elle devint, et ce fut un très grand progrès, la théorie d'un cas spécial de l'équilibre économique, c'est-à-dire de celui de la libre concurrence ; tandis qu'un autre cas, le cas de monopole, avait déjà été étudié, mais d'une façon tout à fait différente, par Cournot. Marshall, Edgeworth, Irving Fisher ont étudié le phénonomène économique d'une façon toujours plus étendue et plus générale; dans notre *Cours* elle est devenue la théorie générale de l'équilibre économique, et nous allons plus loin encore dans cette voie dans le présent ouvrage (1). 3° Le mot *utilité* est amené à signifier en économie politique tout autre chose que ce qu'il peut signifier dans le langage courant. C'est ainsi que la morphine n'est pas utile, au sens ordinaire du mot, puisqu'elle est nuisible au morphinomane ; elle lui est au contraire *utile* économiquement, puisqu'elle satisfait un de ses besoins, alors même qu'il est malsain. Bien que les anciens économistes aient déjà fait mention de cette équivoque, on l'oubliait encore parfois ; aussi est-il indispensable de ne pas employer le même mot pour indiquer des choses aussi différentes. Nous avons proposé dans notre *Cours* de désigner l'*utilité* économique par le mot *ophélimité*, que d'autres auteurs ont adopté depuis.

(1) On trouvera un plus grand nombre de détails sur l'histoire des théories de l'économie pure dans notre article : *Anwendungen der Mathematik auf Nationalökonomie*, in *Encyclopädie der mathematischen Wissenschaften*.

31. Il nous faut faire ici une observation générale qui s'applique aussi bien au cas actuel qu'à beaucoup d'autres, dont nous parlerons plus loin. La critique que nous faisons atteint aujourd'hui les théories anciennes, mais elle ne les frappe pas pour le moment où elles furent élaborées. Ce serait une grave erreur de croire qu'il eût été bon que ces théories erronées n'aient pas vu le jour. Celles-ci, ou d'autres semblables, étaient indispensables pour arriver à des théories meilleures. Les conceptions scientifiques se modifient peu à peu afin de se rapprocher toujours davantage de la vérité ; on fait aux théories de continuelles retouches ; on admet d'abord certaines propositions imparfaites et on va de l'avant dans l'étude de la science, puis on revient en arrière et on rectifie ces propositions. Ce n'est que de nos jours qu'on s'est remis à examiner le postulat d'Euclide. Que serait-il advenu de la géométrie si les anciens s'étaient arrêtés, avec entêtement et obstination, à l'examen de ce postulat, et avaient absolument négligé d'aller de l'avant dans l'étude de la science ? Il y a une grande différence entre les théories astronomiques de Newton, celles de Laplace, et d'autres théories plus modernes ; mais les premières étaient un échelon nécessaire pour arriver aux secondes, et celles-ci pour arriver aux troisièmes. Les théories de l'ancienne économie étaient nécessaires pour arriver aux théories nouvelles ; et celles-ci, toujours très imparfaites, nous serviront à arriver à d'autres théories qui le seront moins ; et ainsi de suite. Perfectionner une théorie est tout autre chose que de vouloir la détruire par de sottes ou de pédantes subtilités ; le premier travail est une chose sensée et utile, le second est une chose peu raisonnable et vaine, et celui qui n'a pas de temps à perdre fait mieux de ne pas s'en soucier.

32. L'ophélimité, pour un individu, d'une certaine quantité d'une chose, ajoutée à une autre quantité dé-

terminée (qui peut être égale à zéro) de cette chose déjà possédée par lui, est le plaisir que lui procure cette quantité.

33. Si cette quantité est très petite (infiniment petite) et si on divise le plaisir qu'elle procure par cette quantité elle-même, on a l'OPHÉLIMITÉ ÉLÉMENTAIRE.

34. Enfin, si on divise l'ophélimité 'élémentaire par le prix, on a l'OPHÉLIMITÉ ÉLÉMENTAIRE PONDÉRÉE.

35. La théorie de l'ophélimité a reçu un nouveau perfectionnement. Dans tout le raisonnement qui sert à l'établir il y a un point faible, qui a été principalement mis en lumière par le professeur Irving Fisher. Nous avons admis que cette chose appelée *plaisir, valeur d'usage, utilité économique, ophélimité*, était une quantité ; mais la démonstration n'en a pas été donnée. Supposons cette démonstration faite, comment ferait-on pour mesurer cette quantité ? C'est une erreur de croire que d'une façon générale, on puisse déduire de la loi de l'offre et de la demande la valeur de l'ophélimité. On ne le peut que dans un cas particulier, l'unité de mesure de l'ophélimité restant seule arbitraire ; c'est lorsqu'il s'agit de marchandises telles que l'ophélimité de chacune d'elles ne dépend que de la quantité de cette marchandise, et reste indépendante des quantités consommées des autres marchandises (*Appendice*). Mais en général, c'est-à-dire quand l'ophélimité d'une marchandise A, consommée en même temps que les marchandises B, C,..., dépend non seulement de la consommation de A, mais aussi des consommations de B, C,..., l'ophélimité reste indéterminée, même après qu'on a fixé l'unité qui sert à la mesurer (*Appendice*).

36. Dans ce qui suit, lorsque nous parlons de l'ophélimité, on devra toujours entendre que nous voulons simplement indiquer un des systèmes des indices d'ophélimité (§ 55).

36 *bis*. Les notions de *valeur d'usage*, d'*utilité* d'ophélimité, d'indices d'ophélimité, etc., facilitent beaucoup l'exposé de la théorie de l'équilibre économique, mais elles ne sont pas nécessaires pour construire cette théorie. Grâce à l'usage des mathématiques, toute cette théorie, telle que nous la développons dans l'Appendice, ne repose plus que sur un fait d'expérience, c'est-à-dire sur la détermination des quantités de biens qui constituent des combinaisons indifférentes pour l'individu (1) *(§ 52)*. La théorie de la science économique acquiert ainsi la rigueur de la mécanique rationnelle ; elle déduit ses résultats de l'expérience, sans faire intervenir aucune entité métaphysique.

37. Comme nous l'avons déjà observé, il peut y avoir certaines contraintes qui empêchent de modifier les phénomènes d'après les goûts. Par exemple, il y avait autrefois des gouvernements qui obligeaient leurs sujets à acheter chaque année une certaine quantité de sel. Il est évident que, dans ce cas, pour cette matière, il n'y aurait pas à tenir compte des goûts. On n'aurait à en tenir compte pour aucune matière, si on fixait pour toutes la quantité que chacun doit en acheter chaque année. S'il en était ainsi dans la pratique, il serait inutile de perdre son temps à rechercher la théorie des goûts. Mais l'observation la plus vulgaire suffit pour voir que les choses ne se passent pas ainsi dans la réalité. Alors même qu'il existe certaines contraintes, comme, par exemple, quand l'Etat, ayant le monopole d'une marchandise, en fixe le

(1) Cela ne peut pas être compris des économistes littéraires et métaphysiciens. Ils voudront néanmoins se mêler de donner leur avis ; et le lecteur qui a quelque connaissance des mathématiques pourra s'amuser en prenant connaissance des billevesées qu'ils débiteront au sujet de ce paragraphe et des § 8 et suiv. de l'Appendice.

prix, ou bien met certains obstacles à la production, à la vente, au libre commerce, etc., cela n'empêche pas d'une façon absolue l'individu d'agir selon ses goûts, dans certaines limites. Par conséquent, chacun doit résoudre certains problèmes pour fixer les consommations d'après ses goûts ; le pauvre se demandera s'il vaut mieux pour lui acheter un peu de saucisson ou un peu de vin ; le riche recherchera s'il préfère acheter une automobile ou un bijou ; mais tous, plus ou moins, résolvent des problèmes de ce genre. De là la nécessité de considérer la théorie abstraite qui correspond à ces faits concrets.

38. Nous essayerons d'expliquer, sans faire usage des symboles algébriques, les résultats auxquels arrive l'économie mathématique. Nous n'emploierons ces symboles que dans l'appendice. Il nous suffira ici de rappeler certains principes, dont le principal est, pour le moment, le suivant. Les conditions d'un problème sont traduites algébriquement par des équations. Celles-ci contiennent des quantités connues et des quantités inconnues. Pour déterminer un certain nombre d'inconnues il faut un nombre égal de conditions (équations) distinctes, c'est-à-dire de conditions telles que l'une d'elles ne soit pas la conséquence des autres. Il faut, de plus, qu'elles ne soient pas contradictoires. Par exemple, si on cherche deux nombres inconnus et que l'on donne pour conditions (équations) que la somme de ces deux nombres doit être égale à un nombre donné, et la différence à un autre nombre donné, le problème est bien déterminé, parce qu'il y a deux inconnues et deux conditions (équations). Mais si on vous donnait, au contraire, en plus de la somme des deux nombres, la somme du double de chacun de ces nombres, la seconde condition serait une conséquence de la première, parce que si 4, par exemple, est la somme de deux nombres inconnus, 8 sera la somme du double de chacun de ces nombres.

Nous n'avons pas dans ce cas deux conditions (équations) distinctes, et le problème reste indéterminé. Dans les problèmes économiques il est très important de savoir si certaines conditions déterminent complètement le problème, ou le laissent indéterminé.

39. Effets directs et effets indirects des goûts. — On pourrait faire de nombreuses hypothèses sur la façon dont l'homme se laisse guider par ses goûts, et chacune d'elles servirait de base à une théorie abstraite. Pour ne pas nous exposer à perdre du temps à étudier des théories inutiles, il nous faut examiner les faits concrets et rechercher quels types de théories abstraites leur conviennent.

Soit un individu qui achète du 3 0/0 français à 99,35 ; demandons-lui pourquoi il a fait cette opération. C'est, dira-t-il, parce qu'il estime qu'à ce prix il lui convient d'acheter ce titre. Ayant mis, d'un côté, dans la balance, la dépense de 99,35 et de l'autre le revenu de 3 francs par an, il estime que, pour lui, l'achat de cette rente vaut cette dépense. Si on pouvait l'acheter à 98, il achèterait 6 francs de rente, au lieu de 3 francs. Il ne se pose pas le problème de savoir s'il préférerait acheter 3 francs à 99,35 ou 6 francs à 98 ; ce serait une recherche inutile, puisque la fixation de ce prix ne dépend pas de lui ; il recherche, parce que cela seul dépend de lui, quelle quantité de rente il lui convient d'acheter à un prix donné. Interrogeons son vendeur. Il se peut qu'il soit déterminé par des raisons parfaitement identiques. Dans ce cas, nous avons toujours le même type de contrat. Mais vers la fin de l'année 1902 nous aurions pu tomber sur quelqu'un qui nous aurait dit : « Je vends pour faire baisser le cours de la rente, et ennuyer ainsi le gouvernement français ». A tout moment nous pouvons trouver quelqu'un qui nous dira : « je vends (ou j'achète) pour faire baisser (ou hausser) le cours de la rente, pour en-

suite en tirer parti et me procurer certains avantages ».
Celui qui agit ainsi est poussé par des raisons bien différentes de celles que nous avons précédemment considérées : il tend à modifier le prix et il compare principalement les positions auxquelles il arrive avec des prix
différents. Nous sommes en présence d'un autre type de
contrat.

40. Types de phénomènes des effets des goûts. —
Les deux types de phénomènes que nous venons d'indiquer ont une grande importance pour l'étude de l'économie politique ; recherchons quels en sont les caractères, et en attendant indiquons par (I) le premier type
et par (II) le second. Commençons par considérer le cas
où celui qui transforme des biens économiques se propose uniquement de rechercher son avantage personnel ;
nous verrons plus loin (§ 49) des cas où il n'en est pas
ainsi.

Nous dirons que celui qui achète, ou qui vend, une
marchandise peut être guidé par deux genres bien distincts de considérations.

41. Il peut chercher exclusivement à satisfaire ses
goûts, étant donné un certain état ou condition du marché. Il contribue bien, mais sans le rechercher directement, à modifier cet état, parce que, suivant les différents états du marché, il est disposé à transformer une
quantité plus ou moins grande d'une marchandise en
une autre. Il compare les transformations successives,
dans un même état du marché, et il cherche à trouver
un état tel que ces transformations successives le conduisent à un point où ses goûts soient satisfaits. Nous
avons ainsi le type (I).

42. L'individu considéré peut, au contraire, chercher à
modifier les conditions du marché pour en tirer avantage ou pour une autre fin quelconque. L'échange, étant
donné un certain état du marché, fait que l'équilibre a

lieu en un point; dans un autre état, l'équilibre a lieu en un autre point. On compare ces deux positions et on recherche celle qui atteint le mieux le but qu'on a en vue. Après avoir choisi, on se préoccupe de modifier les conditions du marché, de façon qu'elles soient telles qu'elles correspondent à ce choix. Nous avons ainsi le type (II).

43. Evidemment, si le type (I) peut être celui des transactions de tout individu qui se présente sur le marché, le type (II), au contraire, ne peut convenir qu'à ceux qui savent et qui peuvent modifier les conditions du marché, ce qui n'est certainement pas le fait de tous.

44. Poursuivons nos recherches et nous verrons que le type (I) comprend un très grand nombre de transactions, dans lesquelles rentrent la plupart, ou même toutes les transactions qui ont pour objet des consommations domestiques. Quand a-t-on jamais vu une ménagère qui achète de la chicorée ou du café, se préoccuper d'autre chose que du prix de ces objets, et dire : « si j'achète aujourd'hui de la chicorée, cela peut faire hausser, pour l'avenir, le prix de cette marchandise, et il me faut considérer le dommage que me fera subir dans l'avenir l'achat que je fais aujourd'hui? » Qui s'est jamais abstenu de commander un vêtement, non pas pour ne pas faire cette dépense, mais pour faire baisser, de cette façon, le prix des vêtements en général ? Si quelqu'un se présentait sur le marché en disant : « Il me serait agréable que les fraises ne se vendent que 30 centimes le kilogramme, je m'en tiens donc à ce prix », il prêterait à rire. Il dit au contraire : « à 30 centimes le kilogramme j'en achèterai 10 kilogrammes, à 60 centimes je n'en achèterai que 4 kilogrammes, à un franc je n'en achète pas » ; et il voit s'il peut ainsi se mettre d'accord avec celui qui vend. Ce type (I) correspond donc à de très

nombreux faits concrets, et ce ne sera point perdre notre temps que d'en faire la théorie.

45. Nous trouvons également de nombreux exemples du type (II). A la Bourse des valeurs, des compagnies de puissants banquiers et des syndicats suivent ce type. Ceux qui, grâce à de puissants moyens, cherchent à accaparer des marchandises, veulent évidemment modifier les conditions du marché afin d'en tirer profit. Quand le gouvernement français fixe le prix du tabac qu'il vend au public, il opère selon le type (II). Tous ceux qui jouissent d'un monopole, et qui savent en tirer profit, agissent d'après ce type.

46. Si nous observons la réalité, nous voyons que le type (I) se rencontre là où il y a concurrence entre ceux qui s'y conforment. Les personnes avec lesquelles ils contractent peuvent ne pas être en concurrence et ne pas suivre par conséquent le type (I). Le type (I) est d'autant plus net que la concurrence est plus étendue et plus parfaite. C'est précisément parce que chaque jour à la Bourse de Paris il y a beaucoup de gens qui achètent et qui vendent de la rente française, que ce serait folie que de vouloir modifier les conditions de ce marché en achetant ou en vendant quelques francs de rente. Evidemment, si tous ceux qui vendent (ou qui achètent) se mettaient d'accord, ils pourraient effectivement modifier ces conditions à leur profit; mais ils ne se connaissent pas les uns les autres, et chacun agit pour son compte. Au milieu de cette confusion et de cette concurrence, chaque individu n'a pas autre chose à faire : qu'à s'occuper de ses propres affaires et à chercher à satisfaire ses propres goûts, d'après les différentes conditions qui peuvent se présenter sur le marché. Tous les vendeurs (ou les acheteurs) de rente modifient bien les prix, mais ils les modifient sans dessein préalable ; ce n'est pas le but, mais l'effet de leur intervention.

47. On observe le type (II) là où la concurrence n'existe pas et où il y a accaparement, monopole, etc. Pendant qu'un individu agit afin de modifier à son profit les conditions du marché, il faut, s'il ne veut pas faire une œuvre vaine, qu'il soit sûr que d'autres ne viendront pas troubler ses opérations, et pour cela il faut que de quelque façon il se débarrasse de ses concurrents. Il peut y arriver soit avec l'aide de la loi, soit parce que seul il possède certaines marchandises, soit parce que par l'intrigue, la tromperie, par son influence ou son intelligence, il écarte ses concurrents. Il se peut également qu'il puisse ne pas se préoccuper de ses concurrents, parce qu'ils n'ont que peu d'importance, ou pour toute autre raison.

Enfin il faut remarquer qu'il arrive souvent qu'un certain nombre d'individus s'associent précisément afin de pouvoir se rendre maîtres du marché ; dans ce cas nous sommes toujours en présence du type (II), l'association pouvant, à certains points de vue, être considérée comme ne comprenant qu'un individu.

48. Nous rencontrons un cas analogue, mais non pas identique, lorsqu'un certain nombre de personnes ou d'associations se mettent d'accord pour modifier certaines conditions du marché, en laissant toute liberté d'action aux associés en ce qui concerne les autres conditions. Souvent on fixe le prix de vente, chacun restant libre de vendre autant qu'il le pourra. Parfois on fixe la quantité que chacun pourra vendre, soit d'une façon absolue, soit en sorte que cette limite ne puisse être dépassée sans payer une certaine somme à l'association ; on peut aussi stipuler qu'une prime sera payée à celui qui reste au-dessous de la quantité fixée. Quant au prix, il est librement fixé par chaque vendeur ; ce n'est qu'exceptionnellement qu'on fixe les conditions de la vente.

Par exemple, les syndicats ouvriers imposent parfois

l'uniformité des salaires : celui qui a acheté le travail de dix ouvriers à un certain prix, ne peut pas acheter le travail d'un onzième ouvrier à un prix moindre. D'ailleurs les syndicats, d'ordinaire, fixent également le prix, de telle sorte que non seulement on a fixé le mode, mais encore les conditions, et nous rentrons dans un des cas précédents.

La loi impose parfois la vente au même prix de toutes les portions de la marchandise ; il en est ainsi dans presque tous les pays pour les chemins de fer, qui ne peuvent pas faire payer au dixième voyageur plus ou moins que ce que, dans des conditions identiques, elles font payer au premier. Un philanthrope peut vendre au-dessous du prix pour venir en aide aux consommateurs ou à une certaine classe de consommateurs. Nous verrons d'autres cas quand nous parlerons de la production ; on comprend qu'ils puissent être très nombreux puisqu'ils se réfèrent aux conditions très variées que l'on peut modifier dans le phénomène économique.

49. Nous devons donc examiner divers genres du type (II). Il nous faut dès maintenant mettre à part un de ces genres, auquel nous donnerons le nom de type (III) ; c'est celui auquel on arrive quand on veut organiser tout l'ensemble du phénomène économique de telle sorte qu'il procure le maximum de bien-être à tous ceux qui y participent. Il nous faudra, d'ailleurs, définir d'une façon précise en quoi consiste ce bien-être (VI, 33, 52). Le type (III) correspond à l'organisation collectiviste de la société.

50. Remarquons que les types (I) et (II) sont relatifs aux individus ; il peut donc arriver, et il arrive d'ordinaire, que lorsque deux personnes contractent ensemble, l'une suit le type (I), l'autre le type (II) ; ou bien que, si un grand nombre de personnes interviennent dans un contrat, les unes suivent le type (I) et

les autres le type (II). Il en est de même pour le type (III), si l'Etat collectiviste laisse quelque liberté à ses administrés.

51. Celui qui suit le type (II) s'arrête, d'après la définition même donnée de ce type, à un point où ses goûts ne sont pas *directement* satisfaits. Par conséquent, en comparant la condition à laquelle arriverait l'individu en suivant le type (I) et celle à laquelle il arriverait en suivant le type (II), on verra que la seconde diffère de la première par certaines quantités de marchandises en plus ou en moins. On pourrait donc définir également le type (I) de la façon suivante : c'est celui dans lequel les quantités de marchandises satisfont directement les goûts ; et le type (II) est celui dans lequel les quantités de marchandises sontt elles que, les goûtés étant directement satisfaits, il reste un résidu positif ou négatif.

52. **Les lignes d'indifférence des goûts.** — Soit un homme qui se laisse conduire uniquement par ses goûts et qui possède 1 kilog. de pain et 1 kilog. de vin. Etant donnés ses goûts, il est disposé à avoir un peu moins de pain et un peu plus de vin, ou inversement. Il consent, par exemple, à n'avoir que 0,9 kilog. de pain pourvu qu'il ait 1,2 de vin. En d'autres termes, cela signifie que ces deux combinaisons, à savoir 1 kilog. de pain et et 1 kilog. de vin, 0,9 kilog. de pain et 1,20 kilog. de vin sont égales pour lui ; il ne préfère pas la seconde à la première, ni la première à la seconde ; il ne saurait laquelle choisir, il lui est *indifférent* de jouir de l'une ou de l'autre de ces combinaisons.

En partant de cette combinaison : 1 kilog. de pain et 1 kilog. de vin, nous en trouvons un grand nombre d'autres, entre lesquelles le choix est indifférent, et nous avons par exemple

Pain.	1,6	1,4	1,2	1,0	0,8	0,6
Vin	0,7	0,8	0,9	1,0	1,4	1,8

Nous appelons cette série, qu'on pourrait prolonger indéfiniment, une *série d'indifférence*.

53. L'emploi de graphiques facilite beaucoup l'intelligence de cette question.

Menons deux axes perpendiculaires l'un sur l'autre OA, OB; portons sur OA les quantités de pain, sur OB les quantités de vin. Par exemple, O*a* représente un de pain, O*b* un de vin; le point *m*, où se coupent ces deux ordonnées, indique la combinaison 1 kilog. de pain et 1 kilog. de vin.

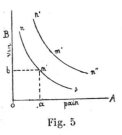

Fig. 5

54. Nous pouvons représenter ainsi toute la série précédente, et en joignant tous les points de cette série par une ligne continue, nous aurons la ligne *nms* qu'on appelle LIGNE D'INDIFFÉRENCE, OU COURBE D'INDIFFÉRENCE (1).

55. Donnons à chacune de ces combinaisons un indice, qui doit satisfaire aux deux conditions suivantes, et qui demeure arbitraire d'ailleurs : 1° Deux combinaisons entre lesquelles le choix est indifférent doivent avoir le même indice ; 2° de deux combinaisons, celle qui est préférée à l'autre, doit avoir un indice plus grand (2).

Nous avons ainsi les INDICES DE L'OPHÉLIMITÉ, ou du plaisir qu'éprouve l'individu lorsqu'il jouit de la combinaison qui correspond à un indice donné.

---

(1) Cette expression est due au professeur F. Y. Edgeworth. Il supposait l'existence de l'*utilité* (ophélimité) et il en déduisait les courbes d'indifférence ; je considère au contraire comme une donnée de fait les courbes d'indifférence, et j'en déduis tout ce qui m'est nécessaire pour la théorie de l'équilibre, sans avoir recours à l'ophélimité.

(2) Voir IV, 32, une autre condition qu'il est utile d'ajouter, mais qu'il n'est pas nécessaire de faire intervenir ici.

56. Il résulte de ce qui précède que toutes les combinaisons d'une série d'indifférence ont le même indice, c'est-à-dire que tous les points d'une ligne d'indifférence ont le même indice.

Soit 1 l'indice de la ligne nms de la *fig.* 5 ; soit m' (par exemple 1,1 de pain et 1,1 de vin) une autre combinaison que l'individu préfère à la combinaison m, et donnons-lui l'indice 1,1. En partant de cette combinaison m' nous trouvons une autre série d'indifférence, c'est-à-dire nous décrivons une autre courbe $n'm'n''$. Nous pouvons continuer de cette façon, en considérant, bien entendu, non seulement les combinaisons qui sont, pour l'individu, meilleures que la combinaison m, mais aussi celles qui sont plus mauvaises. Nous aurons ainsi des séries d'indifférence, ayant chacune son indice ; en d'autres termes, nous couvrirons la partie du plan OAB que nous voulons considérer, d'un nombre infini de courbes d'indifférence, ayant chacune son indice.

57. Cela nous donne une représentation complète des goûts de l'individu, en ce qui concerne le pain et le vin, et cela nous suffit pour déterminer l'équilibre économique. L'individu peut disparaître, pourvu qu'il nous laisse cette photographie de ses goûts.

Il est bien entendu que l'on peut répéter pour toutes les marchandises ce que nous avons dit du pain et du vin.

58. Le lecteur qui s'est servi de cartes topographiques sait qu'on a l'habitude d'y décrire certaines courbes qui représentent les points qui ont, pour une même courbe, la même hauteur au-dessus du niveau de la mer, ou de tout autre niveau quelconque.

Les courbes de la *fig.* 5 sont des courbes de niveau, (lève) pourvu qu'on considère que les indices d'ophélimité représentent la hauteur au-dessus du plan OAB, supposé horizontal, des points d'une colline. C'est ce qu'on peut appeler la colline des indices du plaisir. Il y en a d'autres semblables, en nombre infini, selon le système arbitraire d'indices choisi.

Si le plaisir peut être mesuré, si l'ophélimité existe, un de ces systèmes d'indices sera précisément celui des valeurs de l'ophélimité (*App.* 3), et la colline correspondante sera la colline du plaisir ou de l'ophélimité.

59. Un individu qui jouit d'une certaine combinaison de pain et de vin, peut être représenté par un point de cette colline. Le plaisir qu'éprouvera cet individu sera représenté par la hauteur de ce point au-dessus du plan OAB. L'individu éprouvera un plaisir d'autant plus grand qu'il sera à une hauteur plus grande — ; de deux combinaisons il préférera toujours celle qui est représentée par un point plus élevé de la colline.

60. **Les sentiers.** — Supposons un individu qui possède la quantité de pain représentée par *oa* et la quantité de vin représentée par *ab* ; nous disons que l'individu se trouve au point de la colline qui se projette en *b* sur le plan horizontal *xy*, ou d'une façon elliptique, qu'il est en *b*. Supposons qu'à un autre moment l'individu ait *oa'* de pain et *a'b'* de vin ; abandonnant *b* il sera en *b'*.
Si ensuite il a *oa''* de pain et *a''b''* de vin, il sera allé de *b'* en *b''*, et ainsi de suite jusqu'en *c*. Supposons que les points *b*, *b'*, *b''*, soient très voisins, et réunissons-les par une ligne ; nous dirons que

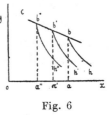

Fig. 6

l'individu qui a eu successivement la quantité *oa* de pain et *ab* de vin, *oa'* de pain et *a'b'* de vin, etc., a parcouru, sur la colline, un *sentier*, ou route, ou chemin, qui se projette, sur le plan horizontal *oxy*, selon la ligne *bb'b''...c*, ou, d'une façon elliptique, qu'il *a parcouru* le sentier *bc*.

61. Remarquons que si un individu parcourait un

nombre infini de sentiers hb, $h'b'$, $h''b''$,.., et s'il s'arrê-
tait aux points b',b',b''...., il faudrait, le considérer
comme parcourant en réalité le sentier b, b', b''... c.

62. Considérons un sentier mn tangent en c à une
courbe d'indifférence t'' ; et supposons que les indices
d'ophélimité aillent en croissant de t vers t'', et que le sentier aille en montant de m jusqu'à c, pour descendre
ensuite de c en n. Un point a qui, en partant de m, pré-

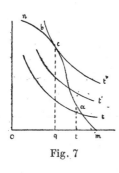

Fig. 7

cède le point c, et au delà duquel
les obstacles ne permettent pas à
l'individu d'aller, sera appelé un
POINT TERMINAL. On ne le rencontre
qu'en montant de m en c, et non pas
en descendant de c en n. Par conséquent, b ne serait pas un point terminal pour celui qui parcourrait le
sentier mn ; mais il le serait pour
celui qui parcourrait le sentier nm,
c'est-à-dire pour celui qui, partant de n, irait vers m.

63. Le point terminal et le point de tangence ont une
propriété commune, à savoir d'être le point le plus haut
auquel puisse atteindre l'individu en parcourant le sentier mn. Le point c est le point le plus haut de tout le
sentier ; le point a le point le plus haut de la portion du
sentier ma qu'il est permis à l'individu de parcourir.

64. On verra, dans la suite, combien cette façon de
représenter les phénomènes par des courbes d'indifférence et des sentiers est commode pour exposer les
théories de l'économie.

65. **Variations continues et variations discontinues.**
— Les courbes d'indifférence et les sentiers pourraient
être discontinus ; et ils le sont en réalité, c'est-à-dire que
les variations des quantités se produisent d'une façon
discontinue. Un individu passe d'un état dans lequel il a
10 mouchoirs à un état dans lequel il en a 11, et non

pas par les états intermédiaires, dans lesquels il aurait par exemple 10 mouchoirs et un centième de mouchoir, 10 mouchoirs et deux centièmes, etc. Pour nous rapprocher de la réalité, il faudrait donc considérer des variations finies, mais il y a à cela une difficulté technique. Les problèmes qui ont pour objet des quantités qui varient par degrés infiniment petits sont beaucoup plus faciles à résoudre que les problèmes dans lesquels les quantités subissent des variations finies. Il faut donc, toutes les fois que cela est possible, remplacer celles-ci par celles-là ; c'est ainsi que l'on procède dans toutes les sciences physico-naturelles. On sait que de cette façon on commet une erreur ; mais on peut la négliger, soit quand elle est petite d'une façon absolue, soit quand elle est plus petite que d'autres erreurs inévitables, ce qui rend inutile la recherche d'une précision qui échappe par ailleurs. Il en est justement ainsi en économie politique, car on n'y considère que des phénomènes moyens et se ré-férant à de grands nombres. Nous parlons de l'individu, non pas pour rechercher effectivement ce qu'un individu consomme ou produit, mais seulement pour considérer un des éléments d'une collectivité, et pour totaliser en-suite la consommation et la production d'un grand nombre d'individus.

66. Quand nous disons qu'un individu consomme une montre et un dixième, il serait ridicule de prendre ces mots à la lettre. Le dixième d'une montre est un objet inconnu et dont on ne se sert pas. Mais ces mots signi-fient simplement que, par exemple, cent individus con-somment 110 montres.

Quand nous disons que l'équilibre a lieu lorsqu'un in-dividu consomme une montre et un dixième, nous vou-lons dire simplement que l'équilibre a lieu quand 100 in-dividus consomment les uns une, les autres deux montres

ou plus et même pas du tout, de façon que tous ensemble
en consomment 110 environ, et que la moyenne est pour
chacun 1,1.

Cette façon de s'exprimer n'est pas particulière à
l'économie politique ; on la retrouve dans un grand
nombre de sciences.

Dans les assurances on parle de fractions d'êtres vivants, par exemple 27 êtres vivants et 37 centièmes. Il
est bien évident qu'il n'existe nulle part des 37 centièmes
d'être vivant !

Si on ne convenait pas de remplacer les variations
discontinues par des variations continues, on ne pourrait
pas faire la théorie du levier. On dit qu'un levier ayant
des bras égaux, une balance par exemple, est en équilibre quand il supporte des poids égaux ; je prends une
balance qui est sensible au centigramme, je mets dans
l'un des plateaux un milligramme de plus que dans
l'autre, et je constate que, contrairement à la théorie,
elle reste en équilibre.

La balance dans laquelle on pèse les goûts des hommes
est telle que, pour certaines marchandises, elle est sensible au gramme, pour d'autres à l'hectogramme seulement, pour d'autres au kilogramme, etc.

La seule conclusion qu'on en puisse tirer, c'est qu'il
ne faut pas demander à ces balances plus de précision
qu'elles n'en peuvent donner.

67. D'ailleurs, puisqu'il ne s'agit que de difficulté technique, ceux qui ont du temps à perdre peuvent s'amuser
à considérer des variations finies ; et, après un travail
opiniâtre et extrêmement long, ils arriveront à des résultats qui, dans la limite des erreurs possibles, ne diffèrent pas de ceux auxquels on arrive facilement et rapidement en considérant des variations infinitésimales, au
moins dans les cas ordinaires. Nous écrivons pour rechercher d'une façon objective les relations des phé-

nomènes et non pas pour complaire aux pédants.

68. **Les obstacles.** — Ils sont de deux espèces : les uns sautent aux yeux, les autres sont moins évidents.

69. Au premier genre appartiennent les goûts des personnes avec lesquelles l'individu contracte. Si une quantité donnée de marchandise doit être répartie entre différents individus, le fait que cette quantité est fixe constitue un obstacle ; si on doit produire la marchandise à répartir, le fait qu'on ne peut l'obtenir qu'en employant d'autres marchandises, constitue aussi un obstacle ; de même constituent des obstacles le fait que la marchandise n'est pas disponible dans le lieu et dans le temps où on en a besoin. Enfin il y a les obstacles qui proviennent de l'organisation sociale.

70. D'une façon générale, quand un individu renonce à une certaine quantité de marchandise pour s'en procurer une autre, nous dirons qu'il TRANSFORME la première marchandise en la seconde. Il peut procéder par échange, en cédant à autrui la première marchandise et en recevant la seconde ; il peut y arriver par la production, en transformant lui-même effectivement la première marchandise en la seconde. Il peut encore s'adresser pour cette opération à une personne qui transforme les marchandises, à un producteur.

71. Nous réserverons à cette dernière opération le nom de PRODUCTION ou de TRANSFORMATION, et nous appellerons PRODUCTION OBJECTIVE ou TRANSFORMATION OBJECTIVE la production, abstraction faite de celui qui la fait, comme la ferait, par exemple, pour son propre compte, l'individu qui jouit de la marchandise transformée.

72. En ce qui concerne la transformation objective, nous devons distinguer, au moins par abstraction, trois catégories de transformations, à savoir ;

1° La transformation matérielle : par exemple, la transformation du blé en pain, celle de l'herbe des prairies (et il faut ajouter aussi l'emploi de la surface du sol, et des maisons), en laine des brebis, etc.

2° La transformation dans l'espace : par exemple, le café du Brésil transformé en café en Europe.

3° La transformation dans le temps ; par exemple, la récolte du blé actuel conservé et transformé en blé disponible dans quelques mois ; et, inversement, le blé de la récolte future en blé consommé actuellement, ce qu'on obtient en remplaçant ensuite la quantité de blé consommé actuellement par le produit de la future récolte, moyennant quoi on a transformé économiquement cette récolte future en bien présent (V, 48).

73. Mais cela ne suffit pas ; la question n'est pas ainsi épuisée, il y a d'autres empêchements ou obstacles, qui constituent le SECOND GENRE D'OBSTACLES. Un individu a, par exemple, 20 kilogrammes de blé ; il en échange 10 contre 15 kilogrammes de vin, et puis 10 autres encore contre 15 kilogrammes de vin. En somme, il a échangé ses 20 kilogrammes de blé contre 30 kilogrammes de vin. Ou bien il commence par échanger 10 kilogrammes de blé contre 10 kilogrammes de vin, et ensuite 10 kilogrammes de blé contre 20 kilogrammes de vin. Au total, il a encore échangé 20 kilogrammes de blé contre 30 kilogrammes de vin.

Le résultat final est le même ; mais l'individu y arrive de deux façons différentes. Il se peut qu'il soit libre de choisir la façon qui lui convient le mieux ; il se peut également qu'il ne le soit, pas. Ce dernier cas est le plus général. Ce qui s'oppose à ce que l'individu ait la liberté du choix, est un obstacle du second genre (1).

74. Il y a un nombre infini de sentiers, à savoir

---

(1) La plupart des économistes littéraires n'ont qu'une idée très imparfaite de ce genre de phénomènes.

msn, ms'n, ms"n, etc. qui partant du point *m* nous conduisent au point *n.*

Un de ces sentiers peut avoir la forme d'une droite, ou d'une courbe quelconque. Le second genre d'obstacles a pour effet de déterminer parfois le seul sentier que l'on peut suivre en partant de *m*, et parfois seulement l'espèce des sentiers que l'on peut suivre. Par exemple, nous verrons un cas (§ 172) dans lequel l'individu ne peut quitter *m* qu'en suivant une seule ligne. Nous verrons un autre cas (§ 172) dans lequel cette ligne droite peut être quelconque, c'est-à-dire que l'individu a le choix entre un nombre infini de sentiers qui passent par *m*, pourvu qu'ils soient tous rectilignes.

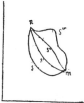

Fig. 8

Nous verrons d'autres cas dans lesquels l'individu suit une ligne brisée (VI, 7).

75. **Les lignes d'indifférence des obstacles, dans les transformations objectives.** — Il existe pour les obstacles du premier genre certaines lignes qui sont analogues aux lignes d'indifférence des goûts.

Supposons qu'une marchandise A soit transformée en une autre B, et que l'on connaisse les quantités de B qu'on obtiendrait avec 1, 2, 3... de A.

Menons deux axes coordonnés, *fig.* 9, et pour chaque quantité *oa* de A indiquons la quantité *ab* de B produite. Nous obtenons ainsi une courbe *bb'b"*..., que nous appellerons la LIGNE D'INDIFFÉRENCE DES OBSTACLES. Nous lui donnerons l'indice zéro parce que sur cette ligne les transformations s'opèrent sans laisser de résidu.

Faisons égales à un les portions *bc, b'c'*... de droites parallèles à l'axe *o*A ; nous aurons une autre ligne d'indifférence *cc'*... à laquelle nous donnerons l'indice 1. Si on a la quantité *oa"* de A et si on fait une transformation qui donne *a"c'* de B, il reste encore *a'a"* de A, c'est-à-dire un résidu de A égal à 1 ; et c'est pour cela que l'indice 1 est donné à la ligne cc'...

Faisons de même bd, $b'd'$... égaux à 1 et joignons les points dd'... ; nous aurons une

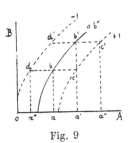

Fig. 9

autre ligne d'indifférence à laquelle nous donnerons l'indice négatif 1, parce qu'il manque précisément une unité dans la transformation oa de A en ab de B, on n'obtient que oa''' de A.

En procédant ainsi nous couvrirons tout le plan de courbes d'indifférence, les unes à indices positifs, les autres à indices négatifs, séparées par la ligne d'indice zéro. Cette ligne doit attirer notre attention, nous l'appellerons ligne des TRANSFORMATIONS COMPLÈTES, parce que sur elle les transformations s'opèrent sans laisser de résidu, ni positif ni négatif.

76. **Les lignes d'indifférence du producteur.** — Si nous considérons un seul producteur, les lignes que nous venons d'indiquer sont également des lignes d'indifférence pour le producteur, parce que sur chacune d'elles il obtient le même bénéfice, si l'indice est positif ; ou la même perte, si l'indice est négatif ; et il ne gagne ni ne perd si l'indice est zéro, c'est-à-dire sur la ligne des transformations complètes. Mais quand il y a un plus grand nombre de producteurs, le nombre même des producteurs peut faire partie des obstacles, et dans ce cas les lignes d'indifférence varient.

77. **Analogies des lignes d'indifférence des goûts et des lignes d'indifférence des obstacles.** — Ces lignes se correspondent en partie, et diffèrent par ailleurs. Il y a analogie en ce que l'individu s'efforce de passer, autant que cela lui est permis, d'une ligne d'indifférence à une

autre ayant un indice plus élevé, et que le producteur fait de même.

78. Remarquons d'ailleurs que l'individu qui satisfait ses propres goûts est guidé par des considérations d'ophélimité ; le producteur, lui, par des considérations de quantités de marchandises (§ 76).

79. En ce qui concerne le producteur, souvent certaines circonstances interviennent qui l'empêchent de monter au-dessus de la ligne des transformations complètes ; et il ne peut rester longtemps au-dessous de cette ligne parce qu'il perd ; par conséquent, il se trouve obligé de rester sur cette ligne. Il y a là une différence essentielle avec les phénomènes qui se réfèrent aux goûts.

80. Enfin les formes des lignes d'indifférence des goûts sont d'ordinaire différentes de celles des lignes d'indifférence des obstacles : on peut s'en rendre compte grossièrement en comparant la *fig.* 5 et la *fig.* 9.

81. Si on considère les lignes d'indifférence du producteur comme les projections des lignes de niveau d'une surface dont tous les points ont sur le plan une hauteur indiquée par l'indice de ce point, on obtient une COLLINE DU PROFIT, analogue en partie à la colline du plaisir (§ 58), mais qui en diffère en ce qu'elle est en partie au-dessus et en partie au-dessous du plan auquel elle se réfère. Elle ressemble à une colline qui se baigne dans l'eau ; la surface de la colline émerge en partie au-dessus du niveau de la mer, elle se prolonge aussi au-dessous.

82. **La concurrence.** — Nous y avons fait allusion au § 16 ; il nous faut maintenant nous en faire une idée précise.

Il faut distinguer la concurrence de ceux qui échangent de la concurrence de ceux qui produisent, et cette dernière est elle-même de plusieurs sortes.

83. Celui qui échange s'efforce de s'élever autant que

possible sur la colline du plaisir. S'il a un excès de A, il
cherche à avoir une plus grande quantité de B, et pour y
arriver il cède une plus grande quantité de A pour la
même quantité de B, c'est-à-dire que s'il se trouve en l,
il diminue l'inclinaison de ml sur l'axe oA. S'il a un excès
de B, c'est-à-dire s'il se trouve en r, il cède moins de A
pour la même quantité de B, c'est-à-dire il augmente

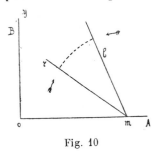

Fig. 10

l'inclinaison de mr sur l'axe
oA. En un mot, l'individu se
meut dans le sens des flèches.
Il en est ainsi qu'il soit seul
ou en concurrence avec d'autres.

La concurrence a pour effet
de l'empêcher de comparer les
positions sur deux sentiers dif-
férents, et de limiter son choix à des positions du même
sentier ou à des positions très voisines. De plus, les individus qui sont en concurrence se meuvent jusqu'à ce
que tous soient satisfaits ; et il suffit d'un seul qui n'est
pas satisfait pour obliger les autres à se mouvoir.

84. Celui qui produit s'efforce de s'élever autant qu'il
le peut sur la colline du profit (§ 81), c'est-à-dire il
s'efforce d'avoir le plus grand résidu possible de A ; il
n'a jamais un excès de A. Par conséquent, il se meut
toujours dans le même sens et non pas tantôt dans un
sens et tantôt dans un autre, comme sur la *fig.* 10. Pour
changer le sens de son mouvement il faut, que change
le sens dans lequel on a une plus grande quantité de A.

85. On commence généralement par l'étude d'une
collectivité isolée, sans communication avec d'autres.
Dans une telle collectivité le nombre de ceux qui
échangent est invariable ; au contraire, le nombre des
producteurs est essentiellement variable, parce que ceux
qui font de mauvaises affaires finissent par cesser de

produire, tandis que s'il en est qui gagnent, il se présente immédiatement d'autres producteurs pour entrer en partage des bénéfices. Il se passe quelque chose d'analogue pour les consommateurs, et il nous faudra en tenir compte quand nous parlerons de la population ; mais la production des hommes ne suit pas les mêmes lois que celle des marchandises, et notamment elle s'étend sur un espace de temps plus considérable ; aussi devons-nous y consacrer une étude séparée.

86. Qu'il y ait ou qu'il n'y ait pas concurrence, le producteur ne peut rester du côté des indices négatifs, là où il est en perte. S'il n'y a pas de concurrence il peut, au contraire, rester du côté des indices positifs, où il est en bénéfice, avec la tendance d'ailleurs à se mouvoir du côté où il obtiendrait des bénéfices plus considérables. La concurrence tend à diminuer ce profit, en le poussant vers les indices négatifs.

Cette concurrence peut se produire, soit qu'on suppose constantes les conditions techniques de la fabrication, soit qu'on les suppose variables. Dans ce chapitre nous nous en tiendrons à la première espèce de concurrence.

87. Supposons deux consommateurs. Le premier possède ca de A, le second en possède oa' : à eux deux ils en ont dont oA, qui est égal à la somme de ces deux quantités. Supposons que ces deux consommateurs ne puissent parcourir que des lignes parallèles ad, $a'd'$. Ils s'arrêteront en certains points d, d' ; c'est-à-dire

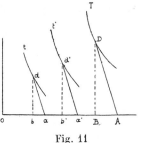

Fig. 11

que le premier transformera ab de A ou bd de B, et le second $a'b'$ de A ou $b'd'$ de B. Faisons les sommes des quantités ainsi transformées et nous voyons que, au total, les consommateurs transforment AB de A en BD de B, en parcourant un sentier parallèle à ad, $a'd'$. Au lieu de ces deux consommateurs, on peut donc n'en considérer qu'un seul qui parcourt ce sentier AD. Le même raisonnement s'applique à un nombre quelconque de consommateurs, que l'on peut par conséquent remplacer par un seul consommateur fictif, qui les représente dans leur totalité.

88. On pourrait faire de même pour les producteurs, mais dans le cas seulement où on néglige les modifications que leur nombre peut apporter aux obstacles.

89. **Types des phénomènes en ce qui concerne les producteurs.** — Comme pour les consommateurs on doit considérer les types (I) et (II), auquel on peut ajouter le type (III). Les caractéristiques sont les mêmes. Le type (I) est toujours celui de la concurrence ; mais la concurrence des consommateurs diffère de celle des producteurs.

90. **L'équilibre.** — Comme nous l'avons vu précédemment (§ 27), l'équilibre se produit quand les mouvements qu'amèneraient les goûts sont empêchés par les obstacles, et inversement. Le problème général de l'équilibre se scinde par conséquent en trois autres qui consistent : 1° à déterminer l'équilibre en ce qui concerne les goûts ; 2° à déterminer l'équilibre en ce qui concerne les obstacles, ou en ce qui concerne les producteurs ; 3° à trouver un point commun à ces deux équilibres, qui formera un point de l'équilibre général.

91. Quant aux sentiers, nous devons : 1° considérer l'équilibre sur un sentier déterminé ; 2° le considérer sur une classe de sentiers, et voir comment on choisit celui qui sera suivi.

92. En ce qui concerne les types des phénomènes nous devons d'abord étudier le type (I) pour qui échange et pour qui produit. Nous étudierons ensuite le type (II), qui ne peut généralement se présenter que pour des in-

dividus qui contractent avec d'autres qui agissent selon le type (I).

93. L'équilibre par rapport aux goûts. — Commençons par considérer un individu qui suit un chemin déterminé et qui s'efforce d'arriver là où, sur ce chemin, ses goûts seront le mieux satisfaits.

94. Si les obstacles du premier genre donnent sur ce chemin un point au delà duquel on ne peut aller, et si les positions qui précèdent celle qu'occupe ce point sont moins avantageuses pour l'individu, il ira évidemment jusqu'à ce point, et là il s'arrêtera.

En ce point il y a équilibre par rapport aux goûts. Ce point peut être un point de tangence du sentier et d'une courbe d'indifférence, ou bien un point terminal (§ 62) ; de toute façon, c'est le point le plus haut de la portion de sentier qu'il est permis à l'individu de parcourir.

95. Le point de tangence pourrait aussi être le point le plus bas du sentier, et en ce point l'équilibre serait instable. Ne nous occupons pas pour le moment de ce cas.

96. Dorénavant nous ne prendrons en considération que les sentiers rectilignes, parce qu'ils sont en réalité les plus fréquents ; mais nos raisonnements sont généraux et on peut, moyennant de légères modifications ou restrictions, en faire application à d'autres espèces de sentiers.

97. Considérons un individu pour lequel t, t', t''... représentent les courbes d'indifférence des goûts, les indices de l'ophélimité allant en augmentant de t à t'''. Cet individu a à chaque semaine une quantité om de A. Supposons que pour transformer de l'A en B il suive le sentier rectiligne mn. Au point a, où le sentier rencontre la courbe d'indifférence t, il n'y a pas équilibre parce qu'il vaut mieux pour l'individu aller de a en b,

sur la courbe t', où il aura un indice plus grand d'ophélimité.

On peut en dire autant de tous les points où le sen-

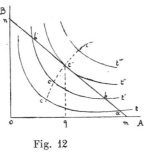

Fig. 12

tier rencontre des courbes d'indifférence, mais non pas du
point c'' où le sentier est tangent à une courbe d'indifférence. En effet, l'individu ne
peut aller de c'' que vers b ou
vers b', et dans les deux cas
l'indice d'ophélimité diminue.
Les goûts s'opposent donc à
tout mouvement de l'individu parvenu en c'', en parcourant le sentier mn; par conséquent c'' est un point d'équilibre. Il en est de même des points analogues c, c', c'', c'''
placés sur d'autres sentiers qu'on suppose pouvoir être
parcourus par l'individu. Si on réunit ces points par une
ligne, on obtiendra la ligne d'équilibre par rapport aux
goûts ; on l'appelle aussi la LIGNE DES ÉCHANGES (1).

Les points terminaux qui, en venant de m, précèdent
les points de la ligne des échanges peuvent être aussi
des points d'équilibre.

98. Il pourrait arriver qu'un sentier amenât à avoir
zéro de A, sans être tangent à aucune ligne d'indifférence. Dans ce cas on aurait un point terminal là où le
sentier coupe l'axe oB, et cela signifierait que sur ce
sentier l'individu est disposé à donner non seulement
toute la quantité de A qu'il possède, pour avoir du B,
mais que même s'il avait une plus grande quantité de A,
il la donnerait pour avoir plus de B.

(1) On pourrait recouvrir le plan avec un grand nombre de
lignes des échanges ; on aurait ainsi une représentation de la
colline des indices d'ophélimité, qui serait analogue à celle qu'on
obtient en recouvrant le plan avec des lignes d'indifférence
(1 pp. 42).

99. En faisant la somme des quantités de marchandises transformées par chaque individu on obtient la ligne des échanges pour la collectivité de ces individus. Et si on le veut, on peut également représenter les courbes d'indifférence pour cette collectivité ; elles résulteront des courbes d'indifférence des individus qui la composent.

100. **L'équilibre pour le producteur.** — Le producteur cherche à se procurer le maximum de profit et si rien ne s'y oppose il s'élèvera aussi haut que possible sur la colline du profit. En sui-

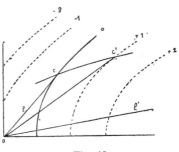

vant un sentier ol le producteur peut arriver à un point c où ce sentier est tangent à une courbe d'indifférence des obstacles, et ce point peut avoir un indice de profit plus grand que les points voisins sur le sentier. Dans ce cas

Fig. 13.

l'équilibre du producteur se réalise au point c, sur le sentier ol, comme cela se passe pour le consommateur. Nous dirons dans ce cas que la concurrence est incomplète.

101. Il peut arriver au contraire, soit que le sentier ol' ne soit tangent à aucune courbe d'indifférence des obstacles, soit que ol étant tangent en c à une de ces courbes, l'indice de c soit plus faible que celui des points voisins sur le sentier. Dans ce cas la concurrence est complète.

Le producteur s'efforcera de continuer son chemin par le sentier ol jusqu'à ce point terminal que lui imposent les autres conditions du problème.

102. Considérons deux catégories de marchandises :
1° il existe certaines marchandises telles que la quantité

de B obtenue par l'unité de A augmente quand augmente la quantité totale de A transformée ; 2° il existe d'autres marchandises pour lesquelles au contraire cette quantité de B diminue (1).

103. Dans le premier cas on est en présence de lignes analogues aux lignes $t_{,}t'$... de la *fig.* 14, sur lesquelles nous avons marqué l'indice correspondant. Il est évident qu'aucun sentier du genre ol ne peut être tangent à une courbe d'indifférence d'indice positif.

La ligne t d'indice zéro, c'est-à-dire la ligne des transformations complètes, partage le plan en deux parties ou

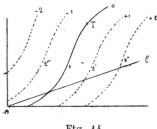

Ftg. 14

régions ; d'un côté se trouvent les lignes d'indice négatif, de l'autre les lignes d'indice positif. Le producteur ne peut pas s'arrêter dans la première région, ou tout au moins il ne peut pas s'y arrêter longtemps, parce qu'il y est en perte ; et il est évident qu'il ne veut pas et d'ailleurs, en général, qu'il ne peut pas perdre indéfiniment. L'équilibre n'est donc pas possible dans cette région. Il l'est dans la seconde, que nous appellerons la RÉGION D'ÉQUILIBRE POSSIBLE. En effet, le producteur peut s'arrêter en un point quelconque où il a un profit. D'ailleurs, il cherche à augmenter ce profit autant que cela lui est possible, c'est-à-dire il cherche à aller aussi loin que possible sur le sentier ol ; l'équilibre se fait ici à des points terminaux (§ 62) et non plus à des points de tangence. Pour ces marchandises la concurrence est complète.

(1) La première catégorie comprend les marchandises B dont le coût de production diminue avec l'augmentation de la quantité de marchandise produite ; la seconde catégorie comprend les marchandises dont le coût de production augmente.

104. Il est rare, d'ailleurs, que les lignes d'indifférence aient indéfiniment la forme que nous avons indiquée. D'ordinaire au delà d'un certain point T, plus ou moins éloigné, le phénomène change et la première catégorie se transforme en la seconde. Le point T et les autres points analogues peuvent se trouver au delà des limites qu'on considère et dans ce cas ils sont comme s'ils n'existaient pas.

105. La seconde catégorie de marchandises indiquée au § 102 a des lignes d'indifférence dont la forme est analogue à celle que nous avons représentée dans la *fig.* 13. Il existe des sentiers comme *oc* qui sont tangents à une courbe d'indifférence ; il y en a d'autres comme *ol'* qui ne peuvent être tangents à aucune de ces courbes. En réunissant les points de tangence *cc'*... on a une ligne que nous appellerons LIGNE DU PLUS GRAND PROFIT. Elle correspond à la ligne des échanges, qu'on obtient au moyen des courbes d'indifférence des goûts. La région des courbes d'indifférence à indice positif est, d'ordinaire, la région d'équilibre possible, mais il est évident que, s'il le peut, le producteur s'arrête sur la ligne du profit maximum. Pour ces marchandises la concurrence est incomplète (v, 96).

Quand il y a concurrence, les sentiers qui ne rencontrent pas la ligne du profit maximum, et qui aboutissent à quelque point à indice négatif, ne peuvent être suivis (§ 137).

106. **L'équilibre des goûts et des obstacles.** — Considérons un certain nombre de consommateurs et un seul producteur, ou bien un certain nombre de producteurs, mais avec cette condition que leur nombre n'ait aucune action sur les obstacles. Indiquons pour les consommateurs la ligne des échanges *mcc'*, pour les quantités totales de marchandises, c'est-à-dire considérons la collectivité comme s'il ne s'agissait que d'un seul individu (§ 87).

Pour les producteurs indiquons la ligne *hk*, qui sera celle des transformations complètes pour les marchandises de la première catégorie (§ 102), c'est-à-dire à concurrence complète, et qui sera la ligne du profit maximum pour les marchandises de la seconde catégorie (§ 102), à concurrence incomplète. Considérons les phénomènes du type (I).

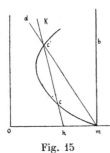

Fig. 15

107. S'il y a une ligne de profit maximum et si elle coupe la ligne des échanges des consommateurs, les producteurs s'arrêtent sur cette ligne du profit maximum, parce qu'ils y trouvent leur avantage. Sinon nous verrons (§ 141) qu'ils sont chassés sur la ligne des transformations complètes. La ligne *hk* est ainsi celle sur laquelle s'arrêtent les producteurs ; et les points d'équilibre seront indiqués par les points *c*, *c'*, où cette ligne coupe la ligne des échanges des producteurs.

108. Tout cela est vrai dans le cas où les sentiers parcourus sont des droites partant de *m*, parce que c'est précisément à ces sentiers que se rapportent la ligne des échanges et celle du profit maximum. Si les sentiers changent, les lignes changent également. Par exemple, si les producteurs étaient forcés de suivre la ligne des transformations complètes, il y aurait équilibre au point où cette ligne est tangente à une courbe d'indifférence des goûts.

109. Si deux individus échangent des marchandises entre eux, les points d'équilibre se trouvent aux intersections des lignes des échanges des deux individus ; les axes coordonnés étant disposés de façon que le sentier parcouru par l'un coïncide avec le sentier parcouru par l'autre (§ 116).

Il en sera de même si, au lieu de deux individus, on considère une collectivité.

110. Le cas abstrait de deux individus agissant d'après le type (I) des phénomènes, cas que nous avons souvent considéré, ne correspond pas à la réalité. Deux individus qui auraient à contracter ensemble seraient probablement guidés par des motifs bien différents de ceux que nous avons supposés. Pour être dans le vrai, nous devons supposer que le couple considéré n'est pas isolé, mais qu'il est l'élément d'un ensemble qui comprend de nombreux couples. Nous en étudions d'abord un afin d'arriver ensuite à voir comment les choses se passent quand il y en a plusieurs. Nous supposons donc que le couple considéré se conduit, non pas comme s'il était isolé, mais comme s'il faisait partie d'une collectivité.

Il faut faire la même restriction quand on considère un seul producteur et un seul consommateur.

111. Quand un individu opère d'après le type des phénomènes (II), il impose aux autres le sentier qui lui est personnellement le plus avantageux, et le point d'équilibre se trouve à l'intersection de ce sentier et de la ligne d'équilibre des autres individus.

112. De tout ce qui précède nous pouvons déduire le théorème général suivant :

Pour les phénomènes (I), s'il existe un point où un sentier parcouru par les individus qui contractent est tangent aux courbes d'indifférence de ces individus, c'est là un point d'équilibre.

En effet, si deux individus contractent ensemble, les points où se coupent les lignes des échanges de ces individus constituent des points d'équilibre ; mais en ces points ces sentiers sont tangents aux lignes d'indifférence des goûts, puisque c'est précisément là la condition qui détermine ces lignes (§ 97). Naturellement il faut que les axes soient disposés de telle sorte que les individus parcourent le même sentier (§ 116). Le même raisonnement s'applique à deux collectivités.

113. Si des consommateurs contractent avec des producteurs ayant une ligne de profit maximum (§ 105) les intersections de cette ligne avec la ligne des échanges des consommateurs donneront les points d'équilibre ; mais en ces points les sentiers sont tangents aux courbes d'indifférence des goûts et aux courbes d'indifférence des obstacles, puisque c'est précisément cette dernière condition qui détermine le profit maximum. Le théorème se trouve donc démontré.

114. Si les points de tangence n'existent pas, le théorème ne s'applique plus, et il est remplacé par le théorème suivant, qui est plus général et qui l'implique.

L'équilibre se produit aux points d'intersection de la ligne d'équilibre des goûts et de la ligne d'équilibre des obstacles. Ces lignes sont le lieu des points de tangence des sentiers aux lignes d'indifférence, ou le lieu des points terminaux de ces sentiers.

115. Pour les phénomènes du type (II) nous avons le théorème suivant :

Si un individu opère selon les phénomènes du type (II) avec d'autres qui opèrent selon les phénomènes du type (I), l'équilibre a lieu au point le plus avantageux pour le premier de ces individus, ce point étant un de ceux où les sentiers coupent la courbe qui marque le lieu des points d'équilibre possible.

116. **Modes et formes de l'équilibre dans l'échange.** — Etudions maintenant dans leurs détails les phénomènes que nous venons d'étudier en général.

Supposons que les obstacles consistent uniquement dans ce fait que la quantité totale de chaque marchandise est constante et qu'il n'y a de variation que dans la répartition entre deux individus. C'est le cas de l'échange.

Supposons que le premier individu, dont les conditions sont représentées par la *fig.* 16, possède *om* de la marchandise A ; tandis que l'autre individu a une certaine quantité de B et pas de A. Les axes coordonnés du premier sont *o*A, *o*B ; ceux du second ωα, ώβ ; la distance ω*m* étant égale à la quantité de B que possède le second individu. Les courbes d'indifférence sont *t*, *t'*, *t''*..., pour le premier, et *s*, *s'*, *s''*..., pour le second. Etant donnée la façon dont sont disposées les figures, une seule ligne suffit pour indiquer le sentier parcouru par les deux individus. Les indices d'ophélimité vont en augmentant de *t* vers *t''*, et de *s* vers *s''*.

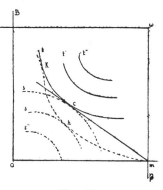

Fig. 16

117. Etudions ls phénomène du type (I). Si un sentier *mc* est tangent en *c* à une courbe *t* et à une courbe *s*, *c* est un point d'équilibre. Si donc les obstacles du second genre imposent, non pas un sentier, mais seulement l'espèce de sentier, les deux individus essayeront différents sentiers de cette espèce, jusqu'à ce qu'ils en trouvent un semblable à *mc*.

Pour déterminer le point *c*, on peut opérer de la façon suivante. On indique, pour chaque individu, la courbe des échanges (§ 97), et on a ainsi, pour chaque individu, le lieu des points où doit avoir lieu l'équilibre. Le point où la courbe des échanges du premier individu coupe la courbe des échanges du second, est évidemment le point d'équilibre cherché, puisqu'il est un point d'équilibre pour les deux individus.

118. Si les obstacles imposaient un sentier déterminé *mhk*, tangent en *h* à une des courbes *s*, *s'*... et en *k* à

une des courbes t, t'..., les points d'équilibre seraient
différents pour les deux individus ; par conséquent, si
aucun d'eux ne peut imposer sa volonté à l'autre, c'est-
à-dire s'il s'agit du type (I) des phénomènes, le problème
que nous nous sommes posé est insoluble. Si le premier
individu peut imposer ses conditions au second, il le forcera à le suivre jusqu'au point k, où se fera l'équilibre.

119. Il faut remarquer que ce cas ne se confond pas
avec celui où un individu peut imposer à un autre individu le sentier à suivre (§ 128). Dans le premier la route
est déterminée, et un individu peut en forcer un autre à
en parcourir une distance plus ou moins longue. Dans le
second la route est indéterminée, et un individu peut la
fixer à son gré ; mais ensuite il ne peut pas forcer autrui
à parcourir sur cette route une distance plus ou moins
longue.

120. Nous avons dit que l'on essaye plusieurs sentiers
avant de trouver celui qui conduit au point d'équilibre ;
voyons la chose de plus près.

Si nous traçons les courbes des échanges de deux in-

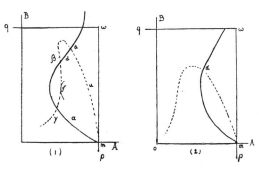

Fig. 17

dividus nous verrons, dans des cas très nombreux,
qu'elles ont des formes analogues à celles de la *fig.* 17,
et qu'elles se coupent à peu près comme cela est indiqué

dans ces figures ; l'une donne trois points d'intersection, l'autre, un. Ils sont de trois espèces, que nous désignerons par les lettres α, β, γ ; nous les indiquons avec plus de détails dans la *fig.* 18.

La ligne des échanges pour le premier individu, pour lequel les axes sont, sur la *fig.* 17, oA, oB, sera toujours indiquée par cd, sur la *fig.* 18 ; cette ligne, pour le second individu, dont les axes sont indiqués par

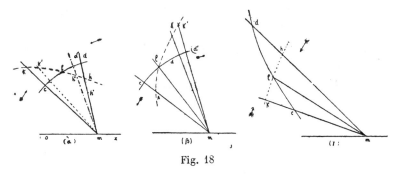

Fig. 18

$\omega\alpha$, $\omega\beta$ sur la *fig.* 19, sera toujours indiquée par hk sur la *fig.* 18. Le point de rencontre de ces deux lignes de contrats, c'est-à-dire le point d'équilibre, est marqué par le point l.

121. Considérons l'équilibre pour le premier individu. Dans le cas des points (α) et (γ) les points de la ligne lh précèdent ceux de la ligne cd, et par conséquent sont des points terminaux (§ 62) pour le premier individu ; la ligne sur laquelle il peut se trouver en équilibre est donc clh. Pour une raison analogue, la ligne sur laquelle le second individu peut se trouver en équilibre, toujours dans le cas des points (α) et (γ), est aussi clh. Dans le cas du point (β), cette ligne d'équilibre est pour le premier comme pour le second individu hld. Nous n'avons donc à considérer que ce qui se passe sur ces lignes.

Pareto   13

122. Occupons-nous des points (α) et (γ). Le premier individu se trouve en h en une position d'équilibre. Puisque nous sommes en présence du type (I), il compare uniquement les conditions en lesquelles il se trouverait dans les différents points du sentier mhd, et il voit qu'il serait en de meilleures conditions en d que en h; il ne peut se rendre en d, parce que cela lui est défendu par les goûts du second individu. Si un grand nombre d'individus sont en concurrence avec un grand nombre d'autres individus, si notre couple n'est pas isolé, le premier individu a un moyen pour se rendre, sinon en d, du moins en un point très voisin. Il suit un sentier md' un peu moins incliné que md sur l'axe ox, c'est-à-dire il donne une plus grande quantité de A pour la même quantité de B. De cette façon il attire les clients du second individu, il reçoit du B d'autres individus, et il peut se rendre en d', qui est le plus haut du sentier, et où il est en équilibre.

Voyons ce qu'il advient du second individu. Il se trouvait en h, qui est pour lui le point le plus haut du sentier. La perte des clients le rejette en arrière ; ils lui portent moins de A, parce que le premier individu en reçoit davantage ; ainsi ce second individu se trouve rejeté en arrière, par exemple en h'. En comparant toujours uniquement l'état dans lequel il serait aux différents points du sentier mhd, il s'aperçoit que sa condition a empiré, qu'il a avantage à essayer de revenir en h, ou au moins en un point très voisin. Pour cela il imitera l'exemple donné par le premier individu et il lui rendra la monnaie de sa pièce. Il suivra un sentier beaucoup plus proche, mais un peu moins incliné que md', et il arrivera ainsi par exemple au point h'' de la ligne kh.

Maintenant c'est au premier individu à veiller au grain, à prendre garde, et il parcourra un sentier moins incliné. De telle sorte que les deux individus se rappro-

cheront du point l, en allant dans le sens de la flèche.
Les phénomènes sont analogues en partant du point c.
Le second individu qui se trouve en c, — c, est pour lui
un point terminal, — veut se rapprocher de k, qui est
le point le plus haut du sentier mck, par conséquent il
consent à recevoir un peu moins de A pour la même
quantité de B; il suit par conséquent un sentier mk',
plus incliné que mk sur l'axe ox. Le premier individu
est obligé d'imiter cette manière d'agir; et ainsi, petit à
petit, les deux individus se rapprochent de Xl, dans le
sens de la flèche.

123. Le point d'équilibre est donc en l et nous l'appellerons un point d'ÉQUILIBRE STABLE, parce que si les
deux individus s'éloignent de l, ils tendent ensuite à y
revenir.

124. Occupons-nous du point (β). Comme nous
l'avons vu, la ligne d'équilibre est la ligne hld. Supposons que les deux individus soient en d; le second
individu voudrait, de ce point, qui est pour lui un
point terminal, se rapprocher de k; pour y arriver il ne
peut que consentir à recevoir moins de A pour la même
quantité de B, c'est-à-dire il parcourt un sentier $md'k'$,
plus incliné que mk sur l'axe ox, et il s'éloignera de l.
Le premier individu est forcé de suivre son exemple; ils
iront donc dans le sens de la flèche. Il en est de même
de l'autre côté de l. Si les deux individus se trouvent en
h, le premier voudra se rapprocher de c; pour cela il
donnera une plus grande quantité de A pour la même
quantité de B; il suivra donc un sentier moins incliné
que mc et il s'éloignera de l. Le second individu doit
suivre son exemple, et ainsi de suite. Les deux individus
se meuvent donc en s'éloignant de l. Le point l est un
point d'ÉQUILIBRE INSTABLE.

125. Revenons à la *fig.* 17. Pour l'individu (2), il n'y
a qu'un seul point d'équilibre, et c'est un point d'équi-

libre stable. Pour l'individu (1) il y a deux points
d'équilibre stable, à savoir (α) et (γ), et un point d'équilibre instable, à savoir (β). En général, entre deux
points d'équilibre stable il y a un point d'équilibre instable, qui marque la limite entre les positions d'où on
se rapproche de l'un, ou de l'autre, des deux points
d'équilibre stable.

La ligne d'équilibre est la ligne m u α d β l γ a m.

126. Appelons sens positif des rotations celui qui indique la flèche sur la figure ci-contre, qui fait croître
l'angle α. Si, dans le sens de la rotation négative, avant
la rencontre des deux lignes d'équilibre, la ligne de l'individu qui échange de l'A pour du B
précède la ligne de l'individu qui
échange du B contre du A, l'équilibre est stable. Dans le cas contraire il est instable.

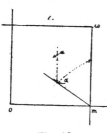

Fig. 19

127. De la *fig.* 18 il résulte que
chaque individu cherche toujours à
gravir la colline du plaisir, à augmenter son ophélimité, en conti-
nuant de suivre le sentier parcouru ; mais la concurrence
le fait dévier, glisser, en le rapprochant de l, dans les cas
d'équilibre stable, en l'éloignant de l dans les cas d'équilibre instable.

Entre ces deux équilibres il s'agit de savoir si, en partant du point d'équilibre, et dans le sens de la rotation
positive, le premier individu peut se maintenir sur sa
ligne des contrats, ou bien s'il doit passer sur celle du
second individu, dont les points deviennent pour lui des
points terminaux. Dans le premier cas nous avons les
points (α) et (γ) de la *fig.* 18, dans le second le point
(β). C'est ce que l'on peut exprimer encore de la façon
suivante : dans le cas d'une rotation négative, si le premier individu ne peut pas se maintenir sur la ligne des

échanges, et s'il doit passer sur celle du second individu (points (α) et (γ)), l'équilibre est stable ; s'il peut, au contraire, se maintenir sur sa propre ligne des échanges (point (β)), l'équilibre est instable.

128. Considérons maintenant les phénomènes du type (II). Supposons que le second individu agisse selon ce type, tandis que le premier individu continue à suivre le type (I).

Pour ce premier individu, la courbe d'équilibre est encore *matsb* qui réunit les points de tangence des divers sentiers, qui partent de *m* avec les courbes d'indifférence. Le second individu peut bien choisir le sentier *mde*, mais il ne peut forcer le premier à dépasser le point *d*, pour se rendre en *e*. D'ailleurs il pourrait s'arrêter avant d'arriver en *d* et forcer ainsi le premier individu à s'arrêter. En résumé, l'équilibre est possible dans tout l'espace compris entre *m*ω et *ma*γ*ts*β*db*. La façon d'arriver au point d'équilibre est différente dans ces deux cas. Pour les phénomènes

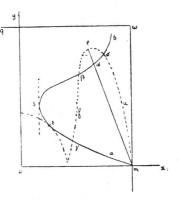

Fig. 20

du type (I) les individus étaient conduits à ce point par la concurrence, pour les phénomènes du type (II), un des individus choisit le point qui lui convient le mieux parmi ceux auxquels l'équilibre est possible.

129. Le second individu, qui se trouve en *d*, ne cherche plus ici, comme précédemment, à aller en *e*, ou au moins en un point très voisin : il compare l'état dans lequel il est en *d* avec celui dans lequel il serait en un autre point quelconque où l'équilibre est possible, et il choisit le point qui lui convient, en imposant à l'autre

individu le sentier qui conduit nécessairement à ce point.

130. Le point auquel la situation du second individu est la meilleure est évidemment le point qui a le plus grand indice d'ophélimité, le point le plus haut de tous ceux qu'il peut choisir, c'est-à-dire le point le plus haut sur la colline du plaisir du second individu. Or, il est manifeste que les points compris entre ωm et $m\alpha\gamma t s$ sont moins élevés que ceux qui se trouvent au delà de $m\alpha\gamma t s$. On peut considérer cette ligne comme un sentier, son point le plus haut sur la colline du plaisir du second individu sera le point t auquel elle est tangente à une courbe d'indifférence. C'est donc là le point où il convient au second individu de s'arrêter.

131. La détermination de ce point est pratiquement très difficile. Aussi celui qui opère selon le type (II) se propose-t-il souvent une autre fin, à savoir d'obtenir la plus grande quantité possible de A. Le point qui satisfait à cette condition est le point de tangence s de la ligne commune d'équilibre et d'une parallèle à l'axe oy. Ce point se détermine facilement, expérimentalement, parce que le budget même de l'individu indique ce qu'il reçoit de A.

132. Quand la marchandise A est beaucoup plus ophélime que la marchandise B pour le second individu, le point s se confond presque avec le point t; il se confond complètement si A seul est ophélime pour le second individu, parce que dans ce cas les lignes d'indifférence sont parallèles à l'axe oy (IV, 54).

On pourrait choisir d'autres conditions, et on obtiendrait alors d'autres points d'équilibre.

133. Si, au lieu de parcourir les sentiers rectilignes qui indiquent les prix, l'individu parcourt la ligne de transformation imposée par les obstacles, ou en général un autre sentier déterminé, l'équilibre pourra être stable ou

instable. Soit *acb* une ligne de transformation, *c* le point auquel elle est tangente à une ligne d'indifférence des goûts, *t* est le point auquel a lieu l'équilibre. Si, comme cela arrive d'ordinaire, cette ligne *ab* de transformation est telle que l'indice d'ophélimité en *c* est plus grand que les indices des points voisins *a*, *b*, l'équilibre est stable. En effet, l'individu qui s'éloigne par hasard de *c*, cherche à y retourner, parce que il cherche toujours à passer, autant que cela est possible, d'un point à un autre point ayant un indice d'ophélimité plus grand. Pour la même raison, si la ligne des transformations avait la forme

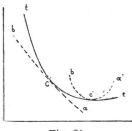

Fig. 21

a'b', telle que les indices d'ophélimité des points *a'b'*, voisins du point d'équilibre *c'*, fussent plus grands que l'indice d'ophélimité de *c'*, l'équilibre serait instable.

134. Maxima de l'ophélimité. — Il nous fait passer en revue les différents maxima des points d'équilibre. D'abord nous avons un maximum absolu, au point le plus haut de la colline du plaisir, à son sommet. En ce point l'individu a de tout à satiété ; nous n'avons pas à nous y arrêter.

Puis viennent un grand nombre de maxima relatifs. Le point *c''*, *fig.* 12, est le plus haut du sentier *mn* ; c'est un maximum subordonné à cette condition que l'individu se meuve seulement sur le sentier *mn*. Les autres points de tangence *c'*, *c'''*..., sont aussi des maxima du même genre. L'un d'eux peut être beaucoup plus haut que les autres, c'est un *maximum maximorum*. Il y a aussi un point terminal qui marque un maximum ; c'est le point le plus haut d'une portion de sentier, mais il est moins haut que le point de tangence qui suit.

Le point *t*, *fig.* 20, est, pour le second individu,

le point le plus haut de la ligne commune d'équilibre.
Quant au point *s*, il indique un maximum d'un genre
différent des précédents, parce que c'est plus un maximum d'ophélimité, mais un maximum de quantité de la
marchandise A.

**135. Modes et formes de l'équilibre dans la produc-
tion.** — Si on suppose que dans la *fig.* 18 la ligne *hk* indique la ligne du profit maximum du producteur, ou des
producteurs, il n'y a qu'à refaire les raisonnements que
nous venons d'appliquer à l'échange. Le producteur
tend à rester sur cette ligne, tout comme le consommateur sur la ligne des échanges.

136. Il y a, pourtant, une différence ; elle concerne les
sentiers qui ne rencontrent pas cette ligne *hk* du profit
maximum (*fig.* 22). Si le producteur suit le sentier *mk*,
on comprend qu'il s'arrête en *k*, parce que sa condition
serait moins bonne en deçà et au delà ; mais s'il suit le
sentier *mc* qui n'est tangent à
aucune courbe d'indifférence
des obstacles, pourquoi n'irait-il
pas sur ce sentier jusqu'au point
que permettent les goûts de ses
clients ?

137. Ici intervient la concurrence. La ligne *hk* partage le
plan en deux régions : dans celle qui est au delà de *hk*,
par rapport à *m*, le producteur a avantage à augmenter,
le long d'un sentier rectiligne *mc*, la quantité *ma* de
marchandise A transformée ; dans celle qui est au delà
de *hk*, par rapport à *m*, le producteur a avantage à diminuer, le long d'un sentier rectiligne *mc'* la quantité
ma' de marchandise B transformée. Aussi les choses ne
sont-elles pas les mêmes pour les producteurs qui sont
en *c* et ceux qui sont en *c'*.

138. Celui qui est en *c* peut être tenté, même s'il est

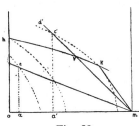

Fig. 22

seul, d'augmenter la transformation, et il en sera ainsi si l'on suppose qu'il suit rigoureusement les principes des phénomènes du type (I). Il comparera l'état dans lequel il se trouverait aux divers points du sentier mcd, et il verra qu'il serait mieux au delà de c; par conséquent, si le consommateur ne veut pas aller, sur ce sentier, au delà de c, le producteur acceptera de donner une plus grande quantité de B pour un de A, c'est-à-dire qu'il augmentera légèrement l'inclinaison du sentier mc sur mo. D'ailleurs, s'il est seul, il finira par s'apercevoir que s'il espère ainsi gagner, en réalité il perd, et alors il cessera d'agir d'après le type (I) et il agira au contraire d'après le type (II).

S'il y a plusieurs concurrents, celui qui augmente l'inclinaison du sentier mc en tire avantage, pendant un court moment. D'ailleurs, s'il n'agissait pas ainsi, d'autres le feraient ; ainsi augmente petit à petit l'inclinaison de mc sur mo, et nous nous rapprochons de la ligne hk. Arrivé là, il n'y a plus aucun avantage à augmenter la quantité transformée de A ; si la cause venant à disparaître, l'effet cesse lui aussi.

139. Si le producteur se trouve en c', il s'aperçoit bien vite qu'il a avantage à diminuer la quantité ma' de A transformée. Pour augmenter cette quantité il devait lutter avec ses concurrents ; mais, pour la diminuer, il agit de lui-même et sans s'inquiéter d'autrui. Il diminue donc l'inclinaison de mc' sur mo et il se rapproche de la ligne du profit maximum hk, sans se soucier de savoir si les autres concurrents le suivent ou non. Remarquons que son mouvement peut se faire tout entier sur le sentier mc' ; par conséquent, en opérant exactement selon les principes du type (I), il se rend en v parce qu'il s'y trouve mieux qu'en c'. Au delà de v il n'ira pas vers m, parce que la situation empirerait.

140. En résumé donc, le producteur qui se trouve au

delà de *hk*, par rapport à *m*, est ramené sur *hk* par son intérêt personnel. Le producteur qui se trouve au de çà de *hk*, par rapport à *m*, est ramené, peut-être de lui-même, et certainement par la concurrence, sur *hk*. Il s'y rendrait certainement de lui-même si on pouvait admettre qu'il se conduit exactement d'après le type (I).

141. Il nous reste à examiner le cas où cette ligne du profit maximum n'existe pas.

Soit *cd* la ligne des échanges, *hk* la ligne des transformations complètes du producteur. La région des indices positifs est au delà de *hk*, par rapport à *m*. Deux cas se présentent, indiqués en (μ) et en (π).

142. Examinons d'abord le cas (μ). En *c* le consommateur est en équilibre, puisqu'il se trouve sur la ligne des échanges : le producteur est satisfait, puisqu'il se trouve dans la région des indices positifs ; cet état de choses pourrait donc durer longtemps.

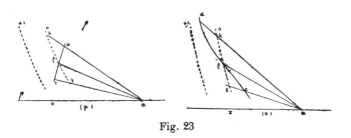

Fig. 23

Mais si le producteur désire être mieux encore, et, par conséquent, s'il se conduit rigoureusement d'après le principe des phénomènes (I), il continuera de se mouvoir sur le sentier *mc* : il en est empêché par les goûts des consommateurs, et alors il essayera de donner à ce consommateur une plus grande quantité de B pour la même quantité de A, c'est-à-dire à augmenter l'inclinaison du sentier sur l'axe des A, et se rapproche ainsi de la ligne *hk*.

D'ailleurs, si le producteur était seul, il s'apercevrait rapidement que c'est folie d'agir ainsi, parce qu'il atteint un résultat opposé à celui qu'il recherche. Il cesserait donc d'agir selon les principes des phénomènes (I), et il appliquerait ceux des phénomènes (II).

143. Quand il y a un certain nombre de producteurs en concurrence, celui qui augmente un peu l'inclinaison du sentier *mc*, atteint, pour un court espace de temps tout au moins, le résultat désiré ; il enlève des clients à ses concurrents et il avance plus ou moins dans la région des indices positifs. Il pourrait même y rester, si ses concurrents ne venaient pas à l'imiter. S'ils l'imitent, si la concurrence est réelle, ils augmenteront de leur côté l'inclinaison du sentier sur *mn*, et ainsi petit à petit, en allant dans le sens de la flèche, producteurs et consommateurs se rapprocheront du point *l* où la ligne *hk* des transformations complètes coupe la ligne *cd* des échanges. Les producteurs ne peuvent pas aller au delà de cette ligne, parce qu'ils entreraient dans la région des indices négatifs, en suivant la ligne *cd* des échanges ; et ils ne peuvent aller sur *lh* parce que les consommateurs refusent à les suivre. Il faut donc qu'ils s'arrêtent en *l*, qui est un point d'équilibre, et un point d'équilibre stable.

144. D'une autre façon, on peut remarquer que *lc* est seule une ligne d'équilibre possible ; non pas *ld*, parce qu'elle se trouve dans la région des indices négatifs. Sur la ligne *cl*, la concurrence des producteurs opère de telle sorte que le point d'équilibre se rapproche de *l*.

145. Examinons maintenant le cas (π). On verra, comme ci-dessus, que *ld* est la seule ligne d'équilibre possible, parce que *lc* se trouve dans la région des indices néga-tifs. Si les producteurs sont en *d*, ils s'y trouvent bien parce qu'ils sont dans la région des indices positifs ; mais la concurrence qu'ils se font entre eux leur fait

augmenter l'inclinaison de md sur mx, et ainsi nous nous éloignons de l. C'est en l précisément qu'il pourrait y avoir équilibre, parce que là les consommateurs et les producteurs se trouvent satisfaits ; mais dès que nous nous éloignons de l, du côté de h, au lieu d'y être ramenés, nous nous en éloignons toujours davantage. Du côté de k nous sommes ramenés en l. Nous avons ici un genre d'équilibre spécial, stable d'un côté et instable de l'autre.

Nous n'avons pas d'exemple de cet équilibre dans la *fig*. 18. Si nous comparons le cas (β) de la *fig*. 18 avec le cas (μ) de la *fig*. 23, nous voyons que les conditions de stabilité de l'équilibre sont précisément inverses pour (β), c'est-à-dire pour l'échange et la production avec concurrence complète, et pour (μ), c'est-à-dire pour la concurrence complète. Il en est ainsi parce que dans le cas (β) la ligne hk étant la ligne des échanges (ou du profit maximum), les individus auxquels elle se réfère y restent de propos délibéré, tandis que dans les cas (μ) et (π) la ligne hk étant une ligne de transformations complètes, les individus auxquels elle se réfère y sont poussés uniquement par la concurrence.

146. Dans le cas (β), ceux qui se trouvaient en h y demeuraient, parce que la position leur était avantageuse ; il n'y avait de mouvement que par l'effet du consommateur, qui avait cd pour ligne des échanges et qui voulait aller en c. Dans le cas (μ) au contraire ce mouvement se produit parce que ceux qui sont en k voudraient se trouver dans de meilleures conditions, et qu'ils essaient de s'avancer sur le sentier kc. Dans le cas (β) l'équilibre est possible en d, et nous nous en éloignons par le fait de ceux qui voudraient aller en k ; dans le cas (μ), il n'est pas possible de s'arrêter en d, parce que les producteurs perdent, se ruinent, disparaissent ; et nous sommes ainsi ramenés en l.

Nous avons décrit le phénomène tel qu'il se produit à la longue. Il est toujours possible que les producteurs soient en perte pendant un petit laps de temps.

147. Voyons ce qui se passe quand le nombre des producteurs agit sur les obstacles.

Soit *mo*, *mn* les axes des producteurs, *s*,*s'*..., les lignes d'indifférence, et *cd* la ligne des échanges des consommateurs. S'il n'y a qu'un producteur il s'arrêtera à l'intersection *l* de la ligne des échanges et de la ligne *hk* du profit maximum. De même s'il y a plusieurs producteurs, mais a cette condition que leur nombre n'agisse pas sur les obstacles, par conséquent — qu'ils soient quelques-uns ou un grand nombre — qu'ils obtiennent tout le profit maximum quand la quantité totale *am* de A est transformée en *al* de B.

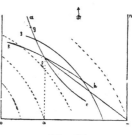

Fig. 24

148. Supposons au contraire que la ligne *hk* se réfère au cas d'un seul producteur, et que d'autres puissent surgir dans les mêmes conditions. S'il y en a deux, il faut, pour que chacun ait le profit maximum, doubler toutes les quantités : s'il y en a trois, il faut les tripler, etc. La ligne *hk* se trouve ainsi déplacée quand elle se réfère au total de la production, selon le nombre des producteurs. Elle serait également déplacée, si, d'une façon générale, au lieu de doubler, de tripler, etc., la production, il fallait simplement l'augmenter dans certaines proportions. La ligne *s* des transformations complètes est elle aussi déplacée.

Si, par un hasard singulier, les lignes ainsi déplacées, quand il y a par exemple deux producteurs, se coupent précisément en un point *g* de la ligne *cd* des échanges, l'équilibre se fera en *g*. En effet, un des producteurs ne

peut pas rester en l, parce que l'autre, pour attirer les
clients, change l'inclinaison du sentier ml jusqu'à ce
qu'il coïncide avec le sentier mg. Il ne peut pas aller
plus loin, parce qu'alors il entrerait dans la région des
indices négatifs, et il n'y a pas de troisième producteur.

149. Il arrivera très difficilement que les lignes déplacées du petit maximum et des transformations complètes se coupent précisément sur la ligne des échanges.
Tant que celle-ci coupe la ligne du profit maximum en
un point différent de celui où elle est coupée par la ligne
des transformations complètes, l'équilibre pourra avoir
lieu au point d'intersection de la ligne des échanges et
de la ligne du profit maximum. Mais, les producteurs
ayant un profit en ce point, il en surgira d'autres, si
cela est possible naturellement, jusqu'à ce que la ligne
du profit maximum ne coupe plus la ligne des échanges.
Quand il en sera ainsi nous serons dans le cas déjà
traité (§ 141) et l'équilibre se fera au point d'intersection
de la ligne des échanges et de la ligne des transformations complètes.

On peut faire le même raisonnement pour les marchandises de la seconde catégorie (§ 102).

150. En résumé, l'équilibre se fait au point où se coupent la ligne du profit maximum et la ligne des échanges ;
mais, quand il est possible que de nouveaux producteurs
se présentent et que la ligne du profit maximum se trouve
ainsi déplacée de façon à ne plus couper la ligne des
échanges, l'équilibre se fait au point où la ligne des
échanges coupe la ligne des transformations complètes.
Le premier cas se présente lorsque la concurrence est
incomplète (§ 105), le second quand elle est complète.

151. Pour les phénomènes du type (II), si le producteur opère selon ce type, il s'avancera autant qu'il le
pourra dans la région des indices positifs, et par conséquent le point d'équilibre se trouvera au point de tan-

gence de la ligne des échanges et d'une ligne d'indifférence, en cas de concurrence complète, *fig.* 14 : il sera au point de tangence des échanges et des lignes de profit maximum, en cas de concurrence incomplète, *fig.* 13. Tout cela, bien entendu, quand ces points sont dans les limites du phénomène considéré.

Si le consommateur opère selon le type (II) [il obligera les producteurs à s'arrêter sur la ligne des transformations complètes. Si les sentiers doivent être des droites partant de *m*, l'équilibre, en cas de concurrence complète, ne différera pas de celui qui se produit pour les phénomènes du type (I) ; mais il pourrait en différer si le consommateur était en mesure de changer la forme des sentiers (VI, 17, 18).

152. **Les prix.** — Nous avons jusqu'ici raisonné en général et en nous efforçant de ne pas faire usage des prix ; mais cependant nous avons dû en parler quand nous avons imaginé des exemples concrets, et même dans les théories générales nous avons dû en faire usage plus ou moins implicitement : nous nous en sommes servis sans en parler nommément. Actuellement il est bon d'y avoir recours, mais il était utile de montrer que les théories de l'économie ne dérivent pas directement de la considération d'un marché où existent certains prix, mais bien de la considération de l'équilibre, qui naît de l'opposition des goûts et des obstacles. Les prix apparaissent comme des inconnues auxiliaires, très utiles pour résoudre les problèmes économiques, mais qui doivent finalement être éliminés, pour laisser uniquement en présence les goûts et les obstacles.

153. On appelle PRIX de Y en X la quantité de X qu'il faut donner pour avoir une unité de Y.

Quand le prix est constant, on peut comparer une quantité quelconque de X et de Y, chercher le rapport entre la quantité de X que l'on donne et la quantité de Y qu'on reçoit, et ainsi on obtient le prix. Quand les prix sont variables, il faut comparer des quantités infinitésimales.

154. Il résulte de notre définition du prix qu'on passe du point *c* au point *d* en échangeant *ac* de A contre *ad* de B, le prix de B en A est égal à l'inclinaison de la droite *dcm* sur l'axe *o*B, et le prix de A en B est exprimé par l'inclinaison de cette même droite sur l'axe *o*A.

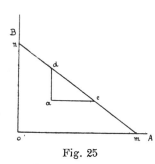

Fig. 25

155. Dans les paragraphes précédents nous avons souvent parlé d'augmenter ou de diminuer l'inclinaison de *mn* sur l'un des axes, par exemple sur *o*B ; c'est comme si nous avions parlé d'augmenter, ou de baisser, le prix de B en A.

156. La VALEUR D'ÉCHANGE des économistes, lorsqu'on veut préciser les conceptions nébuleuses dont l'entourent les économistes littéraires (§ 226), correspond à peu près au prix tel que nous venons de le définir ; mais il est rare que les auteurs qui emploient ce terme de *valeur* aient une idée nette de la chose qu'il représente.

En outre, il y a eu des économistes qui distinguaient entre la *valeur* qui était une fraction quelconque, par exemple 6/3, et le prix qui était une fraction dans laquelle le dénominateur était l'unité, par exemple le 2/1. Si on échange 6 de vin contre 3 de pain, la *valeur d'échange* du pain en vin serait 6/3, et puisque il faut, dans ce cas, donner 2 de vin pour avoir 1 de pain, le prix du pain en vin serait 2. Il est inutile d'avoir deux noms pour des choses aussi peu différentes que le sont 6/3 et 2/1, surtout depuis que l'économie politique a cessé d'être un genre littérature pour devenir une science positive.

157. Les économistes se servaient de cette notion de *valeur d'échange* pour établir le théorème qu'une aug-

mentation générale des valeurs était impossible, tandis qu'était possible une augmentation générale des prix. Dans l'exemple précédent la valeur du pain en vin était 6/3, et celui du vin en pain 3/6. Il suffit d'avoir les toutes premières notions d'arithmétique pour comprendre que quand l'une de ces fractions augmente, l'autre diminue, leur produit étant toujours égal à un. Ainsi si on échange 12 de vin pour 3 de pain, la valeur du pain en vin augmente et devient 12/3, mais la valeur du vin en pain diminue et devient 3/12. Quant au prix du pain en vin, il augmente et devient 4 au lieu de 2.

158. La notion générale du prix d'une marchandise en une autre est utile dans la science économique parce qu'elle fait abstraction de la monnaie. En pratique, chez les peuples civilisés, le prix de toutes les marchandises se rapporte à une seule d'entre elles, qu'on appelle monnaie ; aussi en parlant de phénomènes concrets est-il bien difficile d'éviter de parler du prix dans ce sens. Même dans la théorie il est très utile d'introduire dès le commencement cette notion. On anticipe ainsi, il est vrai, sur la théorie de la monnaie, qui doit venir après celle de la théorie générale de l'équilibre économique, mais il n'y a pas grand mal à cela, si on songe surtout à la clarté plus grande que donne à l'exposé l'emploi de cette notion.

159. Rappelons, en faisant usage de la notion générale du prix, les résultats auxquels nous sommes déjà arrivés.

160. Le type (I) des phénomènes est donné par ceux dans lesquels l'individu accepte les prix qu'il trouve sur le marché et cherche à satisfaire ses goûts avec ces prix. En ce faisant, il contribue, sans le vouloir, à modifier ces prix, mais il n'agit pas directement dans l'intention de les modifier. A un certain prix il achète (ou il vend) une certaine quantité de marchandise ; si la personne

avec laquelle il contracte acceptait un autre prix, il achèterait (ou il vendrait) une autre quantité de marchandise. En d'autres termes, pour lui faire acheter (ou
vendre) une certaine quantité de marchandise, il faut
pratiquer un certain prix.

161. Le type (II) au contraire est constitué par des phénomènes dans lesquels l'individu a pour but principal
de modifier les prix, pour en retirer ensuite un certain
avantage. Il ne laisse pas le choix de différents prix à la
personne avec laquelle il contracte ; il en impose un, et
il lui laisse simplement le choix de la quantité à acheter
(ou à vendre) à ce prix. Le choix du prix n'est plus bilatéral, comme dans le type (I) ; il devient unilatéral.

162. Nous avons déjà vu que, dans la réalité, le type
(I) correspond à la libre concurrence (§ 46), et que le
type (II) correspond au monopole.

163. Là où il y a libre concurrence, personne n'étant
privilégié, le choix du prix est bilatéral. L'individu 1 ne
peut imposer son prix à 2, ni l'individu 2 son prix à 1.
Dans ce cas celui qui contracte se pose ce problème :
« Etant donné tel prix, quelle quantité acheter (ou
vendre)? » Ou bien, en d'autres termes : « Pour que
j'achète (ou vende) telle quantité de marchandise, quel
devrait en être le prix ? »

164. Là où il y a monopole, sous une forme quelconque, il y a quelqu'un de privilégié. Celui-ci se sert
de son privilège pour fixer le prix, dont le choix devient
unilatéral. Il se pose donc le problème suivant : « Quel
prix dois-je imposer au marché, pour atteindre le but
que je me propose? »

165. Le type (III) correspond lui aussi au monopole ;
mais il se distingue du type (II) par le but qu'il se propose. Le problème que devra se poser l'Etat socialiste
est le suivant : « Quel prix dois-je fixer pour que mes
administrés jouissent du bien-être maximum compatible

avec les conditions dans lesquelles ils se trouvent, ou que je trouve bon de leur imposer ? »

166. Remarquez que, même si l'Etat socialiste supprimait toute faculté d'échanger, empêchait tout achat-vente, les prix ne disparaîtraient pas pour cela ; ils resteraient tout au moins comme artifice comptable pour la distribution des marchandises et leurs transformations. L'emploi des prix est le moyen le plus simple et le plus facile pour résoudre les équations de l'équilibre ; si on s'obstinait à ne pas les employer, on finirait probablement par s'en servir sous un autre nom, et il y aurait alors une simple modification du langage, mais non des choses.

167. **Les prix et le second genre d'obstacles.** — Nous avons vu que, au nombre des données du problème, nous devions avoir les rapports selon lesquels se transforment les portions successives des marchandises. En faisant intervenir les prix, cela s'exprime en disant que nous devons donner le mode selon lequel varient les prix des portions successives : fixer, par exemple, que ces portions ont toutes le même prix, qui d'ailleurs peut être inconnu, ou que leurs prix vont en augmentant (ou en baissant) selon une certaine loi.

168. C'est là un point sur lequel quelques auteurs se sont trompés et qui mérite par conséquent d'être étudié de plus près. En ce qui concerne les variations des prix, il faut faire une distinction fondamentale. Les prix des portions successives qu'on achète pour arriver à la position d'équilibre peuvent varier, ou bien ce sont les prix de deux opérations d'ensemble qui conduisent à la portion d'équilibre qui peuvent varier.

(α) Par exemple, un individu achète 100 grammes de pain à 60 centimes le kilogramme, puis 100 grammes à 50 centimes le kilogramme, puis encore 100 grammes à 40 centimes le kilogramme, et il arrive ainsi à une position d'équilibre ayant acheté à différents prix 300 grammes de pain. Demain il recommence la même opération. Dans ce cas les prix sont variables pour les portions successives qu'on achète pour arriver à la position d'équilibre, mais ils ne varient pas quand on recommence l'opération.

(β) Au contraire, le même individu, demain, achète 100 kilogrammes de pain à 70 centimes le kilogramme, puis 100 kilogrammes à 65 centimes, puis 100 kilogrammes à 58 centimes. Les prix varient, non seulement pour les portions successives, mais aussi d'une opération qui conduit à l'équilibre, à une autre.

(γ) L'individu considéré achète 300 grammes de pain, au même prix de 60 centimes le kilogramme, et il arrive ainsi à la position d'équilibre. Il répète demain la même opération. Dans ce cas les prix des portions successives sont constants, et le prix ne varie pas non plus d'une opération conduisant à l'équilibre à une autre opération.

(δ) Enfin cet individu achète aujourd'hui 300 grammes de pain, au même prix de 60 centimes le kilogramme, et il arrive ainsi à la position d'équilibre. Demain, pour arriver à cette position, il achète 400 grammes de pain, en payant toutes les portions successives au prix constant de 50 centimes. Les prix des portions successives sont, dans ce cas, aussi constants ; ce qui varie ce sont les prix d'une portion conduisant à l'équilibre, à une autre.

169. C'est ce qu'on comprendra mieux au moyen de figures.

Dans toutes les figures, *ab*, *ac* indiquent les chemins suivis dans les différents achats, c'est-à-dire les prix payés pour les diverses portions. En (α) et en (β) *ab*, *ac* sont des courbes, c'est-à-dire les prix varient d'une portion à une autre ; en (γ) et en (δ) *ab*, *ac* sont des droites,

c'est-à-dire les prix sont constants pour les diverses portions. En (α) et en (γ) l'individu parcourt chaque jour le

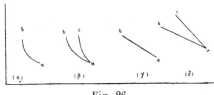

Fig. 26.

chemin *ab ;* en (β) et en (δ) il parcourt aujourd'hui le
chemin *ab* et demain *ac*. Les figures représentent donc
les cas suivants :

(α) Prix variables pour les portions successives, mais
qui recommencent identiques pour les opérations successives conduisant à l'équilibre.

(β) Prix variables pour les portions successives, et
pour les opérations successives conduisant à l'équilibre.

(γ) Prix constants pour les portions successives, et
pour les opérations successives conduisant à l'équilibre.

(δ) Prix constants pour les portions successives, mais
variables pour les opérations successives conduisant à
l'équilibre.

Dans l'état actuel de la science, les cas généraux à considérer sont ceux de (γ) et de (δ), mais rien n'empêche
qu'un jour vienne où il soit utile de prendre en considération également (α) et (β).

170. Quand un grand nombre de personnes présentent
sur un marché et agissent indépendamment l'une de
l'autre, en se faisant concurrence, il est manifeste qu'à
un même moment les uns achèteront les premières portions, les autres les secondes, etc., pour arriver à l'état
d'équilibre : et, puisque sur un certain marché, à un moment donné, on admet qu'il n'y a qu'un prix, on voit
que le prix de ces différentes portions doit être le même.
A parler rigoureusement, cela n'empêcherait pas que

pour un même individu ce prix ne puisse varier d'une portion à l'autre ; mais cette hypothèse entraîne des conséquences étranges et qui s'éloignent tout à fait de la réalité, aussi l'hypothèse qui se conforme le mieux à la réalité est celle de prix égaux pour des portions successives. Cela n'empêche pas, naturellement, qu'il n'y ait successivement des prix différents comme en (∂), *fig.* 26.

Cela est surtout vrai de la consommation. Si un individu achète 10 kilogrammes de sucre, de café, de pain, de viande, de coton, de laine, de clous, de plomb, de couleur, etc., il n'achète pas le premier kilogramme à un certain prix, le second à un autre, etc. Ce n'est pas que cela soit impossible, mais d'ordinaire les choses ne se passent pas ainsi. Remarquez, d'ailleurs, qu'il se peut parfaitement que cet individu achète aujourd'hui 10 kilogrammes d'oignons à un certain prix, et demain 10 kilogrammes à un autre prix, ce qui nous fait entrer dans le cas (∂), *fig.* 26. Dans les grandes villes, il arrive souvent que, sur le marché, le poisson coûte plus cher le matin de bonne heure que vers midi, au moment de la clôture du marché. Le cuisinier d'un restaurant de premier ordre peut venir le matin afin d'avoir plus de choix, et acheter 20 kilogrammes de poisson à un certain prix. Le cuisinier d'un restaurant du second ordre viendra plus tard et achètera ce qui reste à un prix inférieur. Nous sommes toujours dans le cas (∂), *fig.* 26. D'ailleurs, dans le cas que nous considérons, on pourrait, sans grave erreur, tabler sur un prix moyen. N'oublions jamais que notre but est d'arriver simplement à une notion générale du phénomène.

171. Quand il s'agit de la spéculation, il faut presque toujours considérer que les différentes portions sont achetées à des prix différents. Si certains banquiers, par exemple, veulent accaparer le cuivre, ils doivent ne pas oublier qu'il leur faut acheter ce métal à des prix crois-

sants ; la considération d'un prix moyen pourrait les
faire tomber dans des erreurs très graves (1). De même
si l'on voulait faire une étude des divers modes de vente
à l'encan de certaines marchandises, les poissons par
exemple, il faudrait tenir compte des variations des
prix. Mais tout cela constitue une étude spéciale de phé-
mènes secondaires. Ils viennent modifier le phénomène
principal qui, en dernière analyse, adapte la consommation à la production.

De plus, le cas dont nous venons de parler, celui de la
spéculation, appartient bien plus à la dynamique qu'à la
statique. Il y a alors à considérer un plus grand nombre
de positions successives d'équilibre: Sauf certains cas
exceptionnels, les prix, sur les grands marchés, ne varient que d'un jour à l'autre, au moins d'une façon importante, et d'ordinaire on peut, sans grosse erreur,
remplacer les différents prix réels par le prix moyen (1).

172. Quand le prix des portions successives qui sont
échangées est constant, le rapport de ces quantités est
lui-même constant, c'est-à-dire que si la première unité
de pain s'échange contre deux de
vin, la seconde unité de pain s'é-
changera encore contre deux de
vin, et ainsi de suite. On représente
graphiquement ce phénomène par
une droite dont l'inclinaison sur
l'un des axes est le prix (§ 153).
Quand donc on pose cette condition que le prix est constant, on
détermine uniquement que le sen-
tier suivi par l'individu doit être une droite, mais on ne
dit pas quelle droite il doit être. Un individu a 20 ki-

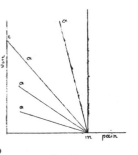

Fig. 27

(1) Ce fut l'écueil sur lequel vint échouer l'opération d'accaparement du cuivre tentée en 1887-1888.

logrammes de pain et il veut les échanger contre du vin ; si on admet que le prix est constant pour les portions successives échangées ; on suppose simplement ainsi que le chemin à suivre est une droite. Si on prend sur l'axe sur lequel on porte les quantités de pain la longueur *om* égale à 20, l'individu peut suivre un chemin quelconque choisi entre les droites *ma*, *ma′*, *ma″*, etc. Si de plus on établissait que le prix du pain en vin est 2, c'est-à-dire qu'il faut donner 2 de vin pour un de pain, la droite serait alors complètement déterminée. Si nous prenons *oc* égal à 40, *mc* représentera cette droite ; ce n'est que lorsqu'on parcourt cette droite, si l'on part de *m*, qu'un de pain s'échange contre 2 de vin.

173. Les angles *oma, oma′, oma″*…, doivent tous être aigus, parce que le prix est essentiellement positif, c'est-à-dire que, dans l'échange, pour qu'un individu reçoive quelque chose, il faut qu'il donne quelque autre chose, par conséquent pour qu'augmente la quantité d'une marchandise possédée par lui, il faut que diminue la quantité d'une autre marchandise également possédée par lui. Si l'un des angles *oma, oma′*… était obtus, les deux quantités croîtraient en même temps. Si l'angle *oma* était égal à zéro, le prix serait zéro ; contre n'importe quelle quantité de pain on ne recevrait aucune quantité de vin. Si l'angle *oma* était droit, le prix serait infini. Pour un angle à peine un peu plus petit on aurait un prix tel qu'une très petite quantité de pain s'échangerait contre une quantité très grande de vin. Les angles *oma, oma′*… de la figure représentent des prix contenus entre ces deux extrêmes.

174. Quand la route suivie n'est pas donnée directement, mais seulement par l'indication des prix des por-

---

(1) La note 2 du § 928 du *Cours* repose sur des considérations erronées, et doit être entièrement changée.

tions successives, il faut se livrer à un calcul pour connaître les quantités de marchandises transformées.

Supposons qu'il n'y ait que deux marchandises A et B, que le prix de B s'exprime en A, et que, par exemple, on échange 1 kilogramme de A pour une certaine quantité de B à un prix 1/2, puis 2 kilogrammes de A pour une autre quantité de B, à un prix 1/3, puis 1 kilogramme de A pour une autre quantité de B au prix 1/4. Les quantités de B ainsi obtenues successivement seront 2, 6, 4 ; donc, au total, 12 kilogrammes de B auront été obtenus à des prix différents par l'échange de 4 kilogrammes de A.

S'il y a plus de deux marchandises, et si on exprime les prix de B, C, D... en A, il est évident que la quantité totale de A transformée doit être égale à ce qu'on obtient en multipliant chaque portion de B, C, D... par son prix et en faisant le total. Ces égalités indiquent le point où l'on arrive en suivant un certain chemin.

175. Le budget de l'individu. — Par la vente de choses qu'il possède, l'individu se procure une certaine somme de monnaie ; c'est ce que nous appellerons sa *recette*. Par l'achat de choses dont il se sert, il dépense une certaine somme de monnaie ; c'est ce que nous appellerons sa *dépense*.

Si on considère la transformation de 8 de A en 4 de B, par exemple, et si A représente la monnaie, le prix de B en A est 2. La recette est 8 de A, la dépense est, en monnaie, 4 de B, multiplié par le prix 2 de B, c'est donc 8. La recette est égale à la dépense, et cela signifie que 8 de A s'est transformé en 4 de B.

S'il y a plus de deux marchandises il est facile de voir que toujours la recette doit être égale à la dépense, parce que s'il n'en était pas ainsi, cela signifierait que l'individu a reçu, ou dépensé, de l'argent par un autre moyen que la transformation des marchandises. Cette égalité des recettes et des dépenses est ce qu'on appelle le BUDGET DE L'INDIVIDU.

176. Le budget du producteur. — Le producteur a, lui aussi, son budget ; et nous en avons déjà parlé, sans le mentionner expressément, quand nous avons étudié la transformation d'une marchandise en une autre ; nous avons vu que cette transformation pouvait laisser un résidu positif ou négatif, qui est proprement un élément, actif ou passif, que l'on porte au compte « profits et pertes ».

Cela est vrai de toutes les transformations. Le producteur achète certaines marchandises, fait certaines dépenses, c'est la sortie de son budget ; il vend les marchandises produites, et c'est l'entrée de son budget. Le lieu des transformations complètes est celui dans lequel le budget se solde sans profit ni perte.

177. Le coût de production. — Si on tient compte de toutes les dépenses nécessaires pour obtenir une marchandise, et si on divise le total par la quantité de marchandise produite, on a le COÛT DE PRODUCTION de cette marchandise.

178. Ce coût de production est exprimé en numéraire. Quelques auteurs ont considéré un coût de production exprimé en ophélimité. Cela est inutile et ne fait qu'engendrer des équivoques ; nous ne donnerons donc jamais cette signification à l'expression coût de production.

Si une certaine chose A peut être consommée directement, et si on la transforme en une autre chose B, le sacrifice que l'on fait en renonçant à consommer A directement peut être considéré comme le coût en ophélimité de B. Mais il est des cas extrêmement nombreux où A ne peut pas être consommée directement ; alors il n'y a pas, à proprement parler de sacrifices directs lorsqu'on transforme A en B. Pour trouver un coût en ophélimité, on est obligé de changer le sens de cette

expression, et l'on dit que si A peut êfre transformée en
B ou en C, le coût de production en ophélimité de B est
le plaisir auquel on renonce en transformant A en B, au
lieu de le transformer en C. et vice versa.

Il ne faut jamais disputer sur les mots, et l'on peut
donner le sens que l'on veut à l'expression : coût de
production en ophélimité. Mais il faut remarquer que le
premier sens que nous venons de noter est essentiellement différent du second. Le premier sépare la production de l'échange, le second les confond. Le premier fait
connaître réellement un certain coût en ophélimité, le
second ne donne qu'une des conditions qui, avec d'autres pourront déterminer ce coût (1).

Par exemple, un individu a de la farine et il la transforme en pain. Il peut, en négligeant les frais de cette
transformation, considérer le coût en ophélimité du pain
comme égal au plaisir auquel il renonce en ne mangeant
pas sa farine sous forme de bouillie. Mais s'il doit tenir
compte de tous les emplois indirects que peut avoir cette
farine, il lui est impossible d'avoir une chose unique a
laquelle il puisse donner ce nom de coût de production.
Cette farine peut être transformée en chair de lapin, de
dinde, de chapon, en la faisant consommer par ces animaux ; elle peut être donnée à manger à des ouvriers
qui feront une maison, un chapeau, des gants, et ainsi
de suite indéfiniment. La considération de ce pseudo
coût de production conduit alors simplement à reconnaître l'égalité des ophélimités pondérées des marchandises que consomme l'individu (§ 198).

(1) C'est encore une des innombrables tentatives faites en vain
pour se soustraire à la nécessité de résoudre un système
d'équations simultanées (§ 219 et suiv.) ; pour tenir vaguement
compte de l'interdépendance des phénomènes économiques, pour
dissimuler sous des termes manquant de précision l'ignorance
des solutions des problèmes qu'on aborde.

179. Chaque marchandise n'a pas nécessairement un coût de production propre. Il y a des marchandises que l'on doit produire ensemble, par exemple le blé et la paille, et qui ont par conséquent simplement un coût de production d'ensemble.

180. Offre et demande. — En économie politique on a l'habitude de distinguer entre la quantité de marchandise qu'un individu, arrivé à un point d'équilibre, a donnée, et celle qu'il a reçue : la première s'appelle son OFFRE, la seconde sa DEMANDE.

181. Ces deux termes ont été, comme tous les termes de l'économie non-mathématique, employés d'une façon peu rigoureuse, équivoque, ambiguë, et le nombre considérable de discussions vaines, sans objet, sans queue ni tête dont elles ont été le sujet est vraiment incroyable. Même aujourd'hui il n'est pas difficile de trouver parmi les économistes non-mathématiciens des auteurs qui ne savent pas ce que signifient ces termes, dont ils se servent cependant à tout propos.

182. Commençons par considérer deux marchandises, et reportons-nous à la *fig.* 12. Un individu a la quantité *om* de A et n'a pas de B ; en suivant un certain sentier *mn* il arrive au point d'équilibre c'', en échangeant *qm* de A contre qc'' de B ; nous dirons que, sur ce sentier et quand on est au point d'équilibre c'', on a pour l'individu considéré l'offre *qm* de A et la demande qc'' de B.

183. Il faut immédiatement remarquer que ces quantités seraient différentes si la forme du sentier venait à changer, c'est-à-dire qu'elles dépendent des obstacles du second genre. Même quand la forme du sentier reste la même, par exemple, quand le sentier est une droite, ces quantités changent avec l'inclinaison de la droite, c'est-à-dire avec le prix.

184. Reportons-nous encore à la *fig.* 12 : étant donné un prix quelconque de A en B, c'est-à-dire étant donnée l'inclinaison de *mn* sur *om*, la rencontre de cette droite avec la ligne des échanges *cc'''* nous fait connaître la demande *qc''* de B, et l'offre *qm* de A. La courbe des échanges peut donc aussi être appelée la COURBE DE L'OFFRE et la COURBE DE LA DEMANDE. Dans la *fig.* 20, la courbe *masb* est, pour le premier individu, la courbe de la *demande* de B, et cette demande on la rapporte d'ordinaire au prix de B en A, exprimé par l'inclinaison d'un sentier (par exemple *me*) sur l'axe *oy*. Elle est aussi, toujours pour le premier individu, la courbe de l'*offre* de A ; et cette offre on la rapporte d'ordinaire au prix de A en B (non plus au prix de B en A), c'est-à-dire à l'inclinaison d'un sentier (par exemple *me*) sur l'axe *mo*.

185. Dans le cas de deux marchandises, si l'on *suppose* le sentier rectiligne, la demande de B dépend donc uniquement du prix de B ; l'offre de A, uniquement du prix de A.

186. Il faut se garder d'étendre cette conclusion au cas de plusieurs marchandises. L'offre d'une marchandise dépend des prix de toutes les autres marchandises échangées, et de même la demande d'une marchandise.

187. Ce n'est pas tout. Nous avons supposé que le point d'équilibre était en *c*, *fig.* 7 ; il pourrait arriver qu'il fût au point terminal *a* ; dans ce cas, la quantité offerte de A serait *rm* ; la quantité demandée de B serait *ra* ; ces quantités dépendraient de la position du point *a*, c'est-à-dire des obstacles.

En général, l'offre et la demande dépendent de toutes les circonstances de l'équilibre économique.

188. Quand on ne considère que deux individus qui échangent : l'un offre A et demande B ; l'autre offre B et demande A. Nous avons vu (§ 117) qu'on a un point d'équilibre de l'échange des deux individus au point de rencontre des courbes des échanges des deux individus.

En nous servant des nouvelles dénominations que nous venons de donner à ces courbes, nous pouvons dire que le point d'équilibre est un de ceux auxquels la courbe de demande B, du premier individu, rencontre la courbe d'offre de B, du second individu ; ou bien, ce qui revient au même : le point d'équilibre est un de ceux où la courbe d'offre de A, du premier individu, rencontre la courbe de demande de A, du second individu ; ou bien encore : le point d'équilibre est un de ceux où la demande de l'une des marchandises est égale à l'offre.

189. L'économie politique non-mathématique avait formulé cette proposition, mais elle n'en avait pas une notion précise, et notamment elle ne connaissait pas les conditions qui seules justifient le théorème, et les restrictions qu'il comporte. Même aujourd'hui la plupart de ceux qui se disent économistes les ignorent.

Il y a d'ailleurs des gens qui prétendent que « la méthode mathématique n'a jusqu'ici formulé aucune vérité nouvelle », et cela est vrai en un certain sens, parce que, pour l'ignorant, ce dont il n'a pas la moindre notion, ne peut être ni vrai ni nouveau. Quand on ne connaît même pas l'existence de certains problèmes, on n'éprouve certainement pas le besoin d'en avoir la solution.

190. Pour le producteur offre et demande n'ont aucun sens si on n'ajoute pas une condition qui détermine dans quelle partie de la région d'équilibre possible nous voulons nous arrêter. Pour trouver application du théorème précédent, en matière de production, à savoir pour les phénomènes du type (I), à concurrence complète, on peut ajouter cette condition que l'offre et la demande sont celles qui ont lieu sur la ligne des transformations complètes.

191. Si on voulait ensuite que le théorème de l'équilibre, par suite de l'égalité de l'offre et de la demande, s'appliquât aussi aux marchandises pour lesquelles il

existe une ligne de profit maximum, comme au § 105, il faudrait donner un autre sens à l'offre et à la demande et les rapporter à cette ligne.

192. Dans le cas de plusieurs individus et de plusieurs marchandises, on comprend qu'en faisant la somme, pour chaque marchandise, des demandes des différents individus, on obtient la demande totale de chaque marchandise ; et de même pour l'offre.

193. Le mode de variation de l'offre et de la demande a été appelé la loi de l'offre et de la demande. Nous en parlerons dans un autre chapitre ; il nous suffira de savoir pour le moment que, dans le cas de deux marchandises, quand le prix d'une marchandise augmente, la demande diminue, tandis que l'offre augmente d'abord mais peut ensuite diminuer.

194. Si nous considérons un sentier mc', *fig.* 15, qui aboutit à un point c' de la ligne des transformations complètes, l'inclinaison de la droite mc' sur l'axe mb, sur lequel on porte les quantités de la marchandise B, est égal au coût de production de la marchandise B, obtenue par la transformation complète en c'. Et si c' se trouve également sur la ligne des échanges, cette inclinaison mesure le prix de vente. Il résulte de là que aux points d'intersection c, c' de la courbe des échanges et de la courbe des transformations complètes, c'est-à-dire aux points d'équilibre, le coût de production est égal au prix de vente.

195. Nous avons vu que l'équilibre pouvait être stable ou instable ; en voici l'explication en faisant appel aux notions de prix, d'offre et de demande.

Deux individus qui échangent sont en un point d'équilibre ; supposons que le prix de B augmente, et voyons ce qui va se passer.

Le premier individu qui vend A et achète B, diminue sa demande de B ; le second individu peut augmenter, ou peut diminuer son offre de B. Il faut distinguer deux cas : 1° l'offre de B augmente, ou bien diminue, mais de façon à rester supérieure à la demande de B. Les choses se passent comme aux deux points (α) et (γ) de la *fig*. 18. 2° L'offre diminue de façon à devenir inférieure à la demande. C'est le cas du point (β) de la *fig*. 10. En somme, il n'y a qu'à voir si, avec le nouveau prix, l'offre est supérieure ou inférieure à la demande. Dans le premier cas l'équilibre est stable ; en effet, celui qui offre est amené à réduire son prix, pour rapprocher son offre de la demande.; dans le second cas l'équilibre est instable, parce que celui qui demande n'est pas satisfait, puisqu'il doit se contenter de l'offre moindre qui lui est faite, et par conséquent il augmente son prix pour obtenir une plus grande quantité de marchandise, mais il se trompe et finalement il en obtient moins.

On peut faire des observations analogues en cas de production ; il est très facile de traduire dans le nouveau langage ce que nous avons exposé dans les § 140, 141, 142.

196. L'équilibre dans le cas général. — Nous avons jusqu'ici étudié principalement le cas de deux individus et de deux marchandises ; il nous faut maintenant nous occuper de l'équilibre d'un nombre quelconque d'individus et d'un nombre quelconque de marchandises.

Dans ce chapitre nous nous bornerons à examiner le cas général de l'équilibre pour les phénomènes du type (I) avec concurrence complète.

Supposons que nous soyons arrivés à l'état d'équilibre, c'est-à-dire au point où se transforment, par l'échange ou autrement, indéfiniment, certaines quantités de marchandises, ayant certains prix, et essayons de déterminer ces quantités et ces prix. Ce cas est représenté graphiquement par (γ) dans la *fig*. 26, et nous supposons que l'opération indiquée par (γ) se répète indéfiniment. Un individu quelconque, échange, par exemple, 10 kilogrammes de pain contre 5 kilogrammes de vin, arrivant ainsi à une position d'équilibre, et il répète indéfiniment cette opération. Dans le type (I) l'individu se laisse guider uniquement par ses goûts personnels, acceptant les prix du marché tels qu'il les trouve. Pour que ses goûts soient satisfaits par l'échange ci-dessus, il faudra qu'il ne lui convienne pas d'aller ni au delà ni de rester en deçà. Le prix du vin en pain est 2. Si l'individu continue l'échange et donne encore 10 grammes de pain, il recevra 5 grammes de vin. Si l'ophélimité (ou indice d'ophélimité) de ces 10 grammes de pain était moindre que l'ophélimité de ces 5 grammes de vin, il conviendrait à cet individu d'ajouter cet échange à l'échange déjà fait. Si l'ophélimité de ces 10 grammes de pain était plus grande que l'ophélimité des 5 grammes de vin, il lui conviendrait de ne pas échanger tous les 10 kilogrammes de pain contre les 5 kilogrammes de vin, mais d'échanger seulement $9^{kg},990$ contre $4^{gk},995$ de vin. Donc, si l'ophélimité de ces 10 grammes de pain ne doit être, au point d'équilibre, ni plus grande ni plus petite que l'ophélimité des 5 grammes de vin, elle ne peut être qu'égale.

197. Pour que ce raisonnement fût rigoureux, il faudrait, d'ailleurs, que les quantités fussent infinitésimales. Quand elles sont finies, on ne peut pas dire que l'ophélimité de 10 grammes de pain ajoutés à 10 kilogrammes de pain soit égale à l'ophélimité de 10 grammes de pain. On pourrait, d'ailleurs, raisonner simplement par approximation et considérer une moyenne. Mais nous n'avons pas à nous y arrêter; d'une façon ou d'une autre, nous avons une notion du phénomène.

198. Pour des quantités très petites, on peut supposer que l'ophélimité est proportionnelle aux quantités. L'ophélimité des 5 grammes de vin sera donc d'environ la moitié de l'ophélimité de 10 grammes de vin (elle serait

Pareto   15

rigoureusement de la moitié si on considérait des quantités infinitésimales) ; on pourra donc dire que pour l'équilibre il faut que l'ophélimité d'une très petite quantité de pain soit égale à la moitié de l'ophélimité de la même très petite quantité de vin. L'ophélimité élémentaire (§ 33) du pain devra être égale à la moitié de l'ophélimité élémentaire du vin. Ou bien, en rappelant que le prix du vin est de deux, nous pourrons dire encore que les ophélimités élémentaires pondérées (§ 34) du pain et du vin doivent être égales.

Sous cette forme la proposition est générale pour le type (I), et s'applique à un nombre quelconque d'individus qui se laisseraient guider directement par leurs goûts personnels (§ 41) et à un nombre quelconque de marchandises, pourvu qu'on suppose que le plaisir que procure la consommation de chaque marchandise est indépendant de la consommation des autres (IV, 10, 11). Dans ce cas chaque individu compare une des marchandises, A, par exemple, aux autres B, C, D... ; et il s'arrête dans ses transformations quand pour lui les ophélimités pondérées de toutes ces marchandises sont égales. On a ainsi, pour chaque individu, autant de conditions qu'il y a de marchandises moins une. Si, par exemple, il y en a trois, A, B, C, on doit dire que l'ophélimité élémentaire pondérée de A est égale à celle de B, et aussi à celle de C, ce qui nous donne précisément deux conditions.

199. Cette catégorie de conditions exprime que chaque individu satisfait DIRECTEMENT (§ 41) ses goûts, autant que cela lui est permis par les obstacles. Pour les distinguer des autres nous les appellerons la catégorie (A) des conditions.

200. On a une autre catégorie de conditions, que nous indiquerons par (B), en faisant le budget de chaque individu (§ 173). Le nombre des conditions de cette catégorie est donc égal au nombre des individus.

Si on fait la somme de tous les budgets'individuels, on a le budget de la collectivité, qui est formé des résidus, pour chaque marchandise, de la compensation des ventes et des achats. Si une partie des individus ont vendu un total de 100 kilogrammes d'huile, et que les autres individus en ont acheté 60, la collectivité a en somme vendu 40 kilogrammes d'huile. Tous ces résidus, multipliés par les prix respectifs, doivent se balancer. Par exemple, si la collectivité a vendu 20 kilogrammes de vin à 1 fr. 20 le kilogramme et 60 kilogrammes de blé à 0 fr. 20 le kilogramme, elle aura tiré de ses ventes 36 francs ; et si elle n'a acheté que de l'huile, comme les recettes balancent les dépenses, il faut qu'elle ait dépassé 36 francs pour l'huile. Par conséquent, si on connaît les prix et les quantités achetées ou vendues par la collectivité, pour toutes les marchandises moins une, les conditions (B) nous font connaître cette quantité même pour la marchandise omise.

201. Comptons les conditions que nous venons d'énumérer. S'il y a, par exemple, 100 individus et 700 marchandises, la catégorie (A) nous donnera, pour chaque individu, 699 conditions, et pour 100 individus 69.900 conditions. La catégorie (B) nous donnera 100 autres conditions ; nous aurons au total : 70.000 conditions. En général, ce total est égal au nombre des individus multiplié par le nombre des marchandises.

Comptons les inconnues. Une des marchandises servant de monnaie, il y a 699 prix des autres marchandises. Pour chaque individu il y a les quantités qu'il reçoit (ou qu'il donne) de chaque marchandise ; nous avons donc au total 70.000 quantités. En y ajoutant les prix, nous avons 70.699 inconnues.

En comparant le nombre 70.000 des conditions au nombre 70.699 des inconnues, nous verrons bientôt que, pour que le problème soit bien déterminé (§ 38), il manque 699 conditions, c'est-à-dire en général autant qu'il y a de marchandises moins une.

202. Elles doivent nous être fournies par la considération des obstacles. Dans l'échange, les obstacles, en plus de l'opposition aux goûts des individus, dont nous avons déjà rendu compte dans les conditions (A), consistent simplement dans ce fait que les quantités totales de marchandises sont constantes, parce que ce que donne un des individus est reçu par les autres ; et, au total, pour chaque marchandise, les ventes de la collectivité compensent exactement les achats. Mais les conditions (B) nous donnent la quantité totale d'une marchandise vendue, ou achetée, par la collectivité, quand on connaît les quantités analogues pour les autres marchandises (§ 200) ; il suffira donc de mettre comme condition pour toutes les marchandises moins une, c'est-à-dire pour 699 marchandises, que le résidu des achats ou des ventes de la collectivité soit égal à zéro ; parce que les conditions (B) nous indiquent que ce résidu est également zéro pour la dernière marchandise.

Nous avons ainsi une nouvelle catégorie, que nous désignerons par (C), des conditions qui se réfèrent aux obstacles.

203. Il nous manquait 699 conditions, et la catégorie (C) est précisément constituée par 699 conditions. Le nombre des conditions est maintenant égal à celui des inconnues, et le problème est complètement déterminé.

204. Nous aurions pu dire des 700 marchandises, que, pour la collectivité, les quantités vendues étaient égales aux quantités achetées, d'où un résidu zéro pour toutes les 700 marchandises. Nous aurions eu ainsi une condition de plus dans la catégorie (C) ; mais, par compensation, nous en aurions eu une de moins dans la catégorie (B). En effet, quand toutes les quantités de marchandises sont connues, il suffit d'avoir le budget de tous les indi-

vidus moins un pour avoir également le budget de ce dernier. Ce qu'il reçoit est évidemment égal à ce que les autres donnent; et ce qu'il donne est égal à ce qu'ils reçoivent à eux tous.

205. Considérons la production. Supposons que sur les 700 marchandises, 200 soient transformées en 500 autres, dont nous allons calculer le coût de production. Si la concurrence est complète, l'équilibre ne peut avoir lieu que là où ce coût de production est égal au prix de vente. En effet, s'il est plus élevé, le producteur est en perte et il doit abandonner la lutte ; s'il est plus bas, le producteur gagne et d'autres viendront pour partager ce profit. Nous avons ainsi une catégorie, que nous désignerons par (D), de conditions qui expriment pour chacune des 500 marchandises produites que le coût de production est égal au prix de vente.

206. Dans le cas de l'échange il fallait exprimer que les quantités totales de toutes les 700 marchandises, moins une, demeuraient constantes. Dans le cas de la production, il n'en est plus ainsi, et nous devons exprimer que 200 marchandises ont été transformées en 500 autres, c'est-à-dire que la quantité des premières qui a disparu a été remplacée par la quantité de celles qui ont été produites. Pour des motifs analogues à ceux que nous venons d'indiquer, il suffit d'indiquer cela pour les 200 marchandises moins une. Nous avons ainsi une nouvelle catégorie (E) de conditions.

Les conditions de cette catégorie expriment que l'équilibre se produit sur la ligne des transformations complètes.

207. En totalisant le nombre des conditions (D) et celui des conditions (E), nous avons 699 conditions, c'est-à-dire ce qui nous en manquait, et ainsi le problème est complètement déterminé.

208. Dans le cas des phénomènes du type (I), avec

concurrence complète et prix constants pour les portions successives d'une même opération, nous pouvons énoncer le théorème suivant :

Nous avons un point d'équilibre là où se réalisent les conditions suivantes : (A) Egalité, pour chaque individu, des ophélimités pondérées ; (B) Egalité, pour chaque individu, des recettes et des dépenses. De plus, dans le cas de l'échange : (C) Egalité, pour toutes les marchandises, des quantités existant avant l'échange et après. Ensuite, dans le cas de la production, aux conditions ci-dessus se substituent les suivantes : (D) Egalité du coût de production et du prix de vente, pour toutes les marchandises produites ; (E) Egalité des quantités de marchandises demandées pour la transformation, et des quantités de ces marchandises effectivement transformées (*Append.* 24, 63, 80, 83).

209. D'ailleurs, parmi les conditions (B) et (C) il y en a une de superflue, et de même parmi les conditions (B) et (D) et (E).

210. Choisissons, au hasard, une marchandise A qui servira de monnaie ; les prix de toutes les marchandises seront pas conséquent exprimés en A. De plus, comme nous l'avons fait précédemment (§ 198), comparons, une à une, les autres marchandises à A, et supposons que nous ayons, pour chaque individu, les lignes d'indifférence de A et de B, les lignes d'indifférence de A et de C, etc. Les points d'équilibre possible sont ceux où la courbe d'indifférence de A et de B a une tangente dont l'inclinaison sur l'axe oB est égale au prix de B en A ; de même, pour les lignes d'indifférence de C en A, l'inclinaison de la tangente sur l'axe oC doit être égale au prix de C en A ; etc.

211. Nous avons ainsi des conditions analogues à celles que nous avons constatées pour le cas de deux marchandises. Mais, tandis qu'on connaît alors *a priori*

la distance *om*, *fig.* 12, qui est la quantité de A pos-sédée, à l'origine, par l'individu, au contraire dans le cas de plusieurs marchandises, *om* est une inconnue : c'est cette partie de A que l'individu transforme en une autre marchandise, par exemple en B. La catégorie (A) de conditions exprime donc simplement que l'équilibre est possible aux points où la tangente de la courbe d'indifférence d'une marchandise quelconque et de la marchandise A, a, sur l'axe de cette marchandise quelconque, une inclinaison égale au prix de cette marchandise.

212. La catégorie (B), dans le cas de deux marchandises, nous indique, pour chaque individu, le sentier parcouru. S'il y a trois marchandises, on peut encore avoir une représentation géométrique des conditions (B), en portant la quantité de ces marchandises sur trois axes orthogonaux. Un des budgets (B) représente un plan, sur lequel se fait l'échange ou la transformation. De même, on peut dire, dans le cas de marchandises en nombre supérieur à trois, que chaque budget (B) indique le *lieu* des transformations de l'individu auquel ce budget se réfère.

213. Les conditions (C), dans le cas de deux marchandises et de deux individus, se ramènent à une seule, à savoir que la quantité de A cédée par un individu est reçue par l'autre. Et c'est en vertu de cette condition que, si nous disposons les courbes d'indifférence des deux individus comme elles le sont dans la *fig.* 16, le sentier suivi par chacun des individus est représenté par une ligne droite unique.

214. Voyons quelle correspondance il y a entre les conditions qui concernent les obstacles et celles qui concernent les producteurs. Dans le cas de deux marchandises, les conditions (D) se ramènent à une seule, qui indique que le prix de la marchandise est égal à son coût de production. Les conditions (E) se ramènent

aussi à une seule, à savoir qu'il n'y a aucun résidu de A, c'est-à-dire que l'équilibre a lieu sur une ligne des transformations complètes.

215. L'équilibre peut être stable ou instable. Par hypothèse, supprimons les équations de la catégorie (A) qui se réfèrent au premier individu, c'est-à-dire ne nous préoccupons plus de savoir si les goûts de cet individu sont satisfaits ; son budget continue à être en équilibre puisque toutes les conditions (B) subsistent. Les équations que nous avons supprimées dans la catégorie (A) sont en nombre égal à celui des marchandises moins une (§ 198) ; c'est aussi là le nombre des prix. Il résulte de là que, quand nous admettons que les goûts d'un des individus de la collectivité peuvent ne pas être satisfaits, nous pouvons fixer arbitrairement les prix.

216. Cette démonstration était nécessaire pour montrer que l'opération que nous allons faire était possible. Supposons qu'il y a une position d'équilibre pour tous les membres de la collectivité ; modifions légèrement les prix et rétablissons l'équilibre pour tous les individus de la collectivité, moins le premier ; cela est possible grâce à la démonstration précédente.

Après cette opération, tous les individus sont satisfaits, à l'exception du premier. Il faut remarquer maintenant que celui-ci compare successivement toutes les marchandises à l'une d'elles, c'est-à-dire à A dans notre cas, et que, étant donné que nous considérons les phénomènes du type (I), il compare uniquement l'ophélimité dont il jouit aux différents points de chaque sentier. Pour A et B, pour A et C, etc., on sera donc en présence de phénomènes comme ceux que nous avons tant de fois rappelés des points (α), (β) et (γ) de la *fig.* 18, et des cas analogues d'équilibre stable et instable. En d'autres termes, l'individu considéré reçoit et donne, aux nouveaux prix, certaines quantités de marchandises qui sont supérieures ou inférieures à celles qui, pour lui, correspondent à l'équilibre. Il s'efforcera par conséquent de revenir à la position d'équilibre, ce qu'il ne peut faire qu'en modifiant les prix auxquels il achète, et ceux auxquels il vend. En ce faisant, il peut arriver qu'il se rapproche de la position d'équilibre, d'où nous avons supposé qu'il avait été chassé, ou bien il peut arriver qu'il s'en éloigne. Dans le premier, il s'agit d'un cas d'équilibre stable ; dans le second, d'un cas d'équilibre instable. Pour que l'équilibre soit stable pour la collectivité, il faut évidemment qu'il soit tel pour tous les individus qui la composent.

217. Les conditions que nous avons énumérées pour l'équilibre économique nous donnent une notion générale de cet équilibre. Pour savoir ce qu'étaient certains phénomènes nous avons dû étudier leur manifestation ; pour savoir ce que c'était que l'équilibre économique, nous avons dû rechercher comment il était déterminé. Remarquons, d'ailleurs, que cette détermination n'a nullement pour but d'arriver à un calcul numérique des prix. Faisons l'hypothèse la plus favorable à un tel calcul ; supposons que nous ayons triomphé de toutes les difficultés pour arriver à connaître les données du problème, et que nous connaissions les ophélimités de toutes les marchandises pour chaque individu, toutes les circonstances de la production des marchandises, etc. C'est là déjà une hypothèse absurde, et pourtant elle ne nous donne pas encore la possibilité pratique de résoudre ce problème. Nous avons vu que dans le cas de 100 individus et de 700 marchandises il y aurait 70.699 conditions (en réalité un grand nombre de circonstances, que nous avons jusqu'ici négligées, augmenteraient encore ce nombre) ; nous aurons donc à résoudre un système de 70.699 équations. Cela dépasse pratiquement la puissance de l'analyse algébrique, et

cela la dépasserait encore davantage si l'on prenait en considération le nombre fabuleux d'équations que donnerait une population de quarante millions d'individus, et quelques milliers de marchandises. Dans ce cas les rôles seraient changés : et ce ne seraient plus les mathématiques qui viendraient en aide à l'économie politique, mais l'économie politique qui viendrait en aide aux mathématiques. En d'autres termes, si on pouvait vraiment connaître toutes ces équations, le seul moyen accessible aux forces humaines pour les résoudre, ce serait d'observer la solution pratique que donne le marché.

218. Mais si les conditions que nous venons d'énumérer ne peuvent pas nous servir pratiquement à des calculs numériques de quantité et de prix, elles sont l'unique moyen connu jusqu'ici pour arriver à une notion de la façon dont varient ces quantités et ces prix, ou, plus exactement, d'une façon générale, pour savoir comment se produit l'équilibre économique.

219. Sous la pression des faits, même les économistes auxquels ces conditions étaient inconnues ont dû en tenir compte. On peut dire qu'ils aboutissaient à ceci : ils cherchaient la solution d'un système d'équations sans faire usage des mathématiques, et comme cela n'est pas possible, ils n'avaient d'autre moyen d'échapper à la difficulté qu'en ayant recours à des subterfuges, quelques-uns, en vérité, fort ingénieux. En général, on a procédé de la façon suivante : on a supposé, plus ou moins implicitement, que toutes les conditions (équations) moins une étaient satisfaites, et on n'a plus eu alors qu'une seule inconnue à déterminer, au moyen de quantités connues, c'était là un problème qui ne dépassait pas la puissance de la logique ordinaire (1).

(1) C'est ce que j'ai indiqué pour la première fois dans le *Giornale degli economisti*, septembre 1901. Voir aussi *Systèmes*, II, p. 288 et s.

Au lieu d'une seule condition on peut aussi ne considérer qu'une seule des catégories de conditions (équations) qui déterminent l'équilibre, parce que ces conditiens étant semblables, la logique ordinaire peut s'en occuper, sans grande précision d'ailleurs, comme d'une seule équation.

Voici un exemple de phrases amphigouriques, telles qu'on en emploie encore dans l'économie littéraire : « Si l'on suppose une condition de pleine et libre concurrence, le degré de limitation — comme aussi le coût de substitution et le degré d'utilité marginale — s'identifieront avec le degré de limitation qualificative, c'est-à-dire avec le coût de production ». Cela a l'air de vouloir dire quelque chose et ne veut rien dire du tout. L'auteur s'est bien gardé de définir exactement ce que c'est que *le degré de limitation :* il a une idée fort vague d'une certaine chose qu'il appelle *coût de production*, et qui n'est nullement le coût en numéraire, il entrevoit une autre chose qui est l'*utilité marginale ;* et par association d'idées il établit une identité qui n'existe que dans son imagination.

Naturellement, un tel mode de raisonner ne peut conduire qu'à des erreurs. En effet, on nous dit : « Si l'on considère la valeur d'un bien dans un seul échange, on peut dire seulement que le prix de ce bien est déterminé par son degré de limitation quantitative ».

Appliquons cette théorie à un exemple. Un voyageur est au centre de l'Afrique, il a une partition de la *Traviata*, elle est unique dans cette localité ; son « degré de limitation quantitative », si ce terme veut dire quelque chose, doit donc être très élevé ; et néanmoins son prix est zéro ; les nègres avec lesquels notre voyageur est en rapport n'appréciant nullement cette marchandise.

Nous avons rétrogradé. Phèdre et La Fontaine étaient meilleurs économistes. Le coq qui avait trouvé la perle

savait déjà qu'outre la question « de limitation quantitative », il y a une question de goût :

> *Ego quod te inveni, potior cui multo est cibus,*
> *Nec tibi prodesse, nec mihi quidquam potest.*

Quant à l'ignorant de La Fontaine, il se peut que le
manuscrit dont il avait hérité eût un haut degré de
« limitation quantitative », qu'il fût même unique en son
genre ; mais si aucun amateur ne voulait de ce manuscrit, notre ignorant n'aura pas eu son ducaton.

On a voulu trouver au moins une limite des prix, et
l'on a affirmé que « personne ne consentirait à payer une
marchandise plus qu'elle lui coûterait s'il la produisait
elle-même »..

Si l'on entend rigoureusement cette proposition, il ne
peut s'agir que d'un coût en numéraire, car on ne peut
comparer deux quantités hétérogènes : un prix et des
sacrifices. Laissons de côté l'erreur qui consiste à supposer un coût de production indépendant des prix, erreur
dont il sera question plus loin (§ 224) ; et bornons-nous
à remarquer que cette proposition, même si elle était
vraie, serait le plus souvent inutile ; car parmi les marchandises que nous consommons il n'en est presque
pas que nous puissions produire nous-mêmes, et celles,
en très petit nombre, que nous pourrions produire nous-
mêmes, nous coûteraient un prix énormément supérieur
à celui auquel nous les achetons. Comment vous y
prendriez-vous pour produire vous-même, directement,
le café que vous buvez, le drap dont vous êtes vêtu, le
journal que vous lisez ? Et quel serait le prix d'une de
ces marchandises si — supposant même l'impossible —
vous pouviez la produire directement ?

Les économistes littéraires, voulant éviter à tout prix
d'étudier l'ensemble des conditions de l'équilibre écono-

mique, ont tâché de simplifier le problème en changeant le sens du terme « coût de production », et en substituant au coût de production en numéraire un coût de production exprimé en sacrifices, qui n'a plus qu'un sens vague et indéterminé, se prêtant à toute sorte d'interprétation.

Un individu a un jardin où il peut cultiver des fraises ; on dit qu'il est évident qu'il ne payera pas les fraises un prix tel qu'il représente pour lui un plus grand sacrifice que celui qu'il ferait en les produisant directement. Cette proposition, qui a pour but d'éviter la complication du phénomène économique, n'est simple qu'en apparence ; si on veut la préciser, la complication qu'on croyait avoir évitée apparaît de nouveau. Comment évaluer les « sacrifices » de l'individu qui cultive ses fraises ? Est-ce la peine qu'il prendra, plus les dépenses qu'il fera ? Nous ignorons comment on s'y prendra pour sommer ces quantités hétérogènes, mais passons : admettons que de quelque manière on ait fait cette somme. Nous avons bien en effet, de la sorte, isolé du reste du phénomène économique la production des fraises pour notre individu. Seulement, en ce sens, la proposition est fausse. Le possesseur du jardin est un peintre de talent ; en une journée de travail il gagne de quoi acheter plus de fraises qu'il n'en produirait en travaillant six mois à son jardin ; il a donc avantage à peindre et à acheter les fraises beaucoup plus qu'elles ne lui « coûteraient » (ix, § 42 et suiv.).

Pour rendre vraie notre proposition il faut changer le sens du terme *coûter*, et dire que notre individu doit considérer non pas la *peine* qu'il prend directement pour produire des fraises, mais les avantages auxquels il renonce en employant son temps à cultiver des fraises, au lieu de l'employer autrement. Mais en ce cas le phénomène de la production des fraises n'est plus isolé du

reste du phénomène économique ; la proposition que
nous avons énoncée ne suffit plus pour déterminer le
prix des fraises ; elle exprime seulement que tout individu
tâche de faire l'usage le plus avantageux de son travail
et des autres facteurs de production dont il dispose ; ce
qui, en ce cas, conduit simplement à poser une partie des
conditions (équations) de l'équilibre économique, et
précisément des conditions que nous avons désignées
par A (§ 199).

Nous pouvons continuer dans cette voie, et tâcher de
lever les difficultés que nous avons signalées en commençant. On nous objecte qu'un homme est dans l'impossibilité de produire la plupart des marchandises qu'il
consomme. Eh bien ! faisons pour les marchandises que
consomme l'individu, la même opération que nous avons
faite pour les facteurs de production dont il disposait. Ne
lui demandons pas de produire directement sa montre,
le pauvre homme n'en viendrait jamais à bout ; et appelons « coût de production » le plaisir auquel il renonce
d'autre part, lorsqu'il emploie son argent à s'acheter
une montre au lieu de s'acheter autre chose. Pourvu
qu'on ait la loyauté d'avertir clairement le lecteur que
l'on donne ce sens étrange au terme « coût de production », on pourra ensuite dire que le prix qu'on paye une
montre est tel qu'il représente un plaisir égal au « coût
de production » de la montre. Seulement l'on n'aura ainsi
que les équations qui manquaient pour compléter le
total des équations A, dont nous avons déjà obtenu une
partie en considérant les facteurs de production. L'on
aura fait une théorie de l'échange, tandis qu'on avait
l'air de faire une théorie de la production ; et c'est pour
donner le change à ce sujet, que, sans en avoir conscience, on a altéré d'une manière ainsi étrange le sens
du terme : coût de production.

Si nous nous sommes un peu étendu sur cette proposition de l'économie littéraire, ce n'est pas qu'elle soit pire que d'autres, mais c'est seulement pour donner un exemple, choisi au hasard, de la façon déplorablement vague et erronée dont sont encore traitées ces questions, et des absurdités qui s'enseignent couramment sous le nom de science économique.

220. Considérons la seule catégorie (A), du § 208, et supposons que toutes les autres catégories de conditions sont satisfaites d'elles-mêmes. Dans ce cas nous pourrons dire que les prix sont déterminés par l'ophélimité, puisque précisément la catégorie (A) établit l'égalité des ophélimités pondérées. Ou bien, en nous servant de la phraséologie des économistes qui considèrent le problème de cette façon, nous dirons que les *valeurs* sont déterminées par les *utilités*, ou bien encore : que la valeur a pour *cause* l'utilité.

221. Considérons au contraire uniquement la catégorie (D) du § 208, et supposons que toutes les autres catégories de conditions soient satisfaites d'elles-mêmes. Dans ce cas nous pourrons dire que les prix sont déterminés par l'égalité du coût de production de chaque marchandise et de son prix de vente (1).

Si nous voulons tenir compte du fait que les marchandises considérées sont celles que l'on peut produire moyennant ce coût au moment où s'établit l'équilibre, nous parlerons du coût de *reproduction,* et non pas du coût de production.

Ferrara est allé plus loin ; il a considéré le coût pour produire, non pas une marchandise, mais une sensation (2), et ainsi il fut amené à tenir compte, sans doute d'une façon imparfaite, non seulement des conditions (D), mais aussi des conditions (A). Lorsqu'on

(1) *Cours,* I, § 80.
(2) *Cours,* I, § 80.

songe qu'il y est arrivé sans avoir recours aux considérations mathématiques, qui rendent le problème si
simple, on doit admirer la puissance vraiment extraordinaire de son intelligence. Aucun des économistes non
mathématiciens n'est allé plus loin.

222. Considérons les catégories (A) et (B) ; elles nous
permettent de déduire les quantités des marchandises
déterminées par les prix (les quantités en fonction des
prix, c'est-à-dire ce que les économistes ont appelé les
lois de l'offre et de la demande). Et si, comme ci-dessus,
nous supposons que les autres catégories de conditions
sont satisfaites d'elles-mêmes, nous pourrons dire que
les quantités sont déterminées par les prix, au moyen des
lois de l'offre et de la demande.

Les économistes non-mathématiciens n'ont jamais eu
une idée claire de ces lois. Souvent ils parlaient de
l'offre et de la demande d'une marchandise comme si
elles ne dépendait que du prix de cette marchandise (1).
Quand ils se sont rendu compte de leur erreur, ils l'ont
corrigée en parlant de la *puissance d'achat* de la monnaie,
mais sans jamais savoir au juste ce que c'était que cette
entité.

223. De plus, comme ils ne voyaient pas nettement
que la demande et l'offre résultaient précisément des
conditions (A) et (B), ils parlaient de la demande et de
l'offre comme de quantités ayant une existence indépendante de ces conditions ; et alors ils se posaient des problèmes comme celui de savoir si le désir qu'un individu
a d'un objet qu'il n'a pas les moyens d'acheter peut être
considéré comme faisant partie de la demande, ou bien
si une quantité de marchandise existant sur un marché

(1) Cairnes, *Some leading principles of pol. econ.*, ch. ii. « Par
offre et par demande, quand on en parle par rapport à des marchandises spéciales, il faut... entendre offre et demande à un
certain prix... »

mais que son possesseur ne veut pas vendre, fait partie de l'offre.

Thornton (1) suppose qu'on a à vendre un certain nombre de gants et qu'ils sont vendus à des prix successivement décroissants, jusqu'à ce que tous soient vendus ; il admet que la quantité *offerte* est le nombre total des gants, et il remarque que la dernière portion seule est vendue au prix qui rend égales l'offre et la demande, « la plus grande partie se vendant à des prix auxquels l'offre et la demande seraient inégales ». Il confond ici le point d'équilibre, auquel l'offre et la demande sont égales, et le chemin suivi pour arriver à ce point, chemin sur lequel l'offre et la demande ne sont pas égales (§ 182).

224. Le coût de production a été conçu par les économistes littéraires comme un prix *normal* autour duquel devaient graviter les prix déterminés par la demande et par l'offre, et ainsi ils arrivaient à tenir compte, quoique d'une façon très imparfaite, des trois catégories de conditions (A), (B), (D). Mais ils les considéraient indépendamment les unes des autres, et il semblait que le coût de production d'une marchandise était indépendant des prix de cette marchandise et des autres. Il est facile de voir combien l'erreur était grossière. Par exemple, le coût de production du charbon de terre dépend du prix des machines, et le coût de production des machines dépend du prix du charbon, par conséquent, le coût de production du charbon dépend du prix de ce même charbon. Et il en dépend encore plus directement si on considère la consommation de charbon des machines employées dans la mine.

225. Le prix ou la *valeur d'échange* est déterminé en même temps que l'équilibre économique, et celui-ci naît de l'opposition entre les goûts et les obstacles. Celui qui

(1) *On labour.*

ne regarde que d'un côté et considère uniquement les goûts, croit qu'ils déterminent exclusivement le prix, et trouve la *cause* de la valeur dans l'*utilité* (ophélimité). Celui qui regarde de l'autre côté, et ne considère que les obstacles, croit que ce sont eux exclusivement qui déterminent le prix et il trouve la *cause* de la valeur dans le coût de production. Et si parmi les obstacles il considère uniquement le travail, il trouve la *cause* de la valeur exclusivement dans le travail. Si dans le système des conditions (équations) qui, nous l'avons vu, déterminent l'équilibre, nous supposons que toutes les conditions sont satisfaites d'elles-mêmes, à l'exception de celles qui se réfèrent au travail, nous pourrons dire que la valeur (prix) ne dépend que du travail, et cette théorie ne sera pas fausse, mais simplement incomplète. Elle sera vraie pourvu que les hypothèses faites se réalisent.

226. Les conditions que, souvent inconsciemment, on négligeait, que l'on écartait, revenaient d'elles-mêmes ; parce que, arrivés à la solution du problème, on sentait, souvent par intuition, qu'il était nécessaire d'en tenir compte. C'est ainsi que Marx, dans sa théorie de la valeur, a dû chercher à éliminer par des moyennes ou autrement les conditions qu'il a dû négliger pour faire dépendre la valeur du travail seul (1). Ainsi chez beaucoup

(1) Dans un livre publié récemment, on dit que « le prix est la manifestation concrète de la valeur ». Nous avions les incarnations de Bouddha, voici que nous avons les incarnations de la *valeur* !

Que peut bien être cette entité mystérieuse ? C'est, paraît-il, « la capacité qu'a un bien d'être échangé avec d'autres biens ». C'est définir une chose inconnue par une autre encore moins connue ; car que peut bien être cette « capacité » ? Et, ce qui est encore plus important, comment la mesure-t-on ? De cette « capacité » ou de son homonyme la « valeur » nous ne connaissons que la « manifestation concrète », qui est le prix ; et

d'économistes le terme *valeur. d'échange* ne signifie pas seulement un rapport, la raison d'échange de deux marchandises, mais il s'y ajoute, d'une façon un peu imprécise, certaines notions de pouvoir d'achat, d'équivalence des marchandises, d'obstacles à vaincre, et il en résulte une certaine entité mal définie et qui, précisément à cause de cela, peut comprendre une certaine notion des conditions qu'on a négligées, mais dont on sent cependant qu'il faut tenir compte.

Tout cela est dissimulé par le vague et le défaut de précision des définitions, par un cliquetis de mots qui semblent vouloir dire quelque chose et sans lesquels il n'y a rien (1).

On a ainsi donné tant de sens vagues et parfois même contradictoires au terme *valeur* qu'il vaut mieux ne pas s'en servir dans l'étude de l'économie politique (2). C'est ce qu'avait fait Jevons en se servant de l'expression de *taux d'échange* ; et il vaut encore mieux, comme M. Walras, se servir de la notion du prix d'une marchandise B en une marchandise A(§ 153).

Un certain échange a eu lieu : on a échangé 1 de A contre 2 de B ; en cet échange le prix de A en B est 2. C'est là un fait ; et c'est de ces faits que la science économique se propose de faire la théorie.

Plusieurs auteurs mettent dans la notion de ce qu'ils nomment *valeur* quelque chose de plus de ce qu'il y a dans cette notion du prix ; c'est-à-dire qu'aux faits du passé, ils ajoutent une prévision de l'avenir. Ils disent que la valeur est 2 si l'on peut échanger *couramment* 2 de B contre 1 de A.

Ils ne s'expriment pas aussi clairement, parce que

vraiment il est alors inutile de nous embarrasser de ces entités métaphysiques, et nous pouvons nous en tenir aux prix.

(1) *Systèmes*, I, p. 338 et suiv. ; II, p. 121 et suiv.

(2) *Systèmes*, II, ch. XIII.

toutes ces théories ont besoin, pour dissimuler les erreurs qui s'y trouvent, de demeurer dans le vague, mais tel est bien le fond de leur pensée.

Il faut tout d'abord observer qu'en ce sens les marchandises qui se vendent en gros n'auraient presque jamais de « valeur », car leur prix varie d'un achat à un autre ; le cours d'ouverture du marché est fort souvent différent du cours de clôture.

On tâche d'escamoter cette difficulté, en distinguant entre la *valeur* et sa grandeur ! comme si une quantité pouvait exister indépendamment de sa grandeur ! D'ailleurs, même si l'on admettait cela, la considération de cette entité métaphysique serait de la plus parfaite inutilité. En réalité, on repousse ainsi dans le vague d'une définition les conditions dont on est incapable de tenir compte pour déterminer l'équilibre économique.

En outre, il ne faut jamais confondre, lorsqu'on établit une théorie, les faits que cette théorie doit expliquer et les prévisions qu'on en peut tirer. Les prix réalisés pour les ventes en gros du cuivre à la bourse de Londres sont des faits ; il faut en faire la théorie avant d'avoir le moindre espoir de connaître ce qu'ils seront à l'avenir ; et, pour le moment, cette prévision est absolument impossible. Il n'y a rien de réel, en dehors de ces prix, qui soit la « valeur » du cuivre. Si les personnes qui n'ont pas de notions scientifiques en économie politique en jugent autrement, c'est qu'elles entrevoient vaguement que si certains prix ont été réalisés à Londres pour le cuivre, et s'il est probable que d'autres prix, qu'on ne saurait préciser, se réaliseront à l'avenir, c'est parce que le cuivre sert à satisfaire indirectement des goûts des hommes, et qu'il existe des obstacles pour se le procurer ; ces conceptions, que la science précise, n'ont pour ces personnes qu'un sens vague et indéterminé, et elles les rattachent au terme : *valeur*, pour leur donner un nom.

Il n'existe aucune entité ressemblant à ce que les économistes littéraires nomment *valeur*, et qui soit dépendante objectivement d'une chose, comme le serait la densité ou telle autre propriété physique quelconque de cette chose. Cette entité n'existe pas non plus sous la forme de « l'estimation » qu'un, ou plusieurs individus font de cette chose. Pour lui donner l'existence, il ne suffit pas non plus de considérer certains obstacles à la production.

Si cette chose vague et indéterminée que les économistes littéraires nomment *valeur* a quelque rapport avec les prix, on peut affirmer qu'elle dépend de *toutes* les circonstances, aucune exceptée, qui influent sur la détermination de l'équilibre économique.

Quelle est la *valeur* des diamants ? Vous ne pouvez résoudre cette question ni en considérant les désirs qu'il éveille chez les hommes et les femmes, ni en considérant les obstacles que rencontrent sa production, ni les évaluations en lesquelles se traduisent ces désirs et ces obstacles, ni les « limitations de quantité », ni le coût de production, ni le coût de reproduction, etc. Toutes ces circonstances influent sur le prix des diamants, mais seules, ou même en groupe, elles ne suffisent pas pour le déterminer.

Par exemple, vers la fin de l'année 1907, aucun changement notable n'avait eu lieu dans les circonstances que nous venons d'énumérer, le prix des diamants baissait et il aurait baissé encore plus s'il n'avait été soutenu par le monopole d'un syndicat. La crise était tellement profonde que les principaux producteurs de diamants, la Compagnie De Beer et la compagnie Premier, suspendaient la distribution des dividendes. Quelle circonstance venait ainsi changer brusquement la *valeur* des diamants ? Simplement la crise financière aux Etats-Unis d'Amérique et en Allemagne. Ces pays, grands acheteurs de diamants, suspendaient presque entièrement leurs achats.

Pour expliquer et prévoir de semblables phénomènes les théories métaphysiques des économistes littéraires ne servent de rien ; tandis que les théories de l'économie scientifique s'adaptent parfaitement à ces faits.

227. La chose indiquée par les mots de valeur d'échange, de taux d'échange, de prix, n'a pas *une* cause ; et l'on peut déclarer désormais que tout économiste qui cherche *la cause* de la valeur montre par là qu'il n'a rien compris au phénomène synthétique de l'équilibre économique.

Autrefois on croyait généralement qu'il devait y avoir *une* cause de la valeur ; on discutait simplement pour savoir quelle elle était.

Il est bon de noter que la puissance de l'opinion selon laquelle il devait y avoir une cause de la valeur était si grande que même M. Walras n'a pas pu s'y soustraire entièrement, lui qui, en nous donnant les conditions de l'équilibre dans un cas déterminé, a contribué à montrer l'erreur de cette opinion. Il exprime deux notions contradictoires. D'une part, il nous dit que « toutes les inconnues du problème économique dépendent de toutes les équations de l'équilibre économique », et c'est là une bonne théorie ; d'un autre côté, il affirme qu'il « est certain que la *rareté* (ophélimité) est la cause de la valeur d'échange » et c'est là une réminiscence de théories dépassées, qui ne correspondent pas à la réalité (1).

----

(1) *Eléments d'économie politique pure*, LAUSANNE, 1900. « Théoriquement, toutes les inconnues du problème économique dépendent de toutes les équations de l'équilibre économique » ; p. 289. « Il est certain que la rareté est la cause de la valeur d'échange » ; p. 102.

Il est probable que M. Walras s'est laissé tromper par les nota-

Ces erreurs sont excusables, et même naturelles, au moment où on passe de théories inexactes à de nouvelles et meilleures théories ; mais elles seraient inexcusables maintenant que ces théories ont été élaborées et qu'elles ont progressé.

228. En résumé, les théories qui ne mettent en relation que la valeur (prix), *degré final d'utilité* (ophélimité), n'ont pas grande utilité pour l'économie politique. Les théories les plus utiles sont celles qui considèrent, en général, l'équilibre économique et qui recherchent comment il prend naissance dans l'opposition des goûts et des obstacles.

C'est la mutuelle dépendance des phénomènes économiques qui rend indispensable l'usage des mathématiques pour étudier ces phénomènes ; la logique ordinaire peut assez bien servir pour étudier les rapports de cause à effet, mais devient bientôt impuissante lorsqu'il s'agit de rapports de mutuelle dépendance. Ceux-ci, en mécanique rationnelle et en économie pure, nécessitent l'usage des mathématiques.

La principale utilité que l'on retire des théories de l'économie pure est qu'elle nous donne une notion syn-

---

tions accessoires du mot *rareté*. Dans ses formules, comme il l'accorde lui-même, c'est le *Grenznutzen* des Allemands, le *final degree of utility* des Anglais, ou bien notre ophélimité élémen-taire ; mais dans le texte, de-ci de-là, il s'y ajoute de façon peu précise cette idée que la marchandise est rare pour les besoins à satisfaire, par suite des obstacles à surmonter pour l'obtenir. On entrevoit aussi vaguement une notion des obstacles, et cette proposition que « la rareté est la cause de la valeur d'échange » en devient moins inexacte. La faute de ces confusions n'est pas à ce savant éminent ; elle appartient entièrement au mode de raisonnement en usage dans la science économique ; mode de raisonnement que les travaux de M. Walras ont précisément contribué à rectifier.

thétique de l'équilibre économique, et pour le moment nous n'avons pas d'autre moyen pour arriver à cette fin. Mais le phénomène qu'étudie l'économie pure diffère parfois un peu, parfois beaucoup du phénomène concret, c'est à l'économie appliquée à étudier ces divergences. Il serait peu raisonnable de prétendre régler les phénomènes économiques par les seules théories de l'économie pure.

CHAPITRE IV

1. Dans le chapitre précédent nous avons cherché à arriver à une notion très générale, et par conséquent un peu superficielle, du phénomène économique ; nous avons écarté, au lieu de les résoudre, un grand nombre des difficultés que nous avons rencontrées. Il nous faut maintenant étudier de plus près les phénomènes, les détails que nous avons négligés, et compléter les théories que nous n'avons qu'indiquées.

2. **Les goûts et l'ophélimité.** — Nous avons essayé de ramener le phénomène des goûts au plaisir que l'homme éprouve lorsqu'il consomme certaines choses, ou lorsqu'il s'en sert d'une façon quelconque.

Ici se présente immédiatement une difficulté. Devons-nous considérer l'usage, la consommation, simplement comme facultatifs, ou bien aussi comme obligatoires ? En d'autres termes, les quantités de marchandises qui figurent dans les formules de l'économie pure doivent-elles s'entendre comme n'étant consommées que tant que cela plaît à l'individu, ou comme nécessairement consommées, même si au lieu de plaisir elles lui causent une peine ? Dans le premier cas les ophélimités sont toujours positives, elles ne peuvent descendre au-dessous de zéro, puisque quand l'individu est satisfait, il s'arrête ; dans le second cas, les ophélimités peuvent être négatives et représenter une douleur au lieu d'un plaisir.

Les deux cas sont théoriquement possibles ; pour résoudre la question que nous venons de poser, il faut se tourner vers la réalité, et voir ce dont l'économie politique doit s'occuper.

3. Il n'est pas difficile de voir qu'elle doit faire la théorie de la première catégorie. Si un homme a plus d'eau qu'il ne lui en faut pour se rassasier, il n'est vraiment pas forcé de la boire toute ; il en boit ce qu'il veut, et il laisse perdre le reste. Si une dame a dix robes, elle n'a pas besoin de les porter toutes ensemble ; et il n'est pas d'usage qu'on porte sur soi toutes les chemises que l'on possède. Enfin, chacun ne se sert des biens qu'il possède qu'autant que cela lui convient.

4. Mais, cela accordé, la signification des quantités qui, pour les marchandises, figurent dans les formules de l'économie pure, change un peu. Ce ne sont plus les quantités consommées, mais les quantités qui sont à la disposition de l'individu. Par là le phénomène concret diverge un peu du phénomène théorique. A la sensation de la consommation actuelle nous substituons, comme cause des actions de l'individu, la sensation actuelle de la consommation future des biens qui sont à sa disposition.

5. De plus, dans le cas où l'individu possède une quantité de biens telle qu'il en a à satiété, nous négligeons la peine qu'il peut avoir pour se débarrasser de quantités superflues. D'ordinaire, il est vrai, elle est insignifiante, et c'est ce qu'exprime le proverbe : abondance de biens ne nuit jamais ; mais il y a certains cas exceptionnels dans lesquels elle peut être assez importante et où on doit en tenir compte.

6. Quant à la substitution de la sensation de la consommation possible à la sensation de la consommation

effective, si on considère des actions qui se répètent, et
c'est ce que fait l'économie politique, ces deux sensations, en somme, se trouvent dans un rapport constant
et tel que, sans erreur grave, la première peut remplacer la seconde. Dans des cas exceptionnels, par
exemple pour des individus très imprévoyants et étour-
dis, il peut être utile de tenir compte de la différence qu'il
y a entre ces deux sensations, mais, pour le moment,
nous ne nous y arrêterons pas.

7. La considération des quantités qui sont à la disposition de l'individu a aussi un autre avantage ; cela nous
permet de ne pas tenir compte de l'ordre des consommations, et de supposer que cet ordre est celui qui convient le mieux à l'individu. Il est évident qu'on n'éprouve
pas la même jouissance si l'on mange le potage au commencement du repas et le dessert à la fin, ou bien si l'on
commence par le dessert pour finir par le potage. Nous
devrions donc tenir compte de l'ordre, mais cela augmenterait considérablement les difficultés de la théorie,
et il n'est pas mauvais de nous débarrasser de cette
épine.

8. Ce n'est pas tout. La consommation des marchandises peut être indépendante : l'ophélimité que procure
la consommation d'une marchandise peut être la même
quelles que soient les autres marchandises consommées,
elle peut en être indépendante. Mais il n'en est généralement pas ainsi, et souvent il arrive que les consommations sont dépendantes, c'est-à-dire que l'ophélimité pro-
curée par la consommation d'une marchandise dépend
de la consommation d'autres marchandises.

Il faut distinguer deux espèces de dépendance : 1° celle
qui naît de ce que le plaisir d'une consommation est en
relation avec les plaisirs des autres consommations ;
2° celle qui se manifeste en ce que l'on peut substituer
une chose à une autre pour produire chez un individu

des sensations, sinon identiques, du moins approximativement égales.

9. Examinons d'abord le premier genre de dépendance. En réalité, le plaisir que nous procure une consommation dépend de nos autres consommations ; et de plus, pour que certaines choses nous procurent un plaisir, il faut qu'elles soient jointes à d'autres : par exemple, un potage sans sel est peu agréable, et un vêtement sans boutons fort incommode.

Au fond, les cas que nous venons de considérer ne diffèrent que quantitativement ; le premier présente, moins prononcés, les mêmes caractères que le second, et l'on passe de l'un à l'autre par degrés insensibles. Il peut être utile, d'ailleurs, de distinguer les cas extrêmes, qui sont les suivants : (α) La dépendance des consommations peut résulter de ce que nous apprécions plus ou moins l'usage et la consommation d'une chose, selon l'état où nous nous trouvons. (β) Cette dépendance peut provenir de ce que certaines choses doivent être réunies, pour nous procurer du plaisir ; on les appelle des BIENS COMPLÉMENTAIRES.

10. (α) Le premier genre de dépendance est très général, et on ne peut pas le négliger quand on considère des variations importantes des quantités des choses ; ce n'est que lorsque ces variations sont peu importantes qu'on peut supposer approximativement que certaines consommations sont indépendantes. Il est certain que celui qui souffre cruellement du froid apprécie mal une boisson délicate ; celui qui est affamé n'éprouve pas grand plaisir à regarder un tableau, à écouter un récit bien ordonné, et si on lui donnait à manger, il lui importerait peu d'être servi dans de la poterie grossière ou dans de la fine porcelaine. D'autre part, dans ce genre de dépendance, et pour de petites variations de quantité, la partie principale des variations de l'ophélimité provient de la

variation de la quantité de cette marchandise. Il est préférable de manger un poulet dans un joli plat, mais, en somme, si le plat est simplement plus ou moins beau, le plaisir n'est pas très différent. Inversement, le plaisir qu'on éprouve à se servir d'un beau plat, dépend principalement de ce plat, et ne varie pas beaucoup si le poulet est plus ou moins gros, et de qualité plus ou moins fine.

11. Quelques-uns des auteurs qui ont constitué l'économie pure ont été amenés, pour rendre plus simples les problèmes qu'ils voulaient étudier, à admettre que l'ophélimité d'une marchandise ne dépendait que de la quantité de la marchandise à la disposition de l'individu. On ne peut pas les blâmer, parce qu'en somme il faut résoudre les questions les unes après les autres, et qu'il vaut mieux ne jamais se hâter. Mais il est temps maintenant de faire un pas en avant et de considérer aussi le cas dans lequel l'ophélimité d'une marchandise dépend des consommations de toutes les autres.

En ce qui concerne le genre de dépendance que nous étudions en ce moment, on pourra, toujours d'ailleurs approximativement, et pourvu qu'il ne s'agisse que de petites variations, considérer l'ophélimité d'une marchandise comme dépendant exclusivement des quantités de cette marchandise. Mais il nous faudra tenir compte des autres genres de dépendance.

12. (β) La notion de biens complémentaires peut être plus ou moins étendue. Pour avoir de la lumière, il faut une lampe et aussi du pétrole ; mais il n'est pas nécessaire d'avoir un verre pour boire du vin, on peut boire à la bouteille.

En étendant la notion de biens complémentaires on pourrait tenir compte de cette dépendance en considérant comme des marchandises distinctes toutes les combinaisons de marchandises dont se sert ou que consomme directement l'individu. Par exemple, on ne tiendrait pas

compte séparément du café, du sucre, de la tasse, de la
cuillère, et on ne considérerait qu'une marchandise composée de ces trois marchandises nécessaires pour prendre
une tasse de café. Mais on écarte ainsi une difficulté pour
tomber dans des difficultés plus grandes. D'abord, pourquoi, dans la formation de cette marchandise idéale,
s'arrêter à la cuillère ? Il faudrait tenir compte également
de la table, de la chaise, du tapis, de la maison où se
trouvent toutes ces choses, et ainsi de suite à l'infini.
Nous multiplions ainsi hors de toute mesure le nombre
des marchandises, parce que toute combinaison possible
des marchandises réelles nous donne une de ces marchandises idéales.

Il faut donc de deux maux choisir le moindre, et ne
prendre en considération ces marchandises composées
que dans les cas où elles sont si étroitement dépendantes
l'une de l'autre, qu'il serait très malaisé de les considérer
à part. Dans les autres cas il vaut mieux les considérer
séparément, et nous retombons ainsi dans le cas précédent. Mais il ne faut jamais, quand on procède ainsi, oublier que l'ophélimité d'une de ces marchandises dépend
non seulement des quantités de cette marchandise, mais
aussi des quantités des autres marchandises dont elle est
accompagnée pour qu'on s'en serve ou qu'on la consomme, et que l'on commet certainement une erreur en
la considérant comme ne dépendant que de la quantité
de cette marchandise. Cette erreur peut être négligeable
lorsqu'il n'y a que de petites variations des quantités des
marchandises, parce que dans ce cas on peut approximativement supposer que la consommation de la marchandise considérée se fait dans certaines conditions
moyennes par rapport aux marchandises accessoires.

En reprenant l'exemple précédent, si on devait considérer le cas extrême dans lequel il n'y a pas de tasse pour
le café, on ne pourrait sans grave erreur supposer

l'ophélimité du café indépendante de la tasse ; mais si au contraire on considère un état qui ne s'écarte que peu de l'état existant, c'est-à-dire un état dans lequel les variations consistent simplement à avoir une tasse de qualité un peu meilleure ou un peu moins bonne, on peut, sans erreur grave, considérer l'ophélimité du café comme indépendante de la tasse. A la grande rigueur, l'ophélimité de café pour un individu varie avec le sucre, la tasse, la cuillère, etc., qu'il a à sa disposition ; mais si nous supposons un certain état moyen pour toutes ces choses, nous pourrons, avec une approximation grossière, supposer que l'ophélimité du café dépend uniquement de la quantité de café dont un individu donné dispose. De même l'ophélimité du sucre dépendra uniquement de la quantité de sucre, etc. Cela ne serait plus vrai si on considérait des variations notables des quantités, ou des prix. Que le sucre coûte 40 ou 50 centimes le kilogramme, cela modifie bien peu l'ophélimité du café ; mais si on ne pouvait plus avoir de sucre, cela changerait beaucoup l'ophélimité du café, et même simplement la hausse du prix du sucre de 50 centimes à 2 francs le kilogramme amènerait une variation de l'ophélimité du café que l'on ne devrait pas négliger.

13. Nous conclurons donc que si l'on s'occupe de variations très étendues, il est nécessaire, au moins pour la plupart des marchandises, de considérer l'ophélimité d'une marchandise comme dépendant, non seulement de la quantité utilisée ou économisée de cette marchandise, mais aussi de la quantité de beaucoup d'autres marchandises que l'on utilise ou que l'on consomme dans le même temps. Si on ne le fait pas et si on se contente de considérer l'ophélimité d'une marchandise comme dépendant uniquement de la quantité de cette marchandise, il devient nécessaire de raisonner uniquement sur des variations très petites, et

par conséquent de n'étudier le phénomène que dans le voisinage d'une position d'équilibre donnée.

14. Passons maintenant au second genre de dépendance. Un homme peut se rassasier de pain ou de pommes de terre, il peut boire du vin ou bien de la bière, il peut se vêtir de laine ou de coton, il peut utiliser le pétrole ou des bougies. On conçoit qu'on peut établir une certaine équivalence entre les consommations qui correspondent à un certain besoin. Mais il nous faut distinguer suivant que cette équivalence est relative aux goûts de l'homme, ou bien à ses besoins.

15. Si la relation d'équivalence se réfère rigoureusement aux goûts de l'individu, elle n'est pas autre chose que la relation que donne la courbe d'indifférence pour des marchandises équivalentes ; il est donc inutile d'en faire une étude séparée. Dire qu'un homme considère comme équivalent pour ses goûts de remplacer, dans son alimentation, un kilogramme de haricots par deux kilogrammes de pommes de terre, c'est exprimer cette idée que la courbe d'indifférence entre les haricots et les pommes de terre passe par le point 1 kilogramme de haricots et 0 de pommes de terre, et par le point 2 kilogrammes de pommes de terre et 0 kilogramme de haricots.

16. Parfois l'équivalence ne se réfère pas aux goûts, mais aux besoins. Dans ce cas il n'y aurait plus identité entre la relation d'équivalence et celle de la courbe d'indifférence. Par exemple, un homme peut se rassasier en mangeant 2 kilogrammes de farine de maïs ou 1 kilogramme de pain ; une femme peut se parer soit avec un collier de perles fausses, soit avec un collier de perles fines. Par rapport aux goûts il n'existe aucune équivalence entre ces choses ; l'homme préfère le pain, la femme les perles fines, et ce n'est que sous la pression de la nécessité qu'ils les remplacent par la farine de maïs et les perles fausses.

17. Quand l'homme consomme en même temps du pain et du maïs, quand la femme se pare de perles fausses et de perles fines, on ne peut plus supposer que l'ophélimité du maïs est indépendante de celle du pain, ni que l'ophélimité des perles fausses est indépendante de celle des perles fines ; il nous faut alors considérer l'ophélimité d'une certaine combinaison de perles fausses et de perles fines, de pain et de maïs, ou d'une autre façon quelconque tenir compte de la dépendance des consommations.

18. Le phénomène de cette dépendance est fort étendu. Un grand nombre de marchandises existent en des qualités très différentes, et ces qualités se substituent l'une à l'autre, lorsque les ressources de l'individu augmentent. Sous le nom de chemise, nous rangeons un grand nombre d'objets très différents, depuis la grossière chemise de la paysanne, jusqu'à la fine batiste d'une élégante. Il y a un grand nombre de qualités de vin, de fromage, de viande, etc. Celui qui n'a pas autre chose, mange beaucoup de farine de maïs ; s'il a du pain, il mangera moins de maïs ; s'il a de la viande, il diminuera même sa consommation de pain. On ne peut pas dire quel est le plaisir que procure à quelqu'un une certaine quantité de farine de maïs, si on ne sait pas quels sont les autres aliments dont il dipose. Quel plaisir procure à un individu déterminé un manteau de laine grossière ? Pour répondre il faut savoir quels sont les vêtements qu'il a à sa disposition.

19. Ces phénomènes nous font connaître une certaine hiérarchie des marchandises. Si, par exemple, les marchandises A, B, C... sont capables de satisfaire un certain besoin, un individu se servira de la marchandise A parce qu'il ne peut pas se procurer les autres, qui sont trop chères. Si son aisance augmente, il utilisera en même temps A et B ; si elle augmente davantage, il ne se

servira que de B ; puis de B et C, puis uniquement de C ;
puis C et de D, etc. Il est bien entendu que nous n'avons
ainsi qu'une petite partie du phénomène, et que celui qui
se sert de C peut encore parfois, par hasard, consommer
de petites quantités de A, B, C, etc.

Nous dirons qu'une quelconque des marchandises
d'une série semblable est *supérieure* aux précédentes et
inférieure aux suivantes. Nous avons, par exemple, la
série : maïs, pain, viande de 2ᵉ qualité, viande de 1ʳᵉ qualité. Celui qui est très pauvre mange beaucoup de maïs,
peu de pain, et très rarement de la viande. Ses ressources
augmentant, il mangera plus de pain et moins de maïs ;
si sa situation s'améliore encore, il mangera du pain et
de la viande de 2ᵉ qualité, et de temps en temps seulement du maïs ; son aisance augmentant, il mangera de
la viande de 1ʳᵉ catégorie et d'autres aliments de bonne
qualité, très peu de maïs, peu de pain, et encore d'un
pain de qualité supérieure à celle qu'il mangeait auparavant.

On voit combien est étendu le genre de dépendance
dont nous parlons, et qu'il nous faut nécessairement
en tenir compte. Deux chemins s'offrent à nous, comme
précédemment.

20. On peut ne s'occuper de ce genre de dépendance
que dans les cas où elle est très marquée, et où la
préférence de l'individu n'est pas négligeable, et considérer les autres consommations comme indépendantes.

21. Mais sur ce terrain des approximations, on pourrait
procéder autrement et étendre, au lieu de la restreindre,
la considération de ce genre de dépendance. On pourrait,
par exemple, considérer un nombre plus ou moins grand
de goûts et de besoins de l'homme, et pour eux supposer équivalentes certaines quantités de marchandises, qui
peuvent se substituer l'une à l'autre. Par exemple, pour
l'alimentation, établir certaines équivalences entre les

quantités de pain, de pommes de terre, de haricots, de viande, etc. Dans ce cas, il n'y aurait plus qu'à tenir compte que de l'ophélimité totale de ces quantités équivalentes.

22. Ces équivalences de substitution n'étant qu'approximatives, doivent, même pour le second genre de dépendance, ne pas nous éloigner d'un certain état moyen, pour lequel ces équivalences ont été approximativement établies.

23. Les difficutés que nous rencontrons ici ne sont pas spéciales à cette question. Nous avons déjà vu (§ 18) qu'elles se rencontrent généralement pour les phénomènes très complexes. Il y a chez les peuples civilisés une énorme quantité de marchandises variées, susceptibles de satisfaire des goûts innombrables. Pour avoir une idée générale du phénomène, il faut nécessairement négliger de nombreux détails, et on peut le faire de plusieurs façons.

24. Nous avons considéré les principaux genres de dépendance ; il y en a d'autres, et le phénomène est très varié et très complexe. En résumé, l'ophélimité d'une consommation dépend de toutes les circonstances dans lesquelles se fait la consommation. Mais si nous voulons considérer le phénomène dans toute son ampleur, il n'y aura plus de théorie possible, pour les raisons déjà plusieurs fois rapportées ; aussi est-il absolument nécessaire d'en séparer les parties principales, et de dégager du phénomène complet et complexe les éléments idéaux et simples qui peuvent faire l'objet de théories.

On peut atteindre ce but de plusieurs manières ; nous en avons indiqué deux ; mais il y en a d'autres possibles. Chacun de ces procédés a ses avantages, et, selon les circonstances, on peut le préférer à d'autres.

25. Comme dans toutes les sciences concrètes dans lesquelles on substitue approximativement un phéno-

mène à un autre, la théorie ne doit pas être étendue au
delà des limites pour lesquelles elle a été construite ; et
quelle que soit la route suivie, on ne peut en étendre
les conclusions, du moins sans nouvelles recherches, en
dehors de la région étroite qui se trouve dans les envi-
rons du point d'équilibre considéré.

26. D'autres faits de grande importance nous obligent
d'ailleurs à procéder ainsi. Lorsque les conditions
changent, les goûts des hommes changent aussi. A une
femme qui déjà possède des diamants, nous pouvons,
avec l'espérance d'avoir une réponse raisonnable, demander « si les diamants coûtaient un peu plus, combien en achèteriez-vous en moins? » Mais si nous
demandions à une paysanne qui n'a jamais eu de
diamants : « si vous étiez millionnaire, combien de diamants à tel prix déterminé achèteriez-vous ? », nous
aurions une réponse faite au hasard et sans aucune
valeur. Martial nous dit dans une de ses épigrammes :
« Souvent tu me demandes, Priscus, ce que je serais si
je devenais riche et puissant. Penses-tu qu'on puisse
connaître les sentiments futurs ? Dis-moi si tu devenais lion, ce que tu serais ? (1) »

Si nous voulons être exacts, il nous faut dire qu'il
n'est même pas nécessaire que les conditions du phénomène changent radicalement pour que les goûts
changent : ils peuvent changer aussi pour de légers
changements dans les conditions extérieures. Ajoutons
qu'un individu n'est pas parfaitement semblable à lui-
même du jour au lendemain.

27. Cette observation nous met sur la voie d'une
proposition qui est d'une très grande importance.
Commençons par citer un exemple. En Italie, le
peuple boit du café, et ne boit pas de thé. Si le café

(1) XII, 93.

augmentait beaucoup de prix, et que le thé baissât beaucoup de prix, l'effet immédiat serait la diminution de la
consommation du café, tandis que la consommation du
thé n'augmenterait pas, ou n'augmenterait que d'une
façon insensible. Mais petit à petit, après un temps qui
sera certainement très long, parce que les goûts des
hommes sont très tenaces, le peuple italien pourra remplacer le café par le thé ; l'effet dernier de la diminution
considérable du prix du thé sera d'augmenter beaucoup
sa consommation.

En général, nous devons toujours distinguer entre les
changements qui surviennent dans de courtes périodes
et ceux qui surviennent après de longues périodes. Dans
la statistique économique il faut, sauf des cas exceptionnels, étudier exclusivement les premiers. Supposons que
les courbes d'indifférence entre une marchandise B et
une autre marchandise A (qui pourrait être la monnaie)
soient aujourd'hui, celles qu'indiquent les lignes pleines
s de la *fig.* 28, et qu'après un siècle, elles deviennent les
lignes pointillées *t*. Suppo-
sons encore que l'individu ait
la quantité *oa* de monnaie.
Aujourd'hui, quel que soit le
prix de B (dans certaines limites), cet individu dépensera
presque la même quantité *ah*
de A ; dans un siècle il dépensera une quantité *ak*, qui
sera presque la même lorsque
le prix varie, mais qui sera
différente de *ah*.

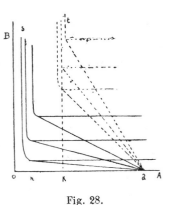

Fig. 28.

28. Il faut que beaucoup de temps s'écoule avant que
les courbes d'indifférence *s* se changent en courbes d'indifférence *t* ; nous pouvons donc supposer, sans erreur
sensible, que, dans un court espace de temps, par

exemple un, deux, ou même quatre ou cinq ans, elles restent égales à *s*.

29. Nous avons supposé qu'un homme peut comparer deux sensations ; mais quand elles ne sont pas simultanées, et en vérité il ne semble pas possible qu'elles le soient, il ne peut que comparer une sensation avec l'idée qu'il se fait d'une autre sensation. Pour cette raison encore le phénomène réel diffère du phénomène théorique, et il peut être utile, dans quelques cas, de tenir compte de cette divergence pour une approximation ultérieure. Souvent, au contraire, on peut admettre que l'idée d'une sensation future ne nous trompe pas trop, notamment parce que l'économie ne s'occupant que de phénomènes moyens et répétés, si cette idée, aux premières expériences, s'éloigne par trop de la sensation future, elle est rectifiée par les expériences qui font suite à la première.

30. On voit donc que, si le phénomène théorique que nous étudions diffère beaucoup dans certains cas du phénomène concret, dans la plupart des phénomènes concrets ordinaires, il le représente avec une approximation plus ou moins grossière, pourvu que les conditions suivantes soient toujours réalisées : 1° nous ne pouvons étudier que ce qui se passe dans une petite région dont le centre est le phénomène concret qui nous fournit les données de fait nécessaires pour construire la théorie. Dans la réalité, nous sommes en présence d'une position voisine de la position d'équilibre du système économique ; nous pouvons savoir comment se comporte le système dans le voisinage de cette position, mais nous manquons de données pour savoir comment les choses se passeraient si les conditions de fait du système venaient à être considérablement modifiées ; 2° nous ne considérons que des phénomènes moyens, et qui se répètent, de façon à éliminer le plus grand nombre des variations accidentelles.

Si quelqu'un trouve que c'est trop peu, il n'a qu'à nous montrer comment on peut faire mieux. La route est libre, et le progrès de la science est continu. Mais, en attendant, ce peu vaut mieux que rien ; d'autant plus que l'expérience nous enseigne que dans toutes les sciences le peu est toujours nécessaire pour arriver au plus.

31. Certains ont cru que, par le seul fait qu'elle se sert des mathématiques, l'économie politique aurait acquis dans ses déductions la rigueur et la certitude des déductions de la mécanique céleste. C'est là une grave erreur. Dans la mécanique céleste, toutes les conséquences que l'on tire d'une hypothèse ont été vérifiées par les faits ; et on en a conclu qu'il est très probable que cette hypothèse suffit à nous donner une idée précise du phénomène concret. En économie politique, nous ne pouvons espérer un semblable résultat, parce que nous savons, sans doute aucun, que nos hypothèses s'écartent en partie de la réalité, et ce n'est par conséquent que dans certaines limites que les conséquences que nous en pouvons tirer pourront correspondre aux faits. Il en est ainsi, d'ailleurs, dans la plupart des arts et des sciences concrètes, par exemple dans l'art de l'ingénieur. De telle sorte que la théorie est plus souvent un mode de recherche que de démonstration, et on ne doit jamais négliger de vérifier si les déductions correspondent à la réalité.

32. **L'ophélimité et ses indices.** — En parlant de l'ophélimité il ne faut pas oublier de distinguer entre l'OPHÉLIMITÉ TOTALE (ou son indice) et l'ophélimité élémentaire (ou son indice). La première consiste dans le plaisir (ou l'indice du plaisir) que procure la quantité totale de la marchandise A possédée ; la seconde est le quotient du plaisir (ou de l'indice du plaisir) d'une nouvelle très petite quantité de A divisé par cette quantité (III, 33).

Un individu qui se trouve sur un point de la colline du plaisir (III, 58) jouit d'une ophélimité totale représentée par la hauteur de ce point sur un plan horizontal. Si on coupe la colline du plaisir par un plan vertical parallèle à l'axe oA sur lequel on porte les quantités de la marchandise A, on a une certaine courbe; l'inclinaison, sur une droite horizontale, de la tangente à cette courbe au point où se trouve l'individu est égale à l'ophélimité élémentaire (§§ 60, 69).

L'homme peut savoir si le plaisir que lui procure une certaine combinaison I de marchandises est égal au plaisir qu'il retire d'une autre combinaison II, ou s'il est plus grand ou plus petit. Nous avons tenu compte de ce fait (III, 55) pour déterminer les indices de l'ophélimité, c'est-à-dire les indices qui indiquent le plaisir que procure une autre combinaison quelconque, ou s'il n'est ni plus grand ni plus petit.

De plus, l'homme peut savoir, à peu près, si en passant de la combinaison I à la combinaison II, il éprouve un plus grand plaisir qu'en passant de la combinaison II à une autre combinaison III. Si ce jugement pouvait être d'une précision suffisante, nous pourrions, à la limite, savoir si, en passant de I à II, cet homme éprouve un plaisir égal à celui qu'il éprouve en passant de II à III; et par conséquent en passant de I à III il éprouverait un plaisir double de celui qu'il éprouve en passant de I à II. Cela suffirait pour nous permettre de considérer le plaisir ou l'ophélimité comme une quantité.

Mais il ne nous est pas possible d'arriver à cette précision. Un homme peut savoir que le troisième verre de vin lui procure moins de plaisir que le second; mais il ne peut en aucune façon savoir quelle quantité de vin il doit boire après le second verre pour avoir un plaisir égal à celui que lui a procuré ce second verre de vin. De là la difficulté de considérer l'ophélimité comme une quantité, si ce n'est en tant que simple hypothèse.

Parmi le nombre infini de systèmes d'indices que l'on peut avoir, il nous faut retenir seulement ceux qui jouissent de la propriété suivante, à savoir que si en passant de I à II l'homme éprouve plus de plaisir qu'en passant de II à III, la différence des indices de I et de II soit plus grande que la différence des [indices de II et de III. De cette façon les indices représentent toujours mieux l'ophélimité.

L'ophélimité, ou son indice, pour un individu, et l'ophélimité, ou son indice, pour un autre individu, sont des quantités hétérogènes. On ne peut ni les sommer ensemble, ni les comparer, *No bridge*, comme disent les anglais. Une somme d'ophélimité dont jouiraient des individus différents n'existe pas : c'est une expression qui n'a aucun sens.

33. Caractères de l'ophélimité. — Dans tout ce qui suit, nous supposerons que l'ophélimité pour un individu est une quantité ; il serait facile d'ailleurs de modifier le raisonnement en faisant simplement usage de la conception des indices d'ophélimité.

En vertu de l'hypothèse faite sur les quantités de marchandises, — et par ces quantités on ne comprend que celles qui sont à la disposition de l'individu (§ 3) — l'ophélimité est toujours positive ; et c'est là son premier caractère.

Le second caractère, qui a été reconnu par les premiers économistes qui ont étudié ce sujet, consisterait en ce que, si l'ophélimité d'une marchandise est considérée comme dépendant uniquement de la quantité de cette marchandise, l'ophélimité élémentaire (III, 33) décroît quand augmente la quantité consommée. On a voulu faire dépendre cette propriété de la loi de Fechner (1),

(1) Fechner, *Revision der Hauptpunken der Psychoph.*, Leipzig, 1888, Wundt, *Grundzüge der physiol. Psychol.*

mais cela suppose nécessairement la consommation,
et nous avons déjà vu (§ 3) que cela entraînait beaucoup
de difficultés ; de plus, dans la grande variété des usages
économiques, il y en a beaucoup qui s'écartent par trop
des phénomènes auxquels s'applique la loi de Fechner.

Il vaut mieux avoir directement recours à l'expérience, et celle-ci nous montre qu'effectivement pour
beaucoup d'usages ou de consommations l'ophélimité
élémentaire diminue avec l'augmentation des quantités
consommées.

34. Enfin c'est un fait très général que plus nous
avons d'une chose, moins précieuse nous est chacune
des unités de cette chose. Il y a des exceptions. Par
exemple, si on fait une collection, on s'y attache davantage à mesure que cette collection est plus complète ;
c'est un fait bien connu que certains paysans propriétaires deviennent d'autant plus désireux d'étendre leur
propriété à mesure que celle-ci augmente ; enfin tout le
monde sait que l'avare désire d'autant plus augmenter
son patrimoine à mesure que celui-ci augmente. En gé-
ral, l'épargne a une certaine ophélimité qui lui est
propre, indépendamment du profit qu'on retire de son intérêt et cette ophélimité augmente avec la quantité de
l'épargne jusqu'à une certaine limite, puis, sauf pour
l'avare, elle diminue.

35. Il y a ensuite les marchandises dont les ophélimités ne sont pas indépendantes (§ 9). Pour la dépendance (α) on peut considérer, du moins en général, que
l'ophélimité élémentaire diminue à mesure que la quantité augmente ; souvent même elle diminue plus rapidement que si l'ophélimité était indépendante. Pour la
dépendance (β), l'ophélimité élémentaire peut augmenter,
et puis diminuer à mesure que la quantité augmente.
Par exemple, si on a une chemise à laquelle manque un
seul bouton, l'ophélimité de ce bouton est plus grande

que celle des autres ; et celle d'un autre bouton encore est très petite. Mais ce phénomène est analogue, en partie, à ceux des variations discontinues que nous avons déjà étudiées (III, 65). Il faut nous rappeler que nous étudions non pas des phénomènes individuels, mais des phénomènes collectifs et moyens. On ne vend pas les chemises avec un bouton en moins ; le cas abstrait dont nous venons de parler ne se rencontre pas dans la pratique. Nous devons considérer la consommation de milliers de marchandises et de milliers de boutons, et dans ce cas on peut admettre sans grosse erreur que l'ophélimité élémentaire diminue avec l'augmentation des quantités.

36. Quant à la dépendance du second genre (§ 8), on peut remarquer, en général, que l'ophélimité élémentaire d'une marchandise diminue jusqu'à zéro, lorsque la quantité de la marchandise augmente. Cette ophélimité élémentaire reste à zéro jusqu'à ce que la marchandise à laquelle elle se réfère soit éliminée de la consommation, ou qu'il n'en reste qu'une quantité insignifiante et soit remplacée par une autre marchandise supérieure.

37. En résumé, sauf pour une partie du phénomène dans le cas des biens complémentaires, pour la plupart des marchandises, l'ophélimité élémentaire diminue lorsque la quantité consommée augmente. Le premier verre d'eau procure plus de plaisir que le second à celui qui a soif, la première portion d'aliments procure plus de plaisir que la seconde à celui qui a faim, et ainsi de suite.

38. Sur ce terrain nous pouvons aller plus loin et trouver un troisième caractère de l'ophélimité d'un très grand nombre de marchandises. Non seulement le second verre de vin procure moins de plaisir que le premier, et le troisième moins que le second, mais la différence entre le plaisir que procure le troisième et

celui que procure le second est moindre que la différence
entre le plaisir que procure le premier et celui que procure le second. En d'autres termes, à mesure qu'augmente la quantité consommée, non seulement le plaisir
que procurent de nouvelles petites quantités égales
ajoutées à la consommation diminue, mais de plus les
plaisirs que procurent ces petites quantités tendent à
devenir égaux. Pour celui qui a 100 mouchoirs, non
seulement le plaisir que lui procure le 101e mouchoir est
très petit, mais il est aussi sensiblement égal au plaisir
que lui procure le 102e mouchoir.

39. Il nous faut rechercher maintenant ce qui se passe
quand ce qui varie n'est plus la quantité de la marchandise dont on considère l'ophélimité élémentaire,
mais la quantité d'autres marchandises avec lesquelles
elle a des relations de dépendance.

Dans le cas de la dépendance (α) (§ 9) le plaisir que
nous procure une petite quantité de marchandise A,
ajoutée à la quantité consommée, est d'ordinaire plus
grand quand nous souffrons moins de l'absence d'autres
marchandises ; par conséquent, l'ophélimité élémentaire
de A augmente quand augmentent les quantités de B,
C... Cela arrive aussi dans le cas de la dépendance (β),
au moins dans certaines limites. Le plaisir que procure
une lampe, ajoutée à d'autres, est plus grand si on a
beaucoup d'huile, de façon à pouvoir se servir également
de la nouvelle lampe ; et, inversement, à quoi sert
d'avoir beaucoup d'huile, si on n'a pas de lampes
pour la brûler ? Nous conclurons donc qu'en général, pour le premier genre de dépendance, l'ophélimité élémentaire de B augmente quand augmentent
les quantités de certaines autres marchandises B, C...

40. Il en est tout autrement pour le second genre de
dépendance. Si A peut remplacer une marchandise B,
l'ophélimité élémentaire de A sera d'autant plus petite

qu'on aura une plus grande abondance de son succédané B.

41. Pour nous mieux rendre compte de tout cela, composons un tableau, avec des nombres, choisis d'ailleurs au hasard, et qui n'ont d'autre but que de donner une forme tangible aux considérations précédentes.

Quantités de		Plaisir procuré par	Quantité de		Plaisir procuré par
A	B	AB	A	B	AB
Dépendance du premier genre (α) (§ 9)					
10	10	5,0	10	11	5,2
11	10	5,4	11	11	6,1
Plaisir procuré par 1 de A.		0,4			0,9
Différence de ces plaisirs					+ 0,5
Dépendance du premier genre (β) (§ 9)					
10	10	5,0	10	11	5,15
11	10	5,1	11	11	7
Plaisir procuré par 1 de A.		0,1			1,85
Différence de ces plaisirs					+ 1,75
Dépendance du second genre (§ 14)					
10	10	5,0	10	11	6,0
11	10	5,9	11	11	6,1
Plaisir procuré par 1 de A.		0,9			0,1
Différence de ces plaisirs					— 0,8

Remarquez que la différence des plaisirs procurés par 1 de A est positive pour la dépendance du premier genre ; négative, pour la dépendance du second genre. Cette différence est toujours égale à celle qu'on obtiendrait en comparant les plaisirs procurés par 1 de B. Il en est ainsi parce que nous avons implicitement supposé que le plaisir de la combinaison AB est indépendant de l'ordre des consommations.

42. Composons une marchandise A avec des parts proportionnelles de deux autres marchandises B et C, par exemple avec 1 de pain et 2 de vin. Si B et C sont indépendants, ou s'il y a entre eux une dépendance du premier genre, nous pourrons répéter le raisonnement ci-dessus et voir qu'en général l'ophélimité de A diminue quand augmente la quantité de A. Les exceptions peuvent être négligées pour les raisons indiquées au § 35.

43. **Les caractères des lignes d'indifférence.** — Les économistes ont commencé par demander à l'expérience les caractères de l'ophélimité ; ils en ont déduit ensuite les lignes d'indifférence.

On peut suivre la route inverse. Dans le cas où l'ophélimité élémentaire d'une marchandise ne dépend que de la quantité de cette marchandise, les deux procédés sont équivalents. Mais il est bon de remarquer que, dans le cas général, à savoir dans le cas où les consommations sont dépendantes, l'étude des lignes d'indifférence nous donne des résultats auxquels on arriverait moins facilement, pour le moment tout au moins, en n'ayant recours qu'à l'expérience pour déterminer les caractères de l'ophélimité.

44. Un premier caractère des lignes d'indifférence vient de ce qu'il faut augmenter la quantité d'une marchandise pour compenser la diminution de la quantité d'une autre. De là il résulte que l'angle α est toujours

aigu. Cette propriété correspond exactement à la propriété
des ophélimités élémentaires, d'être toujours positives.

45. De plus, si on fait exception pour le petit nombre
de faits signalés au § 34, on peut constater que pour
compenser les manques d'une petite quantité, toujours
la même, d'une marchandise donnée, il en faut d'autant
moins d'une autre qu'on en possède davantage de la
première. De là résulte que les lignes d'indifférences sont
toujours convexes du côté des axes, qu'elles ont des
formes analogues à *t* et jamais des formes comme *s*, *s'*
(*fig.* 29). Pour qu'elles eussent ces dernières formes, il
faudrait qu'elles se rapportassent à une
marchandise dont chaque unité devient plus précieuse à mesure qu'augmente la quantité de cette marchandise dont dispose l'individu. Il est
manifeste que ce cas est très exceptionnel.

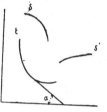

Fig. 29.

46. Quand on considère plusieurs
marchandises A, B, C,., on ne peut plus proprement
parler de lignes d'indifférence ; mais il y a alors des propriétés analogues à celles que nous venons de signaler,
et qui sont très utiles pour la théorie.

Une quelconque de ces marchandises, A par exemple,
peut être choisie comme monnaie. Quant aux autres,
certaines seront vendues, certaines achetées ; on peut
considérer séparément les quantités de monnaie nécessaires pour ces achats, ou que l'on reçoit de ces ventes ;
en retranchant de la somme fournie par les ventes la
somme des dépenses, on aura la quantité de A qu'a
rapportée l'ensemble de ces opérations, ou inversement.

Si on compare A successivement à chacune des marchandises B, C... on aura des lignes d'indifférence,
jouissant de propriétés identiques à celles que nous
avons déjà signalées.

47. De plus : 1° si au total on a une certaine dépense, cela signifie que les achats ont fait plus que compenser les ventes, c'est-à-dire la diminution de A a été compensée par l'augmentation de quelques-unes des marchandises B, C... ; 2° quelle que soit la dépendance des consommations, supposons que pour compenser la dépense de un franc, il faille une certaine fraction d'une certaine combinaison de B, C, D... : à mesure que diminuera le revenu de l'individu, cette fraction ira en augmentant et inversement.

Si un individu fait une certaine dépense pour se procurer une lampe, la mèche, l'huile (premier genre (β) de dépendance), et pour se loger, s'habiller, se nourrir (premier genre (γ) de dépendance avec la lampe), et s'il y a pour lui une exacte compensation entre la dépense et les jouissances qu'il se procure, il est manifeste que cette compensation n'existerait plus si toutes ces dépenses venaient exactement à doubler, parce que, d'un côté, la monnaie devient pour lui plus précieuse parce qu'il en aurait moins, et les lampes, etc., le deviennent moins parce qu'il en aurait plus.

D'ordinaire, en considérant un grand nombre d'individus, les variations discontinues se transforment, avec une erreur faible, en variations continues.

48. **Relation entre l'ophélimité ou les lignes d'indifférence et l'offre et la demande.** — Les propriétés de l'ophélimité et des lignes d'indifférence sont étroitement liées à certains caractères des lois de l'offre et de la demande. Nous allons exposer un certain nombre de ces relations ; leur démonstration doit être renvoyée à l'appendice.

49. Considérons l'offre et la demande pour un individu qui a deux ou un plus grand nombre de marchandises à sa disposition. Si les consommations de ces marchandises sont indépendantes, ou s'il y a entre elles une dépen-

dance de premier genre, la demande d'une marchandise baisse toujours avec la hausse du prix de cette marchandise ; l'offre augmente d'abord, ensuite elle peut diminuer tandis que le prix augmente.

Pour les marchandises entre lesquelles existe une dépendance du second genre, quand le prix hausse, la demande peut augmenter et ensuite diminuer ; l'offre peut diminuer, puis augmenter.

La différence se produit dans la réalité notamment pour la demande. Elle est plus frappante dans certaines circonstances. Supposons un individu qui dispose d'un certain revenu. qu'il répartit dans l'achat de diverses marchandises. Si les consommations de ces marchandises sont indépendantes, ou s'il y a entre elles une dépendance du premier genre, la demande de chacune de ces marchandises augmente toujours quand le revenu augmente. Si, au contraire, il s'agit d'une dépendance du second genre, la demande peut augmenter, et ensuite diminuer, quand le revenu augmente.

50. Cette proportion suffit à nous montrer la nécessité d'étudier la dépendance du second genre. En effet, voyons quelle correspondance il y a entre les déductions théoriques et les faits concrets. Si nous supposons que l'ophélimité d'une marchandise ne dépend que de la quantité de cette marchandise que l'individu consomme ou qu'il a à sa disposition, la conclusion théorique est que, pour ces marchandises, la consommation augmente quand le revenu augmente ; ou, à la limite, qu'elle est constante au-dessus d'un certain revenu. Par conséquent, si un paysan ne se nourrit que de maïs, et s'il vient à s'enrichir, il mangera plus de maïs, ou au moins autant de maïs que lorsqu'il était pauvre. Celui qui n'a qu'une paire de sabots par an, parce qu'ils sont trop chers, pourra en user, quand il sera devenu riche, une centaine de paires, mais de toute façon il en usera au moins une

paire. Tout cela est en contradiction manifeste avec les
faits : notre hypothèse doit donc être rejetée, à moins
que l'on puisse admettre que ce sont là des faits insi-
gnifiants.

51. Il n'en est pas ainsi ; bien plus, comme nous
l'avons déjà vu (§ 19), nous sommes en présence d'un
phénomène très général, parce que pour un très grand
nombre de marchandises, il y a un certain nombre
de qualités de chaque marchandise ; et, à mesure que
le revenu augmente, les qualités supérieures prennent la place des qualités inférieures, par conséquent
la demande de ces dernières augmente d'abord avec
l'augmentation du revenu, mais ensuite elle diminue
jusqu'à devenir insignifiante ou même nulle.

52. Cette conclusion ne serait plus vraie, si, au lieu de
considérer des marchandises réelles, nous avions pris en
considération de grandes catégories de marchandises
idéales (§ 21) ; par exemple, si nous considérions l'alimentation, le logement, l'habillement, les objets d'ornement,
les divertissements. Dans ce cas il n'est pas absurde de
dire qu'avec l'augmentation du revenu, augmente la
dépense pour chaque catégorie de marchandises, et l'on
pourrait, sans grosse erreur, supposer que les ophélimités sont indépendantes, ou mieux, qu'il y a entre les
ophélimités une dépendance du premier genre.

53. En réalité, un individu demande généralement
une grande variété de marchandises, et n'en offre qu'une
seule ou quelques-unes. Un très grand nombre offrent
simplement du travail ; d'autres, l'usage de l'épargne ;
d'autres, certaines marchandises qu'ils produisent. Le
cas du simple troc de deux marchandises entre
lesquelles il y a une dépendance du second genre est
absolument exceptionnel ; un manœuvre vend son travail et achète du maïs et du pain, mais nous ne constatons pas le troc du pain contre du maïs. Les déductions

de la théorie ne pouvaient donc être vérifiées directement dans ce cas, et il nous fallait avoir un autre procédé
de vérification, ce que l'on peut faire en considérant la
répartition du revenu.

54. **Variation des formes des lignes d'indifférence et
des lignes des échanges.** — Il est utile de représenter
par des graphiques les propriétés de l'ophélimité. Supposons qu'un individu ait deux marchandises A et B, dont
une seule, A, est pour lui ophélime. Dans ce cas les lignes
d'indifférence sont des droites parallèles à l'axe oB. La
colline de l'ophélimité est une surface cylindrique dont
une section quelconque, faite
parallèlement à oA, est indiquée par bgh. Si la quantité
oA de A suffit à le rassasier,
la surface cylindrique aboutit
à un haut plateau représenté
par bgh, sur la section. La propriété qu'a l'ophélimité élémentaire de décroître quand
la quantité de A augmente
fait que la pente de la colline
diminue de oB en g, c'est-
à-dire, sur la section, de b en f et en g, (§ 32).

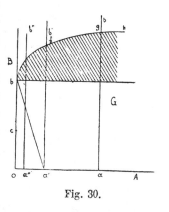

Fig. 30.

L'individu ne demande jamais B, puisque, pour lui,
cette marchandise n'est pas ophélime, mais il peut
l'offrir, s'il en a une certaine quantité, par exemple ob.
Nous sommes ici dans le cas indiqué (III, 98). Il n'y a
pas de sentier rectiligne qui partant de b puisse être
tangent à une ligne d'indifférence, et nous avons en
a, a', a''... autant de points terminaux ; l'axe oA fait
donc partie de la ligne des contrats. Il est évident que
même bo en fait partie. Si la ligne des contrats d'un
autre individu coupe bo en c, la quantité de B cédée est
bc, et le prix zéro. Si cette courbe de contrats coupe oA

en *a*, ou en un autre point analogue, la quantité cédée est toujours toute la quantité *bo* ; le prix varie d'après la position des points *a*, il est égal à l'inclinaison de la droite *ba* sur *o*B. Dans le cas de la *fig.* 40, on dit que l'*on offre toute la quantité existante de* B.

55. Si A et B sont deux biens complémentaires, dont on ne peut jouir qu'en les combinant dans des proportions rigoureusement définies, les lignes d'indifférence sont des droites β*c*α, β'*c*'α', qui se coupent à angle droit. La colline de l'ophélimité est formée par deux surfaces

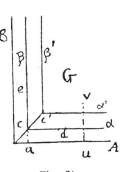

Fig. 31.

cylindriques, et il peut y avoir en *g* un plateau qui marque la satiété. Le plaisir qu'un individu éprouve en *c* est le même que celui qu'il éprouve en *d* ou en *e*, parce que les biens devant se combiner dans des proportions rigoureusement définies, les quantités *cd* de A, ou *ce* de B, sont superflues.

56. Quand la colline de l'ophélimité a une surface continue, une section faite selon *uv* (*fig.* 32) présente une forme analogue à (*I*). En réalité,

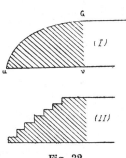

Fig. 32.

pour beaucoup de biens complémentaires, on a au contraire un escalier, comme en (*II*). Par exemple, le manche d'un couteau a pour complément une lame, et il n'est pas possible de se servir d'un manche et d'un dizième de lame, par conséquent nous aurons autant d'échelons d'une largeur précisément égale à l'unité. Comme nous l'avons souvent répété, on peut, pour des grands nombres, remplacer, avec une erreur légère, cet escalier par la surface continue dont la surface ressemblera à la section (*I*) et sera limitée par une courbe continue (iii, 65).

57. Si les biens ne sont qu'approximativement complémentaires, les angles *a*, *a'*... sont plus ou moins arrondis. Considérons un individu qui n'a que du pain A et de l'eau B, ou, si l'on veut, un aliment et une boisson. Sans pain, il meurt de faim, quelle que soit la quantité d'eau dont il dispose, et par conséquent le long de *o*B l'ophélimité totale est égale à zéro, et l'ophélimité élémentaire d'une petite portion est infinie, c'est-à-dire la colline se dresse perpendiculaire. Sans eau il meurt de soif, quelle que soit la quantité de pain dont il dispose, et par conséquent sur

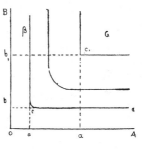

Fig. 33.

*o*A l'ophélimité totale ou le plaisir éprouvé est également zéro, et l'ophélimité élémentaire est encore infinie. Soit *oa* la plus petite quantité de pain dont il a besoin pour ne pas mourir de faim, et *ob* la plus petite quantité d'eau dont il a besoin pour ne pas mourir de soif. Il est manifeste qu'il ne se passerait pas d'une petite quantité de pain même pour avoir beaucoup d'eau, ou inversement ; par conséquent, les lignes d'indifférence seront *c*α, *c*β avec un angle très faiblement arrondi en *c*. Pour de plus grandes quantités de pain et d'eau l'angle pourra être plus arrondi, mais il ne le sera presque plus ou pas du tout en c_1, quand l'individu aura la quantité oa_1 de pain et ob_1 d'eau qui le rassasient complètement. Au delà s'étend le plateau G.

58. Le lecteur ne doit jamais oublier que l'économie politique, comme toute autre science concrète, ne procède que par approximations. La théorie étudie, pour des

raisons de simplicité, des cas extrêmes, mais les cas
concrets se rapprochent simplement de ceux-là. Ainsi,
quand, pour savoir combien de mètres cubes de maçon-
nerie il doit payer à l'entrepreneur, l'architecte considère le mur comme un parallélipipède rectangle, il
serait vraiment ridicule de lui faire remarquer que le
mur n'est pas un parallélipipède géométrique parfait, et
parler sottement alors de la rigueur des mathématiques.
C'est ce qui arrive souvent en économie politique.

59. On a la ligne des échanges en joignant les points
c, c'..., de la *fig.* 31, ou les points c, c', c_1... de la *fig.* 33,
dans laquelle les sentiers rectilignes partant d'un point
analogue au point a de la *fig.* 28 sont tangents aux
petites courbes qui remplacent les angles, ou bien les
points analogues qu'on obtiendrait si les sentiers par-
taient d'un point situé sur l'axe oB.

60. Supposons que les ophélimités élémentaires de A
ou de B soient indépendantes, c'est-à-dire que l'ophélimité élémentaire de A ne dépende que de la quantité de
A, et l'ophélimité élémentaire de B uniquement de la
quantité de B. Cette propriété se traduit graphiquement
de la façon suivante.

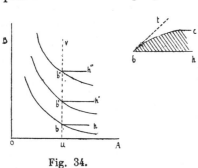

Fig. 34.

Traçons une droite
quelconque uv parallèle
à oB, et menons des li-
gnes bh, $b'h'$...; parallèles à oA. La colline de
l'ophélimité sera sec-
tionnée par autant de
courbes bc, $b'c'$...; l'inclinaison sur les lignes
horizontales bh, $b'h'$... des tangentes bt, $b'l'$.., à ces
courbes, aux points b,b'... est égale à l'ophélimité élémentaire de A correspondant à la quantité ou de A
(§ 32). Puisque cette quantité élémentaire ne varie pas

avec la quantité de B, les inclinaisons des tangentes bt, $b't'$... sont toutes égales. On aurait des propriétés analogues pour une droite parallèle à oA.

61. De là il résulte que les lignes de la *fig.* 31 ne peuvent pas représenter les lignes d'indifférence de deux marchandises dont les ophélimités sont indépendantes, puisque les inclinaisons dont nous venons de parler sont, il est vrai, constantes de β en c, mais qu'ensuite elles diminuent tout d'un coup, ou rapidement, en c et deviennent égales à zéro de c en a. Nous trouvons ainsi la confirmation de la nécessité qu'il y a à considérer comme dépendantes les consommations de certaines marchandises.

62. Pour avoir une idée des courbes d'indifférence lorsqu'il s'agit de dépendances du second genre, considérons deux marchandises A et B, telles que A soit inférieure à B (§ 19) et qu'elles puissent se substituer l'une à l'autre. Ce sera, par exemple, le pain et la farine de maïs. Un individu peut se rassasier en ne mangeant que de la « polenta » ou en ne mangeant que du pain, ou se nourrir de l'un et de l'autre de ces aliments ; il préfère, du moins dans certaines proportions, le pain à la « polenta ».

Supposons, pour simplifier, que 3 de A puissent remplacer 2 de B ; le raisonnement, d'ailleurs, serait le même, quelle que soit la loi de substitution. Faisons om égal à 3 et on

Fig. 35.

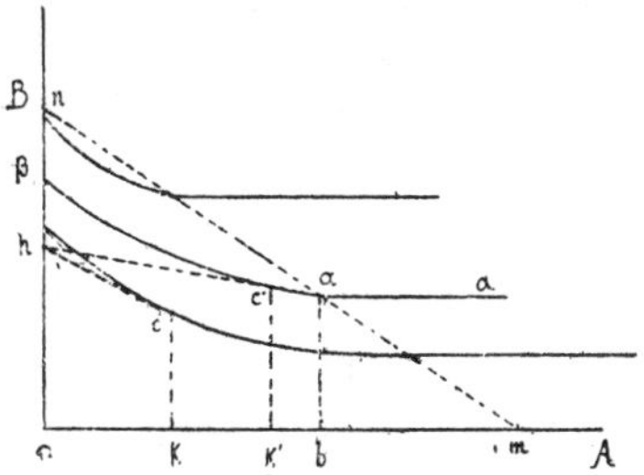

égal à 2, et menons la ligne mn. Sur cette ligne le besoin matériel de l'individu est satisfait. Par exemple, il se rassasie en m avec 3 de polenta ; en n, avec 2 de pain ; en a, avec ba de pain et ob de polenta, mais sa satisfaction n'est pas égale. Quand il est en a, toute nouvelle quantité de A est superflue, par conséquent $a\alpha$, parallèle à om, est une ligne d'indifférence. Cette ligne se dirige ensuite selon $a\beta$. En n l'individu aurait de B à satiété, en β il en a un peu moins ; cette différence de plaisir entre l'usage de on et celui de $o\beta$ est la même que celle qu'éprouve l'individu quand il peut ne se servir que de B et quand il doit se contenter de ab de B et de ob de A.

Si l'individu a oh de B, qu'il échange contre A, au prix de A en B donné par l'inclinaison de hc sur oA, il demande ok de A ; et à un prix moindre, étant donnée l'inclinaison de hc', il demande une quantité plus grande, c'est-à-dire ok'.

63. Dans le cas extrême de deux marchandises A, B, dont l'une peut remplacer l'autre, toujours dans la

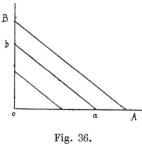

Fig. 36.

même proportion, par exemple si 4 de A équivalent toujours à 3 de B, les lignes d'indifférence sont des droites dont l'inclinaison est telle que oa est à ob comme 3 est à 4. En partant de a, la ligne des contrats est cette même ligne droite ab.

64. Si nous avons un certain nombre de marchandises A, B, C..., nous pouvons supposer, pour un moment, que les prix de B, C..., soient fixés, et répartir entre ces marchandises une certaine somme de monnaie. Cette somme de monnaie devient, dans ce cas, une marchandise que nous pouvons comparer à A, et nous pouvons ainsi étendre à un grand nombre de marchandises l'usage des figures graphiques.

65. Les courbes d'indifférence entre cette somme de monnaie et la marchandise A auront très souvent une

forme analogue à celle de la *fig*. 37. Sur *o*Q on porte
les quantités de monnaie; sur *o*A, les quantités de la
marchandise A. Des points *q*, *q'*, *q''*, on mène les tangentes *q'm'*, *qm*, *q''m''*, aux courbes d'indifférence. Celles-
ci sont telles que les inclinaisons de ces tangentes sur
*o*A vont en augmentant quand
on s'éloigne de *o* en allant
vers Q.

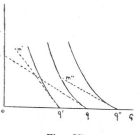

Fig. 37.

L'inclinaison de *qm* sur *o*A
nous donne le prix de la marchandise A. Remarquons que
pour celui qui se trouve en *q*,
l'équilibre n'est pas possible
avec une droite plus inclinée
que *qm* sur *o*A, c'est-à-dire avec un prix plus élevé. Si
donc le prix minimum de A est donné par l'inclinaison
de *qm* sur *o*A, celui qui a *oq* de ressources peut à peine
commencer à acheter de l'A; celui qui n'aurait que *oq'*
de ressources ne pourrait rien acheter, parce que la tangente *q'm'* est moins inclinée sur *o*A que *qm*. Celui qui
se trouve en *q'* peut, au contraire, acheter une certaine
quantité de la marchandise A, parce que *q''m''* est plus
incliné que *qm* sur *o*A. Par conséquent, quand une marchandise a un prix minimum au-dessous duquel on
ne peut se la procurer, celui-là seul qui a un revenu dépassant une certaine limite peut l'acheter. Et
c'est bien ainsi, comme on le sait, que les choses se
passent.

66. Ainsi, et en tenant compte de la hiérarchie des
marchandises, nous avons une représentation approchée
du phénomène concret. Supposons que nous avons différentes séries A, B..., de ces marchandises qui se substituent les unes aux autres.

A	B	C	D	E	F	G
A′	B′	C′	D′	E′	F′	G′
A″	B″	C″	D″	E″	F″	G″
A‴	B‴	C‴	D‴	E‴	F‴	G‴

Quand l'individu a un certain revenu, il fait usage des marchandises renfermées dans le rectangle indiqué par des lignes pleines ; si son revenu augmente, il fait usage des marchandises renfermées dans le rectangle indiqué par des lignes pointillées ; avec l'augmentation de son revenu, il néglige certaines marchandises de moindre prix et de qualité inférieure, et il fait usage de marchandises plus chères et de meilleure qualité.

67. Les courbes d'indifférence qui ont des formes comme celles de la *fig.* 38 ne correspondent pas à la majorité des marchandises courantes, parce que, d'après ces courbes, même l'individu qui aurait un revenu très faible achèterait des marchandises d'un prix très élevé, en petite quantité sans doute.

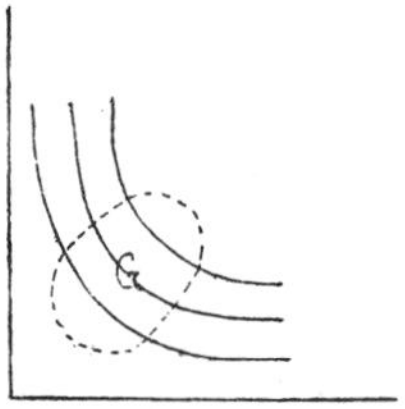

Fig. 38.

Pourtant, si on voulait considérer les courbes d'indifférence sur un petit espace G, on pourrait adopter celle-ci, comme d'autres, selon les convenances. Les courbes réelles sont certainement très compliquées, il suffit que les courbes théoriques s'accordent approximativement avec les courbes réelles pour la petite partie que l'on considère. De plus, il peut arriver que des courbes qui se rapprochent plus que d'autres des courbes réelles pour ce petit espace, en divergent ensuite considérablement, et inversement.

68. Le cas dans lequel on a beaucoup de marchandises est très complexe ; il est donc utile d'avoir à sa disposition plusieurs moyens pour le simplifier. Pour passer d'une certaine combinaison de marchandises A, B, C..., à une autre A', B', C'..., on peut diviser l'opération en deux : 1° On conserve intactes les proportions de la combinaison, et on augmente (ou on diminue) proportionnellement toutes les quantités ; 2° on change les proportions, et ainsi on arrive définitivement à la combinaison A', B'... En fait, supposons par exemple un individu qui a 1.200 francs de revenu annuel ; ce revenu augmente et devient 2.400. La répartition sera la suivante :

Dépenses pour	Premier état réel		Etat théorique intermédiaire		Second état réel	
	francs	0/0 du revenu	francs	0/0 du revenu	francs	0/0 du revenu
Nourriture. . . .	720	60	1.440	60	1.200	50
Logement	360	30	720	30	600	25
Vêtement	120	10	240	10	600	25
Revenu	1.200	100	2.400	100	2.400	100

Il faut remarquer que la première opération est beaucoup plus importante que la seconde, surtout pour des augmentations de revenus qui ne sont pas trop considérables. Quand le revenu augmente, les dépenses pour les grands chapitres, pour la nourriture, le logement, le vêtement, le divertissement, changent, il est vrai, de proportion, mais c'est là un phénomène secondaire à côté du phénomène principal, qui est l'augmentation de toutes ces dépenses.

69. **La colline de l'ophélimité.** — Il résulte de la propriété de l'ophélimité élémentaire d'une marchandise de décroître quand augmente la quantité de cette marchan-

dise dont dispose l'individu, que la colline de l'ophélimité a une pente plus raide à la base, plus faible à mesure qu'augmente la hauteur (§ 32).

70. La propriété suivante a une grande importance
pour la théorie. Quand, en parcourant dans une certaine
direction un sentier rectiligne, on commence à descendre,
on descend toujours ensuite en le parcourant dans le
même sens. Au contraire, si on commence à monter, il
se peut qu'on descende ensuite.

Nous en donnerons la démonstration dans l'Appendice ; ici nous n'en pouvons donner qu'un aperçu in-
tuitif.

Pour les sentiers du genre *ab* il est évident que l'on
monte toujours dans le sens de la flèche, on descend
dans l'autre sens. Pour les sentiers comme *mc* on monte

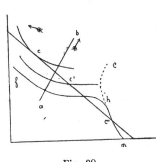

Fig. 39.

dans le sens de la flèche jusqu'en *c*, et puis on descend.
De *c* en *m*, en allant dans un
sens contraire à celui de la
flèche, on descend toujours.
Pour pouvoir monter, il faudrait que, en quelque point
comme *c″*, au lieu de passer
du dessus au-dessous de la
ligne d'indifférence, comme

en *c′*, on passât du dessus au-dessous. Mais s'il en est
ainsi, la courbe qui passe en *c″* devant toujours avoir
sa tangente qui fait un angle aigu *α*, comme l'indique la *fig.* 29, ne peut aller de *c″* en *e*, mais elle doit
nécessairement fléchir pour aller vers *f*. Or cette con-
cavité en *h* est contraire à la propriété des lignes d'indifférence que nous avons indiquée au § 45 ; notre hypothèse ne peut donc être conservée.

CHAPITRE V

1. L'étude de la façon dont on triomphe des obstacles, c'est-à-dire l'étude de la production, est plus longue que celle du mode d'action des goûts, par suite de la grande complexité de la production chez les peuples civilisés.

2. **La division du travail et l'entreprise.** — Chez tous ces peuples nous trouvons un phénomène connu sous le nom classique de DIVISION DU TRAVAIL. Il consiste essentiellement en ceci, que la production nécessite la réunion et l'emploi d'un grand nombre d'éléments. Comme l'a fort bien remarqué Ferrara, si on considère chacun de ces éléments et le rôle qu'il joue dans la production, on est en présence de la *division du travail ;* si on considère ces éléments dans leur ensemble et si on envisage le but en vue duquel ils sont réunis, on est en présence de la *coopération* (1). Le même phénomène

(1) Ferrara emploie le mot *association*. Dans la préface intitulée : *L'agricoltura e la divisione del lavoro*, XIV, après avoir rappelé ce fait que plusieurs individus, au lieu d'un seul, concourent à l'œuvre de production, il ajoute : « Quand nous envisageons ce fait, ce *concours*, du point de vue du but et du résultat commun, nous voyons qu'il y a *association ;* quand on l'envisage du point de vue des individus, nous voyons qu'il y a *division.* »

porte deux noms différents, suivant le point de vue auquel on se place.

3. Quand on donne à la division du travail sa signification la plus étroite, et étymologiquement la meilleure,
celle du partage d'un travail entre plusieurs individus,
on constate qu'elle a pour effet, d'un côté, de séparer les
fonctions, et de l'autre de faire dépendre les individus
réciproquement les uns des autres. Avec le développement de la division du travail, il y a augmentation du
nombre de parties dont l'ensemble constitue la production ; et comme ces parties dépendent les unes des
autres, il y a extension de la coopération des individus.

4. L'*entreprise* est l'organisation qui réunit les éléments de la production et qui les dispose de façon à l'accomplir. C'est une abstraction, comme l'*homo oeconomicus*, et elle a avec les entreprises réelles la même
relation que l'*homo oeconomicus* avec l'homme véritable, l'homme concret. La considération de l'entreprise
n'est qu'un moyen pour étudier séparément les différentes fonctions remplies par le producteur. L'entreprise peut revêtir différentes formes : elle peut être con-
fiée à des particuliers, ou être exercée par l'Etat, les
communes, etc. ; mais cela ne change rien à sa nature.

5. On peut se faire une représentation matérielle de
l'entreprise, en considérant un récipient où viennent
aboutir de nombreux canaux, qui représentent les éléments de la production et d'où sort un courant unique,
qui représente le produit.

6. Ces éléments de la production proviennent en partie
des individus, comme par exemple le travail et certains
produits ; en partie aussi, d'autres entreprises, comme
par exemple certains produits qui doivent servir à obtenir
d'autres produits.

La circulation économique peut être grossièrement
représentée de la façon suivante. A, A′, A″..., sont les

entreprises ; $m, m', m'',..., n, n',n'',...$, sont les individus
Une partie de ces individus, par exemple m, m', m'', n, n', n'',
fournissent certaines choses à l'entreprise A (par exemple
du travail, de l'épargne, etc.) ; et nous pouvons imaginer un certain nom-
bre de canaux qui, par-
tant de ces individus,
vont se jeter en A, où
arrivent également des
produits d'autres entre-
prises. Il peut arriver
que les produits de A
ne soient pas propres
directement à la con-
sommation ; dans ces

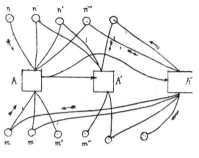

Fig. 40.

cas il sort de A un courant de produits que se partagent
d'autres entreprises A′, A″. Les individus $m, m'..., n, n',..$,
reçoivent les produits qu'ils consomment, soit des entreprises A′, A″, soit exclusivement d'autres entreprises
A‴... Ces circulations s'entrecroisent d'une façon presque
inconcevable, si grande est leur variété. D'ordinaire un
ouvrier fournit son travail à une seule entreprise, et il
reçoit des produits d'un très grand nombre d'autres entreprises, qui peuvent n'avoir aucune espèce de relation avec la première. Il faut trouver le fil de cet éche-
veau si embrouillé, et essayer de ramener le phénomène à ses éléments.

7. Pour cela, considérons à part une entreprise ; nous
verrons ce qu'elle reçoit et ce qu'elle donne, nous éva-
luerons les recettes et les dépenses, et nous étudierons
la façon dont elle règle la production.

8. **La fin que se propose l'entreprise.** — Il nous faut
faire une distinction semblable à celle que nous avons
faite pour l'individu (III, 40). Nous avons deux types
de phénomènes : (I) L'entreprise accepte les prix du

marché, sans essayer de les modifier directement, bien qu'elle contribue, sans le savoir et sans le vouloir, à les modifier indirectement. Elle n'a d'autre guide que la fin qu'elle veut atteindre. Pour l'individu,c'était la satisfaction de ses propres goûts ; nous parlerons plus loin de la fin que se propose l'entreprise. (II) L'entreprise peut, au contraire, avoir pour but de modifier directement les prix du marché, pour en tirer ensuite un certain profit ou pour tout autre but quelconque.

9. Ce que nous avons dit des types (I) et (II) pour l'individu s'applique également à l'entreprise, et on pourra s'y reporter. Pour l'entreprise, comme pour l'individu, le type (I) est celui de la libre concurrence, le type (II) celui du monopole.

On peut, pour l'entreprise, concevoir un grand nombre de buts ; mais il faut évidemment nous en tenir à ceux que la réalité nous fournit.

10. Très fréquemment les entreprises cherchent à se procurer le plus grand avantage, et cet avantage est presque toujours, on pourrait même dire toujours, mesuré en argent. Les autres cas peuvent être considérés comme des exceptions.

Pour obtenir le plus grand profit en argent, on se sert de moyens directs et de moyens indirects. Directement chaque entreprise s'efforce de payer le moins cher possible ce qu'elle achète, et de se faire payer le plus cher possible ce qu'elle vend. De plus, quand il y a plusieurs moyens pour se procurer une marchandise, elle choisit celui qui coûte le moins. Cela est vrai pour le type (I) comme pour le type (II) ; la différence entre ces deux types consiste uniquement en ce que dans le type (I) l'entreprise accepte les conditions du marché telles qu'elles sont, tandis que dans le type (II) elle se propose de les modifier.

Indirectement l'entreprise, quand elle en a le pouvoir,

c'est-à-dire quand elle se trouve dans le type (II), cherche
à apporter aux conditions du marché et de la production
toutes les modifications qui peuvent, ou que cette entreprise croit pouvoir, lui procurer quelque profit pécuniaire. En parlant de l'échange (iii, 47), nous avons indiqué quelques-uns des moyens dont on se sert ; nous
en verrons d'autres maintenant.

11. Remarquons que la fin que poursuit l'entreprise
peut ne pas être atteinte, et cela de différentes façons.
D'abord elle peut se tromper complètement ; et, dans
l'espérance de tirer un profit pécuniaire, employer des
moyens qui, au contraire, lui causent un dommage. Il
peut également arriver que ce profit en argent corresponde à une perte en ophélimité pour les personnes qui
en jouissent. Enfin, et c'est un cas moins apparent et plus
subtil, cette fin elle-même peut se modifier par l'effet des
moyens dont on veut se servir pour l'atteindre, et l'entre-

prise peut parcourir
une de ces courbes
qu'on appelle *courbes
de poursuite.* Par
exemple, l'entreprise
étant en *a*, veut se
rendre en *m*, en sui-
vant la route *am* ,

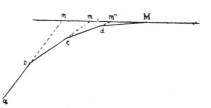

Fig. 41.

mais en agissant ainsi, elle déplace *m*, et quand elle est
en *b*, *m* est en *m'*. De nouveau l'entreprise tend vers *m'*,
et suit pour cela le chemin *bm'* ; mais arrivée en *c*, le
but s'est déplacé et se trouve en *m''* ; elle suivra alors le
chemin *cm''*, et ainsi de suite. De telle sorte que partie de
a pour aller en *m*, elle va finalement en M, qui représente une fin qu'elle ne poursuivait pas tout d'abord.
Nous verrons plus loin comment les choses se passent
dans un cas très important, qui est celui de la libre concurrence (§ 74).

12. Comme pour l'échange (III, 49), il nous faut, pour la production, détacher du type (II) une classe de. phénomènes qui sont caractérisés par ce fait, que l'entreprise a pour but de procurer le maximum de bien-être à tous ceux qui participent au phénomène économique ; et nous avons ainsi le même type (III), dont nous avons déjà parlé à propos de l'échange.

13. **Les divers moyens de l'entreprise.** — D'abord, quand l'entreprise va sur le marché pour acheter ou pour vendre, elle peut suivre les différents chemins que nous avons étudiés à propos de l'échange (III, 97, 98) : elle a aussi, d'ordinaire, diverses voies pour se procurer la marchandise qu'elle veut produire. Certains éléments de la production sont fixes ; mais d'autres sont variables. Pour obtenir de la farine de froment, il faut évidemment du froment, mais on peut moudre le froment dans un moulin mis en mouvement par la main de l'homme ou par un animal, par le vent, par l'eau, par la vapeur. On peut se servir de meules en pierre, ou de cylindres en fonte durcie. On peut utiliser des moyens plus ou moins parfaits pour séparer le son de la farine, etc.

14. De plus, les quantités elles-mêmes de ces éléments sont variables dans certaines limites, plus ou moins étroites. En cette matière l'exemple classique est celui de la culture extensive, ou intensive du sol. On peut obtenir la même quantité de blé avec une grande ou une petite surface de sol cultivé, en faisant varier les autres éléments de la culture. Mais ce même phénomène se vérifie dans toutes les autres productions. Certains éléments ne varient que très peu ; par exemple, on peut obtenir d'une même quantité de blé un peu plus ou un peu moins de farine. D'autres éléments varient considérablement ; il y a une différence énorme entre un moulin mis en mouvement par un mulet, et un de ces grands

moulins à vapeur dont on se sert actuellement pour transformer le blé en farine ; il y a aussi une différence énorme entre l'équipage des anciennes galères à rame, et l'équipage d'un transatlantique, et par conséquent une aussi grande différence entre les rapports, pour ces deux modes de transport, de la main-d'œuvre et de la valeur du navire. On pourrait multiplier à volonté ces exemples.

11 faut que l'entreprise fasse son choix entre ces divers moyens, et cela dans le cas du type (I), comme dans celui du type (II).

15. Nous rencontrons ici une des plus graves erreurs de l'économie politique. On a supposé que ce choix est imposé par l'état technique de la production, c'est-à-dire qu'il est déterminé exclusivement par l'état du progrès technique. Cela n'est pas exact. Le progrès technique n'est qu'un des éléments du choix. Naturellement, quand les chemins de fer n'étaient pas inventés, on ne pouvait pas y avoir recours pour transporter les marchandises ; mais actuellement ils n'ont pas remplacé tous les autres moyens de transport. Dans certaines circonstances on transporte les marchandises sur des charrettes ; dans d'autres, sur des voitures à bras ; dans d'autres, par d'autres moyens. Depuis qu'on a inventé les machines à coudre, on coud certes à la machine, mais la couture à la main n'a pas disparu. Pour l'éclairage, on se sert encore concurremment de bougies, d'huile, de pétrole, de gaz, d'électricité (1).

---

(1) Cette condition est essentielle. Si on l'omet, on rend fausse une proposition qui était vraie.

Il est faux que les prix du marché existent indépendemment de l'entreprise. Il est vrai qu'elle fait ses comptes comme s'ils existaient ainsi, et que c'est sans le vouloir et même souvent sans le savoir qu'elle les modifie. Le phénomène est du genre de ceux qui sont représentés par les courbes de poursuite, § 11.

Systèmes, II, p. 372 et s. Voir une autre erreur semblable, § 70.

16. Dans chaque cas il faut rechercher quel moyen est le meilleur. Un entrepreneur doit transporter du gravier de la carrière dans un autre endroit. Selon les cas, il lui conviendra de faire le transport avec des charrettes tirées par des chevaux, ou bien de construire un petit chemin de fer. Un autre a du bois à scier ; selon les cas, il le fera scier par des hommes, ou il installera une scierie mécanique. Dans ces cas, et dans tous les cas analogues, la décision de l'entrepreneur sera déterminée non seulement par des considérations techniques, mais encore par des considérations économiques.

Pour pouvoir choisir entre les différents moyens il faut les connaître. Choisissons-en un que nous allons étudier.

17. **Les capitaux** (1). — Supposons que nous voulions établir le compte d'un moulin mis en mouvement par une roue hydraulique.

On produit de la farine et du son. Les principaux éléments de la production sont : le cours d'eau — la construction du moulin — la roue hydraulique, les transmissions, les machines, etc. — les outils, les appareils d'éclairage, etc. — l'huile qui sert aux machines, d'autres matières pour l'éclairage, la propreté et pour beaucoup d'autres usages — le travail du meunier, et de ses aides — l'argent qui circule pour faire face aux dépenses — le blé à moudre.

18. Il nous faut mettre un peu d'ordre dans tous ces éléments si variés, et en faire une classification qui sera

---

(1) Sur les divers sens que ce mot peut avoir, voir IRVING FISHER, *What is capital ? Economic Journal*, dec. 1896 ; *Senses of capital, ibid.*, june 1897 ; *Procedents for defining capital, Quart. Journ. of Economics*, may 1904. *The nature of capital and income; The rate of interest.* Ces deux derniers livres sont d'une importance capitale.

Voir aussi nos *Systèmes*, I, p. 158, 357-362.

d'ailleurs, comme toutes les classifications, en partie arbitraire.

En réalité, c'est l'énergie, la force mécanique du cours d'eau qui est transformée dans la production ; mais dans le phénomène économique cet élément de la production se présente sous des formes diverses, c'est-à-dire sous la forme de l'occupation, de l'usage du cours d'eau.

De même la construction est elle aussi transformée, petit à petit, dans la production. Cette construction repose nécessairement sur la surface du sol. Dans ce cas, celle-ci ne se consommant en aucune manière, nous avons là un élément dont on se sert sans le consommer.

19. Nous pouvons alors étendre approximativement cette conception à d'autres objets, et faire deux grandes classes des éléments de la production : la première comprend les choses qui ne se consomment pas, ou qui se consomment lentement ; la seconde comprend les choses qui se consomment rapidement.

20. Cette classification est arbitraire et peu rigoureuse, tout comme sont arbitraires et peu rigoureux les mots : *lentement, rapidement* ; mais l'expérience nous montre qu'elle est très utile en économie politique. De même il serait fort difficile en parlant des hommes de se passer des expressions, *jeune, vieux,* bien que personne ne puisse dire à quel moment précis finit la jeunesse, et commence la vieillesse. Le langage courant est obligé de remplacer des différences quantitatives réelles par des différences qualitatives arbitraires.

21. On a donné un nom aux choses qui ne se consomment pas, ou qui se consomment lentement, dans l'acte de la production ; on les a appelées des CAPITAUX.

Le point précis où s'arrête la classe des capitaux et où commencent les autres classes des éléments de la production n'est pas mieux déterminé que celui où finit la jeunesse et où commence l'âge mûr.

De plus, une même chose peut être, selon le point de vue, classée parmi les objets de consommation ou parmi les capitaux. Dans l'exemple précédent on consomme l'énergie mécanique de l'eau qui fait marcher le moulin, de sorte que, à ce point de vue, on peut dire que pour produire de la farine on consomme de l'énergie, et dans le budget de l'entreprise on peut porter tant de chevaux-vapeur consommés, au prix de tant. Mais on peut exprimer cette même chose de tout autre façon. Pour produire de la farine on se sert du cours de l'eau, qui ne se consomme pas, qui demeure ; et, dans le budget de l'entreprise, on peut inscrire un tant de dépense, non plus pour la consommation, mais pour l'usage de l'eau. En dernière analyse, il n'y a rien de changé dans le budget.

22. Si nous voulons utiliser la notion de capital, nous y ferons rentrer, sans difficulté, le cours de l'eau dont l'usage sert à faire marcher le moulin : il en est de même du moulin en tant que construction. La roue hydraulique peut aussi en faire partie. Mais que dirons-nous des meules ? Si nous considérons qu'elles ne se consomment que lentement, nous les mettons parmi les capitaux ; mais, si nous remarquons qu'elles se consomment beaucoup plus vite que la construction ou que la roue hydraulique, nous pourrons les ranger parmi les objets de consommation.

23. Une classification aussi incertaine, si on s'en sert sans précaution, peut facilement conduire à des conclusions vides de sens : et, en effet, les économistes qui se sont servi de ces classifications qualitatives, sans correction, en sont arrivés souvent à de vraies logomachies.

Malgré l'utilité qu'il peut y avoir à se servir du langage courant, nous n'hésiterions pas à l'abandonner, si nous ne pouvions pas le corriger, et le ramener à la réalité quantitative.

24. Or, cela est possible, et il suffit de mettre dans le budget de l'entreprise certaines dépenses qui serviront à remplacer des choses qu'on considère comme des capitaux ; on peut ensuite admettre d'une façon rigoureuse qu'on s'en sert sans les consommer.

Supposons que notre meunier consomme précisément deux paires de meules par an. Il commence l'année avec une paire de meules nouvelles et il la termine après avoir consommé la seconde paire de meules. S'il désire mettre les meules parmi les objets de consommation, il comptera au nombre des dépenses : au 1er janvier, l'achat de la première paire de meules ; au 1er juillet, l'achat de la seconde paire. S'il désire les considérer comme des capitaux, il mettra parmi les dépenses au 1er juillet la dépense d'une première paire de meules, pour réintégrer le capital ; au 31 décembre, la dépense d'une seconde paire de meules, pour réintégrer de nouveau le capital.

Les dépenses sont donc identiques, de quelque façon qu'on envisage les meules ; il y a bien une différence dans les époques où elles sont faites, mais nous en parlerons quand nous traiterons des transformations dans le temps ; pour le moment, nous voyons que de quelque façon que nous classions les meules, le résultat du budget est le même (et on verra qu'il en est encore de même quand nous parlerons des transformations dans le temps, (§ 47) ; et puisque ce qui importe c'est le résultat du bilan, nous pouvons conserver la classification qualitative des capitaux, et y faire rentrer, ou en exclure, à notre gré, certains objets ou certains autres.

De même, pour une société d'assurance qui a des tables de mortalité précises, peu importe qu'un homme

de 30 ans soit classé parmi les jeunes gens ou parmi les
hommes mûrs; de toute façon, le coefficient de mortalité
est le même pour lui.

**25. La théorie de l'équilibre économique sans la no-
tion et avec la notion de capital.** — Etant donné que
l'équilibre économique résulte du contraste qui existe
entre les goûts de l'homme et les difficultés qu'il rencontre pour se procurer les choses aptes à les satisfaire,
on peut ne considérer que les choses qui seront consommées directement ou dont on consommera l'usage.
Pour produire ces choses, on peut ne considérer exclusivement que des consommations, et dans ce cas on fait
abstraction de la notion de capital ; ou bien on peut considérer les consommations de certaines marchandises et
l'usage de certains capitaux. Au fond, on arrivera au
même résultat. Dans un cas comme dans l'autre il est
nécessaire de tenir compte des transformations dans le
temps (§ 47).

Ces deux façons de considérer le phénomène se rencontrent plus ou moins dans la réalité. Pour avoir du
pain et se rassasier, il y a comme obstacle ce fait, qu'il
faut avoir un four pour cuire ce pain. Le four apparaît
ici comme un capital ; moyennant certaines dépenses, il
durera indéfiniment et il produira toujours du pain. Où
bien l'obstacle consiste à se procurer les choses (briques,
chaux, etc.) qui, consommées et transformées, formeront
le four. Sous cette forme il n'y a plus de capital ; il n'y a
plus que des consommations qui se répartissent sur une
quantité plus ou moins grande de pain produit. Il y
aura de plus les dépenses pour les transformations dans
le temps, dont nous ne nous occupons pas en ce moment.

Dans les pays civilisés, le four, et toutes les choses
nécessaires pour construire le four, sont considérés
comme équivalents à leur prix en numéraire ; c'est-à-
dire que les capitaux comme les consommations peuvent

être remplacés par leur prix en numéraire. L'obstacle nous apparaît ici sous une troisième forme, à savoir qu'il nous faut faire une certaine dépense.

26. Par conséquent, pour avoir du pain, un des obstacles se présente sous une des trois formes suivantes : avoir un four — avoir le terrain, la main-d'œuvre, les briques, la chaux, etc., nécessaires pour construire le four — disposer de la somme que coûte le four, ou de la somme que coûtent les choses nécessaires pour le construire.

27. Nous avons dit qu'il fallait disposer de cette somme, et non pas qu'il fallait la posséder matériellement sous la forme de monnaie. En effet, grâce à certaines combinaisons en usage chez les peuples civilisés, on peut faire une dépense considérable avec une petite somme de monnaie qui circule.

On a parfois négligé de faire cette observation, fort évidente par elle-même, et on est tombé dans une erreur singulière. On a cru que l'obstacle, sous cette troisième forme, consistait dans la possession matérielle de toute la somme de monnaie égale au prix de l'objet, c'est-à-dire, dans notre exemple, du four. Puis, revenant à la notion de capital et à la première forme, on en a conclu que le capital consistait exclusivement en monnaie.

Ce qu'il y a de vrai dans cette observation, c'est que tout capital peut être évalué en numéraire ou en monnaie. Toute consommation peut également être évaluée en numéraire ou en monnaie. Quand on dit qu'un individu a fait un dîner de cinq francs, on ne dit pas qu'il a mangé une pièce de cinq francs ; quand on dit que pour produire du pain il faut une chose qui vaut mille francs, on ne dit pas qu'il faut employer matériellement deux cents écus, ou cinquante louis, pour produire le pain. Dans un cas comme dans l'autre, pour faire une dépense totale de mille francs, il peut suffire de l'emploi matériel de dix louis ; et ce sont alors ces dix louis, c'est-à-dire 200 francs, qu'on peut considérer comme capital.

L'étude de l'équilibre économique, en ne considérant que les consommations, nous donne une idée du phénomène d'ensemble, et nous en fait négliger les différentes parties. Cela peut être utile dans certains cas, mais en général nous ne pouvons pas négliger ces parties. Il est certain que les obstacles qu'il y a pour voyager en chemin de fer se ramènent, en dernière analyse, sans parler des transformations dans le temps, dont nous traiterons plus loin, à la main-d'œuvre et aux matériaux nécessaires pour construire le chemin de fer, au matériel de transport et à la mise en œuvre. De telle sorte qu'il n'est pas douteux que finalement l'équilibre doit résulter du contraste qui existe entre ces obstacles et les goûts des hommes pour voyager. Mais le saut est trop grand de ceux-ci à ceux-là, et il nous faut insister un peu sur les anneaux intermédiaires d'une si longue chaîne. Il nous faudra considérer à part au moins la construction et la direction de l'entreprise ; nous étudions ainsi le phénomène sous la première forme, et, si l'on veut, sous la troisième.

28. On pourrait faire des remarques analogues au sujet des marchandises que l'on consomme dans la production. On ne voit pas pourquoi, précédemment, nous nous sommes arrêtés aux briques, à la chaux, etc., nécessaires à la construction du four, et pourquoi nous ne sommes pas remontés à la terre à brique, aux consommations nécessaires pour construire le four qui les a cuites, et ainsi de suite ; mais nous arriverions ainsi à une idée trop générale du phénomène et trop éloignée de la réalité. En fait, il y a différentes entreprises ; et celle qui produit le pain ne produit pas en général les briques. Nous devons donc les considérer à part.

Certains économistes ont voulu réduire, en dernière

analyse, la production à des sacrifices d'ophélimité. Il est vrai que si la production ne transforme que des marchandises qui pourraient être consommée directement, ou dont au moins l'usage pourrait être ainsi consommé, cette réduction est possible. Mais elle n'a plus lieu pour les choses, en très grand nombre, qui ne sont ophélimes qu'après avoir été transformées. Ainsi, par exemple, une mine de cuivre n'a d'autre usage que celui de produire du cuivre. Le coût élevé de production de l'or ne provient pas de ce que, en exploitant les mines d'or, on fait le sacrifice de renoncer au plaisir que procurerait l'usage direct de ces mines, car ce plaisir n'existe pas. En se dessaisissant de l'épargne, on renonce, il est vrai, au plaisir que l'on pourrait avoir à la contempler sous forme de monnaies d'or, mais cela n'a qu'un rapport fort éloigné avec le taux de l'intérêt.

On s'engage donc ainsi dans une mauvaise voie, qui ne peut conduire à aucun résultat satisfaisant. Il faut au contraire considérer l'ensemble des choses qu'on a à sa disposition, et comparer les résultats que l'on obtiendra en disposant de ces choses de différentes manières, pour la production. Ces résultats peuvent être caractérisés par des évaluations en numéraire, ou bien par les différents plaisirs et les différents sacrifices qu'ils procurent. Il y aura là des concordances et des discordances, des accords et des antagonismes qu'il faudra étudier.

29. Le budget de l'entreprise sera établi de la façon suivante. Elle reçoit d'autres entreprises certaines marchandises qu'elle consomme ; elle a certaines choses appelées capitaux, que, grâce à des artifices de comptabilité, on considérera comme restant toujours identiques à elles-mêmes. Dans son budget ces capitaux figureront pour les dépenses nécessaires pour les renouveler et de plus pour une certaine somme que l'on paye pour leur usage. Dans l'exemple des meules, cette somme

servira précisément à combler la différence qu'il y a entre
les deux phénomènes dont nous avons parlé § 24. Pour
le premier, c'est-à-dire quand les meules sont considérées comme des objets de consommation, on trouve, à
l'inventaire au 1er janvier et au 1er juillet, les dépenses
pour acheter une paire de meules ; dans le second,
c'est-à-dire quand on considère les meules comme des
capitaux, ces dépenses figurent au 1er juillet et au 31 décembre.

Nous reviendrons sur tout cela quand nous étudierons
les transformations dans le temps ; il nous faut maintenant étudier d'un peu plus près les dépenses faites pour
remplacer les objets considérés comme des capitaux.

30. **Amortissement et assurance.** — Les choses
peuvent dépérir lentement, parce qu'elles s'usent, ou bien
elles peuvent être détruites, complètement ou en partie,
par un cas fortuit.

Les réparations et l'amortissement permettent de reconstituer le capital, dans le premier cas ; l'assurance
dans le second.

Les réparations maintiennent une machine en bon état,
cependant elle vieillit, et un jour vient où il vaut mieux
en acheter une autre que continuer à dépenser pour la
maintenir en état. Un navire peut être tenu en bon état
par des réparations, mais pas indéfiniment. L'amortissement doit pourvoir, non seulement au dépérissement
matériel, mais aussi à ce qu'on pourrait appeler le dépérissement économique. Il vient un jour, en effet, où
la machine, le navire, etc., peuvent encore être matériellement en bon état, mais où ils sont vieillis, et il faut alors
les remplacer par une autre machine, par un autre navire, etc., de type plus moderne et perfectionné. Dans le
budget, les dépenses de réparation figurent généralement
au nombre des dépenses de l'exploitation ; l'amortissement sert à reconstituer le capital.

On donne le nom de prime d'assurance à la somme qu'il faut épargner chaque année et accumuler afin de parer aux cas fortuits. Une entreprise peut assurer elle-même les objets qu'elle possède et qui sont sujets à des cas fortuits. C'est ce qui se passe en fait parfois pour certaines grandes compagnies de navigation, qui assurent elles-mêmes leurs propres navires. Dans ce cas l'assurance figure au bilan comme l'amortissement, et c'est une somme qui constitue un fonds spécial administré par la société. Le plus souvent c'est une autre entreprise qui pourvoit à l'assurance, et qui s'occupe exclusivement de ces sortes d'opérations. Dans ce cas l'entreprise qui a des objets à assurer paye une *prime d'assurance* à une de ces sociétés, qui lui restitue le prix de l'objet, si celui-ci vient à périr en totalité ou en partie par suite d'un des cas fortuits énumérés dans le contrat. Il y a, d'ailleurs, une infinité de contrats possibles ; mais le fond est toujours le même, et il s'agit toujours de reconstituer le capital.

31. Les sociétés industrielles ont d'habitude un troisième fonds spécial, appelé fonds de réserve, qui sert à des fins variées, dont la plus importante est toujours d'assurer le capital social et de le reconstituer au besoin. En réalité, le cas fortuit ne se manifeste pas seulement par la perte d'objets matériels. Une guerre, une épidémie, une crise commerciale, en changeant les conditions dans lesquelles travaille une industrie, peuvent lui occasionner des pertes momentanées et transitoires. Une partie du capital de la société est alors perdu, et on le reconstitue au moyen du fonds de réserve.

Nous avons voulu, par ces courtes indications, simplement montrer par quels procédés on pourvoit à la reconstitution du capital, et nous n'avons nullement eu l'intention d'épuiser la matière (§ 68, viii, 12 et suiv.). Il nous suffit de savoir que, d'une façon ou d'une autre, il faut pourvoir à la reconstitution du capital, et tenir compte de ses variations.

32. Une maison est située dans une ville qui se dépeuple et dans laquelle les constructions voient leur valeur baisser. Il faudra tenir compte de ce fait dans l'amortissement. Une autre maison est dans une ville qui prospère et dans laquelle les constructions augmentent de valeur. Nous sommes alors en présence d'un phénomène inverse du précédent et, pour ne pas multiplier les dénominations, nous considérerons comme un amortissement négatif la somme dont on a besoin pour maintenir le capital toujours à sa même valeur. De même il peut y avoir une prime d'assurance négative, quand le cas fortuit est avantageux et non pas dommageable au possesseur de l'objet.

Les titres de bourse nous fournissent un bon exemple de ces phénomènes. Supposons qu'un individu achète au prix de 120 francs des titres d'une valeur nominale de 100 francs et qui seront remboursés dans dix ans par la société, par le paiement de 100 francs au porteur du titre. Le possesseur de ce titre a entre les mains un objet qui, coûtant aujourd'hui 120 francs, ne coûtera que 100 francs dans dix ans. Si on considère ces titres comme un capital, il faut donc avoir recours à l'amortissement pour combler la différence.

Si ces titres coûtaient aujourd'hui 80 francs au lieu de 120 francs, il y aurait encore une différence avec leur prix dans dix ans, mais cette différence serait à l'avantage du possesseur actuel, et on en tiendrait compte par un amortissement négatif.

Si, au lieu d'être tous remboursés dans dix ans, les titres dont nous parlons sont remboursés par des tirages annuels, celui qui possède un titre acheté 120 francs perd cette année 20 francs si le numéro de son titre est appelé au remboursement. Il en gagnerait 20 s'il avait

acheté son titre 80 francs. Au premier cas correspond
une prime d'assurance positive ; au second, une prime '
d'assurance négative.

Il y aurait lieu aussi de tenir compte des variations
dynamiques, de l'*appréciation* ou de la *dépréciation* de
l'or ; mais nous ferons ici abstraction de ce genre de
phénomènes.

33. Les services des capitaux. — Puisque, par une
fiction qui nous rapproche plus ou moins de la réalité et
qui devient même la réalité si l'on fait intervenir l'amortissement et l'assurance, les capitaux sont censés demeurer toujours dans leur état primitif, on ne peut pas dire
qu'ils se transforment dans le produit. Leur usage seul
contribue à obtenir ce produit, et nous dirons que c'est
en lui que se transforme le SERVICE du capital.

Remarquons que ce n'est là qu'une question de forme.
C'est en réalité l'énergie, le travail mécanique du cours
d'eau, qui désagrège la matière du blé et donne la farine ;
c'est donc proprement l'énergie du cours d'eau qui, avec
le grain, se transforme en farine. Nous exprimons au
fond la même chose, mais sous une autre forme, quand
nous disons que l'usage du cours d'eau nous sert à obtenir de la farine, ou bien que c'est le SERVICE du cours
d'eau qui, avec le blé, se transforme en farine.

34. Biens matériels et biens immatériels. — Les économistes du commencement du xixe siècle ont longuement discuté la question de savoir si tous les biens économiques sont matériels, ou s'il y a aussi des biens
immatériels ; et la discussion a fini en pures logomachies. La question a été, à notre avis, tranchée définitivement par Ferrara, qui a montré d'une façon évidente
que « tous les produits sont matériels si on considère le
moyen par lequel ils se manifestent ; et que tous sont
immatériels si on considère l'effet qu'ils sont destinés à
produire ». Il faut d'ailleurs ajouter immédiatement que

l'identité matérielle de deux choses n'entraîne pas leur identité économique ; cette observation sera utilisée plus loin.

35. **Les coefficients de production.** — Pour obtenir une unité d'un produit, on emploie certaines quantités d'autres produits et de services de capitaux. Ce sont ces quantités qu'on appelle les COEFFICIENTS DE PRODUCTION.

36. Si, au lieu de considérer l'unité de produit, on considère une quantité quelconque de produit, les quantités des autres produits et des services de capitaux employés pour obtenir cette quantité de produit constituent les FACTEURS DE LA PRODUCTION.

Il est vraiment inutile d'avoir ainsi deux expressions pour des choses qui ne diffèrent que par une simple proportion et nous emploierons généralement la dénomination de coefficient de production. Nous n'avons fait mention de l'autre que parce qu'elle est employée par certains auteurs.

38. Les coefficients de production peuvent varier de plusieurs façons (§ 15, 76), et ils sont déterminés par les entreprises de différentes manières, selon que les phénomènes économiques répondent au type (I) ou au type (II).

38. **Transformations dans l'espace** (III, 72). — Nous n'avons pas à nous occuper longuement de ces transformations. Il nous faut simplement remarquer qu'elles nous donnent un premier exemple de choses qui, tout en étant matériellement identiques, sont économiquement différentes. Une tonne de blé à New-York, et une tonne de cette même quantité de blé à Gênes, sont des choses matériellement identiques, mais économiquement différentes : la différence des prix n'est pas nécessairement égale au coût de transport d'une de ces localités dans l'autre. Ce mode d'évaluation de la différence des prix repose sur une théorie inexacte de l'équilibre économique (III, 224).

Il y a toujours des transformations dans l'espace : elles sont parfois insignifiantes, parfois de première importance. Il y a des entreprises qui en font leur occupation exclusive, ce sont les entreprises de transport. La facilité des transformations dans l'espace élargit l'étendue des marchés et rend la concurrence plus active : ces transformations ont donc une grande importance sociale. Le xixᵉ siècle restera comme l'un de ceux où l'on a beaucoup perfectionné ce genre de transformations, ce qui a amené des changements sociaux fort importants.

39. **Transformations dans le temps** (iii, 72). — Elles sont tout à fait analogues aux précédentes ; mais si on a toujours tenu compte des transformations dans l'espace, on a très souvent négligé, et on néglige encore très souvent, les transformations dans le temps. Les raisons en sont multiples ; nous n'en signalerons que deux.

Les transformations dans l'espace nécessitent un travail et un coût qui tombent sous les sens ; et quand on en parle on ne choque pas les préjugés de ceux qui croient que la différence de prix de deux marchandises ne peut dépendre que de la différence du travail nécessaire à la production de ces marchandises ou, plus généralement, de la diversité du coût de production. Dans les transformations dans le temps, on ne voit pas les dépendances matérielles de ces transformations avec les fausses théories dont nous venons de parler.

Mais il est une autre raison, la plus importante, qui fait méconnaître le rôle de ces transformations dans le temps. C'est que c'est là une matière qu'on étudie plutôt avec le sentiment qu'avec la raison, et que ces sentiments s'appuient eux-mêmes sur certains préjugés. Personne, ou presque personne, n'étudie la question des transformations dans le temps d'un esprit dégagé de tout parti pris. Chacun sait, même avant d'avoir étudié la question, dans quel sens elle doit être tranchée, et il en

parle comme un avocat de la cause qu'il est chargé de
défendre.

40. Si nous nous plaçons au point de vue exclusivement scientifique, nous verrons aussitôt que, de même
que deux objets matériellement identiques diffèrent entre
eux économiquement suivant le lieu où ils sont disponibles, ils diffèrent également au point de vue économique, suivant le temps où ils sont disponibles. Un repas
pour aujourd'hui et un repas pour demain ne sont pas
du tout la même chose ; si un individu souffre du froid,
il a un besoin immédiat d'un manteau, et ce même manteau disponible dans un jour, dans un mois, dans un an,
ne lui rendent certes pas le même service. Il est donc
évident que deux biens économiques matériellement
identiques, mais disponibles à des moments différents,
peuvent avoir des prix différents, tout comme peuvent
avoir des prix différents des biens qui ne sont pas matériellement identiques. On ne conçoit pas pourquoi on
trouve tout naturel que le prix du vin soit différent de
celui du pain, ou que le prix du vin dans un lieu ne soit
pas le même que celui du vin dans un autre endroit, et
puis que l'on s'étonne que le prix du vin disponible aujourd'hui ne soit pas le même que le prix du même vin
disponible dans un an.

41. Mais, par suite de cette tendance irrésistible à songer tout de suite aux applications pratiques, on ne s'arrête guère au problème scientifique que nous venons de
poser, et on se met immédiatement à rechercher s'il n'est
pas possible de trouver des moyens qui permettent de
rendre le prix du vin disponible aujourd'hui précisément
égal à celui du vin disponible l'année prochaine.

Ce n'est pas là la question que nous voulons étudier
en ce moment, tout comme nous ne recherchons pas s'il
est des moyens techniques pour rendre le prix du vin
égal au prix du pain, ou le prix du blé à New-York égal

au prix du blé à Gênes. Il nous suffit d'avoir montré que des marchandises disponibles à des moments différents sont des marchandises économiquement différentes et qui peuvent avoir par conséquent des prix différents.

42. La théorie de l'équilibre économique nous apprendra comment ces prix sont déterminés. Il faut donc bien prendre garde de ne pas commettre l'erreur qui consiste à dire que *la cause* de la différence de ces prix est dans la différence des temps auxquels ces biens sont disponibles. Car il n'y a pas *une* cause de cette différence ; il y en a un très grand nombre ; et ce sont toutes les circonstances, sans en excepter une seule, qui déterminent l'équilibre économique. La considération du temps sert uniquement à différencier l'un de l'autre deux biens qui ne sont pas disponibles au même moment. De même la composition chimique différencie le minerai de cuivre du cuivre métal, mais elle n'est pas la CAUSE de la différence du prix du minerai de cuivre et du prix du cuivre métallique. Cette différence n'a pas UNE cause ; elle en a un très grand nombre, ou, pour nous exprimer avec plus de rigueur, elle est en relation avec beaucoup d'autres faits, qui sont précisément ceux qui déterminent l'équilibre économique.

43. **Le bilan de l'entreprise et les transformations dans le temps.** — Nous avons vu au § 26 que la production peut être considérée de trois façons différentes, qui, au fond, aboutissent au même résultat.

44. I. *On considère exclusivement les consommations sans faire usage de la notion de capital.* — Dans ce cas la transformation dans le temps consiste à substituer à un bien disponible à un certain moment un bien disponible à un autre moment. Pour produire du blé il faut employer une semence. Elle peut être considérée comme une consommation que l'on fait au moment où on fait les semailles. Cette quantité de blé n'est pas économi-

quement identique à une autre quantité égale de blé qui
ne serait disponible qu'à l'époque de la prochaine récolte. Les deux combinaisons économiques pour la production : (A) : 100 kilogrammes de blé à consommer à
l'époque de l'ensemencement ; (B) : 100 kilogrammes de
blé à consommer à l'époque de la prochaine récolte, ne
sont pas identiques ; ce sont des *marchandises* différentes ; par conséquent (A) peut avoir un prix différent
de celui de (B) ; en général, ce prix est plus grand (exceptionnellement il pourrait être plus petit). La différence
du prix de (A) et du prix de (B) est le prix d'une transformation dans le temps, et figure dans les dépenses de
l'entreprise. Par exemple, celui qui sème pour la première fois du blé ne peut certes pas se servir du blé de
sa *dernière récolte*, puisque celle-ci n'existe pas, et il
n'aura de disponible, à son temps, que le blé de la *récolte
future*. Dans son budget il doit donc porter au débit une
certaine dépense pour cette transformation.

45. II. *On fait usage de la notion de capital*. — Dans
ce cas la transformation dans le temps résulte de la nécessité qu'il y a d'avoir, ou de produire, ce capital *avant*
de pouvoir produire la marchandise. Le prix de la transformation dans le temps fera partie de ce que coûte
l'usage du capital.

La semence nécessaire à produire le blé peut être considérée comme un capital. Elle est consommée au moment où on sème, elle est reconstituée au moment de la
récolte, de telle sorte que pour l'entreprise agricole elle
reste toujours la même et c'est seulement son usage pendant un certain temps qui sert à la production du blé.
En 1895, l'entreprise agricole avait 100 kilogrammes de
blé ; ils ont servi de semence ; à la récolte de 1896 on a
mis de côté 100 kilogrammes de blé ; on les a de nouveau employés cette même année comme semence ; à la
récolte de 1897 on a mis de côté 100 kilogrammes de

blé. On s'arrête alors et on fait le bilan de l'opération. L'entreprise a commencé avec 100 kilogrammes de blé à sa disposition ; en finissant, elle a encore 100 kilogrammes de blé. En réalité, elle n'en a pas consommé ; elle a simplement joui de l'*usage* de cette quantité. La transformation dans le temps consiste dans cet usage, et le prix de cette transformation fait partie du prix de cet usage. Si l'entreprise est seule, le prix de cet usage sera payé à l'entreprise elle-même, et il sera en rapport avec les sacrifices nécessaires pour produire l'objet dont l'entreprise fait usage. Si l'entreprise achète cet objet à une autre entreprise, elle devra tenir compte d'une part du sacrifice qu'elle supporte par suite de l'avance du prix qu'elle paye pour l'objet ; et, d'autre part, de l'avantage qu'elle retire de son emploi, et voir s'il y a compensation et équilibre. Enfin l'entreprise, au lieu de produire l'objet ou de l'acheter, peut en acheter simplement l'usage ; et le prix de cet usage figurera dans les dépenses de son budget.

46. III. *On considère la valeur, en monnaie, des facteurs de la production.* — Dans ce cas la transformation dans le temps concerne la monnaie, et consiste à échanger une somme disponible à un certain moment contre une somme identique disponible à un autre moment.

Supposons que les 100 kilogrammes de blé valent 20 francs. Avoir ces 20 francs disponibles signifie pour l'entreprise agricole avoir la disponibilité des 100 kilogrammes de blé nécessaires pour l'emblavure. Il n'est pas nécessaire qu'elle dispose matériellement d'un louis ; il peut lui suffire, par exemple, d'avoir un demi-louis. Avec cet argent elle achète 50 kilogrammes de blé, puis elle vend du fromage, et elle a de nouveau un demi-louis, avec lequel elle achète de nouveau 50 kilogrammes de blé ; elle a ainsi 100 kilogrammes de blé. La transformation dans le temps consiste donc en ceci que l'entreprise a besoin d'avoir, en 1895, vingt francs disponibles, qu'elle ne rendra qu'en 1897. Dans son budget doit mettre la dépense nécessaire pour avoir cette somme disponible, afin de s'en servir ; et cela aussi bien si cette dépense est payée à l'entreprise elle-même que si elle est payée à d'autres.

47. Revenons à l'exemple du § 24. Si le minotier considère ses meules comme des objets de consommation, dans son budget, nous avons aux dépenses :

(A)

Premier janvier	100 francs.
Premier juillet	100 »
Total dans l'année	200 francs.

Si elle les considère comme capital, les dépenses sont :

Premier juillet.	100 francs.
31 décembre	100 »
Total.	200 francs.

La combinaison (A) donne la même dépense que la combinaison (B), mais à une époque différente.

Les meules doivent être payées avec la farine produite. Dans la combinaison (A), au 1er janvier, il faut acheter les meules qui seront payées avec la farine produite du 1er janvier au 30 juin ; il faut donc opérer une transformation dans le temps, afin d'avoir disponible au 1er janvier ce qui ne serait disponible que le 30 juin de la même année. Si on fait usage de la notion de monnaie, il faut avoir disponible au 1er janvier une somme de 100 francs, qui ne serait disponible que le 30 juin. Supposons que l'on paye pour cela 2 francs. Il faudra recommencer la même opération du 1er juillet au 31 décembre. On dépensera en tout 4 francs, et la dépense totale de la combinaison (A) sera de 204 francs.

Dans la combinaison (B) les meules ne sont payées que le 1er juillet, au moment où, du 1er janvier au 30 juin, on a produit une quantité de farine suffisante pour faire cette dépense. Mais, d'autre part, pour pouvoir se servir de la combinaison (B) il faut avoir l'usage de ce capital. Il faut, par conséquent, exactement comme dans la combinaison (A), avoir, dès le 1er janvier, l'usage des meules. Si on évalue ce capital en monnaie, il faut avoir l'usage de 100 francs pendant une année, et si on dépense 4 francs pour cet usage, la dépense totale de la combinaison (B) sera 204 francs, et elle sera égale à celle de la combinaison (A).

48. Le revenu des capitaux. — L'obstacle qui se manifeste par le coût de l'usage d'un capital, est pour partie indépendant de l'organisation sociale et il a son origine dans la transformation dans le temps. Quelle que soit l'organisation de la société, il est évident qu'un repas qu'on peut prendre aujourd'hui n'est pas identique au repas qu'on ne pourra prendre que demain, et que 10 kilogrammes de fraises disponibles en janvier ne sont pas identiques à 10 kilogrammes de fraises disponibles en juin. L'organisation de la société décide de la forme sous laquelle cet obstacle se manifeste et il en modifie en partie la substance. Il en est exactement de même pour les transformatiens matérielles et pour les transformations dans l'espace (viii, 18 et suiv.).

Un même objet peut être produit par une quelconque de ces trois transformations. Par exemple, un individu se sert au mois de juillet, à Genève, d'un morceau de glace pour rafraîchir sa boisson. Ce morceau de glace peut avoir été produit par une fabrique de glace artificielle (transformation matérielle) ; il peut avoir été transporté d'un glacier (transformation dans l'espace) ; il peut avoir été recueilli pendant l'hiver et conservé jusqu'à l'été (transformation dans le temps) (1). Ces transformations s'achètent au prix de certains sacrifices ou coûts, qui dépendent pour partie de l'organisation sociale et qui en sont indépendants pour partie. Par exemple, si les membres d'une collectivité recueillent de la glace en janvier et du bois en juillet de la même année, ils auront des boissons fraîches en juillet, mais ils auront souffert du froid en janvier. S'ils avaient pu recueillir du bois dans ce mois de janvier et de la glace dans le mois de juillet suivant, le travail fourni aurait été le même, et ils auraient eu chaud l'hiver et froid l'été. Le fait d'avoir dû fournir d'abord le travail nécessaire pour recueillir la glace, leur coûte le froid qu'ils ont souffert pendant ce mois de janvier, et cela est évidemment indépendant de l'organisation sociale.

S'il existe une seconde collectivité qui *prête* à la première, en janvier, le bois qu'on lui restituera en juillet, la première collectivité ne souffrira plus du froid ; grâce à ce prêt, elle consommera, non pas matériellement, mais économiquement, en janvier, le bois qu'elle ne recueillera que six mois après, et elle jouira de cette transformation dans le temps. La seconde collectivité fait

(1) Ce sont là les transformations principales des trois cas considérés ; mais, en chacun de ces cas, la transformation principale est accompagnée des deux autres, qui sont secondaires. La fabrique de glace artificielle ne produit pas la glace au moment précis où on la consomme, il faut un certain temps pour porter la glace du glacier au lieu où elle est consommée. La transformation dans le temps ne manque donc pas en ces deux cas, bien qu'elle soit secondaire. De même la transformation dans l'espace ne manque pas dans le premier et le troisième cas. Enfin la transformation matérielle, ne fût-ce que pour débiter la glace en morceaux, ne manque pas non plus dans le deuxième et le troisième cas.

une transformation dans le temps précisément inverse.

49. Quand les capitaux sont propriété privée, celui qui les prête, c'est-à-dire qui en concède l'usage à d'autres, reçoit d'ordinaire une certaine somme que nous appellerons l'intérêt brut de ces capitaux.

50. Cet intérêt est le prix de l'*usage* des capitaux ; il en paye les *services* (§ 33). C'est encore là une question de forme et non de substance. Si un individu paye 10 francs pour avoir une certaine quantité de cerises, il achète une marchandise. Supposons que cette quantité soit précisément produite par un cerisier en un an ; si cet individu achète, avec 10 francs, l'usage de ce cerisier pour un an, il aura, au fond, pour le même prix, la même quantité de cerises qu'auparavant. La forme de l'opération diffère seule ; il a maintenant acheté le *service* d'un capital (§ 33).

51. Remarquons que si la personne qui mange les cerises est la même que celle qui possède le cerisier, il n'y a plus personne à qui payer les 10 francs, mais il reste toujours ce fait que cette personne a la jouissance des cerises ; et ce fait peut être considéré sous deux aspects : 1° directement, comme la jouissance d'une marchandise ; 2° indirectement, comme la jouissance du *service* d'un capital.

52. Quand on étudie le phénomène sous la forme des services des capitaux, il faut rechercher comment s'en établit le prix, c'est-à-dire quelle valeur a l'intérêt brut. On comprendrait facilement qu'il fût égal à toutes les dépenses nécessaires pour restituer le capital, c'est-à-dire aux dépenses de réparation, avec en plus l'amortissement et l'assurance ; mais d'ordinaire cet intérêt brut est plus grand que cette somme, et la différence, que nous appellerons intérêt net, nous apparaît comme une entité dont l'origine n'est pas aussi évidente.

53. Quand on dit que cet intérêt net paye la transfor-

mation dans le temps, on éloigne la difficulté sans la résoudre ; parce qu'ensuite nous demanderons pourquoi la transformation dans le temps a un prix, et comment ce prix est déterminé.

54. Il saute à l'esprit de réunir, comme une relation de l'effet à sa cause, le fait de l'existence de cet intérêt net et celui de l'appropriation des capitaux. En fait, ce sont des faits concomitants ; et, d'autre part, il est manifeste que s'il n'y avait pas de propriétaires des capitaux, il n'existerait personne à qui l'on pourrait payer l'intérêt net ; il ne resterait que les dépenses pour rétablir les capitaux, dépenses qu'on doit faire dans tous les cas. En d'autres termes, les obstacles qui se manifestent par l'existence de l'intérêt net ont exclusivement leur origine dans ce fait que les capitaux sont appropriés.

55. Cette affirmation est loin d'être absurde *a priori* et elle pourrait très bien être vraie. Il faut donc examiner les faits et voir s'ils confirment, ou s'ils ne confirment pas, cette affirmation.

Les obstacles qu'on rencontre, en Italie, pour se procurer de l'eau de mer, si nous négligeons le travail et les autres dépenses nécessaires pour l'obtenir, naissent exclusivement de ce fait que le gouvernement, ayant le monopole de la vente du sel, défend aux particuliers de prendre de l'eau de mer. Ces obstacles dépendent donc exclusivement de l'organisation sociale ; si le gouvernement laissait chacun libre de prendre de l'eau, tous les obstacles qui empêchent les Italiens de s'en procurer disparaîtraient, sauf, bien entendu, ceux dont nous avons parlé : le travail et les autres dépenses nécessaires pour le transport de cette eau de mer au lieu où on veut s'en servir. Nous avons là un exemple favorable à la thèse que l'intérêt net des capitaux a son origine dans l'organisation sociale.

Les obstacles que nous rencontrons pour nous procu-

rer des cerises se manifestent à nous sous la forme du
prix que demande le marchand de cerises. Ce nouvel
exemple paraît semblable au précédent, et on est amené
ainsi à croire qu'il suffirait d'éliminer les marchands de
cerises pour faire disparaître les obstacles qui nous empêchent de nous en procurer. Mais il suffit de réfléchir
un peu pour voir qu'il n'en est pas ainsi. Derrière le
marchand il y a le producteur ; derrière le producteur
il y a ce fait que les cerises n'existent pas en quantité
telle qu'elles dépassent la quantité nécessaire pour satisfaire nos goûts, comme cela arrive pour l'eau de mer.
Dirons-nous alors que l'organisation sociale, en vertu de
laquelle existe le marchand de cerises, n'a aucune part
dans les obstacles qu'il y a à se procurer des cerises ?
Nullement ; mais nous dirons qu'il n'y a là qu'une partie
des obstacles, et une observation attentive des faits nous
fera aussi ajouter que souvent elle y a une part fort
petite, si on la compare à celle des autres obstacles.

L'obstacle que nous rencontrons pour nous procurer
des cerises — ou, ce qui revient au même, pour avoir
l'usage d'un cerisier — vient de ce fait que les cerises
qui sont à notre disposition sont en nombre plus petit
que celui qui serait nécessaire pour satisfaire complètement nos goûts. Et c'est de l'opposition entre cet
obstacle et nos goûts que naît le phénomène du prix de
l'usage du cerisier.

56. En général, l'obstacle que l'on rencontre dans
l'usage des capitaux — ou pour la transformation correspondante dans le temps — vient de ce que les capitaux
— ou les moyens pour opérer cette transformation dans
le temps — sont en quantité moindre que celle dont nous
aurions besoin pour satisfaire nos goûts. Et c'est de
cette opposition entre l'obstacle et nos goûts que naît le
phénomène du revenu net des capitaux — ou du prix de
la transformation dans le temps,

Nous sommes ainsi ramenés à la théorie générale du prix d'une chose quelconque, lequel résulte toujours de l'opposition entre les goûts et les obstacles, opposition qui ne peut jamais exister que lorsque la chose considérée est à notre disposition en quantité moindre que celle qui serait nécessaire pour satisfaire complètement nos goûts (III, 19).

57. L'intérêt net est donc réglé par les mêmes lois qui règlent un prix quelconque ; et le coût de la transformation dans le temps suit les mêmes lois que le coût de la transformation dans l'espace, ou le coût d'une transformation quelconque.

On ne peut déterminer ce coût de la transformation dans le temps séparément des autres prix et de toutes les autres circonstances d'où dépend l'équilibre économique ; il est déterminé, en même temps que toutes les autres inconnues, par les conditions de l'équilibre économique (1).

58. **Intérêts nets des divers capitaux.** — De ce qui précède il ne résulte nullement qu'il n'y ait qu'un seul intérêt net pour chaque capital, c'est-à-dire que le prix de la transformation dans le temps ne varie pas selon les circonstances dans lesquelles elle se produit. En fait, les différents capitaux donnent des intérêts nets différents. On paye des intérêts très différents : pour l'usage d'un cheval — pour la somme que vaut ce cheval — pour cette même somme prêtée sur hypothèque — ou prêtée sur lettre de change — ou ne reposant que sur une simple obligation, etc.

La théorie de l'équilibre économique nous apprendra qu'on peut approximativement établir différentes classes de capitaux, et que dans la plupart de ces classes les intérêts nets tendent à devenir égaux ; et elle nous ensei-

(1) *Systèmes*, II, p. 288 et s.

gnera sous quelles conditions cela se produit ; mais il est essentiel de ne pas confondre les caractères particuliers à certains phénomènes et les caractères que ces phénomènes revêtent uniquement dans le cas où il y a équilibre économique.

59. **Le bilan de l'entreprise et les intérêts des capitaux.** — Le bilan d'une entreprise doit être fait à une époque déterminée ; et toutes les sommes perçues ou dépensées par l'entreprise doivent être reportées à cette époque ; on ajoute ou en retranche pour cela une certaine somme qui dépend des intérêts nets. Pour de courtes périodes de temps, on prend généralement en considération l'intérêt simple ; pour des périodes plus longues, l'intérêt composé.

Dans les calculs des assurances, on prend souvent en considération la valeur *actuelle* d'une somme *future*. Supposons, par exemple, qu'une société doive payer 100 francs à la fin de chaque année à un individu de 30 ans, et cela jusqu'à sa mort. Prenons les données expérimentales recueillies par les sociétés anglaises d'assurance. Par divers procédés, sur lesquels il est inutile de nous arrêter ici, ces données sont modifiées de façon à faire disparaître certaines irrégularités qu'on suppose accidentelles. On sait ainsi que sur 89.865 individus vivants de 30 ans, il en reste 89.171 à 31 ans ; 88.465 à 32 ans, etc. Par conséquent, si on avait dû payer 100 francs à chacun de ces individus, à la fin de la première année on aurait dû payer 8.917.100 francs ; à la fin de la seconde année, 8.846.500 francs, etc. On admet, et cela est hypothétique, que l'avenir sera semblable au passé, et de plus pour chaque individu on se sert de nombres proportionnels à ceux que nous venons de rapporter ; c'est-à-dire, on suppose que, en moyenne, on devra payer à chaque individu $\frac{8.917.100}{89.865} = 99.228$ à la

fin de la première année ; $\frac{8.846.500}{89.865} = 98.442$ à la fin
de la seconde année et ainsi de suite.

On recherche alors les sommes qui, avec l'intérêt composé, d'année en année, reproduisent les sommes ci-
dessus ; ici il faut faire une hypothèque sur l'intérêt.
Supposons qu'il soit de 5 0/0. Nous trouvons qu'une
somme de 94.503 rapportant 5 0/0 donne après une
année, 99.228 ; une somme de 89.290 donne, après uue
année, 93.754,5, et après deux ans 98.442. Nous dirons
donc que la valeur *actuelle* de la somme de 99.228,
payable après un an, est de 94.503 ; et la valeur actuelle
de la somme 98.442, payable dans deux ans, est 89.290.

60. Les bilans industriels se font plus simplement. La
plus grande partie des intérêts sont simples, et on en
tient compte d'une façon approximative.

En somme, chaque bilan, pour être précis, doit être
fait à une époque déterminée, et toutes les dépenses et
toutes les recettes doivent être évaluées à cette époque.
Supposons que le bilan se fasse au 1er janvier 1903, et
que l'intérêt des capitaux soit 5 0/0. Une dépense de
1.000 francs faite le 30 juin 1902 doit figurer pour
1.025 francs au bilan. De même pour les recettes. Dans
la comptabilité courante, cette dépense, ou cette recette
figure pour 1.000 francs au 30 juin ; mais, dans le cas de
la dépense, on trouve une dépense de 25 francs dépensés
comme intérêts, et dans le cas de la recette, on trouve
une somme égale encaissée comme intérêt. Cela revient
au fond au même.

61. **Le bilan de l'entreprise, le travail et les capitaux
de l'entrepreneur.** — Dans le bilan de l'entreprise il
faut tenir compte de toutes les dépenses, et si l'entrepreneur rend quelque service à l'entreprise, il doit l'évaluer
et en inscrire le montant dans les dépenses.

Un individu peut être directeur d'une entreprise pour

le compte d'une société anonyme, ou d'un autre individu, et dans ce cas il reçoit un traitement, ou bien il peut être directeur de sa propre entreprise, dans ce cas son traitement se confond avec le bénéfice retiré de l'entreprise ; mais nous devons éviter cette confusion, si nous voulons connaître le coût précis des produits et les résultats de l'entreprise. De même, les capitaux que cet individu emploie dans son entreprise doivent être considérés comme prêtés, et leur intérêt doit être inscrit dans les dépenses. Soit un individu qui gagnait 8.000 francs par an, en dirigeant une entreprise pour le compte d'un tiers ; il s'installe à son compte, dépense 100.000 francs pour l'entreprise, qu'il dirige lui-même. Le bénéfice de cette entreprise, sans tenir compte du travail et des capitaux de son propriétaire, est de 10.000 francs. En réalité, il y a une perte de 2.000 francs, puisqu'il fallait mettre au compte des dépenses 8.000 francs pour les appointements du directeur et 4.000 francs pour l'intérêt des capitaux. Si cet individu avait continué à être directeur au service d'autrui et s'il avait acheté des titres de rente rapportant 4 0/0, il aurait eu 12.000 francs par an ; il n'en a que 10.000, il perd donc 2.000 francs.

Ce n'est là qu'une manière d'établir les comptes du bénéfice, ou de la perte, en certaines hypothèses. Tout autre manière d'établir ces comptes peut être bonne, pourvu qu'elle tienne un compte exact des faits. Un individu qui reçoit un salaire pour diriger une exploitation, veut savoir s'il fera une bonne, ou une mauvaise affaire, en donnant sa démission et en s'établissant pour son compte. Sa comptabilité, si elle est bien tenu, doit le renseigner là-dessus.

62. **L'entreprise et le propriétaire des biens économiques.** — L'entreprise, comme nous l'avons déjà dit § 4, n'est qu'une abstraction, par laquelle on isole une des parties du processus de la production.

Le producteur est un être compléxe, dans lequel sont confondus l'entrepreneur, le directeur de l'entreprise et le capitaliste ; nous les avons séparés, mais ce n'est pas assez ; il nous faut encore considérer le propriétaire de certains biens économiques dont se sert l'entreprise.

Supposons un propriétaire qui produit du blé sur sa terre ; il peut être représenté par le producteur considéré (iii, 102) qui produit une marchandise à un coût croissant avec la quantité produite. Mais il y a deux choses à considérer dans cet individu : 1° le propriétaire de la terre ; 2° l'entrepreneur qui se sert de la terre et des autres biens économiques pour produire du blé. Pour nous servir d'un exemple concret, considérons un entrepreneur qui loue cette terre et qui produit du blé.

63. Si le producteur se trouve du côté des indices positifs, il fait un bénéfice ; à qui va ce bénéfice maintenant que nous avons un propriétaire et un entrepreneur ?

Ce problème peut être résolu en faisant appel aux principes généraux déjà posés. Supposons que, pour le

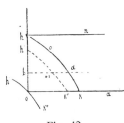

Fig. 42.

propriétaire, la terre dont la quantité qu'il en possède est représentée par oh, ne soit pas directement ophélime. Portons sur l'axe oa la somme, en numéraire, que le propriétaire retire de sa terre. Nous sommes dans le cas (iv, 54) ; la ligne des échanges est hoa pour le propriétaire. Pour les entrepreneurs, les axes seront hn, ho. Soit hk une ligne telle que, si pour une quantité quelconque hb de terre l'entrepreneur paye bd, il ne fait aucun bénéfice ; hk sera pour lui une ligne d'indifférence, et précisément la ligne d'indice zéro, c'est-à-dire celle des transformations complètes. Si on fait

kk' égal à 1, la courbe $k'h'$, parallèle à kh, sera une autre courbe d'indifférence, c'est-à-dire celle d'indice 1, et sur elle l'entrepreneur fera un bénéfice de 1. Au delà de hk se trouvent les courbes à indice négatif.

64. Si l'entrepreneur a un monopole, il se procurera le maximum de bénéfice, en allant sur la courbe d'indifférence $h''k''$ qui passe par o. C'est lui qui gardera tout le bénéfice de la production, et le propriétaire n'aura rien. S'il y a concurrence entre les entrepreneurs, il devra finir par aller sur la ligne hk pour les raisons déjà tant de fois développées. Le point d'équilibre est en k, à l'intersection de hk et de la ligne oa des échanges du propriétaire. Celui-ci prendra tout le bénéfice de la production, et l'entrepreneur rien. Il en serait évidemment de même si la terre, ou toute autre marchandise de ce genre, était ophélime pour le propriétaire.

65. On en conclut que lorsqu'il y a concurrence entre les entreprises, celles-ci doivent se tenir sur la ligne des transformations complètes ; elles n'ont donc ni profit, ni perte.

Les courbes d'indifférence des obstacles ne changent pas, ni ne peuvent changer ; mais la courbe du profit maximum pour le propriétaire devient la courbe des transformations complètes pour l'entreprise.

Il nous faut voir maintenant comment et jusqu'à quel point cette proposition théorique peut être vraie pour les entreprises réelles, qui diffèrent plus ou moins des entreprises théoriques.

66. **Les entreprises réelles, leurs bénéfices et leurs pertes.** — Il est tout d'abord évident que la proposition théorique ne peut être vraie que comme moyenne pour les entreprises réelles. En effet, celles-ci diffèrent des entreprises abstraites en ce qu'elles ont une certaine organisation, un certain renom qui leur attire la clientèle, certaines terres, mines, usines, qu'elles ont achetées, etc.

Le caractère abstrait de l'entreprise s'allie toujours plus ou moins avec celui de propriétaire.

67. Pour les entreprises réelles, il est facile de voir, si on raisonne d'une façon objective, qu'il ne peut y avoir, au moins pour une classe très étendue et en moyenne, ni profit ni perte, là où, bien entendu, on tient compte de toutes les dépenses, y compris les revenus des capitaux de l'entreprise. Actuellement, un grand nombre de ces entreprises revêtent la forme de sociétés anonymes, et leurs titres se vendent à la bourse ; chaque jour, d'ailleurs, il s'en crée de nouvelles. Par conséquent, tout individu qui a de l'argent, même en petite quantité, peut participer à ces entreprises en achetant un ou plusieurs titres. On ne comprendrait donc pas comment celles-ci pourraient avoir quelque avantage sur les fonds publics ou sur les autres titres pour lesquels on paie un revenu fixe. Si cet avantage existait, tout le monde achèterait des titres de sociétés anonymes. Nous avons dit qu'il fallait tenir compte de toutes les circonstances ; il faut donc tenir compte du caractère incertain des dividendes, du fait que ces sociétés ont une durée plus ou moins longue, etc. Il peut sembler que leurs titres rapportent davantage; mais si l'on fait ces déductions, le revenu, en moyenne, devient égal à celui des titres des fonds d'État à revenus fixes. Par exemple, en Allemagne, les actions des mines de charbon qui rapportent environ 6 0/0 sont à peu près équivalentes aux titres de la dette prussienne qui rapportent 3 1/3 0/0.

68. On peut d'ailleurs remarquer que cette équivalence est en partie objective, c'est-à-dire qu'en fait les Allemands croient à cette équivalence — sinon ils vendraient leurs titres de consolidés prussiens pour acheter des actions minières, ou autres — mais la réalité pourrait, en partie au moins, différer de l'idée que les hommes s'en font.

Ainsi le phénomène concret diffère du phénomène théorique. Pour des opérations de peu de durée, fréquemment répétées, qui peuvent être l'objet de nombreuses adaptations et réadaptations, il semble que cette divergence doit être faible ; mais nous ne pouvons affirmer, *a priori*, qu'elle est égale à zéro ; il semble bien plutôt que, quoique faible, elle doit toujours exister.

Supposons, par exemple, deux emplois de l'épargne qui donnent un égal revenu net, si l'on tient compte des primes d'assurance et d'amortissement ; mais qu'il y ait, pour le premier, des probabilités de gros profits et de grandes pertes, qui n'existent pas pour le second (viii, 12).

Une population aventureuse préférera le premier, une population prudente, le second ; par conséquent, par suite de la diversité dans la demande de ces deux emplois du capital, les revenus nets pourront cesser d'être égaux. Un peuple aventureux achètera plus volontiers des actions de sociétés industrielles que des titres de la dette publique ; et un peuple bon ménager et économiquement timide, fera le contraire. Il peut donc arriver qu'en réalité les entreprises industrielles auront un petit avantage, ou une petite différence en moins.

69. L'expérience seule peut nous renseigner ; et fort heureusement une statistique élaborée avec beaucoup de soin par le *Moniteur des intérêts matériels* nous permet d'avoir une notion expérimentale du phénomène.

Cet excellent journal a patiemment recherché, dans des documents officiels, quel avait été le sort des sociétés anonymes belges créées de 1873 à 1887. Elles sont au nombre de 1.088 avec un capital total de 1.605,7 millions. Il faut déduire 112,6 millions non versés ; il reste donc un capital total initial de 1.493,1.

De ces sociétés, 251, avec un capital de 256,2 mil-

lions ont disparu, et il n'est plus possible d'en retrouver
la trace ; il est probable que tout leur capital a été
perdu. 94, avec un capital de 376,5 millions, ont été
mises en liquidation, après avoir perdu, semble-t-il,
tout leur capital. Les sociétés suivantes ont également
été mises en liquidation : 340, avec un capital de 462,4
millions, ont remboursé environ 337,0 millions ; 132,
avec un capital de 166,8 millions, ont liquidé avec bénéfice, et ont remboursé 177,5 millions. Le total des remboursements est de 514,5 millions. Il reste pour le capital placé dans les sociétés, en partie perdu, en partie
existant en 1901, 978,6 millions. Total à l'origine
comme ci-dessus 1.493,1 millions.

Le revenu total obtenu par les sociétés survivantes est
de 55,9 millions par an : en le comparant au capital
initial, on voit que celui-ci, en dernière analyse, a rap-
porté 5,7 0/0.

Nous ne sommes pas loin du revenu que l'on peut
retirer d'un simple prêt d'argent.

Le revenu net doit être inférieur à celui que nous
avons trouvé, parce qu'il faut déduire, de cette recette de
55,9 millions, des primes d'amortissement et d'assurance, dont la valeur précise est inconnue. Mais, en
tablant sur le revenu de 5,7 0/0, nous savons que
de 1873 à 1886 on a eu de nombreuses occasions
d'acheter des dettes publiques d'Etats parfaitement sol-
vables de façon à obtenir un revenu de 4 à 5 0/0. On
voit donc qu'en Belgique le revenu de l'épargne employée dans les sociétés anonymes est à peu près égal à
celui qu'on aurait obtenu en achetant de la dette publique d'Etats jouissant d'un bon crédit.

Il nous faut également noter que dans le revenu d'une
partie de ces sociétés, par exemple des sociétés minières,
est compris le revenu du propriétaire.

Si même, pour tenir compte du caractère incertain

des statistiques, nous supposons que les 251 sociétés qui
ont disparu sans laisser aucune trace ont remboursé la
moitié de leur capital, — et tous ceux qui ont une certaine pratique de la Bourse savent combien cette hypothèse est peu probable — le revenu net est inférieur à
6,6 0/0 ; par conséquent, la différence avec le revenu
moyen du simple prêt n'est pas grande, si elle existe.

Ces résultats sont confirmés par d'autres statistiques
publiées par ce même journal le 31 janvier 1904.

De 1888 à 1892, on a constitué en Belgique 522 sociétés anonymes, avec un capital, au dernier bilan, de
631,0 millions de francs. Restent à verser 37,3 millions ;
le capital réel est donc de 593,8 millions.

On n'a plus aucun renseignement sur 98 sociétés,
ayant un capital de 114,3 millions. Supposons qu'elles
aient remboursé la moitié de leur capital, c'est-à-
dire 57,6 millions ; 38 sociétés, avec un capital de
51,7 millions, et sur lequel il restait à verser 4,0, ont
été mises en liquidation, avec un gain de 3,6 ; elles ont
donc remboursé 51,3. Quatre-vingt-quinze sociétés, avec
un capital de 94,7, sur lequel il restait 3,1 à verser, ont
été mises en liquidation avec une perte de 18,6 ; elles
ont donc remboursé 73,0. Cinq autres sociétés ont liquidé avec une perte minime, et ont remboursé 35,5.
Total des remboursements 216,4. Il reste donc un capital de 377,4 millions.

Le profit annuel était de 12,5 millions, le revenu était
donc de 5,9 0/0.

Naturellement, si on ne tient pas compte des entreprises qui sont en perte et disparaissent, le revenu est
plus considérable, et c'est ce fait qui est cause de l'opinion préconçue, d'après laquelle, là où il y a concurrence, les entreprises obtiennent un profit considérable
en plus du revenu net courant des capitaux. Ce préjugé
est renforcé encore parce qu'on confond le profit d'en-

treprise avec le revenu du propriétaire, ou avec les revenus de certains monopoles, ou de brevets d'invention, etc.

La moyenne des revenus est obtenue en faisant le total des revenus hauts et des revenus bas. Le journal que nous avons cité a calculé, dans son numéro du 31 mars 1901, ces revenus pour diverses entreprises. Pour les banques ils varient entre 10,7 et 1,8 0/0 ; pour les chemins de fer, entre 20,4 et 1,6 0/0 ; pour les tramways entre 9,6 et 0,8 0/0 ; pour les mines de houille entre 17,8 (en négligeant un cas exceptionnel dans lequel on a 38,3 0/0) et 0,86 0/0 ; pour les forges et les industries mécaniques entre 12,9 et 2,10 0/0 ; pour les produits du zinc, entre 30,9 (Vieille Montagne) et 11,8 ; pour les fabriques qui travaillent le lin, entre 16,5 et 0,66 0/0 ; pour les verreries, entre 13 et 3,1 0/0. Tous ces revenus ont été calculés par rapport au capital nominal.

En résumé, abstraction faite de toute théorie, et en tenant le plus large compte des imperfections et du défaut de certitude des statistiques, les faits démontrent que, du moins en Belgique, les entreprises, là où il y a libre concurrence, obtiennent pour leurs capitaux, en moyenne, un revenu net qui ne diffère pas beaucoup du revenu courant des prêts, si même ces deux espèces de revenus ne sont pas à peu près égaux.

Les faits correspondent donc assez bien aux déductions logiques.

70. **Variabilité des coefficients de production.** — Nous avons déjà noté (§ 15) l'erreur qui consiste à croire que les coefficients de production dépendent uniquement des conditions techniques de la production.

Une autre théorie complètement erronée est celle dite des *proportions définies*. Cette dénomination est singulièrement mal choisie, car elle est empruntée à la chimie,

laquelle en effet a reconnu que les corps simples se
combinent en des proportions rigoureusement définies ;
mais, bien au contraire, les facteurs de la production de
l'économie politique peuvent, en de certaines limites,
se combiner en des proportions quelconques. Deux volumes d'hydrogène se combinent avec un volume d'oxygène, pour donner de l'eau ; mais il est impossible d'obtenir des combinaisons renfermant deux volumes et un
dixième, deux volumes et deux dixièmes, etc., d'hydrogène pour un volume d'oxygène. Au contraire, si, dans
une certaine industrie, 20 de main-d'œuvre se combinent avec 10 de capital mobilier, dans la même industrie vous trouverez des proportions légèrement différentes, telles que 21, 22, etc., de main-d'œuvre pour
10 de capital mobilier.

Mais n'insistons pas là-dessus. Les noms des choses
n'ont pas d'importance ; ce sont les choses elles-mêmes
qu'il faut étudier.

Or, la plupart des économistes qui font usage de la
théorie des *proportions définies* paraissent croire qu'il
existe certaines proportions en lesquelles il convient de
combiner les facteurs de la production, indépendamment
des prix de ces facteurs. C'est faux. Là où la main-
d'œuvre est bon marché et les capitaux mobiliers sont
chers, la main-d'œuvre remplacera les machines et vice-
versa. Il n'existe aucune propriété objective des facteurs
de production correspondant à des proportions fixes en
lesquelles il convient de combiner ces facteurs ; il existe
seulement des proportions, variables avec les prix,
lesquelles donnent certains maximums soit de bénéfices
en numéraire, soit en ophélimité.

Ce n'est pas tout ; ces rapports ne sont pas seulement
variables avec les prix des facteurs de la production, ils
sont encore variables avec toutes les circonstances de
l'équilibre économique.

Demandez à un chimiste en quelles proportions l'hydrogène se combine au chlore, il vous répondra sans hésiter. Demandez à un entrepreneur en quelles proportions il faut combiner la main-d'œuvre et les capitaux mobiliers, pour le transport des fardeaux, il ne pourra pas vous répondre, si vous ne commencez par lui dire le prix de la main-d'œuvre et le prix des capitaux mobiliers. Cela ne suffira pas. Il voudra encore savoir la quantité de marchandise à transporter, la distance à laquelle elle doit être transportée, et une foule d'autres circonstances analogues.

Ces considérations sont générales pour toutes sortes de productions. Sauf des cas exceptionnels, il n'existe pas de proportions fixes que l'on doive assigner aux coefficients de production pour obtenir le maximum de bénéfice en numéraire, mais ces proportions sont variables non seulement avec les prix mais encore avec toutes les autres circonstances de la production et de la consommation.

Naturellement, il y a des limites au delà desquelles la variabilité des coefficients de production ne peut s'étendre. Par exemple, quelque procédé perfectionné d'extraction dont on fasse usage, il est certain qu'on ne pourra pas extraire d'un minerai plus de métal qu'il n'en contient. On peut, par des procédés de culture perfectionnés, obtenir 40 hectolitres de blé d'un hectare de terre de labour, qui n'en donnait que 10, mais, au moins dans l'état actuel des choses, on ne peut certainement pas en obtenir 100.

Les conditions techniques établissent des limites, entre lesquelles la détermination des coefficients de production est un problème économique.

En somme, ces coefficients ne peuvent se déterminer indépendamment des autres inconnues de l'équilibre économique ; ils sont en un rapport de mutuelle dépendance avec les autres quantités qui déterminent l'équilibre économique (1).

L'entreprise a pour objet principal, quand il s'agit de la production, de déterminer les coefficients de production en rapport avec toutes les autres conditions techniques et économiques.

71. Il nous faut ici distinguer deux types de phénomènes, précisément comme nous l'avons fait pour le consommateur et pour le producteur (III, 40). Le type (I), pour le moment, est celui que suivent généralement les entreprises. Elles établissent leurs calculs d'après les prix qui sont pratiqués sur le marché, sans avoir d'autre but; et il leur serait impossible d'agir autrement. Une

(1) Les économistes littéraires étant incapables non seulement de résoudre le système d'équations simultanées, qui seul permet d'avoir une idée de la mutuelle dépendance des phénomènes économiques, mais même seulement de comprendre ce que c'est, font des efforts surhumains pour traiter isolément les phénomènes qu'ils ne savent pas considérer en leur état de mutuelle dépendance. C'est dans ce but qu'ils ont imaginé des théories vaguement métaphysiques de la *valeur*, c'est dans ce but qu'ils ont tenté de *déterminer* le prix de vente par le coût de production, c'est dans ce but qu'ils ont créé la théorie des *proportions définies*, et c'est encore, toujours, dans ce but qu'ils continuent à débiter une foule de propositions erronées.

Nous parlons ici exclusivement des personnes qui veulent traiter des questions d'économie pure, sans avoir les connaissances indispensables pour faire cette étude. Rien n'est plus éloigné de notre pensée que de déprécier l'œuvre des économistes qui traitent par des considérations pratiques des questions d'économie appliquée. On peut être un ingénieur éminent et n'avoir que des notions fort superficielles de calcul intégral; mais alors on agira sagement en s'abstenant d'écrire un traité sur ce calcul.

Il faut ajouter qu'il est des mathématiciens qui, voulant traiter les questions d'économie pure, sans avoir les connaissances économiques nécessaires, tombent en des erreurs comparables à celles des économistes littéraires.

entreprise voit que, aux prix du marché, elle arrive à un coût de production moindre, en diminuant la quantité de main-d'œuvre et en augmentant la quantité de capital mobilier‚(machines, etc.). Elle s'engage dans cette voie, sans plus. En réalité, l'augmentation de la demande d'épargne peut en faire hausser le prix ; la diminution de la main-d'œuvre peut en faire baisser le prix ; mais l'entreprise ne dispose d'aucun critérium pour évaluer ces effets, même avec une approximation grossière, et elle s'abstient de toute prévision. D'ailleurs, quelles que soient les causes du phénomène, il suffit de voir comment procède une entreprise quelconque pour voir qu'il en est bien ainsi. Si un jour les *trusts* envahissent une grande partie de la production, cet état de choses pourra changer, et beaucoup d'industries suivront le type (II) pour la détermination des coefficients de production ; les choses n'en sont pas là, ce qui n'empêche pas que beaucoup d'entreprises ne suivent le type (II) pour la vente de leurs produits.

72. Il faut nous bien rendre compte de l'opération que fait l'entreprise. Elle établit ses calculs d'après les prix du marché, et, en conséquence, elle modifie ses demandes de biens économiques et de travail ; mais ces modifications dans la demande modifient les prix, les calculs établis ne sont plus exacts ; l'entreprise les refait d'après les nouveaux prix ; de nouveau, les modifications dans les demandes de l'entreprise, et d'autres qui agissent de même, modifient les prix ; l'entreprise doit de nouveau refaire ses calculs des prix, et ainsi de suite, jusqu'à ce que, après des essais successifs, elle ait trouvé la position où son coût de production est minimum (1).

73. Comme nous l'avons vu dans des cas analogues (III, 122), la concurrence oblige à suivre le type (I) même

_____

(1) *Cours*, § 718.

le producteur qui ne le voudrait pas. Il pourrait arriver qu'une entreprise s'abstienne d'augmenter, par exemple, la main-d'œuvre qu'elle emploie par crainte d'en faire augmenter le prix ; mais ce que cette entreprise ne fait pas, une entreprise concurrente le fera, et la première devra finalement agir de même, si elle ne veut pas se trouver dans des conditions inférieures et se ruiner.

74. Il faut ensuite remarquer que la concurrence poussant les entreprises sur la ligne des transformations complètes, il en résulte que, effectivement, si on considère le phénomène en moyenne et pour un temps très long, ce sont les consommateurs qui finissent par profiter de la plus grande partie de l'avantage qui résulte de tout ce travail des entreprises.

De cette façon les entreprises concurrentes aboutissent là où elles ne se proposaient nullement d'aller (§ 11). Chacune d'elles ne recherchait que son propre avantage, et ne se souciait des consommateurs que dans la mesure où elle pouvait les exploiter, et, au contraire, par suite de toutes ces adaptations et réadaptations successives imposées par la concurrence, toute cette activité des entreprises tourne au profit des consommateurs.

75. Si aucune de ces entreprises ne gagnait rien à ces opérations, elles n'agiraient pas longtemps ainsi. Mais en réalité il arrive que les plus avisées et les plus attentives font un bénéfice, pendant un certain temps et jusqu'à ce qu'on soit arrivé au point d'équilibre ; tandis que celles qui sont plus lentes et moins habiles, perdent et se ruinent.

76. Il existe certaines relations entre les coefficients de production qui permettent de compenser la diminution des uns par l'augmentation des autres ; mais cela n'est pas vrai de tous les coefficients. Par exemple, dans l'agriculture, on peut compenser, en de certaines limites, la diminution des superficies cultivées par l'augmenta-

tion des capitaux mobiliers et de la main-d'œuvre, en obtenant toujours le même produit. Mais il est bien évident qu'on ne pourrait conserver la même production de blé en augmentant les greniers et en diminuant la surface cultivée. Un bijoutier peut augmenter la main-d'œuvre à volonté, mais il ne pourra jamais retirer d'un kilogramme d'or plus d'un kilogramme de bijoux d'or, au même titre.

77. Il est des cas aussi où la compensation serait possible théoriquement, mais où elle ne l'est pas économiquement ; et il est bien inutile de considérer toutes les relations entre les coefficients de production qui ne rentrent pas dans les choses pratiquement possibles. Par exemple, il est inutile de rechercher si on peut diminuer la main-d'œuvre nécessaire pour étamer les casseroles de cuivre, en se servant de casseroles d'or. Mais, si l'argent continuait à diminuer de prix, on pourrait envisager la substitution de casseroles d'argent, ou de cuivre recouvert d'argent, aux casseroles de cuivre.

78. **Répartition de la production.** — Le coût de production ne dépend pas seulement des qualités transformées, il dépend aussi du nombre des producteurs ou des entreprises. Pour chacune de celles-ci il y a des frais généraux qu'il faut répartir sur sa production ; et, de plus, l'étendue plus ou moins considérable de l'entreprise change les conditions techniques et économiques de la production.

79. On a supposé que les entreprises étaient dans des conditions d'autant meilleures que leur production était plus étendue, et cette conception a donné naissance à une théorie d'après laquelle la concurrence doit abouti" à la constitution d'un petit nombre de grands monopoles.

Les faits ne sont pas d'accord avec cette théorie. On savait depuis longtemps que, pour l'agriculture, il y a, pour chaque genre de production, certaines limites à

l'étendue de l'entreprise qu'il ne convient pas de dépasser. Par exemple, la culture de l'olivier en Toscane,
et l'élevage du bétail en Lombardie constituent deux
genres d'entreprise tout à fait différents. Les grands fer-
miers lombards n'auraient aucun avantage à affermer
les oliveraies de Toscane, où le métayage continue à
prospérer.

Des faits nombreux ont montré, pour l'industrie et
pour le commerce, que la concentration des entreprises
au delà de certaines limites est plus nuisible qu'utile. On
disait qu'à Paris les grands magasins auraient fini par
se concentrer en un seul ; ils se sont au contraire multipliés, et leur nombre continue à s'accroître. Pour les
trusts américains, les uns ont prospéré, d'autres ont
échoué avec de grosses pertes.

80. On peut admettre, en général, que pour chaque
genre de production, il y a une certaine grandeur de
l'entreprise qui correspond au coût minimum de production ; par conséquent, la production laissée à elle-même
tend à se répartir entre des entreprises de cette espèce.

81. **Equilibre général de la production.** — Pour les
phénomènes du type (I), nous avons déjà vu (III, 208)
que l'équilibre était déterminé par certaines catégories
de conditions (1), que nous avons indiquées par (D, E). La
première, la catégorie (D), établit que les coûts de production sont égaux aux prix de vente ; la seconde établit
que les quantités demandées par la transformation sont
des quantités effectivement transformées.

La considération des capitaux ne change rien au
fond à ces conditions ; la forme seule diffère, en ce que,
au lieu de ne tenir compte que des marchandises trans-

(1) Il est des auteurs qui confondent ces conditions avec des
théorèmes. Ils faut vraiment être bien ignorant pour ne pas être
en mesure de distinguer des choses aussi différentes.

formées, on tient compte des marchandises et des services de capitaux.

Remarquons qu'il n'est pas nécessaire que chaque
marchandise ait un coût propre de production. Par
exemple, le blé et la paille sont obtenus en même temps,
et on a un coût de production total. Dans ce cas il existe
certaines relations qui nous font connaître quelles relations il y a entre ces marchandises ainsi réunies ; par
exemple, on sait la quantité de paille qu'on obtient par
unité de blé. Ces relations font partie de la catégorie
(D) des conditions.

82. Il nous faut maintenant tenir compte de la variabilité des coefficients de production. Commençons par
supposer que toute la quantité d'une marchandise Y est
produite par une seule entreprise. Dans les phénomènes
du type (I), que nous étudions en ce moment, l'entreprise accepte les prix du marché, et elle se règle sur eux
pour voir comment elle établira les coefficients de production.

Supposons que, pour produire cette même quantité Y,
elle puisse, aux prix du marché, par exemple au prix de
5 francs par journée d'ouvrier, diminuer la main-d'œuvre
de 50 francs par jour, pourvu qu'elle augmente la dépense
des machines de 40 francs par jour ; il est évident que
cet entrepreneur aura intérêt à agir ainsi.

Mais, quand, par l'effet de ce choix, la demande de
main-d'œuvre aura diminué et que celle des machines
aura augmenté, les prix changeront ; la quantité totale
de la marchandise Y produite par l'entreprise changera
également, parce que au nouveau prix de Y on en vendra une quantité différente.

De nouveau, étant donnés ces nouveaux prix et la
nouvelle quantité totale de marchandise produite, l'entreprise refera ses calculs. Et cela continuera jusqu'à ce
que pour certains prix et pour certaines quantités,

l'épargne de main-d'œuvre sera égale à la dépense plus grande en machines ; à ce moment on s'arrêtera.

83. Pour les phénomènes du type (II) on procédera autrement. Quand cela est possible pratiquement, ce qui n'est d'ailleurs pas fréquent, on tient immédiatement compte des changements dans les prix et dans les quantités. Par conséquent, dans l'exemple précédent, l'entreprise n'établira pas ses comptes en supposant que la journée de l'ouvrier sera de 5 francs, mais elle l'évaluera, par exemple, à 4 fr. 80, pour tenir compte de la baisse du prix de la journée qui doit suivre la baisse de la demande de travail ; elle fera de même pour les machines, et aussi pour la quantité produite.

Il est évident que pour pouvoir opérer de la sorte, il faut savoir calculer les variations des prix et des quantités ; en fait, il en est rarement ainsi, et encore cela n'est guère possible que dans les cas de monopole. Un agriculteur peut calculer facilement, aux prix du marché, s'il lui est plus avantageux d'employer la force d'un cheval ou celle d'une locomobile pour actionner une pompe ; mais ni lui, ni personne au monde, n'est en mesure de savoir l'effet qu'aura sur les prix des chevaux et des locomobiles la substitution de locomobile au cheval, ni la quantité plus grande de légumes qui sera consommée lorsque les consommateurs jouiront de l'épargne qui résulte de cette substitution.

84. Revenons au cas des phénomènes du type (I). En général, il y a plusieurs producteurs. La production se répartit entre eux comme nous l'avons dit aux § 78 à 80, et ensuite chacun d'eux détermine les coefficients de production comme s'il était le producteur unique. Si la répartition s'en trouve modifiée, on refait les calculs avec la nouvelle répartition, et ainsi de suite.

85. Les conditions ainsi obtenues pour la répartition et les conditions pour la détermination des coefficients

de production, formeront une catégorie que nous appellerons (E).

Pour déterminer les coefficients de production, il y aura d'abord les relations qui existent entre ces coefficients, et ensuite l'indication des coefficients qui sont constants ; puis viennent les conditions en vertu desquelles les valeurs de ces coefficients sont fixées de façon à obtenir le moindre coût possible de production (§ 82).

On démontre d'une façon analogue à celle dont nous nous sommes servi précédemment que les conditions (F) sont en nombre égal à celui des inconnues à déterminer.

86. Pour les phénomènes du type (II) les conditions (D) sont remplacées, en partie, à savoir pour les entreprises qui suivent le type (II), par d'autres conditions, qui expriment que ces entreprises tirent le maximum de profit de leurs monopoles. Généralement ce profit est exprimé en numéraire. Les conditions (E) ne changent pas. Les conditions (F) changent, soit parce que, comme on l'a vu au § 83, la route qu'on a suivie est différente, soit parce qu'il peut y avoir monopole de certains facteurs de la production, ou de certaines entreprises.

87. En général, quand on considère toute une collectivité, et que l'on se borne à étudier les phénomènes économiques, sans tenir compte des autres phénomènes sociaux, on peut dire que la somme en numéraire de ce que vendent les entreprises est égale à la somme dépensée par la consommation (l'épargne étant considérée comme une marchandise), et que la somme de ce qu'achètent les entreprises est égale à la somme des revenus des individus de la collectivité.

88. **Production des capitaux.** — Les principes que nous venons de poser sont généraux et s'appliquent à tous les genres de production ; mais, parmi ceux-ci, il en est qui méritent d'être considérés à part.

Les capitaux sont souvent produits par les entreprises qui les utilisent, mais souvent aussi par d'autres entreprises. Ce sont des marchandises qui ne donnent de profit que par l'intérêt qu'elles rapportent ; celui qui les produit ou les achète doit donc les payer un prix équivalent à l'intérêt, une fois que l'équilibre est établi et si on opère selon le type (I).

Mais dans ces conditions le prix de vente est égal au coût de production ; et, d'autre part, il n'y a qu'un prix sur le marché pour la même marchandise. Il suit de là que, dans les conditions ci-dessus, les intérêts nets (§ 52) de tous les capitaux doivent être égaux.

Cette conclusion est étroitement subordonnée à l'hypothèse que tous ces capitaux sont produits au même moment.

On n'a d'ailleurs ainsi que la partie principale des phénomènes, en général, comme lorsqu'on dit que la terre a une forme sphérique.

Il faut, comme seconde approximation, faire de grandes classes des capitaux et tenir compte de restrictions du genre de celles que nous avons précédemment exposées (§ 58 et suiv.)

89. **Positions successives d'équilibre.** — Considérons un certain nombre d'espaces de temps égaux et successifs. En général, la position d'équilibre change d'un de ces temps à l'autre. Supposons qu'une certaine marchandise A ait le prix 100 dans le premier espace de temps et qu'elle ait le prix 120 dans le second. Si dans chaque espace de temps on consomme précisément la quantité de A produite dans cet espace, il n'y aura pas autre chose à dire que ceci : la première portion de A est consommée au prix 100 et la seconde au prix 120. Mais si, dans le premier espace de temps, il reste une certaine portion de A (ou toute la quantité de A), le phénomène devient beaucoup plus complexe et

donne lieu à des considérations de grande importance.

La portion de A qui est restée en plus avait le prix 100 ; mais elle se confond maintenant avec la nouvelle portion de A, qui a pour prix 120, et elle aura par conséquent également ce prix. De cette façon celui qui possède cette portion de A, que ce soit un particulier ou la collectivité, fait un gain égal à la différence des prix, c'est-à-dire 20, multiplié par la quantité de la portion restée en plus. Il ferait au contraire une perte analogue, si le second prix était inférieur au premier.

D'ailleurs, ce gain ne serait que nominal si tous les prix des autres marchandises avaient augmenté dans les mêmes proportions ; et pour que la possession de A procure un avantage, comparée à la possession de B,C..., il faut que ces proportions soient différentes.

90. **La rente.** — Le phénomène, tout en restant au fond le même, change de forme quand on fait intervenir la notion de capital.

Soit A un capital. Comme nous l'avons vu au § 24, on établit les comptes de façon qu'on peut supposer qu'on emploie A sans le consommer, qu'on l'utilise simplement. Par conséquent, ce n'est pas une portion de A qui reste après le premier espace de temps, mais toute la quantité de A.

Commençons par supposer que l'intérêt net des capitaux soit le même dans le premier espace de temps et dans le second, et qu'il soit, par exemple, de 5 0/0. Cela signifie que A, qui avait 100 pour prix dans le premier espace de temps, donnait alors 5 net ; et que, dans le second espace de temps, ayant pour prix 120, il donne 6 d'intérêt net.

Inversement on peut des revenus déduire les prix. Soit A un capital que l'on ne produit pas, par exemple la surface du sol. Dans le premier espace de temps, il donnait 5 de revenu net ; on en déduit que son prix devait être 100 ; dans le second espace de temps il donne 6 de revenu net, on en déduit que son prix est devenu 120.

Il y a là un avantage pour celui qui possède ce capital A ; mais si tous les autres capitaux ont augmenté de prix dans les mêmes proportions, il n'y a aucun avantage à avoir A plutôt que B, C,... Si, au contraire, tous les capitaux n'ont pas augmenté de prix dans les mêmes proportions, la possession de l'un d'eux peut être plus ou moins avantageuse que la possession d'un autre.

91. Supposons que, en moyenne, tous les prix des capitaux aient augmenté de 10 0/0 ; le prix de A, au lieu de 100, devrait être de 110, et à 5 0/0 il devrait donner 5,50 de revenu net ; par conséquent, comparé aux autres capitaux, A donne 0,50 de revenu net en plus. Nous appellerons cette quantité la *rente acquise* en passant d'une position à une autre (1).

92. Supposons ensuite que le changement porte aussi sur le taux de l'intérêt net ; il était de 5 0/0 dans la première position, il devient de 6 0/0 dans la seconde. Dans ce cas, A qui valait 100 dans la première position, donnait 5 de revenu net ; valant 120 dans la seconde, il donnera 7,20 d'intérêt net. Mais supposons que, en moyenne, les prix de tous les capitaux aient augmenté de 10 0/0. Si A avait été dans les conditions de cette moyenne il aurait le prix de 110 et il donnerait, à 6 0/0, un revenu net de 6,60 ; il donne au contraire un revenu net de 7,20 ; la différence, c'est-à-dire 0,60, indique l'avantage de celui qui possède A, et c'est la *rente acquise* en passant de la première position à la seconde (2).

93. La *rente* de la terre, ou rente de Ricardo, est un

(1) *Cours*, § 746 et s.

(2) La notion générale, avec symboles algébriques, se trouve exposée dans mon *Cours*, § 747, note.

cas particulier du phénomène général que nous venons d'étudier (1). Il a donné lieu à d'infinies discussions, souvent inutiles. On a recherché si la propriété foncière jouissait seule de ce privilège, et quelques-uns ont reconnu que le phénomène était plus général ; d'autres ont nié l'existence de la rente, dans le but de défendre les propriétaires fonciers ; d'autres, au contraire, pour les combattre, ont vu dans la rente l'origine de tous les maux sociaux.

94. Ricardo affirmait que la *rente* ne fait pas partie du coût de production. Il y a d'abord là un exemple de l'erreur courante qui s'imagine que le coût de production d'une marchandise est indépendant de l'ensemble du phénomène économique. Si nous négligeons ce point et si nous examinons le raisonnement qui sert à prouver que la rente ne fait pas partie du coût de production, on voit qu'il se ramène au fond aux propositions suivantes : 1° on suppose qu'une marchandise, du blé par exemple, est produite sur des terres de fertilité décroissante ; 2° on suppose que la dernière portion de la marchandise est produite sur une terre qui donne une rente zéro. Puisque la marchandise n'a qu'un prix, il est déterminé par le coût de production, égal au prix de vente de cette dernière portion, et ce prix ne variera pas évidemment si, pour les premières portions, la rente, au lieu d'être perçue par le propriétaire, est perçue par l'entrepreneur ; ce sera simplement un cadeau fait à ce dernier.

95. Il faut remarquer que souvent la seconde hypothèse n'est pas exacte, et qu'il peut y avoir une rente pour tous les propriétaires. De plus, en admettant que ces hypothèses soient exactes, remarquons que si le propriétaire était en même temps entrepreneur et con-

(1) *Cours*, § 753.

sommateur, la rente devrait nécessairement être déduite du coût de production. Nous avons par exemple deux terrains qui, avec 100 de dépense chacun, produisent le premier 6 de blé,le second 5 ; le prix du blé est de 20 frs. Le premier terrain a une rente de 20, le second de zéro. Dans l'organisation où il y a un propriétaire, un entrepreneur, un consommateur, le consommateur paye 220 pour 11 de blé ; sur cette somme 20 vont au propriétaire comme *rente,* 200 francs sont dépensés. Le coût de production, pour l'entrepreneur, est égal au prix de vente, il est de 20.

S'il n'y a qu'une seule personne qui est propriétaire, entrepreneur, consommateur, cette quantité 11 de blé est produite avec une dépense de 200, et chaque unité coûte 18,18. Le coût de production n'est plus le même qu'auparavant.

96. Il nous faut voir la relation qu'il y a entre ces cas particuliers et la théorie générale de la production (III, 100).

Sur *oy* portons les prix des quantités de blé, sur *ox* les quantités de monnaie qui représentent les dépenses. Faisons *oa* égal *ab*, égal à 100 ; *ah*, égal à 120 est le prix de la quantité de blé produite dans la première pro-
priété ; *lk*, égal à 100, est le
prix de la quantité de blé produite dans la seconde propriété:
ohk est la ligne des transformations complètes. Si nous menons la ligne *ost* parallèle à
hk, *hs* sera égal à 20, la ligne
ost est la ligne d'indifférence

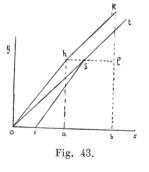

Fig. 43.

des obstacles d'indice 20. C'est la seule pour laquelle un sentier rectiligne partant de *o* puisse être tangente à une ligne d'indifférence, au-dessus de *hl* (elle se confond avec cette ligne de s à t). Il existe une ligne de profit maximum, qui est précisément st. L'équilibre devra avoir lieu sur cette ligne. Il n'y a qu'à répéter ce que nous avons dit dans les paragraphes précédents.

97. Quand le propriétaire se confond avec l'entrepreneur et avec le consommateur, il ne consomme plus son blé au même prix pour toutes les portions ; il suit la ligne des transformations complètes ohk, au lieu de suivre la ligne des prix constants ost ; l'équilibre a lieu en un point de hk, au lieu d'avoir lieu en un point de st.

Ce phénomène se produit dans les cas beaucoup plus généraux que celui dont nous venons de parler, et nous l'étudierons dans le chapitre suivant.

CHAPITRE VI

L'ÉQUILIBRE ÉCONOMIQUE

1. EXEMPLES D'ÉQUILIBRE. — Commençons par étudier quelques cas particuliers, aussi simples que possible.

Supposons un individu qui transforme du vin en vinaigre, dans la proportion de un de vin pour un de vinaigre. Négligeons toutes les autres dépenses de production. Soit t, t', t''... les courbes d'indifférence des goûts de l'individu pour le vin et le vinaigre, et om la quantité de vin dont il peut disposer tous les mois ; nous supposerons qu'elle est égale à 40 litres. On demande où est le point d'équilibre.

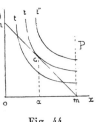

Fig. 44.

Le problème est extrêmement simple et se résoud immédiatement. Menons de m la droite mn, inclinée de 45° sur l'axe ox ; le point c où elle est tangente à une courbe d'indifférence est le point d'équilibre. La quantité de vin transformée est indiquée par am, qui est égal à ac, qui indique la quantité de vinaigre obtenue.

Le coût de production du vinaigre, exprimé en vin, est 1 ; et, quand nous menons la droite mn inclinée de 45° sur l'axe ox, nous supposons que le prix du vinaigre, exprimé en vin, est 1.

2. Il nous faut voir ce que deviennent les théories gé-

nérales dans les différents cas particuliers que nous étudions.

Les lignes d'indifférence des obstacles sont des droites parallèles inclinées de 45° sur l'axe *ox*. En effet, quelle que soit la quantité de vin dont on dispose, on peut toujours en transformer une partie, petite ou grande, en vinaigre dans la proportion de un de vin pour un de vinaigre. La ligne d'indifférence *oh* a pour indice zéro ; c'est la ligne des transformations complètes. Si nous

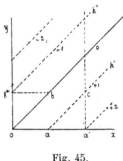

Fig. 45.

faisons *oa* égal à 1, la droite *ah′* parallèle à *oh* sera la ligne d'indifférence à indice positif égal à un. En effet, si on a la quantité de vin *oa′*, égale à 2, et si dans la transformation nous nous arrêtons en *c*, sur la droite *ah′*, nous aurons transformé un de vin en un de vinaigre, et nous aurons un résidu positif de un de vin. Si *k″b*, parallèle à *ox*, est égal à un, la droite *k″h″*, parallèle à *oh*, sera une ligne d'indifférence à indice moins un. En effet si, ayant 2 de vin, nous nous arrêtons en *d* sur cette ligne, nous devrons avoir 3 de vinaigre, et il nous manque 1 de vin pour avoir cette quantité.

3. Le cas que nous examinons est un cas limite. Si la droite *oh* était transportée à gauche, il s'agirait du cas des marchandises à coût de production croissant (III, 102) ; si elle était transportée à droite, il s'agirait du cas des marchandises à coût de production décroissant. Dans notre espèce, le coût de production est constant, ni croissant ni décroissant. La droite *oh* n'est pas seulement la ligne des transformations complètes, elle est aussi sa propre tangente. De plus, si nous transportons la *fig.* 44 sur la *fig.* 45 en faisant coïncider le point *o* de la *fig.* 45 avec le point *m* de la *fig.* 44 et les axes *ox, oy*

de la *fig.* 45 avec *mo*, *mp* de la *fig.* 44, la droite *oh*
de la *fig.* 45 coïncidera avec la droite *mn* de la *fig.* 44,
et elle indiquera l'unique sentier parcouru dans la production et dans la consommation.

4. Modifions un peu les conditions du problème. Supposons que le rapport de la quantité de vin à la quantité
de vinaigre obtenu (prix du vinaigre en vin) ne soit pas
constant. Par exemple, on tient compte des dépenses de
transformations que nous avions négligées. Chaque semaine on donne 14 litres de vin à un homme qui fournit
le tonneau et les outils, et qui travaille pour obtenir
cette production. De cette façon, on peut transformer
jusqu'à 60 litres de vin en vinaigre. De plus, séparons
le producteur du consommateur. Il y aura un homme
qui produit le vinaigre, qui le vend au consommateur,
et qui se fait payer en vin.

Graphiquement, en transportant la figure de la production sur celle de la con-
sommation, nous ferons *om*
égal à 40 litres de vin, *mh*
égal à 14, et nous mènerons
la droite *hk* inclinée de 45°
sur *mo* ; (1) ce sera la ligne
d'indifférence d'indice zéro,
ou la ligne des transformations complètes. Si la ligne
des échanges de l'individu

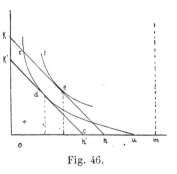

Fig. 46.

considéré est *acc'd*, ses intersections *c* et *c'* avec la ligne des
transformations complètes seront des points d'équilibre.

5. S'il n'y a qu'un producteur et s'il peut agir selon le
type (II), il tâchera d'obtenir le maximum de profit, et
le point d'équilibre sera le point *d*, où la ligne des

(1) Par suite du manque de place, le point *e* a été placé sur la
figure entre *c* et *c'* ; en réalité, il doit se trouver au delà de *c'*, sur
la droite *hk*, en partant de *c* vers *c'*.

échanges est tangente à la droite $h'k'$ parallèle à hk.

6. S'il y a concurrence, le producteur ne pourra pas rester en d et il sera repoussé sur la ligne hk.

7. Si le consommateur ne fait qu'une même personne avec le producteur et s'il n'a pas décidé *a priori* la route à suivre (*Appen.*), il suit la ligne des transformations complètes, sans se soucier d'autre chose, et il s'arrête au point e, *fig.* 46, où cette ligne est tangente à une courbe d'indifférence des goûts t. Le point e diffère des points c et c' parce que les genres de sentiers suivis sont différents.

Dans l'échange à prix constants, les sentiers suivis sont mc, mc' ; quand le producteur se confond avec le consommateur, le sentier suivi est la ligne brisée mhe (v, 97).

8. On pourrait également suivre cette route dans l'échange. Par exemple, un aubergiste se fait payer par ses clients : 1° une somme fixe pour ses dépenses générales et son bénéfice ; 2° le simple coût des aliments qu'il leur fournit. Dans ce cas l'acheteur suit une route semblable à mhk.

9. Remarquons que le point e est plus haut que les points c, c', c'est-à-dire que le client jouit de plus d'ophélimité en e qu'en c et c'.

C'est ce qu'on peut constater dans la pratique, sans faire de théories. Un aubergiste se fait payer 4 francs une bouteille de vin, dont 2 francs pour ses frais généraux et ses bénéfices, et 2 francs pour le prix du vin. Un client ne boit qu'une seule de ces bouteilles, parce que pour une seconde bouteille il serait disposé à dépenser 2 francs, et non pas 4. Mais l'aubergiste change sa façon de faire. Il se fait d'abord payer par chaque client 2 francs ; puis, il leur donne autant de bouteilles qu'ils le désirent au prix de 2 francs. Le client considéré boira deux bouteilles. Par conséquent, il se procurera plus de plaisir, tandis que l'aubergiste gagnera autant qu'auparavant.

10. Revenons au cas du producteur qui a le pouvoir d'obliger les consommateurs à descendre jusqu'en *d*. Supposons qu'il existe un syndicat qui interdise aux producteurs d'accepter un prix inférieur à celui qui correspond au point *d*, ou à un autre point situé entre *d* et *c*. La concurrence ne peut plus opérer comme ci-dessus. Le bénéfice qu'obtiennent les producteurs en *d* pousse d'autres producteurs à y participer ; le nombre des producteurs augmente, et comme chacun d'eux doit retirer de la production son propre entretien, le coût de production augmente nécessairement. En d'autres termes, la ligne *hk* des transformations complètes se déplace et finit par passer par le point où se tiennent les producteurs. Ce phénomène est devenu fréquent dans certains pays, où un grand nombre de personnes, grâce aux syndicats, vivent en parasites de la production.

11. Le cas que nous venons de considérer est le type simplifié de phénomènes très fréquents, qui se produisent quand les dépenses générales se répartissent sur le produit, de sorte que le coût de l'unité du produit baisse à mesure que la production augmente, dans certaines limites bien entendu.

12. Voyons comment les choses se passent pour une autre catégorie de marchandises, dont le coût de production augmente quand la quantité produite augmente. Par exemple, supposons que avec 1 de A on obtienne d'abord 2 de B, et ensuite, pour chaque unité de A, une unité de B. Les coûts seront les suivants :

A transformé	B produit	Coût de B en A
1	2	0,5
2	3	0,667
3	4	0,75
4	5	0,80

Graphiquement, si nous faisons mh égal à un, hl égal à deux, et que nous menions la droite lk, inclinée de 45° sur mo, la ligne brisée hlk sera la ligne des transformations complètes ; les autres lignes d'indifférence seront données par des parallèles à hlk. Si nous arrondissons un peu l'angle en l nous aurons au point l même le point de tangence du sentier ml et d'une ligne d'indifférence. En réunissant ces points de tangence,

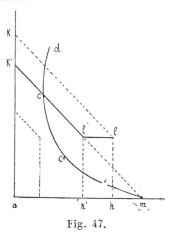

Fig. 47.

nous aurons la ligne ll'. Ensuite si $k'l'$ passe par m, le sentier rectiligne partant de m et tangent à la courbe d'indifférence $h'l'k'$ coïncidera avec la même droite $l'k'$. Par conséquent, le lieu des points de tangence, c'est-à-dire la ligne du profit maximum (III, 105), sera la ligne brisée $ll'k'$. Son point d'intersection c avec la ligne des échanges mcd donnera un point d'équilibre.

Le producteur désirerait naturellement aller un peu plus loin du côté des indices positifs. Par exemple, il se trouverait mieux au point c'' ; mais il est chassé par la concurrence, comme nous l'avons déjà vu (III, 137).

13. Même dans ce cas la concurrence peut avoir un autre effet, comme nous l'avons déjà montré pour les marchandises à coût de production décroissant (§ 10) ; elle peut, sans modifier les prix, faire augmenter le nombre des concurrents, et par conséquent, augmenter le coût de production. De cette façon, la ligne du profit maximum se déplace et finit par passer par le point où les producteurs se tenaient immobiles au prix fixé par leur syndicat, ou autrement déterminé.

L'équilibre aura lieu à nouveau sur cette ligne. Les producteurs se rapprochent de cette ligne, si la concurrence agit sur les prix ; elle se rapproche des producteurs, si la concurrence agit de façon à augmenter le nombre de ces producteurs et les dépenses de production.

14. Tout cela correspond à la réalité. Etant données les conditions économiques d'un pays, il y a une certaine production de blé à l'hectare qui, pour une terre déterminée, correspond au profit maximum ; c'est à ce produit que s'arrête le cultivateur. Le prix est déterminé par l'égalité du coût de production, y compris ce profit, et du prix que, pour la quantité produite dans ces conditions, est disposé à payer le consommateur. Naturellement, le cultivateur voudrait bien obtenir un prix plus élevé, mais il en est empêché par la concurrence.

15. L'économie courante avait eu le sentiment de la différence qu'il y a entre les cas que nous avons examinés, mais elle n'était jamais arrivée à en avoir une notion précise, et elle ne savait même pas expliquer les différentes façons d'agir de la concurrence.

16. Si dans le cas hypothétique que nous venons de considérer des personnes opèrent selon le type (II) des phénomènes, le point d'équilibre sera l'', où la ligne des échanges mcd est tangente à une courbe d'indifférence du producteur, parce que c'est là le point où il y a profit maximum. Si la forme de mcd était un peu différente, ce point pourrait se trouver dans le voisinage de l'.

17. Si le consommateur est également producteur, il suivra la ligne des transformations complètes hlk, et le point d'équilibre sera donné par le point de tangence de cette ligne et d'une ligne d'indifférence des goûts.

18. Il pourrait aussi y avoir des consommateurs pouvant et voulant imposer aux producteurs de suivre des sentiers rectilignes qui, partant de m, aboutissent à la

ligne des transformations complètes. Dans ce cas le point d'équilibre serait en e (§§ 43-47).

19. **Les formes courantes de l'échange et la production.** — On peut concevoir pour les courbes d'indifférence des goûts et des obstacles les formes les plus étranges, il serait difficile de démontrer qu'elles n'ont jamais existé ou qu'elles n'existeront jamais. Il faut évidemment nous restreindre à considérer celles qui sont les plus ordinaires.

20. Parmi les marchandises de grande consommation, ce n'est que pour le travail que l'on peut observer, dans la pratique, que, au delà d'une certaine limite, l'offre, au lieu d'augmenter, diminue avec le prix. L'augmentation des salaires a eu pour conséquence, dans tous les pays civilisés, la diminution des heures de travail. Pour les autres marchandises, nous constatons presque toujours que l'offre augmente en même temps que le prix ; mais il en est peut-être ainsi parce que nous observons, non pas la loi de l'offre dans l'échange simple, mais bien la loi de l'offre dans la production.

21. En tout cas, sauf pour le travail, nous ne pouvons pas affirmer que nous constaterons dans la réalité, pour les courbes de l'échange, des formes comme celles de la *fig.* 17 (III, 120) ; elles semblent, au contraire, avoir des formes analogues à celles de la *fig.* 48. La courbe des échanges rapportée aux axes ox, oy est mcd ; de même cette courbe, pour un autre individu, rapportée aux axes ωm, ωn est mcr. Cela

Fig. 48.

est vrai dans les limites, d'ailleurs étroites, des observations. Nous ne savons pas ce que deviennent ces courbes au delà de d et de r.

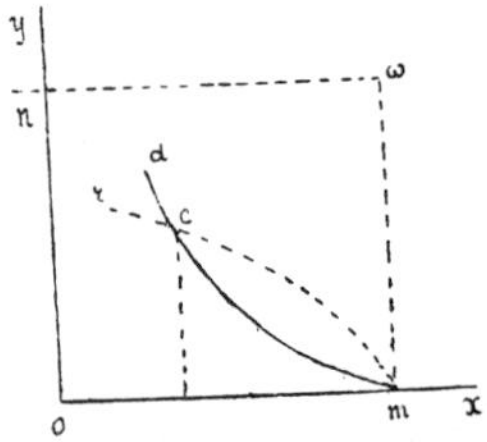

22. Dans ces circonstances il n'y a qu'un point

d'équilibre, en *c*, et c'est un point d'équilibre stable.

23. Pour la production, nous observons beaucoup d'exemples de marchandises à coût décroissant et d'autres à coût croissant ; mais il semble que le coût, d'abord décroissant, finit toujours par croître, au delà de certaines limites. Pour ces marchandises on a des points de tangence des sentiers rectilignes partant de *m*, et par conséquent une ligne *l'll″* de profit maximum. Si on n'observait les phénomènes que dans la partie hachée de la figure, où les coûts sont toujours croissants, avec l'augmentation de la quantité transformée, cette ligne *l'll″* n'existerait pas.

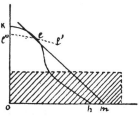

Fig. 49.

24. Pour les marchandises à coût décroissant, on observe, dans la réalité, les deux points d'équilibre donnés par la théorie, *fig.* 46 (§ 4), mais il y a de puissants frottements qui permettent à l'équilibre instable de durer parfois plus ou moins longtemps.

Un chemin de fer peut balancer ses dépenses avec des tarifs élevés et en faisant peu de transports, ou, avec des tarifs bas, et en faisant beaucoup de transports. Nous avons ainsi les deux points *c* et *c'* de la *fig.* 46 (§ 4). Les petits boutiquiers se tiennent au point *c*, en vendant peu à des prix élevés : les grands magasins ont porté le point d'équilibre en *c'*, en vendant beaucoup à des prix bas ; et maintenant les boutiquiers demandent l'intervention de la loi pour ramener le point d'équilibre en *c*.

25. On a aussi de nombreux exemples de la ligne de profit maximum pour les marchandises à coût croissant. La culture extensive dans le voisinage de Rome ne peut pas s'expliquer autrement. En Angleterre, après la suppression des droits sur le blé, et par suite de la concurrence des blés étrangers, les formes des courbes d'in-

différence des obstacles pour la culture du blé ont changé
de forme, et, dans certaines limites, le coût de production du blé a baissé, au lieu d'augmenter, avec la quantité produite. De là le changement de la culture du blé
qui devint alors plus intensive.

26. **L'équilibre des goûts et de la production.** —
Considérons une collectivité isolée et supposons que les
dépenses de l'individu soient toutes faites pour les marchandises qu'il achète, et que ses recettes proviennent
toutes des ventes de son travail, d'autres services des capitaux, ou d'autres marchandises.

Dans ces conditions l'équilibre économique est déterminé par les conditions que nous avons déjà posées
(III, 196 et s.) pour les goûts et pour les obstacles. Nous
avons vu que les goûts, et la considération des quantités
existantes de certains biens, déterminaient les relations
entre les prix et les quantités vendues ou achetées.
D'autre part, la théorie de la production nous a appris
que, étant données ces relations, on déterminait les quantités et les prix. Le problème de l'équilibre est donc
complètement résolu.

27. **L'équilibre en général.** — Le cas théorique qui
précède diffère beaucoup, dans une de ses parties, de la
réalité. En fait, les recettes de l'individu sont loin de
n'avoir pour origine que les biens que cet individu vend
pour la production. La dette publique des peuples civilisés
est énorme ; une très petite partie de cette dette a seule
servi à la production, et souvent fort mal. Les individus
qui jouissent des intérêts de cette dette ne peuvent donc
nullement être considérés comme des personnes qui ont
cédé des biens économiques à la production. On ferait
des considérations semblables pour les traitements de la
bureaucratie, toujours croissante, des États modernes ;
pour les dépenses de la guerre, de la marine, et pour
beaucoup des dépenses des travaux publics. Nous ne re-

cherchons nullement ici si, et dans quelle mesure, ces dépenses sont plus ou moins utiles à la société, et dans quels cas elles lui sont indispensables ; nous constatons simplement que leur utilité, quand elle existe, est d'une autre espèce que celle qui résulte directement de la production économique.

28. D'autre part, les dépenses des individus sont loin d'être restreintes aux biens économiques qu'ils achètent. Les impôts en forment une partie notable.

Par un calcul fort grossier, mais qui ne s'éloigne peut-être pas beaucoup de la vérité, on estime que, dans certains pays de l'Europe, 25 0/0 environ du revenu des individus sont pris par l'impôt. La théorie que nous avons exposée n'aurait donc de valeur que pour 3/4 au plus des sommes qui forment le revenu total d'une nation.

29. Il est facile de modifier cette théorie de façon à tenir compte des phénomènes que nous venons d'indiquer. Il suffit pour cela de distinguer, dans le revenu des individus, la partie qui provient des phénomènes économiques, de celle qui lui est étrangère ; et de procéder de même pour les dépenses.

30. La partie du revenu qu'on laisse aux individus est dépensée par eux d'après leurs goûts ; et, en ce qui concerne sa répartition entre les différentes dépenses, elle rentre dans la théorie, déjà exposée, de l'équilibre en ce qui concerne les goûts. La partie prélevée par l'autorité publique est dépensée selon d'autres règles que la science économique n'a pas à étudier. Celle-ci doit dont supposer que ces règles font partie des données du problème à résoudre. Les lois de la demande et de l'offre résulteront de la considération de ces deux catégories de dépenses. Si on n'en considérait qu'une seule, la divergence avec le phénomène concret pourrait être considérable. Par exemple, pour le fer et pour l'acier, les demandes des gouvernements concernent une partie notable de la production.

31. En ce qui concerne l'équilibre des obstacles, il faut tenir compte de ce que la dépense des entreprises n'est pas égale, comme précédemment, au revenu total des individus, mais qu'elle n'en constitue qu'une partie, puisque le reste a une autre origine (dette publique, traitements, etc.). La répartition de la partie destinée à acheter les biens transformés par la production est déterminée par la théorie de l'équilibre par rapport aux obstacles. La répartition de l'autre partie des revenus est déterminée par des considérations qui, comme dans le cas analogue précédent, échappent aux recherches de la science économique, et que l'on doit par conséquent emprunter à d'autres sciences ; cette répartition doit donc figurer ici au nombre des données du problème.

32. **Propriété de l'équilibre.** — L'équilibre, selon les conditions dans lesquelles il est obtenu, jouit de certaines propriétés qu'il est important de connaître.

33. Nous commencerons par définir un terme dont il est bon de se servir pour éviter des longueurs. Nous dirons que les membres d'une collectivité jouissent, dans une certaine position, du *maximum d'ophélimité,* quand il est impossible de trouver un moyen de s'éloigner très peu de cette position, de telle sorte que l'ophélimité dont jouit chacun des individus de cette collectivité augmente ou diminue. C'est-à-dire que tout petit déplacement à partir de cette position a nécessairement pour effet d'augmenter l'ophélimité dont jouissent certains individus, et de diminuer celle dont jouissent d'autres : d'être agréable aux uns, désagréable aux autres.

34. **Equilibre de l'échange.** — Nous avons le théorème suivant :

Pour les phénomènes du type (I), *quand l'équilibre a lieu en un point où sont tangentes les courbes d'indifférence des contractants, les membres de la collectivité considérée jouissent du maximum d'ophélimité.*

Remarquons qu'on peut arriver à cette position d'équilibre soit par un sentier rectiligne, c'est-à-dire avec des prix constants, soit par un sentier quelconque.

35. On ne peut donner de démonstration rigoureuse de ce théorème qu'à l'aide des mathématiques (*app.*); nous nous contenterons ici d'en donner une esquisse.

Commençons par considérer l'échange entre deux individus. Pour le premier, les axes sont ox et oy, et pour le second $\omega\alpha$, $\omega\beta$; et disposons-les de façon que les sentiers parcourus par les deux individus se confondent en une seule ligne sur la figure 16 (III, 116). Les lignes d'indifférence sont $t, t', t'', \ldots$ pour le premier, individu et $s, s', s'', \ldots$ pour le second. Pour le premier la colline du plaisir monte de o vers ω, et pour le second, au contraire, elle monte de ω vers o.

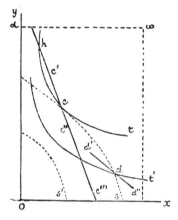

Fig. 50.

Pour les phénomènes du type (I), on sait que le point d'équilibre doit se trouver en un point de tangence des courbes d'indifférence des deux individus. Soit c un de ces points. Si nous nous en éloignons en suivant la route cc', on monte la colline du plaisir du premier individu, on descend celle du second; et inversement si nous suivons la route cc''. Il n'est donc pas possible de nous éloigner de c en servant, ou en nuisant aux deux individus à la fois; mais nécessairement, si l'on est agréable à l'un, on est désagréable à l'autre.

Il n'en est pas de même pour les points, comme d, où se coupent deux courbes d'indifférence. Si nous suivons la route dd', nous augmentons le plaisir des deux individus ; si nous suivons la ligne dd'', nous le diminuons pour tous deux.

36. Pour les phénomènes du type (I) l'équilibre a lieu en un point tel que c ; pour les phénomènes du type (II), l'équilibre a lieu en un point tel que d ; de là la différence entre ces deux espèces de phénomènes, en ce qui concerne le maximum d'ophélimité.

37. Revenant à la *fig.* 49, on voit d'une façon intuitive que, en prolongeant le sentier cc' vers h, on descend toujours la colline de plaisir du deuxième individu; tandis qu'au contraire on commence bien par gravir la colline du plaisir du premier individu, mais ensuite on descend, quand on est au delà du point où $cc'h$ est tangent à une ligne d'indifférence. Par conséquent, si nous nous éloignons en ligne droite, d'une quantité finie, de la position d'équilibre, les ophélimités dont jouissent les deux individus pourront varier de façon que l'une augmente tandis que l'autre diminue, ou qu'elles diminuent toutes deux ; mais elles ne pourront pas augmenter toutes deux. Cela n'est vrai, d'ailleurs, que pour les marchandises dont les ophélimités sont indépendantes, ou dans les cas où ces marchandises ont une dépendance du premier genre (IV, 42).

Les mathématiques permettent seules (*App.*) de donner une démonstration rigoureuse, non seulement dans ce cas, mais encore dans le cas général de plusieurs marchandises et de plusieurs individus.

38. Si on pouvait faire sur la société humaine des expériences comme en fait le chimiste dans son laboratoire, le théorème précédent nous permettrait de résoudre le problème suivant :

On considère une collectivité donnée ; on ne connaît pas les indices d'ophélimité de ses membres ; on sait qu'avec l'échange de certaines quantités il y a équilibre ; on demande s'il est obtenu dans les mêmes condi-

tions où on l'obtiendrait par la libre concurrence ?

Il faut faire une expérience pour voir si, la manière dont se font les échanges demeurant la même, on peut ajouter (remarquez bien : ajouter et non pas substituer) d'autres échanges, faits à des prix constants, qui contentent tous les individus. Si oui, l'équilibre n'a pas lieu comme lorsque existe la libre concurrence, si non, il a lieu dans ces conditions.

39. **Equilibre de la production.** — Il nous faut ici distinguer plusieurs cas :

1° *Prix de vente constants.* (α) Coefficients de production variables avec la quantité totale, c'est-à-dire marchandises dont le coût de production varie avec la quantité. (β) Coefficients de production constants avec la quantité, c'est-à-dire marchandises dont le coût de production est constant. 2° *Prix de vente variables.*

40. 1° (α). Ce cas nous est donné par la *fig.* 46 (§ 4). Les points c, c' d'équilibre ne sont pas ceux qui donnent le maximum d'ophélimité dans la transformation (*Append.*). Par conséquent, il peut y avoir un point qui ne soit pas sur la ligne des transformations complètes et tel que l'entreprise de la transformation y ait un profit, tandis que les consommateurs sont mieux qu'en c, c'. Ce cas, dans la réalité, se vérifie parfois avec les trusts.

41. 1° (β). C'est le cas de la *fig.* 44 (§ 1). Le point c d'équilibre donne le maximum d'ophélimité pour les transformations (*Append.*).

42. 2° Les prix variables peuvent être tels qu'ils produisent un phénomène analogue à celui du cas 1° (α).

Mais si on peut disposer de ces prix pour obtenir le maximum d'ophélimité dans les transformations, on peut de cette façon atteindre le point e, *fig.* 51, qui donne ce maximum (*Append.*).

43. Si on suit le chemin *amu* des transformations complètes, on y arrive sûrement ; de même aussi si on

suit un sentier *avu,* qui ne coïncide avec cette ligne que
dans la partie *veu* ; ou enfin un sentier *all'e* tangent

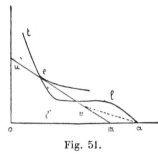

Fig. 51.

en *e* à la ligne des transformations complètes et à la ligne
d'indifférence *t*.

Dans la réalité, ce dernier
sentier est bien difficile à suivre, parce qu'il faut deviner
précisément où se trouve le
point *e* ; les deux premiers
sentiers, au contraire, peuvent
être suivis sans savoir précisément où est le point *e*.

44. Il est probable que la plus grande partie de la production est du type dans lequel le coût de production
varie avec la quantité produite ; on peut par conséquent
affirmer que le système des prix constants, dont on se
sert généralement dans notre société, ne procure pas le
maximum d'ophélimité ; et si l'on tient compte du grand
nombre de produits auxquels s'applique cette conclusion, il semble que la perte d'ophélimité doit être très
grande.

45. C'est pour cela que, même dans notre organisation
sociale, les producteurs ont avantage à pratiquer des
prix variables, et, comme ils ne peuvent le faire directement, ils s'efforcent de le faire indirectement par des
expédients qui ne peuvent que très grossièrement rapprocher de la solution qui donnerait le maximum d'ophélimité.

Généralement, on obtient des prix variables en distinguant les consommateurs en catégories ; et cet expé-
dient vaut mieux que rien, mais il est bien loin de la
solution qui ferait varier les prix pour tous les consommateurs.

46. L'erreur très grave qui fait juger les faits économiques d'après des normes morales amène beaucoup de

gens, d'une façon plus ou moins consciente, à penser
que le profit du producteur ne peut être que le dommage
du consommateur et vice versa. Par conséquent, si le
producteur ne gagne rien, s'il est sur la ligne des transformations complètes, on s'imagine que le consommateur ne peut souffrir de dommage.

Sans insister sur le fait que, comme nous l'avons déjà
vu (§ 10), la ligne des transformations complètes peut
être obtenue avec un excès ou coût de production, il est
bon de ne pas oublier le cas très fréquent indiqué au
§ 39 (1°) α.

47. Supposons, par exemple, qu'un pays consomme
100 d'une marchandise X et que cette marchandise soit
produite par des usines nationales au coût de 5 par
unité. Le coût total est de 500 ; et si le prix de vente
total est aussi 500, les producteurs nationaux ne font
aucun profit.

Il arrive maintenant qu'ils produisent 200, ce qui fait
descendre le coût de production à 3. Ils vendent 120
dans le pays au prix de 3,50, et 80 à l'étranger au prix
de 2,50. Au total ils reçoivent 620 pour une marchandise qui leur coûte 600, et par conséquent ils font un
bénéfice. Les consommateurs nationaux se lamentent
parce qu'ils paient la marchandise plus cher que celle
qui est vendue aux étrangers, mais, au fond, ils la
payent moins qu'ils ne la payaient auparavant, et par
conséquent ils ont un avantage, et non pas un dommage.

Il se peut, mais ce n'est pas certain, qu'un phénomène semblable se soit produit quelquefois en Allemagne, où les producteurs vendent à l'étranger à un
prix plus faible que celui qu'ils pratiquent dans le pays ;
car de cette façon ils peuvent augmenter la quantité produite et réduire le coût de production.

48. Les phénomènes que nous venons d'étudier suggèrent, d'une façon abstraite et sans tenir compte des

difficultés pratiques, un argument considérable en faveur
de la production collectiviste. Beaucoup mieux que la
production en partie soumise à la concurrence, en partie
aux monopoles, que nous avons actuellement, celle-ci
pourrait faire usage des prix variables qui permettraient
de suivre la ligne des transformations complètes, et par
conséquent d'atteindre le point e de la *fig.* 46 (§ 4), tandis qu'actuellement nous devons nous arrêter au point c',
ou même au point c. L'avantage qu'aurait la société
pourrait être si grand qu'il compenserait les dommages
inévitables d'une production de ce genre. Mais il faudrait
pour cela que la production collectiviste eût pour unique
objet de poursuivre le maximum d'ophélimité dans la
production, et non pas de procurer des profits de monopole aux ouvriers, ou de poursuivre des idéals humanitaires (1). Comme l'avaient bien vu les anciens économistes, la recherche du plus grand avantage pour la
société est un problème de production.

Même les sociétés coopératives pourraient nous
amener sur la ligne des transformations complètes, mais
cela n'arrive pas parce qu'elles se laissent dévier de leur
but par des vues éthiques, philanthropiques, humanitaires. On ne saurait courir deux lièvres à la fois.

Si on considère le phénomène exclusivement au point
de vue des théories économiques, c'est une très mauvaise
façon d'organiser l'entreprise privée des chemins de fer
que d'exiger des sociétés qui les exploitent, comme on
l'a fait en Italie, un prélèvement fixe sur le produit
brut (ou même sur le produit net) au profit de l'État,
parce que de cette façon, au lieu de les pousser à se rapprocher de la ligne des transformations complètes, on
les en empêche.

(1) Parmi les socialistes, G. Sorel a le grand mérite d'avoir
compris que le problème que le collectivisme doit résoudre est
principalement un problème de production.

49. La libre concurrence détermine les coefficients de production de façon à assurer le maximum d'ophélimité (*Append.*). Elle tend à rendre égaux les revenus nets des capitaux que l'on peut produire au moyen de l'épargne ; en effet, l'épargne est évidemment transformée dans les capitaux qui donnent le plus de revenu, jusqu'à ce que l'abondance de ces capitaux en fasse descendre le revenu net au niveau commun. Cette égalité des revenus nets est également une condition pour obtenir de l'usage de ces capitaux le maximum d'ophélimité. Même dans ce cas, la démonstration rigoureuse ne peut être donnée qu'avec les mathématiques (1) ; nous ne pouvons ici qu'indiquer à peu près la marche du phénomène.

50. En ce qui concerne le revenu des capitaux, on put remarquer que si l'épargne obtient dans un certain emploi un revenu plus grand que dans un autre, cela signifie que le premier emploi est plus « productif » que le second. Par conséquent il y a avantage pour la « société » à diminuer le premier emploi de l'épargne pour augmenter le second, et on arrive aussi à l'égalité des revenus nets dans les deux cas. Mais ce raisonnement est bien peu précis, nullement rigoureux, et par conséquent, à lui seul, il ne prouverait vraiment rien.

51. Un peu meilleur, mais de bien peu, est le raisonnement qui, sans faire usage des mathématiques, fait intervenir les coefficients de production.

Les entreprises les déterminent de façon à avoir le coût minimum ; mais la concurrence les pousse sur la ligne des transformations complètes ; par conséquent, ce sont leurs clients, acheteurs et vendeurs, qui en définitive tirent un bénéfice de l'œuvre accomplie par les entreprises.

Le défaut de ce genre de démonstrations ne réside pas

---

(1) *Cours*, § 724.

seulement en ce qu'elles manquent de précision, mais aussi, et principalement, en ce qu'elles ne donnent pas une idée claire des conditions nécessaires pour que les théorèmes soient vrais.

52. L'ÉQUILIBRE DANS LA SOCIÉTÉ COLLECTIVISTE. — Il nous faut maintenant parler des phénomènes du type (III), auxquels nous avons fait jusqu'ici simplement allusion (III, 49).

Pour leur donner une forme concrète, et par une abstraction analogue à celle de l'*homo oeconomicus*, considérons une société collectiviste, qui ait pour but de procurer à ses membres le minimum d'ophélimité.

53. Le problème se divise en deux autres, qui sont complètement différents et qui ne peuvent pas être résolus avec les mêmes critériums : 1° Nous avons un problème de distribution : comment doivent être répartis entre ses membres les biens que possède ou que produit la société? (III, 12, 16). Il faut faire intervenir des considérations éthiques, sociales de différent genre, des comparaisons d'ophélimité de différents individus, etc. Nous n'avons pas à nous en occuper ici. Nous supposerons donc ce problème résolu. 2° Nous avons un problème de production : comment produire les biens économiques de façon que, en les distribuant ensuite suivant les règles obtenues par la solution du premier problème, les membres de la société obtiennent le maximum d'ophélimité?

54. Après tout ce que nous avons dit, la solution de ce problème est facile.

Les prix, les intérêts nets des capitaux peuvent disparaître, si toutefois cela est possible, comme entités réelles, mais ils demeureront comme entités comptables ; sans eux le *ministère de la production* marcherait à l'aveugle et ne saurait comment organiser la production. Il est bien entendu que si l'Etat est le maître de tous les capitaux, c'est à lui que vont tous les intérêts nets.

55. Pour obtenir le maximum d'ophélimité, l'Etat collectiviste devra rendre les différents intérêts nets égaux et déterminer les coefficients de production de la même façon que les détermine la libre concurrence. De plus, après avoir fait la distribution d'après les règles du premier problème, il devra permettre une nouvelle distribution que pourront opérer entre eux les membres de la collectivité, ou que pourra faire l'Etat socialiste, mais qui, dans tous les cas, devra se faire comme si elle était opérée par la libre concurrence.

56. La différence entre les phénomènes du type (I) et ceux du type (III) réside donc principalement dans la répartition des revenus. Dans les phénomènes du type (I), cette répartition s'opère d'après toutes les contingences historiques et économiques dans lesquelles a évolué la société ; dans les phénomènes du type (III), elle est la conséquence de certains principes éthico-sociaux.

57. Il nous faut de plus rechercher si certaines formes de la production sont plus faciles dans la réalité avec les phénomènes du type (I) ou avec ceux du type (III). Théoriquement, rien n'empêche de supposer qu'avec la libre concurrence, on suit, par exemple, la ligne des transformations complètes ; mais pratiquement cela peut être plus difficile avec la libre concurrence qu'avec la production collectiviste (§ 48).

58. L'Etat collectiviste, mieux que la libre concurrence, semble pouvoir porter le point d'équilibre sur la ligne des transformations complètes. En effet, il est difficile qu'une société privée suive exactement dans ses ventes la ligne des transformations complètes. Elle devrait pour cela se faire payer par ses clients, d'abord les dépenses générales, et ensuite leur vendre les marchandises au prix de coût, les dépenses générales déduites.

Sauf dans des cas particuliers, on ne voit pas comment cela pourrait avoir lieu. L'Etat socialiste, au contraire, peut mettre comme impôt, sur les consommateurs de ses marchandises, les dépenses générales de la production de cette marchandise, et puis ensuite les céder à prix coûtant ; il peut, par conséquent, suivre la ligne des transformations complètes.

59. L'Etat socialiste peut abandonner aux consommateurs d'une marchandise la rente (v, 95) produite par cette marchandise. Quand la ligne du profit maximum coupe la ligne des échanges, c'est-à-dire quand la concurrence est incomplète, et avec la simple concurrence des producteurs privés, l'équilibre a lieu à ce point d'intersection. L'Etat socialiste peut reporter ce point d'équilibre sur les lignes des transformations complètes, comme si la concurrence était complète.

60. Dans l'Etat économique basé sur la propriété privée, la production est réglée par les entrepreneurs et par les propriétaires ; il y a, par conséquent, une certaine dépense qui figure au nombre des obstacles. Dans l'Etat collectiviste, la production serait réglée par des employés de cet Etat ; la dépense qu'ils occasionneraient pourrait être plus grande, et leur travail moins efficace ; dans ce cas, les avantages signalés pourraient être compensés et se changer en perte.

61. En résumé, l'économie pure ne nous donne pas de critérium vraiment décisif pour choisir entre une organisation de la société basée sur la propriété privée et une organisation socialiste. On ne peut résoudre ce problème qu'en tenant compte d'autres caractères des phénomènes.

62. **Maxima d'ophélimité pour des collectivités partielles.** — Les phénomènes du type (III) peuvent se référer non pas à la collectivité tout entière, mais à une partie plus ou moins restreinte de celle-ci. Si on consi-

dère un seul individu, le type (III) se confond avec le type (II).

Pour un certain nombre d'individus considérés collectivement, il existe des valeurs des coefficients de production qui procurent à cette collectivité de telles quantités de biens économiques que, si elles sont distribuées selon les règles fixées par le problème de la distribution, elles procurent le maximum d'ophélimité aux membres de cette collectivité (1).

La démonstration de cette proposition est semblable à celle qui a été donnée quand nous avons considéré la collectivité totale.

63. En réalité, les syndicats ouvriers, les producteurs qui jouissent de la protection douanière, les syndicats de négociants qui exploitent les consommateurs, nous fournissent de nombreux exemples dans lesquels les coefficients de production sont déterminés dans le but de favoriser certaines collectivités partielles.

64. Il faut remarquer que, sauf certains cas tout à fait exceptionnels, ces valeurs de coefficients diffèrent, et souvent diffèrent beaucoup des valeurs qui procurent le maximum d'ophélimité à la collectivité tout entière.

65. **Commerce international.** — Sauf dans le cas précédent, nous n'avons jusqu'ici considéré que des collectivités isolées. Il faut maintenant, pour nous rapprocher davantage de la réalité, considérer des collectivités en rapports réciproques. Cette théorie porte le nom de théorie du commerce international, et nous lui conserverons ce nom.

Le cas précédent diffère du cas présent. Dans celui-là on supposait que l'on pouvait imposer certains coefficients de fabrication à toute une collectivité, constituée par des collectivités partielles A, B, C,..., et on cher-

(1) *Cours*, § 727.

chait quelles valeurs de ces coefficients procuraient le
maximum d'ophélimité aux membres de la collectivité A.
Maintenant nous ne supposons pas que la collectivité A
puisse imposer directement des coefficients de production
aux autres collectivités B, C,…, mais, au contraire,
nous supposons que chacune de ces collectivités est indépendante, et que par conséquent elle peut bien régler
sa propre production, mais non pas celle des autres, au
moins directement.

Même quand on ne raisonne que sur une seule collectivité, il faut tenir compte des dépenses de transport, mais
cette nécessité est plus évidente encore quand on parle
de collectivités séparées dans l'espace. On comprend par
conséquent que les prix d'une même marchandise sont
différents chez deux collectivités différentes.

66. Après ce que nous avons dit pour une seule
collectivité, les conditions d'équilibre pour plusieurs
collectivités s'obtiennent facilement.

Considérons une collectivité X qui est en rapport avec
d'autres collectivités que nous appellerons Y, et que,
pour simplifier, nous considérerons comme ne formant
qu'une seule collectivité. Pour chacune de ces collectivités, on sait déjà quelles sont les conditions d'équilibre
des goûts et des obstacles ; mais elles ne sont pas suffisantes maintenant pour résoudre le problème, parce
qu'il y a d'autres inconnues, c'est-à-dire les quantités de
biens économiques échangées entre X et Y. Supposons-
les égales à 100 ; il nous faut cent autres conditions pour
les déterminer.

67. Nous aurons d'abord le bilan de X dans ses rapports avec Y ; il faudra pour l'établir tenir compte de
chaque recette et de chaque dépense, comme nous
l'avons indiqué au § 27 et s. Le bilan de Y est inutile
pour les raisons déjà données (III, 204). Dans les relations de X avec Y, la recette de X est la dépense de Y,

et inversement. Par conséquent, si la recette et la dépense se balancent pour X, elles se balancent aussi pour Y. Ainsi, la considération des bilans nous donne une seule condition que nous appellerons (α).

68. Il faut ensuite que les prix, quand nous tenons compte des dépenses de transport et d'autres dépenses nécessaires (par exemple, l'assurance, les frais de change, etc.), soient égaux pour les quantités échangées, parce que, sur un même marché, il ne peut y avoir deux prix. Une des marchandises peut être prise comme monnaie internationale ; il reste, par conséquent, dans ce cas seulement 99 prix, et les conditions d'égalité, que nous appellerons (β), sont donc au nombre de 99.

Si l'on ajoute la condition (α) aux 99 (β), on a en tout 100 conditions, ce qu'il faut exactement pour déterminer les 100 inconnues.

Mais, en général, on ne peut pas supposer qu'il n'y a qu'une seule monnaie, identique pour X et pour Y; il faut supposer que X et Y ont des monnaies qui leur sont propres, même quand elles sont identiques, frappées avec le même métal. Dans ce cas, la monnaie de Y a une certaine relation avec la monnaie de X, c'est-à-dire a un certain prix exprimé en monnaie de X, et c'est là une nouvelle inconnue. Si on l'ajoute aux 100 autres, on a 101 inconnues. Mais comme nous avons maintenant 100 prix, les conditions (β) sont aussi au nombre de 100, et en y ajoutant la condition (α), il y a 101 conditions, c'est-à-dire autant de conditions que d'inconnues.

Il resterait à voir comment s'établit l'équilibre, mais nous ne pourrons le faire qu'après l'étude de la monnaie (VIII, 35 et s.).

70. **L'équilibre des prix.** — Dans tous les raisonnements que nous avons faits jusqu'ici nous avons pris une marchandise comme monnaie ; les taux d'échange de cette marchandise avec les autres, c'est-à-dire les prix,

dépendent des goûts et des obstacles, et ils sont déterminés, par conséquent, quand ceux-ci et ceux-là le sont.

Il faut faire à cette théorie une première modification en considération de la quantité de monnaie en circulation. Il faut, en effet, remarquer que la marchandise-monnaie est ophélime non seulement pour la consommation, mais aussi parce qu'elle sert à la circulation. Pour que tous les prix puissent augmenter, par exemple, de 10 0/0, il serait donc nécessaire non seulement qu'il se produisît un changement correspondant dans l'ophélimité de la marchandise-monnaie, comparée à l'ophélimité des autres marchandises, mais aussi qu'on pût avoir la quantité de monnaie qui suffit pour la circulation avec de nouveaux prix.

71. **Théorie quantitative de la monnaie.** — Supposons que la quantité de monnaie en circulation doive varier proportionnellement aux prix ; ce qui peut arriver approximativement si, tandis que les prix changent, la rapidité de la circulation ne change pas, et si ne changent pas non plus les proportions des succédanés de la monnaie. Cette hypothèse est la base de ce qu'on a appelé la théorie quantitative de la monnaie. Si on l'accepte, il faudrait donc, puisque les prix augmentent de 10 0/0, que la quantité de la marchandise-monnaie augmentât non seulement de façon à pouvoir être consommée en plus grande quantité, pour que l'ophélimité élémentaire en diminuât, mais aussi de façon que la quantité de monnaie en circulation augmentât de 10 0/0.

Les prix seraient donc, finalement, déterminés par l'ophélimité de la marchandise-monnaie et par la quantité qu'il y en aurait en circulation.

72. Si, au lieu d'une marchandise, on avait pour monnaie des bons quelconques, par exemple du papier-monnaie, tous les prix ne dépendraient que de la quantité de cette monnaie en circulation.

73. Les hypothèses que nous venons de faire ne se vérifient jamais complètement. Non seulement tous les prix ne changent pas en même temps dans la même proportion, mais en outre la rapidité de la circulation varie certainement, et les proportions des succédanés de la monnaie varient également. Il en résulte que la théorie quantitative de la monnaie ne peut jamais être qu'approximativement et grossièrement vraie.

74. Dans le cas du papier-monnaie il est donc possible d'avoir deux positions d'équilibre pour lesquelles toutes les circonstances sont identiques, sauf les suivantes : 1º Tous les prix sont accrus, par exemple, de 10 0/0 ; 2º la rapidité de la circulation est augmentée, et également la proportion des succédanés de la monnaie peut avoir augmenté, de sorte que la même quantité de monnaie suffise pour la circulation avec de nouveaux prix.

75. Dans le cas d'une marchandise-monnaie, il serait nécessaire que cette rapidité et cette proportion des succédanés augmentent de façon à rendre trop grande la quantité en circulation, afin que la consommation de la marchandise-monnaie pût augmenter, pour en diminuer l'ophélimité élémentaire.

76. L'hypothèse que nous avons faite pour le papier-monnaie peut se vérifier approximativement ; mais celle que nous avons faite pour la marchandise-monnaie semble difficile à constater dans les proportions indiquées, bien qu'elle puisse souvent avoir lieu dans des proportions plus faibles. On en conclut que des positions identiques d'équilibre seraient possibles dans le premier cas avec des prix différents, impossibles dans le second.

77. Cette dernière conclusion est peut-être trop absolue. Elle serait difficilement attaquable si la consommation de la marchandise-monnaie était presque aussi grande que la somme des autres consommations. Sup-

posons que dans une collectivité d'agriculteurs dans laquelle on consomme du blé, du vin, de l'huile, de la laine, et un petit nombre d'autres marchandises, on prenne le blé comme marchandise-monnaie ; la conclusion en question subsisterait certainement. Mais subsiste-t-elle encore si, comme dans nos sociétés, la marchandise-monnaie et l'or, dont la consommation est très faible en comparaison des autres consommations ? On comprend mal comment tous les prix doivent être réglés d'une façon précise et rigoureuse par la consommation de l'or, en boîtes de montres, en bijoux, etc. La correspondance entre ces deux phénomènes ne peut pas être parfaite.

78. Il faut remarquer que nous sortons ici du domaine de l'économie pure pour entrer dans celui de l'économie appliquée. De même la mécanique rationnelle nous enseigne que deux forces égales et directement opposées se font toujours équilibre, quelle qu'en soit l'intensité ; mais la mécanique appliquée nous dit que, si un corps solide s'interpose entre ces forces, il faut de plus tenir compte de la résistance des matériaux.

79. Supposons que, toutes autres circonstances restant les mêmes, tous les prix augmentent de 10 0/0. Pour que l'égalité des ophélimités pondérées établît l'équilibre subsistant, il faudrait que la quantité d'or qu'on peut consommer augmentât ; et c'est parce que cette quantité ne peut pas augmenter que les prix doivent revenir à ce qu'ils étaient auparavant. Mais il faut ici remarquer les faits suivants : 1º l'égalité des ophélimités pondérées s'établit approximativement pour les marchandises d'usage extérieur et journalier, moins bien pour les marchandises d'usage restreint et que l'on n'achète que de temps en temps. Par conséquent, en réalité, il y a pour l'ophélimité de l'or une certaine marge dans l'égalité qu'elle doit avoir avec les autres ; 2º si tous les prix

augmentent, l'extraction de l'or devrait devenir moins avantageuse, et par conséquent diminuer. Mais cette extraction est si aléatoire, qu'elle est réglée par des considérations toutes différentes ; et dans certaines limites, les variations des prix des autres marchandises n'ont aucun effet, ou un effet presque nul ; 3° enfin un changement dans les conditions de la circulation peut également avoir une certaine action (§ 73). Nous concluons qu'avec l'or-monnaie, des positions identiques d'équilibre sont possibles dans certaines limites, avec des prix différents. Dans ces limites elles ne seraient donc plus complètement et exclusivement déterminées par les formules de l'économie pure (§ 82).

80. **Relations entre l'équilibre et les prix des facteurs de la production.** — 1° Supposons que tous les prix des facteurs de la production changent, mais que les dettes et les créances existant dans la société (dette publique, crédits commerciaux, hypothécaires, etc.) ne changent pas. Par exemple, si les prix de tous les facteurs et la production haussent de 10 0/0, les prix des produits haussent également de 10 0/0 ; par conséquent, à ce point de vue, il n'y aurait rien de changé dans la situation réelle des ouvriers et des capitalistes qui concourent à la production. Ils reçoivent 10 0/0 de plus et, pour leur consommation, ils dépensent 10 0/0 de plus. A un autre point de vue leur situation change parce que, en continuant à payer la même somme nominale à leurs créanciers, ils donnent en réalité 10 0/0 de moins qu'auparavant, en marchandises. Par conséquent, le changement supposé favorise ceux qui prennent part à la production, et nuit à ceux qui ont un revenu fixe, indépendant de la production. Il est inutile d'ajouter qu'un changement opposé aurait des effets opposés.

81. Pour que le changement des prix soit possible, il est nécessaire qu'il ne soit pas empêché par la monnaie :

il nous faut donc répéter les considérations indiquées
aux § 71 et s. Dans le cas supposé, et quand c'est l'or qui
est monnaie, ceux qui participent à la production consommeront peut-être (§ 79) un peu plus d'or ; ceux qui ont
des revenus fixes, un peu moins ; au total, il y aura peut-
être une petite augmentation de la consommation, qui
sera facilement fournie par les mines. Quant à la circulation, sa rapidité pourra augmenter, et l'on pourra faire
un plus grand emploi, si cela est nécessaire, des succédanés. Les prix ne pourraient pas, d'ailleurs, augmenter
au delà de certaines limites, parce que la quantité d'or
disponible deviendrait trop faible.

82. En réalité, les obstacles aux changements des prix
viennent de la concurrence de collectivités indépendantes, soit du même pays, soit de l'étranger (commerce
international), et de la difficulté de faire se mouvoir en
même temps tous les prix ; par conséquent, ceux qui ne
changent pas retiennent le mouvement des autres. Ce
sont là les faits qui, dans les limites permises par les
forces qui naissent de la variation de la consommation
et de la production de l'or (§ 79), déterminent les prix.

83. Si les prix de la plupart des marchandises ou de
toutes les marchandises d'un pays haussent, l'exportation diminue, l'importation augmente, et l'or sort du
pays pour aller à l'étranger ; par conséquent, les prix
finissent par baisser et par revenir à leur état primitif. On constate des faits opposés dans le cas d'une
diminution générale des prix.

84. 2° Les prix des facteurs de la production ne changent jamais tous en même temps. Supposons que les salaires augmentent de 10 0/0 ; l'intérêt de nouveaux capitaux et d'une partie des anciens pourra aussi augmenter
de 10 0/0, mais pour une partie de ceux-ci, l'intérêt
pourra ne pas changer, ou ne pas augmenter en proportion de l'augmentation des salaires, ou même dimi-

nuer ; et, si on ne peut pas les retirer de la production, ils auront une *rente* négative. Par conséquent, une augmentation des salaires profitera aux ouvriers, elle pourra être indifférente aux possesseurs de nouveaux capitaux, aux possesseurs d'une partie des anciens capitaux, mais elle nuira aux possesseurs d'une autre partie de ces capitaux et à tous ceux qui ont des revenus fixes.

85. Supposons maintenant que ce sont les produits qui, par l'effet de certaines mesures, par exemple des droits de douanes protecteurs, ont augmenté de prix, et voyons quelles en sont les conséquences. Si, par hypothèse, les prix de tous les produits augmentent, les prix de tous les facteurs de la production pourront augmenter dans la même proportion, si on néglige les revenus fixes, les dettes et les créances, et l'équilibre s'établira de nouveau comme au § 71. De même, en tenant compte des revenus fixes, des dettes et des créances, on obtiendra des résultats semblables à ceux du § 80. Quant aux phénomènes du § 84, il faut remarquer que lorsque les prix des produits augmentent, tous les capitaux, tant anciens que nouveaux, sont favorisés, et l'on voit apparaître des rentes positives.

86. L'hypothèse que nous venons de faire ne se réalise jamais en pratique. Il n'est pas possible que les prix de tous les produits augmentent ; par conséquent, certaines productions sont encouragées, d'autres découragées. Les nouveaux capitaux peuvent se porter vers les productions avantagées ; les capitaux anciens, qui ne peuvent pas se retirer des productions qui ont subi un préjudice, donnent des rentes négatives.

87. Jusqu'ici nous avons considéré des positions successives d'équilibre ; il nous faut aussi voir ce que devient le mouvement en passant de l'une à l'autre. Un changement produit dans une partie de l'organisme économique ne s'étend pas instantanément à toutes les

autres parties ; et pendant le temps qu'il met à se propager d'un point à un autre, les phénomènes sont différents de ceux qui suivent le rétablissement de l'équilibre.

88. Si les salaires augmentent, les entrepreneurs
peuvent difficilement, sauf en des cas particuliers,
hausser d'une façon correspondante les prix des produits ; et par conséquent jusqu'à ce que cette hausse
soit obtenue, ils subissent un dommage. En attendant, l'augmentation des salaires apporte aux ouvriers
plus de profit que ce qu'ils en auront lorsque l'opération
sera terminée, parce que leurs revenus ont augmenté,
tandis que leurs dépenses de consommation n'ont pas
encore augmenté en proportion. Ceux qui ont des revenus fixes subissent de moindres désavantages pendant
que le mouvement se produit que lorsqu'il sera effectué.

89. De plus, le mouvement ne peut jamais être général.
Les salaires, et même les prix des produits dans une
branche de la production, peuvent bien augmenter, mais
les prix dans les autres branches de la production n'augmenteront pas ou presque pas ; et ce n'est qu'après une
augmentation successsive des salaires, dans un grand
nombre de branches de la production, qu'on constate
les augmentations de prix qui correspondent à une augmentation générale des salaires ; de telle sorte que lorsqu'on voit l'effet, souvent la cause est déjà oubliée.

90. Voici quelle est la traduction subjective de ces
phénomènes. L'homme est poussé à agir beaucoup plus
sous l'influence des sensations de l'état présent que sous
celle des prévisions de l'avenir, et beaucoup plus sous
l'impression des faits qui agissent directement sur lui
que sous celle de ceux qui n'agissent qu'indirectement ;
par conséquent, dans le cas que nous considérons, les ouvriers seront poussés à demander une augmentation des
salaires beaucoup plus qu'ils ne le seraient s'ils ressen-
taient les effets d'une augmentation générale des salaires ;

et de même les entrepreneurs seront beaucoup plus poussés à résister aux ouvriers. Quant à ceux qui ont des revenus fixes, et qui doivent, en fin de compte, faire les frais de la lutte entre les ouvriers et les entrepreneurs, ils font preuve de moins de bon sens que les brebis qui, conduites à la boucherie, résistent, frappées qu'elles sont de l'odeur du sang ; ils s'imaginent que les grèves sont dirigées contre les « capitalistes », qu'ils ne savent même pas distinguer des entrepreneurs, et ils ne voient pas qu'en dernière analyse les grèves frappent ceux qui ont des revenus fixes et des créances, beaucoup plus que les entrepreneurs et les capitalistes.

91. Les entrepreneurs poussent toujours à l'augmentation des prix des marchandises qu'ils produisent, et ainsi ils poursuivent leur propre intérêt, parce que ces augmentations leur procurent certainement un avantage pendant le temps plus ou moins long nécessaire pour arriver à une nouvelle position d'équilibre. Chacun, d'ailleurs, s'imagine jouir de tout l'avantage de l'augmentation du prix de sa propre marchandise, sans voir la compensation partielle qui suivra l'augmentation de prix des autres marchandises. Il en est de même pour les propriétaires qui recherchent des rentes positives. Les ouvriers sont, en général, indifférents à ces mouvements de prix, parce qu'ils ne se répercutent pas immédiatement sur les salaires ; ils croient que seuls les « capitalistes » ont à se soucier de ces variations de prix ; par suite, ils ne repoussent pas celles qui, en dernière analyse, leur seront nuisibles, et ils ne favorisent pas celles qui, en dernière analyse, leur seront avantageuses. Pourtant il y a des exceptions, et, contrairement à ce fait général, les ouvriers se sont prononcés en Allemagne contre les droits protecteurs sur les matières alimentaires, et ils ont compris que ces droits se tourneraient finalement contre eux. Cela provient en partie, peut-être, de l'éducation

que les socialistes ont donnée aux ouvriers de ce pays.

92. **Circulation économique.** — En résumé, la production et la circulation forment un cercle. Toute altération sur un point du phénomène se répercute, mais non pas également, sur tous les autres. Si nous faisons augmenter les prix des produits, nous ferons également augmenter, comme conséquence, les prix des facteurs de la production. Si, au contraire, nous faisons augmenter ceux-ci, nous ferons, comme conséquence, augmenter ceux-là. Sous cette forme, les deux opérations semblent identiques, mais il n'en est pas ainsi, parce que la pression exercée sur les prix des produits ne se propagent pas jusqu'aux prix des facteurs de la production d'une façon égale à celle avec laquelle la pression exercée sur ces prix se propage à ceux-là. En somme, d'une façon ou de l'autre, on arrive à une augmentation générale des prix ; mais cette augmentation n'est pas la même pour les différents biens économiques, et ces variations diffèrent du premier au second mode. Ce sont des individus différents qui en jouissent ou en souffrent, selon que l'on opère suivant le premier, ou suivant le second mode.

93. **Interprétations erronées de la concurrence des entrepreneurs.** — La concurrence des entrepreneurs se manifeste par la *tendance* qu'ils ont à offrir, à un certain prix, plus de marchandises que ce qu'en demandent les consommateurs ; ou, ce qui revient au même, par la *tendance* qu'ils ont à offrir une certaine quantité à un prix inférieur à celui que payent les consommateurs (ix, 94).

C'est l'observation de ces faits, mal interprétés, qui a fait naître l'erreur qu'il y a un excès permanent de production. Si cet excès existait réellement, on devrait constater une accumulation toujours croissante des marchandises, et, par exemple, il devrait y avoir augmentation constante du *stock* existant dans le monde de charbon

de terre, de fer, de cuivre, de coton, de soie, etc. Ce n'est
pas ce qu'on constate ; donc le prétendu excès de production ne peut exister qu'à l'état de tendance, et non pas
comme un fait.

94. Ayant admis cet excès de production, on a affirmé
qu'il serait avantageux aux entrepreneurs d'augmenter le
salaire des ouvriers, parce qu'ainsi, dit-on, on augmenterait le « pouvoir d'achat » des ouvriers et, par suite,
la consommation.

95. Dans cette proposition, il n'y a de vrai que ceci.
L'entrepreneur qui, par exemple, paye des salaires
doubles, des intérêts doubles des capitaux, et qui vend
les marchandises produites à un prix double, se trouve
dans la même situation après comme avant. Mais ni ces
salaires doubles, ni ces intérêts doubles des capitaux ne
feront augmenter la consommation totale des marchandises ; ils auront uniquement pour effet de répartir différemment ce total : une plus grande part allant à certains
facteurs de la production et une part moindre à ceux qui
ont des revenus fixes ; et, de plus, la production de certaines marchandises pourra augmenter, tandis que celle
d'autres marchandises pourra diminuer.

96. On a prétendu, d'ailleurs, et par une nouvelle et
plus grossière erreur, déduire de ce prétendu excès de
production la cause des crises économiques (ix, 92, 93).

97. **Conceptions erronées de la production.** — On disait d'ordinaire et on dit encore fréquemment qu'il y a
trois facteurs de la production, la *nature*, le travail, le
capital, en entendant par ce dernier terme l'épargne, ou
même les capitaux mobiliers. Cette proposition n'a pas
de sens, ou n'en a presque aucun. On ne comprend pas
pourquoi la *nature* est séparée du travail et du capital,
comme si le travail et le capital n'étaient pas des choses
naturelles. En somme, on affirme simplement que pour
produire il faut du travail, du capital et autre chose, que

l'on désigne sous le nom de *nature*. Ce n'est pas faux, mais cela ne nous sert pas à grand'chose pour comprendre ce qu'est la production.

98. D'autres disent que les facteurs de la production sont la terre, le travail, le capital; d'autres ramènent tout à la terre et au travail ; d'autres, au travail seul. De là proviennent des théories complètement fausses, comme celle qui affirme que l'ouvrier ne se met au service du capitaliste que lorsqu'il n'y a plus de *terre libre* (1) à cultiver, ou comme celle qui prétend mesurer la valeur par le travail « cristallisé » (2).

99. Toutes ces théories ont un vice commun, c'est d'oublier que la production n'est pas autre chose que la transformation de certaines choses en certaines autres, et de laisser croire que les différents produits peuvent être obtenus grâce à ces choses abstraites et générales qu'on appelle la terre, le travail, le capital. Ce n'est pas de ces choses abstraites dont nous avons besoin pour la production, mais de certaines espèces concrètes et spéciales, très spéciales souvent, selon le produit qu'on veut obtenir. Pour avoir du vin du Rhin, par exemple, il faut non pas une terre quelconque, mais une terre située sur les bords du Rhin ; pour avoir une statue, on n'a pas besoin d'un travail quelconque, mais bien du travail d'un sculpteur ; pour avoir une locomotive, il ne faut pas un capital mobilier quelconque, mais bien celui qui a précisément pour forme une locomotive.

100. Avant que leur terre ne fût découverte par les Européens, les Australiens ne connaissaient pas nos animaux domestiques ; ils avaient de la *terre libre* à volonté ; mais, quelque travail qu'ils aient pu y dépenser, il est bien certain qu'ils ne pouvaient avoir ni une brebis, ni un

(1) *Systèmes*, II, p. 285 et s.
(2) *Systèmes*, II, p. 342 et s.

bœuf, ni un cheval. Actuellement, d'immenses troupeaux
d'ovidés vivent en Australie, mais ils proviennent non
pas de la *terre libre* en général, ni du travail, ni même
du capital en général, mais d'un capital très spécial,
c'est-à-dire des troupeaux qui existaient en Europe. Si
des individus qui savent travailler la terre ont une terre
où le blé peut pousser, s'ils ont des semences de blé et de
plus des capitaux mobiliers, des charrues, des constructions, etc., et enfin assez d'épargne pour pouvoir
attendre la récolte prochaine, ils pourront vivre et produire du blé. Rien n'empêche de dire que ce blé est
produit par la terre, le travail et le capital ; mais on parle
aussi du genre au lieu de parler de l'espèce. Toute la
terre, tout le travail, tout le capital existant sur le globe
ne peuvent nous donner un seul grain de blé, si nous
n'avons pas ce capital très spécial qu'est la semence du
blé.

101. Ces considérations suffiraient pour faire voir l'erreur de ces théories ; mais, en outre, ces théories sont en
plus d'un point inconciliables avec les faits historiques et
actuels. Elles sont simplement un produit du sentiment
qui s'insurge contre le « capitaliste », et elles restent
étrangères à la recherche des uniformités dont s'occupe
uniquement la science.

CHAPITRE VII

1. C'est l'homme en tant que producteur qui est le point de départ du phénomène économique, et celui-ci aboutit à l'homme considéré comme consommateur nous sommes ainsi en présence d'un courant qui revient sur lui-même, à la façon d'un cercle.

2. **Hétérogénéité sociale.** — Comme nous l'avons déjà indiqué (1) (ıı, 102), la société n'est pas homogène, et ceux qui ne ferment pas volontairement les yeux, doivent reconnaître que les hommes diffèrent fortement les uns des autres au point de vue physique, moral et intellectuel.

A ces inégalités propres à l'être humain correspondent des inégalités économiques et sociales, que nous observons chez tous les peuples, depuis les temps les plus anciens jusqu'aux temps modernes, et sur tous les points du globe, de telle sorte que ce caractère étant toujours présent, on peut définir la société humaine une collectivité hiérarchique.

Quant à savoir s'il est possible que la collectivité subsiste et que la hiérarchie disparaisse, c'est ce que nous ne

(1) Sur la population, voir R. Benini, *Principii di demografia*, Florence 1901, ouvrage de peu d'étendue, mais excellent à tous les points de vue.

nous attarderons pas à rechercher, ne serait-ce que parce que les éléments de cette étude nous font défaut. Nous nous bornerons à considérer les faits tels qu'ils se sont présentés jusqu'ici et tels que nous les observons encore.

3. **Le type moyen et la répartition des écarts.** — La répartition des hommes au point de vue de la qualité n'est qu'un cas particulier d'un phénomène beaucoup plus général. On peut observer un grand nombre de choses qui ont un certain type moyen ; celles qui ne s'en écartent que peu sont en grand nombre ; celles qui s'en écartent beaucoup sont en nombre très restreint. Si ces écarts peuvent être mesurés, on peut construire un graphique du phénomène. Comptons le nombre des choses dont les écarts du type moyen sont compris entre zéro et un ; faisons *aa'* égal à 1, et la surface *abb'a'* égale à ce nombre. De même comptons le nombre des choses dont les écarts

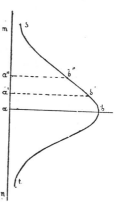

Fig. 52.

du type moyen sont compris entre 1 et 2 ; faisons *a'a''* égal à 1, et la surface *a'b''b''a''* égale à ce nombre. Continuons de la sorte pour tous les écarts positifs, qui vont de *a* vers *m* ; faisons la même chose pour les écarts négatifs, qui vont de *a* vers *n* ; nous obtiendrons ainsi une courbe *tbs*.

4. On obtient une courbe analogue dans beaucoup d'autres cas, parmi lesquels nous pouvons noter le suivant.

Supposons que nous ayons une urne qui contient 20 boules blanches et 30 boules noires. On retire de l'urne, en remettant à chaque fois la boule sortie dans l'urne, 10 boules, et l'on répète un grand nombre de fois cette opération. Le type moyen sera constitué par celui dans lequel le groupe des 10 boules extraites de l'urne se compose de 4 boules blanches et de 6 boules noires. Beaucoup de tirages divergeront fort peu de ce type ; un très petit nombre s'en écarteront beaucoup. Le phénomène nous donnerait une courbe analogue à celle de la *fig.* 52.

5. Partant de cette observation, beaucoup d'auteurs concluent, sans plus, que les deux phénomènes sont identiques. C'est là une erreur très grave. De la ressemblance de ces deux courbes on peut simplement conclure que les deux phénomènes ont un caractère commun, à savoir qu'ils dépendent de choses qui ont une tendance à se concentrer autour d'un type moyen. Pour pouvoir considérer comme égaux ces deux phénomènes, il faut pousser plus loin la comparaison des deux courbes, et voir si elles coïncident véritablement.

6. C'est ce qu'on a fait dans un cas particulier. Si on mesure un grand nombre de fois une même quantité, les mesures seront différentes ; et on peut appeler *erreurs* les quantités dont elles divergent de la mesure vraie. Le nombre de ces erreurs donne une courbe qu'on appelle la *courbe des erreurs*, et dont la forme est analogue à celle de la *fig.* 52. L'observation nous montre que cette courbe est égale à celle qu'on obtient quand on extrait des boules d'une urne, en procédant comme au § 4 (1).

7. Ce résultat n'est pas si simple, et il renferme au fond une pétition de principe. En réalité, il n'est pas exact que toujours la courbe des erreurs ait la forme indiquée. Dans ce cas on dit que la déviation provient d' « erreurs constantes » ; on les élimine, et on obtient à nouveau la courbe en question. On en conclut que la courbe des erreurs a une certaine forme déterminée quand

(1) Sur ce même problème, considéré à un autre point de vue, cpr. BERTRAND, *Calcul des probabilités*, §§ 149, 150.

on élimine toutes les circonstances qui lui feraient avoir une autre forme ; et cette proposition est très évidente, mais on n'a fait que reproduire dans la conclusion ce que contenaient les prémisses.

8. Nous n'avons pas à nous préoccuper davantage de la théorie des erreurs ; observons seulement que dans certains cas on ne peut pas, par suite de l'absence de données, vérifier si la courbe du phénomène est égale à la courbe des extractions de l'urne ; ou bien même cette vérification donne un résultat négatif, et dans ces deux cas on ne peut pas considérer les phénomènes comme égaux.

9. Il arrive souvent que les phénomènes naturels donnent non pas une bosse comme dans la *fig*. 52, mais deux, comme dans la *fig*. 53, ou même davantage. Dans ce cas, les auteurs supposent d'ordinaire que les deux bosses de la *fig*. 53 résultent de la superposition de deux courbes du genre de celle de la *fig*. 52, et sans plus ils considèrent le phénomène donné par la *fig*. 53 comme égal à l'extraction de deux urnes de composition constante.

Fig. 53.

C'est aller un peu vite. Il suffit de faire remarquer qu'en multipliant convenablement les courbes comme celles de la *fig*. 52, et en les superposant, on peut obtenir une courbe quelconque ; par conséquent, le fait qu'une courbe peut résulter de la superposition d'un certain nombre de courbes analogues à celle de la *fig*. 52, ne nous apprend rien sur la nature de cette courbe.

10. L'étude des lois des salaires nous fournit dans beaucoup de cas un certain salaire moyen avec des divergences qui se disposent selon une courbe analogue à celle de la *fig*. 52, et qui, d'ailleurs, n'est pas symétrique par rapport à la ligne *ab*. Mais de cette seule analogie on ne

peut pas conclure que ces divergences suivent la loi dite des *erreurs*.

11. **Répartition des revenus** (1). — Par analogie avec des faits de même espèce, il est probable que la courbe des revenus doit avoir une forme semblable à celle de la *fig.* 54. Si nous faisons *mo* égal à un certain revenu *x*, *mp* égal à 1, la surface *mnqp* nous donne le nombre d'individus qui ont un revenu compris entre *x* et *x* + 1.

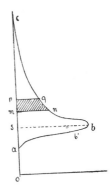

Fig. 54.

Mais pour les revenus totaux, la statistique ne nous fournit de renseignements que pour la partie *cqb* de la courbe, et peut-être, dans un très petit nombre de cas, pour une petite portion *bb'* de l'autre partie ; la partie *ab'*, ou mieux, *ab* reste purement hypothétique.

12. La courbe n'est pas symétrique par rapport à *sb*, la partie supérieure *sc* est très allongée, la partie *sa* très écrasée.

De cette simple constatation on ne peut pas conclure qu'il n'y a pas symétrie entre les qualités des individus qui s'éloignent des deux côtés de la moyenne *s*. En effet, de deux individus qui s'écartent également de la moyenne des qualités, celui qui a des aptitudes exceptionnelles pour gagner de l'argent peut avoir un revenu très élevé ; et celui qui a des qualités négatives égales ne peut pas descendre, sans disparaître, au-dessous du revenu minimum qui permet de vivre.

13. La courbe *abnc* n'est pas la courbe des qualités des hommes, mais elle est la courbe des autres faits qui sont en relation avec ces qualités.

_____

(1) *Cours*, liv. III, chap. i, Aux faits exposés dans le *Cours* on peut ajouter ceux qui sont relatés dans le *Giornale degli Economist*, Rome, janvier 1897.

14. Si nous considérons la courbe des points obtenus par les étudiants aux examens, nous obtenons une courbe analogue à ABC. Suppo-
sons maintenant que pour un motif quelconque les examinateurs ne donnent jamais moins de 5 points, parce qu'un seul point au-dessous de la moyenne suffit à faire refuser un candidat. Dans ce cas, pour ces mêmes étudiants, la courbe changera de forme et sera sensiblement analogue à la courbe abC.

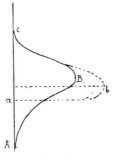

Fig. 55.

Il se passe quelque chose d'analogue pour les revenus. Au-dessus de la moyenne il n'y a pas de limite de hauteur, il y a une limite au-dessous.

15. La forme de la courbe cqb, *fig.* 54, que nous fournit la statistique, ne correspond nullement à la courbe des erreurs, c'est-à-dire à la forme qu'aurait la courbe si l'acquisition et la conservation de la richesse ne dépendaient que du hasard (1)

16. De plus, la statistique nous apprend que la courbe bcq, *fig.* 54, varie très peu dans l'espace et dans le temps : des peuples différents et à des époques différentes donnent des courbes très semblables. Il y a donc une stabilité remarquable dans la forme de cette courbe.

17. Il semble, au contraire, qu'il puisse y avoir plus de diversité pour la partie inférieure et moins connue de la courbe. Il y a un certain revenu minimun oa au-dessous duquel les hommes ne peuvent pas descendre sans périr de misère et de faim. La courbe peut se confondre plus ou moins avec la ligne ak qui indique ce revenu minimum (*fig.* 56). Parmi les peuples de l'antiquité, chez lesquels les famines étaient fréquentes, la

(1) *Cours*, § 962.

courbe prenait la forme (I) ; chez les peuples modernes
elle prend la forme (II).

18. La surface *ahbc*, *fig.* 56, nous donne une image de
la société. La forme extérieure varie peu, la partie intérieure est, au contraire,
en perpétuel mouve-
ment ; tandis que cer-
tains individus mon-
tent dans les régions
supérieures, d'autres
en descendent. Ceux
qui arrivent en *ah* dis-
paraissent ; de ce côté
certains éléments sont
éliminés. Il est étrange,
mais cela est certain, que ce même phénomène se reproduit dans les régions supérieures. L'expérience nous
apprend que les aristocraties ne durent pas ; les raisons
du phénomène sont nombreuses et nous n'en connaissons que très peu, mais il n'y a aucun doute sur la réalité
du phénomène lui-même.

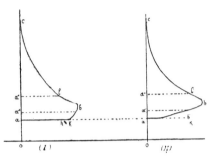

Fig. 56.

19. Nous avons d'abord une région *ahkb'a'* dans laquelle les revenus étant fort bas, les individus ne peuvent
subsister, qu'ils soient bons ou mauvais ; dans cette région
la sélection n'intervient que fort peu, car la misère avilit
et détruit les bons éléments comme les mauvais. Vient
ensuite la région *a'b'bla''* dans laquelle la sélection opère
avec son maximum d'intensité. Les revenus ne sont pas
assez abondants pour sauver tous les éléments, qu'ils
soient aptes à la lutte vitale ou qu'ils ne le soient pas, êt
ils ne sont pas assez faibles pour déprimer les meilleurs
éléments. Dans cette région la mortalité de l'enfance est
considérable, et il est probable que cette mortalité est
un puissant moyen de sélection (1). C'est cette région

(1) *Systèmes*, I, ch. IX.

qui est le creuset où s'élaborent les futures aristocraties (au sens étymologique : ἄριστος = meilleur) ; c'est de cette région que viennent les éléments qui s'élèvent à la région supérieure $a''lc$. Une fois arrivés là leur descendance déchoit ; cette région $a''lc$ ne subsiste donc que grâce aux émigrations de la région inférieure. Comme nous l'avons déjà dit, les raisons de ce fait sont nombreuses et peu connues ; parmi les principales il peut y avoir la non intervention de la sélection. Les revenus sont si grands qu'ils permettent de sauver même les faibles, les individus mal constitués, incapables, vicieux.

Les lignes $a'b'$, $a''l$ ne servent qu'à fixer les idées, elles n'ont aucune existence réelle ; les limites des régions ne sont pas des lignes rigides, et on passe par degrés d'une région dans l'autre.

20. Les éléments inférieurs de la région $a'b'la''$ tombent dans la région $ahb'a'$, où ils sont éliminés. Si cette région venait à disparaître, et si aucun autre moyen ne pouvait en jouer le rôle, les éléments inférieurs souilleraient la région $a'b'la''$, qui deviendrait ainsi moins apte à produire les éléments supérieurs, qui vont dans la région $a''bc$, et la société tout entière tomberait en décadence. Cette décadence serait encore plus rapide si on mettait des obstacles sérieux à la sélection qui se fait dans la région $a'b'la''$. L'avenir montrera à nos descendants si tels ne sont pas les effets des mesures humanitaires de notre époque.

21. Ce n'est pas seulement l'accumulation des éléments inférieurs dans une couche sociale qui nuit à la société, mais aussi l'accumulation dans les couches inférieures d'éléments supérieurs qu'on empêche de s'élever. Quand, à la fois, les couches supérieures sont pleines d'éléments inférieurs et les couches inférieures pleines d'éléments supérieurs, l'équilibre social devient éminemment instable, et une révolution violente est imminente. On peut,

d'une certaine manière, comparer le corps social au corps humain qui périt promptement si on empêche l'élimination des toxines.

22. Le phénomène est, d'ailleurs, très complexe. Il ne suffit pas de tenir compte du revenu ; il faut encore prendre en considération l'usage qui en est fait et comment il est obtenu. Chez les peuples modernes les revenus de la région $a'b''la''$ se sont accrus d'une façon qui aurait pu gravement mettre obstacle à la sélection ; mais une partie notable de ces revenus est maintenant dépensée en boissons alcooliques, ou autrement gaspillée, de telle sorte que les conditions qui rendent la sélection possible subsistent néanmoins. De plus, l'alcoolisme lui-même est un puissant agent de sélection, et il fait disparaître les individus et les races qui ne savent pas lui résister. On objecte d'ordinaire que l'alcoolisme ne nuit pas seulement à l'individu, mais aussi à sa descendance. Cette objection est très forte au point de vue éthique, mais elle est nulle au point de vue de la sélection ; elle se retourne même contre ceux qui la font. Il est évident, en effet, qu'un agent de sélection est d'autant plus parfait qu'il étend son action non seulement sur les individus, mais aussi sur leur descendance. La tuberculose est aussi un puissant moyen de sélection, et, en même temps qu'un petit nombre de forts, elle détruit un très grand nombre de faibles.

23. Les données que nous possédons pour déterminer la forme de la courbe blc se réfèrent principalement au XIXe siècle et aux peuples civilisés ; par conséquent, les conclusions qu'on en tire ne peuvent s'appliquer au delà de ces limites. Mais il se peut, comme induction plus ou moins probable, que, dans d'autres temps et chez d'autres peuples, on obtiendrait une forme plus ou moins semblable à celle que nous avons trouvée aujourd'hui.

De même nous ne pouvons affirmer que cette forme

ne changerait pas, si la constitution sociale venait à changer d'une façon radicale, si, par exemple, le collectivisme se substituait à la propriété privée. Il semble difficile qu'il n'y ait plus de hiérarchie, et la forme de cette hiérarchie pourrait être semblable à celle qui nous est donnée par les revenus des individus, mais elle ne correspondrait pas à des revenus en argent.

24. Si nous nous en tenons aux limites indiquées au § 23, nous voyons que dans le cours du XIXᵉ siècle la courbe *blc* a légèrement changé de forme dans certains cas. On a encore le même genre de courbes, mais avec d'autres constantes; et ce changement s'est fait en un certain sens.

Pour indiquer ce sens, nous nous étions, dans le *Cours*, servi du terme, qui était d'usage vulgaire, de « diminution de l'inégalité des revenus ». Mais ce terme a donné lieu à des équivoques (1), tout comme le terme d'*utilité*, que nous avons dû remplacer par le terme d'*ophélimité*. Il faudrait en user de même avec le terme : « inégalité des revenus », et le remplacer par un néologisme quelconque, dont on donnerait la définition précise. L'économie politique n'est malheureusement pas encore assez avancée pour qu'on puisse y employer à volonté des termes nouveaux, comme on le fait sans aucune difficulté en chimie, en physique, etc. Nous emploierons donc une terminologie encore assez imparfaite, et nous désignerons par « diminution de l'inégalité de la proportion des revenus » un certain phénomène que nous allons définir.

Soit une collectivité A formée d'un individu ayant 10.000 francs de rente et de neuf individus ayant chacun 1.000 francs de rente ; soit une autre collectivité B formée de neuf individus ayant chacun 10.000 francs de rente et d'un individu ayant seulement 1.000 francs de revenu.

(1) Voir C. BRESCIANI, *Giornale degli economisti*, janvier 1907.

Appelons pour un moment « riches » les individus qui ont 10.000 francs de rente, et « pauvres » les individus qui ont 1.000 francs de rente. La collectivité A renferme un riche et neuf pauvres, la collectivité B renferme neuf riches et un pauvre.

Le langage vulgaire exprime la différence entre A et B, en disant que l'inégalité des revenus est plus grande en A, où il y a un seul riche sur dix individus, qu'en B, où il y a au contraire neuf riches sur dix individus. Pour éviter toute équivoque, nous dirons qu'en passant de A à B il y a eu diminution de la proportion de l'inégalité des revenus.

« En général, lorsque le nombre des personnes ayant un revenu inférieur à x diminue (1) par rapport au nombre des personnes ayant un revenu supérieur à x, nous dirons que l'inégalité *de la proportion* des revenus diminue (2). »

Cela étant posé, on peut dire que le sens dans lequel

(1) Dans le *Cours*, § 964, on lit : augmente. C'est une faute d'impression, que nous avons relevée immédiatement après la publication du *Cours*.

(2) Cette définition est exactement celle donnée dans le *Cours*, § 964 ; sauf que nous ajoutons maintenant les mots : *de la proportion*.

A la suite de cette définition, on lit dans le *Cours* : « Mais le lecteur est bien et dûment averti que par ces termes nous entendons indiquer simplement cette chose et rien autre. » Et en note on indique que si N_x est le nombre des individus ayant un revenu de x et au-dessus, et N_h est le nombre des individus ayant un revenu de h et au-dessus, et que l'on pose

$$u_x = \frac{N_x}{N_h}.$$

« Suivant la définition que nous avons donnée, l'inégalité des revenus ira en diminuant quand u_x croîtra. »

Tout cela aurait vraiment dû suffire pour dissiper toute équivoque.

la courbe de répartition des revenus a légèrement changé pendant le XIXᵉ siècle, en certains pays, c'est celui d'une diminution de la proportion (1) de l'inégalité des revenus.

25. Le fait qui a été rigoureusement mis en lumière par l'étude mathématique de la courbe des revenus avait été constaté auparavant, empiriquement et par induction, par M. Paul Leroy-Beaulieu qui en a fait le sujet d'un ouvrage célèbre. On a voulu en tirer une loi générale, d'après laquelle l'inégalité des revenus devait continuer à diminuer. Cette conclusion dépasse de beaucoup ce qu'on peut tirer des prémisses. Les lois empiriques, comme celle-ci, n'ont que peu de valeur, ou même n'en ont aucune, en dehors des limites dans lesquelles elles ont été reconnues vraies.

26. On constate des variations plus grandes dans certains pays, par exemple en Angleterre, et toujours dans le cours du XIXᵉ siècle, en ce qui concerne la partie inférieure *ahb* de la courbe. Elle se confond beaucoup moins sur la ligne *hk* du revenu minimum indispensable pour vivre.

27. Si nous remplaçons la forme de la *fig.* 54 par une autre dans laquelle la partie très écrasée est remplacée par une ligne presque droite, nous avons une courbe *clb* qui coïncide avec celle que nous donne la statistique ; et la partie inférieure *bka*, pour laquelle nous n'avons pas de données, sera remplacée par la droite *sb* qui cor-

---

(1) L'adjonction de ce terme à la dénomination du fait, pas plus que la substitution du terme *ophélimité* au terme *utilité* n'empêchera pas de nouvelles équivoque, si l'on s'obstine à vouloir connaître le sens des termes par leur étymologie, au lieu de s'en tenir aux définitions rigoureuses, et principalement aux définitions mathématiques qui en sont données. Voir sur ce sujet : *L'économie et la sociologie au point de vue scientifique.* RIVISTA DI SCIENZA, 1907, nᵒ 2.

respond à un revenu *os* minimum, que l'on substitue
aux revenus minima réels qui se placent entre *os* et *oa*.

28. Ceci posé, si on admet que, comme cela est arrivé
pour certains peuples au xixe siècle,
le genre de la courbe *blc* ne change
pas et que seules les constantes changent, nous arrivons à la proposition
suivante :

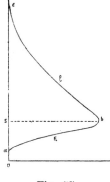

Fig. 57.

1° *Une augmentation du revenu
minimum,* 2° *Une diminution de
l'inégalité de la proportion des revenus* (§ 24), *ne peuvent se produire,
séparément ou conjointement, si le
total des revenus n'augmente pas
plus rapidement que la population.*

29. L'inverse de cette proposition est vraie sauf une
exception théorique qui se vérifie difficilement en pratique (1), et nous pouvons admettre la proposition suivante :

*Toutes les fois que le total des revenus augmente plus
rapidement que la population, c'est-à-dire quand la
moyenne des revenus augmente pour chaque individu,
on peut constater, séparément ou conjointement, les
effets suivants : 1° une augmentation du revenu minimum ; 2° une diminution de l'inégalité de la proportion
des revenus* (§ 24).

Il faut faire usage des mathématiques pour la démonstration de ces deux théorèmes ; nous renvoyons donc à
notre *Cours.*

30. Etant donnée la tendance qu'a la population à se
disposer selon une certaine forme en ce qui concerne les
revenus, il en résulte que toute modification apportée à
certaines parties de la courbe se répercute sur les autres
parties ; et finalement la société reprend la forme accou-

(1) *Cours,* II, p. 323, 324.

tumée, de même que la solution d'un sel déterminé donne toujours des cristaux semblables, qu'ils soient gros ou petits.

31. Si, par exemple, on enlevait tout leur revenu aux citoyens les plus riches, supprimant ainsi la partie *edc* de la figure des revenus, celle-ci ne con-serverait pas la forme *abde*, mais tôt ou tard elle se rétablirait suivant une forme *ats* semblable à la première. De même, si une disette ou tout autre événement du même genre supprimait la partie in-férieure *akbf* de la population, la figure ne conserverait pas la forme *fb'dc*, mais elle se rétablirait selon une forme *ats* semblable à la première.

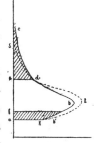

Fig. 58.

32. **Relations entre les conditions économiques et la population.** — Il est évident que l'homme, comme tous les êtres vivants, se multiplie plus ou moins suivant que les conditions de vie sont plus ou moins favorables. Les population agricoles seront plus denses là où le sol est plus fertile, et elles se raréfieront là où le sol est moins fécond. Le sous-sol lui-même, suivant qu'il sera plus ou moins riche, permettra le développement d'une plus ou moins grande quantité d'hommes. Les relations sont moins simples en ce qui concerne les industries et le commerce, dont les relations avec les conditions tellu-riques et géographiques sont beaucoup plus complexes. D'ailleurs, la population elle-même réagit sur les condi-tions mêmes qui lui permettent de vivre ; par suite la densité de la population est l'effet de certaines conditions économiques et elle est la cause de certaines autres.

33. Les pays où la densité de la population est la plus forte sont loin d'être les pays les plus riches. Par exemple, comme le relève M. Levasseur, la Sicile a une densité de 113 habitants par kilomètre carré, et la France n'en

a que 72. Evidemment la Sicile n'est pas plus riche que
la France. De même, la vallée du Gange a une densité
deux fois plus grande que celle de la France.

34. Mais si la densité n'est pas en relation directe avec
a richesse de pays différents, elle est, dans le même pays,
en relation avec les variations de cette richesse. Nous
avons ici un exemple d'un phénomène très général. Les
raisons de ce fait sont les suivantes. Le nombre total des
individus vivant sur un territoire donné est en relation
avec beaucoup d'autres faits A, B, C.... qui, pour un
autre territoire, sont en partie différents, par exemple
A'B'C'... Supposons que A indique la richesse ; elle varie d'un territoire à un autre, mais les faits B, C... varient eux aussi, par exemple les mœurs, la facilité plus
grande dans les pays chauds de subvenir aux besoins, etc.
Il peut y avoir compensation entre les effets d'un de ces
faits et ceux d'un autre, et l'effet total diffère de ce qu'il
aurait été si un seul de ces faits avait changé.

35. Quand on considère les variations de la richesse A
dans un même pays, on considère deux états de choses,
à savoir A,B,C..., et A'BC..., dans lesquels la variation la
plus importante, sinon la seule, est celle de A ; l'effet
total, que nous pouvons seul observer, coïncide donc
plus ou moins avec l'effet de la seule variation de A.

36. Ce n'est pas tout. Si l'on considère uniquement
les variations de la richesse, il peut arriver, et il arrive
en fait, que la valeur absolue de la richesse et la valeur
des variations de la richesse agissent en sens opposé sur
la population.

37. Par exemple, dans certains pays, la partie la plus
riche de la population a une natalité inférieure à celle
de la partie la plus pauvre (1) (§ 53) ; cela ne fait pas
qu'une augmentation de richesse n'ait pour premier effet

(1) *Systèmes*, II, p. 139.

d'augmenter le nombre des mariages et des naissances.

38. Au XIXe siècle, dans les pays civilisés, on constate une augmentation considérable de la richesse, en moyenne, par habitant. En même temps, la *nuptialité* (nombre des mariages par 1.000 habitants), la *natalité* (nombre des naissances par 1.000 habitants), la *mortalité* (nombre des décès par 1.000 habitants) ont baissé. La population totale a augmenté, mais la proportion de son augmentation annuelle a tendance à décroître.

39. Ces faits sont en rapports réciproques. L'augmentation de la richesse a favorisé l'augmentation de la population, elle a très probablement contribué à limiter la nuptialité et la natalité ; elle a certainement eu pour effet la réduction de la mortalité, en permettant de notables et coûteuses mesures hygiéniques ; très probablement, en habituant les hommes à une vie plus aisée, elle tend à diminuer la proportion de l'augmentation de la population.

40. La diminution de la nuptialité contribue directement à la diminution de la natalité, et, par conséquent, à la diminution de la mortalité totale, qui est considérablement influencée par la mortalité infantile. M. Cauderlier estime même que les variations de la natalité sont uniquement des conséquences des variations de la nuptialité. La diminution de la nuptialité, directement ou indirectement, par la diminution des naissances, a donc agi sur l'accroissement de la richesse moyenne par habitant.

41. La diminution de la natalité est en grande partie une cause de la diminution de la mortalité, et elle a agi, comme nous l'avons montré, sur la richesse ; elle est enfin une cause directe de la diminution de la proportion de l'augmentation annuelle de la population.

42. La diminution de la mortalité agit en sens contraire, et, en ce qui concerne le chiffre de la population,

elle a compensé en partie la diminution de la natalité.
La mortalité infantile a incontestablement diminué ; la
diminution de la mortalité des adultes est moins importante et moins certaine.

43. La population semble rester presque stationnaire
en France ; elle augmente beaucoup en Angleterre et en
Allemagne, mais même dans ces deux pays la proportion de l'accroissement tend à diminuer. Au XIXe siècle
la population de l'Angleterre a augmenté selon une proportion géométrique dont la raison est telle que la population double tous les 54 ans (1). Comme la richesse
moyenne par habitant a augmenté, et même beaucoup,
cela signifie que, en Angleterre, les augmentations de
la richesse ont été plus grandes que celles de la progres-
sion.géométrique ci-dessus (2).

44. L'amélioration et la détérioration des conditions
économiques d'un pays sont en relation avec les phénomènes de la population. Il faut, pour s'en rendre compte,
établir un critérium de l'état des conditions économiques. Pour les peuples agricoles de nos régions, nous
pouvons nous servir du prix du blé ; pour les peuples
industriels et commerçants, il faut considérer d'autres
faits. D'après Marshall, la nuptialité, en Angleterre, dans
la première moitié du XIXe siècle, dépend principalement
de la production agricole ; dans la seconde moitié du
XIXe siècle elle dépend, au contraire, principalement du
mouvement commercial. Ce changement résulte de ce
que l'Angleterre est devenue un pays principalement
industriel, au lieu d'être principalement agricole, comme
il l'était au commencement du XIXe siècle.

45. Actuellement, en Angleterre, la nuptialité est en
relation avec le montant du commerce extérieur et avec

(1) *Cours*, § 211.
(2) *Cours*, § 212.

le total des sommes compensées au *Clearing-House* ;
ceux-ci sont simplement des indices du mouvement industriel et commercial.

46. Il est certains phénomènes généraux connus sous
le nom de crises économiques (ix, 73). Les années prospères sont suivies d'années de dépression économique,
auxquelles succèdent d'autres années prospères, et ainsi
de suite. On peut à peu près savoir quand il y a maximum et minimum de prospérité, mais on ne peut pas
d'ailleurs fixer le moment précis du maximum et du
minimum ; il ne faut donc faire de comparaisons que
d'une façon approximative.

47. Si on ne tenait pas compte des considérations
précédentes, on pourrait tirer tout ce qu'on veut des
données statistiques. Par exemple, si on veut démontrer
que la nuptialité diminue en Angleterre, on comparera
la nuptialité 17,6 de l'année 1873, qui est l'année qui
finit une période de prospérité, avec la nuptialité 14,2
de l'année 1886, année de dépression économique. Si,
au contraire, on veut démontrer que la nuptialité augmente, on comparera la nuptialité 14,2 de l'année 1886
à la nuptialité 16,5 de l'année 1899. Il faut évidemment
se garder de raisonnements semblables.

48. La théorie mathématique des coïncidences ou de
la corrélation nous apprend à déterminer si deux faits
que l'on observe un certain nombre de fois ensemble
sont unis par le fait du hasard ou s'ils se produisent en
même temps parce qu'il y a entre eux une relation.
D'ailleurs, on ne peut que difficilement utiliser cette
théorie dans notre matière. Nous ne sommes pas en
présence de faits qui doivent coïncider d'une façon ins-
tantanée, mais au contraire des faits qui agissent réciproquement avec une certaine latitude, et le nombre
des coïncidences devient vraiment une expression dénuée
de sens. La prospérité économique diminue, ou aug-

mente, graduellement, et les signes que nous en avons
ne nous représentent ce phénomène qu'avec une grossière approximation ; de plus, la diminution, ou l'augmentation de cette prospérité, n'agit pas immédiatement
sur les mariages ; elle agit plus lentement encore sur les
naissances et les décès. Si on représente graphiquement
les courbes des phénomènes qu'on veut comparer, on
peut voir si leurs oscillations ont entre elles quelque relation. Cette méthode, bien que très imparfaite, est
peut-être encore la meilleure dont on puisse se servir
dans la pratique, pour le moment.

49. L'augmentation de la prospérité économique a
pour premier effet immédiat d'augmenter la nuptialité et
la natalité, et de faire diminuer la mortalité. Le premier
phénomène est notable et se manifeste nettement ; le
second est moins prononcé, et peut être, selon la théorie
de M. Cauderlier, au moins en grande partie une simple
conséquence du premier ; le troisième est un peu douteux pour les peuples civilisés et riches ; pour les peuples misérables, nous n'avons pas de données statistiques
précises ; mais si on tient compte des disettes, qui étaient
fréquentes autrefois, on pourra difficilement le nier.

50. Une augmentation rapide de la richesse d'un pays
est favorable, d'une certaine manière, aux sélections,
parce qu'elle fournit aux individus des occasions faciles
de s'enrichir et de s'élever aux étages supérieurs de la
société. On obtient un effet semblable, sans accroissement de la richesse, quand les conditions économiques
de la société changent rapidement.

51. Nous n'avons parlé jusqu'ici que des variations
de la richesse : nous devons également considérer non
plus les variations mais l'état de cette richesse, et comparer deux conditions sociales qui diffèrent en ce que
dans l'une la quantité moyenne de richesse par habitant
est plus grande que dans l'autre.

52. Nous avons vu § 29 que cette différence correspond à une autre différence dans la répartition des revenus, et à une différence des revenus minima ; mais la
quantité moyenne de richesse par habitant est en relation
avec bien d'autres faits très importants.

53. Des peuples très riches ont une natalité très faible,
d'où l'on pourrait conclure que la valeur absolue de la
richesse agit d'une façon directement contraire aux variations de cette même richesse. Il reste d'ailleurs un
doute. Il se pourrait qu'entre la richesse absolue et la
natalité il n'y eut pas une relation de cause à effet et que
ces deux phénomènes fussent tous deux la conséquence
d'autres faits, c'est-à-dire qu'il y eut certaines causes
qui fissent en même temps augmenter la richesse et diminuer la natalité.

54. Les conditions économiques n'agissent pas seulement sur le nombre des mariages, des naissances, des
décès, sur le chiffre de la population, mais aussi sur
tous les caractères de la population, sur ses mœurs, ses
lois, sa constitution politique. Certains faits ne sont
possibles que s'il existe un accroissement notable de la
richesse. Chez les peuples qui ont à peine de quoi
nourrir leurs adultes, on tue facilement les enfants, on
détruit systématiquement les vieillards (1) ; de nos jours,
chez les peuples riches, on institue des pensions pour les
vieillards et les invalides. Chez les peuples très pauvres
la femme est traitée avec moins d'égard que les animaux
domestiques ; chez les peuples civilisés, chez la très
riche population des Etats-Unis d'Amérique, elle est devenue un objet de luxe qui consomme sans produire (2).

(1) *Cours*, § 247.
(2) Dans un sens favorable au *féminisme* américain, voir Th.
Bentzon, *Les Américaines chez elles ;* en sens contraire, une enquête de Cleveland Moffet, de New-York, reproduite dans le
Mercure de France, 1904. « Notre pays, disent certains Améri-

Il faut évidemment pour qu'un tel fait soit possible que la richesse du pays soit très grande. Cette condition de la femme réagit ensuite sur les mœurs.

Le *féminisme* est une maladie qui ne peut atteindre qu'un peuple riche, ou la partie riche d'un peuple pauvre. Avec l'augmentation de la richesse dans la Rome antique, augmenta la dépravation de la vie des femmes. Si certaines femmes modernes n'avaient pas l'argent nécessaire pour promener leur oisiveté et leur concupiscence, les gynécologues seraient moins occupés. La pitié stupide pour les malfaiteurs qui s'est généralisée chez certains peuples modernes, ne peut subsister que chez des peuples riches auxquels une certaine destruction de richesse ne porte pas grand préjudice. D'autre part, l'augmentation de richesse, accompagnée généralement d'une plus grande densité de la population et de meilleurs

cains, est celui dans lequel les femmes reçoivent le plus de l'homme et lui donnent le moins. Ils ne sont rien pour elles que des machines à gagner de l'argent. La femme ne sait presque pas ce que fait son mari, mais seulement ce qu'il gagne. »

Il ne faut pas oublier que les littérateurs exagèrent toujours, dans un sens ou dans l'autre.

M. G. B. Baker, dans un article publié dans le n° de février de *Everybody's Magazine*, écrit : « The American society woman is a creature of luxury and leisure. Her sole duty in life is to be amused and to be decorative. She has had time to acquire the accomplishment of society and the delicacies of refinement. Vastly superior in appearance to her mother, she is even superior to her father and brothers ».

La situation était très différente autrefois, lorsque la richesse, en Amérique, était fort inférieure au niveau qu'elle a atteint actuellement. Par exemple, Mistress Trollope, qui voyageait en ce pays de 1827 à 1831, écrit : « Hormis les bals... les femmes sont exclues de tous les plaisirs des hommes. Ceux-ci ont de nombreuses et fréquentes réunions... mais celles-là n'y sont jamais admises. Si telle n'était pas la coutume constante, il serait impossible qu'on ne parvînt pas à inventer quelque moyen d'épargner aux dames riches et à leurs filles la peine de remplir mille ignobles soins de ménage qu'elles remplissent presque toutes dans leurs maisons. »

moyens de communication, fait disparaître le brigandage dans les campagnes : le métier de brigand devient impossible. Ce n'est pas là un effet du progrès de la morale, parce que dans les grandes villes on constate précisément un résultat opposé : les agressions y deviennent très fréquentes.

Avec l'augmentation de la richesse les lois contre les débiteurs peuvent devenir beaucoup moins dures. On sait également que les sentiments socialistes augmentent à la suite d'une longue période de paix et de l'augmentation de la richesse. Chez un peuple très pauvre les rares capitaux sont très précieux, le travail humain très abondant et de peu de prix ; par conséquent le pouvoir politique appartient aux capitalistes, très fréquemment aux propriétaires fonciers. A mesure qu'augmente la richesse du pays, l'importance des capitaux diminue, celle du travail augmente ; et les ouvriers acquièrent petit à petit le pouvoir et les privilèges qui appartenaient auparavant aux capitalistes. En même temps on constate un changement des mœurs, de la morale, des sentiments, de la littérature, de l'art. Chez les peuples pauvres les littérateurs flattent les riches ; chez les peuples riches ils flattent la plèbe.

Les écrivains anciens n'ignoraient pas les changements profonds que l'augmentation de la richesse apportait à l'organisation sociale, mais d'ordinaire, par besoin des déclamations éthiques, ils qualifiaient de « corruption » ces changements. Parfois, pourtant, les faits sont mieux décrits. L'auteur de la *République des Athéniens*, que l'on attribue d'ordinaire à Xénophon, a bien vu la relation qu'il y a entre l'augmentation de la richesse et les égards plus grands que l'on a pour les classes inférieures de la population. Il montre comment, par l'effet même du développement de leur commerce, les Athéniens avaient été amenés à rendre meilleure la condition des

esclaves et des métèques. Platon, pour donner de la stabilité à l'organisation de sa République, prend de grandes
précautions pour empêcher les citoyens de devenir trop
riches.

Ce n'est point par hasard que l'organisation démocratique s'est développée dans les riches cités d'Athènes et
de Rome. Plus tard, au Moyen Age, le hasard n'est pour
rien dans cette renaissance de la démocratie, là où appa-
raissait à nouveau la richesse, comme en Provence et
dans les républiques italiennes, dans les villes libres
d'Allemagne, pas plus qu'il n'intervient dans la disparition de la démocratie dans ces pays, lorsque la richesse
vint à diminuer. L'hérésie des Albigeois semble un fait
purement religieux, alors qu'il a été, au fond, en grande
partie un mouvement démocratique, qui fut détruit par
les croisés venus des pays du Nord, où, parce que la richesse y était beaucoup moindre par tête d'habitants,
l'organisation sociale était différente.

La grande peste qui, vers la moitié du xive siècle, dé-
vasta l'Europe, en tuant de nombreux habitants, augmenta, pendant un certain temps, la somme moyenne de
richesse par tête ; les classes inférieures virent leur condition s'améliorer, et, par suite, dans certaines régions se
produisirent des mouvements démocratiques, comme le
fut, par exemple, en Angleterre, la révolte de Wat Tyler.
Celle-ci fut réprimée, mais comme la répression avait peu
duré, il n'y avait eu que peu de richesse détruite ; les
causes demeurant, les effets continuèrent à se faire sentir,
et comme le signale Thorold Rogers, « bien que les
paysans rebelles aient été battus et dispersés, et leurs chefs
condamnés ou pendus, au fond la victoire leur resta ».

Villani remarque (1) que, après la grande mortalité
qui suivit la peste à Florence, « les hommes étant peu

_____

(1) *Cronica di Matteo Villani*, I, 4.

nombreux, et enrichis par les biens qui leur vinrent par succession de biens immobiliers, ils oublièrent les faits qui s'étaient passés comme s'ils n'avaient pas eu lieu, et ils se livrèrent à la vie la plus dévergondée et désordonnée... Le menu peuple, hommes et femmes, par suite de l'abondance qu'il y avait de toutes choses, ne voulait plus travailler aux métiers accoutumés et exigait la nourriture la plus chère et la plus délicate... »

Il en fut de même en Angleterre. A Florence où, déjà avant la peste, la richesse était grande et les institutions démocratiques, on n'essaya pas de s'opposer aux prétentions des ouvriers ; en Angleterre où, par l'effet d'une plus grande pauvreté, ces institutions n'existaient pas, on chercha, par le célèbre *Statut des travailleurs*, à obliger les travailleurs à se contenter des salaires qu'ils avaient avant la grande mortalité amenée par la peste, mais cette tentative échoua.

Les études récentes les mieux conduites ont montré comment, en France et en Allemagne, les années qui ont précédé la naissance du protestantisme ont été des années de très grande prospérité économique. Cette prospérité a favorisé l'extension de la réforme religieuse et du mouvement démocratique qui, à l'origine, l'accompagnait. Mais les longues guerres qui suivirent ayant détruit une grande quantité de richesse, firent disparaître les conditions qui avaient donné naissance au mouvement démocratique ; aussi finit-il par disparaître entièrement, ou presqu'entièrement (1), pour renaître plus tard en Angleterre, en France, et dans le reste de l'Europe, avec le nouvel accroissement de la richesse. Et si

---

(1) A Florence, les Médicis, par l'impôt progressif, se débarrassèrent de leurs adversaires et, en même temps, affaiblirent la démocratie, en supprimant les conditions sur lesquelles elle s'appuyait.

maintenant il est plus intense en France qu'ailleurs, ce n'est pas le hasard qui fait coïncider cette circonstance avec l'accroissement de la richesse dans ce pays, alors que le nombre des habitants y demeure presque constant et que la richesse moyenne par habitant augmente.

55. Il ne faut pas oublier que les phénomènes que nous avons vus suivre une marche parallèle à l'augmentation de la richesse agissent à leur tour pour modifier le phénomène lui-même de l'augmentation de la richesse, et que, par suite, il s'établit entre eux un certain équilibre.

Il peut également arriver que cette suite d'actions et de réactions favorise le mouvement rythmique qui est propre aux phénomènes sociaux. L'augmentation de la richesse moyenne par habitant favorise la démocratie ; mais celle-ci, du moins, autant qu'on l'a pu observer jusqu'ici, entraîne de grandes destructions de richesse et arrive même à en tarir les sources. Par suite, elle est à elle-même son propre fossoyeur, elle détruit ce qui l'avait fait naître (§ 83).

L'histoire fourmille d'exemples que l'on pourrait invoquer à l'appui de cette constatation, et s'il semble qu'il n'en est pas ainsi aujourd'hui, c'est d'abord parce que la période de temps pendant laquelle le travail de destruction de la richesse a eu lieu n'est pas bien considérable, et aussi parce que les merveilleuses améliorations techniques de la production à notre époque ont permis de produire une quantité de richesse plus grande que celle qui a été détruite ; mais si la destruction de richesse venait à continuer et si de nouveaux perfectionnements ne se réalisaient pas, de sorte que la production dépassât cette destruction, ou, tout au moins, lui fût égale, le phénomène social pourrait changer du tout au tout.

Au point de vue objectif, les phénomènes que nous

venons d'étudier sont simplement en relation de mutuelle dépendance, mais, au point de vue subjectif, on
les traduit d'ordinaire comme s'ils étaient en relation de
cause à effet ; et alors même que, objectivement, il peut y
avoir quelque chose qui se rapproche de cette relation,
il est curieux d'observer que souvent la traduction subjective en renverse les termes. C'est ainsi qu'il semble
très probable, presque certain, que les sentiments humanitaires, les mesures législatives en faveur des pauvres
et les autres améliorations dans la condition de ceux-ci,
ne contribuent pas, ou contribuent fort peu, à l'augmentation de la richesse, et que souvent ils la font diminuer.
La relation de mutuelle dépendance entre ces phénomènes se rapproche donc d'une relation dans laquelle
l'augmentation de la richesse est la *cause*, et où le développement des sentiments humanitaires et l'amélioration
de la condition des pauvres en sont les *effets*. La traduction subjective, au contraire, considère comme cause
les sentiments humanitaires, et s'imagine que ce sont eux
qui sont la cause de l'amélioration de la condition des
pauvres, c'est-à-dire de l'augmentation de la portion de
richesse qu'ils consomment.

Il est des bonnes gens qui s'imaginent que si l'ouvrier
mange aujourd'hui de la viande tous les jours, tandis
qu'il y a un siècle il n'en mangeait que les jours de fête,
cela vient du développement des sentiments éthiques et
humanitaires — d'autres disent que c'est parce qu'on a
fini par reconnaître les « grandes vérités » du socialisme
— et qui n'arrivent pas à comprendre que l'augmentation de la richesse est une condition absolument indispensable pour que les consommations populaires, c'est-
à-dire du plus grand nombre d'hommes, puissent augmenter (1).

_____

(1) On m'a reproché de n'avoir pas relevé, en même temps que

Le plus souvent, pour obtenir l'amélioration des conditions économiques du peuple, les humanitaires remplissent simplement le rôle de la mouche du coche.

56. De tout ce qui précède il résulte que la somme moyenne de richesse par habitant est, en partie au moins, un indice certain des conditions économiques, sociales, morales, politiques d'un peuple. Il va de soi que d'autres faits peuvent intervenir, et que cette correspondance ne peut être qu'approximative. De plus, il faut tenir compte de ce fait que les peuples se copient plus ou moins les uns les autres. Par conséquent, certaines institutions qui sont, chez un peuple riche, en relation directe avec sa richesse peuvent être copiées par un autre peuple, chez lequel elles ne seraient pas nées spontanément.

57. **La production des capitaux personnels.** — Comme tous les capitaux, l'homme a un certain coût de production ; mais ce coût dépend de la façon de vivre, du *standard of life*.

58. Si on admet que le coût de production de l'homme est donné par ce qui est strictement nécessaire pour le faire vivre et l'instruire, et que pour les capitaux personnels il y a aussi égalité entre le coût de production et le prix du capital obtenu, en considérant comme intérêt

---

la succession des *élites*, l'amélioration de la condition des classes pauvres. Je ne l'ai pas fait parce qu'il ne me semble pas, étant donnés les faits que je connais, que ce second phénomène soit une conséquence du premier ; il est une conséquence de l'augmentation de la richesse, au moins en grande partie. Un navire descend le fleuve, entraîné par le courant, il est commandé tantôt par celui-ci, tantôt par celui-là ; les deux phénomènes sont concomitants, ils ne sont pas en relation de cause à effet.

Il est bien entendu que l'on ne voit ainsi que la partie principale du phénomène. Les classes pauvres peuvent, accessoirement, retirer quelque avantage de la lutte des *élites*.

le prix du travail (v, 88), on conclut que la condition
des hommes ne peut jamais être améliorée d'aucune façon ; toute amélioration obtenue au profit des travailleurs aurait simplement pour effet de réduire le coût
de production. C'est là le noyau de la *loi d'airain* de
Lassalle (1), et de là sont venues bien des erreurs chez
d'autres économistes.

59. Les deux prémisses de ce raisonnement n'ont pas
été confirmées par les faits. Nous avons déjà parlé de la
première. Quant à la seconde, on peut bien invoquer en
sa faveur le fait que le premier effet de l'amélioration
des conditions économiques est d'augmenter le nombre
des mariages et par conséquent celui des naissances ;
mais il y a contre elle cet autre fait que l'augmentation
permanente de la richesse est liée à une diminution du
nombre des naissances, et ce second effet l'emporte de
beaucoup sur le premier.

60. L'augmentation de la richesse ne suit pas une
marche uniforme ; il y a des périodes d'augmentation
rapides, d'autres de stagnation, et même de décrois-
sance. L'augmentation du nombre des mariages quand
la marée augmente est, en partie du moins, compensée
par la diminution de ce nombre quand la marée baisse ;
reste la réduction stable qui est liée à une augmentation
permanente de richesse.

61. Le coût de production de l'homme adulte dépend
évidemment de la mortalité de l'enfance ; mais, contrairement à ce qu'on pourrait croire, la diminution de
la mortalité dans la première enfance ne produit pas
une diminution correspondante de ce coût (2). Cela
vient de ce que beaucoup de ceux qui ont été sauvés

(1) *Systèmes*, II, p. 235.
(2) *Cours*, § 255.

dans la première enfance meurent peu après, avant
d'être devenus adultes.

62. **Obstacles à la force génératrice.** — L'accroissement de la population résulte de l'opposition qui existe
entre la force génératrice et les obstacles qu'elle peut
rencontrer. Deux hypothèses sont possibles : on peut
supposer que ces obstacles n'existent pas et que, par
conséquent, le nombre des naissances est toujours maximum, le nombre des décès minimum, l'augmentation de
la population, maximum. Ou bien, on peut supposer
que la force génératrice rencontre des obstacles qui diminuent le nombre des naissances, augmentent le
nombre des décès et limitent (en négligeant pour le moment l'émigration) l'augmentation de la population.

63. La première hypothèse est manifestement contraire aux faits. Il suffit de constater les oscillations que
nous fait connaître la statistique dans le nombre des mariages et des naissances ; il est impossible d'admettre
qu'elles correspondent précisément aux variations de
l'instinct de la reproduction. De plus, chez tous les peuples on constate des oscillations plus importantes. Les
disettes, les épidémies, les guerres ont diminué considérablement le nombre de certaines populations qui,
après quelques années, sont revenues à leur état primitif.

64. Il ne reste donc que la deuxième hypothèse, et on
peut démontrer d'une façon rigoureuse qu'elle correspond aux faits. Les auteurs qui acceptent implicitement
cette hypothèse lui donnent d'ordinaire une autre forme ;
ils spécifient les obstacles et déclarent que les subsistances limitent la population. On est ainsi amené à dis-
cuter sur la façon d'accroître la quantité des subsistances,
soit en diminuant le gaspillage qu'on en fait, soit en les
augmentant par des mesures considérées comme utiles
à ce but. Ainsi la discussion dévie. Il faut couper court

à ces considérations, et au lieu d'une limite élastique,
comme l'est celle des subsistances, considérer une
limite fixe, comme l'est celle de l'espace.

65. En Norvège la différence entre les naissances et
les décès, de 1805 à 1880, donne une augmentation annuelle de population de 13,48 0/00 ; pour l'Angleterre,
de 1861 à 1880, on a 13,4 0/00 ; pour l'empire allemand,
12,3 0/00. Supposons que la population de ces trois
Etats, qui était de 72.728.000 en 1880, continue à s'accroître d'après la plus faible des trois proportions ci-
dessus, c'est-à-dire de 12,3 0/00 par an. En 1.200 ans, on
aura un nombre d'êtres humains égal à 1.707 suivi de
onze zéros. La surface du globe terrestre étant de 131 ki-
lomètres carrés, il y aurait donc un habitant par mètre
carré, ce qui est absurde. Il est donc absolument impossible que la population des trois Etats considérés puisse
continuer à s'accroître, à l'avenir, dans la même proportion que dans la période de 1861 à 1880.

66. Pour le passé on peut remarquer que si la population du globe avait été simplement de 50.000.000 au
commencement de l'ère chrétienne, et si elle avait augmenté dans la proportion constatée en Norvège, on aurait eu, en 1891, un nombre d'êtres humains égal à 489
suivi de seize zéros. Supposons qu'en 1086 la population de l'Angleterre ait été d'environ deux millions d'habitants ; si elle avait augmenté dans la proportion observée actuellement, elle aurait dû être, en 1886, de
84 milliards. Si la population de l'Angleterre continuait
à croître selon la loi observée de 1801 à 1891, dans six
siècles et demi environ il y aurait en Angleterre un habitant par mètre carré.

Tout cela est absurde ; il est donc certain que la population n'a pas pu augmenter dans le passé, et ne
pourra pas augmenter dans l'avenir dans la proportion actuelle ; il est donc ainsi démontré qu'il y a eu

et qu'il y aura des obstacles à cette augmentation.

67. En cherchant la démonstration de notre proposition nous en avons incidemment trouvé également une autre. Nous voyons que le XIXᵉ siècle a été exceptionnel au point de vue de l'augmentation de la Norvège, de l'Angleterre, de l'Allemagne (IX, 37), et que ni dans le passé ni dans l'avenir il ne pourra y avoir pour ces pays d'augmentation semblable pendant un long espace de temps.

68. **Les subsistances et la population.** — Le défaut de subsistances peut donc évidemment être un obstacle à l'augmentation de la population ; il agit différemment dans les différentes couches sociales, *fig.* 54 (§ 11). Dans la partie inférieure, quand la couche des revenus se confond presque avec la ligne du revenu minimum, le défaut de subsistances agit principalement en augmentant la mortalité. Ce phénomène est mis en lumière par beaucoup de faits recueillis par Malthus dans son livre. Dans la partie supérieure, l'effet du défaut de subsistances n'est qu'indirect. Nous avons vu que la forme de la courbe de la distribution des revenus varie peu ; par conséquent, si on supprime une des couches inférieures dans la *fig.* 54, toutes les couches supérieures descendent d'autant, et la surface totale de la figure devient plus petite. On comprend facilement que si les ouvriers disparaissent, les patrons des ateliers où travaillaient ces ouvriers et ceux qui, dans les professions dites libérales, tiraient leur gain de ces patrons, tombent dans la misère. Dans la partie moyenne des couches sociales, le défaut de subsistance ressenti directement par les couches inférieures, agit toujours en poussant à diminuer le nombre des mariages, en retardant l'âge auquel ils se marient, en amenant une diminution des naissances. Le paysan qui n'a qu'une petite propriété ne veut pas avoir un trop grand nombre d'enfants, pour ne pas diviser

cette propriété en un trop grand nombre de parts. Le bourgeois auquel manquent les sources ordinaires de gain, limite les dépenses de sa famille et le nombre de ses enfants. Dans les pays où une part importante du patrimoine revient à l'aîné, les frères cadets souvent ne se marient pas. On constate ces mêmes effets dans les couches les plus élevées de la société, mais il s'y ajoute le phénomène très puissant de la décadence des *élites*, qui fait que toutes les races élues disparaissent plus ou moins rapidement.

69. Sismondi, digne précurseur de nos *humanitaires*, croit pouvoir prouver l'absurdité de la théorie d'après laquelle les moyens de subsistance limitent la population, en prenant l'exemple d'une famille, celle des Montmorency, qui était sur le point de disparaître à son époque, alors que, ayant toujours vécu dans l'abondance, elle aurait dû, selon la théorie que combattait Sismondi, remplir la terre d'habitants. Avec cette façon de raisonner, celui qui voudrait prouver que la tortue est un animal très rapide pourrait citer l'exemple du cheval de course.

70. Il n'est pas inutile de remarquer combien ce mot : « subsistances », est peu précis. Il comprend certes, en dehors des aliments, différents selon les races et les pays, également les moyens de se préserver des intempéries, c'est-à-dire les vêtements et le logement, et de plus, pour les pays froids, le combustible de chauffage. Et tous ces éléments varient selon les circonstances. Ils ne sont certes pas les mêmes, par exemple, pour l'européen et le chinois, ni pour l'anglais et l'espagnol.

71. **Nature des obstacles.** — En suivant l'exemple de Malthus on peut diviser les obstacles en PRÉVENTIFS, qui agissent avant la naissance et jusqu'à ce moment, et en RÉPRESSIFS, qui agissent après la naissance.

72. Les obstacles préventifs peuvent agir de deux

façons : α) En diminuant le nombre des unions ; β) en diminuant le nombre des naissances, quel que soit le nombre des unions. L'obstacle (α) peut agir sur la fécondité légitime, l'obstacle (β) sur la fécondité illégitime. Une partie de la population peut vivre dans le célibat : mais cette diminution du nombre des unions (α) peut être compensée par une augmentation dans le nombre des naissances pour les unions contractées (β).

73. (α) 1° La statistique nous montre que chez quelques peuples civilisés modernes le nombre des mariages diminue, sans que pour cela la fécondité illégitime augmente. 2° Le célibat, quand il est réellement observé, diminue le nombre des unions. Les harems très nombreux des grands seigneurs en Orient et la polyandrie dans le Thibet, ont des effets semblables.

74. (β) 1° L'habitude de contracter mariage dans un âge avancé diminue le nombre des naissances. Cet obstacle agit chez quelques peuples civilisés. Malthus prêchait d'avoir exclusivement recours à ce moyen ; il aurait voulu que les hommes et les femmes retardassent l'âge du mariage, en demeurant rigoureusement chastes avant le mariage ; c'est ce qu'ils appelait le *moral restreint.* 2° Les mariages peuvent être nombreux et précoces, et les conjoints employer des moyens directs pour diminuer le nombre des naissances. C'est ce qu'on appelle le *Malthusianisme*, terme impropre, car jamais Malthus ne s'est montré favorable à ces pratiques. 3° Certainement pour beaucoup de peuples anciens, et pour les peuples barbares ou sauvages même modernes, probablement pour les habitants de quelques grandes villes modernes, l'avortement doit être considéré comme un important obstacle préventif aux naissances. 4° L'incontinence, la prostitution sont peut-être aussi à mettre au nombre des obstacles préventifs. 5° Certains estiment, mais cela n'est pas sûr, qu'une grande activité intellectuelle est

contraire à la reproduction. On pourrait énumérer un grand nombre d'autres causes de diminution du nombre des naissances, mais c'est un sujet qui dépasse l'objet de notre étude actuelle.

75. Les obstacles répressifs peuvent venir : (α) De l'augmentation du nombre des décès qui proviennent directement du défaut d'aliments (misère, disette), ou indirectement des maladies causées par la misère, ou qui sont une conséquence de l'absence de mesures hygiéniques, qui, non seulement par ignorance, mais aussi parce que trop coûteuses, ne peuvent être mises en pratique ; cette cause agit de façon continue, et de façon discontinue par les épidémies. (β) De l'augmentation des morts violentes, comme les infanticides, les meurtres, les décès causés par les guerres. (γ) De l'émigration.

76. Les obstacles à l'augmentation de la population ne diminuent pas nécessairement la disproportion entre la population et la richesse, parce qu'ils peuvent également diminuer la richesse. Par exemple, la guerre peut augmenter cette disproportion, en détruisant proportionnellement plus de richesse que d'hommes ; l'émigration peut appauvrir un pays en hommes moins qu'en richesse.

77. L'effet indirect des obstacles peut être différent de l'effet direct (§ 80).

Il faut remarquer qu'une population A et une population B peuvent avoir le même accroissement annuel, résultant pour A d'un grand nombre de naissances et d'un grand nombre de décès ; et pour B d'un petit nombre de naissances et d'un petit nombre de décès. Le premier type est celui des peuples barbares et aussi, en partie, des peuples civilisés jusqu'il y a un siècle ; dans l'Europe contemporaine la Russie, la Hongrie, l'Espagne se rapprochent de ce type. Le second type est celui des peuples plus riches et plus civilisés ; dans l'Europe con-

temporaine, la France, la Suisse, la Belgique s'en rapprochent.

78. Même si l'augmentation est la même pour A et
pour B, la composition de leur population est différente.
En A il y a beaucoup d'enfants et moins d'adultes ; c'est
le contraire pour B.

79. L'équilibre entre le nombre des naissances et celui des décès, d'où résulte l'augmentation de la population, dépend d'un nombre infini de causes économiques
et sociales ; mais une fois établi, si une variation se produit dans un sens, immédiatement il se produit une variation en sens contraire, qui ramène l'équilibre primitif.
A vrai dire, cette observation est une tautologie (1),
parce que c'est ce fait même qui est la caractéristique et
la définition de l'équilibre (iii, 22) ; il faut donc modifier
la forme de l'observation et dire que l'expérience nous
montre qu'en réalité il y a équilibre, lequel, d'ailleurs,
peut se modifier lentement.

C'est un fait bien connu qu'à la suite d'une guerre ou
d'une épidémie, les mariages et les naissances sont plus
fréquents, et la population que la guerre ou les épidémies
ont décimée, reprend vite son niveau primitif. De même
une augmentation de l'émigration peut ne donner lieu à
aucune diminution de la population, et n'avoir d'action
que comme stimulant aux mariages et aux naissances.

(1) Certains auteurs ont vu dans ces faits l'indication d'une loi
mystérieuse, à laquelle ils ont donné le nom de « loi de compensation ». Ils découvriront leur prétendue loi dans tous les cas où
il existe un équilibre.

LEVASSEUR, *La population française*, II, p. 11. « Lorsqu'un phénomène démographique s'écarte brusquement de la moyenne.....
il se produit d'ordinaire une réaction brusque aussi... ; l'année
suivante, quelquefois même plusieurs années de suite, ce phénomène reste encore écarté de sa moyenne et ne reprend son niveau
qu'après plusieurs oscillations, obéissant ainsi à une *loi de compensation*.

Inversement, une augmentation du nombre des mariages et des naissances peut être rapidement compensée par une augmentation du nombre des décès et de l'émigration.

80. Certaines pratiques destinées à diminuer la population, et qui peuvent agir d'une façon permanente sur les mœurs et par conséquent changer l'équilibre lui-même, ont un effet tout différent. C'est ainsi qu'on affirme que l'émigration en provoquant un débouché à l'excès de population, augmente l'imprévoyance dans la génération ; et, par suite, l'émigration peut être finalement, dans certains cas, une cause non pas de diminution, mais d'augmentation de la population. On a fait des observations semblables au sujet de l'avortement, de l'exposition des enfants, de l'infanticide. Les preuves manquent, d'ailleurs, pour en donner une démonstration rigoureuse.

81. **Vue subjective des phénomènes relatifs à l'augmentation de la population.** — La question de l'augmentation de la population et de ses obstacles est une de celles dont il semble que les hommes ne puissent s'occuper sans être troublés par la passion ; la cause en est dans ce qu'il se préoccupent non point de se livrer à des recherches scientifiques, mais de défendre une théorie préconçue ; et ils éprouvent contre ceux qui les contredisent la colère que les croyants ressentent pour les infidèles.

Nous avons ici un bon exemple de la façon dont les causes économiques se combinent avec d'autres causes pour déterminer les opinions des hommes. La proportion qu'il y a entre le nombre des hommes et la richesse est un facteur très puissant des faits sociaux ; et ce sont ces faits qui, par l'action qu'ils exercent sur les hommes vivant dans cette société, en déterminent les opinions. C'est donc par cette voie indirecte, et presque toujours à l'insu de celui qui subit cette action, qu'agit le fait de la proportion entre la richesse et le nombre des hommes (§ 54).

82. Les classes riches et les oligarchies politiques ont intérêt à ce que la population augmente autant que possible, parce que l'abondance de la main-d'œuvre en facilite l'achat, et parce que le nombre plus grand des sujets augmente le pouvoir de la classe qui domine politiquement. Si d'autres causes n'intervenaient pas, le phénomène serait donc très simple : d'un côté, les classes riches et politiquement dominantes prêcheraient l'augmentation de la population ; d'autre part, les classes pauvres seraient favorables à sa restriction. Telle pourrait être la théorie, mais en fait, c'est le contraire qui pourrait se produire, et les riches pourraient limiter le nombre de leurs enfants afin de leur conserver un patrimoine intact, tandis que les pauvres pourraient avoir beaucoup d'enfants pour en tirer profit, ou simplement par imprévoyance. On constate en France un phénomène de ce genre, et ce n'est pas par hasard que les *nationalistes* et les conservateurs sont de chauds partisans des mesures propres à augmenter le chiffre de la population (§ 86). Les radicaux-socialistes sont moins avisés, et leur gouvernement se montre disposé à faire approuver des mesures législatives tendant à favoriser l'augmentation de la population (§ 86). Il est vrai que, d'ordinaire, ces mesures ont été dénuées de toute efficacité ; mais si elles l'étaient, elles détruiraient la base de la puissance des radicaux-socialistes.

83. Le phénomène est, d'ailleurs, beaucoup plus complexe qu'il ne semble au premier abord. Pour ne pas sortir du terrain d'action du principe économique, on sait que ce principe peut avoir des effets différents par suite de l'ignorance des individus et de leurs besoins momentanés.

Les révolutions ont-elles lieu plus facilement quand les classes pauvres souffrent la misère, ou quand elles jouissent de l'aisance ?

84. Si ce problème est résolu dans le sens de la première hypothèse, il pourra se faire qu'à certain moment les classes riches et les classes dominantes prêcheront la limitation de la population dans la crainte de voir augmenter le pouvoir de leurs adversaires, et les chefs populaires prêcheront au contraire l'augmentation sans limite de la population, précisément pour augmenter le nombre de leurs troupes. C'est ce qui s'est produit vers la fin du xviiie siècle et au commencement du xixe, et c'est là le fond sur lequel repose la discussion entre Godwin et Malthus.

84. Si on résout le problème dans le sens de la seconde hypothèse, qui, bien qu'elle paraisse d'abord paradoxale, est bien mieux d'accord avec les faits, ainsi que le montre une étude attentive (§ 54), les effets du principe économique seront entièrement différents. Les classes dominantes le comprennent parfois, mais il arrive aussi qu'elles ne s'en rendent pas compte et qu'elles semblent ne rien savoir de la raison des faits. Aussi, bien que de Tocqueville ait clairement montré, dans un cas spécial, quelle était la vraie solution du problème, nous voyons aujourd'hui beaucoup de membres de la classe dominante agir de façon à porter préjudice dans l'avenir à leur propre classe. Comme l'aveugle qui marche à tâtons, ils paraissent n'avoir aucune notion de la route qu'il faudrait suivre, et ils finissent par pousser à leur propre ruine. Des raisons éthiques, et aussi des raisons de décadence physiologique concourent d'ailleurs à ce résultat. Les chefs des classes populaires, c'est-à-dire en un mot les membres de la nouvelle *élite* qui s'apprêtent à déposséder ceux de l'ancienne élite, ont parfois compris que l'excès de misère poussait simplement à des

tumultes facilement réprimés par la classe dominante ;
et qu'au contraire l'augmentation du bien-être préparait
mieux les révolutions. C'est pourquoi certains d'entre
eux sont partisans de la limitation de la population,
tandis que d'autres ne s'occupent pas de cette question,
ou plutôt poussent mollement à des mesures qui augmenteraient la population (§ 82). Mais les chefs, qui seraient plutôt disposés à la limiter, rencontrent un obstacle
grave dans ce fait qu'ils doivent donner satisfaction aux
sentiments de leurs partisans (§ 87). L'homme du
peuple se soucie spécialement de ses besoins présents, et
il veut manger, boire et satisfaire ses besoins sexuels ; et
les chefs sont poussés à leur promettre que, lorsque le
« capitalisme » sera détruit et que luira l'âge d'or, tous
ces besoins, tous ces désirs, pourront être satisfaits sans
aucune retenue.

86. Il n'y a pas que des motifs économiques ; il en est
d'éthiques, de religieux, de métaphysiques, d'ascé-
tiques, etc. Les conservateurs religieux s'indignent à cette
seule idée, indépendamment de tout motif économique,
qu'on veut agir en fraude du précepte divin : croissez et
multipliez. Tout ce qui se rapporte aux relations sexuelles
a été couvert, dans les temps modernes, d'un voile pu-
dique, souvent hypocrite d'ailleurs. L'idée que l'homme
ait l'audace de calculer les conséquences de ses satisfac-
tions sexuelles et, les prévoyant, de les régler, paraît à
certains une chose tellement monstrueuse, qu'il leur est
difficile d'en parler froidement. Ce sont ces motifs, et
d'autres encore qu'il serait trop long d'énumérer, qui
poussent beaucoup de membres des classes élevées de la
société à s'opposer énergiquement à tout ce qui pourrait
tendre à limiter le chiffre de la population. Parfois ces
motifs s'ajoutent aux motifs économiques dont nous
venons de parler, mais parfois aussi ils sont tellement
puissants qu'ils peuvent déterminer à eux seuls les opi-

nions des hommes. Ces doctrines dérivent uniquement des sentiments, et au lieu de tirer leurs théories des faits, les auteurs prétendent y soumettre les faits. Avant de l'avoir étudié, ils connaissent déjà la solution du problème de la population, et s'ils ont recours à l'observation, ce n'est pas pour y chercher la solution du problème posé, mais pour y trouver des arguments qui justifieront leurs opinions préconçues.

87. Dans le peuple, d'autres causes ont des effets semblables, et nous les avons déjà indiquées au § 85. La promesse d'une abondance extrême de biens économiques, grâce à une nouvelle organisation sociale, paraît insuffisante à quelques-uns, qui veulent encore y ajouter la liberté illimitée des passions ; certains vont même jusqu'à prétendre que l'homme pourra donner libre carrière à son instinct sexuel, parce qu'on n'aura plus à craindre aucune conséquence fâcheuse, et Fourier, plus logique que les autres, donne de la même manière satisfaction à tous les instincts humains. On recouvre parfois d'une forme pseudo-scientifique ces fantaisies et on prétend qu'on pourra céder sans crainte à l'instinct sexuel parce que celui-ci ira en diminuant avec l'augmentation de l'activité intellectuelle. Remarquez que le fait reste le même s'il naît un petit nombre d'enfants, soit parce que l'instinct sexuel est puissant, mais que les hommes ne se laissent pas dominer par lui, soit parce l'instinct sexuel est faible, mais que les hommes n'y mettent aucun frein. Toute cette discussion n'a donc pour but que de savoir si, dans quelques siècles, certains actes seront volontaires ou ne le seront pas.

88. Les faits que nous venons d'examiner sont des fait psychiques, des faits d'opinion, de doctrine ; il faut immédiatement ajouter que ces croyances et ces opinions n'ont eu aucune action, ou ont eu une action bien faible, sur l'augmentation effective de la population ; il

semble que c'est cette augmentation qui a agi sur les faits phsychiques que nous venons d'indiquer, plutôt que ceux-ci sur celle-là. Dans la première moitié du xixᵉ siècle les savants et les hommes d'Etat préconisaient, en France, l'utilité de la limitation de la population, le *malthusianisme*, et la population augmentait ; maintenant on prêche la nécessité de pousser à l'augmentation de la population, et la population reste stationnaire.

89. **Malthus et ses théories** (1). — L'habitude que l'on a encore aujourd'hui dans l'étude de l'économie politique, ne nous permet pas d'étudier le problème de la population sans parler de Malthus ; et tout en n'approuvant pas cette habitude, nous ne pouvons trop la heurter de front, tant qu'elle subsiste. D'ailleurs, on peut tirer quelque profit d'une étude de ce genre, et les théories de Malthus nous fourniront un exemple des erreurs dans lesquelles on tombe inévitablement quand on confond la théorie avec la pratique, la recherche scientifique avec la prédication morale.

90. L'ouvrage de Malthus est confus : il est souvent difficile de savoir d'une façon précise les questions que l'auteur se pose. En somme on peut distinguer quatre parties dans cet ouvrage.

91. 1º Une partie scientifique, c'est-à-dire une recherche d'uniformités de phénomènes. Malthus a le grand mérite de s'être proposé et d'avoir essayé de démontrer que la force génératrice par elle-même aurait amené une augmentation de la population plus grande que celle qu'on constate dans la réalité ; d'où il résulte que cette force est contenue par certains obstacles. Mais Malthus,

---

(1) Comme adversaire du *malthusianisme* voir l'ouvrage de M. Tullio Martello, *L'economia politica antimalthusiana e il socialismo,* Venise, 1894 ; c'est une étude pleine d'observations pénétrantes et de pensées profondes

à l'étude de cette théorie générale, a ajouté des détails
moins certains. Il a voulu établir que la population tendant à croître selon une progression géométrique, et
les subsistances selon une progression arithmétique ;
il estimait de plus que cette progression géométrique
était telle que la population pouvait doubler en 25 ans
à peu près.

Un nombre incroyable de controverses et de discus-
cussions oiseuses ont eu lieu au sujet de ces deux célèbres progressions.

Dans certains cas les idées de Malthus ont été si mal
comprises par ses détracteurs, qu'on peut se demander
s'ils étaient de bonne foi.

92. Si nous comparons cette théorie de Malthus avec
les faits, nous voyons que, dans un cas particulier, celui
de l'Angleterre au xixᵉ siècle, la population a augmenté
selon une progression géométrique, en doublant environ
tous les 54 ans ; mais que la richesse a augmenté selon
une progression encore plus forte, et que dans ce cas la
progression arithmétique ne correspond en aucune manière à la réalité (*Cours*, §§ 211, 212).

93. De même Malthus ne s'en tient pas à la seule
observation des faits quand il affirme que les obstacles
appartiennent nécessairement à une des trois classes
suivantes : le *moral restraint*, le vice et les misérables
conditions de vie (misery). Cette classification a uniquement pour objet d'obliger les hommes à avoir recours
au *moral restraint*.

94. 2° Une partie descriptive et historique, dans laquelle l'auteur se propose de démontrer l'existence et les
effets des deux derniers genres d'obstacles. Il dit que le
premier « agit faiblement sur les hommes dans l'état
actuel de la société », bien que l'abstention au mariage,
quand on le considère indépendamment de ses conséquences morales, agisse puissamment, chez les peuples

modernes, pour réduire le nombre des naissances.

95. 3° Une partie de l'ouvrage est polémique, et l'auteur veut démontrer que l'état économique et social, bon ou mauvais, des hommes dépend presque exclusivement de la restriction plus ou moins grande qu'ils apportent au nombre des naissances ; et qu'il ne dépend que fort peu, ou même pas du tout, de l'action du gouvernement et de l'organisation sociale. Cette partie est manifestement fausse.

96. 4° Une partie qui a en vue de prêcher certaines règles de conduite. L'auteur a découvert la panacée universelle, c'est-à-dire le *moral restraint*, ou, pour nous exprimer avec la terminologie courante, il a résolu la « question sociale » ; il monte en chaire et il révèle la nouvelle foi. On peut négliger cette partie. Un sermon de plus, ajouté à tous ceux qu'on a faits déjà, pour démontrer tout ce qu'il y a d'utile, de beau et de noble dans la chasteté, n'ajoute vraiment rien de nouveau à nos connaissances.

97. **La société humaine en général.** — Comme nous l'avons déjà indiqué (II, 102) la société nous apparaît comme une masse hétérogène, hiérarchiquement organisée (1). Cette hiérarchie existe toujours, excepté peut-être chez les populations sauvages, qui vivent à l'état de dispersion comme les animaux. Il résulte de ce fait que la société est toujours gouvernée par un petit nombre d'hommes, par une *élite*, alors même qu'elle semble avoir une constitution absolument démocratique ; c'est ce qu'on a reconnu depuis les temps les plus reculés. Dans la démocratie athénienne il y avait les démagogues, c'est-à-dire les « conducteurs du peuple » (2),

(1) M. R. Bennini a publié d'excellentes études sur ces *hiérarchies sociales.*
(2) δημαγωγός vient de δῆμος et de ἄγω.

et Aristophane, dans ses *Chevaliers*, nous les montre se rendant maîtres du peuple privé de bon sens. De nos jours la démocratie française, anglaise, des Etats-Unis, etc., sont, en fait, gouvernés par un petit nombre de politiciens. De même, les monarchies absolues, sauf les cas très rares, dans lesquels le monarque est un génie de premier ordre, sont, elles aussi, gouvernées par une élite, qui est souvent une bureaucratie (1).

98. On pourrait concevoir une société dans laquelle la hiérarchie fût stable ; mais cette société n'aurait rien de réel. Dans toutes les sociétés humaines, même dans les sociétés organisées en castes, la hiérarchie finit par se modifier ; la différence principale entre les sociétés consiste en ceci : que ce changement peut être plus ou moins lent, plus ou moins rapide.

Le fait, si souvent rappelé, que les aristocraties disparaissent, résulte de toute l'histoire de nos sociétés. C'est un fait qui est lui aussi connu depuis les temps les plus reculés (2) ; il a été confirmé scientifiquement par les recherches de Jacoby, Ammon (3). L'histoire des sociétés humaines est, en grande partie, l'histoire de la succession des aristocraties.

99. Toutes les races d'êtres vivants tomberaient en décadence sans l'intervention de la sélection ; la race hu-

(1) *Eq.*, 62 : ὁ δ'αὐτὸν ὡς ὁρᾷ μεμμαχκοτηκότα, « quand il le voit dans cet état de stupidité ». Voir aussi le scholiaste. D'ailleurs toute la comédie renchérit sur ce point.

(2) DANTE, *Purg.*, VII, 121-122 :
        Rade volte risurge per li rami
        L'umana probitate...
Parad., XVI, 76-78 :
        Udir come le schiatte si disfanno
        Non ti parrà nuova cosa nè forte,
        Poscia che le cittadi termine hanno.

(3) Paul JACOBY, *Etudes sur la sélection dans les rapports avec l'hérédité chez l'homme*, Paris, 1881 ; Otto AMMON, *Die Gesellschafts-ordnung und ihre natürlichen Grundlagen* ; VACHER DE LAPOUGE, *Les sélections sociales*.

maine n'échappe pas à cette loi. Les *humanitaires* peuvent bien fermer les yeux pour ignorer volontairement cette vérité, mais cela ne change rien aux faits. Dans chaque race naissent des éléments de rebut qui doivent être éliminés par la sélection. Les douleurs causées par cette destruction sont le prix auquel s'achète le perfectionnement de la race ; c'est un de ces cas nombreux dans lesquels le bien de l'individu est en opposition avec le bien de l'espèce (ii, 30). Certaines formes de sélection peuvent disparaître ; mais elles doivent être remplacées par d'autres, pour que ne se produise pas la décadence de la race. Certaines personnes pensent actuellement que désormais la race humaine peut se passer de la sélection qu'opère la guerre. Elles peuvent avoir raison, mais elles peuvent également avoir tort. Ce qui est certain, c'est qu'elles ne fournissent aucune démonstration solide de leur croyance ; car on ne peut considérer comme telles, les déclamations sur les maux qu'entraîne la guerre et sur les souffrances qui en résultent pour l'homme.

100. Enfin il est un fait fort important qui, comme nous l'avons déjà expliqué, est en rapport avec un grand nombre de faits sociaux et même les détermine partiellement. Ce fait est la proportion de richesse, ou mieux de capitaux, par tête d'habitant. La civilisation est d'autant plus développée que cette proportion est plus grande. Il nous faut pourtant rappeler que nous sommes obligés d'évaluer la richesse en numéraire, et que l'unité de numéraire n'a rien de fixe ; il en résulte que la richesse par tête d'habitant ne nous est connue que d'une façon plus ou moins approximative.

Un très grand nombre de personnes croient que les nouvelles formes sociales sont déterminées bien plus par les variations dans la distribution de la richesse que par les variations de somme moyenne de richesse par habitant. C'est là une opinion absolument inexacte ; nous avons fait voir que ces changements dans la répartition ont peu d'importance (§ 16), tandis que les variations dans la somme moyenne peuvent être très importantes (§ 92).

101. Nous venons de mentionner quatre espèces de faits, c'est-à-dire : la hiérarchie — la succession des aristocraties — la sélection — la proportion moyenne de richesse ou de capitaux par habitant. Ces faits sont de beaucoup les plus importants pour déterminer le caractère de la société, c'est-à-dire des autres faits sociaux. Mais, en réalité, ce n'est pas d'un rapport de cause à effet qu'il s'agit. Les premiers faits agissent sur les seconds, mais ceux-ci, à leur tour, réagissent sur ceux-là ; et, en définitive, nous sommes en présence d'un rapport de mutuelle dépendance.

102. **Conditions quantitatives pour l'utilité de la société et des individus.** — Il ne semble pas, pour le moment, qu'il y ait lieu d'examiner la convenance de mettre une limite à l'accroissement de la proportion moyenne des capitaux ; mais il se pourrait qu'un jour vînt où ce problème pourrait se présenter.

103. Pour la hiérarchie — la succession des aristocraties — la sélection, le problème du maximum d'utilité est principalement quantitatif. Les sociétés humaines ne peuvent subsister sans une hiérarchie ; mais ce serait une très grave erreur d'en conclure qu'elles seront d'autant plus prospères que cette hiérarchie sera plus rigide. De même, le changement des aristocraties est utile ; mais une certaine stabilité n'est pas non plus à négliger. Il faut que la sélection se maintienne en des limites telles que ses effets pour l'utilité de l'espèce ne soient pas achetés par des souffrances excessives des individus.

Ces considérations soulèvent des problèmes nombreux et très graves, dont nous ne pouvons nous occuper ici. Il nous suffira d'avoir indiqué qu'ils existent ; ce qu'un grand nombre de gens ignorent encore, ou mettent en doute, ou se refusent à admettre.

104. **Stabilité et sélection.** — On pourrait imaginer une société humaine dans laquelle chaque individu déploierait chaque jour son activité indépendamment du passé ; la faculté de changement ou mutabilité y serait très grande. D'une façon absolue, cet état de choses est impossible, parce qu'il est impossible d'empêcher qu'un individu ne dépende pas, au moins en partie, de sa propre activité passée et des circonstances dans lesquelles il a vécu, ne serait-ce que pour l'expérience qu'il a pu acquérir. Les peuples sauvages les plus misérables se rapprochent simplement de cet état, car ils ont cependant toujours quelque abri, quelque arme, quelque capital.

105. A l'autre extrémité nous pouvons imaginer une société dans laquelle on a assigné à chacun son rôle, de la naissance à la mort, sans qu'il puisse s'en écarter ; la stabilité y serait très grande, la société serait cristallisée. Ce cas extrême n'existe pas non plus dans la réalité ; les sociétés organisées en castes s'en rapprochent simplement plus ou moins.

106. Les sociétés qui ont existé, et qui existent, nous présentent des cas intermédiaires de toute espèce. Dans les sociétés modernes, les éléments de la stabilité sont donnés par la propriété privée et l'hérédité ; les éléments de la mutabilité et de la sélection viennent de la faculté donnée à tous de monter autant que faire se peut dans la hiérarchie sociale. Rien, à dire vrai, n'indique que cet état soit parfait, ni qu'il doive durer indéfiniment. Si on pouvait d'une façon efficace supprimer quelque espèce de propriété privée, par exemple celle des capitaux, et, en partie ou en totalité, l'hérédité, on affaiblirait beaucoup l'élément de stabilité, et on renforcerait l'élé-

ment de mutabilité et de sélection. On ne peut pas décider *a priori* si cela serait utile ou nuisible à la société.

107. Partant de cette prémisse que dans le passé il a été utile de diminuer la force de l'un de ces deux éléments et d'augmenter celle de l'autre, on conclut qu'il sera également utile de procéder ainsi à l'avenir ; mais ces raisonnements n'ont aucune valeur, parce que dans tous les problèmes quantitatifs de ce genre il y a un maximum. Raisonner ainsi, c'est comme si, partant de ce fait que la germination d'une graine est favorisée quand la température passe de 6º à 20º, on concluait que, elle sera favorisée davantage encore, si la température montait jusqu'à atteindre 100º, par exemple.

108. Les raisonnements qui, partant de cette prémisse que dans le passé on a observé la diminution de l'un de ces deux éléments et l'augmentation de l'autre, concluent que c'est ce qu'on observera encore à l'avenir n'ont pas plus de valeur. Les mouvements des sociétés ne se font pas tous constamment dans le même sens, ils sont généralement oscillatoires (1).

109. Les avantages de la mutabilité qui est une cause de sélection, et les inconvénients de la stabilité, dépendent en grande partie du fait que les aristocraties ne durent pas. En outre, par suite du misonéisme propre à l'homme, et de sa répugnance à se livrer à une trop grande activité, il est bon que les meilleurs soient stimulés par la concurrence de ceux qui sont moins capables qu'eux ; de sorte que même la simple possibilité du changement est utile. D'autre part, le changement poussé à l'extrême est très pénible à l'homme, le décourage, et réduit son activité au minimum. Celui dont la situation est moins bonne que celle d'autrui, désire naturellement changer, mais, après avoir réussi, il dé-

_____

(1) *Cours*, ii, § 258 ; *Systèmes*, I, p. 344.

sire plus encore conserver ce qu'il a acquis et rendre sa
condition stable. Les sociétés humaines ont une tendance
très forte à donner une certaine rigidité à toute nouvelle
organisation, à se cristalliser dans toute nouvelle forme.
De sorte que très souvent il arrive qu'on passe d'une
forme à une autre, non point d'un mouvement continu,
mais par sauts : une forme se brise, et elle est remplacée par une autre ; à son tour celle-ci se brisera, et
ainsi de suite. C'est ce qu'on observe dans toutes les
formes de l'activité humaine, par exemple dans la
langue, dans le droit, etc. Aucune langue vivante n'est
immuable ; et, d'autre part, une langue composée exclusivement de néologismes ne pourrait être comprise ; il
faut s'en tenir à un juste milieu. L'introduction des néologismes n'est pas uniformément continue, elle se produit par intervalles sur l'autorité d'écrivains renommés,
ou de quelque autorité littéraire, comme le serait ou
l'Académie française ou l'Académie *della Crusca* en
Italie. On peut observer des phénomènes analogues en
matière de législation ; et ce n'est pas seulement dans les
pays où elle est codifiée, que les changements aboutissent à un nouveau système rigide, mais même dans
ceux où la législation semblerait devoir être beaucoup
plus malléable (1).

(1) H. Summer Maine, *Ancient Law,* London, 1861, ch. iii, compare les systèmes d'*équité* à Rome et en Angleterre : « A Rome,
comme en Angleterre, la jurisprudence d'équité aboutit, comme
il arrive toujours, à un état de droit semblable à celui que cons-
tituait l'ancien droit coutumier lorsque l'équité avait commencé
à le modifier. Il vient toujours une époque où les principes
moraux qu'on adopte ont porté toutes les conséquences légi-
times; et alors le système fondé sur eux devient aussi rigide,
aussi peu susceptible de développement et aussi imposé à rester
en arrière du progrès des mœurs que le code le plus sévère des
règles légales », traduction Courcelle-Seneuil, Paris, 1874,
p. 66.

110. En économie sociale, la mutabilité peut présenter des formes variées, et celles-ci peuvent être partiellement remplacées par d'autres. La mutabilité pourrait agir dans un sens contraire à la sélection ; mais nous ne considérons ici que celle qui la favorise. Les révolutions violentes ont souvent ce résultat. Quand, dans les couches inférieures se sont accumulés des éléments actifs, énergiques, intelligents, et quand, au contraire, les couches supérieures comprennent une trop forte proportion d'éléments dégénérés (§§ 20, 21), une révolution éclate, qui remplace une *aristocratie* par une autre. La nouvelle forme sociale prend ensuite une forme rigide, et elle sera brisée elle-même par une révolution semblable.

Ces révolutions violentes peuvent être remplacées par des infiltrations qui font monter les éléments élus, les plus aptes, et descendre les éléments frappés de déchéance. Ce mouvement existe presque toujours, mais il peut être plus ou moins intense ; et c'est cette diversité d'intensité qui permet l'accumulation, ou la non accumulation, d'éléments frappés de déchéance dans les couches supérieures, d'éléments supérieurs dans les couches inférieures.

111. Afin que le mouvement soit suffisant pour empêcher l'accumulation, il ne suffit pas que la loi le permette, qu'elle n'y mette aucune espèce d'obstacles (les castes par exemple), mais il faut encore que les circonstances soient telles que le mouvement puisse devenir réel. Par exemple, chez les peuples belliqueux, il ne suffit pas que la loi et les mœurs permettent au simple soldat de devenir général, il faut encore que la guerre lui en fournisse l'occasion. Chez les peuples commerçants et industriels, il ne suffit pas que la loi et les mœurs permettent au citoyen le plus pauvre de s'enrichir et d'arriver aux sommets les plus élevés de l'Etat, il faut encore que le mouvement commercial et industriel soit

assez intense pour que cela devienne une réalité pour un nombre suffisant de citoyens.

112. Les mesures qui, directement ou indirectement, réduisent les dettes, affaiblissent l'élément stable, et par conséquent renforcent indirectement l'élément de mutabilité et de sélection. L'effet est le même pour tout ce qui fait en général augmenter les prix, mais seulement pour le temps pendant lequel dure cette augmentation. Si, par exemple, tous les prix doublent, l'équilibre économique finit, après un temps plus ou moins long, par être identique à ce qu'il était primitivement ; mais dans le passage d'un état à un autre, les dettes diminuent, la mutabilité et la sélection se trouvent favorisés. Les altérations des monnaies, l'augmentation de la quantité des métaux précieux (par exemple, après la découverte de l'Amérique), les émissions de papier-monnaie, la protection douanière, les syndicats ouvriers qui obtiennent les augmentations de salaire, etc., ont en partie pour effet de favoriser la mutabilité et la sélection ; mais elles ont aussi d'autres effets : et il reste à voir dans chaque cas particulier, si les dommages qu'ils causent ne dépassent pas les avantages qui en résultent.

113. On a remarqué qu'à Athènes, après la réforme de Solon, il ne fut plus besoin d'avoir recours à aucune réduction de dettes ; la monnaie ne subit aucune altération, et on ne mit en œuvre aucun autre procédé pour faire hausser les prix. La raison principale de ce fait doit être cherchée dans l'intense activité commerciale d'Athènes, qui suffisait à elle seule à assurer la circulation des *aristocraties*.

114. Depuis les temps de l'antiquité classique jusqu'à nos jours, chez les peuples d'Europe, on constate une suite de révolutions, de mesures législatives, de faits voulus ou accidentels, qui concourent tous à renforcer l'élément de mutabilité et de sélection. On peut en con-

clure, avec une grande probabilité, que l'élément de stabilité, ou même de mutabilité contraire à la sélection,
était extrêmement fort ; et par suite, par réaction, il s'est
produit des faits tendant à l'affaiblir. Pour d'autres sociétés, la conclusion pourrait être différente. La nécessité
de pourvoir aux changements favorables à la sélection
est aussi en relation avec la proportion d'éléments supérieurs que produisent les couches inférieures. Il peut se
faire que la plus grande stabilité de certains peuples
orientaux tienne, au moins en partie, à ce que chez eux
cette proportion est plus faible que chez les peuples
occidentaux.

115. Si chez nos populations occidentales l'élément de
stabilité était exclusivement le résultat de l'institution de
la propriété privée et de l'hérédité, il y aurait là une
démonstration très forte de la nécessité de diminuer, ou
même de supprimer, l'institution de la propriété privée.
Il est étrange que les socialistes n'aient pas aperçu
l'appui que cette façon de considérer les phénomènes
pouvait apporter à leurs théories.

Mais l'élément de stabilité qui s'oppose au changement par la sélection est loin d'être exclusivement la
conséquence, dans nos sociétés, de l'institution de la propriété privée. Les lois et les mœurs ont divisé les hommes
en classes, et même là où ces classes ont disparu, comme
chez les peuples démocratiques modernes, la richesse
assure des avantages qui permettent à certains individus
de repousser les concurrents. Aux États-Unis d'Amérique, les politiciens et les juges se vendent souvent au
plus offrant. En France, le Panama et d'autres faits analogues ont montré que la démocratie européenne ne
diffère pas essentiellement, à ce point de vue, de la démocratie américaine. En général, depuis les temps anciens jusqu'à nos jours, les hautes classes de la société
se sont servies du pouvoir politique pour dépouiller les

classes pauvres ; actuellement, dans certains pays démocratiques, semble avoir commencé un phénomène
diamétralement opposé. Nous n'avons jamais pu observer, pendant un temps assez long, un état de choses
dans lequel le gouvernement reste neutre, et n'aide pas
ceux-ci à dépouiller ceux-là, ou inversement. Nous ne
pouvons donc pas décider, empiriquement, si la force
considérable de l'élément de stabilité qui s'oppose à la
sélection des éléments des classes inférieures a son origine dans l'institution de la propriété privée ou dans
l'oppression politique des classes supérieures. Pour
pouvoir tirer des conclusions correctes il faudrait pouvoir
séparer ces deux espèces de faits, et en étudier séparément les effets.

116. **Traduction subjective des faits qui précèdent.**
— Jusqu'ici nous avons observé les faits d'une façon
objective ; mais ils se présentent d'une façon tout autre
à la conscience et à la connaissance des hommes. Nous
avons montré ailleurs comment la circulation des *élites*
se traduisait subjectivement, et nous pouvons ne pas
nous arrêter sur ce point. En général, les hommes sont
entraînés à donner à leurs revendications particulières
la forme de revendications générales. Une nouvelle aristocratie qui veut se substituer à une autre plus ancienne,
livre bataille, d'ordinaire, non pas en son nom personnel, mais au nom du plus grand nombre. Une aristocratie qui s'élève prend toujours le masque de la démocratie (ii, 104).

L'état mental produit par l'accumulation d'éléments
supérieurs dans les couches inférieures, d'éléments inférieurs dans les couches supérieures s'est manifesté souvent dans des théories religieuses, morales, politiques,
pseudo-scientifiques, sur l'égalité des hommes. Et de là
ce fait paradoxal, que c'est précisément l'inégalité des
hommes qui les a poussés à proclamer leur égalité.

117. Les peuples de l'antiquité réduisaient les dettes et l'intérêt des prêts, sans discussions théoriques ; les gouvernements des temps passés altéraient la monnaie, sans invoquer les théories économiques, et prenaient des mesures de protection économique, sans savoir ce que c'est que la protection. Les faits n'ont pas été la conséquence des théories ; mais tout au contraire les théories ont été construites pour justifier les faits. De nos jours on a voulu donner un fondement théorique à tous ces faits. On a donné un fondement religieux à la réduction, ou même à la suppression, de l'intérêt de l'argent, et de grandes discussions théoriques en sont nées, dont l'effet pratique est à peu près nul, parce qu'elles n'affectent aucunement les causes réelles des faits.

Supposons qu'on puisse démontrer d'une façon rigoureuse que l'intérêt de l'argent n'est pas « légitime », ou, au contraire, qu'il est parfaitement légitime ; ni dans un cas ni dans l'autre les faits n'en seraient changés, ou bien ils seraient changés d'une façon tout à fait négligeable. De même pour la protection douanière. Toutes les théories pour ou contre n'ont pas eu le moindre effet pratique ; des études ou des discours sur ce sujet ont bien pu avoir un certain effet, non point à raison de leur contenu scientifique, mais parce qu'ils éveillaient certains sentiments et qu'ils poussaient à s'unir les gens qui avaient certains intérêts communs. Les discussions théoriques qui avaient lieu il y a quelques années sur le bimétallisme étaient parfaitement inutiles ; elles sont maintenant terminées parce que l'augmentation des prix est venue d'ailleurs que de la frappe libre de l'argent. La théorie de la valeur de Marx est devenue de nos jours une antiquaille, depuis que les chefs socialistes sont arrivés petit à petit au gouvernement de la chose publique. L'affirmation que la valeur est du travail cristallisé n'était pas autre chose que l'expression du sentiment de malaise

qu'éprouvaient les éléments supérieurs de la nouvelle
aristocratie, forcés qu'ils étaient de rester dans les couches
inférieures. Il est par conséquent tout à fait naturel qu'à
mesure qu'ils arrivent aux couches supérieures, leurs
sentiments changent, et par conséquent aussi leur mode
d'expression. Cela est surtout vrai de l'ensemble d'une
classe, parce que, pour quelques individus en particulier,
les sentiments persistent alors même qu'ont changé les
circonstances qui leur ont donné naissance.

Il ne faut jamais oublier (ii, 4) que d'ordinaire les
hommes n'ont pas conscience de l'origine de leurs sentiments, et par suite il leur arrive souvent de croire
qu'ils cèdent à l'évidence d'un raisonnement théorique,
alors qu'ils agissent sous l'influence de tout autres raisons.

CHAPITRE VIII

1. Les capitaux fonciers. — Ces capitaux doivent être considérés dans l'état où ils se trouvent, et l'on ne saurait séparer le sol des capitaux mobiliers qui ont été, dit-on, « incorporés » en lui.

Les terrains agricoles, les mines, les terrains industriels, pour maisons d'habitation, maisons de campagne, etc., constituent les capitaux fonciers.

2. La concurrence des capitaux fonciers se manifeste indirectement par l'intermédiaire de leurs produits ou par celui des consommateurs qui se transportent là où ils trouvent les capitaux fonciers qui leur conviennent. C'est ainsi que le blé des terres des Etats-Unis d'Amérique est transporté en Europe et fait concurrence au blé des terres de ce continent. C'est ainsi que, grâce au développement des moyens modernes de transport, les hommes occupés au centre des grandes villes peuvent habiter les faubourgs, dont les terres font ainsi concurrence à celles du centre de la ville.

3. Il est difficile et souvent impossible de produire par l'épargne de nouveaux capitaux fonciers ; par conséquent, le phénomène de la *rente* se manifestera pour eux plus nettement.

4. Les capitaux fonciers ne jouissent d'aucun privi-

lège économique par rapport aux autres capitaux ; ils
sont ni plus ni moins que les autres indispensables à la
production. Ils ont souvent, au contraire, une plus
grande importance que les autres capitaux au point de
vue politique. Pendant fort longtemps, et chez un grand
nombre de peuples, le pouvoir politique a appartenu aux
propriétaires du sol.

5. La propriété du sol peut revêtir des formes nombreuses. La pratique nous fournit des exemples d'un
grand nombre de variétés des grandes classes de propriété : collective, familiale, individuelle.

6. De même il y a une très grande variété dans les
formes des relations entre les propriétaires du sol et
ceux qui le travaillent. Plusieurs de ces formes peuvent
coexister et être plus ou moins appropriées aux circonstances. La recherche de la meilleu.e forme de propriété
in abstracto est un problème insoluble. Dans l'agriculture moderne nous rencontrons les formes suivantes, qui
sont fort répandues : l'exploitation directe du sol par le
propriétaire et sa famille — l'exploitation par des ouvriers qui travaillent sous la direction des propriétaires
— le fermage — le métayage. Chacune de ces formes
s'adapte mieux que les autres à certaines cultures et à certaines contingences économiques et sociales.

7. Il peut être socialement utile que la terre ne change
pas trop facilement de propriétaire ; il est, en général,
économiquement utile qu'elle puisse facilement passer aux mains de ceux qui la savent mieux exploiter. Il
est utile également que le propriétaire nominal de la
terre soit aussi le propriétaire réel. Il n'en est pas ainsi
quand la terre est grevée de créances hypothécaires pour
une valeur à peu près égale à celle de la terre elle-même.
Dans ce cas le propriétaire nominal est en réalité le ré-
gisseur de ses créanciers, et il fait produire la terre à leur
compte.

8. **Les capitaux mobiliers.** — Cette catégorie comprend tous les capitaux qui restent quand on a retranché les capitaux personnels (hommes) et les capitaux fonciers. Les usines, les maisons, les approvisionnements de toute sorte, les animaux domestiques, les machines, les moyens de transport, les meubles, la monnaie métallique, etc., tels sont les principaux capitaux mobiliers. La plus grande partie d'entre eux s'obtiennent facilement par la transformation de l'épargne. Un certain nombre de ces capitaux peuvent être facilement transportés d'un lieu dans un autre et par conséquent la concurrence se fait directement entre eux. Les cas de *rente*, qu'on peut y observer sont souvent moins importants que pour les capitaux fonciers.

9. **L'épargne.** — L'épargne est constituée par les biens économiques que les hommes s'abstiennent de consommer. De ce qu'on les évalue d'ordinaire en monnaie, on s'imagine souvent que l'épargne est constituée par la monnaie.

10. — Les biens épargnés ne s'accumulent pas, mais sont promptement transformés ; par conséquent, la somme totale de l'épargne existante à un moment donné, dans un pays, n'est constituée que pour une petite part par les provisions, pour la plus grande part elle existe sous la forme de capitaux mobiliers, sous la forme d'améliorations des capitaux fonciers ou bien elle est incorporée dans les capitaux personnels.

Il faut avoir soin de ne pas confondre la simple épargne avec l'épargne transformée en capitaux, c'est-à-dire transformée en choses qui servent à la production, ni avec l'*épargne capital* (1), qui est cette partie de l'épargne qui, quoique n'étant pas transformée en d'autres capitaux, sert cependant à la production. Le blé qui se trouve

(1) *Cours*, § 90.

dans un grenier, par exemple, est de l'épargne simple ; au moment où une partie de ce blé servira à nourrir les ouvriers qui travaillent la terre, — partie qui, consommée de cette sorte, sera reconstituée au moment de la récolte — est de l'*épargne capital* ; la partie qui est employée à acheter les bœufs qui labourent la terre, ou la locomobile qui sert à battre le blé, cessera d'exister sous forme d'épargne, et sera transformée en *capital*.

N'oublions pas que cette classification a les mêmes caractères que celle que nous a donnée la notion de *capital* (v. 20), c'est-à-dire qu'elle est peu rigoureuse et, en partie, arbitraire ; néanmoins, elle est commode pour donner une idée d'un grand nombre de phénomènes, sans faire usage des mathématiques ; son peu de rigueur est sans inconvénient, parce que nous n'en faisons pas usage dans les formules de l'économie pure, qui seules nous fournissent des démonstrations rigoureuses.

11. L'épargne n'est qu'en partie déterminée par le revenu qu'on en retire ; elle résulte pour partie aussi du désir qu'a l'homme d'avoir en réserve des biens qu'il pourra consommer à l'occasion ; elle est en outre l'effet d'un acte instinctif de l'homme, qui agit tout comme le font beaucoup d'animaux. C'est pour cela que, même si l'intérêt de l'épargne devenait égal à zéro, les hommes ne cesseraient pas d'épargner ; il peut même arriver que certains individus épargnent davantage, dans certaines limites tout au moins, quand l'intérêt de l'épargne diminue. Supposons un individu qui se propose de cesser de travailler quand il aura épargné assez pour avoir un revenu de 2.000 francs, jusqu'à la fin de sa vie. Si l'intérêt de l'épargne diminue, il lui faudra travailler un plus grand nombre d'années, ou épargner davantage chaque année, ou faire les deux en même temps. Remarquons que depuis le commencement du xixe siècle jusqu'à nos jours, dans les pays civilisés, le revenu de

l'épargne est allé en diminuant, et en même temps la production de l'épargne est allée en augmentant.

En résumé, dans les limites, fort restreintes il est vrai de nos observations, nous ne pouvons nullement affirmer que la production annuelle de l'épargne dépend exclusivement, ou même principalement (soit *fonction*), de l'intérêt de l'épargne ; et encore moins pouvons-nous affirmer qu'elle augmente avec l'augmentation de cet intérêt, ou inversement.

Dans la transformation de l'épargne l'homme est poussé par un très grand nombre de considérations ; l'une d'elles est l'intérêt brut qu'il retirera de l'épargne ; si toutes les autres sont égales, entre deux transformations possibles il choisira celle qui lui fournira l'intérêt brut le plus élevé ; mais si les circonstances de ces deux usages sont différentes, il peut arriver qu'il choisisse celui qui donne le plus petit intérêt brut, mais qui présente d'autres circonstances favorables.

Nous avons déjà tenu compte précédemment d'un certain nombre de ces circonstances (v, 30), et nous les avons éliminées en déduisant de l'intérêt brut certaines sommes pour l'assurance et l'amortissement des capitaux ; ce qui reste constitue approximativement l'intérêt net (1).

---

(1) Des économistes littéraires, qui ont la malheureuse habitude de parler de choses qu'ils ne comprennent pas, voient en cela une tautologie. Il est naturel, disent-ils, que si de deux loyers bruts on élimine tout ce qui les rend différents, on obtient des résidus égaux.

Il ne s'agit nullement de cela. Le taux de l'intérêt est en rapport avec un grand nombre de faits, c'est-à-dire : A la prime d'assurance, B la prime d'amortissement ; C la différence de prix entre un bien futur et un bien présent, ou le taux net de l'intérêt ; D, E, F, etc. une infinité d'autres circonstances objectives et subjectives. Le théorème consiste à affirmer que en un temps et un lieu donné et pour certaines classes d'emploi des

On pourrait, en procédant de même, éliminer certaines autres circonstances ; mais la difficulté serait parfois très considérable, et sans grande utilité.

12. Il faut d'ailleurs remarquer que l'élimination que nous venons d'indiquer n'est qu'approximative. Elle correspond à des considérations objectives, tandis que ce sont des considérations subjectives qui déterminent en grande partie l'emploi de l'épargne : nous avons déjà noté ce fait quand nous avons parlé du profit que peuvent donner les entreprises (v, 68). Ajoutons un exemple. Voici deux emplois d'une somme de 1.000 francs ; 1° la probabilité de la perdre, dans l'année, est de 1/4, par conséquent la prime d'assurance est de 250 francs ; l'intérêt

capitaux (par exemple les achats de titres à la Bourse) : 1° le groupe des circonstances D, E, F..., bien que pouvant avoir en des cas exceptionnels une influence prépondérante, n'a en général, en moyenne, qu'une influence bien moindre que celle des faits A, B, C ; en sorte que la première peut souvent être négligée, en comparaison de la seconde. 2° A et B sont essentiellement variables, en tous cas bien plus variables que C, qui, dans les conditions indiquées, demeure à peu près constant. Ainsi comme première et grossière approximation les résidus que l'on obtient en retranchant A et B des loyers bruts sont à peu près égaux.

Ces explications ne sont données ici que dans un but didactique, car toute polémique avec des personnes n'ayant pas l'habitude des raisonnements scientifiques ne peut aboutir qu'à une perte de temps.

Il est par exemple inutile de réfuter l'assertion de M. le Prof. A. Graziani, qui croit bonnement que « comprendre sous une catégorie de transformations celle d'espèce, comme celle de lieu et de temps revient à accomplir une unification verbale ». Si l'observation des faits ne lui a pas appris que bien loin de n'être unies que verbalement, ces transformations existent toujours ensemble dans les phénomènes concrets, en sorte que ce n'est le plus souvent que par abstraction qu'on peut les séparer, il faut l'abandonner à ses élucubrations qui n'ont que des rapports éloignés avec la réalité scientifique.

brut est de 300 francs, l'intérêt net est donc de 50 francs ; 2° la probabilité de perte n'est que de 1/60, par conséquent la prime d'assurance n'est que de 10 francs ; l'intérêt brut est de 60 francs, l'intérêt net est de 50 francs.

Les intérêts nets sont donc égaux dans les deux cas ; les deux emplois sont donc objectivement équivalents ; mais le 1° sera préféré par certains individus, le 2° par d'autres ; donc, en réalité, c'est une certaine espèce d'épargne qui se dirige vers chacun de ces emplois, et il n'y a entre elles aucune concurrence ou une très faible concurrence.

12 bis. Il existe une infinité de circonstances, extrêmement variées, qui agissent pour faire différer les taux d'intérêts bruts.

Par exemple, à la Bourse, les titres d'une nouvelle série d'émission, parfaitement identiques sous tous les rapports aux titres des anciennes séries, peuvent néanmoins, pendant un certain temps, jusqu'à ce qu'ils soient bien « classés » avoir un prix moindre que celui des titres des émissions antérieures.

Il [y a parfois de curieuses anomalies. Par exemple, le 5 0/0 russe 1906 a été pendant toute l'année 1907 coté à Londres 3 à 4 0/0 moins cher qu'à Paris. Ainsi le 20 janvier 1908 on pouvait acheter à Londres (1) ces titres à 91 1/2 0/0, tandis qu'à Paris on les payait 96,10 0/0. Ces titres ont absolument les mêmes garanties, et dans un bref délai ils seront négociables indifféremment à Londres et à Paris. La différence des deux prix pourrait à la rigueur s'expliquer, du moins en partie, pour la spéculation, par la circonstance que celui qui achète des titres pour les revendre a avantage à opérer à Paris où

---

(1) A Londres, on cote deux prix, un pour les titres que le public veut vendre, l'autre pour les titres que le public veut acheter. Ces deux prix étaient 91 0/0 et 91 1/2 0/0.

l'on ne cote qu'un seul prix. Mais on ne conçoit pas
pourquoi le Français qui veut employer ses capitaux en
5 0/0 russe, paie 96,10 0/0 ces titres à Paris, tandis
qu'il pourrait les avoir à 91 1/2 0/0, à Londres. Cela
tient probablement à des raisons psychologiques, à l'esprit de routine, etc.

Mais voici une anomalie encore plus curieuse. On né-
gocie à Paris et à Bruxelles deux séries de 4 0/0 Argentin, dont les intérêts sont payables à la même époque, soit
en avril et en octobre. Il est absolument impossible d'établir la moindre différence de valeur intrinsèque entre les
titres 4 0/0 Argentin 1897-1908 et les titres 4 0/0 Argentin 1900. Eh ! bien la seconde série à Paris et à Bruxelles
s'est coté, en 1907, à quelques points au-dessus de la
première. Le 10 août 1907 la première série valait à
Paris 84,05 0/0, et la seconde 91,70 0/0. Voilà donc
une marchandise qui en apparence, est unique et qui sur
le même marché, au même moment, a deux prix. Il se
peut qu'il y ait là une question de classement des titres,
mais l'explication complète des phénomènes est encore
à donner.

La vente des marchandises au détail présente de bien
plus nombreuses anomalies. Il n'est pas rare, par exemple
de trouver deux boutiques voisines qui vendent à des
prix différents une marchandise identique.

La conclusion à tirer de tous ces faits est celle que
nous avons déjà citée bien des fois. L'économie politique
comme beaucoup d'autres sciences, ne s'occupe que des
phénomènes généraux et moyens. La météorologie peut
nous dire la quantité moyenne de pluie qui tombe an-
nuellement en une localité donnée ; elle est et sera toujours incapable de nous renseigner sur le sort de chaque
goutte de pluie, individuellement.

13. Les différentes façons d'employer l'épargne peuvent donner naissance à différentes classes d'épargne,

qui constituent presque autant de marchandises de qualités différentes.

Parmi les circonstances que nous avons à examiner
ici, il y a celle du temps pendant lequel l'épargne restera employée, c'est-à-dire cette circonstance que le prêt
de l'épargne — ou toute autre opération correspondante — est à courte ou à longue échéance. En réalité,
l'épargne ne constitue pas une masse homogène. Une
partie ne peut être employée que pendant un temps assez
court, une autre partie pour des temps plus ou moins
longs. On trouve toutes les variétés possibles sur les
marchés financiers de nos sociétés, depuis l'égargne qui
ne peut être prêtée que pour quelques jours jusqu'à celle
qui peut être prêtée pour plusieurs années.

14. L'organisation moderne des sociétés anonymes,
dont les titres peuvent être facilement achetés et vendus
a rendu moins tranchantes les différences qu'il peut y
avoir entre l'épargne que l'on peut prêter pour peu de
temps et l'épargne qu'on peut prêter pour un temps très
long, parce que ceux qui achètent des actions qui ont un
large marché en bourse sont toujours certains de pouvoir les revendre au moment où ils auront besoin de leur
épargne. D'ailleurs ils ne sont pas sûrs de pouvoir obtenir
leur prix d'achat. C'est ce qui explique pourquoi les gouvernements payent généralement un intérêt plus faible
pour leurs bons du trésor que pour leur rente. Pour
ceux-là on aura exactement la somme prêtée, pour celle
ci on peut avoir plus ou moins.

15. Tout comme les différences dans le temps, les différences dans l'espace différencient certaines catégories
d'épargne. D'ordinaire il faut, pour amener l'épargne à
émigrer, que l'offre d'intérêt soit plus grande à l'étranger
que dans le pays même.

16. Beaucoup d'autres raisons psychologiques agissent
sur l'intérêt de l'épargne. En France, l'alliance avec la

Russie a été utile aux titres de la dette russe, et par conséquent l'intérêt en est plus faible que ce qu'il aurait été
sous cette attitude amicale des acheteurs français.

Enfin, les raisons psychologiques qui accompagnent
les crises économiques influent également sur la fixation
de l'intérêt de l'épargne.

17. L'intérêt de l'épargne et l'organisation sociale.
— L'intérêt de l'épargne provient de la différence qui
existe entre une chose disponible aujourd'hui et une
chose disponible dans un certain temps, tout comme la
différence de prix entre le vin et l'huile provient de la
différence de qualité de ces deux marchandises. Pour déterminer quantitativement l'intérêt de l'épargne — tout
comme la différence des prix du vin et de l'huile — il
faut faire appel à toutes les conditions de l'équilibre économique.

18. Par conséquent, quelle que soit l'organisation sociale (v, 48), étant donné que ce dont l'homme peut
jouir aujourd'hui ne sera jamais égal à ce dont il ne
pourra jouir que dans un certain temps — tout comme
le vin ne sera jamais égal à l'huile — l'intérêt de l'épargne
existera toujours — comme il existera toujours, au moins
en général, une différence entre le prix du vin et le prix
de l'huile ; — mais cet intérêt et ces prix varieront quantitativement selon l'organisation sociale, parce que celle-
ci fait partie des conditions de l'équilibre économique
(v, 48).

19. On peut concevoir un état social dans lequel chacun n'emploierait que l'épargne qu'il produit et dont il
est propriétaire ; dans cet état social on pourrait dire,
pour employer uu certain jargon moderne, que le producteur n'est pas séparé de ses moyens de production.
Certains auront plus d'épargne que ce qu'ils en peuvent
employer, et pour eux l'intérêt de l'épargne sera à peu
près égal à zéro ; il y en aura d'autres qui auront une

très faible quantité d'épargne , et pour eux l'intérêt sera
très élevé. Quant, au contraire, on peut faire commerce
de l'épargne, l'intérêt acquiert une valeur comprise entre
ces deux extrêmes. Ce commerce entraîne naturellement
certaines dépenses, mais, néanmoins, l'avantage économique de la société est très grand, et c'est pour cela que,
dans toutes les sociétés, il finit par y avoir un commerce
de l'épargne.

20. On peut de même concevoir un état social dans
lequel l'Etat a le monopole du commerce de l'épargne,
comme dans certains pays il a actuellement le monopole
des tabacs. En se plaçant au point de vue strictement
économique, il est difficile de décider si ce monopole de
l'épargne ferait augmenter ou baisser l'intérêt ; on peut
dire simplement que jusqu'ici, en général, l'Etat a pour
ses industries un coût de production plus élevé que celui
des industries privées, ce qui est démontré par ce fait
que jamais les industries d'Etat n'ont pu résister à la
concurrence de l'industrie privée, et que toujours l'Etat
a dû avoir recours à la force pour éliminer cette concurrence privée. Mais on peut objecter que ce qui n'est pas
vrai pour le passé, peut l'être dans l'avenir, et rien n'empêche de croire que l'organisation des industries d'Etat
ne puisse être améliorée. D'ailleurs, le monopole pourrait être partiel. Pour certains emplois de l'épargne, le
commerce privé peut rester supérieur au monopole, pour
d'autres, il pourrait arriver qu'il n'y eut pas grande différence.

21. Mais deux organisations pour l'emploi de l'épargne
peuvent être équivalentes au point de vue économique,
et différer énormément au point de vue social. Il ne faut
pas confondre ces deux choses. L'existence dans une société d'une classe de boutiquiers donne à cette société
un caractère différent de celui qu'elle aurait si le commerce de détail était le fait de grands magasins, de coo-

pératives, ou d'un monopole d'Etat. De même, une société où existe le commerce privé de l'emploi de l'épargne,
et une autre société dans laquelle ce commerce n'existe
pas, parce qu'il est monopole d'Etat, ou parce que chacun n'emploie que sa propre épargne, diffèrent énormément au point de vue social, en dehors des différences
qui peuvent exister au point de vue économique.

22. **Traduction subjective des phénomènes.** — L'obstacle le plus proche à l'acquisition d'un bien est celui
qui nous frappe le plus. L'enfant croit que le seul obstacle qu'il y ait à se procurer des jouets est le mauvais
vouloir du marchand, qui exige de l'argent. L'homme
adulte croit également que la cupidité des marchands est
le seul obstacle à se procurer des marchandises à bon
marché; c'est sur ce sentiment que s'appuient les lois de
maximum, qui fixent les prix des marchandises. Celui
qui a besoin de transformer des biens futurs en biens
présents croit qu'il n'y a pas d'autre obstacle que la mal-
honnêteté de l'usurier, ou « l'exploitation du capitaliste ».

23. A ces sentiments s'en ajoutent d'autres qui dérivent
de l'organisation sociale. La plus grande partie des
hommes ne considèrent que le problème pratique et,
par conséquent, synthétique, et sont absolument incapables de le scinder en ses différentes parties.

24. Les sentiments dont nous venons de parler sont
primitifs; ils naissent directement dans l'homme par réaction contre les obstacles qu'il rencontre, et ils subsiste-
ront, par conséquent, toujours, même s'ils étaient considérablement affaiblis.

Comme nous l'avons bien souvent signalé, l'homme
éprouve un besoin extrême de donner une apparence logique à ses sentiments, de considérer comme des effets
du raisonnement ce qui est l'effet de l'instinct, de donner
une théorie logique de ses actions non logiques. La forme

de ses manières de sentir est celle qui s'accorde le mieux, en partie, aux temps où ils se produisent, en partie, au caractère de leur auteur.

Les théories sont plus ou moins développées suivant la nature des choses. Pour l'obstacle qui provient du prix que l'on doit payer au marchand d'une marchandise, il ne semble pas qu'elles aient jamais été très complexes ; mais, pour l'obstacle qui provient du prix de la transformation des biens futurs en biens présents, les théories sont nombreuses.

25. Il y a quelque chose de mystérieux dans cette transformation des biens futurs en biens présents ; aussi est-ce un sujet qui prête aux subtilités. Elle a été souvent réglée, précisément à cause de ce caractère, par des préceptes religieux, et elle a donné naissance à des théories métaphysiques, juridiques, économiques. On peut étudier ces théories si l'on veut connaître la manière dont naissent et se développent les concepts humains, l'évolution de la psychologie sociale ; mais elles ne nous apprennent rien sur le phénomène objectif de l'intérêt du capital. Les polémiques qu'elles ont soulevées ne peuvent avoir la moindre efficacité pour changer le phénomène objectif ; ou, pour nous exprimer en toute rigueur, cette efficacité est si faible, qu'on peut la tenir pour nulle. Supposons, en effet, par une hypothèse impossible, que l'on puisse démontrer qu'une de ces théories est fausse, et cela si clairement que cette démonstration soit acceptée par tous ; ce n'est pas pour cela que les sentiments qui lui avaient donné naissance seront ébranlés ; ils enfanteront simplement d'autres théories semblables. Tandis que sans l'intervention d'aucune polémique, par le seul changement des temps et des circonstances, ces sentiments prennent une autre forme. C'est ainsi que le Moyen Age a produit des théories théologiques et métaphysiques, et notre époque des

théories économiques, comme celle de la *plus-value* de
Karl Marx, de la *terre libre*, etc., sans faire disparaître,
d'ailleurs, les théories juridiques, comme celle d'Anton
Menger. Ce brave homme, n'étant que fort peu au courant des théories économiques, invente certains *droits*
fondamentaux (1), qui sont vraiment bien amusants ;
mais enfin chacun tire de son fonds ce qu'il peut.

26. **La prétendue loi de la baisse de l'intérêt des capitaux.** — Il est certain que, par le passé, l'intérêt des
capitaux est allé tantôt en croissant, tantôt en diminuant,
sans que l'on puisse marquer un sens général du mouvement. On a affirmé que, de nos jours, ce mouvement
devait se faire dans le sens de la baisse de l'intérêt. Nous
avons là un bon exemple de confusion entre la science et
l'art pratique.

M. Leroy-Beaulieu estime qu'il y a trois causes à la
baisse de l'intérêt : 1° la sécurité des transactions ; 2° l'augmentation de la quantité d'épargne, et ce fait que toute
l'épargne est maintenant portée sur le marché ; 3° la diminution, dans un état technique donné, de la productivité des capitaux nouveaux. Il y a, d'autre part, trois
causes qui agissent dans le sens de la hausse de l'intérêt :
1° les grandes découvertes aptes à passer dans la pratique ; 2° l'émigration des capitaux dans les pays neufs ;
3° les guerres et les révolutions sociales.

Il conclut que ces trois dernières causes ont une intensité moindre que les trois premières, et que, par conséquent, il doit y avoir une baisse, petit à petit, de l'intérêt
des capitaux (2).

27. Il y a dans ce raisonnement deux parties bien dis-

(1) *Systèmes*, II, p. 107.
(2) L'auteur fait encore cette prophétie en 1896 dans son *Traité*
théor. et prat. d'écon. pol., II, p. 166.

tinctes. La première a un caractère scientifique ; la seconde, un caractère pratique.

Dans la première partie, l'auteur établit des relations entre certains faits et l'intérêt des capitaux ; et bien qu'il y ait plus d'élégance littéraire que de rigueur scientifique dans cette division tripartite des causes favorables et des causes contraires, on peut accepter cette première partie,

Dans la seconde partie, l'auteur jette les yeux sur l'avenir et tâche de prévoir les événements futurs. Mais comment peut-il affirmer qu'il n'y aura plus de grandes découvertes semblables à celles des chemins de fer ; que des guerres prolongées ne menacent plus le genre humain ; que nous sommes à l'abri de profonds bouleversements sociaux ? Et cependant, d'après ses dires mêmes, il faut admettre que rien de cela n'arrivera pour accepter sa conclusion. Mais, même si son affirmation est exacte, c'est par une pénétration extraordinaire, par divination, et non par un raisonnement scientifique ; parce qu'aucun raisonnement de cette espèce ne peut, étant donné les connaissances que nous possédons, lui permettre de savoir si, dans quelques années, ou après longtemps, il y aura ou il n'y aura pas de guerres prolongées, de bouleversements sociaux, de grandes découvertes, etc.

28. Déjà les faits démontrent que notre auteur n'a pas été bon prophète. Il prévoyait que, vingt ou vingt-cinq ans après 1880, et, par conséquent, de 1900 à 1905, l'intérêt des capitaux serait descendu dans l'Europe occidentale à 1 1/2 ou 2 0/0 (1). Au contraire, en 1904 le 3 0/0 français, le 3 0/0 allemand, le 2 1/2 0/0 anglais sont au-dessous du pair, et au commencement de 1908, l'empire allemand émet un grand emprunt à 4 0/0.

---

(1) « Mais le résultat de tous ces mouvements, c'est la tendance normale à une diminution graduelle du taux de l'intérêt des capitaux. » *Traité théorique et pratique d'économie politique*, II, p. 105.

29. LA MONNAIE. — Une marchandise qui sert à exprimer les prix des autres marchandises est une MONNAIE IDÉALE (*numéraire*), ou une MONNAIE CONCRÈTE (ou simplement monnaie). Celle-ci intervient matériellement dans les échanges ; celle-là n'intervient pas (1).

Il s'agit d'une VRAIE MONNAIE quand les échanges dans lesquels elle intervient sont libres. Quand une marchandise est une vraie monnaie, un kilogramme de cette marchandise n'ayant pas la forme monétaire peut s'échanger contre un kilogramme (un peu plus ou moins) de cette marchandise ayant la forme monétaire. Par exemple, on met au creuset 10 pièces de vingt francs ; le lingot d'or obtenu peut s'échanger, à peu de choses près, contre 10 pièces de vingt francs ; les pièces de vingt francs sont alors une vraie monnaie. On met au creuset 40 écus d'argent ; le morceau d'argent fondu qu'on obtient ne peut s'échanger que contre beaucoup moins de 40 écus ; actuellement il s'échangerait contre 20 écus. L'écu d'argent n'est donc pas, actuellement, une vraie monnaie.

Toute monnaie qui n'est pas une vraie monnaie est une MONNAIE FIDUCIAIRE, ou même une FAUSSE MONNAIE. La première est acceptée volontairement par les échangistes, sans fraude ni violence, la dernière n'est acceptée que parce que celui qui la reçoit y est obligé par la loi, ou parce qu'il est trompé.

Entre ces deux genres de monnaie il y a la monnaie fiduciaire ayant cours légal. Par exemple, les billets de la banque d'Angleterre doivent être acceptés par le public pour leur valeur nominale, mais ils peuvent immédiatement être échangés contre de l'or à la banque d'Angleterre. Dans l'Union latine, les écus d'argent, dans la pra-

(1) Nous pouvons signaler un excellent ouvrage du professeur Tullio Martello, *la Moneta* ; l'édition en est malheureusement épuisée.

tique, mais non pas légalement, peuvent s'échanger contre de l'or, avec une légère perte, ou même sans perte ; ils sont donc une monnaie fiduciaire à cours légal. Les billets à cours forcé, quand ils ne peuvent s'échanger au pair contre de l'or, sont de la fausse monnaie.

30. La monnaie remplit deux rôles principaux : 1° elle facilite l'échange des marchandises ; 2° elle garantit cet échange. Le premier rôle peut être joué aussi bien par une vraie monnaie que par une fausse monnaie ; le second ne peut être joué que par une vraie monnaie (1). C'est parce qu'on n'a pris parfois en considération que son premier rôle qu'on n'a vu dans la monnaie qu'un simple signe sans valeur intrinsèque.

31. **Les changes étrangers.** — Un kilogramme d'or à Londres et un kilogramme d'or à New-York ne sont pas deux choses identiques ; elles sont différenciées par l'espace. Par conséquent un individu peut donner quelque chose de plus ou quelque chose de moins d'un kilogramme d'or à Londres pour avoir un kilogramme d'or à New-York. Ce plus ou ce moins c'est le CHANGE, défavorable à Londres dans le premier cas, favorable dans le second.

32. D'autres circonstances de moins d'importance interviennent pour différencier ces deux poids égaux d'or. Il peut être nécessaire de faire frapper cet or, il peut exister déjà sous cette forme de monnaie frappée ; il faut tenir compte, non seulement de l'espace, mais aussi du temps nécessaire au transport, etc.

33. En tenant compte de toutes ces circonstances, on peut connaître les dépenses nécessaires pour transporter à New-York et avoir disponible sous la forme des monnaies qui y sont en usage un kilogramme d'or qui existe sous forme de lingot à Londres. Cette dépense nous donne le POINT DE L'OR.

(1) *Cours*, § 276 et s.

34. Celui qui se trouve à Londres peut employer l'un des deux procédés suivants pour faire un payement à New-York. Il peut acheter une créance sur New-York (chèque, lettre de change, etc.), en payant le change, ou bien envoyer réellement de l'or, en payant les dépenses nécessaires. Il est évident qu'il emploiera le moyen le moins coûteux, par conséquent il achètera des créances tant que le change reste inférieur, ou tout au plus égal, aux dépenses de transport et de transformation de l'or. Le point de l'or est donc celui où l'or commence à être exporté du pays, pour effectuer des payements à l'étranger.

Nous avons décrit les lignes principales du phénomène ; il faudrait y ajouter beaucoup de détails. Le point de l'or peut varier suivant les circonstances : par exemple, si on exporte de l'or simplement pour payer une dette, ou en vue de spéculations, etc.

35. **Le change et le commerce international.**
L'équilibre du commerce international étant établi, supposons qu'il soit rompu sous l'influence de l'augmentation de l'importation des marchandises. Cette augmentation d'importation devra être payée avec l'or du pays ; le change deviendra défavorable à ce pays, le prix de la monnaie nationale exprimé en monnaies étrangères diminuera, par conséquent les prix des marchandises nationales, qui restent nominalement les mêmes, diminueront si les on exprime en monnaie étrangère. Il en résulte que l'exportation sera stimulée et l'importation découragée. Nous sommes ainsi en présence de deux forces qui tendent à rétablir l'équilibre. Ce n'est pas tout ; pour nous procurer l'or de l'étranger, il faudra payer un intérêt plus élevé ; pratiquement, les banques d'émission devront relever l'escompte ; il y aura là un obstacle aux nouvelles transformations de l'épargne en capital, à de nouvelles consommations, et il y aura ainsi,

de ce côté aussi, tendance à revenir à la position d'équilibre.

Si l'équilibre est troublé par un excès d'exportation, il est évident que les phénomènes sont exactement contraires à ceux que nous venons de décrire.

36. Dans un pays à circulation de papier-monnaie, si l'équilibre est troublé par un excédent d'importation, le prix de la monnaie de papier exprimé en or diminue; cela stimule les exportations, décourage les importations, et ces forces agissent, comme dans le cas précédent, pour rétablir l'équilibre.

Certains gouvernements — pour protéger, disent-ils, le commerce et l'industrie — tâchent de maintenir l'escompte presque toujours au même taux. Pour y parvenir, ils diminuent les sommes escomptées, ce qui finit par avoir un effet semblable à celui de l'augmentation de l'escompte, puisqu'on tend ainsi à décourager les nouvelles transformations de l'épargne en capitaux et les consommations; ou bien ils y arrivent en augmentant la quantité de papier-monnaie en circulation, ce qui en déprime le prix, et augmente par conséquent l'intensité des forces qui stimulent les exportations et qui dépriment les importations.

37. Il est essentiel de ne pas confondre les effets dynamiques qui résultent du passage d'une position d'équilibre à une autre, avec les effets statiques d'une position d'équilibre quelconque.

C'est pour avoir commis cette confusion, que certains auteurs se sont imaginé qu'une monnaie dépréciée favorise les exportations, et décourage les importations. Ce n'est pas exact; ces effets ne se produisent que pendant que la monnaie se déprécie.

Supposons une position d'équilibre dans laquelle une somme de papier-monnaie vaut 80 d'or; et une autre position dans laquelle 100 de papier-monnaie vaut

50 d'or. Ces deux positions peuvent être identiques, et même identiques — sauf des phénomènes secondaires, dépendant de l'incertitude de la valeur de la monnaie — à la position d'équilibre qu'on aurait avec une circulation d'or. Elles sont identiques parce que les prix ont varié précisément en proportion inverse de la dépréciation de la monnaie ; ce qui valait 100 dans la position d'équilibre à circulation d'or, vaut 125 quand 100 de papier-monnaie coûte 80, et vaut 200 quand 100 de papier-monnaie coûte 50. Dans ces trois positions d'équilibre, l'exportation n'est pas plus stimulée, l'importation n'est pas plus découragée, dans l'une que dans l'autre.

Mais pendant qu'on passe de la 1re à la 2e, ou de la 2e à la 3e, certains prix restent nominalement les mêmes, c'est-à-dire diminuent si on les exprime en or, et c'est pour ce fait que l'exportation se trouve stimulée, et l'importation découragée.

38. C'est précisément parce que les positions d'équilibre que nous venons d'indiquer sont identiques, qu'un pays qui a une circulation de papier-monnaie peut retourner à une circulation d'or, en changeant la valeur de l'unité monétaire, en lui assignant sa valeur réelle. C'est ce qu'ont fait la Russie et l'Autriche-Hongrie.

39. Au contraire, si on ne change rien aux conditions du pays et si on fait simplement un emprunt d'or pour supprimer le cours forcé, on fait une œuvre vaine : l'or, à peine introduit dans le pays, en sort. S'il en était autrement, cet emprunt aurait eu la puissance de changer toutes les conditions économiques du pays et de le porter à une nouvelle position d'équilibre.

On ne fait pas circuler de l'or dans un pays en l'introduisant d'une façon artificielle, mais en l'y attirant par la voie du commerce.

40. **La loi de Gresham.** — Cette loi s'énonce ainsi, « la mauvaise monnaie chasse la bonne » ; mais c'est

une façon elleptique de s'exprimer ; pour que la mauvaise monnaie chasse la bonne, il faut qu'elle existe en quantité suffisante dans la circulation : sinon les deux espèces de monnaie peuvent circuler en même temps, et c'est ce qui arrive en réalité pour les petites monnaies de cuivre ou de nickel qui circulent en même temps que l'or.

La loi de Gresham n'est qu'un corollaire du principe de la stabilité de l'équilibre économique. Comme on ne peut augmenter d'une façon arbitraire la quantité de monnaie en circulation, qui correspond à cet équilibre, si on met en circulation une nouvelle quantité de monnaie, il devra sortir de la circulation une quantité égale, qui sera exportée à l'étranger, ou fondue pour en retirer le métal ; et il est évident que ce sera la meilleure monnaie, celle qui a le prix le plus élevé qui, de cette façon, sera retirée de la circulation, et sera remplacée par la monnaie la moins bonne.

41. **Bimétalisme.** — On peut, dans des limites restreintes, avoir deux monnaies en circulation : l'or et l'argent par exemple. Supposons maintenant que le prix de l'argent exprimé en or baisse ; on frappera une plus grande quantité d'argent, l'augmentation de la demande de ce métal fera hausser le prix de l'argent, et elle pourra le faire hausser assez pour atteindre le prix qu'il avait avant la baisse. Mais les limites dans lesquelles ce phénomène est possible sont fort restreintes ; et on comprend facilement que si la production de l'argent dépasse ces limites, l'augmentation de la demande d'argent pour la frappe ne suffira pas à ramener l'ancien prix de l'argent ; tout l'or sortira de la circulation et on aura une circulation exclusivement d'argent. On a en fait constaté que le bimétallisme, en France, a toujours été instable ; il tendait tantôt à devenir un monométallisme or, et tantôt un monométallisme argent. Ce se-

rait actuellement un monométallisme argent, si on n'avait interdit la frappe de l'argent.

42. Substituts de la monnaie. — Chez les peuples civilisés, la monnaie ne sert que très peu dans les échanges ; elle est remplacée par les billets de banque, les chèques, les lettres de change, les virements de compte, etc. En Angleterre, le *Clearing-House*, où se compensent les créances et les dettes de certains banquiers, donne lieu à d'énormes transactions, qu'il serait matériellement impossible de faire s'il fallait se servir de monnaie métallique. La somme de monnaie métallique en circulation en Angleterre est restée à peu près constante, alors que les transactions commerciales ont pris des proportions colossales : elle a été remplacée par des substituts de la monnaie.

Chez les peuples civilisés modernes, la monnaie joue un rôle de moins en moins important dans les échanges, qui tendent à se faire presque tous sans l'intervention de la monnaie, comme lorsque celle-ci n'existait pas encore et que l'on se procurait les marchandises par échange direct (troc).

43. La monnaie métallique constitue une partie fort modeste de la richesse d'un pays. Par exemple, la richesse de l'Angleterre est évaluée à 251 milliards de francs, tandis que la monnaie métallique n'atteint pas 3 milliards. On voit ainsi combien grande est l'erreur de ceux qui pensent que l'or constitue la richesse ou même simplement le capital.

44. D'après les évaluations de la *Direction des monnaies des États-Unis* il y aurait sur notre globe environ 26 milliards de francs d'or monnayé. Il est inutile de faire remarquer que ce chiffre est fort incertain.

45. Les chiffres de la consommation industrielle de l'or et de l'argent sont encore plus incertains.

Voici cependant les évaluations de la *Direction des monnaies des Etats-Unis* pour l'année 1901 :

Argent	1.370.685 kilogrammes
Or	119.271 kilogrammes
Francs	411 millions

49. **Les Banques**. — Les banques de dépôt reçoivent des dépôts et font des prêts ; ce sont donc des entrepreneurs qui transforment l'épargne simple en épargne capital, ou quelquefois en capitaux, et qui jouent un grand rôle dans la production.

Les banques d'émission émettent des billets de banque et conservent la monnaie métallique qui doit servir à changer les billets, pour qu'ils restent de la monnaie fiduciaire et ne deviennent pas de la fausse monnaie. Elles jouent donc un rôle d'ordre public, en assurant la circulation monétaire du métal, et en épargnant l'emploi du métal et la consommation qui résulte de sa circulation.

47. On s'exprime d'une façon inexacte quand on dit que l'or existant dans la caisse des banques d'émission sert de *garantie* aux billets. Ce qui constitue la seule et unique garantie des billets, c'est d'être toujours, sans la moindre difficulté, échangés contre de l'or. Le métal or que les banques ont dans leurs caisses est simplement un moyen de faire cet échange. Le prix en or des billets de banque n'a pas de relation directe avec la quantité d'or existant dans les caisses de la banque, mais seulement avec la facilité, ou la difficulté, d'échanger ces billets contre de l'or. Si une banque a beaucoup d'or en caisse et n'échange pas ses billets, ceux-ci peuvent être au-dessous du pair ; tandis qu'une autre banque qui a beaucoup moins d'or, mais qui échange ses billets, les aura au pair. Les banques écossaises, quand elles étaient libres, surent pendant un certain temps assurer l'échange de leurs billets avec une encaisse en

monnaie métallique d'une valeur égale au septième de celle des billets.

48. Les grandes banques d'émission peuvent, par le taux de l'escompte, modifier dans certaines limites l'état du marché monétaire de leur pays. Mais c'est une erreur de croire que, là où existe une vraie monnaie, elles peuvent fixer à leur gré le taux de l'escompte ; celui-ci doit être à peu près égal à celui qui correspond à l'équilibre. Quand la banque d'Angleterre prévoit de futures difficultés monétaires, et veut, pour les éviter, élever le taux de l'escompte, elle se fait prêter de l'argent sur le marché, en donnant en gage des consolidés anglais ; et elle arrive ainsi à diminuer la quantité d'argent disponible pour des prêts.

49. Quand les caisses d'une banque d'émission se vident de monnaies métalliques, elle ne peut, pour porter remède à cet état de choses, qu'élever le taux de son escompte ; tout autre moyen n'a que peu ou point d'efficacité, et peut causer de graves dommages. Parmi les moyens à éviter, il y a celui qui consiste à emprunter pour mettre de l'or en caisse ; si les causes qui faisaient sortir l'or continuent à exister, les caisses seront rapidement de nouveau vides (§ 49).

50. L'élévation de l'escompte est nuisible aux entre-preneurs ; aussi font-ils pression sur le gouvernement, et le gouvernement sur les banques, afin de l'éviter. Si l'on cède à cette pression, on arrive assez facilement au cours forcé du billet de banque.

CHAPITRE IX

LE PHÉNOMÈNE ÉCONOMIQUE CONCRET

1. Quand on veut étudier la cristallographie, on commence par étudier la géométrie, non pas parce qu'on croit que les cristaux sont des corps géométriques parfaits, mais parce que l'étude de ceux-ci fournit des éléments indispensables pour l'étude de ceux-là. De même nous avons commencé par l'étude de l'économie pure, non pas parce que nous croyions que les phénomènes abstraits de cette science étaient identiques aux phénomènes concrets, mais simplement parce que cette première étude nous était utile pour entreprendre la seconde.

Dans les chapitres VII et VIII nous avons déjà commencé à étudier des phénomènes concrets, en recherchant les caractères de certains capitaux ; nous arrivons maintenant aux phénomènes concrets de l'économie en général.

2. Dans la consommation, le phénomène concret diffère du phénomène abstrait, et cela surtout parce que certaines consommations sont fixées par la coutume, et parce que pour les autres l'homme est une balance très imparfaite pour peser les ophélimités. L'égalité des ophélimités pondérées n'a donc lieu qu'avec une approximation plus ou moins grossière.

3. Beaucoup de marchandises produites en grand

doivent ensuite être vendues au détail. Plusieurs économistes montrent un certain dédain à s'occuper des
prix de.la vente au détail, comme si c'était là une chose
au-dessous de la dignité de la science. Ils pensent pouvoir parler du prix du vin s'il s'agit de ventes en gros,
mais non du prix du litre de vin que vend l'aubergiste.
Et cependant,à peu près tout le vin produit finit par être
vendu par l'aubergiste, le restaurateur, le marchand au
détail, le producteur, pour la consommation domes-
tique.

Dans la vente au détail, souvent la concurrence n'intervient pas, ou fort peu. Les marchands au détail sont
en nombre très considérable, leurs capitaux s'élèvent à
une somme beaucoup plus élevée que celle qui serait
nécessaire à la distribution des marchandises. Ce sont
ces circonstances qui assurent le succès des coopératives
de consommation et des grands magasins.

4. Dans les pays les plus civilisés, ces marchands au
détail forment des syndicats et fixent des prix communs,
qui sont généralement de beaucoup supérieurs aux
coûts des marchandises en gros ou aux coûts de production ; ils sont souvent le double, le triple ou même davantage.

5. Le nombre des marchands au détail et leurs capitaux augmentent jusqu'à ce que, malgré les prix élevés,
la profession de ces marchands ne procure pas un gain
plus grand que celui qu'on peut obtenir dans d'autres
professions.

6. Il faut remarquer que les dommages causés par
cette organisation imparfaite de la distribution sont
beaucoup plus considérables que ceux qui résultent de
la dépense nécessaire pour faire vivre ce nombre exagéré
de marchands et payer l'intérêt des capitaux superflus.
Supposons que, dans un certain pays, ces deux sommes
donnent un total de 100 par an ; il y aurait un grand

avantage, pour les consommateurs, à payer directement cette somme de 100 à leurs parasites, pourvu que, pour la consommation, on pût avoir les prix qui résulteraient d'une bonne organisation du système de distribution. Cette observation est générale et s'applique à tous les cas semblables (VI, 8 et s.).

De même, parmi les principaux dommages causés par les prétentions des syndicats ouvriers, des syndicats de capitalistes, et des syndicats de vendeurs, il faut comprendre les altérations des coefficients de production, qui ont des valeurs, différentes de celles que donnerait le maximum d'ophélimité. La richesse ainsi détruite est souvent beaucoup plus considérable que celle que s'approprient les syndicats.

7. Les prix de gros de beaucoup de marchandises varient journellement, les prix de détail restent constants pendant des périodes plus ou moins longues. Par exemple, les prix de la farine, du café, du coton en gros, varient chaque jour, tandis que les prix du pain, du café, du coton au détail ne varient pas. Le consommateur n'est pas content si les changements de prix sont trop fréquents, et le marchand au détail lui donne satisfaction en choisissant des moyennes parmi les prix de gros. Le phénomène concret diffère encore en cela du phénomène abstrait.

8. Dans la production en gros on trouve des phénomènes qui se rapprochent davantage de ceux qu'étudie l'économie pure. L'organisation de cette production est souvent bonne, et c'est ce qui explique pourquoi les coopératives de production n'ont que rarement réussi. Dans la production en gros nous trouvons aussi des syndicats, des trusts, des monopoles. D'ailleurs les dommages qu'en éprouvent les consommateurs sont peut-être moindres, en Europe, que ceux que leur font éprouver les boutiquiers ou les syndicats ouvriers. Dans

les États-Unis d'Amérique ils sont peut-être égaux ou même plus considérables.

9. Subjectivement, le phénomène semble différent, parce que la plupart des personnes qui s'en occupent sont poussées par la manie humanitaire contemporaine à excuser non seulement tous les dommages causés par les ouvriers ou par les personnes peu aisées, et même à excuser les délits que tous ces braves gens peuvent commettre : tandis que la haine les rend aveugles quand elles parlent des personnes aisées et notamment des « capitalistes », et plus encore s'il s'agit des « spéculateurs ».

M. Pantaleoni remarque excellemment qu' « il est vraiment singulier que cette croisade contre ces soi-disant monopoles, et en faveur par conséquent de la libre concurrence, que l'on trouve menacée, est menée par des gens qui, quand il ne s'agit pas de syndicats (*trusts*), ne cessent de signaler les dommages aussi graves qu'imaginaires de cette même concurrence, et de demander contre elle des remèdes légaux non moins rigoureux que ceux qu'ils voudraient pouvoir inventer contre les syndicats (*trusts*). Il est également étrange que les mêmes personnes qui voient un monopole caractérisé dans une convention faite entre entrepreneurs afin que les ventes d'une marchandise se fassent plutôt à un prix qu'à un autre, et qui découvrent encore ce caractère s'il s'agit de la vente de certains services, par exemple du transport par voie ferrée ou par bateau, ne voient plus ce même caractère dans une convention passée entre individus vendeurs de services personnels, par exemple entre maçons, ou terrassiers, etc. (1) ».

10. Les « trusts ». — Les syndicats modernes ont deux buts principaux, à savoir : 1° Donner aux entre-

(1) *Giornale degli economisti,* mars 1903, p. 240.

prises la grandeur qui correspond au coût de production minimum. Nous en avons parlé déjà à propos de l'entreprise en général, et il est inutile de revenir sur ce sujet. M. Pantaleoni ajoute qu'ils ont aussi pour but de réunir ensemble des entreprises connexes et d'en faire un tout économique. Il est bien certain que cela est quelquefois vrai, mais c'est là, pour le moment du moins, un but très secondaire à côté de celui dont il nous reste à parler. 2° Se soustraire en tout ou en partie à la libre concurrence.

11. Au fond ce dernier but existe toujours, seulement il est souvent caché. On dira, par exemple, que le syndicat n'a pas pour but de faire hausser les prix, mais d'empêcher qu'ils ne deviennent *ruineux*. Mais ce sont précisément ces prix, ruineux pour les entrepreneurs, qui sont avantageux pour les consommateurs ; non seulement directement, mais encore indirectement, parce que c'est sous la pression de ces prix que les entreprises introduisent des perfectionnements dans leur production. En les soustrayant à cette pression, le syndicat les soustrait à la nécessité de ces innovations. Il est vrai qu'il reste, pour encourager ces perfectionnements, le désir de faire de plus grands profits ; mais l'homme agit avec plus d'énergie s'il s'agit de se soustraire à une ruine imminente que s'il s'agit de rechercher des profits plus considérables. C'est précisément pour cela que les industries exploitées par l'Etat, qui sont sûres de vivre grâce aux deniers des contribuables, ne font pas autant de progrès que les industries privées, qui luttent pour la vie même.

12. Dans certains p s les syndicats prétendent n'avoir pour but que de s'opposer à la concurrence *déloyale* (contre laquelle ils demandent souvent l'intervention de la loi) ; mais il suffit de voir les choses d'un peu près pour s'apercevoir que cette concurrence qu'on

qualifie de déloyale, est tout simplement la concurrence, sans plus. En mai 1905, les journaux suisses ont publié le « communiqué » suivant des lithographes : « L'assemblée générale de la Société suisse des patrons lithographes s'est réunie le 20 et 21 mai à Lucerne. La concurrence déloyale continuant à déployer ses effets, on a décidé d'instituer une commission d'honneur,... chargée d'apprécier les procédés déloyaux, *spécialement les offres de prix dérisoires*... L'assemblée a été obligée, à regret, d'exclure uné maison qui s'est signalée, à différentes reprises, par des prix dérisoires. »

13. On ne peut pas nier qu'il n'y ait eu des *trusts* qui ont prospéré sans jouir d'aucun privilège, sans l'aide de la protection douanière ; mais ils sont peu nombreux à côté des *trusts* qui doivent leur naissance et leur succès à des mesures de ce genre.

14. Remarquez que, pour les petits syndicats, qui sont peut-être les plus nuisibles aux consommateurs, parce qu'il y en a un grand nombre et parce qu'ils élèvent fortement les prix, il suffit souvent de la bienveillance des autorités et de la nonchalance des consommateurs pour rendre le monopole possible (1). C'est ce qui fait le succès des sociétés coopératives, qui serait

(1) Un producteur de coton annonce sa marchandise dans les journaux, en ajoutant, pour être agréé par le syndicat des marchands au détail, qu' « il ne vend pas directement aux consommateurs ». Si les consommateurs s'organisaient également en syndicat et répondaient qu'ils n'achèteront pas ce coton, le producteur modifierait sa façon de faire. En attendant, dans certaines villes suisses, le coton à repriser coûte trois fois (*sic*) plus cher qu'en Italie.

On pourrait citer des exemples semblables à l'infini. Il est bien possible que tous ces syndicats aient des vertus sublimes, mais il est certain également, et même très certain, qu'ils font payer aux consommateurs les marchandises beaucoup plus cher que ce qu'elles coûteraient sous un régime de libre concurrence.

encore plus grand si elles avaient le courage de vendre à des prix assez bas pour supprimer les parasites économiques qui tiennent les prix hauts ; c'est ce qu'ont fait les grands magasins, et c'est ce qu'ils continueraient à faire, si dans certains pays ils n'avaient à subir l'oppression de la loi et du fisc qui interviennent pour empêcher que les consommateurs n'achètent les marchandises à bon marché.

15. En somme, il n'y a aucune raison de croire que les syndicats ouvriers, les syndicats industriels, etc., soient nécessairement nuisibles aux consommateurs ; ils ne sont tels que par suite de certains de leurs procédés, et seulement dans la mesure où ceux-ci sont cause d'une augmentation des prix.

16. Les contrats collectifs de production, de travail, etc., peuvent être utiles : et par conséquent, en certains cas, ils peuvent se substituer avec avantage aux contrats individuels ; cela dépendra surtout des modes selon lesquels ils pourront être stipulés et de la certitude qu'il y aura qu'ils seront exécutés. C'est le manque de cette certitude qui constitue l'obstacle principal que rencontrent les contracts collectifs de travail.

Actuellement il existe une tendance très marquée à mettre l'ouvrier au-dessus des lois civiles et même pénales. Celles-ci n'obligent que le bourgeois. Ainsi tout ouvrier peut rompre du jour au lendemain son contrat de travail, sous prétexte de grève. Les patrons qui osent suivre cet exemple sont immanquablement condamnés par les tribunaux à des dommages-intérêts. Si un différend entre patrons et ouvriers est soumis à des arbitres, la décision de ceux-ci est obligatoire pour les patrons, elle ne l'est pas pour les ouvriers, qui la tiennent pour non avenue, si elle ne leur convient pas.

17. A toutes les périodes de l'histoire de nos pays nous trouvons des faits semblables aux procédés que

nous venons d'indiquer, permettant à certaines personnes d'employer des artifices pour s'approprier les
biens d'autrui ; nous pouvons donc affirmer, comme
une uniformité que l'histoire nous révèle, que l'activité des hommes se dépense dans deux voies différentes : elle tend à la production ou à la transformation des biens économiques, ou bien elle tend à s'approprier les biens produits par d'autres. Entre peuples
différents, la guerre, surtout dans les temps anciens, a
permis aux forts de s'approprier les biens des faibles ; dans
le même peuple, c'est au moyen des lois et, de temps à
autre, des révolutions, que les forts dépouillent encore
les faibles.

18. Il faut remarquer que cette division de l'activité
humaine n'est pas propre à la distribution qui résulte de
la libre concurrence, elle est d'une application générale.
Supposons une société dans laquelle les biens sont distribués d'après une norme quelconque ; par exemple,
chacun des membres de la société reçoit une part égale.
Nous y retrouverions encore cette division de l'activité
des hommes : une partie d'entre eux s'emploieraient à
produire les biens qui doivent être ensuite distribués
d'une façon égale et une partie s'emploierait, non pas à
produire, mais à s'approprier les biens produits par les
autres.

19. Il est évident qu'on n'obtient pas, de cette façon,
l'avantage économique maximum pour la société. Nous
ne pouvons pas être aussi affirmatif au sujet de l'avantage social, car la lutte pour l'appropriation des biens
d'autrui peut favoriser la sélection (§ 35).

20. Au commencement du XIXe siècle les économistes
ont cru que cette uniformité que nous révèle l'histoire était
sur le point de disparaître : ils croyaient qu'elle était le
fait de l'ignorance, et qu'en supprimant la cause, par la
diffusion de la science économique, l'effet disparaîtrait

aussi (1). C'était d'ailleurs l'époque où l'on répétait couramment « ouvrez une école et vous fermerez une prison » ; tout au contraire l'instruction s'est généralisée, mais la criminalité n'a pas diminué. En France, la criminalité infantile a augmenté parallèlement à l'instruction. Toutes les personnes cultivées ont étudié l'économie politique, mais la société dont ils font partie ne se meut pas le moins du monde engagée dans le sens qu'espérait J. B Say ; elle marche même, en ce moment,

---

(1) Le raisonnement de J.-B. SAY, *Cours complet d'écon. polit. pratique*, p. 9-11 est caractéristique : « L'économie politique, en nous faisant connaître les lois suivant lesquelles les biens peuvent être créés, distribués et consommés, tend donc efficacement à la conservation et au bien-être non seulement des individus, mais aussi de la société, qui, sans cela, ne saurait présenter que confusion et carnage... Quel triste spectacle nous offre l'histoire ! Des nations sans industrie, manquant de tout, poussées à la guerre par le besoin, et s'égorgeant mutuellement pour vivre... Voilà ce qu'était la société chez les anciens... Je ne parle point de la barbarie du Moyen Age, de l'anarchie féodale, des proscriptions religieuses... Mais du moment qu'on acquiert la conviction qu'un Etat peut grandir et prospérer sans que ce soit aux dépens d'un autre... dès ce moment les nations peuvent avoir recours aux moyens d'exister les plus sûrs, les plus féconds, les moins dangereux ; et chaque individu, au lieu de gémir sous le fait des malheurs publics, jouit pour sa part des progrès du corps politique. Voilà ce qu'on peut attendre d'une connaissance plus généralement répandue des ressources de la civilisation. Au lieu de fonder la prospérité publique sur l'exercice de la force brutale, l'économie politique lui donne pour fondement l'intérêt bien entendu des hommes. Les hommes ne cherchent plus dès lors le bonheur là où il n'est pas, mais là où l'on est assuré de le trouver... Si les nations n'avaient pas été et n'étaient pas encore coiffées de la balance du commerce, et de l'opinion qu'une nation ne peut prospérer si ce n'est au détriment d'une autre, on aurait évité durant le cours des deux derniers siècles cinquante années de guerre... C'est donc l'instruction qui nous manque, et surtout l'instruction dans l'art de vivre en société. »

en sens contraire. Les théories n'ont qu'une action très limitée sur la détermination des actes des hommes, l'intérêt personnel et les passions y ont beaucoup plus de part, et il se trouve toujours à point quelque théorie complaisante pour les justifier.

21. Parmi beaucoup d'exemples, il nous suffira de citer celui-là même de la *balance du commerce*, dont Say a donné la théorie. Il n'est pas possible de trouver une démonstration plus claire et plus rigoureuse, théoriquement et pratiquement, que celle qui montre qu'un pays ne s'enrichit pas si la somme de ses exportations dépasse celle de ses importations ; et, inversement, qu'il ne s'appauvrit pas si la somme de celles-ci dépasse la somme de celles-là. Et pourtant, même de nos jours, il est des gens qui ne cessent de répéter tranquillement cette sottise que l'enrichissement ou l'appauvrissement d'un pays dépend de la question de savoir si la balance du commerce lui est *favorable* ou *défavorable*.

22. Say est excusable d'être tombé dans cette erreur parce qu'il ne pouvait pas connaître les faits, pour lui futurs, qui se sont déroulés dans la seconde moitié du XIXᵉ siècle et qui ont montré que l'uniformité qu'il avait constatée dans le passé continuait à se vérifier dans le présent, et qu'elle n'avait nullement été modifiée par la diffusion de l'instruction en général, et de la connaissance de l'économie politique en particulier.

23. Dans les siècles précédents, les prix élevés étaient considérés comme un mal, les prix bas, comme un bien : c'est le contraire aujourd'hui. Jadis les gouvernements s'efforçaient d'assurer le bon marché des marchandises à leurs sujets ; aujourd'hui ils tâchent de faire hausser les prix. Autrefois on mettait obstacle à l'exportation des blés, afin de les maintenir à bas prix dans le pays ; aujourd'hui on met des obstacles à leur importation, afin d'en élever le prix à l'intérieur.

Vers la moitié du xvie siècle, en France, on se plaignait tellement de la hausse des prix, que le roi s'en émut et chargea Malestroit d'étudier la question. Dans la seconde moitié du xixe siècle, parce que les prix baissaient légèrement, ou plus exactement, ne continuaient pas à monter, les hommes d'Etat, les académies, les savants se mirent à rechercher la cause de cette calamité. L'opposition de ces deux faits, qui sont des types d'une espèce, met clairement en lumière la différence des deux époques.

24. Il est bon de chercher l'explication de ce phénomène. Comme à l'ordinaire, nous ne la trouverons pas, dans un seul fait, mais dans un grand nombre. Un des principaux, est la différence d'organisation sociale. Autrefois dans le gouvernement de l'Etat, la prépondérance appartenait à des personnes qui avaient des revenus fixes ou presque fixes, et la hausse des prix leur était désavantageuse (vi, 80) ; aujourd'hui, la prépondérance appartient aux entrepreneurs et aux ouvriers, et la hausse des prix leur est avantageuse. Il nous faut ajouter des causes spéciales, qui pouvaient agir en sens contraire à la cause générale que nous venons de mentionner, ou bien dans le même sens. Quand le souverain avait besoin d'argent, il établissait des impôts, sans se demander si cela faisait hausser les prix, l'avantage direct étant en ce cas plus grand que le dommage indirect ; et de même il concédait des privilèges ayant le même effet. D'autre part, pour le blé, il existait une cause particulière qui agissait puissamment pour conseiller de tenir le prix aussi bas que possible. Par suite du peu de richesse des peuples de cette époque, le haut prix du blé était synonyme de disette, et il s'en suivait des désordres et des émeutes de toute espèce. Le gouvernement pouvait donc difficilement céder au désir des propriétaires qui ont assez générale-

ment intérêt à ce que les prix du blé soient hauts, afin
de se procurer des rentes.

Tant que la hausse des prix des marchandises n'est
que partielle et tant qu'elle est moindre que la hausse
des salaires, les ouvriers n'en souffrent pas. Mais vers
la fin de 1906, la hausse des prix se généralisa en Angleterre, en France, en Italie, et les ouvriers commen-
cèrent à souffrir de la cherté de la vie. La hausse des
prix des marchandises n'apparut plus alors à tout le
monde comme un bienfait ; mais comme on ne voulait
pas toucher aux causes qui l'avaient amenée, on se con-
tenta de demander au gouvernement des subsides pour
les ouvriers.

En Italie l'émigration des campagnes vers les villes
et l'augmentation considérable des prix des matériaux
de construction et des salaires des ouvriers du bâtiment ont été la cause d'une hausse considérable des
loyers. Au lieu de laisser agir cette force, qui ralentirait
l'émigration des campagnes vers les villes, et qui ferait
baisser les salaires des ouvriers du bâtiment, on demande au gouvernement et aux banques des subsides
pour bâtir de nouvelles maisons dans les villes ; et
comme cela aura lieu, en partie, aux dépens des campagnes, l'émigration vers les villes augmentera au lieu de
diminuer. L'agriculture, dans l'Italie méridionale manque
de capitaux ; au lieu de lui en fournir et d'augmenter la
production, on va dépenser ces capitaux dans les villes,
sans aucun profit pour la production économique.

25. Vers le milieu du xive siècle, on promulgua en
Angleterre un *Statut* célèbre qui resta en vigueur jusqu'au règne d'Elisabeth, en vertu duquel tout homme
valide qui n'avait pas de revenus personnels, devait travailler à un prix fixé par le *Statut* (1).

(1) Aucun individu de moins de 60 ans, de condition libre ou

Malgré cela, les salaires agricoles augmentèrent et les tentatives faites pour résister à cette augmentation furent continuelles. Un statut de la 5ᵉ année du règne d'Elisabeth confia aux juges de paix, réunis dans leurs sessions trimestrielles, le soin de fixer les salaires des ouvriers des métiers et des ouvriers agricoles ; ce règlement resta en vigueur jusqu'en 1814 ; à ce moment on a laissé agir la concurrence, mais on interdit les associations ouvrières. En 1825 celles-ci sont en partie permises, mais il subsiste encore des restrictions, qui sont supprimées en 1875. On a alors une très courte période de liberté ; puis, les ouvriers, d'opprimés deviennent oppresseurs, ils imposent leurs conditions, et la loi les favorise. En 1904 tous les partis, en vue des élections prochaines, luttent entre eux d'adulation envers les ouvriers. Le parti libéral, qui a conservé son nom, mais qui a renié ses principes, passe au socialisme, et promet, s'il sort victorieux, de mettre toute la puissance de la loi au service des ouvriers ; le parti conservateur, qui est au pouvoir, peut non seulement promettre, mais proposer et faire approuver par la Chambre des Communes une loi en vertu de laquelle les unions ouvrières n'auront plus de responsabilité dans les grèves qu'elles auront provoquées et les grévistes pourront impunément persécuter les *krumirs ;* et on laisse entendre que ce n'est là qu'un premier gage pour des faveurs plus larges.

26. En France, le phénomène est plus marqué encore.

servile, ne pouvait refuser de travailler la terre aux prix ordinaires de la vingtième année du règne (1347). C'est ce que ne peuvent faire que ceux qui vivent du revenu du commerce, de quelque métier, ou qui possèdent des rentes suffisantes, ou qui exploitent eux-mêmes leurs terres... Les anciens salaires serviront de norme ; on poursuivra ceux qui demandent davantage... Les maîtres qui paieront des salaires plus élevés seront frappés d'une amende égale au triple du surplus payé.

Il y a quelques années, les ouvriers ne pouvaient même pas se syndiquer ; actuellement les syndiqués jouissent de privilèges extraordinaires ; les grévistes peuvent impunément assommer les ouvriers qui veulent travailler, mettre le feu aux usines et saccager les banques et les habitations particulières.

Les modes et les qualités des impôts, comme aussi, en partie, les modes des dépenses de l'Etat et des communes sont un des symptômes les plus sûrs de l'état économique et social d'un pays ; parce que toujours la classe dominante fait peser autant qu'elle le peut les impôts sur la classe sujette et fait tourner les dépenses à son profit. C'est une pure rêverie que de parler « de la justice dans l'impôt » ; jusqu'ici le globe terrestre ne l'a jamais vue.

Le discours prononcé par M. Ribot, au commencement de l'année 1908, contre l'impôt sur le revenu, a des parties vraiment comiques. Cet éminent homme politique, après de profondes réflexions, a découvert que l'impôt sur le revenu séparerait les citoyens en deux classes : celle des personnes qui votent l'impôt et celle des personnes qui le payent. S'il n'a pas fait plutôt cette découverte, ce n'est vraiment pas la faute de ses adversaires, car ils ont proclamé sur tous les tons que leur but était précisément celui que croit avoir découvert M. Ribot ; et c'est en tant que l'impôt sur le revenu atteindra ce but qu'il apportera au pays un peu plus de « justice sociale ».

M. Paul Leroy-Beaulieu (1) décrit excellemment l'évolution actuelle en France : « Ainsi les principaux impôts indirects ont été l'objet de réductions considérables depuis une vingtaine d'années, depuis dix ans surtout, et néanmoins les immunités de la contribution mobilière

(1) *Journal des Débats,* juillet 1904.

pour les petits et les moyens revenus ont été intégralement maintenues.

« Bien plus on a accordé, il y a quelques années, aux petites cotes foncières le dégrèvement soit total, soit partiel de la part de l'impôt foncier concernant l'Etat... Tournons-nous maintenant vers les catégories des contribuables moyens et des contribuables importants. Le législateur, depuis vingt ans, n'a fait qu'élever par des remaniements de tarif et par des taxes nouvelles, par l'introduction aussi du principe de la progression dans certains impôts, leur quote-part de taxes non seulement d'une façon absolue, mais aussi d'une façon relative... Le caractère progressif de la contribution mobilière dans les villes a été fortement accentué ; l'impôt dont on déchargeait les petits loyers et les loyers modiques a été mis par une loi récente à la charge des loyers plus élevés. Les patentes moyennes, et surtout les grosses, ont été constamment accrues, tandis que l'on déchargeait constamment les petites. Les droits de succession ont été soumis à un tarif progressif accentué, qui finit, pour les grosses successions collatérales, par équivaloir à une véritable extorsion, à une sorte de confiscation... » Autrefois, et naguère encore, le budget de l'Etat ne faisait aucune part ou presqu'aucune à l'assistance et à la philanthropie... Le budget des communes avait bien quelques dotations d'un caractère humanitaire, mais assez restreintes. L'instruction primaire n'était pas encore gratuite ou ne l'était qu'exceptionnellement : aujourd'hui non seulement elle l'est partout mais l'école donne [des subsides].

« Le budget de l'État et surtout le budget des communes foisonnent de subventions et de concours de toutes sortes ayant un caractère philanthropique et humanitaire. Il en résulte qu'une part chaque jour plus forte des ressources publiques est employée, non plus aux services généraux du pays, mais au profit particulier de la partie médiocrement aisée de la population. »

Un auteur de beaucoup de talent, et qui, au point de vue des théories économiques est aux antipodes de M. Leroy-Beaulieu, s'exprime de la sorte : « Le parti a pour objet, dans tous les pays et dans tous les temps, de conquérir l'Etat et de l'utiliser au mieux des intérêts du parti et de ses alliés. Jusqu'à ces dernières années, les marxistes enseignaient, au contraire, qu'ils voulaient supprimer l'Etat... Les choses ont naturellement changé d'aspect lorsque les succès électoraux ont conduit les chefs socialistes à trouver que la possession du pouvoir offre de grands avantages (1).... » « Pour bien comprendre la transformation qui s'est opérée dans la pensée socialiste il faut examiner ce qu'est la composition de l'État moderne. C'est un corps d'intellectuels qui est investi de privilèges et qui possède des moyens dits politiques pour se défendre contre les attaques que lui livrent d'autres groupes d'intellectuels avides de posséder les profits des emplois publics. Les partis se constituent pour faire la conquête de ces emplois et ils sont analogues à l'Etat. On pourrait donc préciser la thèse que Marx a posée dans le *Manifeste communiste :* « Tous les mouvements sociaux jusqu'ici, ont été accomplis par des minorités au profit de minorités » : nous dirions que toutes nos crises politiques consistent dans le remplacement d'intellectuels par d'autres intellectuels (2)... »

On ne saurait mieux dire, et G. Sorel décrit très exactement les faits qui se passent dans nos sociétés (3).

27. Objectivement on peut résumer tous ces faits

---

(1) Georges SOREL, *La décomposition du Marxisme*, Marcel Rivière, 1908, p. 48.

(2) Georges SOREL, *Loc. cit.*, p. 50.

(3) Voyez aussi les nombreux ouvrages de G. de MOLINARI.

d'un façon générale, et sans vouloir entrer dans des détails particuliers, en disant que chaque phénomène économique tend à être réglé d'après l'intérêt des classes de la société qui ont la prépondérance dans le gouvernement.

Subjectivement, c'est au nom de la « justice », de la « morale », et actuellement du « progrès », que les adversaires paraissent se combattre. Mais, du côté de ceux qui montent à l'assaut de l'ancienne société, seule la masse croit en toute bonne foi à cette nouvelle religion, les chefs qui constituent la nouvelle élite, en connaissent parfaitement l'entière vanité. La foi aveugle de la masse et le scepticisme des chefs est une des causes les plus importantes de la victoire. Du côté, au contraire, de l'élite en décadence, les chefs eux-mêmes croient plus ou moins à cette « justice » à cette « morale », à ce « progrès » ; ils sont ainsi gênés dans leurs mouvements et entraînent leur troupe à une défaite certaine (1).

28. Si l'homme réel n'était qu'un *homo oeconomicus* l'apparence du phénomène différerait beaucoup moins de la réalité ; et tous ceux qui de propos délibéré visent une certaine fin, pourraient souvent confesser nettement qu'ils agissent de telle ou telle manière parce qu'ils y trouvent leur avantage ; mais l'homme réel est aussi un *homo*

(1) C'est ce qui est arrivé au maréchal de Mac-Mahon et à ses ministres. On a rarement vu dans l'histoire gâcher de la sorte une situation aussi éminemment favorable. Pour peu que ces gens-là eussent eu la moindre énergie, la moindre fermeté de caractère, leur victoire et celle de la bourgeoisie était assurée. Mais c'étaient d'honnêtes et bons humanitaires, incapables de tirer le moindre parti des circonstances qui se présentaient.

Après sa défaite, la bourgeoisie ne sut que geindre et se lamenter, invoquant la « justice » de ses vainqueurs, dont le *vae victis* résonnait à ses oreilles. Elle justifie ainsi l'utilité sociale de la victoire de ses adversaires. Le monde appartient aux forts.

ethicus, et tout intérêt particulier cherche à se cacher
sous la forme de l'intérêt général (II, 205, 106).

Il est, en ce domaine, des faits typiques. A un certain
moment de l'évolution, les personnes qui veulent changer l'organisation sociale, modifient certaines lois, mais
n'osent pas encore en modifier d'autres, crainte de trop
heurter les préjugés dominants. C'est ce qui, au point
de vue politique, s'est passé à Rome lors de l'avènement
de l'empire ; c'est ce que, au point de vue économique,
nous pouvons observer de nos jours.

Nos lois et nos codes s'inspirent encore de certains
principes qu'on voudrait changer. On remplace leurs
dispositions par d'autres autant qu'on le peut ; mais
lorsqu'on ne peut pas le faire, on demande qu'au moins
les juges prononcent selon leur conscience et non selon
la lettre de la loi. Cette considération a donné lieu à de
fort belles théories, en France, en Italie, en Allemagne.
En ces deux derniers pays ce point de l'évolution n'est
pas encore dépassé ; en France il commence à l'être, et
les mêmes personnes qui applaudissaient avec enthousiasme aux arrêts du « bon juge » prononçant de propos
délibéré contre la loi, pour suivre — disait-il — sa
conscience, applaudissent maintenant avec le même
enthousiasme le ministre Briand déclarant que le juge
n'a pas à s'occuper de sa conscience, mais seulement de
la lettre de la loi.

A ne regarder que la manière dont elles sont exprimées, il semble qu'il y a contradiction manifeste entre
ces deux points de vue ; cette contradiction existe réellement pour les gens dont la pensée n'est pas différente
de la forme qu'elle revêt ; mais ce sont là, en général, des
fidèles de la nouvelle religion, et l'intensité de leur foi
les empêche de saisir la contradiction de deux propositions absolument contraires (II, 48). Mais, pour les
chefs, cette contradiction n'existe nullement, car pour

eux, il s'agit de moyens et non d'un but, et il est parfaitement naturel que les moyens changent, quand changent les circonstances. Quant aux théoriciens, ce n'est pas pour rien que la casuistique a été inventée, et quand leurs maîtres le voudront, ils reviendront du « droit libre » au droit littéral, avec la même aisance avec laquelle, à présent, ils veulent substituer ce premier au second. Le droit a toujours eu, et aura toujours, des théories propres à favoriser les intérêts de la classe dominante.

29. Les faits semblables que l'on pourrait citer sont innombrables, et à vrai dire ils constituent le tissu de l'histoire des sociétés. Mais ce serait une erreur de croire que seul l'intérêt de la classe dominante est en jeu ; d'autres faits concourent encore à changer la forme du phénomène, et cela parce que ces actions sont des actions non-logiques, et qu'elles sont en partie faites sous la pression de circonstances extérieures à l'homme, sans qu'il en voit nettement la fin.

30. C'est ce qu'on comprend bien quand on étudie la transformation qui commence en ce moment, et qui fait naître une nouvelle classe privilégiée. L'histoire nous fournit d'autres exemples de ces transformations, dont nous connaissons l'allure générale, mais fort mal les détails ; tandis que nous connaissons bien les détails de celle qui s'accomplit sous nos yeux, mais nous voyons mal les lignes générales qui sont encore indécises. C'est ainsi que l'étude du passé et celle du présent se prêtent un concours mutuel.

Les faits indiqués au § 28 ne sont qu'un cas particulier de faits beaucoup plus généraux.

Les sociétés se transforment continuellement, et cette transformation est particulièrement rapide à notre époque, pour les sociétés civilisées ; elle est souvent de forme plus que de substance, mais elle n'en existe pas moins. Tout change, jusqu'à la forme des romans et des pièces de théâtre ; les conceptions de l'éthique et du droit revêtent de nouvelles formes.

De légers changements dans la société peuvent être faits en un jour : celui où la loi est modifiée ; pour d'autres plus importants on passe bien d'un état légal A à l'état légal B, mais déjà, sous le système A, les jugements des tribunaux inclinent vers le système B, et forment une transition entre A et B. Enfin, pour des transformations profondes, il existe un état de transition qui souvent dure de nombreuses années, pendant lesquelles la loi est encore nominalement A, mais où petit à petit elle finit par n'avoir plus aucune valeur, et l'état B existe en fait quand la loi vient finalement le reconnaître (1).

Ce phénomène est si connu, dans le droit romain, dans le droit anglais, et aussi dans d'autres droits, qu'il est inutile d'indiquer les transformations que, de cette façon, ces droits ont subies. Nous rappellerons simplement un fait récent, parce qu'il éclaire une transformation qui est en train de s'accomplir dans nos sociétés.

Un jugement (2) du Tribunal fédéral suisse s'exprime ainsi : « Ainsi que le Tribunal fédéral l'a reconnu en maints arrêts déjà, la garantie de la propriété, telle qu'elle figure à l'art. 12 de la Constitution de Fribourg (3),

---

(1) Aristote avait déjà noté un fait analogue dont le grand laboratoire des républiques grecques lui fournissait des exemples (*Polit.*, IV, 5, 2) : ὥσθ' οἱ μὲν νόμοι διαμενοῦσιν οἱ προϋπάρχοντες, κρατοῦσι δ'οἱ μεταβάλλοντες τὴν πολιτείαν « de sorte que les lois précédemment établies, subsistent encore quelque temps, tandis que le pouvoir appartient déjà à ceux qui ont changé le gouvernement de la cité. »

(2) Mourlevat c. Conseil d'Etat de Fribourg, 1ᵉʳ juin 1904 (*Journal des tribunaux et Revue judiciaire*, Lausanne, 1905).

(3) Voici l'art. 12 de la Constitution de Fribourg du 7 mai 1907 :

comme aussi, sous cette forme ou sous une autre, dans la constitution de tous les autres cantons (à une seule exception près) (1) n'est pas une garantie absolue : le tribunal a toujours admis que les dispositions constitutionnelles du genre de celles de l'art. 12 précité ne garantissent l'inviolabilité de la propriété que dans la mesure dans laquelle cette propriété se trouve determinée et définie dans la législation intérieure des cantons ; en d'autres termes la législation d'un canton peut sans porter atteinte au principe constitutionnel susrappelé, restreindre le contenu du droit de propriété, déterminer les droits spéciaux que comporte ce dernier, modifier, étendre ou restreindre le régime de la propriété, à la seule condition (remarquez que c'est la seule), qu'elle le fasse d'une manière générale, égale pour tous. »

A cette condition près, la restriction du droit de propriété peut aller jusqu'à son abolition. D'après cette façon de raisonner, une loi qui déclarerait que la propriété privée est abolie, sans aucune indemnité, pour tous les citoyens également, ne serait point en contradiction avec un article de la constitution d'après lequel

« La propriété est inviolable. Il ne peut être dérogé à ce principe que dans les cas d'utilité publique déterminés par la loi et moyennant l'acquittement préalable ou la garantie d'une juste et complète indemnité. »

En 1857, les principes socialistes n'étaient pas encore accueillis dans la législation. Il est très facile de modifier les constitutions des cantons ; on pourrait donc facilement supprimer ou modifier cet article, mais ce serait peut-être prématuré et cela n'irait pas sans inconvénients, car on stimulerait ainsi la résistance de ceux qui ne sont pas encore convertis au socialisme ; aussi, en attendant qu'on puisse changer l'article d'une façon explicite, se contente-t-on de le changer implicitement, en forçant le sens des mots.

(1) L'exception est celle du canton du Tessin, qui ne contient pas d'article analogue à celui que nous venons de citer.

le droit de propriété est inviolable et ne peut être supprimé sans indemnité.

La raison de cette contradiction est flagrante. Nous
sommes dans un état de transition, dans lequel on frappe
déjà la propriété privée, mais on n'ose pas encore le
faire trop ouvertement (1).

« Bien que l'Etat des Carolingiens, dit Pertile (2), ne
soit pas encore un Etat féodal, déjà se développent sous
sa domination les éléments d'où sortira le fief de droit
privé et la féodalité politique. »

Bien que, dira l'historien de l'avenir, l'état de la
France au commencement du xxᵉ siècle ne fût pas encore un état dominé par une caste privilégiée sortie de
la classe ouvrière, cependant déjà se développaient les
éléments d'où surgira la domination de cette caste.

« Entre le viᵉ et le ixᵉ siècle, dit Fustel de Coulanges (3), entre l'époque de Clovis et celle de Charlemagne, l'histoire des institutions politiques est fort obs-
cure. Ce n'est pas que les documents fassent défaut. Nous
avons des chroniques... L'existence de ce temps-là y est
décrite en termes nets et précis. Nous y pouvons voir
comment les hommes vivaient, parlaient, pensaient. En

---

(1) En 1908, G. Sorel a publié un livre intitulé : *Réflexions sur
la violence.* C'est l'œuvre scientifique la plus remarquable qui,
depuis bien des années, ait vu le jour, sur la sociologie. Nous
sommes donc heureux d'y trouver la confirmation de plusieurs
des théories de l'édition italienne de ce Manuel, publiée en 1906.
G. Sorel y arrive par une voie indépendante et différente de celle
que nous avons suivie ; et cette circonstance augmente la probabilité que les théories en question correspondent exactement aux
faits.

Voir aussi, du même auteur, *Insegnamenti sociali della economia contemporanea,* Palerme, 1906.

(2) *Storia del diritto italiano,* I, p. 191.

(3) *Etude sur les origines du système féodal du* viᵉ *au* viiiᵉ *siècle
(Académie des sciences morales et politiques).*

dépit de tout cela, il demeure très difficile de savoir comment les populations étaient gouvernées. C'est que ces documents ne concordent pas entre eux... » Ce défaut de concordance existe actuellement en France. Légalement il n'existe pas encore de caste privilégiée (1), et si on n'étudie que les lois, nous devons dire que l'ouvrier est soumis à la loi tout comme le bourgeois, le gréviste comme l'ouvrier qui veut travailler, et que la loi punit celui qui porte atteinte à la liberté du travail d'autrui. Mais si nous étudions directement les faits, nous sommes conduits à des conclusions toutes différentes (2).

(1) Fustel de Coulanges, *Les origines du système féodal* ; *le bénéfice et le patronat pendant l'époque mérovingienne*, Paris, 1890, p. 429. « Le régime féodal existait dès le VIIᵉ siècle avec ses traits caractéristiques et son organisme complet. Seulement il n'existait pas seul... Légalement c'étaient les institutions monarchiques qui gouvernaient les hommes. La féodalité étant en dehors de l'ordre régulier. Les lois ne la combattaient plus comme au temps des empereurs ; du moins elles ne la consacraient pas encore. Ce vasselage tenait déjà une grande place dans les usages, dans les intérêts ; il n'en avait presqu'aucune dans le droit public. »

(2) G. Sorel, *Réflexions sur la violence*, p. 41 : « Sur la dégénérescence de l'économie capitaliste se greffe l'idéologie d'une classe bourgeoise timorée, humanitaire et prétendant affranchir sa pensée des conditions de son existence ; la race des chefs audacieux qui avaient fait la grandeur de l'industrie moderne disparaît pour faire place à une aristocratie ultra-policée, qui demande à vivre en paix. Cette dégénérescence comble de joie nos socialistes parlementaires. Leur rôle serait nul s'ils avaient devant eux une bourgeoisie qui serait lancée, avec énergie, dans les voies du progrès capitaliste, qui regarderait comme une honte la timidité et qui se flatterait de penser à ses intérêts de classe. Leur puissance est énorme en présence d'une bourgeoisie devenue à peu près aussi bête que la noblesse du XVIIIᵉ siècle. Si l'abrutissement de la haute bourgeoisie continue à progresser d'une manière régulière, à l'allure qu'elle a prise depuis quelques années, nos socialistes officiels peuvent raisonnablement espérer atteindre le but de leurs rêves et coucher dans des hôtels somptueux. »

Pareto   31

Nous voyons que jusqu'il y a peu de temps ces conclusions, que l'on appliquait pratiquement, n'étaient pas acceptées, et même étaient repoussées théoriquement, et que maintenant seulement elles commencent à être approuvées théoriquement. Nous nous approchons ainsi de la dernière période de l'évolution, dans laquelle elles acquerront une forme légale. En même temps, si nous arrivons à cela, on déterminera ceux qui font partie de la caste privilégiée. Cela est encore incertain aujourd'hui. Ce ne sont pas et ce ne seront probablement pas tous les ouvriers, mais seulement les ouvriers groupés en syndicats, ou bien simplement les syndicats sympathiques au gouvernement (1).

31. Ces ouvriers sont au-dessus de la loi, parce que la force publique ne s'oppose pas à leurs prétentions, ou parcequ'elle ne s'y oppose, ce qui revient au même, que d'une façon inefficace. S'ils commettent des délits, on ne les poursuit pas ; si on les poursuit, le gouvernement force les juges à les absoudre. Il n'y a pas contre eux, d'ailleurs, de témoins à charge, parce que ceux qui pourraient déposer savent qu'ils ne seraient pas à l'abri de la vengeance des accusés ; si, par hasard, le tribunal les condamne, ils sont bientôt graciés ; enfin, de très fréquentes amnisties assurent une impunité complète (2).

(1) L'*immunité*, qui est précisément un des faits principaux qui ont donné naissance au système féodal, était concédée par le souverain à qui bon lui semblait, et il n'y avait pas de règle fixe pour déterminer les personnes qui devaient en jouir. FUSTEL DE COULANGES (*op. cit.*, § 30), p. 424 : « Durant plusieurs siècles, elle [l'immunité] a été un de ces faits mille fois répétés qui modifient insensiblement et à la fin transforment les institutions d'un peuple. En changeant la nature de l'obéissance des grands, et en déplaçant l'obéissance des petits et des faibles, elle a changé la structure du corps social. »

(2) G. SOREL, *Réflexions sur la violence*, p. 28, parle de la France, mais ce qu'il dit s'applique parfaitement aussi à l'Italie :

A Lorient, en 1903, le tribunal condamna un gréviste coupable de violences graves ; ses compagnons assiègèrent le tribunal, brisèrent les fenêtres et blessèrent un juge. Vingt-sept d'entre eux furent jugés et condamnés, mais immédiatement le sous-préfet intervint, menaça le président du tribunal de « le rendre responsable » des désordres que ce jugement pouvait provoquer, et le président rouvrit l'audience qui avait été levée, et, d'accord avec les juges, modifia le jugement. A Armentières la plupart des auteurs des pillages, incendies, agressions ne furent même pas inquiétés ; on ne poursuivit que les personnes qui n'appartenaient pas à la caste privilégiée, et le ministère public lui-même, dans son réquisitoire, fut forcé d'avouer que « l'information se trouva dans une quasi-impossibilité de recueillir des témoignages utiles, la plupart de ceux dont les maisons furent envahies et saccagées ayant pris la fuite ou s'étant cachés sous l'impression de la terreur, les autres hésitant ou se refusant à parler par crainte de représailles » (1).

« Presque tous les chefs des syndicats savent tirer un excellent parti de cette situation et ils enseignent aux ouvriers qu'ils ne s'agit pas d'aller demander des faveurs, mais qu'il faut profiter de la *lâcheté bourgeoise* pour imposer la volonté du prolétariat. Il y a trop de faits venant à l'appui de cette tactique pour qu'elle ne prenne pas racine dans le monde ouvrier. »

P. 30 : « Une politique sociale fondée sur la lâcheté bourgeoise, qui consiste à toujours céder devant la menace de violences, ne peut manquer d'engendrer l'idée que la bourgeoisie est condamnée à mort et que sa disparition n'est plus qu'une affaire de temps. Chaque conflit qui donne lieu à des violences devient ainsi un combat d'avant-garde... » ·

(1) PERTILE, *op, cit.*, p. 259 : «... le droit d'appel était souvent illusoire. Et cela soit par suite des difficultés qui venaient de la distance ou des obstacles qu'y mettait le baron ; soit par suite de la procédure suivie dans certains pays, qui semblait bien faite pour empêcher même les plus courageux de s'y essayer ; soit enfin parce que, même si on obtenait un meilleur jugement, le

32. On pourrait citer un grand nombre de faits de ce genre ; en voici un qui peut servir de type. En juin 1904, il y eut à Nice une grève des employés de tramways, accompagnée des violences coutumières ; nous empruntons à un journal français le récit de la fin de cet événement :

Nice, 28 juin. — « Ce soir, à sept heures, le préfet et le procureur de la République étaient avisés par dépêche que la grâce des cinq manifestants condamnés au début de la grève des employés des tramways, venait d'être signée par le Président de la République. On se rappelle que c'est sur la promesse formelle que la grâce des condamnés serait accordée dans les quarante-huit heures que les grévistes avaient consenti à reprendre le travail. Dans une réunion tenue hier soir, les employés des tramways, mécontents des lenteurs apportées à la signature de la mesure de clémence avaient décidé de quitter de nouveau le travail aujourd'hui, mardi, si à ce moment, leurs camarades prisonniers n'étaient pas libres. C'eût été alors la grève générale, car toutes les corporations ouvrières avaient déclaré se solidariser avec les employés des tramways. Les détenus ont été mis en liberté ce soir, à neuf heures et demie. C'est le procureur de la République lui-même qui est allé à la maison d'arrêt remplir les formalités de la levée d'écrou. La nouvelle de l'élargissement des prisonniers a causé parmi les ouvriers la joie la plus grande. »

C'est une pratique courante des grévistes, d'ailleurs, de ne reprendre le travail qu'après avoir imposé comme condition la mise en liberté de ceux qui ont été arrêtés et condamnés par les tribunaux ; le gouvernement obéit humblement.

roi manquait fréquemment des moyens de le faire exécuter, quand le baron ne tirait pas vengeance de la hardiesse de son vassal. »

En mai 1905, à Limoges, avec le consentement de la force publique qui assistait inerte et bénévole, les grévistes assiégèrent, pendant plusieurs jours, l'usine de la maison Beaulieu, dans laquelle onze personnes, dont quatre enfants en bas âge, souffraient de la faim. Le maire, député socialiste, intervint, mais en usant de précautions, et en priant les grévistes de laisser passer dans la maison assiégée, au moins un peu de pain pour ne pas lasser mourir de faim les assiégés, mais les assiégeants, qui ne dédaignaient pas l'ironie, ne permirent que l'entrée d'un seul pain pour ces onze affamés. Ceux-ci instruits par les événements de Cluses, n'éssayèrent même pas de se défendre ; s'ils l'avaient essayé, la force publique se serait immédiatement mise en mouvement, elle les aurait arrêtés et ils auraient été condamnés par le tribunal, comme cela est arrivé aux malheureux industriels de Cluses (II, 92). Un enfant, le fils du concierge, poussé par la faim voulut aller chercher un peu de lait. Il fut frappé par les grévistes protégés par l'autorité, et eut deux côtes enfoncées ; non contents de cela, les grévistes, par la violence, repoussèrent le médecin qui voulait aller porter ses soins à ce malheureux blessé.

Les *humanitaires* prennent naturellement parti pour les excellents grévistes qui fouaillent les bourgeois. Le ministre M. Etienne répondit aux délégués des commerçants de Limoges venus à Paris demander que les personnes et les biens des citoyens fussent protégés : « qu'ils étaient les fils aînés de la démocratie et qu'ils devaient faire preuve à l'égard de leurs frères cadets, les ouvriers, de sentiments de bienveillance et d'affection pour ramener au calme et à la raison les esprits égarés. »

Cependant le gouvernement français fut obligé d'employer la force pour se défendre contre ces « frères cadets » ; mais ensuite la Chambre vota des secours aux

agresseurs blessés et aux blessés de la force publique
attaquée, mettant ainsi sur le même pied, sans distinction
aucune, les criminels et ceux qui avaient défendu la
loi.

En Italie les employés de chemin de fer malmenèrent
à leur convenance le public qui les paye et qui les nourrit (1). Ils ne furent pas punis, et ils reçurent même les
éloges de gens appartenant aux hautes classes sociales,
et les citoyens doivent se résigner à souffrir les caprices
de ces gens-là (2).

En Italie, en France, en Russie (3), les grévistes
émettent une autre prétention, à savoir d'être payés pour
les jours de grève, comme s'ils avaient travaillé, et dans
certains cas ils ont trouvé des gens assez faibles, assez
lâches pour céder sur ce point. Si cette organisation se
généralise on ne voit pas pourquoi les ouvriers, sous des
prétextes variés, ne resteraient pas en grève toute l'année;
ils iraient se promener et toucheraient néanmoins leur
paye. Ce qui est étonnant ce n'est pas qu'ils aient cette
prétention, car enfin chacun s'efforce d'obtenir le plus
qu'il peut ; ce qui est étrange c'est le manque de bon
sens et d'énergie de messieurs les humanitaires, qui in-
ventent sophismes sur sophismes pour justifier ces prétentions.

(1) Parmi les hommes politiques italiens, M. Napoleone Colajanni a eu le courage de reconnaître tout ce qu'il y avait d'exagéré dans les prétentions des « ferrovieri », et le courage très
grand de le déclarer nettement.

(2) De nouveaux faits sont venus confirmer les observations
exprimées en ces lignes, publiées en 1906.

(3) Le *Moniteur des intérêts matériels* du 7 juin 1905 dit à propos
de la Russie : « On a été jusqu'à émettre cette prétention injus-
tifiable d'être payé pendant les jours de grève, et des patrons
dans le nord ayant eu la faiblesse de consentir, cette réclamation
presque saugrenue est élevée maintenant dans tous les rayons. »
Lors des grèves agricoles de la Haute-Italie, en 1908, parmi

Il y a mieux encore. Là où l'évolution est plus avancée, c'est-à-dire en France et en Italie, on voit s'établir une doctrine selon laquelle les agents de la force publique doivent se laisser insulter, bafouer, frapper, lapider, assommer, par les émeutiers grévistes, sans faire usage de leurs armes. Jusqu'à présent on avait cru une telle conduite plus digne d'un saint anachorète que d'un soldat, mais le XXᵉ siècle voit naître une opinion contraire. Les soldats et les gendarmes qui osent se défendre et repousser les armes à la main leurs agresseurs sont accusés de « manquer de sang-froid » — c'est le terme consacré ; — au contraire, si, blessés par des briques, des pavés, des boulons de fer, ou par d'autres projectiles, et ruisselants de sang, ils souffrent tout sans rendre coup pour coup, leur conduite est déclarée « admirable ». Là où l'évolution n'est pas encore aussi avancée, par exemple en Allemagne, on donne un tout autre sens au terme de « conduite admirable » appliqué aux soldats et aux agents de la force publique. Le *sport* qui consiste à les lapider serait extrêmement dangereux pour ceux qui voudraient s'y livrer ; aussi les grévistes et les émeutiers s'en abstiennent-ils avec soin, tandis qu'ils le pratiquent largement dans les pays où ils peuvent à peu près impunément se procurer ce plaisir.

La bourgeoisie décadente de notre époque veut deux choses contradictoires. D'une part elle entend que ses biens et ses personnes soient protégés par la force publique ; de l'autre elle exige que celle-ci s'abstienne de tout acte qui heurterait l'exquise sensibilité des nerfs bourgeois, et que surtout, pour aucun motif, elle ne verse

les « revendications » des ouvriers agricoles, on trouve celle-ci : Les ouvriers auront le droit de s'abstenir de travailler toutes les fois qu'ils en recevront l'ordre des dirigeantes de leurs ligues et les propriétaires devront payer les salaires de ces ouvriers, comme s'ils avaient travaillé.

le sang des adversaires qu'on lui donne à contenir et à combattre. Un tel état de chose est instable et ne saurait durer. Si un jour il se trouve dans l'armée un homme énergique, et ambitieux, il se mettra, lui et ses camarades, du côté des adversaires de la bourgeoisie, qui eux du moins n'ont pas d'aussi absurdes prétentions contradictoires, qui n'ont pas des nerfs aussi sensibles, et qui, voulant le but, savent aussi vouloir les moyens.

On a donné comme preuve d'énergie de la bourgeoisie l'âpreté au gain dont elle fait encore preuve à notre époque ; mais cette âpreté au gain ne saurait remplacer le courage belliqueux, qui tend de plus en plus à lui faire défaut. Parmi d'innombrables preuves, il suffira de rappeler ici le sort des usuriers : juifs et *Lombards*, au Moyen Age. Le fer plus d'une fois les priva de leur or ; un sort semblable attend ceux qui se trouvent en de semblables conditions.

32 *bis*. La religion humanitaire est tellement répandue à notre époque, elle imprègne tellement toute théorie et tout raisonnement, que signaler des actes de violence est synonyme de les blâmer. Or, il est au contraire de nombreux cas dans lesquels on n'entend ni blâmer ni approuver ces actes, mais on veut simplement en tenir compte pour étudier le sens dans lequel s'accomplit une certaine évolution sociale.

Deux classes se trouvent actuellement en présence : nommons-les A et B. La lutte entre elles s'accentue de jour en jour, et ne peut que finir par quelque bataille décisive. Les membres de la première classe cherchent, chacun de son côté, à s'enrichir, sans trop se soucier de l'intérêt commun de leur classe ; les membres de la seconde mettent cet intérêt avant tout, et attendent, à tort ou à raison, l'amélioration de leur situation particulière d'une victoire commune de toute la classe. Chez les A, la trahison, bien loin d'être blâmée, est louée et admirée.

Les A estiment que le meilleur d'entre-eux est celui qui sait mieux favoriser les intérêts des B (1) ; et cela dans toutes les branches de l'activité humaine. L'homme politique qui veut plaire aux A doit surtout s'occuper de gratifier les B ; le magistrat, l'historien, le littérateur, le dramaturge, n'obtiendront de succès auprès des A que s'ils les bafouent et s'ils exaltent les mérites des B. Chez les B, au contraire, tout individu qui trahit les intérêts de leur classe est méprisé, honni, frappé au besoin, et puni par tous les moyens licites ou illicites dont ils disposent. Toute activité publique ou privée est jugée par les B au point de vue des intérêts de leur classe, et tout homme qui leur déplait est condamné par un arrêt bien autrement redoutable que ceux des juges de la bourgeoisie.

Les A vivent au jour le jour, soucieux seulement de s'éviter des ennuis et de reculer le plus possible un combat que ceux d'entre-eux qui n'ont pas perdu tout bon sens reconnaissent pourtant être inévitable ; pour cela ils cèdent toujours et sur tout ; ils se font humbles et petits, ils descendent jusqu'aux plus basses flatteries et se mettent volontairement sous les pieds de leurs adversaires. Ils geignent et se plaignent qu'on méconnaît leurs bonnes intentions ; ils déclarent, plus ou moins hypocritement, ne vivre que pour faire le bonheur des B ; c'est pour cela qu'ils ont été créés et mis au monde, c'est leur « devoir social », leur religion. Ceux d'entre eux qui se disent chrétiens ne croient plus à la divinité du Christ, mais ils croient qu'il a été le premier des socialistes, et cela suffit à leur besoin de religiosité ; ils déclarent que « la religion est une vie », et « une vie » est un socialisme. S'il est parmi les humanitaires des habiles qui, tout en décla-

(1) La bourgeoisie humanitaire s'est fait un saint du politicien Waldeck-Rousseau, qui l'a trahie et livrée à ses ennemis.

mant sur « le Progrès, la Science, la Justice », ne manquent pas de se remplir les poches, il en est d'autres qui prennent ces déclamations au sérieux et qui aspirent à devenir de bons ascètes (1). Les B ont un dessein à longue vue et bien arrêté ; ils veulent se substituer aux A. Ils acceptent tout des A et ne leur cèdent rien ; ils se sentent fiers et orgueilleux de leur force, de l'énergie indomptable

---

(1) Les faits qui prouvent que l'*humanitarisme* est une religion sont très nombreux ; nous en avons cité quelques-uns ; on peut y ajouter le suivant. Le besoin de prosélytisme des humanitaires est semblable au besoin de prosélytisme des croyants exaltés d'autres religions, tels, par exemple, que les chrétiens au Moyen Age.

On comprend que les révolutionnaires ont un intérêt à ce que, même hors de leur propre pays, il n'existe pas de centres de résistance à la révolution, ou seulement des organisations sociales qui échappent à leur domination. Mais quel intérêt peut bien avoir un bon bourgeois italien, français, ou anglais, à ce que, par exemple, il y ait, ou il n'y ait pas de parlement en Russie, ou en Perse ? Pourtant ces bons bourgeois ne traitent ce sujet qu'avec une passion comparable à celle du missionnaire catholique voulant convertir les infidèles. On a vu la presse bourgeoise, usant de fraude pieuse, passer systématiquement sous silence les crimes des révolutionnaires russes et s'étendre longuement sur les mesures de répression que ces crimes rendaient nécessaires. Le chah de Perse, pour avoir chassé brutalement son parlement révolutionnaire, a encouru le blâme et la colère de nos excellents humanitaires. Ils réforment même l'histoire. On avait cru jusqu'à présent que le nommé Jules César avait été un assez bon capitaine. Il paraît qu'il n'en est rien et que nous nous étions entièrement trompé sur son compte. Cette histoire n'est pas sans quelque analogie avec celle qui au Moyen Age, chez les chrétiens, mettait les musulmans au nombre des idolâtres, et faisait de Virgile un célèbre magicien.

L'hypocrisie, qui est la plaie de toutes les religions, ne manque pas dans certaines manifestations de la religion humanitaire. Les mêmes hommes d'Etat anglais qui crient: « La Douma est morte, vive la Douma », se gardent bien d'octroyer un parlement à l'Egypte, ou aux Indes. Il est avec le ciel des accommodements.

qu'ils savent déployer pour arriver à leur fin. Jamais ils
ne s'abaissent jusqu'à flatter leurs adversaires, encore
moins jusqu'à dire qu'ils ne vivent que pour le bien de
ceux-ci. L'ascétisme ne les attire nullement, et les rêveries des humanitaires les laissent passablement indifférents. C'est bien inutilement que d'ingénieux « intellectuels » ont créé la mirifique théorie de la « solidarité » ;
ce prodigieux effort de leur esprit a été entièrement perdu,
et les B n'ont pas même daigné s'en occuper. Les A
peuvent tant qu'il leur plait se sentir « solidaires » des B ;
mais les B ne se sentent pas le moins du monde « solidaires » des A.

A ne regarder qu'à la surface, l'activité philanthrophique
des A nous transporte en un monde étrange, où chacun
paraît s'occuper spécialement des intérêts d'autrui et négliger ses propres intérêts ; mais en y regardant de plus
près on voit que ce n'est là qu'une apparence. En réalité
cette activité des A a souvent pour but de satisfaire certains de leurs intérêts immédiats, certaines de leurs passions, certains sentiments, certains préjugés. Mais la
forme philanthrophique n'est pas indifférente, elle réagit
sur le fond et empêche les A de se rendre un compte exact
des résultats qu'aura à la fin l'activité qu'ils déploient (1).

Parmi eux, les uns, ayant oublié complètement la
grande leçon de 1789, s'emploient à « éteindre les lumières du ciel », et en attendant que cette œuvre ait des
effets semblables à ceux qu'elle a déjà eus, ils obtiennent pour récompense un sourire et un éloge de M. Vi-

(1) Une simple parcelle de bon sens aurait suffit aux classes
dirigeantes russes pour comprendre que le *Tolstoïsme* ne pouvait
conduire qu'aux défaites de la guerre Russo-Japonaise et aux saturnales révolutionnaires qui en furent la suite. Mais parmi les
dirigeants, les uns s'enrichissaient par la protection douanière et
les malversations, les autres étaient hébétés par leur foi humanitaire.

viani. D'autres se sont voués à la destruction des institutions, telles que l'armée (1) et la magistrature, qui peuvent empêcher la dissolution sociale ; ils frayent de tout
leur pouvoir la voie du triomphe aux B. D'autres se livrent à des besognes d'ordre secondaire ; ils ont la rage
de protéger tout et tout le monde. Ils protègent les
enfants et les jeunes gens, les adultes et les vieillards,
les hommes et les femmes, les ouvriers honnêtes, les
grévistes, les délinquants, les malfaiteurs de tous genres,
les prostituées, les souteneurs, les *Apaches*, les escrocs :
toutes sortes de gens, excepté eux-mêmes.

Chaque année, aux mois de juillet et d'août, on voit
pulluler les mouches et les congrès humanitaires, sans
préjudice des insectes et des congrès qui infestent les
autres mois de l'année. Les B ne prennent aucune part
à ces saturnales, mais les A sont pleins de sollicitude
pour l'assistance sociale, pour la protection nationale et
la protection internationale des travailleurs, pour défendre le travail nocturne des femmes dans l'industrie, pour
empêcher les gens de boire ce qui leur plait, pour empêcher les amoureux de correspondre ensemble, et pour une

---

(1) G. SOREL, *Réflexions sur la violence*, p. 82 : « Le syndicalisme se trouve engagé, en France, dans une propagande antimi-
litariste qui montre clairement l'immense distance qui le sépare
du socialisme parlementaire sur cette question de l'Etat. Beaucoup de journaux croient qu'il s'agit là seulement d'un mouvement humanitaire exagéré... c'est une grosse erreur. Il ne faut
pas croire que l'on proteste contre la dureté de la discipline, ou
contre la durée du service militaire, ou contre la présence dans
les grades supérieurs d'officiers hostiles aux institutions actuelles ; ces raisons-là sont celles qui ont conduit beaucoup de
bourgeois à applaudir les déclamations contre l'armée... mais ce
ne sont pas les raisons des syndicalistes. L'armée est la manifestation la plus claire... que l'on puisse avoir de l'Etat. Les syndicalistes ne se proposent pas de réformer l'Etat... ils voudraient
le détruire ».

infinité d'autres choses semblables. Un assez grand nombre des A. vivent dans la terreur des microbes et la crainte respectueuse du *morticole*. Celui-ci a remplacé le *directeur* d'autrefois, il règle le boire, le manger et jusqu'à l'amour de ses sujets, qui ne rêvent que de l'imposer par la force aux autres personnes, exactement de la même manière que le croyant des siècles passés voulait imposer aux mécréants sa foi par la force. Mais c'est surtout aux malfaiteurs que toute la tendre sollicitude des A est acquise (1). Au moyen des lois dites de sursis, de pardon, etc, on arrivera bientôt à mettre parmi les droits de l'homme et du citoyen, le droit de commettre impunément au moins un premier délit. Pour favoriser les délinquants on s'abstient, en certains cas, d'inscrire leurs condamnations sur leur casier judiciaire ; on leur permet ainsi de surprendre la bonne foi des gens

(1) Un cas très remarquable comme type de la classe est celui de Jeanne Weber, en France. Cette femme était accusée d'avoir tué plusieurs enfants. D'excellents docteurs conclurent à la mort naturelle. La France possède deux Cours de cassation : celle qui porte ce nom et la *Ligue des droits de l'homme et du citoyen*. Celle-ci prit naturellement en main la cause de Jeanne Weber, et les magistrats durent s'incliner et relâcher cette femme. Il lui fut ainsi permis de continuer le cours de ses exploits, et elle eut le tort de se laisser prendre en flagrant délit. Rochefort eut le courage de signaler les protecteurs de la Weber comme responsables de ce dernier délit ; mais ce n'est là que la boutade d'un brillant écrivain, et la sereine niaiserie des humanitaires n'en a été nullement troublée.

Il faut noter que la docte Faculté, qui ne sait même pas distinguer si un enfant est mort étranglé, ou de mort naturelle, sait au contraire, à une unité près, quel est le nombre exact de décès qui, en un pays donné, sont dus *indirectement* à l'usage des boissons alcooliques ! La *Science* des humanitaires, fort différente de la science expérimentale, qui cherche seulement à découvrir les uniformités des faits, a de ces étonnants mystères.

qui voudront les employer, de les tromper et de commettre de nouveaux délits.

Toutes ces niaiseries de dégénérés n'ont aucune prise sur les B. S'ils sont d'accord avec les A pour « éteindre les lumières du ciel », c'est seulement parce que, à tort ou a raison, ils croient l'opération avantageuse à leur classe. Jamais on ne les a vus se réunir en congrès pour la « protection sociale » des A ni à vrai dire pour aucune autre sorte de protection de leurs adversaires. Ce sont des mâles énergiques et robustes qui veulent manger à leur faim, boire à leur soif, faire l'amour quand cela leur convient, et qui se moquent de M. Purgon. Ils laissent leurs adversaires *boire l'eau des esclaves* (1). Ils auront de l'indulgence pour les *Apaches* tant que ceux-ci seront leurs alliés ; de même que Jules César protégea Claudius et ses bandes tant qu'il y trouva son avantage. C'est l'intérêt qui règle la conduite des B, ce ne sont pas des fadaises sentimentales. Quand les chefs des B seront les maîtres, ils sauront se débarrasser des perturbateurs de l'ordre qu'ils auront établi, et ils les détruiront sans le moindre scrupule (2). Les malfaiteurs feront bien de se hâter de jouir du paradis terrestre que leur procure la bonasse imbécilité d'une bourgeoisie en

---

(1) Ovid., *Amor.*, vi, 25-26.

> … *Sic unquam longa relevere catena,*
> *Nec tibi perpetuo serva bibatur aqua.*

(2) Les nombreux cas dans lesquels la foule veut *lyncher* des malfaiteurs démontrent clairement que les classes populaires conservent encore l'énergie de la race, énergie qui a été perdue par les classes supérieures.

A noter dans le même sens que lorsqu'on dévalisa, en France, les congrégations religieuses, il n'y eut qu'un homme du peuple qui donna sa vie pour sa foi. En Italie, les socialistes qui risquent leur vie dans des émeutes, sont tous des gens du peuple.

décadence, car cet état de chose finira bientôt et ne se reproduira pas de longtemps.

Enfin, et ce fait seul a l'importance de tous les autres, les *A* ont la phobie du sang versé, les B sont prêts à en verser autant qu'il est nécessaire pour parvenir à leur fin. et ils ne se priveront certes pas de la victoire si celle-ci ne peut s'acheter qu'en passant sur des monceaux de cadavres.

Les *A* comprennent en Europe la plus grande partie de la bourgeoisie et attirent à eux le plus grand nombre des socialistes légalitaires, parlementaires, ou autres semblables ; les B s'appellent aujourd'hui des syndicalistes, demain ils auront un autre nom, et probablement d'autres encore, jusqu'au jour de la victoire. Ces questions de dénomination n'ont aucune importance, et la séparation entre les A et les B s'établit non par des mots mais par des faits.

Ceux que nous venons de citer suffisent pour prévoir de quel côté sera probablement la victoire. Le cours des événement pourrait, il est 'vrai, être changé par de grandes guerres, ou, ce qui est infiniment moins probable, par un changement qui s'effectuerait dans le caractère et les sentiments de la bourgeoisie (1).

---

(1) G. Sorel, *Réflexions sur la violence*, p. 35. « Une agitation, savamment canalisée, est extrêmement utile aux socialistes parlementaires, qui se vantent, auprès du gouvernement et de la riche bourgeoisie, de savoir modérer la révolution ; ils peuvent ainsi faire réussir les affaires financières auxquelles ils s'intéressent, faire obtenir de menues faveurs à beaucoup d'électeurs importants...... » p. 36- 37 : « La grande masse des électeurs ne comprend rien à ce qui se passe en politique et n'a aucune intelligence de l'histoire économique ; elle est du côté qui lui semble renfermer la force ; et on obtient d'elle tout ce qu'on veut lorsqu'on peut lui prouver qu'on est assez fort pour faire capituler le gouvernement. Mais il ne faut pas cependant aller trop loin,

Tous les faits historiques connus confirment qu'aucune classe sociale ne peut à la longue conserver ses biens ni son pouvoir, si elle n'a la force et l'énergie nécessaires pour les défendre. A la longue, seule la force détermine les formes sociales ; la grande erreur du xixᵉ siècle sera d'avoir oublié ce principe.

33. Actuellement nous voyons s'effectuer le passage d'une position d'équilibre à une autre. Une bourgeoisie dégénérée n'a plus le courage de défendre les biens qu'elle détient encore. Sa situation peut se comparer à celle des carthaginois à la veille de la troisième guerre punique, lorsque Masinissa leur enlevait chaque jour de nouveaux lambeaux de leur territoire et que Rome les empêchait de se défendre, (1) jusqu'à ce que, enfin, leur ville fût ruinée et eux-mêmes réduits en esclavage. Leur humble soumission à leur ennemie ne leur servit de rien.

La soumission de la bourgeoisie à ses ennemis et ses lâches complaisances lui seront tout aussi inutiles (2)

On voit, de nos jours, se manifester nettement l'existence d'une caste privilégiée, qui impose seule sa volonté au

parce que la bourgeoisie pourrait se réveiller et le pays pourrait se donner à un homme d'Etat résolument conservateur. »

(1) En juin 1908, lors de la grève agricole de Parme, le gouvernement empêcha les bourgeois de se défendre, tandis qu'il laissait toute latitude à leurs adversaires pour les attaquer. Ceux-ci en arrivèrent jusqu'à arrêter les trains de chemins de fer, pour en chasser les *Krumirs*.

(2) G. Sorel, *Réflexions sur violence*, p. 169 : « Le beau raisonnement de ces messieurs, des pontifes du devoir social, suppose que la violence ne pourra plus augmenter ou même qu'elle diminuera au fur à mesure que les intellectuels feront plus de politesses, de platitudes et de grimaces en l'honneur de l'union des classes. Malheureusement pour ces grands penseurs, les choses se passent tout autrement : il se trouve que la violence ne cesse de s'accroître au fur et à mesure qu'elle devrait diminuer d'après les principes de la haute sociologie. »

gouvernement, tandis qu'il ne supporte pas et ne supporterait pas celle des bourgeois ou de toute autre classe sociale. Et on voit se manifester également le changement dans les opinions qui précède et prépare le changement des lois, puisque ces faits, au lieu de provoquer la résistance, sont acceptés avec une résignation stupide par cette même classe bourgeoise. La Cour de cassation a jugé, en France, que la grève rompt le contrat de travail, de sorte que la loi actuelle est encore en vigueur ; mais déjà l'opinion en demande la modification et Jaurès propose qu'elle soit réformée et que la grève ne rompe pas le contrat de travail. Quand cela sera obtenu, on aura constitué en faveur des ouvriers un très important privilège. Ceux-ci pourront abandonner l'usine pendant des mois et des mois, et l'entrepreneur restera toujours lié par le contrat de travail ; mais si, par exemple, l'aubergiste chez lequel ils logent cessait de leur donner à manger, on trouverait juste, et avec raison, que le contrat fût rompu, et que ces ouvriers se fournissent ailleurs.

34. Parmi les changements qui se préparent, le moins remarquable n'est pas celui d'une entente des entrepreneurs avec les ouvriers. L'entrepreneur n'est pas le capitaliste, il loue sur le marché aussi bien les services du capital que ceux des travailleurs. Que lui importe de payer cher ces services, s'il peut vendre les produits à un prix tel que son bénéfice soit assuré ? Naturellement, il préférerait vendre cher les marchandises qu'il produit, et payer de bas salaires ; mais puisque cela ne se peut pas, il fait de nécessité vertu, et se dirige selon la ligne de moindre résistance. Or, celle-ci est incontestablement, du moins à notre époque, du côté des consommateurs. La veulerie de certains d'entre eux dépasse toute croyance. Ils ont imaginé de constituer des ligues dites d'*acheteurs*. D'après ce nom, il semblerait que ces braves gens s'associent pour avoir des marchandises de la

Pareto

meilleure qualité possible, au moindre prix. Pas le moins du monde ! Leur seul but est d'obtenir des entrepreneurs un traitement de faveur pour les ouvriers et les commis ; tout le reste leur importe peu.

Un exemple concret de la possibilité d'un accord des entrepreneurs et des ouvriers aux dépens des consommateurs, nous est fourni par une loi récente de l'Australie. Les fabricants de machines agricoles ont obtenu un tarif prohibitif contre l'importation des machines américaines, mais avec la condition que s'ils ne payaient point des salaires « équitables et raisonnables » à leurs ouvriers, ils devraient payer, sur les produits de leur fabrication, la moitié des droits imposés par le tarif douanier.

Il faut noter que ces lois ne sont efficaces qu'autant qu'elles créent des privilèges. Si elles pouvaient être générales, elles n'aboutiraient qu'à une hausse nominale des prix, les consommateurs se confondant alors avec les producteurs. Il est vrai qu'il y aurait une période de transition, dans laquelle on dépouillerait les créanciers et les rentiers, mais après, on reviendrait à peu près à l'équilibre primitif.

35. De grandes guerres européennes ou d'autres événements de ce genre peuvent arrêter le cours de l'évolution qui s'accomplit de nos jours ; mais si ces événements ne se produisent pas, et si cette évolution atteint son but, elle aboutira à un état économique qui ne sera pas très différent au fond, bien qu'il puisse l'être dans la forme et les dénominations des choses, de l'état présent. Nous aurons encore un état économique dans lequel les monopoles de certains privilégiés existeront à côté de la libre concurrence des autres citoyens. Le principal changement au fond sera celui des privilégiés ; en somme on aura, sous un autre nom, une nouvelle bourgeoisie.

Georges Sorel croit possible un changement complet ; il dit : « Dans la conception marxiste, la révolution est faite par les producteurs qui, habitués au régime de l'atelier de grande industrie, réduisent les intellectuels à n'être plus que des commis accomplissant des besognes aussi peu nombreuses que possible. Tout le monde sait, en effet, qu'une affaire est regardée comme d'autant mieux conduite qu'elle a un plus faible personnel administratif » (1).

Nous n'oserions pas affirmer que cette organisation soit impossible ; l'avenir peut être fécond en surprises. Qui, du temps d'Aristote, aurait pu prévoir le régime parlementaire qui régit actuellement presque tous les peuples civilisés ? Mais ce que nous connaissons de l'histoire et des faits contemporains nous semble contraire à la possibilité d'un changement, au moins prochain, de ce genre.

Nous sommes, au contraire, d'accord avec Sorel au sujet des moyens qui peuvent amener cette évolution. « En cherchant comment les esprits se sont toujours préparés aux révolutions, il est facile de reconnaître que toujours ils ont eu recours à des mythes sociaux, dont les formules ont varié suivant les temps (2). Il faut s'attendre à rencontrer beaucoup de déviations qui sembleront tout remettre en question ; il y aura des temps où l'on croira perdre tout ce qui avait été regardé comme définitivement acquis... C'est justement en raison de ce caractère du nouveau mouvement révolutionnaire qu'il faut se garder de donner des formules autres que des formules mythiques : le découragement pourrait résulter de la désillusion produite par la disproportion entre l'état réel et l'état attendu (3)... »

(1) G. SOREL, *La décomposition du Marxisme*, p. 51.
(2) G. SOREL, *La décomposition du Marxisme*, p. 55.
(3) G. SOREL, *La décomposition du Marxisme*, p. 63.

Ce sont bien là les caractères d'une foi et d'une religion, c'est-à-dire de forces qui peuvent agir avec efficacité pour amener un changement social ; et nous devons ici rappeler ce que nous avons dit (ɪ, 43), et, en général, les observations que nous avons souvent répétées sur les sentiments et les actions non-logiques.

D'autre part, le tort des humanitaires n'est pas d'avoir une religion, car c'est par le moyen d'une religion que l'on agit sur la société, mais d'avoir choisi une religion telle qu'elle ne convient qu'à des êtres veules, privés de toute énergie, de tout courage, et qui, si elle pouvait triompher, ferait descendre les sociétés européennes au-dessous de la société du Pérou au temps des Incas.

35. Tâchons d'étendre au phénomène concret et même au phénomène social, les considérations que nous avons développées (ɪɪɪ, 11, 12) et (vɪ, 33).

Tout état économique ou social n'est en général ni absolument rigide, ni tel que tout mouvement quel qu'il soit puisse se produire. Des conditions, que nous nommerons des *liaisons*, empêchent certains mouvements et en permettent d'autres. Par exemple, une société qui a des castes, permet certains mouvements dans la même caste, et les empêche entre castes différentes. Une société où existe la propriété privée et l'héritage, empêche certains mouvements, qui seraient possibles en une société où ces institutions n'existeraient pas.

Il existe deux genres de problèmes : 1° Choix des liaisons, pour atteindre un certain but ; 2° Les liaisons étant données, choix des mouvements à effectuer, parmi ceux qui sont possibles.

Le but que l'on se propose d'atteindre peut être évidemment quelconque. On pourrait se proposer d'avoir la population la plus nombreuse possible, ou bien la plus heureuse, la plus morale, etc. ; mais ces termes, sauf le premier, sont vagues et ont besoin d'être définis si l'on veut en faire usage en un raisonnement scientifique.

Observons que le premier problème peut, à la rigueur, être compris dans le second ; il suffirait pour cela de considérer une société sans liaisons, et alors les liaisons à déterminer par le premier problème seraient données par le second.

Mais en général, il y a des liaisons que tout le monde admet, et ce serait faire œuvre vaine que de les remettre en discussion. Par exemple, il serait tout à fait absurde de considérer l'anthropophagie comme chose possible, à notre époque et dans nos sociétés civilisées.

Supposons donc que certaines liaisons sont données, et occupons-nous du second problème.

Il faut étudier deux genres de mouvements bien distincts. 1º Certains mouvements peuvent être avantageux à tous les membres de la société, ou à une partie d'entre eux sans être désavantageux pour les autres. 2º Certains autres mouvements ne peuvent être avantageux à une partie des membres de la société qu'en étant désavantageux aux autres.

Tant que les mouvements de la première classe sont possibles, on peut augmenter le bien-être matériel, ou les qualités morales, religieuses, ou autres quelconques de tous les membres de la société, ou du moins d'une partie de ces membres, sans nuire aux autres. Cela ne peut pas se faire quand seuls les mouvements de la seconde classe sont possibles.

La situation en laquelle les mouvements de la première classe cessent d'être possibles peut donc être considérée comme la situation d'un certain maximum. C'est ce que nous avons fait pour l'ophélimité (VI, 33) ; et en ce cas le raisonnement acquiert toute la rigueur désirable (*Appendice*). Il pourra encore avoir ce caractère lorsqu'il s'agira de quelque chose qui se peut mesurer ; il ne peut qu'être plus ou moins vague, lorsqu'il s'agit de choses qui ne se peuvent mesurer.

Pourtant, même en ce dernier cas, bien des raisonnements que l'on a toujours faits et que l'on continue de faire sur l'organisation sociale se réduisent en réalité à des considérations plus ou moins imparfaites sur ce maximum. D'autres le négligent en partie, et ce sont les raisonnements à base métaphysique et religieuse ; pourtant, même ceux-ci veulent presque toujours concilier les deux choses, et prétendre atteindre ce maximum.

Considérons l'esclavage. Si les maîtres disent simplement et brutalement : « Il nous plaît que cela soit ainsi, et nous imposons notre volonté », il est clair qu'on ne s'occupe d'aucun maximum pour la société entière.

Aristote commence par fonder l'esclavage sur des considérations métaphysiques, mais il se hâte d'ajouter qu'il est utile à l'esclave de servir et au maître de commander (*Polit.*, I, 2, 20). Ce faisant il résout précisément un cas de notre problème général.

Des auteurs ont prétendu que l'esclavage avait été utile, parce que c'était le seul moyen de procurer du loisir aux hommes qui, par leurs découvertes, ont permis à la civilisation de se développer. C'est encore un cas de notre problème ; mais le but est ici différent du précédent ; il ne s'agit pas de l'utilité présente des maîtres et des esclaves, il s'agit de l'utilité future de la société.

Au point de vue économique, tout monopole qui est efficace, toute mauvaise détermination des coefficients de fabrication, tout mauvais usage des biens économiques qui sont à la disposition de la société, nous éloigne de la position du maximum d'ophélimité. On peut exprimer ce fait sous plusieurs formes. Par exemple, on peut dire qu'il y aurait manière de changer l'organisation sociale en sorte que tous les membres de la société puissent jouir de plus de bien-être, ou du moins qu'une partie de ces membres puisse jouir de plus de bien-être, sans nuire aux autres. Ou bien on peut dire que les personnes qui souffrent de l'organisation sociale éloignée du maximum d'ophélimité pourraient, si on leur laissait atteindre la position de ce maximum, payer une somme telle que tout le monde trouverait avantage à la nouvelle organisation. C'est ainsi qu'autrefois le rachat de certains droits seigneuriaux a pu être avantageux aux vilains et aux seigneurs. On peut encore dire qu'en une position éloignée de celle du maximum d'ophélimité, il y a contraste entre l'intérêt des personnes qui tirent parti de cette situation et l'intérêt général. On peut ajouter que tant que la position du maximum d'ophélimité n'est pas atteinte, le développement, le bénéfice d'une branche donnée de l'activité économique n'est pas nécessairement un bénéfice pour la société. Il ne le devient que lorsque la position du maximum d'ophélimité est atteinte.

Toutes ces propositions, et d'autres encore, visent au fond les mêmes faits et considèrent différents aspects du problème du maximum d'ophélimité.

36. L'état économique actuel est en partie semblable à l'état antérieur, et probablement il ne changera pas beaucoup, du moins dans un avenir prochain. C'est un état constitué par la libre concurrence avec des monopoles, des privilèges, des restrictions. Ce qui varie, ce sont les proportions dans lesquelles ces éléments se combinent.

37. Au commencement du XIXe siècle, la grande industrie s'est développée, et elle a progressé plus rapidement que la législation restrictive qui la frappe actuellement. C'est à cette circonstance qu'on doit en partie l'accroissement extraordinaire de la richesse et de la population des États civilisés en ce siècle (VII, 67).

Le mouvement s'est maintenant beaucoup ralenti;

on tend fortement à cristalliser une partie de la forme
sociale actuelle par des liens de toute sorte, et nous nous
approchons des organisations rigides (1) qui ont été bri-
sées à la fin du XVIIIe et au commencement du XIXe siècle. De telle sorte que la théorie dans laquelle on sup-

(1) L'homme est lié jusque dans ses moindres actes. Par
exemple, la loi impose aux ouvriers de se reposer le dimanche.
En Suisse, les membres d'une secte religieuse, les *aventistes*, demandèrent de pouvoir se reposer le samedi ; cette faculté leur fut
refusée par l'autorité. Mais il ne suffit pas que la loi impose à
l'homme le jour et la façon de se reposer, on se soucie également
de ce qu'il doit manger et de ce qu'il doit boire, souvent, sous
prétexte d'hygiène, et parfois aussi sans invoquer aucun pre-
texte. Dans certains pays producteurs de vin, il est défendu de
faire du vin avec des raisins secs. Il n'y a pas de prétexte hygié-
nique dans ce cas ; la loi a pour but uniquement de servir les
intérêts des producteurs de vin. Pourquoi n'imposerait-on pas
aux femmes de porter des robes de soie, au lieu de robes de
laine, pour favoriser les filateurs et les tisseurs de soie ?
    Les gens de peu de sens que sont les anti-alcooliques deman-
dent de nouvelles lois pour empêcher les gens de boire ce qu'il
leur plaît. Puis viennent d'autres fanatiques qui ont condamné
l'usage du thé, de la viande et même du lait.
    Sous prétexte de pourchasser la pornographie, on voudrait em-
pêcher de publier tout livre qui ne peut être mis sans danger
entre les mains des enfants. De nouvelles congrégations de l'in-
dex fonctionnent mystérieusement auprès des administrations des
chemins de fer de l'Etat et défendent la vente dans les gares des
journaux et des livres qui ne paraissent pas assez moraux à ces
dignes inquisiteurs.
    Les lois prétendument dirigées contre la « traite des blanches »
ne sont le plus souvent qu'un mode de protection de la prostitution nationale. Il est permis à une femme de vendre ses charmes
dans sa patrie, il lui est défendu de les porter sur un marché qui
lui serait plus avantageux.
    Une campagne a été entreprise contre la poste-restante, sous
prétexte qu'elle sert aux amoureux ! Une foule de fanatiques
étudient jour et nuit le moyen d'enlever à son prochain toute liberté, et de réduire la société à un vaste couvent, dont naturelle-

pose que l'homme peut agir librement en suivant ses propres goûts ne s'applique que sur un terrrain toujours plus restreint, puisque chaque jour augmentent les liens qui sont imposés à l'homme, et qui déterminent d'une façon rigide ses actions.

38. Il résulte aussi de ces organisations restrictives qu'on commettrait une grosse erreur si l'on voulait prévoir, même en matière purement économique, les résultats pratiques d'après les seules théories économiques. Les mesures restrictives tendent à devenir la partie principale, et cette matière appartient proprement à la théorie des actions non-logiques.

39. Commerce international. — Le sujet est très complexe, et il faudrait tout un volume pour le traiter d'une façon convenable. Il faut donc nous résigner à de très brèves indications.

40. Théorie économique. — Considérons deux collectivités, dont chacune possède certains capitaux qui, au moins dans certaines limites, ne sont pas transportables dans l'autre pour entrer en concurrence avec les capitaux de celle-ci.

ment ces merveilleux échantillons de la race humaine seraient les supérieurs.

La loi sur le repos hebdomadaire, en France et en Italie, dégénère en une tyrannie tatillone et envahissante.

Après avoir réglé le travail des fabriques, on veut régler aussi le travail à domicile, et, en Angleterre, une loi est proposée pour en fixer aussi le prix minimum. Un individu pourra mourir de faim, s'il le veut ; mais il ne pourra pas travailler au-dessous de ce prix. Pour certaines gens, l'idéal de l'organisation sociale paraît être celui où chaque citoyen sera flanqué d'un inspecteur, qui en règlera les travaux, les délassements... et les plaisirs.

Qu'on songe que chaque année, sans exception, on vote un grand nombre de lois qui ont pour objet d'enlever à l'homme la faculté de faire des choses qui auparavant étaient licites. On finira par réglementer tous les actes de l'homme, depuis le moment de la naissance jusqu'à la mort.

Il pourra y avoir entre ces deux collectivités des
échanges de marchandises et de certains services de capitaux, comme aussi des importations et des exportations de titres de la dette publique, de sociétés industrielles, etc.

41. Commençons par ne considérer que les échanges
de marchandises et les importations et exportations de
monnaie. Nous avons déjà vu que, dans les pays civilisés, la quantité d'or existant dans la circulation est une
très petite partie de la richesse nationale, et que la quantité d'or ne varie pas beaucoup. Les importations et les
exportations d'or servent à établir l'équilibre quand il
vient à être troublé, mais à la longue elles se compensent
à peu près, et on peut les négliger et ne prendre en considération que les échanges des marchandises et des services des capitaux. C'est en cela que consiste essentiellement la *théorie des débouchés* de J.-B. Say.

42. Chaque collectivité emploiera ses propres capitaux
aux usages qui lui sont le plus avantageux. Supposons
qu'il n'y ait que deux marchandises A et B. La première
collectivité produit A, par exemple, et se procure B par
l'échange ; la seconde collectivité ne produit que B, et se
procure A par l'échange. De ce fait on peut simplement
déduire que la première collectivité a plus d'avantage à
produire A, pour sa consommation, et à obtenir B par
échange, qu'à produire A et B pour sa consommation ;
et de même, *mutatis mutandis*, pour la seconde collectivité. Mais on ne peut pas en conclure que B est produit plus facilement par la seconde collectivité que par
la première, et que A est produit plus facilement par la
première collectivité que par la seconde. C'est à cela que
se ramène au fond la théorie des coûts comparés de
Ricardo.

Tout ce que nous venons de dire est, d'ailleurs, fort
peu précis ; on ne sait pas bien ce que c'est qu'une chose

qui est produite *plus facilement* qu'une autre. Le professeur Bastable nous avertit que la comparaison entre les coûts de A et de B doit porter non pas sur les prix, mais sur les *sacrifices ;* mais il ne nous dit pas, et il ne le pourrait, en quoi consistent d'une façon précise ces *sacrifices.* En réalité cette théorie ne peut être exposée avec rigueur qu'à l'aide des mathématiques.

43. Ricardo donne un exemple très simple, dans lequel les collectivités sont réduites chacune à un individu. « Supposons, dit-il, deux ouvriers qui savent faire tous deux des souliers et des chapeaux. L'un d'eux est habile dans chacun de ces métiers, mais s'il fait des chapeaux, il n'a sur son concurrent qu'un avantage d'un cinquième ; son avantage est d'un tiers s'il fait des souliers. Ne vaut-il pas mieux pour tous deux que l'ouvrier plus habile ne fasse que des souliers, et que le moins habile ne fasse que des chapeaux? (1) »

Le professeur Bastable, qui cite cet exemple, ajoute : « Il suffit d'un simple calcul pour voir que ces deux ouvriers tirent avantage de cette combinaison. »

44. Mais cela n'est pas exact. Il est étrange qu'il ne se soit pas aperçu que cela n'est vrai que dans certains cas, et que cela n'est pas vrai dans d'autres. Le raisonnement de Ricardo n'est bon que pour indiquer un cas possible, mais non pas un cas nécessaire.

45. Soit A et B les deux marchandises dont parle Ricardo, et supposons que l'ouvrier le moins habile produise, en un jour, 1 de A, ou bien 1 de B. Pour nous en tenir à l'exemple de Ricardo, l'ouvrier le plus habile fera

---

(1) Dans cet exemple on voit immédiatement en quoi consistent les *sacrifices* auxquels fait allusion la théorie de Ricardo, parce que nous considérons non pas deux collectivités, mais deux hommes, et parce que nous supposons que le travail seul intervient dans la production des marchandises. Mais la réalité est tout autrement diversifiée et complexe.

en un jour six cinquièmes de A ou quatre tiers de B.
C'est ce qu'indique le tableau suivant dans lequel I et II
indiquent les ouvriers.

	I	II
A	$\frac{6}{5}$	1
B	$\frac{4}{3}$	1

Supposons que les deux ouvriers travaillent chacun
30 jours à produire A, 30 jours à produire B, et qu'ainsi
leurs goûts soient satisfaits ; nous aurons :

		I	II	Quantités totales
(α)	A.	36	30	66
	B.	40	30	70

Puis, toujours d'après Ricardo, supposons que I produise uniquement B, et II uniquement A, nous aurons :

	I	II	Quantités totales
A.		60	60
B.	80		80

La quantité totale à répartir entre les deux individus
est plus grande pour B, mais elle est plus petite pour A,
et nous ne savons pas si, en tenant compte du goût des
individus, il y a, ou il n'y a pas, compensation. S'il y a
compensation (§ 51), la proposition de Ricardo est vraie ;
s'il n'y a pas compensation, la proposition est fausse
(§ 52). Par exemple si A consiste en pain et B en orne-
ments de corail, il pourrait très bien arriver que le déficit
de 6 de pain ne fût pas compensé par 10 de la quantité
de corail.

46. Pour que la conclusion de Ricardo soit certaine-

ment vraie, il faut que quand I ne produit que A et que
II produit seulement B, les quantités totales produites
soient toutes deux plus grandes que dans le cas où, pour
la satisfaction directe de leurs goûts, I produit A et B,
et de même II (1).

Par exemple, supposons que I travaille encore 30 jours
à faire A et 30 jours à faire B ; mais que II travaille
22 jours à faire A, et 38 jours à faire B. De plus, et
c'est là le point capital, supposons que les goûts soient
satisfaits par les quantités produites de cette façon ; nous
aurons :

	I	II	Quantités totales
(γ) A .	36	22	58
B .	40	38	78

Les quantités produites, quand I ne fait que B et II que
A, sont plus grandes que les quantités totales ci-dessus,
par conséquent il est certain qu'on a ainsi à répartir des

(1) Tandis que II fait 1 de A, supposons que I en fasse x ; et
tandis que II fait 1 de B, I en fasse y.

Soit (μ) une combinaison dans laquelle, pour le temps t, I ne
produit que B et II ne produit que A ; et (π) une autre combinaison dans laquelle I produit A dans le temps $t — \theta$, et B pendant
le temps θ ; II produit A pendant le temps $t — \theta'$, et B pendant
le temps θ'.

Si nous voulons que les quantités de A et de B produites dans
la combinaison (μ) soient plus grandes que celles produites dans
la combinaison (π), nous devrons avoir :

$$t > (t — \theta) x + t — \theta'$$
$$ty > \theta y + \theta',$$

ou bien

$$\theta' < (t — \theta) y, \quad \theta > (t — \theta) x$$

Ces formules nous ont servi à construire le tableau du texte.
Remarquons que pour qu'elles soient possibles il faut que

$$y > x.$$

quantités qui sont plus avangeuses à chacun des deux individus. On pourra les répartir, par exemple, de la façon suivante :

		I	II	Quantités totales
(δ)	A	37	23	60
	B	41	39	80

Il est évident que la combinaison (δ) est, pour chaque individu, plus avantageuse que la combinaison (γ).

48. Faisons un calcul qui nous sera utile dans la suite. Supposons que dans la combinaison (β) le prix de A soit 1, et de même le prix de B. Dans la combinaison (δ), I échange 37 de A pour 39 de B, et par conséquent le prix de A en B est $\frac{39}{37}$; l'individu II échange 39 de B pour 37 de A, et par conséquent, pour lui, le prix de B en A (c'est-à-dire en supposant que le prix de A est un) est $\frac{37}{39}$. Mais le prix de A doit être égal sur les deux marchés (il n'y a pas de frais de transport), et de même pour celui de B ; il faut donc multiplier par $\frac{39}{37}$ les prix de II, et nous aurons les prix suivants :

(δ)

	I	II
A , ...	$\frac{39}{37}$	$\frac{39}{37}$
B	1	1

Dans la combinaison (α), si le prix de B est 1, comme nous l'avons supposé, le prix de A, pour I, sera $\frac{10}{9}$; et si II se défend contre l'importation de B par un droit de douane de $\frac{1}{9}$, nous aurons les prix suivants :

	I		II
		(α)	
A	$\cdot \dfrac{10}{9}$		$\dfrac{10}{9}$
B	1		$\dfrac{10}{9}$

La fraction $\dfrac{10}{9}$ est plus grande que la fraction $\dfrac{39}{37}$, par conséquent dans notre exemple, et toujours comme simple possibilité, les prix dans la combinaison (α) qui est la combinaison de la protection, sont plus élevés que dans la combinaison $(\eth)$, qui est celle du libre-échange.

49. Dans la pratique, les prix se réfèrent non pas à la marchandise produite B, mais au contraire à la marchandise A (monnaie) qui circule librement. Dans cette hypothèse, les prix de la combinaison $(\eth)$ du libre-échange sont :

	I		II
		$(\eth')$	
A	1		1
B	$\dfrac{37}{39}$		$\dfrac{37}{39}$

Les prix de la combinaison (α) de la protection sont :

	I		II
		(α')	
A	1		1
B	$\dfrac{9}{10}$		1

Par conséquent le droit protecteur de II sur la marchandise B fait hausser le prix de B pour II, et baisser le prix de B pour I.

50. Revenons au cas (β), et supposons que les goûts des individus soient satisfaits, de telle façon que ces individus soient en de meilleures conditions que dans le cas (α), quand on opère la répartition suivante :

	I	II	Quantités totales
(ϵ) { A .	29	31	60
B .	49	31	80

C'est-à-dire que pour I il y a plus que compensation à la diminution de A dans l'augmentation de B ; et quant à II, il obtient des quantités plus grandes des deux marchandises, c'est-à-dire qu'il est certainement en de meilleures conditions qu'auparavant.

Dans ce cas, mais seulement grâce à l'hypothèse faite au sujet des goûts de I, la conclusion de Ricardo subsiste encore.

Remarquons que si les deux collectivités ne sont pas en relations entre elles, et que la collectivité I veuille obtenir encore 49 de B, elle n'aura que 27,9 de A, tandis que la collectivité II n'aura que 30 de A et 30 de B, par conséquent, en somme, elles seront plus mal qu'auparavant.

51. En raisonnant comme au § 49, on commence par voir que les prix sont proportionnels aux valeurs suivantes :

	I	II
A	$\dfrac{31}{29}$	1
B	1	$\dfrac{29}{31}$

Mais les prix de A sur les deux marchés doivent être égaux (les frais de transport sont supposés égaux à zéro),

et de même ceux de B ; pour cela il faut multiplier les
prix de II par $\frac{31}{29}$, et on a les prix suivants :

$$(\varepsilon)$$

	I	II
A	$\frac{31}{29}$	$\frac{31}{29}$
B	1	1

Par conséquent nous arrivons encore à la même conclusion qu'au § 49. Mais remarquons bien que ce n'est là qu'une chose possible, et que, en choisissant d'autres valeurs, cette conclusion ne serait plus vraie.

52. Par exemple, si les goûts étaient satisfaits non pas par la combinaison (ε), mais par la suivante :

		I	II	Quantités totales
(θ)	A	28	32	60
	B	45	35	80

les prix exprimés en B dans la combinaison (z), qui est celle de la protection, seraient plus bas que les prix de la combinaison (θ), qui est celle du libre-échange ; et si les prix sont exprimés en A, le droit protecteur de II sur la marchandise B, ferait hausser le prix de B, non seulement pour II, mais aussi pour I. Mais, en fait, même avec le libre-échange, c'est la combinaison (z) qui aura lieu. En effet, si I, pour satisfaire ses goûts, commence par produire 45 de B, il lui reste du temps pour produire 31,5 de A, donc il a plus d'avantage à produire A et B, qu'à produire uniquement B, et se procurer A par échange avec II. Nous sommes en présence d'un cas dans lequel la proposition de Ricardo ne peut être acceptée (§ 45).

Tout ce que nous venons de dire ne peut servir

que de simple indication, sous forme d'exemples, pour nous permettre de découvrir par induction certaines possibilités. On ne peut avoir de démonstration rigoureuse qu'en se servant des formules de l'économie pure et en faisant usage des mathématiques.

53. Si une collectivité a le monopole d'une marchandise et si les membres de la collectivité sont en concurrence pour la vente de cette marchandise, il peut être utile à cette collectivité de remplacer les prix de monopole par les prix de concurrence, et on peut le faire en mettant un droit à l'exportation.

54. Un droit à l'importation est essentiellement différent du précédent. Quand ce droit diminue effectivement l'importation de la marchandise étrangère, qui est partiellement, ou totalement, remplacée dans la consommation par la marchandise nationale, que l'on produit en plus grande quantité, on a, en général, une destruction de richesse (1).

Les exceptions sont de peu d'importance ; il n'en serait pas ainsi, en général, de la combinaison que nous avons indiquée (VI, 47), c'est-à-dire quand on peut, au lieu de prix constants pour les portions de la marchandise, avoir des prix différents pour l'intérieur du pays et pour l'étranger, et quand cela peut amener une réduction du coût de la marchandise, parce que, dans cette combinaison, le prix baisse en passant du premier état au second, ce qui est précisément le contraire de l'effet d'un droit protecteur.

On peut modifier le cas étudié (VI, 57) ; on peut supposer que, avec le libre-échange, on produira 100 unités d'une marchandise X, au coût de 5, et que l'on vendra à ce prix de 5. Les entrepreneurs ne réalisent donc aucun profit. Puis, par l'établissement d'un droit

(1) *Cours*, § 864 et s.

protecteur, ils vendent 90 unités, dans le pays, au prix
de 6, et 60 unités à l'extérieur, au prix de 4. Ils vendent
donc en tout 150 unités et ils en retirent 780.

Le coût de production de ces 150 unités doit être plus
élevé que 4,67, sinon les entrepreneurs n'auraient pas
besoin d'un droit de protection, et ils pourraient vendre
100 unités dans le pays, au prix de 5, et 50 unités, à
l'extérieur, au prix de 4, en obtenant en tout 700, soit
une somme égale au coût. Supposons donc que le coût
soit de 4,80. Les 150 unités coûteront 720 aux entrepreneurs, et comme ils reçoivent 780, ils font un bénéfice de 60. Mais les consommateurs perdent 90, et c'est
une somme plus élevée que celle que gagnent les producteurs. Cette conclusion est générale (1).

Nous pouvons donc *grosso-modo*, et pour une pre-

(1) Soit a la quantité qu'on produit avec le libre-échange, au
prix p; puis quand, grâce à un droit protecteur, le prix dans le
pays est p', soit b la quantité que l'on vend dans le pays, et c la
quantité que l'on vend à l'extérieur, au prix p''. Soit enfin q le
coût de production de l'unité quand on produit $b + c$.

Pour que les producteurs retirent un bénéfice grâce au droit
protecteur, il faut que

$$p' b + p'' c > (b + c) q.$$

Pour qu'ils n'aient aucun bénéfice dans cette combinaison,
quand il y a libre-échange, il faut que

$$p a + (b + c - a) p'' < (b + c) q.$$

Enfin pour que le bénéfice des producteurs soit plus grand que
la perte des consommateurs, il faudrait avoir

$$p' b + p'' c - (b + c) q > (p' - p) b.$$

De ces inégalités on tire

$$b > a ;$$

ce qui est impossible, puisque le droit protecteur en faisant hausser le prix, la quantité vendue dans le pays diminue, et par
conséquent b doit être plus petit que a.

mière approximation, conclure que tout droit protecteur produit une destruction de richesse dans le pays qui frappe la marchandise de ce droit.

Cette conclusion subsistera si, en outre de l'échange des marchandises, nous considérons les nombreux autres faits d'où résulte la balance des dettes et des créances entre les deux pays considérés.

Parmi les maux causés par la protection, il faut compter l'altération des valeurs des coefficients de production qui procureraient le maximum d'ophélimité. Par exemple, en Angleterre, le libre-échange a été favorable à la culture intensive du blé ; dans certains États du continent européen, la protection a favorisé la culture extensive du blé.

Les syndicats ouvriers et les syndicats des producteurs produisent des effets analogues.

55. Effets indirects économiques. — Parmi ces effets, l'un d'eux, sinon réel, du moins supposé, est célèbre. On a dit que la protection pouvait être utile pour protéger les industries naissantes, qui, ensuite, devenues adultes, n'en auraient plus besoin. On ne peut nier *a priori* qu'il en puisse être quelquefois ainsi, mais on n'en connaît pas d'exemple. Toutes les industries qui sont nées sous un régime de protection, ont toujours demandé de plus en plus de protection, et le jour n'est jamais venu où elles ont déclaré qu'elles pouvaient s'en passer.

La possibilité théorique indiquée § 49,51 semble être dans beaucoup de cas un phénomène réel, et un grand nombre de faits poussent à croire que pour certains pays la protection a fait hausser un grand nombre des prix des marchandises protégées, de telle sorte qu'il en est résulté un renchérissement général de la vie. Nous avons déjà parlé des effets de la hausse générale des prix (VI, 80), et il n'est pas nécessaire d'insister à nouveau.

Si un pays produit certaines marchandises, et si les autres pays mettent des droits protecteurs sur ces marchandises, leur prix diminue dans le pays qui les produit (§ 49). D'ailleurs la vérification expérimentale de cette déduction théorique est beaucoup moins facile que celle de la déduction précédente.

Enfin la destruction de richesse qui est l'effet de la protection a, à son tour, de nombreux effets économiques et sociaux (vi, 54 *passim*), qui apparaissent comme des effets indirects de la protection.

59. **Effets de répartition.** — La protection change évidemment la répartition entre certains individus. Les combinaisons qui peuvent se produire sont infinies ; on peut dire d'une façon très générale et en gros que la protection agricole favorise spécialement les propriétaires dont elle augmente les *rentes.* La protection industrielle favorise d'une façon permanente les propriétaires de terrains industriels, d'une façon temporaire les entrepreneurs. Ceux-ci, tout d'abord, se procurent des *rentes* temporaires, qu'atténue et annule, d'ailleurs, plus ou moins rapidement, la concurrence des autres entrepreneurs. Elle favorise les ouvriers habiles, qui obtiennent des salaires plus élevés que ceux qu'ils auraient pu avoir si les industries protégées n'étaient pas nées, mais c'est au détriment des ouvriers qui travaillent dans les industries non protégées ou dans l'agriculture. Enfin une partie de la bourgeoisie appartenant aux carrières libérales est aussi favorisée ; les industries ont besoin, plus que l'agriculture, d'ingénieurs, d'avocats, de notaires, etc.

Ces conditions varient avec les conditions de la production des différents pays. En Russie, par exemple, la protection industrielle se fait aux dépens de l'agriculture. En Allemagne, l'industrie et l'agriculture peuvent être toutes deux protégées, et elles le sont. Par suite l'agriculture est favorisée par la protection sans trop souffrir de la protection industrielle.

57. **Effets sociaux.** — Dans un pays agricole la protection industrielle, dans un pays industriel le libre-échange, ont également pour effet de développer l'industrie, et par conséquent ces mesures opposées peuvent avoir, selon les pays, des effets semblables, qui consistent surtout à donner ou à augmenter la puissance de la classe ouvrière et de la démocratie, et aussi du socialisme. La protection en Russie a de tels effets, tout comme le libre-échange en Angleterre.

La protection agricole, quand il existe une aristocratie territoriale, comme en Allemagne, fortifie cette aristocratie, et lui vient en aide pour empêcher qu'elle ne soit détruite par d'autres aristocraties. C'est pour cela que la protection agricole est peut-être indispensable en Allemagne pour conserver l'organisation sociale actuelle.

La protection industrielle dans les pays essentiellement agricoles, le libre-échange dans les pays essentiellement industriels, en favorisant l'industrie, constituent un puissant moyen de sélection de la classe ouvrière et aussi de la bourgeoisie, qui fournit aux industries des employés, des ingénieurs, etc.

La protection est aussi, en général, un moyen de sélection pour ceux qui, par des artifices divers, en achetant les électeurs, les journalistes, les politiciens, obtiennent des droits protecteurs. Mais en vérité cette sélection donne une aristocratie très décadente, inférieure même à celle que donnerait le brigandage, qui produirait tout au moins des hommes courageux.

58. **Effets fiscaux.** — Chez les peuples modernes il ne s'agit pas de protection pure et simple ; il s'y mêle toujours des mesures fiscales. Tous les Etats modernes qui sont soumis à la protection retirent des droits de douane des sommes énormes, qui entrent dans leur budget :

les Etats-Unis d'Amérique, la Confédération suisse
ont pour source principale de leurs recettes les droits
de douane.

59. Dans l'intérieur de chaque pays, la démocratie
moderne tend à remplacer les impôts indirects par les impôts directs ; c'est seulement par les droits de douane
qu'on peut frapper les citoyens qui forment la majorité
de la population, tandis que les impôt directs, surtout
les impôt progressifs, exploitent les classes aisées, qui
ne forment jamais qu'une petite fraction de la population.
Dans certains cas, la protection restitue à une partie des
personnes aisées une fraction de ce qui leur a été enlevé
par l'impôt progressif, ou même par les autres impôts,
dont le produit est en partie dépensé pour réaliser des
mesures de socialisme d'Etat.

60. De tout ce qui précède on voit combien est complexe le problème pratique et synthétique de savoir si la
protection est préférable au libre-échange, ou vice versa.
Sous cette forme générale le problème est, d'ailleurs,
insoluble, parce qu'il n'a pas de sens précis. Il faut se
poser le problème particulier que l'on peut énoncer
ainsi : étant données toutes les conditions économiques
et sociales d'un pays à un moment donné, rechercher,
pour ce pays, et pour ce temps, quel régime est préférable, de la protection ou du libre-échange.

61. Le raisonnement suivant est inexact, parce qu'il
néglige des conditions essentielles du problème : La
production entraîne une destruction de richesse, donc à
toute époque et pour tout pays la protection est nuisible
et le libre-échange avantageux (1).

(1) L'auteur de ce livre a eu le tort de s'exprimer parfois dans
des ouvrages de polémique — qui n'ont, d'ailleurs, aucune valeur
scientifique — de façon à laisser croire que, tout au moins implicitement, il faisait des raisonnements semblables. Pourtant,

62. Causes de la protection. — Parmi ces causes il n'y a certainement pas la solution théorique du problème économique dont nous venons de parler. Même si on démontrait d'une façon tout à fait évidente que la protection entraîne toujours une destruction de richesse, si on arrivait à l'enseigner à tous les citoyens, tout comme on leur apprend l'*abc*, la protection perdrait un si petit nombre de partisans, le libre-échange en gagnerait si peu, que l'effet peut en être à peu près négligé, ou complètement. Les raisons qui font agir les hommes sont tout autres (1).

§ 63. La protection est généralement établie par une ligue dont les principaux éléments sont : 1° ceux qui espèrent retirer un produit direct ou notable de la protection : c'est-à-dire les propriétaires qui en tireront des *rentes* permanentes, les entrepreneurs qui auront des *rentes*, qui à vrai dire seront temporaires, mais de cela ils ne se soucient guère pourvu qu'elles aient assez duré pour en tirer quelque bénéfice ; ceux qui exercent des professions qui peuvent être

dès 1887, il écrivait : « Enfin la considération des effets sociaux et de leurs conséquences économiques, que l'on pourrait appeler des effets doublement indirects de la protection, forme la partie la plus originale de la question et, à mon avis, elle est la seule qui puisse parfois éveiller des doutes sérieux sur l'utilité plus ou moins grande du libre-échange, dans certains cas spéciaux. » (*Sulla recrudescenza della protezione doganale ;* mémoire lu à l'Académie des *Georgofili* le 28 mai 1887).

(1) M. Bourdeau, qui suit avec beaucoup de perspicacité l'évolution du socialisme écrit : « Combien nous tous qui nous occupons de questions socialistes, nous faisons œuvre insuffisante, lorsque nous nous bornons à exposer, à réfuter des théories abstraites, que la plupart des ouvriers ignorent, ou dont ils se soucient médiocrement ! Les idées chez les gens du peuple viennent de leurs sentiments, les sentiments de leurs sensations, et leurs sensations elles-mêmes découlent de leur genre de vie, de la nature de la durée et des profits de leur travail. » *Socialistes et sociologues,* p. 164.

protégées. 2° Les politiciens qui espèrent, grâce aux produits fiscaux de la protection (§ 58), enrichir le budget dont ensuite ils disposent. Tous ceux qui espèrent profiter des dépenses que fera l'Etat, et qui sont assez intelligents pour comprendre que pour augmenter les dépenses il faut augmenter les recettes. 3° Ceux dont on réussit à éveiller les sentiments *nationalistes*, de façon à leur faire croire que la protection sert à défendre la patrie contre l'étranger. Il faut compter encore les « éthiques », en petit nombre quand il s'agit de protection douanière, en plus grand nombre quand il s'agit d'autres mesures restrictives ; ceux-ci s'imaginent ou feignent de croire que ces mesures sont favorables à leur éthique. C'est une espèce d'homme assez singulière ; quand ils sont de bonne foi, on peut leur montrer la lune dans un puits, et quand ils sont de mauvaise foi, ce sont eux qui la montrent aux autres. 4° Enfin, mais en petit nombre en ce moment, ceux qui sont assez instruits, intelligents et prévoyants, pour voir que la démocratie tend de plus en plus à dépouiller les riches, et qui n'ayant ni volonté ni courage, ni force pour résister directement, choisissent ce moyen détourné pour rattraper une partie de ce qui leur a été enlevé, et, en tout cas, pour ne pas être les seuls à payer les impôts.

64. C'est une ligue de cette espèce qui a établi en Suisse le monopole de l'alcool : la 4e catégorie n'y était pas comprise, d'ailleurs, et la 3e en différait un peu. En faisaient partie : 1° Ceux auxquels l'administration du monopole achète l'alcool à un prix beaucoup plus élevé que le prix courant du marché (1). Les agriculteurs, qui

(1) Numa Droz, *Essais économiques. Le monopole de l'alcool en Suisse*, p. 577 : « Comme c'est la confédération qui passe les contrats de livraison d'alcool, on s'adresse à elle, surtout les années d'élection, pour lui demander... d'améliorer les conditions des contrats, afin qu'on puisse payer plus cher la pomme de terre

peuvent distiller librement les produits de leurs récoltes, et qui vendent ensuite l'alcool produit à un prix supérieur à celui qu'ils obtiendraient si le monopole n'existait pas ; 2° Les autorités publiques, dont le budget s'augmente du produit du monopole ; 3° Les anti-alcooliques qui, en bons sectaires qu'ils sont, approuvent tout ce qui peut frapper, ou tout ce qu'ils croient pouvoir frapper leur ennemi, à savoir l'alcool.

65. En Angleterre, le mouvement protectionniste actuel est le fait de la 4ᵉ catégorie du § 62. La 3ᵉ catégorie est très nombreuse, et le sentiment nationaliste se dépense dans la poursuite d'une union plus étroite avec les colonies. La 1ʳᵉ et la 2ᵉ catégorie se dissimulent en partie derrière la 3ᵉ, qui porte le drapeau de la ligue.

66. Pour expliquer comment ceux qui défendent la protection se font si facilement écouter, il faut ajouter une considération d'ordre général pour les mouvements sociaux. L'intensité de l'œuvre d'un individu n'est pas proportionnelle à l'avantage que cette œuvre peut procurer, ou au dommage qu'elle peut faire éviter. Si une certaine mesure A est la cause de la perte de un franc chacun pour mille individus, et du gain de mille francs pour un seul individu, celui-ci déploiera une grande énergie, tandis que ceux-là se défendront mollement ; et il est vraisemblable que, finalement, le succès appartiendra à celui qui, par le procédé A, tâche de s'approprier mille francs (1).

Une mesure protectionniste procure de gros bénéfices à un petit nombre d'individus, et cause à un très grand

indigène, sinon les élections tourneront mal. C'est ainsi que nous en sommes arrivés à avoir la *pomme de terre électorale*. »

Les éthiques anti-alcooliques ne s'aperçoivent pas ou feignent de ne pas s'apercevoir de ces choses.

(1) *Systèmes*, I, p. 128 ; *Cours*, II, § 1046 et s.

nombre de consommateurs un léger dommage. Cette circonstance rend plus aisée la mise en pratique de cette mesure de protection.

Il faut remarquer en outre qu'une somme totale fait généralement une impression plus forte que l'ensemble des impressions que font chacune des parties de cette somme. La somme de cent francs est égale à cent fois un franc, en arithmétique ; mais cette égalité n'est plus vraie quand il s'agit des sensations d'un individu ; et une somme totale de cent francs peut faire une impression plus forte que cent fois un franc. Cela est plus vrai encore si les cent francs sont reçus directement, et si les différents francs dont le total est égal à cent francs, sont obtenus indirectement ; la différence est plus grande encore s'il existe quelque doute sur les faits qui procurent chacun de ces francs.

Le producteur peut évaluer d'une façon à peu près certaine le bénéfice qu'il retirera d'un droit de douane mis sur la marchandise qu'il produit ; supposons qu'il estime qu'il peut obtenir ainsi cent francs. Il importe assez peu que la marchandise soit vendue en plusieurs fois ; en ce qui concerne le droit de douane, l'opération est unique, et la somme de cent francs est considérée dans sa totalité. Comme consommateur il aura à supporter les dépenses de la protection accordée aux autres marchandises. Supposons qu'il achète pour sa consommation cent de ces marchandises ; chacune lui coûtera, par le fait de la protection, un franc de plus. Ici encore il importe assez peu que l'achat de chacune de ces marchandises soit fait en une ou en plusieurs fois. Au total, l'individu dont nous parlons aura perdu cent francs, exactement ce que la protection lui fait gagner, et cependant l'impression que lui fera l'un de ces faits sera tout à fait différente de celle que lui fera l'autre. Non seulement les cent francs qu'il gagne au total sur sa

marchandise lui font une impression plus forte que les
cent francs qu'il perd un à un ; mais de plus ceux-là sont
bien plus certains, ou si l'on veut beaucoup moins incertains que ceux-ci. La protection fait hausser presque
sûrement le prix de la marchandise produite ; mais il
n'est pas certain que le prix des marchandises non protégées ne hausse pas pour de tout autres raisons. En
somme ce que notre individu recevra en plus est presque
certain, ce qu'il dépensera en plus est fort douteux.

Ce n'est pas tout encore. L'hypothèse que nous venons
de faire n'est pas toujours réalisée, et souvent un producteur gagne plus par la protection accordée à sa
marchandise que ce qu'il perd par la protection accordée
aux marchandises d'autres producteurs.

Soit un état économique dans lequel agissent les
causes A,B,C,... de destruction de richesse, et un autre
état économique dans lequel toutes ces causes n'existent
pas. Il n'est pas douteux que dans ce second état économique (la distribution restant la même) tous les
hommes seront dans une situation meilleure que dans le
premier. Mais si nous comparons, au contraire, un
état dans lequel existent les causes A,B,C,... de destruction de richesse, avec un autre état dans lequel
existent les causes B,C,..., nous ne pouvons plus affirmer
que dans ce second état tous les individus sont dans
une situation meilleure que dans le premier, parce que
la destruction de richesse qui résulte de B,C,... peut
croître en sorte qu'elle compense et même dépasse la
destruction produite par A dans le premier état.

L'opinion des économistes libéraux, que les droits
protecteurs sont imposés au pays par une ligue des politiciens et d'un petit nombre de producteurs, ne peut
pas être acceptée d'une façon générale, parce que nous
avons un cas particulier tout au moins dans lequel elle
est contredite par l'expérience. En effet, en Suisse, les

tarifs protectionnistes ont été approuvés par un *referendum* populaire, c'est-à-dire par la majorité des électeurs qui ont pris part au scrutin.

De même l'opinion que les droits protecteurs ne sont supportés que par suite de l'ignorance du public n'est pas fondée, parce que ceux qui bénéficient de ces droits donnent souvent la preuve de beaucoup de pénétration d'esprit et d'un juste sentiment de l'opportunité ; et ceux qui en font les frais pèchent moins par ignorance que par manque de courage et d'énergie.

C'est ce que l'on voit mieux encore en observant les consommateurs qui n'agissent pas autrement dans des cas analogues où on ne peut invoquer l'excuse de l'ignorance. Par exemple, quand une ligue comme celle des lithographes fait savoir à tous qu'elle excommunie et persécute le producteur coupable de travailler à des prix avantageux aux consommateurs (§ 12), ceux-ci pourraient le défendre et lutter contre ceux qui s'efforcent de lui nuire. S'ils ne font même pas cela, comment pourraient-ils se proposer la tâche beaucoup plus ardue de changer les lois et de se soustraire au poids des droits protecteurs ! Le monde, en somme, est à celui qui sait s'en emparer.

64. Il ne suffit pas de remarquer que la protection est établie par ceux qui trouvent un avantage direct, et en grande partie par ceux qui se proposent de s'approprier les biens d'autrui, pour la condamner ; parce que tels étant les motifs qui les poussent à agir, la fin qu'ils atteignent pourrait être le bien du pays. Nous avons vu que, dans la détermination des coefficients de production, les entrepreneurs ne se proposent que leur propre avantage, et cependant ils aboutissent à organiser la production pour le plus grand bien des consommateurs. Il pourrait se produire quelque chose d'analogue pour la protection (§ 35).

68. Il n'est pas possible de juger les effets de la protection, ou du libre-échange, en comparant les pays où elles existent, parce que ces pays diffèrent entre eux en beaucoup d'autres points. On peut seulement, et avec beaucoup de prudence, établir cette comparaison pour un même pays, et pour un espace de temps qui ne dépasse pas deux ou trois années, au moment où un pays passe de la protection au libre-échange, ou inversement. Dans ce cas, les autres circonstances varient peu en comparaison du changement qui est intervenu dans le régime du commerce extérieur, et l'on peut, avec quelque probabilité, rattacher en partie du moins la variation des effets à la variation de la circonstance qui a le plus changé.

69. On a ainsi une confirmation pratique de cette affirmation que la protection, en réduisant les importations, diminue également les exportations. Ce phénomène a été observé dans un grand nombre de cas et pour beaucoup de pays (1).

70. Comme conséquence de ce que nous avons dit au § 68, c'est une erreur de citer la prospérité des Etats-Unis comme preuve de l'utilité de la protection, ou bien la prospérité de l'Angleterre comme preuve de l'utilité du libre-échange (2).

(1) *Cours*, § 881.
(2) Cette proposition du *Cours*, § 891, est donc inexacte : « L'Angleterre, grâce à sa fidélité aux principes de l'économie politique libérale, continue à voir sa prospérité augmenter...». L'auteur a eu tort d'accueillir, sans la soumettre à un examen suffisamment sévère, une proposition courante parmi les économistes libéraux et qui leur semblait avoir la valeur d'un axiome. De plus, il s'est mal exprimé, parce qu'il est bien vrai que, au moment où il écrivait, l'Angleterre pratiquait le libre-échange et un système monétaire conforme aux principes de l'école libérale, mais déjà commençait à poindre le socialisme municipal, qui a tant progressé depuis, et florissait aussi le système de contrainte

On ne peut pas non plus comparer l'Angleterre et l'Allemagne, comme s'il n'y avait d'autre différence, entre ces deux pays, que la pratique du libre-échange en Angleterre et celle de la protection en Allemagne.

71. Remarquons, d'ailleurs, que si, en Angleterre, le libre-échange augmente la richesse, les prétentions des syndicats ouvriers la détruisent. La grande et longue grève des ouvriers mécaniciens fut la conséquence de la prétention qu'avaient ceux-ci de ne pas permettre aux patrons d'introduire des machines perfectionnées, sinon avec la permission des ouvriers, et à la condition que l'avantage procuré par ces machines revînt aux ouvriers ; ce qui, en pratique, consistait à empêcher l'introduction de ces machines, qui auraient coûté aux patrons sans leur procurer aucun profit.

Il y a contradiction entre la façon d'agir, dans cette circonstance, de la bourgeoisie humanitaire et décadente (1), qui se mit du côté des ouvriers, et les lamentations de cette même bourgeoisie parce que l'industrie allemande triomphe de l'industrie anglaise. Quand on veut une chose, il ne faut pas se plaindre des conséquences de cette même chose.

Si l'industrie anglaise a fait, dans ces dernières années, moins de progrès que l'industrie allemande, cela tient certainement en partie à la négligence des patrons qui se reposaient sur leur renommée ancienne, sans se soucier d'aller de l'avant, mais beaucoup plus encore à la tyrannie que les syndicats ouvriers exercent sur les patrons : tandis que l'industrie allemande y

humanitaire. Pour être précis, l'auteur ne devait pas parler d'une façon absolue de la fidélité de l'Angleterre aux principes de l'économie libérale.

(1) Parmi ceux-ci, il y eut des évêques et des archevêques qui auraient mieux fait de s'occuper de théologie que d'économie politique.

échappe pour le moment, ou ne la ressent pas avec la même intensité.

72. Si la politique protectionniste triomphe en Angleterre, elle entraînera certainement une certaine destruction de richesse ; mais si, d'autre part, la nouvelle organisation sociale qui sera la conséquence de cette politique permet de mettre un frein au socialisme municipal, au système de contrainte humanitaire, ou même simplement de diminuer la puissance des syndicats ouvriers, on sauvera une quantité considérable de richesse, qui pourra compenser, ou même plus que compenser, la perte due à la protection. Le résultat final pourrait donc être une augmentation de prospérité.

73. **Les crises économiques.** — Le complexus économique est composé de molécules qui sont en vibration continuelle, et cela par suite de la nature même des hommes et des problèmes économiques qu'ils ont à résoudre. Ces mouvements peuvent se faire en sens divers, et dans ce cas ils se compensent en partie. Parfois nous constatons que certaines industries, certains commerces prospèrent, tandis que d'autres industries, d'autres commerces languissent ; au total il y a compensation, et on ne peut pas dire qu'il y a un état général de prospérité, ni un état de dépression économique.

Mais de temps en temps il arrive, quelles qu'en soient les causes, que ces mouvements des éléments du complexus économique se font presque tous dans le même sens. Nous constatons alors que presque toutes les industries, tous les commerces, toutes les professions prospèrent ; ou bien qu'il y a stagnation et qu'ils souffrent : il y a alors un état général de prospérité, ou bien un état général de dépression économique.

74. C'est à ce dernier état, et quand il est assez marqué, qu'on donne le nom de CRISES. Mais puisque l'observation nous apprend que l'état de dépression est

toujours précédé d'un état d'activité extraordinaire, on doit étendre le sens du mot crise à tout l'ensemble de ces deux phénomènes, en désignant par le terme de *période ascendante* de la crise, la période d'extraordinaire activité, et par *période descendante* de la crise la période de dépression.

Cette définition de la crise est d'ailleurs peu précise. Les mouvements des éléments du complexus économique sont incessants. Nous n'appelons pas crises les mouvements peu importants, et nous qualifions ainsi les mouvements plus considérables, mais comment les distinguer? Il faudrait tout au moins disposer d'une certaine mesure. Cela est d'ailleurs impossible. S'il n'existe aucun doute pour les cas extrêmes, nous ne pouvons faire usage de cette terminologie pour les cas intermédiaires. Il en est de même pour les termes de vieux et de jeune, qui nous servent à indiquer les différents âges.

75. La crise n'est qu'un cas particulier de la grande loi du rhythme, laquelle domine tous les phénomènes sociaux (1). L'organisation sociale donne sa forme à la crise, mais n'agit pas sur le fond, qui dépend de la nature de l'homme et des problèmes économiques. Il y a des crises non seulement dans le commerce et dans l'industrie privée, mais aussi dans les entreprises publiques. Les municipalités passent par des périodes pendant lesquelles elles transforment les villes, et des périodes pendant lesquelles elles n'entreprennent pas de travaux nouveaux; les Etats n'ont jamais construit les chemins de fer d'une façon uniforme; dans certaines périodes ils en ont construit beaucoup, dans d'autres très peu; on constate de temps à autre, en Angleterre, une *panique navale* : la nation redoute une invasion étrangère, et on approuve en hâte toutes les dépenses à

(1) *Systèmes*, I, p. 30.

faire pour la flotte. Il survient ensuite des périodes de calme, pendant lesquelles on ralentit la construction de nouveaux navires.

76. Il faut produire les marchandises un certain temps, et parfois très longtemps avant la consommation. Pour qu'il y eût adaptation parfaite de la production à la consommation il faudrait : 1° que l'on pût établir des prévisions sur la consommation ; 2° que l'on pût prévoir d'une façon rigoureuse les résultats de la production. C'est ce qu'il est impossible de faire avec rigueur.

77. Dans l'organisation actuelle, ce sont les producteurs et les commerçants qui essayent d'établir ces prévisions. S'ils devinent juste, ils s'enrichissent ; s'ils se trompent, ils se ruinent. Dans un régime socialiste, ce seraient les employés de l'État qui devraient faire ce travail ; il est probable qu'ils se tromperaient davantage, et plus souvent que les particuliers. Pour s'en convaincre il suffit, entre autres faits, de se rappeler combien difficilement les gouvernements arrivent à pourvoir de vivres leurs armées en campagne, alors que le commerce pourvoit merveilleusement à la consommation, autrement variée et complexe, de grandes villes comme Paris, Londres, Berlin.

Dans ses efforts pour s'adapter à la consommation, la production est tantôt en avant, tantôt en arrière, et l'oscillation dans un sens est souvent la cause de l'oscillation dans le sens opposé. Au moment où le philoxera envahit les vignobles français, la production resta inférieure à la consommation, le prix du vin haussa ; il y avait beaucoup à gagner en produisant davantage ; tout le monde se mit à reconstituer les vignobles avec des vignes américaines, et la production, par le fait même qu'elle avait été trop faible, dépassa la consommation, et on produit maintenant plus de vin que n'en réclame, aux prix qu'on peut pratiquer, la consommation; aussi voyons-nous se dessiner une oscillation en sens inverse.

78. Les crises ont principalement deux espèces de causes, à savoir : (α) tout changement objectif dans les conditions de la production peut donner lieu à une crise, s'il est suffisamment étendu. C'est à cette cause que se rattachaient les disettes d'autrefois. (β) Le synchronisme subjectif des mouvements économiques transforme en crises intenses des mouvements qui, sans cela, auraient donné lieu à de moindres altérations de l'équilibre économique.

79. La cause subjective agit puissamment : dans certaines périodes les hommes sont pleins de confiance, dans d'autres ils sont complètement découragés. Ces états d'âme se sont maintenant modifiés, grâce à l'expérience. Le souvenir de la période descendante des crises passées diminue la foi exagérée en un succès complet, dans la période ascendante d'une nouvelle crise ; le souvenir de la période ascendante des crises passées diminue le découragement excessif, dans la période descendante d'une nouvelle crise.

Tous les auteurs qui ont étudié les crises avec attention, ont vu le rôle qu'y joue l'imagination des hommes. Montesquieu en parle fort bien au sujet de la crise qui eut lieu à l'époque de Law (1). Mais en général on prend pour un effet de la crise ce qui en est, au contraire, une des raisons principales.

80. Pendant la période ascendante, tout le monde est

(1) *Lettres persanes*, CXLII. Il imagine que Law parle de la façon suivante : « Peuples de Bétique, voulez-vous être riches ? Imaginez-vous que je le suis beaucoup, *et que vous l'êtes beaucoup aussi*; mettez-vous tous les matins dans l'esprit que votre fortune a doublé pendant la nuit et si vous avez des créanciers, allez les payer de ce que vous aurez imaginé, et dites-leur d'imaginer à leur tour. »

content, et on ne parle pas de crise. Pourtant cette
période prépare sûrement la période descendante,
qui rend tout le monde mécontent, et à laquelle seule
on donne le nom de crise. La période ascendante dure,
d'ordinaire, plus longtemps que la période descendante. On monte petit à petit, on est précipité d'un seul
coup.

81. On attribue aux crises des dommages beaucoup
plus grands que ceux qu'elles produisent en réalité, et
cela parce que l'homme ressent vivement ses maux, et
oublie facilement les biens dont il a joui. Il lui semble que ceux-ci lui sont dus, et que ceux-là le frappent
à tort. Les maux de la période descendante de la crise
agissent fortement sur l'imagination de l'homme, et il
oublie les avantages qu'il a réalisés pendant la période
ascendante.

En dernière analyse il n'est nullement démontré que
le mouvement oscillatoire auquel on donne le nom de
crise ne cause que des dommages à la société humaine.
Il pourrait se faire qu'il lui fût plus avantageux que nuisible.

82. Les faits concomitants des crises ont été considérés comme les causes des crises.

Pendant la période ascendante, quand tout est en voie
de prospérité, la *consommation* augmente, les entrepreneurs accroissent la *production* ; pour cela ils *transforment l'épargne* en capitaux mobiliers et immobiliers, et
ils font un large appel au *crédit* ; la *circulation* est plus
rapide.

Chacun de ces faits a été considéré comme la cause
exclusive de la période descendante, à laquelle on donnait le nom de crise. Ce qui est vrai c'est simplement
qu'on observe ces faits dans la période ascendante, qui
précède toujours la période descendante.

83. Ce que l'on nomme l'excès de consommation dans

la période ascendante, n'est qu'une plus grande consommation qui est due à la prospérité économique de cette période ; et cet excès se transformera en un défaut de consommation, c'est-à-dire en une moindre consommation, quand, dans la période descendante, la prospérité économique diminuera.

De même, la production augmente dans la période ascendante, pour satisfaire les demandes croissantes de la consommation, et il y a alors un *défaut* de production ; par exemple, dans les périodes ascendantes on constate presque toujours des « disettes » de charbon de terre. Quand vient ensuite la période descendante, la consommation diminue, et la production devient surabondante ; il y a pour un temps, c'est-à-dire jusqu'à ce qu'on soit arrivé à diminuer la production, un « excès » de production.

C'est pure rêverie que de parler d'un excès permanent de la production. S'il en était ainsi, il devrait y avoir quelque part, comme nous l'avons déjà dit, des dépôts toujours croissants des marchandises dont la production dépasse la consommation : c'est ce qu'on ne constate nullement.

On pourrait faire des remarques analogues au sujet des excès de transformation de l'épargne, et de l'appel au crédit.

Quand on parle de « crise de circulation », on prend, d'ordinaire, l'effet pour la cause. La circulation est tantôt rapide (dans la période ascendante), tantôt lente (dans la période descendante), par l'effet de la crise ; et ce n'est pas, au contraire, la crise qui est produite par ces variations du mouvement de la circulation.

84. Il y a, d'ailleurs, des phénomènes indépendants des crises et qui, mal interprétés, ont pu donner naissance aux erreurs que nous venons de signaler.

Le phénomène permanent qu'on appelle excès de consommation n'est autre que la tendance qu'a l'homme à consommer autant de marchandises qu'il le peut pour satisfaire ses goûts : c'est la force qui stimule la production.

Ce qu'en général on appelle excès de production est la tendance qu'ont les entrepreneurs d'offrir, à un certain prix, plus de marchandises que n'en demande la consommation ; c'est la force qui stimule la consommation.

Puisque la consommation et la production ne sont jamais, et ne peuvent jamais être parfaitement égales, il y a, de temps en temps, réellement un excès de l'une ou de l'autre, bientôt compensé par une pénurie correspondante.

Soit, par exemple, certains producteurs qui ont en dépôt une marchandise et qui, en un an, en produisent 100 unités. La consommation étant de 120, les 20 unités complémentaires seront prélevées sur le dépôt. L'année suivante les producteurs, attirés par cet excès de consommation, hausseront les prix et produiront 110, tandis que les acheteurs, retenus précisément par cette hausse des prix, ne consommeront que 90 ; il y aura par conséquent un excédent de production de 20 unités, qui viendront reconstituer le dépôt. Il y a eu ainsi tantôt excès de consommation et défaut de production, tantôt défaut de consommation et excès de production.

On peut constater des phénomènes analogues dans la production et la consommation du charbon, de la fonte, et de beaucoup d'autres marchandises ; mais les oscillations durent plus d'une année, en général.

85. **Symptômes de la crise.** — Clément Juglar les voit dans les bilans des banques d'émission ; Pierre des Essars, dans la rapidité du mouvement des comptes-courants des banques d'émission.

La quantité d'épargne disponible est en relation avec

les mouvements oscillatoires des crises. Dans la période ascendante cette quantité diminue ; dans la période descendante elle augmente.

De même qu'un petit bassin communiquant avec la mer peut indiquer le niveau de celle-ci, les quantités de monnaie disponible dans les caisses des banques d'émission peuvent donner une idée de la quantité d'épargne disponible dans le pays.

Il faut avoir soin de ne pas confondre l'effet avec la cause, et de ne pas s'imaginer qu'en retenant l'or d'une façon artificielle dans les caisses des banques, on empêcherait la crise. Celui qui raisonnerait ainsi ferait comme celui qui, pour empêcher la température de s'élever, casserait son thermomètre.

Quand le début d'une période descendante d'une crise se produit, il y a toujours des gens qui prétendent que la crise est due à un défaut de médium circulant, et l'on voit éclore toutes sortes de projets de réorganisation des banques et même du système monétaire. Or, ce qui apparaît comme un manque de médium circulant est précisément la force qui agit pour ramener l'équilibre qui a été troublé. Supposons qu'à la veille de la période descendante, on augmente considérablement la quantité de médium circulant. On obtiendra simplement le résultat de prolonger la période ascendante ; ce qui aura pour effet d'éloigner encore plus l'agrégat économique de sa position d'équilibre, et par conséquent de rendre plus grave la crise qui doit inévitablement se produire. Il n'y a qu'un moyen d'arrêter les spéculateurs, les producteurs, les consommateurs, qui s'éloignent de plus en plus de la position d'équilibre : c'est de leur couper les vivres ; en d'autres termes, de leur faire manquer le médium circulant, grâce auquel ils pourraient continuer leurs opérations.

Les conceptions fantaisistes du président Roosevelt,

accusant les *trusts* et les spéculateurs à la bourse d'être
la cause de la crise qui a sévi aux Etats-Unis à la fin de
l'année 1907, appartiennent au domaine de la fable. La
crise a été générale ; elle a atteint des pays, comme
'Angleterre, où les *trusts* ne sont que des exceptions,
des pays comme l'Allemagne, où une législation extrèmement sévère réduit au minimum les spéculations sur
les titres à la bourse. A Paris, on spécule beaucoup plus
qu'à Berlin, et si la France a été relativement indemne
de la crise, c'est parce que, n'ayant pas pris part à la
période ascendante, elle a par là même évité la période
descendante. Là où il n'y a pas de marée montante, il
n'y a pas non plus de marée descendante.

Il faut bien distinguer la crise financière qui s'observe
à la bourse, de la crise économique, qui atteint la production.

La crise financière se produit tout à coup, au début de
la période descendante. Elle est profonde ; mais elle
passe vite. Le taux d'escompte de la banque d'Angleterre est, en ces circonstances, brusquement élevé à
une grande hauteur, mais quelques mois suffisent pour
qu'il revienne à son taux normal.

La crise économique se produit lentement, se développe pendant des années, et ne cesse que peu à peu,
quand commence une nouvelle période ascendante.

A la bourse, pendant la période descendante, les titres
à revenu fixe, principalement les fonds d'Etat de premier ordre, augmentent de prix, les actions d'entreprises
industrielles sont déprimées. Le contraire a lieu lors de
la période ascendante.

Lorsque la période descendante se produit, il est des
gouvernements qui l'attribuent à des manœuvres coupables des spéculateurs à la bourse. C'est ainsi que le gouvernement italien, en 1907 et 1908, a pris des mesures
de police contre des gens qui avaient le tort de vendre,

au lieu d'acheter, les titres industriels. Ces mesures obtiennent généralement un effet opposé à celui que l'on désire, car bien loin de ramener la confiance elles contribuent à augmenter la méfiance.

Il faut d'ailleurs bien comprendre que le spéculateur à la baisse n'est guère nuisible, en réalité, qu'à un autre spéculateur, c'est-à-dire au spéculateur à la hausse. Si les spéculateurs à la baisse vendent des titres au dessous de leur valeur, c'est une excellente occasion d'en acheter pour les gens qui ont de l'argent disponible.

Quant aux personnes qui gardent des titres dans leurs coffre-fort pour toucher des dividendes, la bataille que se livrent des spéculateurs à la bourse leur est parfaitement indifférente.

Bien loin d'être toujours nuisible, la spéculation à la baisse peut être en certains très utile. Elle empêche la période ascendante de se prolonger, et d'éloigner ainsi toujours plus l'agrégat de la position d'équilibre ; et quand vient la période ascendante, elle prépare la période descendante. C'est un fait bien connu à la bourse que le *rachat du découvert* est une des causes les plus puissantes de hausse.

Enfin il faut remarquer que *spéculation à la hausse* et *spéculation à la baisse* ne sont souvent que deux termes pour une même chose. Comment ceux qui spéculent à la baisse pourraient-ils vendre si personne n'achetait ? Comment ceux qui spéculent à la hausse pourraient-ils acheter si personne ne vendait ?

86. Clément Juglar a remarqué que dans la période ascendante la quantité de monnaie diminue dans les caisses des banques d'émission, et que le portefeuille augmente ; dans la période descendante on constate des effets inverses. Cet auteur a étudié d'une façon spéciale les maxima et les minima de l'encaisse et du porte-

feuille, et il a pu établir des relations certaines entre ces phénomènes.

87. Pierre des Essars a calculé, pour une période de 85 années, la rapidité des mouvements des comptes courants de la Banque de France, et de la Banque d'Italie (pour une période un peu plus courte), et il a pu vérifier qu'il y a un maximum de circulation au moment où finit la période ascendante et où commence la période descendante, et un minimun dans la période de liquidation de la crise.

88. S. W. Stanley Jevons a cru pouvoir fixer approximativement la durée des périodes des crises. D'après lui, on aurait trois années de dépression commerciale, trois années d'activité commerciale, deux années de très grande activité commerciale, une année de maximum d'activité, une année pour la catastrophe ; et puis de nouveau, recommenceraient d'autres périodes identiques aux précédentes. Il y aurait ainsi une dizaine d'années d'une crise à une autre.

Le phénomène réel ne se produit pas avec cette régularité et les périodes ne sont pas toutes du même nombre d'années ; la description de Jevons ne peut servir qu'à donner une idée lointaine des faits.

APPENDICE

—

1. Cet appendice a exclusivement pour but de donner quelques éclaircissements au sujet des théories exposées dans le texte. Ce n'est nullement un traité d'économie mathématique, pour lequel un espace beaucoup plus considérable que celui que nous avons ici à notre disposition serait nécessaire [1].

2. Soient x et y les quantités de biens économiques X et Y possédés par un individu. Supposons qu'il n'y ait pas lieu de tenir compte de l'ordre dans lequel ces biens sont consommés (IV, 7), c'est-à-dire considérons les dispositions xy et yx comme identiques.

Choisissons une combinaison quelconque x_1y_1, et cherchons toutes les autres $x_2y_2, x_3y_3, \ldots$, lesquelles, pour l'individu considéré, sont équivalentes, entre lesquelles le choix est, pour lui, *indifférent* (III, 52). En interpolant, nous pourrons obtenir une équation

(1) $$f_1(x,y) = 0$$

telle que si l'on donne à x les valeurs

$$x_1, x_2, x_3, \ldots,$$

[1] Nous exposons ici les résultats en partie nouveaux auxquels nous ont conduit nos dernières études du problème économique. Cet appendice doit donc être substitué à nos travaux antérieurs, et les remplacer.

on obtienne pour y les valeurs

$$y_1, y_2, y_3, \ldots$$

L'équation (1) appartient à une *ligne d'indifférence* [1] (III, 54). Partant d'une autre combinaison $x_1' y_1'$, qui n'est pas comprise parmi les précédentes, on obtiendra l'équation d'une autre ligne d'indifférence, et ainsi de suite. Attribuons à chacune de ces lignes d'indifférence un indice I, ainsi que nous l'avons indiqué (III, 55). Aux indices

$$I_1, I_2, I_3, \ldots,$$

correspondront les fonctions

$$f_1, f_2, f_3, \ldots$$

Interpolons les paramètres qui se trouvent dans ces fonctions, nous obtiendrons une fonction f, qui reproduira les fonctions $f_1, f_2, \ldots$, pour les différentes valeurs de I. L'équation

$$(2) \qquad f(x, y. I) = 0$$

nous donnera, en attribuant des valeurs convenables à I, toutes les lignes d'indifférence [2].

3. Si l'on considère l'équation (2) comme l'équation d'une surface, les projections sur le plan des xy des lignes de niveau de cette surface seront les lignes d'indifférence.

---

[1] Les notions de lignes d'indifférence et de lignes de préférence ont été introduites dans la science par le prof. F. Y. EDGEWORTH. Il partait de la notion de l'*utilité* (ophélimité), qu'il supposait être une quantité connue, et il en déduisait la définition de ces lignes. Nous avons inverti le problème. Nous avons fait voir qu'en partant de la notion des lignes d'indifférence, notion donnée directement par l'expérience, on peut arriver à la détermination de l'équilibre économique, et remonter à certaines fonctions, dont fera partie l'ophélimité, si elle existe. En tout cas on obtiendra des *indices* d'ophélimité.

[2] Pour plus de détails, voir P. BONINSEGNI, *I fondamenti dell'economia pura*, dans *Giornale degli Economisti*. Rome, février 1902.

Cette surface est en partie arbitraire, puisque les indices I sont en partie arbitraires, c'est-à-dire qu'elle est une quelconque des surfaces qui ont pour projection de leurs lignes de niveau les courbes d'indifférence données par les équations

$$f_1 = 0, \quad f_2 = 0, \ldots,$$

et de celles qui sont intermédiaires entre celles-ci.

En somme, nous ne connaissons que la projection des lignes de niveau, et cela ne suffit pas pour déterminer la surface qui a ces lignes de niveau, cette surface demeure en partie arbitraire.

Il convient, pour simplifier, de mettre l'équation (2) sous la forme

$$(3) \qquad I = \Psi(x, y).$$

En donnant à I une valeur constante, nous aurons une ligne d'indifférence.

Les mêmes considérations s'appliquent évidemment à un nombre quelconque de biens et l'on a alors

$$(4) \qquad I = \Psi(x, y, z, \ldots).$$

4. Quand on a obtenu un système d'indices (3) ou (4), on en a une infinité d'autres, donnés par l'équation

$$(5) \qquad I = F(\Psi)$$

F étant une fonction arbitraire.

Quand on passe d'une combinaison x, y, z, ..., à la combinaison $x + dx$, y, z, ..., l'indice I augmente de

$$(6) \qquad \frac{\partial I}{\partial x} dx = F' \cdot \Psi_x dx,$$

Ψ_x étant la dérivée partielle de Ψ par rapport à x. La seconde combinaison sera préférée, par l'individu, à la première, puisqu'il aura plus de X, et autant de tous les autres biens. Si l'on veut qu'un indice plus élevé indique une combinaison préférable à celle qui a un indice moins élevé, il faut que l'augmentation de I donnée par (6) soit positive, quand dx est positive. Il faut donc restreindre un peu le choix arbitraire de F, en sorte que le second membre de (6), et les seconds membres des équations analogues en y, z, ..., soient positifs. C'est ce que nous supposerons toujours avoir lieu.

5. Si l'on différencie l'équation (6), dans laquelle I est une constante, on obtient

$$(7) \qquad 0 = \Psi_x F' \, dx + \Psi_y F' \, dy + \Psi_z F' dz + \dots$$

ou bien

$$(8) \qquad 0 = \Psi_x dx + \Psi_y dy + \Psi_z dz + \dots$$

On pourrait obtenir directement, par l'expérience, une équation équivalente à celle-ci. Pour cela on cherchera de quelle quantité positive $\Delta_1 x$ il faut augmenter x pour compenser la diminution représentée par la quantité négative Δy ; de même on cherchera quel $\Delta_2 x$ correspond à Δz ; etc. Ensuite en posant

$$\Delta x = \Delta_1 x + \Delta_2 x + \dots$$

on aura une équation de la forme

$$0 = p'_x \Delta x + q'_y \Delta y + \dots,$$

et, en passant à la limite, on aura

$$(9) \qquad 0 = q_x dx + q_y dy + q_z dz + \dots$$

Cette équation est équivalente à l'équation (7) ou à la (8). Elle doit donc avoir un facteur d'intégrabilité, dans le cas que nous considérons, mais non dans d'autres cas.

6. L'équation (9) est la seule dont à proprement parler nous avons besoin pour établir la théorie de l'équilibre économique : or cette équation ne renferme rien qui cor-

responde à l'ophélimité, ou aux indices d'ophélimité : toute la théorie de l'équilibre économique est donc indépendante des notions d'*utilité* (économique), de valeur d'usage, d'ophélimité([1]), elle n'a besoin que d'une chose, c'est-à-dire de connaître les limites des rapports

$$\frac{\Delta_1 x}{\Delta y}, \frac{\Delta_2 x}{\Delta z} \dots;$$

les quantités $\Delta_1 x$, Δy ; $\Delta_2 x$, Δz ; …. étant telles que le choix entre les combinaisons

$$x, y, z, \dots ; x + \Delta_1 x, y + \Delta y, z, \dots, x + \Delta_2 x, y, z + \Delta z, \dots$$

etc., soit indifférent.

On pourrait donc écrire tout un traité d'économie pure, en partant de l'équation (9) et d'autres équations analogues, et il se peut même qu'il convienne un jour de le faire ([2]).

En intégrant l'équation (9) on obtiendrait l'équation (4) ou l'équation (5). Il se pourrait alors que, pour abréger le discours, on jugeât à propos de donner un nom quelconque à la quantité I ; c'est ainsi qu'en mécanique, on a jugé à propos de donner le nom de *force vive* à une certaine intégrale, et en thermodynamique, le nom d'*entropie* à une autre. Mais on pourrait aussi, pour peu qu'on y trouvât le moindre avantage, ne donner aucun nom à la fonction (5), et la désigner simplement par la

---

([1]) Nous avons commencé nous aussi par établir la théorie de l'équilibre économique en partant de ces notions, ainsi que le faisaient alors tous les économistes. Mais nous avons ensuite reconnu que l'on pouvait s'en passer, et nous avons développé la théorie des choix, qui donne plus de rigueur et plus de clarté à toute la théorie de l'équilibre économique.

([2]) C'est une des nombreuses raisons pour lesquelles nos théories se séparent absolument de celles dites de l'École Autrichienne.

544 APPENDICE

lettre I; rien ne serait changé aux théories économiques (¹).

7. Mais de même qu'en mécanique après avoir défini mathématiquement le travail d'une force, la force vive, le potentiel, l'énergie, etc., il y a lieu de rechercher les rapports en lesquels ces quantités se trouvent avec les faits d'expérience, on est conduit, lorsqu'on étudie la science économique, à rechercher en quels rapports la quantité I se trouve avec les faits d'expérience.

C'est ce que nous allons faire maintenant ; mais le lecteur ne doit point oublier que c'est là une digression, que l'étude que nous entreprenons n'est nullement nécessaire pour établir la théorie de l'équilibre économique, qu'elle en est même en dehors.

8. L'équation différentielle (9) a une intégrale (§ 5). Celle-ci étant mise sous la forme (5), et la fonction arbitraire ayant été choisie ainsi qu'il a été dit au § 4, jouit des deux propriétés suivantes : 1° à deux combinaisons entre lesquelles le choix, pour l'individu, est indifférent, correspondent deux valeurs égales de I ; 2° si une certaine combinaison (α) est préférable à une autre combinaison (β), à (α) correspond une valeur de I plus élevée que celle qui correspond à (β), (§ 134).

9. Si l'on considère le plaisir que cause une combi-

(¹) Cela est tout à fait inconcevable pour les économistes littéraires et métaphysiciens. L'un d'eux, professeur d'économie politique dans une Université italienne, cite un autre savantissime professeur qui s'est livré à de profondes recherches étymologiques au sujet de l'*ophélimité*, sans pouvoir arriver, héias ! à savoir ce qu'est cette quantité.

Se figure-t-on un professeur de thermodynamique, se livrant à des recherches étymologiques chez les anciens auteurs grecs, pour arriver à découvrir ce que peut bien être l'entropie ?

Cette observation suffit pour se rendre compte de l'état arriéré dans lequel se trouve encore l'économie politique par rapport à des sciences telles que la mécanique, l'astronomie, la physique, la chimie, etc.

naison x, y, on peut dire qu'il est indifférent de choisir l'une ou l'autre de deux combinaisons qui causent le. même plaisir, et que, de deux combinaisons causant des plaisirs différents, l'individu choisit celle qui lui donne le plus de plaisir.

Une correspondance est ainsi établie entre la quantité I et le plaisir. La première peut servir d'indice au dernier.

Mais cette correspondance n'est pas univoque, car à une même combinaison x, y peuvent correspondre une infinité de valeurs de I, selon la forme qu'il plait d'adopter pour F. Si la correspondance était univoque, on pourrait adopter I comme mesure du plaisir ; en ce sens qu'à un plaisir déterminé ne correspondrait qu'une valeur de I (abstraction faite de l'unité de mesure), qu'à deux plaisir égaux correspondraient deux valeurs égales de I, qu'à un plaisir plus grand qu'un autre correspondrait une valeur de I plus grande que celle qui correspond à cet autre.

10. Supposons qu'on puisse trouver un facteur d'intégrabilité tel que Ψ_x soit seulement fonction de x, Ψ_y de y, etc. En ce cas, parmi les systèmes, en nombre infini, d'indices, il en est un qui est tel que la dérivée partielle Ψ_x de Ψ par rapport à x n'est fonction que de x, la dérivée partielle Ψ_y n'est fonction que de y, etc. On obtient ce système, en supposant dans l'équation (6), et les autres équations analogues que F' est égale à une constante A. Alors

$$(10) \quad \begin{cases} \dfrac{\partial I}{\partial x} = A\Psi_x, \quad \dfrac{\partial I}{\partial y} = A\Psi_y, \ldots \\[2mm] I = A\Psi, \quad \Psi = \displaystyle\int \Psi_x \, dx + \int \Psi_y \, dy + \ldots \end{cases}$$

Si pour ces biens le plaisir que procure la consommation de dx ne dépend que de x, celui que procure la consommation de dy ne dépend que de y, etc., il n'y a que les valeurs données par les équations (10), parmi toutes les valeurs données par l'équation (5), qui correspondent au plaisir que procure la consommation x, y, z, ... Cette correspondance est univoque, sauf la valeur de A, qui fixe l'unité de mesure. En ce cas, on peut donc prendre la quantité I, donnée par les équations (10), pour la mesure du plaisir que procure la combinaison x, y, z, ..., ou si l'on veut, pour la mesure de la valeur d'usage, de l'utilité, de la *rareté* (Walras), de l'ophélimité, de cette consommation.

11. Mais si Ψ_x n'est pas seulement fonction de x, Ψ_y de y, etc., la correspondance entre I et le plaisir n'est plus univoque ; la quantité I ne peut plus se prendre pour la mesure du plaisir, elle n'en est qu'un indice.

Il ne faut pas oublier que nous ne parlons ici que des biens dont l'ordre de consommation est indifférent. En cas contraire, la conclusion que nous venons d'énoncer serait différente.

12. Lorsqu'il n'y a que deux biens économiques, la fonction I existe toujours, que l'ordre des consommations soit indifférent ou non.

« Le passage du cas de deux seuls biens, au cas de trois ou d'un plus grand nombre de biens, mériterait un examen plus détaillé que dans le *Manuale*. En effet on sait qu'une expression différentielle binomiale

$$Xdx + Ydy$$

admet toujours un nombre infini de facteurs d'intégration, tandis qu'une expression trinôme, ou d'un plus grand nombre de termes, peut ne pas en avoir. » [1]

[1] C'est ainsi que s'exprime le prof. Vito Volterra, à propos de l'édition italienne de ce livre, dans le *Giornale degli economisti*, avril 1906.
Les critiques des économistes littéraires n'ont aucune valeur ;

C'est de cela que nous allons maintenant nous occuper.
Remarquons d'abord que si nous admettons que l'individu puisse choisir l'ordre de ses consommations
(IV, 7), il choisira l'ordre qui lui est le plus agréable.
Alors toute expression polynome différentielle est intégrable, car le chemin d'intégration est déterminé. Ce
cas rentre donc dans le précédent. Nous n'avons ici à
nous occuper que du cas dans lequel, pour des motifs
quelconques, l'individu peut consommer les biens en un
ordre quelconque, sans s'attacher à celui qui est le plus
agréable.

13. Supposons que l'individu se trouve au point x, y,
z ... t, et qu'il consomme les quantités Δx, Δy, déterminées de manière que le choix entre la combinaison
précédente et la combinaison $x + \Delta x$, $y + \Delta y$, z ... t,
soit indifférent. Nous trouverons, par l'expérience,
l'équation

$$\Delta x + b'_y \, \Delta y = o$$

Nous supposerons dans tout ce qui suit que a'_x, b_y, et
les autres quantités analogues, dépendent uniquement
des coordonnées x, y, z, ... du point auquel elles
se rapportent, et qu'elles ne dépendent nullement de
l'ordre des consommations.

Passons à la limite, et posons :

$$\Delta x = \frac{\partial x}{\partial y} \, \Delta y$$

mais les observations et les critiques d'un savant tel que M. Volterra ont une grande valeur et sont précieuses pour le progrès de
la science.

A la suite de cette observation, nous avons publié dans *Giornale
degli Economisti*, juillet 1906, un article dans lequel nous avons
tâché d'éclaircir le point sur lequel M. Volterra appelait avec
beaucoup de raison l'attention. C'est cet article que nous résumons maintenant dans le texte ; mais le défaut d'espace nous
oblige à n'en donner que les principaux résultats, et à supprimer
les développements ; par contre nous ajoutons quelques nouvelles
considérations.

nous aurons

(11) $$\frac{\partial x}{\partial y} dy + b_y dy = 0.$$

On obtiendra d'autres équations analogues en faisant varier x et z, x et u, ... x et t. Sommons ces équations, et, en vertu de

$$dx = \frac{\partial x}{\partial y} dy + \frac{\partial x}{\partial z} dz + \ldots + \frac{\partial x}{\partial t} dt,$$

nous aurons :

(12) $$o = dx + b_y dy + c_z dz + \ldots n_t dt.$$

Si nous multiplions cette équation par un facteur arbitraire, nous lui donnerons la forme :

(12bis) $$o = A_x dx + B_y dy + \ldots + M_s ds + N_t dt.$$

Les quantités b_y, c_z ... m_s, n_t sont données par l'expérience ; les quantités A_x, B_y ... N_t sont donc données, à un facteur près, par l'expérience.

Lorsque l'ordre des consommations n'influe pas sur les choix que l'individu fait de ces consommations, l'équation (12) a un facteur d'intégrabilité ; lorsque l'ordre des consommations influe sur le choix qu'en fait l'individu, l'équation (12) n'a pas de facteur d'intégrabilité.

14. Supposons que l'ordre des consommations influe sur le choix. Considérons un ordre de consommation déterminé, par exemple x, y, z ... s, t. Trouvons par l'expérience une *variété* d'indifférence (dans l'hyperespace), et écrivons son équation sous la forme (5). L'équation (5) diffère pourtant de l'équation de même forme que nous obtenons maintenant, en ce que l'équation (5) est valable quel que soit l'ordre des consommations et celle que nous obtenons maintenant n'est valable que pour l'ordre déterminé que nous avons considéré.

On voit donc que dans les deux cas suivants : 1° si

l'ordre des consommations est indifférent ; 2° si l'ordre des consommations influe sur les choix, mais qu'on fixe à l'avance cet ordre, on obtient une équation de la forme (5), ou l'équation différentielle correspondante, que l'on peut écrire :

$$(13) \qquad o = \varphi_x dx + \varphi_y dy + \varphi_z dz + \dots + \varphi_t dt.$$

L'expérience ne donne pas précisément les fonctions φ_x, φ_y ... φ_t, mais seulement leurs rapports à l'une d'elles, par exemple :

$$\frac{\varphi_y}{\varphi_x}, \frac{\varphi_z}{\varphi_x}, \dots \frac{\varphi_t}{\varphi_x}.$$

Suivant l'ordre déterminé, l'individu part du point $o, o, \dots o$, et arrive au point $x, y \dots s, t$, en parcourant le chemin

$$(\alpha) \quad o, o, \dots o \, ; x, o, \dots o \, ; x, y, \dots o \, ; \dots ; x, y, \dots s, t.$$

Si après il parcourt le nouveau chemin :

$$(\beta) \, o, o \dots o \, ; x + dx \dots o \, ; \dots ; x + dx, y + dy \dots t + dt,$$

il se trouvera encore sur la variété d'indifférence qui passe par le point $x, y \dots s, t$, pourvu que l'équation (7), obtenue en différentiant la (5), soit vérifiée.

Les chemins $o, o, \dots o \, ; x, o, \dots o$ et $o, o, \dots o$; $x + dx, dy \dots o$; sont des cas particuliers des chemins précédents. On doit donc avoir :

$$(14) \qquad o = \Psi_x (x, o \dots o) F'\big(\Psi(x, o \dots o)\big) dx + $$
$$\Psi_y (x, o, \dots o) F'\big(\Psi(x, \dots o)\big) dy.$$

Mais d'autre part, le choix entre les combinaisons x, o et $x + dx, dy$ étant indifférent, on doit avoir une équation qui ne diffère que par un facteur de la suivante

$$o = A_x (x, o \dots o) dx + B_y (x, o \dots o) dy.$$

Cette équation et la précédente devant subsister ensemble, on doit avoir :

$$(15) \begin{cases} \Psi_x \left(x,\, o \,\ldots\, o\right) F' \left(\Psi \left(x,\, o \,\ldots\, o\right)\right) = A_x \left(x,\, o \,\ldots\, o\right) G\left(x\right), \\ \Psi_y \left(x,\, o \,\ldots\, o\right) F' \left(\Psi \left(x,\, o \,\ldots\, o\right)\right) = B_y \left(x,\, o \,\ldots\, o\right) G\left(x\right), \end{cases}$$

G étant une fonction arbitraire.

En raisonnant de même sur les chemins $o \,\ldots\, o$; $x \,\ldots\, o$; $x, y \,\ldots$, et $o \,\ldots\, o$; $x, o \,\ldots\, o$; $x, y + dy,\, dz \,\ldots\, o$, nous aurons :

$$(16) \begin{cases} \Psi_y \left(x,\, y \,\ldots\, o\right) F' \left(\Psi \left(x,\, y \,\ldots\, o\right)\right) = B_y \left(x,\, y \,\ldots\, o\right) G' \left(x, y\right), \\ \Psi_z \left(x,\, y \,\ldots\, o\right) F' \left(\Psi \left(x,\, y \,\ldots\, o\right)\right) = C_z \left(x,\, y \,\ldots\, o\right) G' \left(x, y\right), \end{cases}$$

G' étant une fonction arbitraire.

Mais si l'on pose $y = o$ dans la première des (16), on obtient une équation qui ne diffère de la seconde des (15) qu'en ce que $G' \left(x,\, o\right)$ est remplacé par $G\left(x\right)$, on doit donc avoir

$$G' \left(x,\, o\right) = G\left(x\right)$$

et, en général, les fonctions G, G', G'' … peuvent être remplacées par $G\left(x, o \,\ldots\, o\right)$, $G\left(x, y \,\ldots\, o\right)$ … $G\left(x, y \,\ldots\, t\right)$. Mais A_x, B_y … n'étant connues qu'à un facteur près, les fonctions G peuvent s'entendre comprises dans ce facteur. Il vient ainsi :

$$(17) \begin{cases} A_x \left(x,\, o \,\ldots\, o\right) = \Psi_x \left(x,\, o \,\ldots\, o\right) F' \left(\Psi \left(x,\, o \,\ldots\, o\right)\right), \\ B_y \left(x,\, y \,\ldots\, o\right) = \Psi_y \left(x,\, y \,\ldots\, o\right) F' \left(\Psi \left(x,\, y \,\ldots\, o\right)\right), \\ \cdots\cdots\cdots\cdots\cdots\cdots\cdots\cdots\cdots \\ N_t \left(x,\, y \,\ldots\, t\right) = \Psi_t \left(x,\, y \,\ldots\, t\right) F' \left(\Psi \left(x,\, y \,\ldots\, t\right)\right). \end{cases}$$

Telles sont les relations qui doivent exister entre les quantités A_x, B_y …, et Ψ_x, Ψ_y … données par l'expérience.

15. Supposons que le plaisir puisse se mesurer et

voyons si nous pouvons établir une correspondance entre ce plaisir et les quantités qui se trouvent dans les équations (17).

Quand l'individu se trouve au point x, y .., s, t, soient $P_x dx$, $Q_y dy$, ... $S_s ds$, $T_t dt$, les plaisirs que procurent respectivement les consommations de dx, dy ... dt.

Si le choix entre les combinaisons x, y ... t, $x + dx$ $y + dy$, ... $t + dt$ est indifférent, on doit avoir :

$$(18) \qquad o = P_x dx + Q_y dy + ... + T_t dt.$$

Comparant cette équation à l'équation (12 bis), nous aurons

$$(19) \qquad P_x = A_x H, \; Q_y = B_y H, \; ... \; T_t = N_t H,$$

H étant une fonction de x, y, .., t.

Le plaisir que se procurera l'individu, en suivant le chemin (α) du § 14, sera :

$$G = \int_o^x P_x (x, o ... o) \, dx + \int_o^y Q_y (x, y ... o) \, dy + ...$$
$$+ \int_o^t T_t (x, y ... t) \, dt,$$

ou encore :

$$G = P (x ... o) - P (o, o ... o) + Q (x, y ... o) - Q(x, o ... o) + ...$$
$$+ T (x, y ... t) - T (x, y ... s, o).$$

Différentions et comparons à l'équation (7), nous aurons :

$$(20) \begin{cases} \Psi_t F' = T_t (x, y ... t), \\ \Psi_s F' = T_s (x, y ... t) - T_s (x, y ... s, o) + S_s (x, y ... s, o) \\ \quad . \quad . \quad . \quad . \quad . \quad . \quad . \quad . \quad . \quad . \quad . \quad . \\ \Psi_x F' = T_x (x ... t) - T_s (x ... s, o) + S_x (x ... s, o) \\ \quad - S_x (x ... o, o) + ... + P_x (x ... o). \end{cases}$$

Les Ψ_t, Ψ_s ... F', des premiers membres sont toutes fonctions de toutes les variables z, y, ... s, t.

La première des équations (20) comparée à la dernière des équations (17) fait voir que l'on a

$$H = 1 \, ;$$

ce qui résulte d'ailleurs de ce que F'', étant arbitraire, peut toujours être supposée comprendre H.

On satisfait aux équations (20) et (17), en posant

$$(21) \quad T_t = \Psi_t \, F'' \qquad S_s = \Psi_s \, F'' + \chi_s, \, \ldots \qquad P_x = \Psi_x \, F'' + \chi_x.$$

Toutes les fonctions qui se trouvent dans ces équations sont fonctions de toutes les variables $x, y \ldots s, t$. En outre χ_s est zéro pour $t = o$, χ_u est zero pour $t = o$, $s = o$; ..... χ_x est zero pour $t = o$, $s = o$, ... $y = o$.

En effet, la première des équations (21) est la même que la dernière des équations (17); la seconde des (21), si l'on y fait $t = o$, devient l'avant dernière des (17), etc.

Les équations (17), en tenant compte des (19), nous donnent par l'intégration

$$T (x \ldots t) - T(x, \ldots s, o) = F \left(\Psi \, (x \ldots t) \right) - F \left(\Psi(x, \ldots s, o) \right),$$
$$S(x \ldots s, o) - S(x, \ldots o, o) = F \left(\Psi(x \ldots s, o) \right) - F \left(\Psi(x, \ldots o, o) \right),$$
$$\cdot \quad \cdot \quad \cdot \quad \cdot \quad \cdot \quad \cdot \quad \cdot \quad \cdot \quad \cdot \quad \cdot \quad \cdot \quad \cdot \quad \cdot$$
$$P(x, o \ldots o) - P (o, \ldots o) = F \left(\Psi(x, o, \ldots o) \right) - F \left(\Psi \, (o, \ldots o) \right) ;$$

et ces valeurs satisfont aux équations (20).

16. Les équations (21) font voir que, tant que nous n'avons pas d'autres données de l'expérience, nous ne pouvons pas établir une correspondance univoque entre les ophélimités $P_x \, Q_y \ldots T_t$ et les quantités $\Psi_x, \Psi_y \ldots \Psi_t$, données par l'expérience. Celles-ci peuvent bien servir d'indices à celles-là, mais elles ne les mesurent pas.

17. Les valeurs (21) peuvent se diviser en deux classes.

1re Classe. Les termes $\chi_s, \chi_u, \ldots \chi_x$ sont tous nuls. En ce cas les quantités $P_x, Q_y \ldots T_t$, se trouvent être les dérivées partielles d'une même fonction. Mais alors ces quantités peuvent représenter le plaisir qui résulte de la consommation des marchandises, quand ce plaisir est indépendant de l'ordre des consommations. Ainsi les marchandises, X, Y, ... T, dont la consommation donne un plaisir dépendant de l'ordre des consommations, peuvent fictivement, *lorsqu'on les consomme en un ordre déterminé*, être considérées comme équivalentes à des marchandises dont les plaisirs procurés par la consommation, sont indépendants de l'ordre de la consommation. Mais précisément pour cela, ces plaisirs fictifs sont différents des plaisirs réels.

2e Classe. Tous les termes χ_s, χ_u, ... χ_x, ou partie de ces termes, sont différents de zéro. En ce cas les plaisirs, P_x, ... T_t, varient selon l'ordre des consommations. C'est donc dans cette seconde classe qu'il faut tâcher de trouver les expressions des plaisirs réels.

18. Pour cela il faut trouver une manière de nous débarrasser de la fonction arbitraire, comme nous l'avons fait au § 10.

Supposons que l'individu parcoure le chemin

(γ) $o, o, ... o; h, o ... o; h, k, ... o; ..... ; h, k, ... m, n;$
$x, k, ... n; x, y, ... n; .....; x, y, ... t.$

Déterminons, par l'expérience, la variété d'indifférence qui correspond aux chemins de ce genre, nous aurons, comme d'habitude, une équation de la forme

(22) $$I = \dot{F}(\varphi);$$

ou

(23) $$o = \varphi_x \ F' \ dx + \varphi_y \ F' \ dy + ... + \varphi_t \ F' dt.$$

Les quantités φ_x, φ_y, ... sont données par l'expérience.

Le plaisir, l'ophélimité, dont l'individu jouira ainsi, sera

$$(24) \quad G = \int_0^h P_x (x, o, \dots o)\, dx + \int_0^k Q_y (h, y, \dots o)\, dy + \dots$$
$$+ \int_0^n T_t (h, k, \dots m, t)\, dt + \int_h^x P_x (x, k, \dots n)\, dx$$
$$+ \int_k^y Q_y (x, y, l, \dots, n) + \int_n^t T_t (x, y, \dots t)\, dt.$$

Si nous différentions cette équation nous aurons une équation

$$(25) \quad o = \frac{\partial G}{\partial x}\, dx + \frac{\partial G}{\partial y}\, dy + \dots + \frac{\partial G}{\partial t}\, dt,$$

qui doit être équivalente à l'équation (23) ; mais on a, d'après (24),

$$\frac{\partial G}{\partial t} = T_t (x, y, \dots t)$$

et cette valeur est indépendante de $h, k, \dots n$. L'équation (23), ou une équation équivalente, obtenue par l'expérience, doit donc avoir un facteur d'intégrabilité tel que le dernier terme de cette équation soit indépendant de $h, k \dots n$.

Il n'y a d'ailleurs qu'un seul de ces facteurs, car si on l'indique par Γ, on sait que les autres seront de la forme

$$\Gamma\, F(\varphi)$$

F étant une fonction arbitraire ; or φ dépend de $h, k \dots n$, et par conséquent aussi $F(\varphi)$ il n'y a donc que le facteur Γ qui soit indépendant de ces quantités. Multipliant l'équation donnée par l'expérience par ce facteur Γ, nous aurons une valeur, privée de fonction arbitraire, pour T_t multiplié par une constante a.

Il faut se rappeler que nous ne connaissons pas les fonctions A_x, B_y … mais seulement les rapports de ces

fonctions à l'une d'elle, car elles contiennent un facteur
arbitraire (§ 13). Les équations (19) donnent

$$(26) \qquad P_x = \frac{A_x}{N_t}\, T_t, \qquad Q_y = \frac{B_y}{N_t}\, T_t, \, \ldots ;$$

ou

$$(26^{bis}) \qquad P_x = \frac{1}{n_t}\, T_t, \qquad Q_y = \frac{b_y}{n_t}\, T_t, \, \ldots ;$$

et, comme la quantité T_t est déterminée par l'expérience,
à une constante près, toutes les autres quantités P_x,
Q_y, ..., le sont aussi.

Ainsi on a établi une correspondance univoque entre
les plaisirs, ou ophélimités P_x, Q_y, ... T_t, et les quantités
données par l'expérience. Celles-ci peuvent donc servir
de mesure à celle-là.

19. Résumons les résultats obtenus. Abstraction faite
d'une constante, qui sert à fixer l'unité de mesure, on
peut obtenir une correspondance univoque entre les
quantités données par les expériences qui servent à
déterminer les lignes, ou *variétés* (dans l'hyperespace)
d'indifférence, et les plaisirs (ophélimités) dont jouit
l'individu qui, parvenu au point x, y, ... t, consomme
dx, dy, ... dt, en deux cas : 1° si l'ordre des consommations est indifférent, et si l'on sait que le plaisir résultant de la consommation de dx ne dépend que de x,
celui résultant de la consommation de dy ne dépend que
de y, etc. ; 2° si le plaisir est différent selon l'ordre des
consommations ; si l'on admet qu'on puisse faire les
expériences nécessaires pour cette détermination.

Le cas qui demeure exclu est donc celui dans lequel
l'ordre des consommations est indifférent, et le plaisir
résultant de la consommation de dx dépend de $x, y, \ldots t$,
ou bien le plaisir résultant de la consommation de dy
dépend de x, y, ... t, etc [1].

(1) Ces résultats ont été publiés pour la première fois dans
notre article du *Giornale degli Economisti*, juillet 1906.

Dans le cas où l'ordre des consommations est indifférent, il existe une fonction de $x, y, ... t$, telle que les dérivées partielles de cette fonction unique représentent les indices du plaisir, ou les plaisirs des consommations $dx, dy, ... dt$, effectuées à partir du point $x, y, ... t$. Dans le cas où l'ordre des consommations influe sur le plaisir, cette fonction unique n'existe pas, tant que la voie à parcourir n'est pas déterminée.

20. Il est commode de donner des noms aux quantités que nous avons considérées.

La quantité I peut, en tous les cas servir d'indice du plaisir, nous la nommerons *indice d'ophélimité* ([1]). Lorsque cette quantité peut servir à mesurer le plaisir elle est *l'ophélimité*. Si elle correspond à la consommation d'une quantité finie des biens, on la nommera *l'ophélimité totale*. Ses dérivées partielles $I_x, I_y, ...$ par rapport aux variables $x, y, ...$ seront nommées les *ophélimités élémentaires* des biens $X, Y, ...$

Si l'on considère un chemin suivi pour les consommations, qui partant d'un point $x, y, ... t$, fait retour à ce point, on dira qu'on parcourt un *cycle fermé*, si l'on revient à ce point avec le même indice d'ophélimité avec lequel on en était parti. Ce cas correspond à l'indifférence dans l'ordre des consommations.

On dira qu'on parcourt un *cycle ouvert*, si l'on revient au point de départ avec un indice d'ophélimité différent de celui avec lequel on était parti. Ce cas correspond à celui dans lequel l'ordre des consommations influe sur le plaisir qu'elles procurent.

([1]) M. Gide propose le nom de *désidérabilité*. Rien n'empêche de l'adopter. Mais il est un peu singulier de parler de la *désidérabilité* d'une chose qu'on a déjà consommée. En général c'est ce qu'on n'a pas encore consommé qu'on désire.

Tous ces noms importent peu. Ce qui importe c'est de bien connaître la chose désignée et qu'aucun malentendu ne soit possible à ce sujet.

21. En faisant usage de ces notations nous pouvons énoncer de la manière suivante les résultats du § 19.

Abstraction faite d'une constante, qui sert à fixer l'unité de mesure, on peut déterminer l'ophélimité, grâce aux expériences qui donnent les variétés d'indifférence, dans deux cas : 1° Si le cycle est fermé et si chaque ophélimité ne dépend que de la variable à laquelle elle se rapporte. 2e Si le cycle est ouvert.

Le cas qui demeure exclu est celui des cycles fermés, quand les ophélimités élémentaires sont fonctions de deux variables ou de plus de deux variables.

L'ophélimité totale existe toujours dans le cas des cycles fermés. Elle existe encore dans les cycles ouverts, si le chemin est parcouru dans un ordre déterminé. Elle n'existe pas dans les cycles ouverts, quand le chemin n'est pas déterminé.

Ici nous finissons la digression annoncée au § 7, et nous allons nous occuper des premières notions de l'équilibre économique.

22. **Equilibre dans le cas d'un individu et de deux biens** ([1]). Supposons que l'individu parte du point x_o, y_o et

([1]) Ce cas n'est utile à considérer que comme préparation à l'étude du cas général de l'équilibre économique.

Nous nous séparons complètement non seulement des économistes dits de l'*Ecole Autrichienne*, mais aussi d'autres économistes, tels que le Prof. Marshall, en ce que, à notre avis, seule la nécessité de considérer les systèmes d'équations simultanees qui déterminent l'équilibre dans le cas général, justifie l'usage des mathématiques en économie politique.

Nous estimons que l'usage des mathématiques, pour des problèmes du genre de celui d'un individu et de deux, ou même de plusieurs biens, ne donne pas des résultats dont l'importance puisse se comparer à ceux que l'on obtient dans les cas de l'équilibre économique général.

A notre avis c'est l'interdépendance des phénomènes économiques qui nous oblige à faire usage de la logique mathématique.

Cette manière de voir peut être bonne ou mauvaise ; mais en

qu'il soit obligé de suivre un certain chemin ayant pour projection sur le plan xy (III, 74).

(27) $$f(x, y) = o.$$

Supposons encore qu'à partir du point x_o, y_o les indices donnés par l'équation (3) commencent à croître. Puisqu'une combinaison ayant un indice plus grand qu'une autre est préférée à celle-ci, l'individu commence à se mouvoir le long du chemin indiqué, et il continuera jusqu'au point où les indices finissent de croître, pour commencer à décroître. Mais ce point est celui où le chemin est tangent à une ligne d'indifférence, c'est-à-dire où la courbe (27) est tangente à la projection d'une courbe d'indifférence. Ce point sera donc déterminé par les deux équations

(28) $$f_x \, dx + f_y \, dy = o, \qquad \varphi_x \, dx + \varphi_y \, dy = o \,;$$

et par l'équation (27). On aura donc, pour déterminer les deux inconnues x, y, les deux équations

(29) $$f = o, \qquad f_x \, \varphi_y - f_y \, \varphi_x = o.$$

On a indiqué par φ_x, φ_y, les dérivées partielles de la fonction qui donne l'indice.

Il y a lieu de remarquer que l'équilibre vient d'être déterminé sans faire usage des notions d'*utilité* (ophélimité), de prix, etc.

23. Supposons d'avoir une surface concave ayant des lignes de niveau dont la hauteur au-dessous du plan horizontal des xy, est donnée par (3.) Traçons sur cette surface une ligne dont la projection est (27). Mettons sur cette ligne un point matériel pesant. Le point où il se trouvera en équilibre est précisément celui qui est donné

tous cas elle ne doit pas être confondue avec celles des économistes qui établissent des théories en négligeant précisément cette interdépendance.

par les équations (29). L'équilibre de ce point et l'équilibre économique seront deux phénomènes semblables.

24. Plusieurs biens économiques. Supposons d'avoir un nombre quelconque de biens. L'individu doit se mouvoir sur la *variété* (dans l'hyperespace)

$$(30) \qquad f(x, y, z, \ldots) = o \, ;$$

il s'arrêtera lorsque les choix qu'il pourrait faire, en continuant à se mouvoir, sont indifférents.

Nous avons vu au § 14 que lorsque l'ordre des choix est indifférent, ou que, ne l'étant pas, il est fixé à l'avance, on à l'équation différentielle (13) d'une variété d'indifférence. Cette équation est équivalente aux suivantes

$$\frac{\partial x}{\partial y} = - \frac{\varphi_y}{\varphi_x}, \qquad \frac{\partial x}{\partial z} = - \frac{\varphi_z}{\varphi_x}, \quad \ldots ;$$

et l'expérience nous fournit les valeurs des seconds membres.

D'autre part l'équation (30) donne

$$(31) \qquad f_x \frac{\partial x}{\partial y} + f_y = o, \qquad f_x \frac{\partial x}{\partial z} + f_z = o, \quad \ldots$$

En combinant ces équations avec les précédentes, on aura donc

$$(32) \qquad \varphi_x = \frac{f_x}{f_y} \varphi_y = \frac{f_x}{f_z} \varphi_z = \ldots\ldots$$

Si le nombre des biens est m, les équations (32) sont au nombre de $m + 1$, et avec l'équation (30), nous avons les m équations qui sont nécessaires pour déterminer les m inconnues $x, y, \ldots$

25. Si l'ordre des consommations influe sur les choix, il faut nécessairement fixer cet ordre, avant de pouvoir déterminer le point d'équilibre. Quand cet ordre est fixé, on a une fonction de $x, y, \ldots$ qui peut servir d'indice

pour les choix, et nous retombons dans le cas précédent.

26. Les équations (30) et (32) sont fondamentales pour la théorie de l'équilibre économique. L'équation (30) est celle des obstacles, c'est en la spécifiant que nous trouverons les innombrables cas de cet équilibre. Nous avons considéré l'obstacle comme donné par l'équation d'une courbe, d'une surface, d'une variété. Il est souvent donné par des familles de courbes, de surfaces, de variétés ; alors l'équation (30) est remplacée par

$$f_1 (x, y, \ldots \mu_1, \mu_2, \ldots) = o, \; f_2 (x, y, \ldots \mu_1, \mu_2 \ldots) = o, \ldots ;$$

$\mu_1, \mu_2, \ldots$, étant des paramètres qu'il faut déterminer. Pour cela il faut avoir d'autres équations.

27. Considérons un cas d'équilibre analogue à celui dont il a été question (VI, 4).

L'individu transforme du X en Y.

Il possède x_0 de X ; il commence par en consommer a, sans rien produire, ensuite, pour produire chaque unité de Y, il faut b de X. On aura donc

$$x_0 - x = a + by.$$

ou

(33) $$a + by - x_0 + x = o.$$

C'est l'équation (27). L'équation (29) devient

(34) $$\varphi_y - b \; \varphi_x = o.$$

Les équations (33 et (34) font connaître la quantité de X qui sera transformée en Y.

28. Nous venons de traiter un problème d'*économie individuelle*. Supposons ensuite qu'il y ait plusieurs individus. Si l'un d'eux a le pouvoir de fixer la voie que doivent suivre les autres, il n'y a pour ceux-ci que des problèmes du genre de celui que nous venons de résoudre. Il y a un autre problème pour l'individu que

nous avons supposé avoir la domination du phénomène économique, et que nous nommerons *2*. Pour commencer, nous supposerons qu'il n'a à faire qu'à un autre individu, (¹) que nous nommerons *1*.

29. Les quantités de biens possédées, avant tout échange, par le premier individu sont x_{10}, y_{10}, au point d'équilibre x_1, y_1 ; les dérivées partielles de l'indice qui détermine les choix sont φ_{1x}, φ_{1y}. Pour le second individu ces quantités sont x_{20}, y_{20}, x_2, y_2, φ_{2x}, φ_{2y}.

Les quantités totales de chaque bien demeurant constantes, dans l'échange, on a

$$(35) \quad x_{10} + x_{20} = x_1 + x_2, \quad y_{10} + y_{20} = y_1 + y_2.$$

30. Si les goûts des deux individus doivent être satisfaits, les points d'équilibre ne peuvent être que les points de tangence d'une courbe d'indifférence du premier individu et d'une courbe d'indifférence du second. Mais il y a une infinité de ces points, et il faut d'autres conditions pour déterminer le problème.

Si l'individu *1* est laissé libre de parcourir la voie qu'on lui fixe, il ne s'y mouvra que si elle se maintient au-dessus de la ligne d'indifférence qui passe par $x_{10}\,y_{10}$, et tout au plus, à la limite, il parcourra cette ligne. Ce sera donc au point de tangence de cette ligne et d'une ligne d'indifférence de *2* que se trouvera le point d'équilibre le plus avantageux pour *2*.

Nous aurons

$$(36) \quad \varphi_1\,(x_1, y_1) = \varphi_1\,(x_{10}, y_{10}), \quad \varphi_{1x}\,\varphi_{2y} - \varphi_{1y}\,\varphi_{2x} = 0 ;$$

ce qui avec les deux équations (35), en donne quatre, et

(¹) C'est encore un problème dont l'étude n'est utile que comme préparation à l'étude du cas général de l'équilibre économique.

Le cas de deux seuls échangeurs ne se réalise pas d'ailleurs en réalité ; il n'est qu'un des éléments du cas réel de plusieurs échangeurs et de plusieurs marchandises.

l'on peut ainsi déterminer les quatre inconnues x_1, y_1, x_2, y_2.

31. Il se peut que l'individu *2* se propose simplement d'obtenir la plus grande quantité possible de *X*. En ce cas, il forcera encore l'individu *1* à se mouvoir selon une ligne d'indifférence, mais il le laissera continuer autant qu'il est possible les échanges sur cette ligne. Si elle coupe l'axe des *x*, c'est en ce point que l'équilibre aura lieu.

32. L'individu *2* peut avoir le pouvoir d'obliger *1* non pas à suivre une voie quelconque, déterminée selon ce qui plaît à *2*, mais seulement une voix choisie par *2* dans la famille des courbes

$$(37) \qquad f(x_1, y_1, \mu) = o.$$

C'est-à-dire que l'individu *2* peut seulement déterminer μ.

Il faut d'abord avoir, pour l'équilibre, les équations (29), soit

$$(38) \qquad f_1(x_1, y_1, \mu) = o, \qquad f_{1x}\,\varphi_{1y} - f_{1y}\,\varphi_{1x} = o \,;$$

et ensuite il faut déterminer μ selon les conditions que fixera l'individu *2*.

33. 1° S'il fixe la condition de s'arrêter à la combinaison la plus favorable parmi toutes celles qu'il peut obtenir, il faudra exprimer que, pour lui, l'indice est un maximum, quand on fait varier μ; on aura donc

$$(39) \qquad \varphi_{2x}\,\frac{dx_2}{d\mu} + \varphi_{2y}\,\frac{dy_2}{d\mu} = o \,;$$

et, en vertu des équations (35),

$$(39^{bis}) \qquad \varphi_{2x}\frac{dx_1}{d\mu} + \varphi_{2y}\,\frac{dy_1}{d\mu} = o.$$

Entre cette équation et celle que l'on obtient en différentiant la première des équations (38), **par rapport à** μ, on élimine

$$\frac{dx_1}{d\mu}, \quad \frac{dy_1}{d\mu},$$

l'on a ainsi, avec les équations (35) et (38), les 5 équations dont on a besoin pour déterminer les 5 inconnues x_1, y_1, x_2, y_2, μ.

2° Si l'individu 2 fixe la condition d'avoir le maximum de Y, il faudra exprimer que la valeur de y_2 donnée par les équations (35) et (37) est un maximum, quand μ varie.

Quand y_2 est un maximum, y_1 est un minimum, en vertu des équations (35). Il faudra donc différentier les équations (37) par rapport a μ, poser

$$\frac{dy_1}{d\mu} = o,$$

et éliminer $\frac{dx_1}{d\mu}$; on aura ainsi la cinquième équation, qui est nécessaire pour terminer μ.

34. Enfin, on peut supposer qu'aucun des deux individus n'ait le pouvoir d'imposer à l'autre une certaine valeur de μ. Chacun, dans l'échange, ne s'occupe que de faire les choix qui lui sont le plus avantageux sans songer à modifier *directement* la valeur de μ. C'est le cas de la libre concurrence (III, 41, 46).

Pour l'individu 1 nous avons encore les équations (38). Si nous substituons dans la première de ces équations, les valeurs de x_1, y_1, données par (35), nous aurons l'équation du chemin que suit l'individu 2, et c'est ce chemin qui doit être tangent à une courbe d'indifférence de l'individu 2. On aura donc

(40) $$\varphi_{2x}\, dx_2 + \varphi_{2y}\, dy_2 = o \,;$$

et, en vertu des équations (35)

$$\varphi_{2x}\, dx_1 + \varphi_{2y}\, dy_1 = o.$$

Par conséquent

$$f_{1x}\,\varphi_{2y} - f_{1y}\,\varphi_{2x} = o.$$

Ce cas étant très important, nous écrivons ensemble les équations qui s'y rapportent.

$$(41) \quad \begin{cases} x_{10} + x_{20} = x_1 + x_2, & y_{10} + y_{20} = y_1 + y_2, \\ f_{1x}\,\varphi_{1y} - f_{1y}\,\varphi_{1x} = o, & f_{1x}\,\varphi_{2y} - f_{1y}\,\varphi_{2x} = o, \\ f_1\,(x_1, y_1, \mu) = o. \end{cases}$$

Ce sont 5 équations qui servent à déterminer les 5 inconnues x_1, y_1, x_2, y_2, μ.

35. Il est utile de faire les remarques suivantes.

Nous avons considéré deux cas en lesquels l'individu 2 agit avec un pouvoir absolu. Il impose à 1 la voie à suivre § 32.

Ensuite nous avons considéré deux cas en lesquels les pouvoirs de l'individu 2 sont moins étendus. Il peut seulement déterminer un paramètre de la famille de courbes qui doit suivre 1. Ce sont des cas de monopole. § 33.

Enfin l'individu 2 n'a nul pouvoir sur 1, pas plus que 1 sur 2. C'est le cas de la libre concurrence, § 34.

Le paramètre μ est déterminé par la volonté de 2 dans les cas de monopole ; il est déterminé indirectement par l'action des individus 1 et 2, dans le cas de libre concurrence.

Si nous comparons l'équation (39) et l'équation (40), nous voyons que la première suppose qu'on passe de l'une à l'autre des courbes de la famille (37), et la seconde suppose que l'on se tient toujours sur une même courbe de cette famille. (III, 41 et 42).

Il faut faire attention que, lorsqu'on différentie l'équation (37), pour déterminer le point de tangence avec une ligne d'indifférence, il ne faut pas faire varier μ, car ainsi on passerait d'une ligne à une autre. Cette observation est tellement élémentaire qu'elle peut paraître superflue ;

nous la faisons seulement parce que un auteur est tombé
dans la lourde erreur de faire varier μ. (¹).

Les équations (35) et (37) ont lieu pour des valeurs
quelconques des variables x_1, y_1, tandis que l'équation

$$f_x \varphi_y - f_y \varphi_x = o,$$

n'a lieu que pour les valeurs de x_1, y_1 correspondantes
au point d'équilibre. Il en est de même, en général des
équations (32). Quelques auteurs sont tombés en de
graves erreurs, pour avoir négligé cette observation très
élémentaire.

Si l'on supprime la troisième des équations (41), laquelle est relative à l'individu 2, les autres équations
donnent, en fonction de μ, les quantités de marchandises
échangées par l'individu 1. Ces fonctions peuvent être
considérées comme exprimant la *loi de l'offre et de la
demande*, pour une valeur quelconque de μ.

36. Dans le cas de trois biens, on n'a pas besoin
d'avoir recours aux considérations de l'hyperespace.

Pour un individu, on a, au lieu de courbes d'indifférence, des surfaces d'indifférence. Les obstacles, au lieu
de la courbe (27), donnent l'équation d'une surface.

$$f(x, y, z) = o.$$

L'équilibre a eu lieu au point où cette surface est tangente à une surface d'indifférence. Quand l'ordre des
consommations est indifférent, toute ligne tracée sur la
surface représentant les obstacles et aboutissant à un
point où cette surface est tangente à une surface d'indifférence, conduit à un point d'équilibre.

(¹) Ou pour mieux dire le prix, qui correspond à μ. Il y a
mieux, cet auteur s'est imaginé que c'est par erreur qu'en ces
circonstances nous diff'rentions toujours en laissant le prix
constant !

37. L'équation

(42) $f(x, y, z \dots) = o$

étant différentiée partiellement, donne

$$-\frac{\partial x}{\partial y}\, dy = \frac{f_y}{f_x}\, dy, \quad -\frac{\partial x}{\partial z}\, dz = \frac{f_z}{f_x}\, dz, \dots$$

Les premiers membres de ces équations représentent les quantités de X que l'individu doit donner, lorsque subsiste l'équation (42) pour recevoir dy de Y, ou dz de Z, etc ; et vice versa. Il est commode de donner un nom aux quantités

(43) $\dfrac{f_y}{f_x}, \quad \dfrac{f_z}{f_x}, \dots;$

on les nomme les *prix de Y, Z*, … ; *en X*, et l'on pose

(43*bis*) $p_y = \dfrac{f_y}{f_x}, \quad p_z = \dfrac{f_z}{f_x}, \dots$

Lorsque X est la monnaie, les quantités (43) reçoivent aussi, dans le langage vulgaire, le nom de *prix*.

Quand il s'agit de l'échange, ce sont les prix que l'on observe sur le marché ; ce sont donc les quantités (43) que donne l'observation, et c'est de ces quantités qu'il faut déduire l'équation (42). Si l'on désigne par p_y le prix de Y en X, par p_z le prix de Z en X, etc, on aura

(44) $\dfrac{\partial x}{\partial y} = -p_y, \quad \dfrac{\partial x}{\partial z} = -p_z, \dots;$

et ce sont ces équations qu'il faudra intégrer pour obtenir l'équation (42).

38. Les prix sont souvent variables avec les quantités x, y, z … Lorsqu'il s'agit d'étudier certains phénomènes, tels que les accaparements, on ne saurait faire abstraction de cette circonstance. Mais dans un très grand nombre d'autres phénomènes fort importants, les prix peuvent être considérés comme constants.

Lorsque les prix sont constants, les équations (44) s'intègrent immédiatement et donnent pour l'équation (42)

$$x + p_y\, y + p_z\, z + \ldots = c,$$

c étant une constante. Mais x_0, y_0, z_0, ..., étant les valeurs initiales de x, y, ... on doit avoir aussi

$$x_0 + p_y\, y_0 + p_z\, z_0 + \ldots = c,$$

et par conséquent l'équation (42) devient

$$(45) \quad x - x_0 + p_y\, (y - y_0) + p_z\, (z - z_0) + \ldots = 0.$$

Cette équation a une signification spéciale en économie politique. Elle donne le bilan des recettes et des dépenses de l'individu considéré (III, 175).

Que les prix soient constants ou variables, le bilan de l'individu, pour les échanges dx, dy, ... est toujours donné par

$$(46) \quad dx + p_y\, dy + p_z\, dz + \ldots = 0.$$

39. Lorsque les prix sont variables, cette équation peut ne pas être intégrable. En ce cas le bilan de l'individu, pour des quantités finies x, y, ... dépend de l'ordre des consommations. On n'a plus une fonction comme (30) pour exprimer les effets des obstacles, ces effets sont exprimés par (46). Il faut fixer l'ordre des consommations si l'on veut connaître le bilan de l'individu. Cet ordre étant fixé, l'équation (46) devient intégrable, et on a une équation de la forme (30), mais qui n'est valable que pour cet ordre.

40. Pour ne pas trop nous étendre, bornons-nous à quelques cas particuliers. Supposons d'avoir trois biens, indiquons par a et b des constantes et posons

$$p_y = \frac{ay}{x}, \qquad p_z = \frac{bz}{x}.$$

L'équation

$$dx + \frac{ay}{x}\,dy + \frac{az}{x}\,dz = o$$

est intégrable et donne

(47) $x_2 - x_0^2 + a\,(y^2 - y_0^2) + b\,(z^2 - z_0^2) = o.$

Choisissons maintenant des valeurs telles qu'elle ne soit pas intégrable, par exemple

$$p_y = \frac{ay + cz}{x}, \quad p_z = \frac{bz}{x}.$$

Supposons que l'on commence à acheter du Y, et qu'après l'on achète du Z. Le chemin d'intégration est ainsi déterminé et l'on aura

(48) $x^2 - x_0^2 + a\,(y^2 - y_0^2) + 2c\,z_0\,(y - y_0) + b\,(z^2 - z_0^2) = o.$

Si au contraire, on commence à acheter du Z, et qu'ensuite l'on achète du Y, l'on aura

(49) $x^2 - x_0^2 + b\,(z^2 - z_0^2) + a\,(y^2 - y_0^2) + 2c\,z\,(y - y_0) = o.$

Si l'on a

$$y_0 = o, \quad z_0 = o,$$

les deux équations (47) et (48) deviennent identiques, et prennent la forme

$$x^2 - x_0^2 + ay^2 + bz^2 = o.$$

Mais ce n'est qu'en apparence qu'elles sont identiques, car dans l'équation (47) le chemin d'intégration peut être quelconque, tandis qu'il est déterminé dans l'équation (48). Si l'on change ce chemin, et qu'on achète du Z avant d'acheter du Y, la forme de l'équation (47) ne change pas, tandis qu'au lieu de l'équation (48), nous avons, dans le cas que nous considérons

$$x^2 - x_0^2 + bz^2 + ay^2 + 2czy = o.$$

Ces valeurs de p_y, p_z, ..., indiquent seulement la loi des achats successifs. Il ne faut pas les confondre avec les valeurs que les prix acquièrent au point d'équilibre, et qui sont exprimées en fonction des coordonnées de ce point. (III, 169).
Par exemple on a au point d'équilibre

$$p_y^v = f(x', y', z', ...);$$

x', y', z', ..., étant les valeurs de x, y, z, ..., qui correspondent à ce point. Ce prix peut demeurer le même pendant toute la série d'achats qui conduit à l'équilibre (III, 169, γ) ; et c'est en ce sens que nous disons qu'il est constant ; ou bien il peut varier pendant les achats successifs (III, 169, α) selon une loi exprimée par

$$p_y = F(x, y, z, ...);$$

et c'est en ce sens que nous disons que le prix est variable. Il faut naturellement qu'au point d'équilibre l'on ait

(50) $$F(x', y', z', ...) = f(x', y', z', ...).$$

Ces principes sont très simples, mais leur oubli peut entraîner et a entraîné en de graves erreurs.

41. Equilibre pour un individu, un nombre quelconque de biens, et des prix constants. — L'équilibre est déterminé par les équations (45) et (32) ; et en tenant compte des équations (43 bis), nous pouvons écrire ce système d'équations

(51) $$\begin{cases} \varphi_x = \dfrac{1}{p_y}\,\varphi_y = \dfrac{1}{p_z}\,\varphi_z = ..., \\ 0 = x - x_0 + p_y\,(y - y_0) + p_z\,(z - z_0) + ... \end{cases}$$

Ce sont en tout m équations qui déterminent les m quantités x, y, z, ..., au point d'équilibre.

Les équations de la première ligne de ce système peuvent s'écrire

$$(52) \qquad p_y = \frac{\varphi_y}{\varphi_x}, \qquad p_z = \frac{\varphi_z}{\varphi_x}, \ldots$$

Il y a une différence essentielle entre ces équations et les équations (43 bis), qui donnent également les valeurs de p_y, p_z, ... Les équations (43 *bis*) sont valables pour toutes les valeurs des variables, les équations (52) ne sont valables que pour les valeurs de x, y, z ..., qui correspondent au point d'équilibre. On peut des équations (43 *bis*) tirer les dérivées des prix par rapport aux variables, x, y, ... ; on ne peut pas tirer ces dérivées des équations (52). C'est une observation semblable à celle que nous avons déjà faite au § 35.

Pour simplifier l'écriture nous n'écrivons pas toujours d'une manière différente, ainsi que nous l'avons fait au § 40, les valeurs x, y, z, ..., valables pour un point quelconque du chemin parcouru, et ces valeurs x', y', z'', ..., se rapportant au point d'équilibre. Mais c'est une distinction qu'il ne faut jamais oublier.

Si Y est une marchandise que l'individu vend, y_0 ne peut évidemment pas être zéro. Si c'est une marchandise qu'il achète, y_0 est au contraire généralement zéro.

42. Faisons encore une digression, pour indiquer une nouvelle manière de trouver l'ophélimité.

Au lieu de faire des expériences pour déterminer les lignes, ou les variétés d'indifférence, faisons des expé-riences pour savoir quelles quantités de marchandises l'individu achètera à certains prix donnés.

Posons

$$y_0 = o, \qquad z_0 = o, \ldots..$$

et donnons à x_0 une certaine valeur ; l'expérience nous fera connaître quelles sont les quantité y, z, u, ..., que l'individu achète, en disposant d'une partie de la quantité x_0 de X qu'il possède. Répétons ces expériences, en faisant varier x_0, et nous aurons les valeurs de y, z, u, ..., en fonction de x_0, p_y, p_x, ... Eliminons x_0, au moyen de l'équation (45), les valeurs de y, z, ... seront données en fonction de x, p_y, p_z, ... Grâce à ces opérations, nous aurons $m\text{-}1$ équations entre les $2m\text{-}1$ quantités et prix : x, y, z, ... p_y, p_x, ... ; on peut donc supposer que ces équations donnent les valeurs des $m\text{-}1$ prix en fonction des m quantités, c'est-à-dire que l'expérience nous donne p_y, p_z, en fonction de x, y, z ... Substituons ces valeurs dans les équations (52), nous aurons ainsi, par l'expérience les rapports des quantités φ_x, φ_y, φ_z, ... , à l'une d'elle. C'est précisément ce que nous avons obtenu (§ 14), en considérant les variétés d'indifférence.

Ensuite, le raisonnement est identique à celui que nous avons fait précédemment.

La difficulté plus ou moins grande, l'impossibilité même, qu'on peut trouver à réaliser pratiquement ces expériences, importe peu ; leur seule possibilité théorique suffit pour prouver, dans les cas que nous avons examinés, l'existence des indices de l'ophélimité, et pour nous en faire connaître certains caractères.

43. On pourrait, des expériences qui viennent d'être indiquées, tirer directement la théorie de l'équilibre économique. En effet ces expériences nous donnent

$$p_y = a_y, \qquad p_x = b_z \ \ldots\ldots,$$

a_y, b_z, étant des fonctions connues. Ces équations tiennent lieu de celle de la première ligne du système (51), et le point d'équilibre est déterminé. Mais de cette manière, tant que les expériences ne sont pas faites effectivement, nous n'avons pas sur les quantités a_y, b_z, ... , le peu de notions que nous fournit au moins la considération des choix.

44. Propriétés des lignes d'indifférence. — Occupons-nous précisément de voir ce que l'expérience de tous les jours nous fait connaître sur cet argument. Soit

$$(53) \qquad \varphi(x, y) = o$$

l'équation d'une courbe d'indifférence.

1° D'abord nous savons qu'une diminution de x doit être compensée par une augmentation de y, et vice-versa. On devra donc avoir

$$(54) \qquad \frac{dy}{dx} < o.$$

2° En général, et si nous laissons à part certains faits exceptionnels, la quantité variable dy que l'on est disposé à donner le long d'une ligne d'indifférence, pour une quantité constante dx, diminue à mesure que x augmente ; on a ainsi le second caractère des courbes d'indifférence, exprimé par

$$(55) \qquad \frac{d^2y}{dx^2} > o.$$

3° Pourtant dy diminue d'autant moins que x est plus grand, ce qui fait que, sauf toujours des cas exceptionnels, on doit avoir

$$(56) \qquad \frac{d^3y}{dx^3} < o.$$

Il y a quelques réserves à faire pour les biens ayant une dépendance du second genre, ainsi que nous le verrons mieux dans le paragraphe suivant.

45. Supposons maintenant qu'on passe d'une ligne d'indifférence à une autre. Nommons δ_x la variation d'une ligne à une autre parallèlement à l'axe des x, et δ_y la variation parallèlement à l'axe y.

En raisonnant comme précédemment, nous aurons

$$(57) \qquad \delta_x \frac{dy}{dx} > o, \quad \delta_{\prime\prime} \frac{dy}{dx} < o.$$

Si *abc* représente les éléments d'une ligne d'indifférence, *a′ b′* les éléments d'une autre. L'inclinaison *α′* de *a′ b′* sur *ox* est plus grande que l'inclinaison *α* de *ab*, et moindre que l'inclinaison β de *bc*.

Ce caractère paraît appartenir sûrement aux biens dont la consommation est indépendante. Si l'on a par exemple 5 de X et 5 de Y, et que, passant à une autre ligne d'indifférence, on a encore 5 de *Y* et 10 de *X*, il paraît bien, d'après tout ce que nous savons des consommations, que, dans cette seconde position, on sera disposé à donner plus de *X* pour 1 de *Y* que dans la première. On arrive à la même conclusion pour les biens qui ont une dépendance du premier genre. Mais cela est douteux pour que les biens qui ont une dépendance du second genre. Si *Y* est un bien *inférieur* et *X* un bien *supérieur* (IV, 19) ; lors-

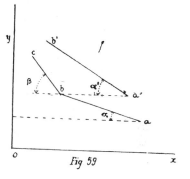

Fig 59

que X et Y sont consommés en même temps par un individu, on conçoit que celui-ci puisse échanger une certaine quantité de *X* contre une certaine quantité de *Y*, par exemple 1 de *X* contre 3 de *Y*; mais quand l'individu a du *X* en abondance et que *Y* est au moment de disparaître de sa consommation, il se peut qu'il refuse de céder 1 de *X* contre une quantité même très grande de *Y*, ce qui est contraire à l'hypothèse exprimée par

$$\delta_z \frac{dy}{dx} > o.$$

En effet la quantité $\frac{dy}{dx}$ étant négative, cette inégalité indique que dy décroit en valeur absolue quand X augmente.

D'autre part il est difficile d'admettre, en général, que pour les valeurs de X intermédiaires entre zéro et la valeur qu'atteint X quand ce bien remplace entièrement le bien Y dans la consommation, il n'arrive pas que le bien X, devenant moins précieux à mesure qu'il est plus abondant, l'individu ne soit disposé à se contenter de quantités décroissantes de Y quand la quantité de X augmente. De nouvelles observations sont donc nécessaires pour éclairer cette matière. Elles conduisent probablement à établir plusieurs catégories de biens ayant une dépendance du second genre.

Ce ne sont pas tant les observations directes que les observations indirectes qui peuvent être utiles. A l'exemple de ce qui se pratique dans les autres sciences physiques, il faut faire différentes hypothèses au sujet des valeurs (57), et comparer les conséquences de ces hypothèses avec la réalité.

46. **Caractères des indices.** — Soit l'indice

$$I = \varphi \, (x, \, y).$$

On aura le long d'une courbe d'indifférence

$$\frac{dy}{dx} = - \frac{\varphi_x}{\varphi_y};$$

et puisque dy et dx doivent être de signes contraires, φ_y φ_x devront avoir le même signe. On peut choisir le signe positif; ce qui correspond à la condition qu'une combinaison préférée à une autre ait un indice plus grand. Si dx est positif, la combinaison $x + dx$, y sera préférée à

x, y, et par conséquent $\varphi_x dx$ doit être une quantité positive (§ 134).

Le premier caractère des indices (IV 32) est donc donné par

$$\varphi_x > o, \qquad \varphi_y > o.$$

Les inégalités (57) peuvent s'exprimer par

$$-\frac{\partial}{\partial x}\frac{\varphi_x}{\varphi_y} > o, \qquad -\frac{\partial}{\partial y}\frac{\varphi_x}{\varphi_y} < o;$$

et par conséquent

$$(58) \qquad \begin{cases} \varphi_{xx}\varphi_y - \varphi_{xy}\varphi_x < o, \\ \varphi_{yy}\varphi_x - \varphi_{xy}\varphi_y < o; \end{cases}$$

φ_{xx}, φ_{xy}, φ_{yy} étant les dérivées partielles de second ordre. Quand le système des indices est tel que

$$\varphi_{xy} = o,$$

les inégalités (58) deviennent

$$(59) \qquad \varphi_{xx} < o, \qquad \varphi_{yy} < o,$$

et l'on a le second caractère des indices (IV, 33).

Selon la même hypothèse, le troisième caractère des lignes d'indifférence, donne pour les indices

$$\varphi_{xxx} > o, \qquad \varphi_{yyy} > o, \dots$$

47. Supposons que les quantités dx, dy, dz, … soient toutes positives ; la combinaison $x + dx$, $y + dy$, $z + dz$ …, sera préférable à la combinaison x, y, z …, et par conséquent on devra avoir

$$d\varphi > o.$$

Mais

$$(60) \qquad d\varphi = \varphi_x dx + \varphi_y dy + \varphi_z dz + \dots,$$

et

$$(61) \qquad d^2\varphi = \varphi_{xx}dx^2 + \varphi_{yy}dy^2 + \dots + 2\varphi_{xy}dxdy + \dots$$

Nous avons trois cas à examiner. 1er cas. φ_x ne dépend que de x, φ_y ne dépend que de y, etc. (IV, 8). On a alors

$$(62) \qquad \varphi_{xy} = 0, \qquad \varphi_{xz} = 0, \ldots \qquad \varphi_{yz} = 0, \ldots$$

2me cas. Les biens ont une dépendance de premier genre (IV, 9). Sauf quelques exceptions dans le sous genre (β), indiquées (IV, 35), on a en général (IV, 39)

$$(63) \qquad \varphi_{xy} < 0, \qquad \varphi_{xz} < 0, \ldots \qquad \varphi_{yz} < 0, \ldots$$

3me cas. Les biens ont une dépendance du deuxième genre (IV, 14). Alors on a en général (IV, 40)

$$(64) \qquad \varphi_{xy} > 0, \qquad \varphi_{xz} > 0, \ldots \qquad \varphi_{yz} > 0, \ldots$$

Dans les trois cas, les indices ont le caractère indiqué par les équations (59) ; et l'on a

$$(65) \qquad \varphi_{xx} < 0, \qquad \varphi_{yy} < 0, \qquad \varphi_{zz} < 0, \ldots$$

Toutes les quantités dx, dy, ..., étant supposées positives, ou seulement de même signe, on a dans le 1er et le 3me cas

$$(64) \qquad\qquad d^2\varphi < 0.$$

Cette inégalité pourrait ne plus subsister si les quantités dx, dy, ..., n'étaient pas toutes de même signe. Ce cas, qui est fort important, sera étudié plus loin (§ 124).

48. Dans le deuxième des cas qui viennent d'être considérés, ce qui précède ne suffit pas pour décider quel signe a $d^2\varphi$, quand les quantités dx, dy, ..., sont toutes de même signe. Il faut avoir recours à d'autres considérations. Nous avons vu (IV, 42) qu'en ce cas, une marchandise composée en des propositions fixes de X, Y, Z,... peut être traitée comme si elle était une marchandise simple, et que, par conséquent on a l'inégalité (64). Cela

entraîne certaine conséquence par rapport aux dérivées partielles de φ.

Pour avoir la marchandise composée de x, y, z, ..., il faut poser

$$(65) \qquad y = \alpha x, \qquad z = \beta x, \ldots$$

α, β, ..., étant des constantes positives. Alors l'inégalité (64) devient

$$(66) \quad \varphi_{xx} + \alpha^2 \varphi_{yy} + \ldots + 2\alpha\varphi_{xy} + \ldots + 2\alpha\beta\varphi_{yz} + \ldots, < o.$$

On sait que, pour cela, on doit avoir

$$(67) \quad \varphi_{xx} < o, \quad \begin{vmatrix} \varphi_{xx}\varphi_{xy} \\ \varphi_{xy}\varphi_{yy} \end{vmatrix} > o, \quad \begin{vmatrix} \varphi_{xx}\varphi_{xy}\varphi_{xz} \\ \varphi_{xy}\varphi_{yy}\varphi_{yz} \\ \varphi_{xz}\varphi_{yz}\varphi_{zz} \end{vmatrix} < o, \ldots;$$

ce qui donne, dans le cas considéré, un nouveau caractère des indices.

Il faut dans les équations (67), permuter de toutes les façons possibles les variables x, y, z, ..., ce qui donne d'autres équations semblables aux équations (67).

Dans le cas de deux biens, les équations (67) deviennent

$$\varphi_{xx} < o, \qquad \varphi_{xx}\varphi_{yy} - \varphi_{xy}^2 > o.$$

On sait que la seconde inégalité est la condition pour que l'*indicatrice* de la surface

$$I = \varphi$$

soit une ellipse.

49. Supposons pour un moment qu'on puisse admettre que les inégalités (58) subsistent pour les biens ayant une dépendance de second genre.

Le produit de deux quantités négatives est une quantité positive, on aura donc en multipliant entre elles les deux expressions (58)

$$\left(\varphi_{xx}\varphi_{yy} - \varphi_{xy}^2\right)\varphi_x\varphi_y - \left(\varphi_{xx}\varphi_y^2 - \varphi_{yy}\varphi_x^2 - 2\varphi_{xy}\varphi_x\varphi_y\right)\varphi_{xy} > o.$$

Pour les biens ayant une dépendance de deuxième genre on a

$$\varphi_{xy} < o;$$

par conséquent c'est une quantité positive qu'il faut retrancher du premier terme de l'expression ci-dessus, et le résultat doit être positif, on doit donc avoir

$$\varphi_{xx}\varphi_{yy} - \varphi_{xy}^2 > o.$$

Mais c'est précisément la condition pour que

$$\delta^2\Phi = \varphi_{xx}dx^2 + \varphi_{yy}dy^2 + 2\,\varphi_{yx}dxdy$$

soit toujours du même signe, qui en ce cas est le signe moins.

Si nous pouvions donc admettre que les inégalités (58) subsistent pour les biens ayant une dépendance de deuxième genre, nous voyons, pour le cas de deux biens, que la variation seconde de l'ophélimité serait négative (§ 124).

50. On peut suivre une marche inverse de celle que nous avons adoptée, et partir des propriétés de l'ophélimité pour en déduire les caractères des lignes d'indifférence [1].

51. Les formes des lignes d'indifférence sont certainement fort complexes, et les exemples que nous avons données dans le texte font voir combien il est difficile de les soumettre à l'analyse algébrique, en dehors de quelques cas particuliers [2]. Les difficultés naissent de ce que l'analyse ne s'emploie guère aisément pour représenter des fonctions discontinues, telles, par exemple, que celles de la figure 31 (IV, 55), ou de la figure 33 (IV, 57).

[1] Pour les détails on peut voir l'édition italienne.
[2] Dans le *Giornale degli Economisti*, Rome, sept. 1904, le prof. BONINSEGNI a publié une très bonne étude sur les fonctions d'offre et de demande dans le cas où les ophélimités élémentaires sont linéaires.

C'est donc en vain qu'on essayerait de traiter le problème dans toute son extension ; il faut se contenter de l'étudier pour une petite région autour du point que l'on veut considérer (IV, 67). Il faut en outre substituer aux fonctions qui représenteraient rigoureusement les ophélimités d'autres fonctions, qui souvent ne seront que très grossièrement approchées.

52. Lois générales de l'offre et de la demande. — Les équations (51) déterminent le point d'équilibre pour un individu.

Posons

$$\varphi_x = m \; ;$$

m est l'indice élémentaire de la marchandise dont le prix est un, c'est-à-dire de la monnaie.

Ecrivons la première ligne des équations (51) sous la forme

$$(68) \qquad \varphi_x = m, \qquad \varphi_y = p_y m, \qquad \varphi_z = p_z m, \; \dots$$

Prenons les dérivées par rapport à p_y de toutes ces équations, nous aurons

$$(69) \qquad \begin{cases} \varphi_{xx} \dfrac{\partial x}{\partial p_y} + \varphi_{xy} \dfrac{\partial y}{\partial p_y} + \dots = \dfrac{\partial m}{\partial p_y} \\[2mm] \varphi_{xy} \dfrac{\partial x}{\partial p_y} + \varphi_{yy} \dfrac{\partial y}{\partial p_y} + \dots = p_y \dfrac{\partial m}{\partial p_y} + m \\[2mm] \varphi_{xz} \dfrac{\partial x}{\partial p_y} + \varphi_{yz} \dfrac{\partial y}{\partial p_y} + \dots = p_z \dfrac{\partial m}{\partial p_y} \\[2mm] \dots \dots \dots \dots \dots \dots \dots \dots \end{cases}$$

Indiquons par R le Hessien

$$(70) \qquad R = \begin{vmatrix} \varphi_{xx} & \varphi_{xy} & \varphi_{xz} & \dots \\ \varphi_{xy} & \varphi_{yy} & \varphi_{yz} & \dots \\ \varphi_{xz} & \varphi_{yz} & \varphi_{zz} & \dots \\ \cdot & \cdot & \cdot & \cdot \\ \cdot & \cdot & \cdot & \cdot \end{vmatrix}$$

Substituons les éléments 1, p_y, p_z. ....., aux éléments de la 1re colonne, de la 2me, etc. de ce déterminant, et indiquons par R_1, R_2, ..., les déterminants qui résultent de ces substitutions. Soit en outre $H_{i,n}$ le mineur que l'on obtient en supprimant dans R l'élément de la i^{me} ligne de la n^{me} colonne, ce mineur étant pris avec le signe qu'il doit avoir dans le développement de R, en sorte que

$$R = \varphi_{xx} H_{1,1} + \varphi_{xy} H_{2,1} + \ldots ;$$

et, à cause de la forme de R,

$$H_{i,n} = H_{n,i}.$$

Nous aurons

$$(71) \quad \begin{cases} R \dfrac{\partial x}{\partial p_y} = m H_{2,1} + R_1 \dfrac{\partial m}{\partial p_y} \\[2mm] R \dfrac{\partial y}{\partial p_y} = m H_{2,2} + R_2 \dfrac{\partial m}{\partial p_y} \\[2mm] R \dfrac{\partial z}{\partial p_y} = m H_{2,3} + R_3 \dfrac{\partial m}{\partial p_y} \\[2mm] \cdots \cdots \cdots \cdots \end{cases}$$

Dérivons partiellement la dernière des équations (51), nous aurons

$$(72) \quad o = \frac{\partial x}{\partial p_y} + y - y_0 + p_y \frac{\partial y}{\partial p_y} + p_y \frac{\partial z}{\partial p_y} + \ldots ;$$

Formons le déterminant

$$M = - \begin{vmatrix} o & 1 & p_y & p_z & \cdots \\ 1 & \varphi_{xx} & \varphi_{xy} & \varphi_{xz} & \cdots \\ p_y & \varphi_{xy} & \varphi_{yy} & \varphi_{yz} & \cdots \\ p_z & \varphi_{xz} & \varphi_{yz} & \varphi_{zz} & \cdots \\ \cdot & \cdot & \cdot & \cdot & \cdot \end{vmatrix},$$

Soient, comme précédemment, $M_{i,n}$ les mineurs de ce

déterminant, chacun avec le signe qui lui convient dans le développement, en sorte que

$$M = M_{2,1} + p_y M_{3,1} + p_z M_{4,1} + \ldots$$

On aura

(73) $\begin{cases} M = R_1 + p_y R_2 + p_z R_3 + \ldots \\ M_{3,1} = H_{2,1} + p_y H_{2,2} + p_z H_{2,3} + \ldots, \end{cases}$

Si nous substituons les valeurs (71) dans l'équation (72), nous obtiendrons

$$o = (y - y_0) R + m M_{3,1} + \frac{\partial m}{\partial p_y} M ;$$

ou

(74) $$\frac{\partial m}{\partial p_y} = - \frac{(y - y_0) R + m M_{3,1}}{M} ;$$

et par conséquent

(75) $$\frac{\partial y}{\partial p_y} = \frac{- (y - y_0) + m \left(\frac{M H_{2,2}}{R R_2} - \frac{M_{3,1}}{R} \right)}{M} R_2.$$

Cette formule nous fait connaître comment la demande (ou l'offre) d'une marchandise Y varie avec le prix p_y de cette marchandise, et cela dans le cas le plus général, où les indices élémentaires sont fonction de toutes les variables $x, y, z, \ldots$ [1]

Pour un autre bien, par exemple Z, on aura

(76) $$\frac{\partial z}{\partial p_y} = \frac{- (y - y_0) + m \left(\frac{M H_{2,}}{R R_3} - \frac{M_{3,1}}{R} \right)}{M} R_3$$

53. Lorsqu'il s'agit du 1er cas du § 47, c'est-à-dire quand on a

$$\varphi_{xy} = o, \quad \varphi_{xz} = o, \quad \ldots \varphi_{yz} = o, \ldots;$$

[1] Nous avons donné ces formules pour la première fois dans *Giornale degli Economisti*, août 1892.

on obtient

$$R = \varphi_{xx}\, \varphi_{yy}\, \varphi_{zz} \cdots , \qquad H_{1,1} = \frac{R}{\varphi_{xx}}, \qquad H_{2,2} = \frac{R}{\varphi_{yy}}, \ \cdots$$

$$H_{2,3} = o, \ \cdots \ R_1 = R\,\frac{1}{\varphi_{xx}}, \qquad R_2 = R\,\frac{p_y}{\varphi_{yy}}, \ \cdots$$

$$M_{3,1} = p_y\, H_{2,2}, \ \cdots$$

$$(77)\quad \frac{M}{R} = \frac{1}{\varphi_{xx}} + \frac{p_y{}^2}{\varphi_{yy}} + \frac{p_z{}^2}{\varphi_{zz}} + \cdots .$$

Pour abréger, nous poserons

$$T = \frac{M}{R}$$

et nous aurons

$$(78)\ \begin{cases} \dfrac{\partial m}{\partial p_y} = - \dfrac{y - y_0 + m\,\dfrac{p_y}{\varphi_{yy}}}{T} = - \dfrac{y - y_0 + \dfrac{\varphi_y}{\varphi_{yy}}}{T}, \\[3ex] \dfrac{\partial y}{\partial p_y} = \dfrac{-(y - y_0)\,p_y + m\left(T - \dfrac{p_y{}^2}{\varphi_{yy}}\right)}{T\,\varphi_{yy}}, \\[3ex] \dfrac{\partial z}{\partial p_y} = \dfrac{\partial m}{\partial p_y}\,\dfrac{p_z}{\varphi_{zz}}, \ \cdots\cdots \end{cases}$$

Et en outre

$$(79)\qquad \frac{\partial p_y\,(y - y_0)}{\partial p_y} = - \frac{\partial m}{\partial p_y}\left(T - \frac{p_y{}^2}{\varphi_{yy}}\right).$$

54. Dans ces formules, m est une quantité essentiellelement positive, ainsi que les prix p_y, p_z, ... Les quantités φ_{xx}, φ_{yy}, ... étant négatives, T est une quantité négative, $T\varphi_{yy}$, $T\varphi_{zz}$, sont des quantités positives ; enfin, en vertu de la formule (77), la quantité

$$1 - \frac{p_y{}^2}{\varphi_{yy}}$$

est négative.

Si la marchandise Y est *demandée* par l'individu, la quantité $y - y_0$ est positive ; elle est négative si la marchandise est *offerte*.

Il suit de là que les formules (78) donnent lieu aux conclusions suivantes.

1º Si la marchandise Y est demandée, on a toujours

$$\frac{\partial y}{\partial p_y} < o.$$

La demande décroît quand le prix augmente. (¹)

Le numérateur de $\frac{\partial m}{\partial p_y}$ étant composé d'un terme positif et d'un terme négatif, on ne peut rien conclure au sujet de son signe. Mais l'équation (79) fait voir que ce signe est le même que celui du premier membre de (79). Or ce premier membre représente la variation de la dépense

$$p_y\,(y - y_0)$$

que l'individu fait pour se procurer du Y.

Lorsque le prix de Y croît, il peut se présenter trois cas : (α) L'individu réduit sa dépense pour acheter du Y; alors il a plus de monnaie à sa disposition pour ses autres achats ; l'indice d'ophélimité de la monnaie doit donc décroître. Et c'est ce qu'indiquent nos formules par la valeur négative de $\frac{\partial m}{\partial p_y}$. La troisième ligne des formules (78) fait voir que les quantités demandées de $Z,\ U,\ ...$, augmentent toutes.

(¹) Il ne faut pas confondre cette proposition générale, obtenue pour le cas où le prix d'une marchandise dépend de toutes les quantités échangées, et vice versa la quantité échangée d'une marchandise dépend de tous les prix, avec des propositions en apparence similaires que l'on a obtenue en faisant l'hypothèse que le prix d'une marchandise dépend uniquement de la quantité achetée, ou vendue, de cette marchandise. Un tableau dans lequel d'une part il y a le prix d'une marchandise de l'autre la quantité qu'un individu achète, ou vend, de cette marchandise, sans tenir compte des autres marchandises, ne correspond pas à la réalité, ce n'est qu'un cas hypothétique.

(β) La dépense pour acheter du Y demeure la même. On a alors

$$\frac{\partial m}{\partial p_y} = o,$$

et toutes les quantités demandées de Z, U, ... , demeurent les mêmes.

(γ) La dépense pour achetez du Y croît. Alors l'individu a moins de monnaie à sa disposition. Il réduit ses dépenses pour d'autres marchandises, et comme l'indiquent nos formules, l'indice élémentaire de l'ophélimité de la monnaie croît.

2° Si la marchandise Y est offerte, le numérateur de la seconde des formules (78) a un terme positif et un terme négatif. On ne peut rien conclure pour le signe de $\frac{\partial y}{\partial p_y}$. Au contraire on a toujours

$$\frac{\partial m}{\partial p_y} < o, \qquad \frac{\partial z}{\partial p_y} > o, \; ... ;$$

et, en changeant le signe de $y - y_0$ dans la formule (79), nous aurons

$$\frac{\partial p_y \, (y_0 - y)}{\partial p_y} > o.$$

L'individu reçoit donc une somme totale plus grande pour la marchandise Y qu'il vend. On ne peut dire s'il en vend plus ou moins. L'indice d'ophélimité de la monnaie décroît.

55. Ces résultats ont été obtenus pour le cas où

$$\varphi_{xy} = o, \qquad \varphi_{xz} = o, \; ... \qquad \varphi_{yz} = o, \; ....,$$

mais quand ces quantités ont des valeurs suffisamment petites, ce qui correspond en pratique à un très grand nombre de cas, les équations (78) et (79) subsistent encore comme approximation ; et par conséquent les résultats ne diffèrent pas de ceux que nous venons d'indiquer.

Mais il ne faut pas oublier qu'il est d'autres cas où les valeurs des φ_{xy}, ... , peuvent être assez considérables pour modifier ces résultats.

56. A la suite du professeur Marshall, plusieurs économistes ont cru pouvoir, en général, pour de faibles variations des prix et des quantités, considérer l'indice d'ophélimité m de la monnaie comme constant, ce qui revient à poser

$$\frac{\partial m}{\partial p_y} = o$$

Les formules que nous venons de donner font voir qu'on ne saurait admettre cette proposition. [1] Même quand la quantité

$$\frac{\partial m}{\partial p_y}$$

est très petite, on ne saurait la négliger, si l'on ne prend pas soin de donner la démonstration que l'erreur ainsi commise ne change pas les résultats qu'on obtient.

57. Lorsque l'on a quelques notions sur les variations des demandes et des offres, les formules (74), (75), (76) et les formules (78), peuvent servir à avoir des notions sur les indices d'ophélimité ; et vice-versa.

58. Supposons que, dans le cas des équations (78), on ait

$$(80) \qquad \frac{\partial m}{\partial p_y} = o.$$

Pour que cette équation soit vérifiée, il faut que le dénominateur de cette expression, donnée par les formules (78), soit infini, ou que le numérateur soit nul.

Le dénominateur T peut être assez grand, fort grand même, lorsqu'on a un très grand nombre de biens, mais il n'est pas infini, du moins en général. Si l'on sup-

---

[1] Nous avons insisté sur ce point dans *Giornale degli Economisti*, mars 1892, avril 1895, et dans *Cours* § 84.

pose que l'on peut négliger $\frac{\partial m}{\partial p_y}$ parce que T est fort grand, il en résultera qu'on peut aussi négliger tous les $\frac{\partial z}{\partial p_y}$, $\frac{\partial u}{\partial p_y}$, ... Quant à $\frac{\partial y}{\partial p_y}$, on a

$$\frac{\partial y}{\partial p_y} = \frac{m}{\varphi_{yy}}.$$

L'hypothèse que nous avons faite revient donc à supposer que quand p_y varie, seule la quantité y varie, tandis que z, u, ..., demeurent constantes. Cette supposition peut, en certain cas être admissible, mais, en général, elle est inadmissible.

L'équation

$$o = \frac{\partial x}{\partial p_y} + \frac{\partial\,(p_y y)}{\partial p_y} + p_z\frac{\partial z}{\partial p_y} + ...$$

indique la variation que subit le budget quand p_y varie. Si l'on admet l'hypothèse que nous avons faite, tous les termes s'annulent sauf un, et l'on a

$$\frac{\partial\,(p_y y)}{\partial p_y} = o\,;$$

mais cela est faux, car si d'une part les termes qu'on a supposés être nuls sont effectivement très petits, d'autre part ils sont en très grand nombre, en sorte que leur somme n'est pas négligeable.

Dans tous les problèmes relatifs à l'échange, l'équation du budget et la considération de ses variations sont essentielles, du moins en général. Il en résulte que, dans ces problèmes, on ne peut pas, sauf en des cas très particuliers qu'il s'agit de justifier, supposer que l'indice d'ophélimité m est constant.

59. Considérons maintenant l'autre hypothèse, c'est-à-dire que ce soit le numérateur qui s'annule.

On a alors

$$y - y_0 + \frac{\varphi_y}{\varphi_{yy}} = o,$$

et par conséquent

$$\varphi_y = \frac{B}{y - y_0};$$

B étant une constante arbitraire. Or on ne saurait admettre, en général, que l'indice d'ophélimité de la consommation de la quantité y dépend de la quantité initiale y_0 possédée par l'individu. Dans les cas des marchandises offertes, y_0 ne peut être zéro, et par conséquent la forme que nous venons de trouver pour φ_y, et l'hypothèse qui nous y a conduit, doivent être rejetées. Dans les cas des marchandises demandées, y_0 peut-être zéro, et la forme

$$\varphi_y = \frac{B}{y}$$

devient admissible. Voyons pourtant quelles sont ses conséquences.

Supposons un individu qui offre du X, et qui achète toutes les autres marchandises Y, Z, ..., pour lesquelles nous supposons

(81) $$\varphi_x = \frac{B}{y}, \qquad \varphi_z = \frac{C}{z}, \quad \dots$$

Nous aurons

$$x_0 - x = p_y y + p_z z + \dots$$
$$\varphi_x = \frac{B}{p_y y} = \frac{C}{p_z z} = \dots :$$

et par conséquent

(82) $$(x_0 - x)\,\varphi_x = B + C + \dots$$

Cette équation fait voir que la dépense $x_0 - x$ faite par l'individu ne varie pas quand varient les prix des marchandises qu'il achète. Cela n'est guère admissible, en général.

En outre reste φ_x ; et si l'on ne veut pas admettre la forme

$$\varphi_x = \frac{A}{x_0 - x},$$

l'indice d'ophélimité n'est plus constant. Si l'on suppose, pour un moment que φ_x ait cette forme inadmissible, nous arrivons à des conséquences encore moins admissibles.

En effet, alors, l'équation (82) devient

$$A = B + C + \ldots$$

Si cette relation entre les constantes des indices d'ophélimité n'est pas vérifiée, l'équilibre est impossible. Si, par le plus grand des hasards, elle se trouvait vérifiée, l'équilibre serait indéterminé. On pourrait choisir arbitrairement une valeur de x, et ensuite poser

$$y = \frac{B(x_0 - x)}{A p_y}, \qquad z = \frac{C(x - x_0)}{A p_z}, \ldots$$

et l'équilibre subsisterait.

De toute façon, on arrive donc a des conséquences qui nous obligent à rejeter, du moins en général, l'hypothèse de l'indice d'ophélimité m constant

60. Supposons que, $\alpha, \beta, \gamma, \ldots$, étant de très petites quantités, l'on pose

$$\varphi_x = \frac{A}{x^{1+\alpha}}, \qquad \varphi_y = \frac{B}{y^{1+\beta}}, \qquad \varphi_z = \frac{C}{z^{1+\gamma}}, \ldots .$$

Nous aurons

$$p_y y = \left(\frac{B}{A}\right)^{\frac{1}{1+\beta}} x^{\frac{1+\alpha}{1+\beta}} p_y^{\frac{\beta}{1+\beta}} :$$

et ensuite

$$p_y y = \frac{B}{A} x (1 + \varepsilon_y).$$

D'une manière semblable on obtiendra

$$p_x z = \frac{C}{A} x (1 + \varepsilon_z), \; \ldots ;$$

ε_y, ε_z, ..., étant de très petites quantités.

Posons en général

$$h_0 = x_0 + p_y y_0 + p_z z_0 + \ldots ;$$

la dernière des équations (51) devient

$$h_0 = x + p_y y + p_z z + \ldots .$$

Nous aurons

$$h_0 = x (H + K),$$

$$H = 1 + \frac{B}{A} + \frac{C}{A} + \ldots, \quad K = \frac{B}{A} \varepsilon_y + \frac{C}{A} \varepsilon_z + \ldots .$$

Par conséquent

$$x = \frac{h_0}{H + K} = \frac{h_0}{H} (1 + l).$$

La quantité K étant très petite, la quantité l le sera aussi. Ensuite on aura

$$(83) \quad \begin{cases} p_y y = \dfrac{B}{A} \dfrac{h_0}{H} (1 + l)(1 + \varepsilon_y), \\[2mm] p_z z = \dfrac{C}{A} \dfrac{h_0}{H} (1 + l)(1 + \varepsilon_z), \\[2mm] \cdots \cdots \cdots \cdots \cdots \end{cases}$$

61. La valeur de T, donnée au § 53, devient

$$\begin{aligned} - T &= \frac{x^{2+\alpha}}{(1 + \alpha) A} + \frac{p_y^2 y^{2+\beta}}{(1 + \beta) B} + \ldots \\ &= \frac{x^{2+\alpha}}{(1 + \alpha) A} + \frac{p_y^2 B x^2 (1 + \varepsilon_y)^2 y^\beta}{(1 + \beta) A^2} + \ldots \\ &= \frac{x^2}{A} (H + q). \end{aligned}$$

q étant une très petite quantité.

Maintenant les équations (78) donnent

$$(84) \quad \begin{cases} \dfrac{\partial m}{\partial p_y} = -\dfrac{y_0 AH}{h_0^2}\,(1 + m_y) \\[2mm] \dfrac{\partial y}{\partial p_y} = \dfrac{B}{A}\,\dfrac{p_y y_0 - h_0}{H p_y^2}\,(1 + n_y) \\[2mm] \dfrac{\partial z}{\partial p_y} = \dfrac{Cy_0}{AHp_z}\,(1 + r_y) \\[2mm] \quad \cdots\cdots\cdots\cdots; \end{cases}$$

m_y, n_y, r_y, ..., étant toutes de petites quantités.

Ces formules peuvent aussi s'obtenir directement des équations (82) et (83).

62. Si Y est une marchandise qui est demandée, il faut qu'il y ait au moins une autre marchandise qui soit offerte. Supposons que ce soit Z ; il faut que z_0 ne soit pas zéro, mais que ce soit une quantité positive, par conséquent

$$p_y y_0 - h_0 < o\,;$$

et l'on vérifie encore une fois, en vertu des équations (84), que

$$\frac{\partial y}{\partial p_y} < o.$$

Si Y est offerte, il faut, il est vrai, qu'il y ait au moins une marchandise qui est demandée ; mais pour les marchandises demandées les quantités initiales peuvent être zéro. Si Y est la seule marchandise offerte, et que toutes les autres sont demandées, avec des quantités initiales zéro, on a

$$\frac{\partial y}{\partial p_y} = o.$$

Si une autre marchandise, par exemple U était offerte u_0 ne pourrait pas être zéro, et par conséquent

$$\frac{\partial y}{\partial p_y} < o.$$

Lorsque y décroît, la quantité $y_0 - y$ qui est offerte augmente. L'augmentation du prix ferait donc toujours augmenter l'offre. Pour que l'offre après avoir augmenté aille en diminuant, il faut que le facteur $1 + n_y$ change de signe ; ce qui n'est pas possible tant que n_y demeure une très petite quantité. L'hypothèse qu'on vient de faire n'est donc pas compatible avec l'hypothèse que α, β, ... soient de très petites quantités, à moins que, par compensation, d'autres quantités ne deviennent très grandes.

Quand Y est demandée et que $y_0 = o$, la partie principale de $p_y y$, dans les formules (83) est indépendante de p_y ; elle demeure donc constante quand varie p_y. La variation ne peut alors provenir que des termes en l et en ε_y, que l'on néglige lorsqu'on suppose que les indices d'ophélimité ont la forme (81).

63. **Cas général de l'échange avec des prix constants.** — Supposons d'avoir θ individus, que nous indiquerons par 1, 2, ... θ, et m marchandises X, Y, Z, ...

Supposons que tous les individus suivent, dans leurs échanges, le type I, c'est-à-dire de la libre concurrence, (III, 4). Cela veut dire que chacun d'eux accepte les prix du marché ; bien qu'en réalité ceux-ci soient modifiés *indirectement* par les échanges effectués par ces individus ([1]). Pour chacun des individus, nous aurons donc des équations semblables aux équations (51). Affectons de l'indice i toutes les lettres qui se rapportent à l'individu i. Les équations (51) et celles qui expriment que les

---

([1]) Ainsi que nous l'avons déjà observé, il ne faut jamais oublier cette condition. Son omission rendrait fausse la proposition, dont elle forme une partie essentielle.

Nous répétons souvent certaines choses parce qu'elles sont constamment négligées, oubliées, ignorées par des personnes qui écrivent sur les théories économiques.

quantités totales de biens ne varient pas dans l'échange, donnent

$$(A) \quad \begin{cases} \varphi_{1x} = \dfrac{1}{p_y}\, \varphi_{1y} = \dfrac{1}{p_z}\, \varphi_{1z} = \ldots, \\[2mm] \varphi_{2x} = \dfrac{1}{p_y}\, \varphi_{2y} = \dfrac{1}{p_z}\, \varphi_{2z} = \ldots, \\[2mm] \cdots\cdots\cdots\cdots\cdots\cdots \end{cases}$$

$$(B) \quad \begin{cases} x_1 - x_{10} + p_y\,(y_1 - y_{10}) + p_z\,(z_1 - z_{10}) + \ldots = o, \\[1mm] x_2 - x_{20} + p_y\,(y_2 - y_{20}) + p_z\,(z_2 - z_{20}) + \ldots = o, \\[1mm] \cdots\cdots\cdots\cdots\cdots\cdots\cdots\cdots \\[1mm] x_{\theta-1} - x_{\theta-1,0} + p_y\,(y_{\theta-1} - y_{\theta-1,0}) + \ldots = o. \end{cases}$$

$$(C) \quad \begin{cases} x_1 - x_{10} + x_2 - x_{20} + \ldots = o, \\[1mm] y_1 - y_{10} + y_2 - y_{20} + \ldots = o, \\[1mm] \cdots\cdots\cdots\cdots\cdots \end{cases}$$

On remarquera que l'on n'écrit pas, dans le système (B), l'équation qui correspond à l'indice θ ; car elle est la conséquence des autres équations (B) et des (C). Si l'on voulait écrire cette équation, il faudrait en supprimer une autre.

Les équations que nous venons d'écrire correspondent aux catégories (A), (B), (C) des conditions qui ont été indiquées (III, 199 et suiv.).

Les inconnues sont : 1° Les $m - 1$ prix ; 2° Les $m\theta$ quantités $x_1, x_2, \ldots, y_1, y_2, \ldots$; soit en tout $m\theta + m - 1$.

Les équations sont 1° Les $(m - 1)\theta$ équations (A) : 2° Les $\theta - 1$ équations (B) ; 3° Les m équations (C) : donc en tout $m\theta + m - 1$.

Les équations sont en même nombre que les inconnues et le problème est bien déterminé.

Ainsi qu'on l'a déjà remarqué (§ 35) en un cas analogue, il ne faut pas oublier que les équations (B) et (C) sont valables pour toutes les valeurs des variables x_1, $x_2, \ldots y_1, y_2, \ldots$; tandis que les équations (A) ne sont valables que pour les valeurs de ces variables qui correspondent au point d'équilibre.

Dans le système (A), φ_{1x}, φ_{2x}, ... peuvent être fonctions de toutes les variables x, y, z, ..., ainsi que φ_{1y}, ... φ_{1z}, ... etc.

64. Si l'on rétablit l'équation qui manque en (B), et que, par compensation, on supprime une des équations (C), on pourra traiter les équations (A) et (B) comme on a traité le système (51), pour obtenir les lois de l'offre et de la demande. Les $m\theta$ quantités x_1, x_2, ..., y_1, y_2, ... seront fonction des $m - 1$ inconnues p_y, p_z, ... ; et les $m - 1$ équations (C) donneront le moyen de déterminer ces inconnues.

65. Il peut arriver que le possesseur d'une marchandise offerte Y par exemple, ne s'en serve pas pour satisfaire ses goûts ; on dit alors qu'il *offre toute la quantité* à sa disposition. Si nous l'indiquons par $y_{10} = y_1$, l'individu 1 étant le possesseur de cette marchandise, il y aura une inconnue de moins. D'autre part, l'équation du système (A), où se trouve la quantité φ_{1y} doit être supprimée. Le nombre des équations demeure donc encore égal à celui des inconnues.

66. La monnaie étant une marchandise doit avoir pour quelques individus une ophélimité propre ; mais elle peut ne pas en avoir pour d'autres. Supposons que X n'ait pas d'ophélimité pour l'individu 1. Alors il faut supprimer, dans le système (A) l'équation en φ_{1x} ; nous perdons ainsi une équation.

Mais d'autre part, puisque X n'a pas d'ophélimité pour l'individu 1, il n'en consomme pas. Il emploie toute la quantité qu'il reçoit à se procurer des biens Y, Z, ..., parmi lesquels est compris un bien qui représente l'épargne. On aura donc

$$x_1 - x_{10} = o ;$$

ce qui détermine x_1. On a donc une inconnue de moins, et le nombre des équations est encore égal à celui des inconnues.

Pareto 38

67. Opérations selon le type II. — Supposons que l'individu 1 n'accepte pas les prix tels qu'il les trouve sur le marché, mais qu'il s'emploie à les modifier, en vue d'atteindre un certain but.

Ce cas comprend celui qui est vulgairement désigné sous le nom de monopole. L'individu vend du Y et achète les autres marchandises. Il ne tient pas compte de l'indice d'ophélimité de Y, soit parce que Y n'est pas ophélime pour lui, soit parce qu'il ne lui importe pas d'avoir en excès du Y, pourvu qu'il atteigne d'autres buts.

Parmi ces buts nous en considérons deux principaux : (α) L'individu tâche d'obtenir le maximum du produit, exprimé en monnaie, de son monopole. (β) L'individu tâche d'obtenir le maximum d'ophélimité.

68. Monopole d'un individu et d'une marchandise. — Puisque l'individu ne tient pas compte de l'indice d'ophélimité de Y, l'équation en φ_{1y} manque dans le système (A). Pour rétablir l'égalité entre le nombre des équations et celui-ci des inconnues, il faut se donner une des inconnues ; supposons que ce soit p_y ; on aura ensuite

$$y_{10} - y_1 = f(p_y).$$

(α) Si l'individu 1 se propose de tirer son monopole la plus grande somme de monnaie possible, il devra rendre un maximum

$$(y_{10} - y_1)\, p_y = p_y\, f(p_y),$$

et pour cela on devra poser.

(85) $$\frac{d\,(p_y f)}{dp_y} = o.$$

Cette équation sert à déterminer p_y, et le problème est résolu.

S'il y avait un point d'arrêt qui précédât la valeur de

y ainsi déterminée, l'individu devra s'arrêter à ce point d'arrêt. C'est le cas où il ne possède pas la quantité de Y qui correspond au maximum donné par l'équation (85).

(β) Si l'individu se propose d'obtenir le maximum d'ophélimité, il faut qu'il pose

$$\frac{d_1}{dp_y} = o;$$

ou

(86) $$o = \varphi_{1x}\frac{dx_1}{dp_y} + \varphi_{1y}\frac{dy_1}{dp_y} + \varphi_{1z}\frac{dz_1}{dp_y} + \ldots$$

Nous connaissons x_1, y_1, ..., en fonction de p_y; l'équation (86) ne renferme donc que des quantités connues; et elle résout le problème.

Pour revenir du cas du monopole au cas de la libre concurrence, il faut exprimer que $d\varphi_1$ est zéro, non pas quand varie p_y, mais au contraire quand p_y demeurant constant, y varie. Alors au lieu de l'équation (86) on a

$$o = \varphi_{1x}\,dx_1 + \varphi_{1y}\,dy_,,$$

et, en se rappelant la définition du prix, on aura

$$o = \varphi_{1x} - \frac{1}{p_y}\varphi_{1y};$$

ce qui est précisément l'équation qui manquait parce qu'on l'avait supprimée.

Le cas où l'individu 1 aurait aussi le monopole de Z se traite d'une manière semblable à celle que nous venons d'indiquer.

69. **Monopole de deux individus et d'une marchandise** ([1]). — Supposons que 1 et 2 vendent du Y, en opérant

([1]) M. le professeur F. Y. Edgeworth a le premier traité, en faisant certaines hypothèses, un cas particulier de ce problème. *Giornale degli Economisti*, juillet 1897.

selon le type II, et qu'ils achètent les autres marchandises.

Il manque maintenant deux équations dans le système (A), et par conséquent il faut nous donner deux inconnues. Donnons nous p_y et y_2 ; toutes les autres inconnues seront exprimées en fonction de celles-ci, et si nous posons

$$s_1 = (y_{10} - y_1)\, p_y, \qquad s_2 = (y_{20} - y_2)\, p_y,$$

nous aurons une équation de la forme

(87) $$F\,(s_1, s_2, p_y) = o$$

(α). Pour avoir le maximum de produit en monnaie, il faut rendre s_1 et s_2 des maxima.

Donnons à s_2 une valeur arbitraire. La condition du maximum de s_1 est

(88) $$\frac{\partial F}{\partial p_y} = o.$$

Si nous éliminons p_y entre les deux équations (87) et (88), nous aurons

(89) $$f\,(s_1, s_2) = o.$$

Si nous nous étions donné arbitrairement la valeur de s_1, et que nous eussions cherché la condition du maximum de s_2, nous aurions encore eu l'équation (88), et par conséquent nous serions retombés sur l'équation (89). Celle-ci donne donc, pour une valeur arbitraire de s_2, la valeur maximum de s_1 ; et vice versa.

Géométriquement l'équation (89) représente le contour apparent de la surface (87) sur le plan des s_1 s_2.

Nous avons pris arbitrairement s_2, et nous avons trouvé l'équation (89) pour déterminer le maximum s_1, quand p_y varie. Maintenant faisons varier s_2 et déterminons le maximum de s_1 ; nous aurons

(90) $$\frac{\partial f}{\partial s_2} = o.$$

Vice versa, si nous voulions déterminer le maximum de s_2, quand s_1, varie, nous aurions

(91) $$\frac{\partial f}{\partial s_1} = o.$$

Pour déterminer nos deux inconnues, nous aurions ainsi trois équations. Les hypothèses qui nous ont conduit à ce résultat ne sont donc pas, en général, compatibles ; et l'on ne peut pas supposer que les deux individus agissent tous deux selon le type II.

Géométriquement, les deux équations (90) et (91) ne peuvent se vérifier qu'en des points singuliers de la courbe (89). Les équations (89) et (90) déterminent le point (α) où la courbe qr, dont l'équation est (89), a une tangente parallèle à l'axe des s_2. Les équations (89) et (91) déterminent le point (β) où cette courbe a une tangente parallèle à l'axe des s_1. Ces deux points sont généralement différents ; et par conséquent les trois équations (89), (90), (91) ne sont pas compatibles.

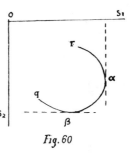
Fig. 60

Au point de vue mathématique, il est inexact de dire, ainsi qu'on le fait souvent, que, dans le cas de deux monopoleurs et d'une marchandise, le problème de l'équilibre est indéterminé. Au contraire, il est trop déterminé, car on pose des conditions qui sont incompatibles.

70. (β). Supposons qu'il s'agisse de rendre maximum l'indice d'ophélimité. Remplaçons les deux équations qui manquent dans le système (A) par les équations

(92) $$t_1 = \varphi_1, \quad t_2 = \varphi_2 ;$$

t_1 et t_2 étant de nouvelles variables. Les expressions de

φ_1 et de φ_2 nous sont connues en fonction de x_1, y_1 ... , x_2, y_2, ... , nous obtiendrons donc les expressions de toutes les inconnues en fonction de t_1 et de t_2 ; et nous aurons une équation de la forme

$$F(t_1, t_2, p_y) = o.$$

Le reste du raisonnement est maintenant semblable au précédent, et conduit aux mêmes conséquences.

71. Monopole de deux individus et de deux marchandises. — Supposons que 1 vende du Y et qu'il achète toutes les autres marchandises, et que 2 vende du Z et achète toutes les autres marchandises.

Il manque encore deux équations dans le système (A), et nous devons, comme précédemment, nous donner deux inconnues. Donnons-nous p_y, p_z. Toutes les autres quantités deviendront fonction de p_y, p_z ; on aura donc

(93) $\qquad F_1(s_1, p_y, p_z) = o, \qquad F_2(s_2, p_y, p_z) = o ;$

ou bien

(94) $\qquad f_1(\varphi_1, p_y, p_z) = o, \qquad f_2(\varphi_2, p_y, p_z) = o.$

Il faut maintenant rendre s_1 maximum, *lorsque varie* p_y ; et s_2 aussi un maximum, non plus, comme précédemment lorsque varie p_y, mais *lorsque varie* p_z. C'est là la différence capitale avec le problème précédent ; et c'est cette différence qui est cause de la différence des conclusions.

Lorsqu'on considère le maximum d'ophélimité, il faut semblablement rendre φ_1 un maximum *lorsque varie* p_y ; et rendre φ_2 un maximum *lorsque varie* p_z.

Dans le cas où les monopoleurs veulent obtenir le plus grand produit en monnaie, de leur monopole, on devra donc poser

$$\frac{\partial F_1}{\partial p_y} = o, \qquad \frac{\partial F_2}{\partial p_z} = o.$$

Ces deux équations, ajoutées aux deux équations (94), permettent de déterminer les quatre inconnues s_1, s_2, p_y, p_z. Le problème est donc résolu.

Dans le cas où les monopoleurs visent le maximum d'ophélimité, il faut poser

$$\frac{\partial f_1}{\partial p_y} = o, \qquad \frac{\partial f_2}{\partial p_y} = o.$$

Ces deux équations, ajoutées aux deux équations (94) résolvent le problème.

La différence entre ce problème et le problème précécédent gît essentiellement dans le fait que, dans le problème précédent, on se proposait de rendre un maximum s_1 lorsque p_y et s_2 variaient, et aussi s_2 un maximum lorsque s_1 et p_y variaient. Cela est impossible.

Dans le problème présent, il s'agit de rendre s_1 un maximum lorsque p_y et p_z varient, s_2 un maximum lorsque p_y et p_z varient. Cela n'a rien d'impossible, du moins en général, et le problème est bien déterminé.

On arrive à la même conclusion en cherchant le maximum de φ_1 et le maximum de φ_2.

72. Les considérations suivantes sont tellement élémentaires qu'elles sont probablement superflues.

Dans le problème du § 69 on pourrait se donner les inconnues p_y et p_z. Cela ne doit évidemment rien changer aux conclusions.

Supposons donc que dans le cas de ce problème, on ait les deux équations

$$(95) \qquad F_1\,(s_1,\,p_y,\,p_z) = o, \qquad F_2\,(s_2\,p_y,\,p_z) = o.$$

Si nous fixons arbitrairement la somme s_2 que l'individu 2 retire de son monopole, la seconde des équations que nous venons d'écrire détermine p_z en fonction de s_2, p_y. On aura donc

$$\frac{\partial F_2}{\partial p_y} + \frac{\partial F_2}{\partial p_z}\,\frac{\partial p_z}{\partial p_y} = o.$$

La condition que s_1 est un maximum quand on fait varier p_y donne

$$\frac{\partial F_1}{\partial p_y} + \frac{\partial F_1}{\partial p_z}\frac{\partial p_z}{\partial p_y} = o.$$

Ces deux équations conduisent à la suivante

$$\frac{\partial F_1}{\partial p_y}\frac{\partial F_2}{\partial p_z} - \frac{\partial F_2}{\partial p_y}\frac{\partial F_1}{\partial p_z} = o.$$

Entre cette équation et les deux équations (95) éliminons p_y, p_z ; nous obtiendrons une équation de la forme (89). Le reste du raisonnement est identique à celui qui a été fait au sujet de cette équation, et donne les mêmes résultats.

73. Au point de vue économique, dans le cas du problème du § 69, on peut observer qu'en supposant une position dans laquelle un des monopoleurs obtient s_1 de son monopole, et l'autre obtient s_2, il suffit que le premier baisse son prix d'une quantité insensible pour augmenter son gain et réduire la part de son compétiteur à zéro ; et vice-versa. La solution du problème que nous nous sommes posé est donc impossible, car aucune position s_1, s_2, n'est une position d'équilibre.

74. En raisonnant de la sorte, nous sommes tentés de croire que le problème est indéterminé, ce qui est contraire à ce que nous avons dit au § 69.

La raison de cette contradiction se trouve dans la manière dont le problème est posé. Il faut distinguer entre la *puissance* qu'a un individu d'exercer un monopole, et le *fait* que cet individu l'exerce, en agissant selon le type II.

Dans le problème du § 69, nous supposons que deux individus, agissent *en fait* selon le type II, pour vendre une même marchandise Y, et nous arrivons à la conclusion que notre hypothèse est impossible à réaliser.

Dans le problème du § 73, nous supposons que deux

individus ont le *pouvoir* d'agir selon le type II, pour la vente d'une même marchandise *Y*, et nous arrivons à la conclusion que le problème est indéterminé, parce que nous ne savons pas quel usage chacun de ces deux individus fera de son *pouvoir*.

Cette conclusion est identique à la précédente. Si les deux individus pouvaient user de leur monopole, nous n'aurions pas besoin de savoir quel usage en ferait chacun pour que le problème fût déterminé.

75. Il est oiseux de demander à l'économie pure ce qui arrivera si deux individus ayant le pouvoir d'exercer un monopole par la vente d'une seule et même marchandise se trouveront en présence. L'économie pure, en nous faisant savoir qu'il est impossible que ces deux individus usent en fait de leur monopole, agissent tous deux selon le type II, a répondu tout ce qu'elle pouvait nous dire. C'est à l'observation des faits de nous apprendre le reste.

L'économie pure ne peut même pas nous dire que les deux individus feront indéfiniment la navette entre deux positions extrêmes d'équilibre. Cela ne résulte nullement de ce que l'équilibre est déterminé par deux équations incompatibles.

76. Encore moins faut-il s'imaginer que l'observation des faits va nous conduire à une solution unique. Au contraire, il y en a une infinité.

Il y a d'abord les cas très nombreux et très variés dans lesquels les deux monopoleurs *en puissance* se réduisent à un monopoleur en fait. Si les deux monopoleurs se mettent d'accord, il n'y en a plus qu'un. Les *cartels*, les *trusts*, etc., nous font connaître bien des manières de réaliser cet accord. De même il n'y en a plus qu'un si le second monopoleur accepte les prix fixés par le premier, qui alors agit seul selon le type II.

Ce dernier cas est fréquent dans la réalité. Lorsqu'une

société « contrôle » (c'est le terme technique) une fraction notable de la production, par exemple les $\frac{80}{100}$, il arrive fréquemment que c'est cette société qui fixe les prix ; les producteurs des $\frac{20}{100}$ restant, les acceptent tels quels. Ensuite il y a les cas très nombreux dans lesquels la marchandise Y, qui en apparence est la même, se divise en réalité en plusieurs marchandises. Ainsi une dame un peu élégante ne se fait pas habiller dans les grands magasins ; elle a recours à une couturière. Il y a des circonstances accessoires, de crédit, de certains soins donnés à la clientèle, etc., qui peuvent différencier des marchandises, du reste identiques.

Enfin le but du monopoleur 1 peut être de ruiner son concurrent 2 ; ou bien, au contraire, de lui permettre de vivoter, pour ne pas le pousser à courir les chances d'une lutte à outrance. Il y a une infinité d'autres circonstances de ce genre, qui toutes changent la nature du problème proposé.

Ce changement peut d'ailleurs, en des cas exceptionnels, résulter du problème lui-même. Supposons, par exemple, que la somme $y_{10} + y_{20}$ des quantités de Y possédées par l'individu 1 et par l'individu 2 soit moindre de la quantité qui, dans le cas où 1 et 2 formerait un seul monopoleur, correspondrait au maximum de la quantité de X qu'ils pourraient tirer de leur monopole. En ce cas les individus 1 et 2 ont tous deux des points d'arrêt (III, 62) ; il leur conviendra d'offrir chacun la totalité de la quantité qu'ils ont disponible. Nous ne sommes plus dans le cas d'individus agissant selon le type II, mais dans le cas d'individus agissant selon le type I (§ 65).

Il est bon de se rappeler que la plupart des cas que nous observons en réalité sont des cas de monopoles de production plutôt que des cas de monopoles d'échange.

76 *bis.* Un exemple sera utile pour éclaircir certains points.

Supposons d'avoir deux monopoleurs, qui vendent du Y et qui achètent du X et du Z. Pour simplifier, nous considérons un seul consommateur ; le cas où il y a plusieurs consommateurs est d'ailleurs semblable. Ce consommateur achète y de la marchandise Y, et vend $x_0 - x$ de X, et $z_0 - z$ de Z. Nous supposons que les indices d'ophélimité ont les formes qui se voient dans les équations suivantes.

Pour les deux monopoleurs nous avons les équations

$$\frac{1}{x_1} = \frac{1}{p_z} \frac{c'}{z_1^2}, \qquad \frac{1}{x_2} = \frac{1}{p_x} \frac{c''}{z_2^2},$$

$$p_y y_1 = s_1 = x_1 + p_z z_1, \qquad p_y y_2 = s_2 = x_2 + p_z z_2.$$

Nous tirons de ces équations

$$s_1 = p_z \left(z_1 + \frac{z_1^2}{c'} \right), \qquad s_2 = p_z \left(z_2 + \frac{z_2^2}{c''} \right).$$

Pour le consommateur, nous avons

$$\frac{1}{x^2} = \frac{a^2}{p_y y^4} = \frac{b}{p_z z},$$

$$x_0 - x = x_1 + x_2, \qquad z_0 - z = z_1 + z_2,$$

On aura donc

$$p_z z = \frac{b}{a^2} p_y y^4, \qquad x = \frac{y^2}{a} \sqrt{p_y}.$$

Si nous posons

$$s = s_1 + s_2,$$

les équations des monopoleurs donnent

$$s = x_1 + x_2 + p_z (z_1 + z_2)$$
$$= x_0 - \frac{y^2}{a} \sqrt{p_y} + p_z z_0 - \frac{b}{a^2} p_y y^4 \, ;$$

donc

$$p_z = \frac{1}{z_0}\left(s - x_0 + \frac{y^2}{a}\sqrt{p_y} + \frac{b}{a^2}p_y y^4\right).$$

Or

$$y = y_1 + y_2 = \frac{s_1 + s_2}{p_y} = \frac{s}{p_y};$$

et, en substituant cette valeur dans l'équation précédente, on obtient pour p_z une fonction de p_y et de s. Par conséquent, les équations que nous avons obtenues pour les monopoleurs

$$z_1 + \frac{z_1^2}{c'} = \frac{1}{p_z}s_1, \qquad z_2 + \frac{z_2^2}{c''} = \frac{1}{p_z}s_2,$$

ont leurs seconds membres formés de s_1 et de s_2, multipliées par une fonction de p_y et de s; c'est-à-dire que ces seconds membres sont des fonctions de p_y, s_1, s_2. Il faut évidemment choisir les racines positives de ces équations, ce qui donne

$$z_1 = -\frac{c'}{2} + \sqrt{\frac{c'^2}{4} + \frac{c's_1}{p_z}},$$

$$z_2 = -\frac{c''}{2} + \sqrt{\frac{c''^2}{4} + \frac{c''s_2}{p_z}}.$$

Mais

$$z = \frac{bp_y y^4}{a^2 p_z} = \frac{bs^4}{a^2 p_z p_y^3} = z_0 - (z_1 + z_2);$$

donc enfin

$$z_0 - \frac{bs^4}{a^2 p_z p_y^3} + \frac{c' + c''}{2} - \sqrt{\frac{c'^2}{4} + \frac{c's_1}{p_z}} - \sqrt{\frac{c''^2}{4} + \frac{c''s_2}{p_z}} = 0.$$

C'est l'équation (67) du § 69.

S'il n'y a que deux marchandises : X et Y, cette équation prend une forme particulière, qu'il est bon d'examiner.

Nous avons simplement pour le consommateur

$$\frac{1}{a^2} = \frac{a^2}{p_y y^4}, \qquad x_0 - x = x_1 + x_2;$$

et pour les monopoleurs

$$s_1 = x_1, \qquad s_2 = x_2.$$

On aura donc

et

$$\frac{y^2 \sqrt{p_y}}{a} = x_0 - s \,;$$

$$x_0 - s - \frac{s^2}{a} p_y^{-\frac{3}{2}} = o.$$

C'est l'équation (67) du § 69, qui prend ainsi la forme

$$F(s_1 + s_2, p_y) = o.$$

Si l'on élimine p_y entre cette équation et l'équation (88), on obtient pour l'équation (89)

(89 bis) $\qquad f(s_1 + s_2) = o \,;$

et les deux équations (90) et (91) deviennent identiques, c'est-à-dire

(90 bis) $\qquad f'(s_1 + s_2) = o.$

Mais en ce cas, se sont les équations (89 bis) et (90 bis) qui sont en général incompatibles. Le reste du raisonnement est le même que celui du § 69, et les conclusions sont identiques.

77. La production. — Supposons que certains biens $A, B, C, \ldots$, on certains services de capitaux, soient transformés en d'autres biens $X, Y, Z, \ldots$ Nommons

θ le nombre des individus,

n le nombre des marchandises, ou service des capitaux, $A, B, \ldots$

m le nombre des marchandises $X, Y, \ldots$

$\pi_x, \pi_y, \ldots$, le prix de revient, pour le producteur des marchandises $X, Y \ldots$

$p_x, p_y, \ldots$, leurs prix de vente.

p_a, b_b, ..., les prix des marchandises A, B, ... ; nous prendrons A comme monnaie, et nous poserons

$$p_a = 1.$$

x_1, y_1, ... x_2, y_2, ..., les quantités des produits qui sont consommés, jusqu'à une position intermédiaire.

x'_1, y'_1, ..., x'_2, y'_2, ..., ces mêmes quantités pour la position d'équilibre.

a_1, b_1, ..., a_2, b_2, ..., et
a'_1, b'_1, ..., a'_2, b'_2, ..., auront des significations analogues pour A, B, ...

Pour simplifier, on suppose que les quantités initiales des marchandises X, Y, ... sont zéro. Quant aux quantités initiales de A, B, ..., on les indiquera par a_{10}, b_{10}, ..., a_{20}, ...

Nous adopterons encore les dénominations suivantes. Nous nommerons.

x, y, ..., les quantités totales de marchandises *produites*. en une position intermédiaire, avant d'arriver à la position d'équilibre.

X'', Y'', ..., ces mêmes quantités *produites*, quand on est arrivé à la position d'équilibre.

X, Y, ..., les quantités totales *consommées*, en une position intermédiaire, avant d'arriver à la position d'équilibre.

X', Y', ..., ces mêmes quantités *consommées* quand on est arrivé à la position d'équilibre.

a, b, ..., les quantités *fournies* à l'entreprise en une position intermédiaire.

A, B, ..., les quantités *transformées* par l'entreprise, en une position intermédiaire.

A', B', ..., les quantités *consommées*, quand on est arrivé à une position d'équilibre.

A'', B'', ..., les quantités *fournies* à l'entreprise, quand on est arrivé à une position d'équilibre.

A''', B''', ..., les quantités *transformées* par l'entreprise quand on est arrivé à une position d'équilibre.

A'_0, B'_0, ..., les quantités initiales de A', B', ...

Nous aurons

(96) $\begin{cases} a'_1 + a'_2 + ... = A', & b'_1 + b'_2 + ... = B', ..., \\ a_{10} + a_{20} + ... = A'_0, & b_{10} + b_{20} + ... = B'_0, ...; \end{cases}$

(97) $\qquad A'' = A'_0 - A', \quad B'' = B'_0 - B', ...$

(98) $\begin{cases} x_1 + x_2 + ... = X, & y_1 + y_2 + ... = Y, ..., \\ x'_1 + x'_2 + ... = X', & y'_1 + y' + ... = Y', ... \end{cases}$

Arrivé à la position d'équilibre, on aura

(99) $\begin{cases} x = X'', & y = Y'', ..., \\ X = X', & Y = Y', ..., \\ A = A''', & B = B''', ...; \end{cases}$

Mais ces équations ne sont pas valables pour une position intermédiaire.

Dans le cas de la libre concurrence (III, 44 à 46) on devra avoir

(100) $\qquad X'' = X', \quad Y'' = Y', ...$

Dans le cas du monopole, de Y par exemple, Y'' pourra être plus grand que Y', la différence allant au bénéfice du monopoleur. Ou bien encore quelques unes des quantités A', B', ..., seront différentes des quantités correspondantes A'', B'', ... ; et la différence sera le bénéfice du monopoleur.

78. Les coefficients de production. — Les conditions techniques de la production nous feront connaître les quantités A, B, ..., en fonction de x, y, ... ; c'est-à-dire

$$A = F(x, y, ...), \quad B = G(x, y, ...), ...$$

On nomme *coefficients de production*, les dérivées partielles

(101) $\qquad a_x = \dfrac{\partial F}{\partial x}, \quad b_x = \dfrac{\partial G}{\partial x}, \quad ... \quad a_y = \dfrac{\partial F}{\partial y}, \quad ...$

$a_x \, dx$ est la quantité de A qui est nécessaire pour produire dx de X, quand on a déjà produit x de X, y de Y, etc. a_y, ... b_x, b_y, ..., ont des significations analogues.

En admettant l'existence des fonctions intégrales F, G, ..., nous admettons implicitement que les quantités de A, B, C, ..., employées pour la production ne dépendent pas de la voie suivie pour arriver au point que l'on considère. C'est bien ainsi que les choses se passent en réalité.

Supposons que a_x, b_x, ..., soient fonctions seulement de x, que a_y, b_y, ..., soient fonctions de y seulement, etc. Supposons encore qu'il y ait des frais généraux A_0''', B_0''', ..., indépendants de x, y, ... En ce cas les fonctions intégrales F, G, existent sûrement. Nous aurons

$$(102) \quad \begin{cases} A''' = F = A_0''' + \displaystyle\int_0^{X''} a_x dx + \int_0^{Y''} a_y dy + ..., \\[2mm] B''' = G = B_0''' + \displaystyle\int_0^{X''} b_x dx + \int_0^{Y'} b_y dy + ..., \\[2mm] \cdots \cdots \cdots \cdots \cdots \cdots \cdots \end{cases}$$

Si l'on suppose que les coefficients de fabrication sont constants, et qu'il n'y ait pas de frais généraux, indépendants des quantités produites, on aura

$$(103) \quad \begin{cases} A''' = a_x X'' + a_y Y'' + ..., \\ B''' = b_x X'' + b_y Y'' + ..., \\ \cdots \cdots \cdots \cdots \end{cases}$$

Si l'on suppose qu'il y ait des frais généraux A_0''', B_0''', ..., on aura

$$(103,\ bis) \quad \begin{cases} A''' = A_0''' + a_x X'' + a_y Y'' + ..., \\ B''' = B_0''' + b_x X'' + b_y Y'' + ..., \\ \cdots \cdots \cdots \cdots \cdots \end{cases}$$

79. Les prix de revient. — Nous supposons que les productions de X, Y, ..., sont indépendantes. Les coûts

de production de dx, dy, ..., lorsqu'on a déjà fabriqué
x. y, ..., seront

$$(104) \quad \begin{cases} \pi_x dx = (a_x + p_b b_x + p_c c_x + ...) \, dx, \\ \pi_y dy = (a_y + p_b b_y + p_c c_y + ...) \, dy, \\ \hspace{2cm} . \hspace{1cm} . \hspace{1cm} . \hspace{1cm} , \hspace{0.5cm} . \end{cases}$$

Ces expressions peuvent être, ou ne pas être les dérivées partielles d'une même fonction. Si l'on admet
qu'elles le sont, on admet par là même que l'on arrive
toujours au même résultat quel que soit l'ordre, la disposition, des fabrications. Sinon les coûts de production
varieraient avec cet ordre. La question mérite d'être
éclaircie par l'observation de ce qui se passe en réalité.
En attendant on peut supposer constants les prix p_b, p_c, ...,
sans trop s'éloigner de la réalité. Avec cette hypothèse
et en se rappelant que nous avons supposé que a_x, b_x, ...,
étaient fonctions de x seulement, a_y, b_y, ..., de y seulement, etc. la fonction intégrale dont les expressions (104)
représentent les dirivées partielles existe certainement.
On peut d'ailleurs intégrer chacune de ces équations, et
avoir isolément les coûts de production de X'', Y'', ...,
c'est-à-dire

$$(105) \quad \Pi_x = \pi_{0x} + \int_o^{x''} \pi_x dx, \quad \Pi_y = \pi_{0y} + \int_o^{Y''} \pi_y dy, \; ...,$$

π_{0x}, π_{0y}, ..., étant des frais généraux indépendants de x,
y, ... En tenant compte des équations (102) et (104),
nous obtenons

$$(106) \quad \pi_{0x} + \pi_{0y} + ... = A_0''' + p_b B_0''' + ...$$

Il ne faut pas oublier qu'en disant que p_b, p_c, ..., sont
constants, nous entendons seulement dire que les prix
des portions successives de B, C, ..., employées dans une
même opération ne varient pas. C'est du cas (∂) indiqué
(III, 169) qu'il s'agit.

Pareto.

Il convient au contraire d'admettre, pour certaines recherches que nous aurons à faire, que les prix $p_x, p_y, \ldots$ sont variables pour les portions successives.

80. Equilibre des consommateurs. — Commençons par supposer que tous les prix sont constants. Supposons en outre que les consommateurs agissent selon le type I (libre concurence). Ce que nous avons dit au sujet de l'échange nous donne immédiatement les équations suivantes de l'équilibre.

$$(A) \quad \begin{cases} \dfrac{1}{p_x} \varphi_{1x}(x_1') = \ldots \varphi_{1a}(a_1') = \dfrac{1}{p_b} \varphi_{1b}(b_1') = \ldots, \\ \dfrac{1}{p_x} \varphi_{2x}(x_2') = \ldots \varphi_{2a}(a_2') = \dfrac{1}{p_b} \varphi_{2b}(b_2') = \ldots, \\ \qquad \cdots \cdots \cdots \cdots \cdots \cdots ; \end{cases}$$

$$(B) \quad \begin{cases} a_1' - a_{10} + p_b(b_1' - b_{10}) + \ldots + p_x x_1' + p_y y_1' + \ldots = o, \\ a_2 - a_{20} + p_b(b_2' - b_{20}) + \ldots + p_x x_2' + p_y y_2' + \ldots = o, \\ \qquad \cdots \cdots \cdots \cdots \cdots \cdots ; \end{cases}$$

$$(M) \quad \begin{cases} x_1' + x_2' + \ldots = X', \quad y_1' + y_2' + \ldots = Y', \ldots, \\ a_{10} - a_1' + a_{20} - a_2' + \ldots = A'', \quad b_{10} - b_1' + b_{20} - b_2' + \ldots = B'', \ldots \end{cases}$$

Les équations (A) sont au nombre de $\quad (m+n-1)\,\vartheta,$

» (B) » » $\vartheta,$

» (M) » » $m+n.$

Total. . . $(m+n)\vartheta + m+n.$

En sommant les équations (B) et en tenant compte des (M), nous aurons

$$(107) \qquad A'' + p_b B'' + \ldots = p_x X' + p_y Y' + \ldots$$

Si les prix p_x, p_y, …, sont variables, p_x étant fonction seulement de X, p_y de Y, etc., l'équation (107) sera remplacée par la suivante

$$(107, ^{bis}) \quad A'' + p_b B'' + \ldots = \int_o^{X'} p_x dX + \int_o^{Y'} p_y dY + \ldots$$

81. Equilibre des entreprises. — Nous supposons que les entreprises produisent exactement les quantités de X, Y, ..., qu'elles vendent ; leurs gains, ou leurs pertes, se trouvant exprimés en quantités des marchandises A, B, ...

Les quantités de A, B, ..., dont les entreprises ont besoin pour produire les quantités x, y. ..., ont déjà été données au § 78. Nous avons ainsi le système

$$(108) \qquad A''' = F, \qquad B''' = G, \; ...$$

Les dépenses totales Π_x, Π_y, ..., nécessaires pour produire x, y, ..., sont données par les équations (105). En les sommant, nous aurons

$$(109) \qquad A''' + p_b B''' + ... = \Pi_x + \Pi_y + ...$$

Cette équation pouvait d'ailleurs s'écrire directement, car chacune des deux membres représente la somme totale dépensée pour la production.

82. Equilibre de la production. — Il s'agit maintenant de mettre en rapport les entreprises et les consommateurs. Selon la manière dont on déterminera ces relations entre les entreprises et les consommateurs, on aura différents états économiques.

83. (α) Libre concurrence. — Les entrepreneurs et les consommateurs agissent selon le type I. Cet état est caractérisé par l'égalité du coût de production et du prix de vente des marchandises. Nous supposons que cette égalité a lieu pour le total des recettes et des dépenses (§ 116). Lorsque les prix sont constants et qu'il n'y a pas de frais généraux, cette égalité entraîne aussi l'égalité du coût de production et du prix de vente de la dernière parcelle produite (§ 92).

On aura donc

$$(D) \qquad p_x X' = \Pi_x, \qquad p_y Y' = \Pi_y, \; .....;$$

Ces équations sommées ensemble donnent

$$p_x X' + p_y Y' + \dots = \Pi_x + \Pi_y + \dots;$$

et si nous tenons compte des équations (107) et (109), cette équation deviendra

$$A'' + p_b B'' + \dots = A''' + p_b B''' + \dots$$

Les quantités A'', B'', ..., peuvent bien être plus grandes que les quantités A''', B''', ..., mais elles ne peuvent pas être plus petites, car l'entreprise ne peut recevoir d'aucune autre part que des consommateurs les marchandises en question. L'équation précédente entraîne donc les équations

(E) $A'' = A'''$, $B'' = B'''$, ...

Dans le cas des prix variables, il suffit de remplacer $p_x X$, $p_y Y$, ..., par

$$\int_0^X p_x \, dX, \qquad \int_0^Y p_y \, dY, \dots$$

Si les π_{ox}, π_{oy}, ..., sont nuls et les cœficients de production sont constants ([1]), les équations (D) deviennent

(D') $\begin{cases} p_x = a_x + p_b b_x + p_c c_x + \dots, \\ p_y = a_y + p_b b_y + p_c c_y + \dots, \\ \quad \cdot \quad \cdot \quad \cdot \quad \cdot \quad \cdot \quad \cdot \quad \cdot \quad \cdot \end{cases}$

Les équations (E), grâce aux équations (103), deviennent

(E') $\begin{cases} A'' = a_x X'' + a_y Y'' + \dots, \\ B'' = b_x X'' + b_y Y'' + \dots, \\ \quad \cdot \quad \cdot \quad \cdot \quad \cdot \quad \cdot \quad \cdot \quad \cdot \quad \cdot \end{cases}$

([1]) C'est le cas qui a été étudié par M. Walras. Cet auteur a eu le très grand mérite de donner le premier, en ce cas particulier, les équations générales de l'équilibre économique. La voie qu'il a ainsi ouverte est très féconde.

L'équation (107) est conséquence des systèmes (B) et (M) ; les équations (E) sont conséquence des équations (D), (107), (109). Par conséquent dans le système (B), (M), (109), (D), (E), il y a une équation qui est conséquence des autres et qui doit être supprimée.

On peut aussi le voir directement sur les systèmes (D'), (E'), qui comprennent le système (109). En effet ces systèmes donnent

$$A'' + B''p_b + \ldots = p_x X'' + p_y Y'' + \ldots ;$$

ou bien, puisqu'au point d'équilibre on a $X'' = X'$, $Y'' = Y'$, ... ,

$$A'' + B''p_b + \ldots = p_x X' + p_y Y' + \ldots$$

Or cette équation est identique à l'équation (107), qui résulte des systèmes (B), (M).

Les équations (109), (D), (E), dont une est supprimée, donnent les valeurs des X, Y, ... A'', B'', ... , moins une quelconque, qui demeure inconnue. Les systèmes (A), (B), (M) ne renferment plus alors que cette inconnue, les $(m + n)\,\theta$ quantité x_1, y_1, ... x_2, ... a_1, ... , et les $m + n - 1$ prix ; en tout donc $(m + n)\,\theta + m + n$ inconnues. Mais nous avons vu (§ 80) que le nombre de ces équations est précisément $(m + n)\,\theta + m + n$. Le problème de l'équilibre est donc résolu et bien déterminé.

84. (β) **Monopole de la production.** — Supposons que le producteur d'une marchandise Y puisse agir selon le type II. Une équation du système (D) fait défaut, et précisément l'équation

$$p_y Y' = \amalg_y.$$

Par conséquent, tout le système (E) n'existe plus. En effet il en doit être ainsi, car si l'entrepreneur a un bénéfice il nous faut de nouvelles données pour savoir comment il l'emploiéra. Nous pouvons supposer, selon

qu'il nous plaira, qu'il fera usage de ce bénéfice pour
acheter du X, du Y, ... du A, du B, ou d'autres marchandises quelconques. Tous ces cas d'ailleurs se traitent
de la même manière. Nous supposerons pour simplifier;
que le bénéfice de l'entrepreneur est réalisé en la marchandise A, dont le prix est un.

85. En suivant cette hypothèse, nous rétablissons
toutes les équations du système (E), sauf la première,
qui se trouve remplacée par une équation indiquant que
la différence $A'' - A'''$, au lieu d'être zéro, est égale au
bénéfice de l'entrepreneur, soit

$$A'' - A''' = p_y Y' - \Pi_y.$$

Si nous désignons ce bénéfice par ξ, les systèmes (D)
et (E) se trouvent remplacés par les suivants

(D'') $p_x X' = \Pi_x,$ $p_y Y' - \Pi_y = \xi,$ $p_z Z' = \Pi_z. \ldots ,$

(E'') $A'' - A''' = \xi,$ $B'' = B''', \ldots .$

Ici encore une des équations est conséquence des
autres et doit-être supprimée.

En effet les (D'') donnent

$$p_x X' + p_y Y' + \ldots = \xi + \Pi_x + \Pi_y + \ldots ;$$

et en substituant à Π_x, Π_y, ... , leurs valeurs

$$p_x X' + p_y Y' + \ldots = \xi + A''' + p_b B''' + \ldots$$

D'autre part les systèmes (B), (M), donnent

$$p_x X' + p_y Y' + \ldots = A'' + p_b B'' + \ldots .$$

Ces deux équations, en tenant compte des équations

$$B'' = B''', \quad C'' = C''', \ldots ,$$

du système (E'') nous donnent

$$A'' = \xi + A''' ;$$

c'est-à-dire précisément la première équation du système
(E''), laquelle est donc conséquence des autres.

Si nous supprimons une équation des systèmes (D''),
(E''), il en reste $m + n - 1$. Les systèmes (A), (B), (M),
nous fournissent $(m + n)\,\theta + m + n$ équations. Nous
avons ainsi en tout

$$(m + n)\,\theta + 2\,m + 2\,n - 1$$

équations.

Les quantités A''', B''', ... , sont toujours déterminées
par les équations (108). Ensuite, nous avons comme inconnues :

Les quantités $x_1, y_1, ... a_1, ...$ au nombre de $(m + n)\;\; \theta$,
les prix $m + n - 1$,
les quantités X, Y, ... A', B', ... $m + n$
la quantité ξ 1

Total. . . . $(m + n)\,\theta + 2\,m + 2\,n$.

Le nombre des inconnues est donc plus grand d'une
unité que celui des équations ; par conséquent toutes les
inconnues peuvent être déterminées en fonction d'une
d'entre elles. Celle-ci peut être choisie arbitrairement ;
choisissons p_y.

Toutes les autres inconnues étant exprimées en fonction de p_y, nous aurons

$$\xi = f\,(p_y).$$

Le monopoleur s'efforce généralement de rendre maximum son bénéfice ξ exprimé en numéraire ; on devra
donc avoir

(111) $$\frac{df}{dp_y} = o,$$

C'est l'équation qui manquait. Maintenant le nombre
des équations est égal à celui des inconnues, et le problème est résolu.

86. Supposons que le monopoleur fasse ses comptes en ophélimité. Il emploie son bénéfice pour acheter certaines marchandises X, Y, ... A, B, ... , dont il se procure les quantités x''' y''', ...

Nous aurons, pour lui, les équations

$$\frac{1}{p_x} \varphi_x (x''') = ... \varphi_a (a''') = \frac{1}{p_b} \varphi (b''') = ... ;$$

$$p_x x''' + p_y y''' + ... + a''' + p_b b''' + ... = \xi.$$

Ces équations permettent de déterminer les quantités en fonction des prix et de ξ. L'ophélimité totale φ dont jouit l'entrepreneur sera donc fonction des prix et de ξ, et puisque ces dernières quantités sont elles-mêmes fonction de p_y, on aura

$$\varphi = F (p_y).$$

Pour que l'entrepreneur obtienne le maximum d'ophélimité, il faut que

$$\frac{dF}{dp_y} = o.$$

et c'est l'équation qui, en ce cas, remplace l'équation (111).

87. On peut, ainsi que nous l'avons vu, choisir arbitrairement la variable indépendante. Que le monopoleur agisse donc pour déterminer p_y, ou une autre variable quelconque, le résultat sera le même, quant à la détermination du point d'équilibre. Mais il pourra y avoir des différences pour d'autres circonstances ; entre autres pour la stabilité de l'équilibre. Ce point sera éclairci plus loin (§ 98).

87. Si l'on supposait que [pour la production d'une même marchandise il y eut deux individus agissant selon le type II, le problème serait trop déterminé, et l'hypothèse que l'on vient de faire ne peut pas se réaliser. La

démonstration est la même que celle donnée au § 69 ; et donne lieu à des considérations analogues à celles des § 72, 73, 74, 75, 76.

88. Si l'on suppose un individu agissant pour une marchandise Y selon le type II, et un autre individu agissant pour une autre marchandise Z, toujours selon le type II, le problème est possible ; et il se résout par des considérations analogues à celles qui ont été développées au § 71.

Il ne faut pas oublier que l'entreprise fait généralement ses comptes en numéraires et non en ophélimité.

89 (γ) **Maximum d'ophélimité.** — Il convient tout d'abord de définir exactement ce terme. Il y a, comme nous l'avons vu (VI, 53), deux problèmes à résoudre pour procurer le maximum de bien être à une collectivité. Certaines règles de distribution étant adoptée, on peut rechercher quelle position donne, toujours en suivant ces règles, le plus grand bien être possible aux individus de la collectivité.

Considérons une position quelconque, et supposons qu'on s'en éloigne d'une quantité très petite, compatiblement avec les liaisons. Si en faisant cela on augmente le bien être de tous les individus de la collectivité, il est évident que la nouvelle position est plus avantageuse à chacun d'entre eux ; et vice versa elle l'est moins si on diminue le bien être de tous les individus. Le bien être de certains d'entre eux peut d'ailleurs demeurer constant, sans que ces conclusions changent. Mais si au contraire ce petit mouvement fait augmenter le bien être de certains individus et diminuer celui d'autres, on ne peut plus affirmer qu'il est avantageux à toute la collectivité d'effectuer ce mouvement.

Ce sont ces considérations qui conduisent à définir comme position de maximum d'ophélimité celle dont il est impossible de s'éloigner d'une quantité très petite, en sorte que toutes les ophélimités dont jouissent les individus, sauf celles qui demeurent constantes, reçoivent toutes une augmentation ou une diminution (VI, 33).

Indiquons par ∂ des variations quelconques, comme par exemple, lorsqu'on passe d'un chemin à un autre (§ 22) ; et par Φ_1, Φ_2, ... , les ophélimités totales pour chaque individu. Considérons l'expression

$$(112) \qquad \frac{1}{\varphi_{1a}}\, \partial\Phi_1 + \frac{1}{\varphi_{2a}}\, \partial\Phi_2 + \frac{1}{\varphi_{3a}}\, \partial\Phi_3 + \ldots$$

Si nous excluons le cas où les $\partial\Phi_1$, $\partial\Phi_2$, ... , sont zéro, on voit que, les quantités φ_{1a}, φ_{2a}, ... , étant essentiellement positives, cette expression (112) ne peut devenir zéro que si une partie des $\partial\Phi$ est positive, et une autre partie est négative ; une partie pouvant d'ailleurs toujours être zéro. Par conséquent, si l'on pose

$$(113) \qquad o = \frac{1}{\varphi_{1a}}\, \partial\Phi_{1a} + \frac{1}{\varphi_{2a}}\cdot \partial\Phi_{2a} + \frac{1}{\varphi_{3a}}\, \partial\Phi_{3a} + \ldots ,$$

on exclura le cas où toutes les variations sont positives, ou négatives. L'équation (113) caractérise donc, selon notre définition, le maximum d'ophélimité pour la collectivité considérée. Les variations qui se trouvent dans cette équation doivent être toutes celles qui sont compatibles avec les liaisons du système.

Il est convenable de choisir la définition du maximum d'ophélimité pour une collectivité en sorte qu'elle coïncide avec celle qui est valable pour un seul individu, lorsque la collectivité se réduit à ce seul individu. C'est effectivement ce qui a lieu pour la définition que nous venons de donner (§ 116).

90. Appliquons ces considérations à la production.

S'il y a une différence positive entre la somme retirée

de la vente d'une marchandise X, et ce qu'elle a couté,
c'est-à-dire si

$$(114) \qquad \int_0^{x'} p_x dX - \Pi_x > o,$$

ou peut évidemment disposer des marchandises représentées par cette somme, pour les distribuer à tous les
membres de la collectivité, ou à partie d'entre eux. De la
sorte tous les termes de l'expression (112) deviennent
positifs, ou certains d'entre eux deviennent positifs, les
autres étant zéro. La position du maximum d'ophélimité
n'est donc pas atteinte. Pour qu'elle le soit, il faut que
l'expression (114) devienne zéro ; car alors nous n'avons
plus de marchandises disponibles pour rendre positifs
tous les termes de (112), ou partie d'entre eux, les autres
étant zéro.

La condition que nous venons de trouver est la même
que celle qui caractérise la libre concurrence (83).

91. Cette condition est nécessaire, mais, en général,
elle n'est pas suffisante. Il y a d'autres variations à considérer.

Les variations qui, au point d'équilibre, ont lieu, pour
les consommateurs, le long du chemin qui a conduit à
ce point, reproduisent simplement les équations (A). On
en a donc déjà tenu compte ; il est inutile de s'y arrêter.

92. Supposons que les conditions de production et de
consommation d'une marchandise X varient, si la variation de l'expression (114), que l'on peut écrire

$$\delta \left(\int_0^{x'} p_x dx - \pi_{ox} - \int_0^{x''} \pi_x dx \right)$$

était positive, nous aurions une somme à distribuer aux
membres de la collectivité et nous pourrions rendre positifs tous les termes de l'expression (112), sauf toujours

ceux qui sont nuls, et vice versa nous pourrions les rendre négatifs si la variation considérée était négative. Pour le maximum d'ophélimité, il faut donc qu'elle soit zéro. Nous aurons donc en substituant à Π_x la valeur donnée par les équations (109)

$$\delta \left(\int_0^{x'} p_x dx - \pi_{0x} - \int_0^{x''} \pi_x dx \right) = o.$$

Indiquons par p_x^o, π_x^o les valeurs de p_x, π_x au point d'équilibre. A ce point on a $X' = X''$. La variation précédente devient

$$(116) \quad \left(p_x^o - \pi_x^o + \int_0^{x'} \left(\frac{dp_x}{dX'} - \frac{d\pi_x}{dX'} \right) dx \right) \delta X' = o.$$

Au lieu de considérer des variations quelconques, considérons les variations qui ont lieu lorsque les paramètres (§ 26) qui se trouvent dans les expressions de p_x, π_x, demeurent constants. Les δ se changent alors en d, et l'on continue la fabrication sur la voie qui a conduit au point d'équilibre. Les paramètres étant considérés comme constants, les dérivées de p_x et de π_x par rapport à X' sont nulles ce qui donne

$$p_x^o - \pi_x^o = o.$$

Si cette équation n'était pas vérifiée, cela voudrait dire qu'en faisant varier de $\delta X''$ la quantité produite, égale à la quantité consommée de X, la production de X laisse un certain résidu. Et c'est parce qu'alors on peut se servir de ce résidu pour rendre positive, ou négative, l'expression (112), que le maximum d'ophélimité n'est pas atteint.

On peut parvenir d'une autre manière au même résultat.

Au point d'équilibre nous avons

$$\delta\Phi_1 = \varphi_{1x}\delta x_1 + \varphi_{1a}\delta a_1 + \varphi_{1b}\delta b_1 + \ldots,$$
$$\delta\Phi_2 = \varphi_{2x}\delta x_2 + \varphi_{2a}\delta a_2 + \varphi_{2b}\delta b_2 + \ldots,$$

$$\cdot \quad \cdot \quad \cdot \quad \cdot \quad \cdot \quad \cdot \quad \cdot \quad \cdot \quad \cdot$$

Substituons aux φ_{1x}, φ_{1a}, ..., leurs expressions tirées
des équations (A) du § 80, nous aurons

$$\frac{1}{\varphi_{1a}}\,\delta\Phi_1 = p_x\delta x_1' + \delta a_1' + p_b\delta b_1' + \ldots,$$

$$\frac{1}{\varphi_{2a}}\,\delta\Phi_2 = p_x\delta x_2' + \delta a_2' + p_b\delta b_2' + \ldots,$$

$$\cdot \quad \cdot \quad \cdot \quad \cdot \quad \cdot \quad \cdot \quad \cdot \quad \cdot \quad \cdot \quad \cdot$$

Sommons, tenons compte des équations (96), (97),
(98), et de ce que, au point d'équilibre, on a

$$X' = X'', \quad A'' = A''', \ldots,$$

et nous aurons

$$\frac{1}{\varphi_{1a}}\,\delta\Phi_1 + \frac{1}{\varphi_{2a}}\,\delta\Phi_2 + \frac{1}{\varphi_a}\,\delta\Phi_3 + \ldots$$
$$= p_x^0\delta X'' - \delta A''' - p_b^0\delta B''' - \ldots..$$

Si le mouvement a lieu en continuation de la voie
selon laquelle s'effectue la production, les δ se changen
en d, et l'on a

(117)
$$\frac{1}{\varphi_{1a}}\,d\Phi_1 + \frac{1}{\varphi_{2a}}\,d\Phi_2 + \ldots$$
$$= p_x^0 dX'' - dA''' \, p_b^0 dB''' - \ldots..$$

Cherchons d'autre part le coût de production de dX''.
Si la fonction intégrale dont les expressions (104) représentent les dérivées partielles existe, soit directement,
soit parce que le chemin d'intégration est donné, on

obtient le coût de production de dX'' en substituant $\dfrac{dX''}{dx}$, dans la première des équations (104), et l'on a

$$\pi_x^0 dX'' = (a_x + p_b^0 b_x + \ldots)\, dX''.$$

Les équations donnent

$$dA''' = a_x dX'', \quad dB''' = b_x dX'', \ldots;$$

par conséquent l'équation précédente devient

$$\pi_x^0 dX'' = dA''' + p_b^0 dB''' + \ldots$$

Substituons cette valeur dans le second membre de l'équation (117). Le premier membre est nul, quand le maximum d'ophélimité est atteint, le second doit donc être alors aussi zéro, et l'on a

$$o = p_x^0 dX'' - \pi_x^0 \delta X''$$

ou

$$p_x^0 - \pi_x^0 = o,$$

comme précédemment.

Cette théorie n'est qu'un cas particulier d'une théorie plus générale, que sera donnée plus loin (§ 109 et suiv.)

On a évidemment pour $Y, Z\ldots$, des équations semblables à celles que nous venons de trouver. Par conséquent on pourra écrire

$$(118) \qquad p_x^0 = \pi_x^0, \quad p_y^0 = \pi_y^0, \ldots$$

Les valeurs de π_x^0, π_y^0, $\ldots$, sont celles qui se rapportent au point d'équilibre.

92. Nous pouvons exprimer de la manière suivante les résultats auxquels nous sommes parvenus.

Les conditions nécessaires et suffisantes pour que le maximum d'ophélimité soit atteint sont :

1° L'égalité des intégrales

$$\int_0^{x''} p_x dx = \pi_{0x} + \int_0^{x} \pi_x d\dot{x}, \ldots;$$

2° L'égalité des derniers éléments de ces intégrales

$$p_x^0 = \pi_x^0, \quad p_h^0 = \pi_y^0, \ \dots$$

Lorsque π_{0x}, … sont nuls et que les prix sont constants, ces deux conditions se réduisent à une seule. La première s'exprime en effet par

$$p_x X'' = \pi_x x, \ \dots;$$

et la seconde par

$$p_x = \pi_x, \ \dots;$$

et puisque $X'' = x$, … la première ligne d'équation est identique à la seconde.

Lorsque les π_{0x}, … ne sont pas nuls et que les prix sont constants, la première condition donne

$$p_x x = \pi_{0x} + \pi_x x, \ \dots,$$

et la seconde

$$p_x = \pi_x, \ \dots$$

Ces équations sont incompatibles. Ainsi, pour les phénomènes du type (I), lorsqu'il y a des frais généraux π_{0x}, … il est impossible d'atteindre, en général, le maximum d'ophélimité avec des prix constants (VI, 43).

Cela a lieu parce que l'on ne peut continuer à se mouvoir avec les prix constants, en maintenant l'équilibre des budgets.

Dans le cas de la libre concurrence les deux conditions indiquées tendent à être remplies. La première étant vérifiée, il est clair que les fabricants ont une tendance à développer leur fabrication tant que

$$p_x^o > \pi_x^v, \ \dots.,$$

mais il peuvent en être empêché par l'état du marché.

D'autre part, la seconde condition étant remplie, la

concurrence agit pour réaliser la première ; mais cela peut ne pas être possible.

93. **Exemple numérique.** — Ce qui précède sera éclairci par un exemple numérique très simple.

Supposons d'avoir un groupe de consommateurs, tous identiques, qui vendent A et B et achètent du X. De même supposons un groupe d'entreprises qui transforment A et B en X.

Pour un point quelconque d'équilibre des consommateurs, les quantités consommées seront x, a, b.

Pour simplifier l'écriture, nous changeons ici de notations. Ces quantités x, a, b, sont celles qui précédemment étaient indiquées par X', A', B', au point d'équilibre

Posons

$$\varphi_x = \frac{1}{\sqrt{x}} - \frac{1}{x + 0,5} ;$$

les trois caractères des indices

$$\varphi_x > 0, \quad \varphi_{xx} < 0, \quad \varphi_{xxx} > 0,$$

sont vérifiés pour

$$x \geq 4.$$

Ces trois caractères sont aussi vérifiés pour les fonctions

$$\varphi_a = \frac{M}{a^{0,4}}, \quad \varphi_b = \frac{N}{\sqrt{b}}.$$

Posons en outre

$$a_0 = 17, \quad b_0 = 28.$$

Les quantités fournies à l'entreprise seront

$$A'' = 17 - a, \quad B'' = 28 - b.$$

Les conditions de l'équilibre des consommateurs sont

$$(119) \quad \begin{cases} \dfrac{1}{p_x}\,\varphi_x = \varphi_a = \dfrac{1}{p_b}\,\varphi_b; \\[2mm] p_x x = A'' + p_b B''. \end{cases}$$

Les quantités transformées par l'entreprise sont A''', B''', et nous poserons

$$A''' = 3 + 0,5\,x, \qquad B''' = 5 + x.$$

Ce sont les équations (108).

94. Dans le cas de la libre concurrence, les systèmes (D), (E) deviennent

$$(120) \quad \begin{cases} p_x x = A''' + p_b B''' \\[1mm] A' = A''', \qquad B'' = B'''. \end{cases}$$

La première de ces équations est identique à la dernière des équations (119), et doit par conséquent être supprimée, ainsi que nous le savions déjà.

Tâchons de déterminer les paramètres en sorte d'avoir plusieurs points d'équilibre. Nous pouvons en avoir deux. Supposons qu'ils correspondent aux points donnés par $x = 4,2$ et par $x = 12$. Nous aurons

$$\log M = \overline{1},6413093, \qquad \log N = 1,1872683.$$

Etudions ce qui se passe dans le voisinage de ces points. Pour le premier, nous aurons le tableau suivant.

x	$A'' - A'''$	$\log p_x$	$\log p_b$	B''
4	— 0,08966	0,235354	$\overline{1}$,339498	9
4,2	0	0,228533	$\overline{1}$,339099	9,2
5	+ 0,29028	0,202422	$\overline{1}$,338161	10

L'entreprise ne peut pas se tenir en un point au-dessous du point $x = 4,2$, car elle y serait en perte, $A'' - A'''$

Pareto.

40

étant une quantité négative. Elle peut se tenir au point $x = 4,2$, et aux points pour lesquels $x > 4,2$.

De ce côté du point $x = 5$, l'équilibre est instable, car l'entreprise, en diminuant le prix p_x, vend une plus grande quantité de X et augmente ses gains. Même si elle est seule, elle sera donc poussée à se mouvoir de ce côté; elle y sera obligée, si elle a des concurrents. Le mouvement pourra continuer jusqu'à ce qu'on arrive à un point d'équilibre stable.

Pour le point $x = 12$, nous avons le tableau suivant.

x	$A'' - A'''$	$\log p_x$	$\log p_b$	B''
11	$+ 0,25768$	0,056649	1,372788	16
12	0	0,039397	1,386499	17
13	$- 0,31643$	0,023980	1,403162	18

L'entreprise ne peut pas dépasser le point $x = 12$, sans entrer dans une région où elle serait en perte. En deçà, pour $x < 12$, elle est poussée par la concurrence vers ce point $x = 12$. C'est donc un point d'équilibre stable.

95. Il y a, dans ce cas hypothétique, quelques circonstances qui méritent d'être notées.

Si un syndicat des fournisseurs de B imposait à ses adhérents de ne pas vendre cette marchandise au-dessous d'un certain prix, il pourrait arriver que le mouvement qui part du point de l'équilibre instable fût arrêté. Supposons, par exemple, que les adhérents du syndicat ne doivent pas vendre leur marchandise au-dessous du prix qui correspond à $x = 4,2$. L'équilibre en ce point deviendrait stable, car, pour s'en éloigner l'entreprise a besoin de payer un prix moindre pour la marchandise.

Nous verrons (§ 100) que l'ophélimité dont jouissent les vendeurs de B est plus grande au point $x = 12$ qu'au point $x = 4,2$. Ainsi leur syndicat aurait pour effet de diminuer leur bien-être, au lieu de l'augmenter. Cet effet se produira jusqu'à ce que p_b diminue quand B' augmente.

Pour

$$x = \quad 4 \quad\quad 5 \quad\quad 6$$

on a

$$\log p_b = \bar{1},339498 \quad \bar{1},338161 \quad \bar{1},338845.$$

Ainsi l'effet indiqué continuera jusqu'à un point situé dans le voisinage de $x = 5$. Ce point dépassé, il n'aura plus lieu.

96. Supposons maintenant un syndicat d'entreprises agissant selon le type II, pour la production et la vente de X.

Supposons que l'on ait toujours

$$B'' = B''';$$

mais qu'on ait

$$A'' - A''' = \xi,$$

ξ étant le bénéfice de l'entreprise.

Pour la facilité des calculs numériques, il convient de prendre x pour variable indépendante. Le bénéfice ξ est 0 pour $x = 4,2$ et pour $x = 12$; entre ces deux valeurs il y a un maximum.

Donnant d'abord à x les valeurs 5, 6, ..., on trouve

$$x = \quad 7 \quad\quad 8 \quad\quad 9$$
$$\xi = 0,63607 \quad 0,65367 \quad 0,58997.$$

Le maximum doit donc se trouver dans le voisinage du point $x = 8$.

Substituant des valeurs de x qui croissent par dixième, on a

$$x = \quad 7,6 \quad\quad 7,7 \quad\quad 7,8$$
$$\xi = 0,65709 \quad 0,65751 \quad 0,65706.$$

On pourrait faire passer une parabole par ces trois points. Posant

$$x = 7,6 + u$$

on aurait

$$\xi = 0,65709 + u\Delta\xi + \frac{u(u-1)}{2}\Delta^2\xi;$$

ou

$$\xi = 0,65709 + \left(\Delta\xi - \frac{1}{2}\Delta^2\xi\right)u + \frac{u^2}{2}\Delta^2\xi.$$

Dérivons et égalons à zéro, pour avoir le maximum, il viendra

$$0 = \left(\Delta\xi - \frac{1}{2}\Delta^2\xi\right) + u\Delta^2\xi.$$

Cette équation remplace l'équation (111), et peut servir à trouver une valeur approchée de x. Mais il est inutile de rechercher cette précision dans un cas hypothétique, et nous supposerons simplement que le maximum correspond à $x = 7,7$.

Nous aurons le tableau suivant.

x	ξ	$\log p_x$	$\log p_b$	Σ''
7,6	0,65709	$\overline{1},129472$	$\overline{1},344071$	12,6
7,7	0,65751	$\overline{1},126992$	$\overline{1},344565$	12,7
7,8	0,65706	$\overline{1},124535$	$\overline{1},345120$	12,8

Les monopoleurs devront donc s'arrêter au prix p_x qui correspond à $x = 7,7$. Ce prix est plus bas que celui qui correspond à $x = 7,6$.

97. Si le syndicat agit comme un seul monopoleur, il doit fixer le prix et la répartition des quantités entre ses membres, pour s'arrêter précisément au point $x = 7,7$.

S'il ne fixait qu'un prix, au dessous duquel les membres ne doivent pas vendre, par exemple, le prix qui correspond à $x = 7,7$, la répartition des quantités demeurerait indéterminée. Supposons donc que le syndicat la détermine, mais en laissant une certaine latitude pour de petites oscillations.

Les membres du syndicat ne peuvent pas se mouvoir du côté de $x > 7,7$, parce que le prix p_x descendrait au dessous de la limite fixée. Cette limite ne les empêche pas de se mouvoir du côté de $x < 7,7$, mais la concurrence des quantités les reconduit au point $x = 7,7$. Ce point est donc un point d'équilibre stable.

98. Le choix de la variable indépendante est indifférent. On peut choisir p_b. Si le syndicat fixe ce prix p_b, et les quantités de B que peuvent acheter ses membres, il n'y a aucune différence avec le cas précédent.

Il n'y en a pas non plus, au point où nous sommes, si le syndicat fixe une limite supérieure pour p_b : celle qui correspond à $x = 7,7$, et laisse une petite latitude pour les quantités.

98. Il n'en serait plus de même si, pour un motif quelconque, le syndicat jugeait de son intérêt de s'arrêter en un point pour lequel B'' croît quand p_b décroît.

Supposons par exemple que le syndicat veuille s'arrêter au point $x = 4,2$. S'il fixe le prix p_x correspondant à $x = 4,2$, au-dessous duquel ses membres ne peuvent pas descendre, ceux-ci ne pourront pas se mouvoir dans le sens $x > 4,2$. D'autre part, ils se trouveraient en perte s'ils se mouvaient dans le sens $x < 4,2$. Le point $x = 4,2$ devient donc un point d'équilibre stable.

Mais supposons maintenant que le syndicat agisse sur p_b au lieu d'agir sur p_x. Il fixe le prix p_b correspondant à $x = 4,2$, et défend à ses membres de descendre au-dessous. Il fixe aussi les quantités, mais avec une petite latitude.

Les membres du syndicat ne peuvent pas se mouvoir du côté de $x < 4,2$, soit parce qu'ils dépasseraient la

limite qui leur a été fixée pour p_b, soit parce qu'ils se
trouveraient en perte. Mais ils peuvent se mouvoir du
côté de $x > 4,2$, et la concurrence des quantités ne les
ramène pas à ce point.

Ainsi, si le syndicat agit sur p_x, le point $x = 4,2$ est
un point d'équilibre stable; c'est un point d'équilibre
instable si le syndicat agit sur p_b.

99. Cherchons le point où les consommateurs
obtiennent le maximum d'ophélimité. Nous savons que
les prix des marchandises produites ne peuvent plus être
constants. L'égalité du dernier élément des intégrales,
indiquée au § 92 donne, pour le point d'équilibre

$$p_x = 0,5 + p_b.$$

En effet la dernière parcelle dx est produite avec
$0,5\ dx$ de A, et dx de B.

L'équilibre sera déterminé par les équations suivantes

$$\frac{1}{p_x}\varphi_x = \varphi_a = \frac{1}{p_b}\varphi_b, \quad p_x = 0,5 + p_b, \quad A'' = A''', \quad B'' = B'''.$$

En éliminant les prix, nous avons

$$\varphi_x = 0,5\,\varphi_a + \varphi_b;$$

et en exprimant les quantités en fonction de x, nous
obtenons

$$\varphi_x(x) = 0,5\,\varphi_a(14 - 0,5\,x) + \varphi_b(23 - x).$$

Cette équation donne

$$x = 17,854;$$

et l'on a ensuite

$$p_b^0 = 0,2967, \quad p_x^0 = 0,7967.$$

100. Calculons maintenant les ophélimités totales pour
ces divers points d'équilibre.

Nous avons

$$\Phi = 2\sqrt{x} - \log (x + 0,5) + \frac{10}{6} Ma^{0\,6} + 2N\sqrt{b};$$

le logarithme est népérien.

Calculons les ophélimités depuis le point $x = 4,2$, c'est-à-dire calculons

$$\Omega = \Phi(x) - \Phi(4,2),$$

nous obtiendrons

$x =$	4,2	7,7	12	17,854
$\Omega =$	0	0,355	0,854	1.062

D'après ce que nous avons vu (§ 92) le maximum d'ophélimité est incompatible avec les prix constants, il n'est atteint que pour $x = 17,854$. On suit, à partir de l'origine, non plus une ligne droite, ainsi que cela aurait lieu avec p_x constant, mais une ligne brisée. L'entreprise reçoit 3 de A et 5 de B, sans rien livrer, ensuite elle livre du X, à raison de 1 de cette marchandise pour 0,5 de A et 1 de B. Il suffit d'ailleurs que ce soient les dernières portions de la marchandise qui soient livrées de la sorte.

101. **Variabilité des coefficients de production.** — Parmi les coefficients de production, il y en a qui sont constants, ou à peu près constants, d'autres sont variables avec la quantité du produit, d'autres encore présentent une variation d'un genre spécial ; ils forment un groupe tel que l'augmentation de certains de ces coefficients peut être compensée par la diminution d'autres. Enfin le coût de production pour une entreprise peut varier selon la quantité totale produite par cette entreprise.

102. Les expressions (105) du coût de production peuvent s'écrire

$$\pi_{0x} + \int_o^{x''} (a_x + p_b b_x + \dots) dx, \dots;$$

et dans ces formules a_x, b_x, ... peuvent être fonction de x. On a donc déjà tenu compte de la variabilité en fonction des quantités x, y, ... ; et nous n'avons plus à nous en occuper.

103. Soient b_y, c_y, ... e_y, un groupe de coefficients de production tels que les variations de certains d'entre eux soient compensées par les variations des autres. Les conditions techniques de la production nous feront connaître la loi de ces compensations, qui pourra s'exprimer par

(121) $$f(b_y, c_y ..... e_y) = o.$$

L'entreprise doit déterminer ces coefficients, assujettis à la loi indiquée. Elle peut pour cela, comme dans les autres phénomènes économiques, opérer selon le type I, ou selon le type II.

104. Commençons par supposer qu'elle opère selon le type I. L'entreprise acccepte les prix du marché, sans chercher à les modifier directement ; elle fait ses comptes avec ces prix et détermine les coefficients. Mais, sans le vouloir, elle a modifié les prix du marché. Elle recommence donc ses comptes avec les nouveaux prix. Et ainsi de suite indéfiniment. La voie suivie par l'entreprise est analogue à une courbe de poursuite.

En d'autres termes, les coefficients de production doivent, sous le signe intégral, être considérés comme indépendants des limites de l'intégrale. C'est le caractère des phénomènes du type (I), aussi bien pour les prix que pour les coefficients de fabrication.

Si l'on fait varier les coefficients b_y, c_y, ... e_y, la variation de la dépense effectuée pour produire Y sera

(122) $\delta\Pi_y = \displaystyle\int_0^{Y''} (p_b\delta b_y + p_c\delta c_y + ... + b_y\delta p_b + ...)\, dy$

Dans le cas présent, puisque l'entreprise accepte les prix du marché, et qu'elle ne tient pas compte de leurs variations, elle opère comme si on avait

$$\delta\Pi_y = \int_o^{Y''} (p_b \delta b_y + p_c \delta c_y + \dots)\, dy.$$

C'est cette expression qu'il faut égaler à zéro, pour avoir le minimum de dépense Π_y, minimum qui serait atteint si les prix demeuraient constants ; mais qui ne le sera pas, parce que les prix varient ; ce qui obligera l'entreprise à recommencer ses comptes avec les nouveaux prix.

Nous aurons donc, en ce cas,

$$(123) \qquad o = \int_o^{X''} (p_b \delta b_y + p_c \delta c_y + \dots)\, dy.$$

Quand cette équation pourra s'établir avec les prix existants sur le marché, l'entreprise n'aura plus à recommencer ses comptes, elle s'arrêtera. L'équilibre sera donc atteint quand l'équation (123) subsistera avec les autres équations de l'équilibre.

105. Si nous n'avons que l'équation (121) entre le groupe de coefficients considérés, l'un d'eux, b_y par exemple, peut être supposé fonction des autres $c_y, \dots e_y$, qui sont alors des variables indépendantes. Par conséquent l'équation (123) donne naissance aux équations suivantes

$$\int_o^{Y''} \left(p_b \frac{\delta b_y}{\delta c_y} + p_c \right) \delta c_y dy = o, \dots$$

Mais les variations $\delta c_y, \dots$, sont entièrement arbitraires ; par conséquent les équations précédentes ne peuvent être vérifiées que si l'on a

$$(124) \qquad p_b \frac{\delta b_y}{\delta c_y} + p_c = o, \quad \dots \quad p_b \frac{\delta b_y}{\delta e_y} + p_e = o.$$

Nous pouvons tirer de l'équation (121) les dérivées partielles de b_y et les substituer dans ce système, qui contiendra $r - 1$ équations, si le groupe b_y, c_y... e_y, est formé de r coefficients. Ajoutons à ces équations, l'équation (121), nous aurons ainsi r équations, c'est-à-dire autant qu'il y a d'inconnues. Le problème est donc bien déterminé.

Ces équations font partie de la catégorie (F) des conditions (V, 82).

Si au lieu d'une équation (121), on en avait plusieurs, le raisonnement serait semblable et conduirait aux mêmes conclusions.

Quand les coefficients de fabrication sont constants par rapport aux variables x, y, ..., l'équation (123) devient

$$o = p_b \delta b_y + p_c \delta c_y + \dots ,$$

et l'on en tire directement les équations (124).

Substituant, dans ces dernières formules, aux dérivées partielles de b_y leurs valeurs, et posant comme d'habitude

$$f_b = \frac{\partial f}{\partial b_y}, \quad \dots \quad f_e = \frac{\partial f}{\partial e_y},$$

nous aurons

(125) $\qquad p_b f_c - p_c f_b = o, \dots p_b f_e - p_e f_b = o.$

106. Si l'entreprise agit selon le type II, c'est son bénéfice qu'elle tâchera de rendre maximum, soit en réduisant simplement à un minimum le coût de production, soit, si elle peut tenir compte des variations de la vente de Y, en tâchant de rendre un maximum l'expression

$$A'' - A''' = \int_o^{Y''} p_y Y - \Pi_y.$$

L'équation qu'on obtiendra ainsi remplacera, ainsi qu'il a été expliqué aux § 84, 85, l'équation

$$A'' = A''',$$

qui n'existe plus.

En ce cas, non seulement les prix, mais aussi les coefficients de fabrication, doivent, sous le signe intégral, être supposés fonction des limites. L'entreprise agit non en vue des valeurs actuelles des prix et des coefficients de fabrication, mais en vue des valeurs qu'ils acquerront au point d'équilibre.

Ce mode d'opérer suppose que l'entreprise non seulement jouisse d'un monopole mais encore sache disposer les choses de manière à atteindre ce maximum. Or la dernière condition est très difficile, autant dire impossible à réaliser, du moins en général, dans l'état actuel de nos connaissances. Au contraire, les entrepreneurs connaissent assez bien, sinon en théorie, du moins en pratique, les compensations possibles des coefficients de production. Ils ont, ou acquièrent par des essais plus ou moins répétés, une certaine connaissance de la nature de l'équation (121) et s'en servent pour faire leurs comptes et réduire autant que possible le coût de production. Les opérations selon le type I sont courantes et effectuées continuellement par les entreprises.

107. Reste à examiner la question de la répartition des quantités entre les entreprises (V, 78). Si une entreprise produit q_z de Z, lorsqu'elle augmentera sa production de ∂q_z, le coût de production de Z, variera d'une certaine quantité, que nous devrons égaler à zéro, si l'entreprise veut avoir un coût de production minimum. Nous aurons ainsi l'équation.

$$(126) \qquad o = \frac{\partial a_z}{\partial q_z} + p_b \frac{\partial b_z}{\partial q_z} + \ldots\ldots .$$

Il y aura d'autres équations semblables, une pour chaque entreprise, et elles détermineront la répartition de la production.

108. Il convient de noter quelques erreurs fort communes au sujet des coefficients de production. Certains auteurs supposent tous les coefficients de production constants, d'autres les supposent tous variables. Ces deux modes de considérer le phénomène sont également erronés : ces coefficients sont en partie constants, ou presque constants, et en partie variables.

Les économistes littéraires ont une tendance marquée à transformer les propriétés des rapports des choses en propriétés des choses ; cela tient à la difficulté qu'ils éprouvent, ignorant les méthodes appropriées, à traiter les problèmes où entre en jeu la mutuelle dépendance des phénomènes.

Ils n'ont pas manqué d'appliquer leur méthode erronée à la théorie des coefficients de production. Ils se sont imaginé qu'il existait entre les facteurs de production certains rapports qui permettaient d'obtenir le maximum «d'utilité» de la production, (^{1}), et dominés par cette conception, ils ont cru avoir trouvé en économie politique

---

(^{1}) Un auteur donne cette définition de ce qu'il appelle la loi des proportions définies : « *pour obtenir un résultat utile donné, les éléments de la production doivent se trouver en un rapport déterminé*, ou en d'autres termes : *un résultat utile est en rapport avec une combinaison déterminée qualitative et quantitative des éléments de la production.* »

On ne sait ce que c'est que ce « résultat utile » ; et puis ce n'est pas d'un « résultat utile » quelconque qu'il s'agit ; c'est un problème de maximum et de minimum qu'il faut résoudre.

La manière dont la proposition est énoncée laisse croire que le « résultat utile » dépend seulement du rapport des éléments de la production, tandis qu'il dépend de leurs prix, et ceux-ci dépendant de toutes les autres circonstances qui déterminent l'équilibre, c'est en définitive de toutes ces circonstances que dépend le « résultat utile ».

une loi analogue à la loi des proportions définies en chimie. (¹)

Tout cela est incorrect et faux. D'abord il faut se débarrasser des conceptions vagues d'*utilité* de la production, d'effet utile, et d'autres analogues, et y substituer des notions précises, telles que celles du minimum du coût de production ou du maximum de gain. Ensuite il faut bien comprendre que la détermination des coefficients de production n'est pas seulement une opération technique, qu'elle dépend des prix, de l'état du marché, et en général de *toutes* les circonstances de l'équilibre économique. C'est un système d'équations qu'il faut résoudre,

---

(¹) Il ne faut jamais perdre de temps à disputer sur les mots. On peut donc admettre, si l'on veut, cette terminologie, pourvu qu'il soit bien entendu que la loi des proportions définies en économie politique n'a absolument rien à faire avec la loi qui, en chimie, porte le même nom.

Les proportions des éléments de la production peuvent varier par degrés insensibles, ce qui n'a pas lieu pour les proportions des éléments chimiques en combinaison. Ces proportions en économie politique, ne dépendent pas seulement des éléments de la production, mais aussi de toutes les autres circonstances qui déterminent l'équilibre économique. Elles ne sont donc nullement définies, lorsque les éléments sont donnés, tandis qu'elles le sont alors en chimie : elles sont indéfinies, et le demeurent tant qu'on ne tient pas compte de toutes les autres circonstances de l'équilibre économique.

Il y a certainement des biens qui se combinent en des proportions fixes, soit pour la consommation : par exemple une lame de couteau et son manche, soit pour la production : par exemple les quatres roues d'un char. C'est à ces biens qu'il convient de réserver le nom de biens complémentaires ; et en parlant de ces biens on peut très correctement viser la loi des proportions définies. Mais puisque, par hypothèse, les quantités en lesquelles ces biens se combinent sont *fixes*, ce n'est pas de ces biens qu'il peut s'agir quand on se propose de déterminer les proportions *variables* de certains biens, de manière à assurer certaines propriétés de la production : par exemple un maximum de quantités produites, ou un minimum de coût de production, ou un maximum de bénéfices, etc.

ce n'est pas une suite d'équations isolées, indépendantes.

C'est parce que les économistes littéraires n'ont pas d'idées claires non seulement sur la résolution d'un système d'équations simultanées, ni même sur la nature d'un tel problème, qu'ils font des efforts désespérés pour substituer à ce système d'équations simultanées, un système d'équations pouvant être résolues chacune isolément ; ce problème étant le seul que l'état de leurs connaissances leur permette d'aborder (¹). C'est ce qui les a induits en erreur au sujet de la théorie générale de l'équilibre économique, et ce qui continue de les induire en erreur en ce cas particulier.

Enfin il est une circonstance capitale, qu'on ne saurait négliger dans la détermination des coefficients de production, et c'est la considération des types selon lesquels agit l'entreprise. La détermination faite selon le type que nous avons nommé I est essentiellement différente de

(¹) Après la publication de l'édition italienne de ce *Manuel*, il y a eu en Italie, une production considérable d'opuscules, d'articles de revues, de leçons d'ouverture, tendant à démontrer que la théorie de l'équilibre économique était pour le moins inutile, et que, aux rapports de mutuelle dépendance, on devait substituer les rapports de cause à effet. Un auteur, par un trait de génie, a même trouvé un critérium sûr pour distinguer ces rapports de cause à effet. N'est-il pas évident que, si un fait précède chronologiquement un autre, le premier est la cause, et le second l'effet ?

Il y a déjà longtemps que des personnes, appliquant ce principe, disaient que, puisque la poule pond des œufs, c'est la poule qui est la cause et l'œuf l'effet ; mais d'autres personnes ripostaient que puisque le poussin naît de l'œuf, c'est l'œuf qui est la cause et la poule l'effet. *Adhuc sub judice lis est.*

Vraiment dame Nature aurait pu faire preuve d'un peu plus de complaisance, et elle aurait pu établir entre les choses des rapports s'adaptant à l'intelligence et aux connaissances de ces auteurs ; elle leur aurait ainsi évité le désagrément de construire des théories qui ressemblent un peu trop au raisonnement, que, dans la fable, fait le renard qui avait perdu sa queue.

celle qui est effectuée selon le type que nous avons désigné par II. Si l'on passe cela sous silence, on a une idée
absolument fausse du phénomène.

109. **Propriétés de l'équilibre économique.** — Les
consommateurs de X, Y, ... sont en même temps les
fournisseurs de A, B, ... Lorsque les quantités de marchandises augmentent de dX, ... da, ..., la somme des
budgets des consommateurs peut s'écrire

$$(127) \qquad p_{,}dX + p_{y}dY + \ldots - da - p_{b}db \ldots$$

Intégrons selon un chemin déterminé et nous devrons
avoir zéro, car les recettes doivent balancer les dépenses
(parmi lesquelles est comprise l'épargne). Le chemin
étant déterminé, toutes les variables X, Y, ... a, b, ...,
peuvent être supposées fonctions d'une d'entre elles, de
X par exemple, et si nous posons

$$(128) \qquad V = p_x + p_y \frac{dY}{dX} + \ldots - \frac{da}{dX} - p_b \frac{db}{dX} - \ldots,$$

nous aurons

$$(129) \qquad 0 = \int_0^{x'} V dX.$$

Faisons varier les quantités X, Y, ... a, b, ... ; ces
variations ne sont pas toutes indépendantes, elles
doivent être compatibles avec les liaisons du système.
Si nous tenons compte de ces liaisons, il reste un certain
nombre de variations qui sont indépendantes. Supposons que la variation de l'expression (129) devienne
identiquement zéro, sans établir *aux limites* de nouvelles relations entre les variations demeurées indépendantes.

Développons la variation de l'intégrale selon la méthode habituelle, nous trouverons

$$(130) \qquad 0 = [\delta U]_0^{x'} + \delta R + \int_0^{x'} \delta T \, dX;$$

$$(131) \begin{cases} \delta U = V dX + p_y \omega_y + \ldots - \omega_a - p_b \omega_b \ldots, \\[2mm] \delta R = \delta X' \int_0^{x'} \frac{\partial V}{\partial X'} \, dX, \\[2mm] \delta T = \left(\frac{\partial V}{\partial Y} - \frac{dp_y}{dX} \right) \omega_y + \ldots + \frac{\partial V}{\partial a} \omega_a \\[3mm] \qquad\qquad\qquad + \left(\frac{\partial V}{\partial b} + \frac{dp_b}{dX} \right) \omega_b + \ldots, \\[3mm] \omega_b = \delta Y - \frac{dY}{dX} \delta X, \ \ldots \ \omega_b = \delta b - \frac{db}{dX} \delta X, \ \ldots \end{cases}$$

Nous savons que la somme des deux premiers termes d'une part, et l'intégrale d'autre part, dans l'expression (130), doivent s'annuler séparément. Ainsi que nous venons de le dire nous supposons que la première partie s'annule sans établir, aux limites, de nouvelles relations entre les variations. Quand à la seconde partie elle peut s'annuler en établissant, ou en n'établissant pas de relation entre les variations.

110. Développons la valeur de ∂U, nous aurons, au point d'équilibre X'

$$(132) \quad \delta U = p_x \delta X' + p_y \delta Y' + \ldots - \delta A'' - p_b \delta B'' \ldots,$$

la valeur au point zéro étant nulle.

Mais au point d'équilibre on a

$$\frac{1}{\varphi_{1a}} \delta \Phi_1 = p_x \delta x_1' + \ldots + \delta a_1' + p_b \delta b_1' + \ldots,$$

$$\frac{1}{\varphi_{2a}} \delta \Phi_2 = p_x \delta x_2' + \ldots + \delta a_2' + p_b \delta b_2' + \ldots,$$

. . . .

$$A_0' - A' = A'', \quad B_0' - B' = B'', \ldots,$$
$$- \delta A' = \delta A'', \quad - \delta B' = \delta B'', \ldots;$$

et par conséquent

$$\frac{1}{\varphi_{1a}} \delta\Phi_1 + \frac{1}{\varphi_{2a}} \delta\Phi_2 + \ldots = p_x \delta X' + p_y \delta Y'$$
$$+ \ldots - \delta A'' - p_b \delta B'' - \ldots;$$

donc, an point d'équilibre

$$(133) \qquad \delta U = \frac{1}{\varphi_{1a}} \delta\Phi_1 + \frac{1}{\varphi_{2a}} \delta\Phi_2 + \ldots$$

111. Nous avons vu (§ 89) qu'en égalant l'expression (133) à zéro, on caractérise les points où se réalise le maximum d'ophélimité.

Lorsque la valeur de ∂U, au point d'équilibre, s'annule sans introduire de nouvelles relations entre les variations demeurées indépendantes, le second membre de l'expression (133) est aussi zéro, et le maximum d'ophélimité est atteint, au moins pour ce qui concerne ce genre de variations.

Si au contraire ∂U, au point d'équilibre, ne s'annulait qu'en établissant de nouvelles relations entre les variations $\partial X'$, $\partial Y'$, ..., il suffirait de supposer que ces relations ne sont pas satisfaites pour rendre positive, ou négative, l'expression (133), et le maximum d'ophélimité n'existerait plus.

Il s'agit maintenant de trouver les conditions sous lesquelles s'annulent les deux dernières parties de l'expression (130).

Quand à l'intégrale, on sait qu'elle est nulle si l'expression (127) est intégrable, c'est-à-dire si le budget ne change pas quelle que soit la voie suivie pour arriver au point d'équilibre. C'est le seul cas que nous étudierons ici.

Reste à considérer ∂R. Si nous admettons comme liaison du système qu'à tout point où s'arrête la production, la somme dépensée pour la production des mar-

chandises soit égale à la somme qu'on retire de leur
vente, la variation de la différence de ces deux sommes
devra être zéro, et, en raisonnant comme nous l'avons
fait au § 92 pour obtenir l'équation (116), nous aurons

(134) $\delta P + \delta Q = o$

$$\delta P = \left(p_x^o - \pi_x^o + (p_y^o - \pi_y^o) \left(\frac{dY}{dX}\right)^o + \dots \right) \delta X',$$

$$\delta Q = \delta X' \int_o^{X'} \left(\frac{dp_x}{dX'} - \frac{d\pi_x}{dX'} + \left(\frac{dp_y}{dX'} - \frac{d\pi_y}{dX'}\right) \frac{dY}{dX} + \dots \right) dX.$$

Dans cette dernière expression, substituons à π_x, π_y, …,
leurs expressions (104) ; remarquons que les quantités
fournies à l'entreprise doivent être égales aux quantités
transformées c'est-à-dire qu'on doit avoir

$$da = a_x dX + a_y dY + \dots,$$
$$db = b_x dX + b_y dY + \dots,$$
$$\dots \dots \dots \dots \dots$$

nous obtiendrons ainsi

$$\delta Q = dR ;$$

et par conséquent

(135) $\delta P + \delta R = o,$

Il suit de là que si au point où a lieu l'équilibre économique on a

$$\delta P = o,$$

on aura aussi

$$\delta R = o,$$

et que le maximum d'ophélimité sera réalisé en ce point.
Lorsque les fabrications des différentes marchandises

sont indépendantes, l'équation $\partial P = o$ donne les équations (118) du § 91.

Si l'équation $\partial P = o$ n'est pas incompatible avec les autres données du problème, elle est réalisée par les opérations des entrepreneurs selon le type **I**. Et en ce cas, le point d'équilibre auquel on arrive jouit de la propriété d'assurer le maximum d'ophélimité.

Si l'équation $\delta P = o$ était incompatible avec les autres données du problème, l'équilibre pourrait avoir lieu en un point où cette équation n'existe pas, ou bien en un point où le total des recettes des entrepreneurs n'est pas égal au total des dépenses pour la production (III, 100, 135) ; en ces deux cas, on n'aura pas le maximum d'ophélimité.

La seule condition que les recettes de l'entreprise soient égales aux dépenses ne donne que l'équation (134); qui est insuffisante pour assurer le maximum d'ophélimité. Il faut encore que δP soit égale à zéro ; et c'est un résultat important de la théorie que nous venons de développer.

112. Ensuite il faut tenir compte de la variabilité des coefficients de fabrication. Supposons qu'entre un groupe de ceux-ci subsiste la relation indiquée par l'équation (121), dont le sens a été expliqué au § 103. Grâce à cette équation (121), un quelconque des coefficients, b_y par exemple, est fonction des autres coefficients du groupe. Les variations de ceux-ci demeurent arbitraires. Les variables non comprises dans le groupe demeurent constantes. Nous indiquerons par ∂^N ces nouvelles variations.

Changeons la variable indépendante dans V et prenons Y. Nous aurons

$$V = p_x \frac{dX}{dY} + p_y + \ldots - \frac{da}{dY} - p_b \frac{db}{dY} - \ldots$$

Faisons varier c_y; puisque les quantités X, Y, ..., ne varient pas, nous aurons

$$\delta'V = \delta'H - \delta'K;$$

(136) $\left\{ \begin{array}{l} \delta'H = \dfrac{dX}{dY}\delta'p_x + \delta'p_y + \ldots - \dfrac{db}{dY}\delta'p_b \ldots; \\[3mm] \delta'K = p_b\delta'\dfrac{db}{dY} + p_c\delta'\dfrac{dc}{dY}. \end{array} \right.$

Les quantités fournies de A, B, ..., devant être égales aux quantités transformées, on aura

$$\frac{db}{dY} = b_y, \qquad \frac{dc}{dY} = c_y;$$

donc

$$\delta'K = p_b\delta'b_y + p_c\delta'c_y.$$

D'autre part, l'équation (121) donne

$$\delta'b_y = \frac{\partial b_y}{\partial c_y}\delta'c_y;$$

nous aurons donc

$$\delta'K = \left(p_b\frac{\partial b_y}{\partial c_y} + p_c \right)\delta'c_y.$$

Si l'entreprise agit selon le type I, ainsi qu'il a été expliqué au § 104, on aura

(137) $\delta'K = 0,$

Cette équation résulte immédiatement des équations (124).

En outre l'équilibre des budjets exige que l'on ait :

$$\delta'\int_0^{Y'} V\,dY = o;$$

et, en raisonnant comme au § 109, nous obtenons :

$$-\delta'K + \int_0^{Y'}\delta'H\,dY = o$$

Par conséquent, en vertu de l'équation (137) :

$$\int_o^{Y'} \eth' H dY = o.$$

Mais cette quantité n'est autre que celle que nous avons désignée par $\eth R$ au § 109, dans laquelle Y a été prise pour variable indépendante, et puisqu'elle est nulle, on verra en répétant le raisonnement du § 109, que l'on a aussi :

$$\eth' U = o,$$

113. Les variations qui sont une conséquence de ces opérations annulent aussi l'expression (133). En effet, puisque, parmi les quantités, seules b, c varient, on a

$$\eth' \Phi_1 = - \varphi_{1b} \eth' b_1 - \varphi_{1c} \eth' c_1, \qquad \eth' \Phi_2 = - \varphi_{2b} \eth' b_2 - \varphi_{2c} \eth' c_2, \ \dots.$$

Sommons ces équations, et faisons usage, comme d'habitude, du système (A), nous aurons

$$(138) \quad \left\{ \begin{array}{l} \eth' U = \dfrac{1}{\varphi_{1a}} \eth' \Phi_1 + \dfrac{1}{\varphi_{2a}} \eth' \Phi_2 + \dots \\[2mm] = - p_b \eth' B' - p_c \eth' C' = p_b \eth' B'' + p_c \eth' C''. \end{array} \right.$$

Les quantités fournies devant être égales aux quantités transformées, on aura

$$\eth' B'' = \int_o^{Y''} \eth' b_y dy, \qquad \eth' C'' = \int_o^{Y''} \eth' c_y dy.$$

Les prix p_b, p_c sont indépendants de y ; nous pourrons donc écrire :

$$\eth' U = \int_o^{Y'} \left(p_b \frac{db_y}{dc_y} + p_c \right) \eth' c_y dy ;$$

et, en vertu des équations (124), on aura :

$$\eth' U = o.$$

Le maximum d'ophélimité est donc réalisé.

114. On démontrerait de même que les opérations indiquées au § 107, pour la répartition, d'une part sont compatibles avec l'équilibre des bilans, de l'autre assurent le maximum d'ophélimité.

115. On arrive donc à cette conclusion, que les opérations effectuées selon le type I, quand elles sont possibles, conduisent, dans les cas que nous venons d'examiner, à des points d'équilibre où le maximum d'ophélimité est réalisé.

C'est là un des théorèmes les plus importants de la science économique, et l'usage des mathématiques lui donne une généralité et une rigueur, que, pour le moment du moins, on ne voit pas comment on pourrait atteindre autrement ([1]).

115. L'expression (133) peut avoir une forme différente. Au point d'équilibre, nous avons $X' = X''$, $Y' = Y''$, ...,

$$\delta A'' = \delta A''' = a_x \delta X'' + a_y \delta Y'' + ...,$$
$$\delta B'' = \delta B''' = b_x \delta X'' + b_y \delta Y''' + ...,$$
$$\cdots \cdots \cdots \cdots \cdots$$

Par conséquent l'équation (133) devient

$$\delta U = (p_x - a_x - p_b b_x - ...) \, \delta X''$$
$$+ (p_y - a_y - p_b b_y - ...) \, \delta Y''$$
$$+ \cdots \cdots \cdots \cdots$$

ou bien

$$\delta U = (p_x^0 - \pi_x^0) \, \delta X'' + (p_y^0 - \pi_h^0) \, \delta Y'' + ...$$

([1]) Nous avons donné des démonstrations de ce théorème, en des cas particuliers, dans notre *Cours*, 1897. Ensuite nous avons donné des démonstrations de plus en plus générales dans *Giornale degli Economisti*, novembre 1903 ; dans l'édition italienne du *Manuale*, 1906 ; et nous en donnons ici une autre.

Pour que cette expression s'annule sans établir de nouvelles relations entre les $\partial X''$, $\partial Y''$, ... il faut que

$$p_x^0 = \pi_x^0, \quad p_y^0 = \pi_y^0, \ldots;$$

ainsi que nous l'avions déjà obtenu dans un cas particulier (§ 91).

Ces équations sont la conséquence de la condition que les bilans doivent demeurer en équilibre quand on fait varier X'', Y'', . .

Elles se confondent avec la condition de l'égalité des coûts de production et des prix de vente, lorsque les prix sont constants et qu'il n'y a pas lieu de tenir compte des frais généraux.

Enfin il ne faut pas oublier que l'intégrale de l'expression (130) doit s'annuler. Il est bien connu d'ailleurs qu'elle s'annulera identiquement quand l'expression (127) est intégrable.

Les conditions que nous venons de trouver, et qui assurent l'équilibre des bilans, doivent être ajoutées à la condition d'opérer selon le type I, pour obtenir le maximum d'ophélimité.

116. Si les individus de la collectivité se réduisent à un seul, la condition par laquelle nous avons défini le maximum d'ophélinité pour une collectivité, soit

$$0 = \frac{1}{\varphi_{1a}} \delta\Phi_1 + \frac{1}{\varphi_{2a}} \delta\Phi_2 + \ldots,$$

se réduit à

$$\delta\Phi_1 = 0.$$

Elle coïncide alors avec la définition du maximum d'ophélimité pour un individu.

Il suit de là que les conditions que nous venons d'obtenir pour le maximum d'ophélimité d'une collectivité se réduisent, dans le cas d'un seul individu, aux conditions du maximum d'ophélimité pour la production individuelle.

Si nous indiquons par d les variations suivant un chemin, ou un certain genre de chemins (§ 26; III, 74), lorsque l'individu agit selon le type I, la condition de l'équilibre est donnée par

$$d\Phi_1 = 0.$$

Elle peut coïncider, ou ne pas coïncider avec la condition précédente du maximum d'ophélimité. Le but de l'étude que nous venons de faire a été précisément de rechercher les conditions pour que cette coïncidence ait lieu.

Elle n'a pas lieu lorsque le chemin est imposé par une personne agissant selon le type II. Elle n'a pas lieu non plus en d'autres cas, par exemple en celui où les prix doivent être constants tandis qu'il y a des frais généraux, car, en ce cas, les consommateurs peuvent bien agir rigoureusement selon le type I ; mais les producteurs ne peuvent pas réaliser ensemble les deux conditions du type I, à savoir l'égalité du coût de production et du prix de vente, non seulement pour le total de la marchandise, mais encore pour la dernière portion qui est produite quand on arrive au point d'équilibre.

117. — En général, pour les consommateurs qui opèrent selon le type I, on a toujours au point d'équilibre

$$d\Phi_1 = 0, \quad d\Phi_2 = 0, \ldots,$$

et par conséquent

(139) $$0 = \frac{1}{\varphi_{1a}} d\Phi_1 + \frac{1}{\varphi_{2a}} d\Phi_2 + \ldots ;$$

les d étant relatifs aux chemins qui ont conduit au point d'équilibre.

Ensuite en ce point on peut avoir, ou ne pas avoir

$$(140) \qquad 0 = \frac{1}{\varphi_{1a}} \delta\Phi_1 + \frac{1}{\varphi_{2a}} \delta\Phi_2 + \dots,$$

les δ indiquant des variations quelconques, compatibles avec les liaisons. Les δ comprennent donc les d; mais les d ne comprennent pas les δ.

Il y a donc deux genres de points d'équilibre. Pour les unes, l'équation (139) est seule réalisée, ces points ne donnent pas le maximum d'ophélimité. Pour les autres, l'équation (140), qui comprend l'équation (139), est réalisée. Ces points donnent le maximum d'ophélimité.

En certains cas, comme par exemple pour l'échange avec prix constants (§ 119) selon le type I, ces deux genres de points se réduisent à un seul, et le maximum d'ophélimité est toujours réalisé.

118. D'après les résultats que nous venons d'obtenir, on voit que la condition

$$0 = \frac{1}{\varphi_{1a}} \delta\Phi_1 + \frac{1}{\varphi_{2a}} \delta\Phi_2 + \dots,$$

est celle que doit réaliser une organisation de la production selon le type que nous avons désigné par III (III, 49 ; VI, 53); ce serait notamment le type que devrait suivre une organisation socialiste de la production.

119. Dans le cas de l'échange avec des prix constants, et lorsque l'on opère selon le type I, la démonstration des conditions du maximum d'ophélimité devient remarquablement simple ([1]).

Prenons les variations des équations (B) du § 63, nous aurons

$$(141) \begin{cases} \delta x_1 + p_y \delta y_1 + \dots + (y_1 - y_{10}) \delta p_y + \dots = 0, \\ \delta x_2 + p_y \delta y_2 + \dots + (y_2 - y_{20}) \delta p_y + \dots = 0, \\ \dots\dots\dots\dots\dots\dots\dots\dots\dots \end{cases}$$

([1]) Nous avons donné, pour la première fois, cette démonstration dans *Giornale degli Economisti*, novembre 1903.

Sommons et tenons compte des équations (C), nous aurons

(142)
$$\delta X + p_x \delta Y + p_z \delta Z + \ldots = o$$
$$X = x_1, + x_2 + \ldots\ldots, \qquad Y = y_1 + y_2 + \ldots\ldots, \ldots\ldots$$

Or la première équation n'est autre que

$$\frac{1}{\varphi_{1a}} \delta\Phi_1 + \frac{1}{\varphi_{2a}} \delta\Phi_2 + \ldots = o;$$

les conditions du maximum d'ophélimité sont donc toujours réalisées dans l'échange, quand on opère selon le type I.

Des démonstrations semblables peuvent être données, en des cas analogues, pour la production..

120. Il peut être utile de mettre en rapport cette démonstration, avec la démonstration générale que nous venons de donner.

La somme des équations (141) se compose de deux parties. Une est exprimée par

$$(Y - Y_0)\, \delta p_y + (Z - Z_0)\delta p_z + \ldots..$$
$$Y_0 = y_{10} + y_{20} + \ldots, \ldots.. :$$

elle s'annule identiquement parce que

$$Y - Y_0 = o, \quad Z - Z_0 = o, \ldots;$$

l'autre partie est celle qui donne l'équation (142). C'est la partie qui correspond au δU de l'expression (130). Quant à la partie sous le signe intégral, elle s'annule identiquement puisque

$$\frac{\delta V}{\delta Y} = o, \qquad \frac{dp_y}{dX} = o, \ldots$$

121. Considérons un point d'équilibre pour lequel se vérifie l'équation (140)

(140)
$$o = \frac{1}{\varphi_{1a}} \delta\Phi_1 + \frac{1}{\varphi_{2a}} \delta\Phi_2 + \ldots..$$

Soit une position d'équilibre, que nous désignerons par I, et pour laquelle nous aurons les quantités x'_1, y'_1, ... x'_2, y'_2, ... Soit une autre position, qui pourra être, ou ne pas être d'équilibre, et que nous désignerons par II. Pour cette position, les quantités seront désignées par x''_1, y''_1, ... x''_2, ... Les valeurs intermédiaires seront x_1, y_1, ... x_2, ...

Supposons que l'on passe de I à II, non par des chemins quelconques, mais par des chemins définis par les équations suivantes

$$(143) \qquad \begin{cases} x_1 = x'_1 + \alpha_1 t, & y_1 = y'_1 + \beta_1 t, \ldots, \\ x_2 = x'_2 + \alpha_2 t, & \ldots \ldots \end{cases}$$

$\alpha_1, \beta_1, \ldots \alpha_2, \ldots$, sont des constantes, et t est une nouvelle variable que l'on suppose positive. On peut aussi poser

$$p''_y = p'_y + \sigma_y t, \ldots\ldots a''_x = a_x + \omega_x t, \ldots\ldots,$$

mais il faut faire bien attention que σ_y, ... ω_x, ..., ne sont pas des constantes. Ce sont des fonctions des variables, et elles résultent des équations auxquelles doivent satisfaire les prix et les coefficients de production.

Il est d'ailleurs évident que, lorsque les ophélimités en deux points donnés sont indépendantes des chemins suivis, un autre chemin ayant les mêmes extrémités que le chemin que nous venons de considérer, donnera des résultats identiques.

La variation seconde de l'ophélimité, pour un individu, est

$$\delta^2 \Phi_1 = \varphi_{xx}\delta x_1^2 + \varphi_{yy}\delta y_1^2 + \ldots\ldots \\ + 2\varphi_{zy}\delta x_1 \delta y_1 + \ldots\ldots$$

Cette expression, grâce aux équations (143), devient

$$(144) \qquad \frac{\delta^2 \Phi_1}{\delta t^2} = \varphi_{xx}\alpha_1^2 + \varphi_{yy}\beta_1^2 + \ldots\ldots \\ + 2\varphi_{zy}\alpha_1\beta_1 + 2\varphi_{xx}\alpha_1\gamma_1 + \ldots\ldots$$

122. Supposons, pour un moment, que cette quantité soit toujours négative. En ce cas $\delta\Phi_1$ ira toujours en diminuant quand t va en augmentant, c'est-à-dire quand on passe de la position 1 à la position II. Nous avons vu (§ 89) qu'au point où le maximum d'ophélimité est atteint, une partie des variations $\delta\Phi_1$, $\delta\Phi_2$, ... de l'expression (112) doivent être positives, et une partie négatives. Si l'on s'éloigne de ce point avec des valeurs constamment négatives de $\delta^2\Phi_1$, $\delta^2\Phi_2$, ..., les variations négatives précédentes iront en croissant en valeur absolue, celles qui sont positives iront en diminuant, en valeur absolue, et pourront devenir négatives ; mais aucune de celles qui sont négatives ne pourra diminuer en valeur absolue, et devenir positive. Par conséquent nous ne pouvons pas passer de la position I à la position II, en suivant les chemins indiqués, et en augmentant le bien être de tous les individus de la collectivité. L'ophélimité dont jouissent certains individus augmentera mais pour d'autres individus, l'ophélimité diminuera.

Cette proposition se vérifie donc non seulement pour des déplacements infiniment petits, mais aussi pour des déplacements finis.

Si le mouvement a lieu dans le sens où tous les $\delta\Phi_1$, Φ_2, ... sont nuls, toutes les ophélimités diminueront. C'est ce qui a lieu lorsqu'on suit la voie suivant laquelle s'établit l'équilibre des consommateurs.

123. La proposition énoncée au paragraphe précédent est sujette à trois conditions : 1° L'équation (140) doit tre vérifiée. Le point I doit donc être un des points d'équilibre pour lequel le maximum d'ophélimité est obtenu. 2° Les déplacements finis doivent se faire selon les chemins (143). 3° Il faut, que le long de ces chemins, les variations secondes de l'ophélimité, pour chaque individu, soient négatives.

124. Il s'agit maintenant de savoir quand cette dernière condition se vérifie.

Reportons-nous, pour cela, aux considérations qui ont
été exposées aux § 47 et 48. Indiquons, pour abréger
simplement par φ_x, ... les ophélimités φ_{1x}, ... Nous aurons pour un individu

$$(145) \quad \delta^2\Phi_1 = \varphi_{xx}dx_1^2 + \varphi_{yy}dy_1^2 + ... + 2\varphi_{xy}dx_1dy_1 + ...$$

1º Si φ_x ne dépend que de x_1, φ_y de y_1, etc., on a

$$\varphi_{xx} < o, \; ... \; \varphi_{xy} = o, \; ...$$

et l'expression (145) est toujours négative.

2º Si les biens ont une dépendance de premier genre,
on a en général

$$\varphi_{xx} < o, \; ... \; \varphi_{xy} > o, \; .....$$

Mais en ce cas, ainsi que nous l'avons vu au § 48, on
peut considérer une marchandise qui fournit l'inégalité
(66).

$$(66) \quad \varphi_{xx} + \alpha^2\varphi_{yy} + ... + 2\alpha\beta\varphi_{yz} + ... < o,$$

α, β, ... étant des constantes positives.

Le premier membre se compose de deux genres de
termes. Le premier genre est composé des ophélimités
φ_{xx}, φ_{yy}, ..., multipliées par des carrés 1, α^2, β^2, ... Ces
termes sont toujours négatifs quels que soient les signes de
α, β, ... Le second genre de termes est du type $2\alpha\beta\varphi_{yz}$.
Ces termes sont positifs lorsque α, β, ..., sont des quantités positives; une partie d'entre eux sont négatifs si
α, β, ..., ne sont pas toutes des quantités de même signe.
Lorsque ces termes sont tous positifs, leurs sommes avec
les termes négatifs du premier genre est négative, en
vertu de l'inégalité (66). Elle le sera donc encore, à plus
forte raison, si une partie de ces termes sont négatifs.

Par conséquent l'expression (66) est toujours négative, quelles que soient les quantités $\alpha, \beta, \ldots$ L'expression (145) sera donc aussi toujours négative.

3° Si les biens ont une dépendance de second genre (IV, 14), on a

$$\varphi_{xx} < o, \ldots \varphi_{xy} < o, \ldots$$

et l'expression (145) peut être positive ou négative. Supposons par exemple qu'il n'y ait que deux variables, et que l'on ait

$$(146) \qquad \delta^2\Phi_1 = \varphi_{xx}dx^2 + \varphi_{yy}dy^2 + 2\varphi_{xy}dxdy.$$

On sait que la forme de second degré, qui correspond au second membre de cette équation, est définie si l'on a

$$\varphi_{xx}\,\varphi_{yy} - \varphi^2_{xy} > o,$$

et alors l'expression (146) sera toujours négative. Mais si l'on a

$$\varphi_{xx}\,\varphi_{yy} - \varphi^2_{xy} < o,$$

la forme est indéfinie, et l'expression (146) peut changer de signe.

Si pour une catégorie de ces biens on pouvait admettre les inégalités (58), il en résulterait, ainsi qu'il a été expliqué au § 49, que l'expression (146) est toujours négative. Mais l'existence des inégalités (58) ne peut pas s'admettre, au moins sans de nouvelles observations.

125. Il résulte de cette analyse que dans le cas où les ophélimités élémentaires des marchandises sont indépendantes, et dans le cas d'une dépendance du second genre, la variation seconde des ophélimités est négative, et que par conséquent la troisième condition indiquée au § 123 est vérifiée.

126. Dans le cas de l'échange, et si tous les échangeurs opèrent selon le type I, la première condition du § 123

est toujours vérifiée. Par conséquent, en ce cas et pour les marchandises que nous venons d'indiquer, on ne peut s'éloigner d'un point d'équilibre, en suivant les chemins (143), si ce n'est en diminuant toutes les ophélimités, ou une partie des ophélimités dont jouissent les individus de la collectivité considérée, une autre partie des ophélimités pouvant augmenter.

127. Il est facile de se rendre compte de ce que signifie, au point de vue économique, l'expression (112), c'est-à-dire

$$\frac{1}{\varphi_{1a}} \delta\Phi_1 + \frac{1}{\varphi_{2a}} \delta\Phi_2 + \frac{1}{\varphi_{3a}} \delta\Phi_3 + \ldots$$

Si l'on pose

$$\delta s_1 = \frac{1}{\varphi_{1a}} \delta\Phi_1$$

on a

$$\delta\Phi_1 = \varphi_{1a} \, \delta s_1 ;$$

cela veut dire que la consommation des quantités de marchandises δx_1, δy_1, ..., procure à l'individu 1, une augmentation d'ophélimité (ou d'indice d'ophélimité) égale à celle que cet individu aurait en consommant la quantité δs_1 de la marchandise A.

On voit donc que les expressions δs_1, δs_2, ... représentent toutes des quantités de la marchandise A ; et si l'on pose

$$\delta S = \delta s_1 + \delta s_2 + \ldots,$$

δS sera une quantité de marchandise A, et l'on aura :

(147)
$$\delta S = \frac{1}{\varphi_{1a}} \delta\Phi_1 + \frac{1}{\varphi_{2a}} \delta\Phi_2 + \ldots$$

128. On ne saurait sommer ensemble les quantités

$$\delta\Phi_1, \quad \delta\Phi_2, \quad \delta\Phi_3, \ldots,$$

car elles sont hétérogènes ; mais on peut sommer
ensemble les quantités

$$\frac{1}{\varphi_{1a}}\,\delta\Phi_1, \qquad \frac{1}{\varphi_{2a}}\,\delta\Phi_2, \ldots,$$

car elles sont homogènes, puisqu'elles sont toutes des
quantités de la même marchandise A.

129. L'expression (112) ou son équivalente (147),
représente donc la quantité de marchandise A, qui,
étant distribuée aux membres de la collectivité, procurerait à chacun d'eux le même plaisir que lui procure la
consommation effective des marchandises δx_1, δy_1, ...
δx_2, ...

Il est évident que, tant qu'en suivant un certain chemin nous avons des valeurs positives pour l'expression
(147), nous pouvons, en disposant de cette quantité
positive δS, augmenter le bien être de tous les membres
de la collectivité ; et si les valeurs de δS étaient négatives, nous pourrions diminuer le bien être de tous les
membres de la collectivité. Quand la valeur de δS
devient zéro, nous n'avons plus de marchandise à distribuer à tous les membres de la collectivité. Si nous voulons augmenter la part de certain d'entre eux, nous ne
pouvons faire cela qu'en diminuant la part de certains
autres, en sorte que la somme de toutes les parts demeure
constante, puisque

$$\delta S = o.$$

Voilà pourquoi cette équation peut servir à définir le
maximum d'ophélimité d'une collectivité.

La signification économique de l'expression (112),
nous permettrait d'écrire directement certaines équations que nous avons obtenues par d'autres voies. Mais
il était utile de faire voir comment ces équations pouvaient s'obtenir par la seule considération de l'expres-

sion (112), et comment elles se rattachaient ainsi aux théories générales du calcul des variations.

130. Un coup d'œil sur l'ensemble des théories que nous venons d'exposer en fera mieux ressortir les lignes générales, qui peuvent parfois s'être effacées dans l'étude des détails.

L'économie politique pure, ainsi d'ailleurs que la mécanique rationnelle, a commencé par étudier des cas particuliers, et ne s'est ensuite élevée que peu à peu à l'étude générale des systèmes économiques. C'est pourtant là, de beaucoup, l'étude la plus importante de la science économique ; nous n'en avons encore que les premiers éléments, et il reste énormément à faire dans cette voie.

131. Le système économique à étudier peut être obtenu soit comme un type théorique des phénomènes concrets, soit comme type idéal de phénomènes que des réformateurs voudraient réaliser.

Cette première opération doit être tenue bien distincte de toutes les autres. Dans le cas des phénomènes concrets le but de l'opération est d'obtenir un phénomène théorique s'approchant le plus possible des phénomènes concrets qu'on a en vue. Il y a en cela une certaine latitude, et une représentation n'en exclut pas nécessairement une autre. C'est ainsi que, par une opération semblable, la terre peut être représentée par une sphère, par un ellipsoïde, par un sphéroïde.

Dans le cas d'un phénomène idéal, la difficulté de l'opération gît dans le fait que souvent les idées des réformateurs manquent absolument de précision ; mais cette difficulté même est utile, en ce qu'elle nous apprend soit à rectifier ces conceptions, soit à les rejeter comme inconsistantes.

Par exemple, on n'éprouve aucune difficulté à construire un système idéal dans lequel la répartition se

Pareto. 42

ferait selon le principe : à chacun parts égales de certaines choses ; mais il est absolument impossible de construire un système idéal avec le principe : à chacun selon ses mérites, ou : à chacun selon ses besoins. Il faut donc, avant de continuer le raisonnement, préciser ce que l'on doit entendre par ces termes.

132. L'étude précédente se résume dans la connaissance des liaisons du système et des équations qui les expriment.

Si ces équations sont en nombre égal à celui des inconnues, le système a une forme rigide, tout y est déterminé par les liaisons, nous n'avons plus à nous en occuper (III, 24).

Les cas les plus intéressants sont ceux dans lesquels le nombre des équations de liaison est moindre que le nombre des inconnues. Le système alors est mobile, et il y a lieu de rechercher sa position d'équilibre.

133. Le système économique peut se séparer en plusieurs autres, qui se soudent en certains points, généralement aux points d'équilibre.

Par exemple, nous avons un système d'équations

$$(148) \quad F_1(x_1, y_1, \ldots) = o, \quad F_2(x_2, y_2, \ldots) = o, \ldots,$$

qui laisse indéterminé un nombre θ d'inconnues. Nous avons un second système

$$(149) \quad G_1(\xi_1, \eta_1, \ldots) = o, \quad G_2(\xi_2, \eta_2, \ldots) = o, \ldots,$$

qui laisse indéterminé un nombre θ' d'inconnues. Ces systèmes peuvent et doivent être considérés indépendamment l'un de l'autre ; mais ils se trouvent ensuite reliés par des équations valables seulement au point d'équilibre. Soient, à un de ces points

$$(150) \quad x_1^0, y_1^0, \ldots x_2^0, \ldots \xi_1^0, \eta_1^0, \ldots \xi_2^0, \ldots,$$

les valeurs des variables. Les systèmes (148) et (149)
sont reliés ensemble par des équations où se trouvent
les quantités (150), soit

(151) $H_1 = o,$ $H_2 = o,$ …..

Dans les paragraphes précédents, nous avons considéré le cas dans lequel le système (148) est celui des
liaisons de l'échange ; et le système (149) est celui des
liaisons de la production. Le système (151) exprime
alors les relations entre les quantités produites et les
quantités consommées (§ 82).

Parmi les liaisons il faut remarquer celles qui séparent
le système considéré du reste du monde économique.
Nous avons généralement admis que notre système ne
recevait rien du dehors ; mais on pourrait également
considérer des systèmes qui reçoivent certaines choses.

La condition que le système ne reçoit rien du dehors
s'exprime, lorsqu'il s'agit de l'échange, par la condition
que la quantité totale de chaque marchandise demeure
constante ; et lorsqu'il s'agit de la production, par la condition que les quantités produites résultent des quantités
transformées.

134. Pour connaître la position d'équilibre d'un système tel que le système (148), il nous faut savoir comment s'effectuent les mouvements dont ce système est
susceptible.

Supposons de pouvoir découvrir certaines fonctions

(152) $R_i(x_i, y_i, …),$ $i = 1, 2, 3 …,$

qui jouissent de la propriété suivante.

Soit x_i une des variables qu'on peut considérer comme
indépendantes, et donnons-lui un accroissement positif
dx_i, s'il en résulte un accroissement positif pour R_i, le
mouvement aura lieu dans le sens des x_i positives ; s'il

en résulte un accroissement négatif, le mouvement aura lieu en sens contraire. Par conséquent aucun mouvement n'aura lieu si cet accroissement est zéro.

On devra donc avoir, aux points d'équilibre

$$(153) \qquad \left(\frac{\partial R_i}{\partial x_i}\right)^0 = o, \qquad \left(\frac{\partial R_i}{\partial y_i}\right)^0 = o, \dots,$$
$$i = 1, 2, 3, \dots .$$

On l'indique par ( )⁰ les valeurs des

$$\frac{\partial R_i}{\partial x_i}, \dots ,$$

lorsqu'un x_i, y_i, …, on substitue, après la dérivation, les valeurs x_i^0, y_i^0, …, correspondantes aux points d'équilibre.

On aura des équations semblables pour tout système semblable au système (148), et elles complèteront le nombre d'équations qui est nécessaire pour déterminer les inconnues au point d'équilibre.

135. Ces considérations sont extrêmement générales ; elles s'appliquent aussi bien à des systèmes mécaniques qu'à des systèmes économiques.

Pour ces derniers il y a plusieurs genres de fonctions-indices, telles que les fonctions (152). Les plus faciles à trouver sont celles qui se rapportent au budget, surtout dans le cas du monopole ; et c'est ce qui explique comment, parmi les premiers travaux sur l'économie mathématique, nous trouvons les travaux de Cournot, précisément sur des cas analogues.

Soit x' la quantité de marchandise qu'un monopoleur vend, au point d'équilibre, et soit $F(x^0)$ son gain, pour chaque unité. Son gain total sera.

$$x^0 \, F(x^0) ;$$

et cette expression pourra être prise pour une des fonctions-indices (152), lorsqu'on considérera un monopoleur qui s'efforce d'obtenir le plus grand grain possible, exprimé en monnaie.

Le cas de la libre concurrence est analogue, mais un peu plus compliqué (§ 140).

136. Il est plus difficile de trouver les fonctions-indices qui déterminent le sens du mouvement des consommateurs. Mais si nous admettons, pour un moment, que nous pouvons mesurer le plaisir que procure à un homme une consommation, et si nous admettons que cet homme tâche de se procurer le plus grand plaisir possible, les fonctions qui mesurent le plaisir seront précisément les fonctions-indices (152) que nous cherchons.

C'est ainsi qu'est née l'économie pure, grâce aux travaux des Jevons, Walras, Marshall, Edgeworth, Irving Fisher, etc.

137. Il y a quelque chose de superflu dans le résultat que nous venons d'obtenir, et ce quelque chose est précisément ce qui rend douteux le résultat. A vrai dire, pour obtenir les fonctions (152) on n'a pas besoin de mesurer le plaisir ; il suffit d'avoir des fonctions qui croissent lorsque le plaisir croît, et qui décroissent quand il décroît. D'autre part, on n'a pas pu réussir à démontrer que le plaisir peut se mesurer, que c'est une quantité, ni surtout on n'a pas pu trouver comment on pouvait s'y prendre pour le mesurer.

C'est de ces considérations qu'est née notre théorie des indices de l'ophélimité.

138. On peut faire encore un pas en avant dans le sens de la généralité des théories. Il n'est pas nécessaire que les fonctions (152) soient des indices de l'ophélimité, il suffit qu'elles soient des indices du sens dans lequel nous prévoyons que se mouvra l'individu. Trouver, par exemple, des indices de l'ascétisme, substituez les aux fonctions (152), et vous aurez la théorie mathématique

de l'ascétisme. Tâchez de découvrir des fonctions-indices de l'altruisme, et vous aurez la théorie mathématique de l'altruisme.

En même temps que nous rendions ainsi plus général le sens des équations (153), [nous rendions aussi de plus en plus général le sens des équations de liaison (148), (§ 133). Cette marche du particulier au général n'est nullement spéciale aux théories de l'économie pure; nous la retrouvons en mécanique rationnelle et en d'autres sciences.

La considération des obstacles de *second genre* (III, 73 et s.), la distinction des types des phénomènes (III, 40, 89), donnent un haut degré de généralité aux théories de l'économie mathématique.

139. Si les fonctions-indices (152) ne contiennent pas explicitement les quantités x_i^o, y_i^o, ..., on peut, dans ces fonctions substituer x_i^o, y_i^o, ... a x_i, y_i, ..., et l'on aura

$$\left(\frac{\partial R_i}{\partial x_i}\right)^0 = \frac{\partial R_i^o}{\partial x_i^o}, \quad \dots$$

Mais ces équations ne subsisteraient plus si les R_i contenaient explicitement les x_i^o, y_i^o, ... En ce cas le système

(154) $$\frac{\partial R_i^q}{\partial x_i^o} = o, \qquad \frac{\partial R_i^o}{\partial x_i^o} = o, \dots,$$

$$i = 1, 2, 3, \dots.$$

est différent du système (153).

140. A cette observation se rattache une distinction très importante en Economie politique.

Certaines fonctions-indices (168) contiennent des constantes, qui, lorsqu'on suppose l'équilibre établi, se trouvent déterminées en fonction des quantités x_i^o, y_i^o, ... Or, au point de vue exclusivement mathématique, il y a lieu de distinguer deux types de fonctions-indices (152) : (I). On laisse dans ces fonctions les constantes, et l'on obtient

le système d'équations (153). (II). On substitue aux constantes leurs valeurs en fonction des x_i^0, y_i^0, ..., et l'on obtient le système d'équations (154).

Ces types sont les mêmes que ceux dont nous avons
déjà parti au point de vue économique (III, 39 et suiv.)
et (Append. § 35, 63, 67, 83, etc.).

D'une manière plus générale, le type (I) correspondra
à tous les cas dans lesquels l'individu auquel se rapporte
la fonction-indice, ne peut pas, ou ne veut pas, modifier
directement les valeurs de certaines constantes de la fonction-indice. Le type (II) correspond au cas où il a ce pouvoir et où il en use.

Déjà indiquée par nous en 1896, dans notre *Cours* ([1]),
cette division des phénomènes économiques, est devenue
beaucoup plus générale dans nos travaux plus récents.

141. Supposons qu'un individu, en vendant une quantité dx de marchandise, fasse un gain

$$f(x)\,dx\,;$$

quand il aura vendu la quantité x^0, son gain sera

(155) $$\int_0^{x^0} f(x)\,dx.$$

Qu'il s'agisse d'un cas de libre concurrence, ou de mo-

([1]) *Cours* § 59 note 1 et *passim*. Après avoir (§ 59[1]) donné l'équation du budget

$$r_a + p_b r_b + p_c r_c + \dots = 0,$$

nous ajoutons : « ... si l'échangeur s'occupe seulement des quantités de biens économiques dont il jouit, sans tâcher par des manœuvres d'influer sur les prix, ce qui est le cas de la libre concurrence, on devra supposer que seules les quantités r_b, r_c, ...,
sont variables, et traiter dans la différentiation p_b, p_c, ... comme
des constantes. Si, au contraire, l'échangeur a pour but de régler
sa demande et son offre de façon à faire varier les prix, il faudra
considérer comme variables non seulement r_b, r_c, ..., mais aussi
p_b, p_c, ... ».

nopole, tout individu tâche d'obtenir le plus grand gain possible ; la fonction (155) peut donc être considérée comme une des fonctions-indice (152), qui nous indiquera le sens où tend à se mouvoir l'individu, dans ces deux cas. Mais dans le cas de la libre concurrence, l'individu ne peut pas faire varier les constantes qui se trouveront exprimées en x^0, quand l'équilibre sera établi. Par conséquent, en dérivant l'équation (155), nous obtiendrons

$$(156) \qquad\qquad f(x^0) = o,$$

pour l'une des équations (153).

Dans le cas du monopole, l'individu a le pouvoir de faire varier ces constantes, il faut donc substituer leurs valeurs en x^0 dans l'expression (155), et ensuite dériver. Nous obtiendrons ainsi

$$(157) \qquad\qquad f(x^0) + \int_o^{x^o} \frac{\partial f}{\partial x^0}\, dx = o,$$

pour une des équations (154).

Le gain peut être exprimé en ophélimité (indices d'ophélimité), ou en monnaie.

Supposons que l'on opère selon le type de la libre concurrence. Si, pour un échangeur, le gain est exprimé en ophélimité, l'équation (156) donne les équations (A) du § 80. Si, pour un entrepreneur, le gain est exprimé en monnaie, l'équation (156) donne l'équation (116) du § 91.

Des considérations analogues ont lieu pour l'équation (157), dans le cas du monopole.

142. Il y a lieu ensuite de considérer les dérivées secondes des fonctions-indices, dans les cas où les dérivées premières s'annulent. Cette étude est intéressante pour distinguer les différents genres d'équilibre. C'est un

champ de recherches qui n'a encore été que très peu exploré.

143. La considération des liaisons et celles des fonctions-indices aboutit à nous donner un certain système d'équations

$$(\Omega)$$

qui détermine l'équilibre.

Quelle est l'utilité d'avoir ainsi déterminé cet équilibre théorique ? C'est d'abord de connaître si les conditions posées sont compatibles entre elles, si, le nombre des équations étant égal à celui des inconnues, l'équilibre est bien déterminé, enfin, si l'équilibre dans les conditions supposées est possible ou impossible. Nous apprenons encore à distinguer les points d'équilibre stable des points d'équilibre instable, et nous trouvons des équilibres stables en certaines directions, instables en d'autres. Toutes ces considérations donnent lieu à de nombreuses et intéressantes études.

Ensuite les équations (Ω) nous permettent d'étudier les effets des variations des constantes qui se trouvent dans ces équations et leurs significations économiques. Voilà encore une classe très étendue de recherches, qui n'a guère encore été qu'effleurée.

Il est probable que le progrès dans cette voie dépend principalement des connaissances pratiques que nous pourrons acquérir sur la nature et sur les valeurs des paramètres qui se trouvent dans les fonctions indices. C'est peut être une voie indirecte qui nous donnera ces notions. Il conviendra de faire certaines hypothèses et de voir ensuite si elles donnent des résultats correspondant à la réalité (§ 45, 57 et 101).

Il faut noter que les recherches sur l'équilibre économique auxquelles se sont livrés les économistes littéraires supposent nécessairement l'existence des équa-

tions (Ω); et la différence entre ces recherches et celles
de l'économie pure gît principalement dans le fait que
les premières sont faites à l'aveuglette, par des moyens
extrèmement imparfaits, et fort souvent fautifs, tandis
que les secondes sont faites en pleine connaissance de
cause.

Enfin c'est encore aux équations (Ω) qu'il faut nous
référer pour toute étude des propriétés de l'équilibre
économique.

144. Parmi ces propriétés, il en est une fort importante ; et c'est celle qui se rapporte au maximum d'ophélimité pour une collectivité (§ 89).

Il faut rechercher si une certaine position d'équilibre
est, ou n'est pas, en même temps une position de maximum d'ophélimité. Les antagonismes économiques naissent du fait qu'il est de l'intérêt de certaines personnes
d'établir l'équilibre en un point qui ne correspond pas
à un point de maximum d'ophélimité pour la collectivité
entière. Le cas le plus commun est celui du monopole ;
mais il en est une infinité d'autres, à peine entrevue par
les économistes littéraires, et sur lesquels seules les
théories de l'économie pure peuvent nous donner des
notions précises.

La théorie du maximum d'ophélimité pour une collectivité, esquissée dans notre *Cours*, a été ensuite considérablement développée par les différents travaux que
nous avons publiés après le *Cours*, et elle est ainsi devenue beaucoup plus générale.

145. Pour une collectivité, le maximum d'ophélimité
est déterminé par l'équation :

$$(158) \qquad o = \frac{1}{\varphi_{1a}} \delta\Phi_1 + \frac{1}{\varphi_{2a}} \delta\Phi_2 + \dots,$$

que l'on écrira aussi :

$$\delta U = o.$$

Les valeurs des variables se rapportent au point d'équilibre.

Si l'on suppose que les quantités a'_1, a'_2, a'_3 ... sont constantes, c'est-à-dire que $\delta a'_1, \delta a'_2$, sont nulles et qu'il n'y a pas d'autres liaisons, les variations $\delta x'_1$, $\delta y'_1$, ... $\delta x'_2$, seront indépendantes et l'équation (158) aura pour conséquence :

$$\varphi_{1x}(x'_1) = o. \qquad \varphi_{1y}(y'_1) = o, \ldots$$
$$\varphi_{2x}(x'_2) = o, \qquad \varphi_{2y}(y^2) = o, \ldots$$
$$\cdots \cdots \cdots \cdots \cdots$$

C'est le cas où les membres de la collectivité ont chacun à satiété de toutes les marchandises X, Y, ... et une quantité de A qui demeure constante. C'est évidemment une position de maximum d'ophélimité.

146. Lorsque les consommateurs opèrent selon le type 1, l'équation (158) se transforme en :

$$(159) \qquad o = p_x \delta X' + p_y \delta Y' + \ldots - \delta A'' - p_b \delta B'' \ldots$$

ainsi qu'on l'a vue au § 110.

Dans le cas de l'échange le système a pour liaison que les valeurs de X', Y'_1, ... A'', ..., doivent demeurer constantes.

Leurs variations sont donc nulles, et l'équation (159) se vérifie toujours.

147. Une liaison que l'on impose en général aux systèmes économiques est celle que la somme de tous les budgets doit donner zéro ; ce qui indique que le système économique considéré ne reçoit rien du dehors, et ne donne rien au dehors.

Lorsque les prix sont variables, la somme totale des budgets est donnée par l'équation (129) du § 109. Non seulement elle est nulle pour le point d'équilibre, mais sa variation doit aussi être nulle, puisque avec les δ on passe d'un point où la somme est nulle à un autre point où elle est également nulle.

Ainsi qu'on l'a vu au § 109, la variation de cette somme totale des budgets se développe en trois parties, dont la dernière est une intégrale qui est nulle lorsque la valeur de cette somme ne dépend pas du chemin suivi pour arriver au point d'équilibre, ce que nous supposerons dans la suite ; les deux premières parties sont :

$$\delta U + \delta R$$

et l'on a :

$$(160) \quad \delta R = \delta X' \int_0^{X'} \left(\frac{dp_x}{dX'} + \frac{dp_y}{dX'} \frac{dY}{dX} + \dots \right) dX.$$

Dans le cas de l'échange, et lorsqu'on agit selon le type I, les prix p_x, p_y, …, doivent, sous le signe intégral, être supposés indépendants de la limite X' ; par conséquent :

$$\delta R = o$$

Nous avons déjà vu que $\delta U = o$, par conséquent la condition des liaisons données par les budgets est vérifiée.

148. Le cas de la production est un peu plus compliqué.

La liaison relative aux budgets des consommateurs existe toujours, c'est-à-dire qu'en supposant, comme toujours, que l'intégrale de la formule (130) s'annule, on doit avoir :

$$(161) \quad o = \delta U + \delta R$$

mais les quantitées X', Y', … A'', B'', .., n'étant plus constantes, on ne sait pas si les deux parties du second membre de l'équation (161) s'annulent séparément.

Ce sont les rapports entre les quantités consommées ou livrées par les consommateurs ; X', Y', … A'', B'', …, et les quantités produites, ou transformées par l'entreprise X'', Y'', ... A''', B''', ..., qui vont nous donner une des liaisons principales qui mettent en rapport la consommation et la production (§ 82).

On exprimera exactement la même chose par les deux conditions suivantes, qui donnent ainsi des liaisons identiques.

(α) Les quantités totales vendues aux consommateurs sont égales aux quantités totales produites, et les quantités totales fournies par les consommateurs sont égales aux quantités totales transformées :

$$(162) \qquad X' = X', \; Y' + Y'', \; ... A'', = A''', ...$$

Les quantités infinitésimales qu'on produit, au point d'équilibre, en suivant la voie de la production, sont égales aux quantités infinitésimales consommées, à ce point, selon la voie de la consommation :

$$(163) \qquad dX' = dX'', \qquad dY' = dY', ...$$

(β) Le produit total de la vente des marchandises effectués par l'entreprise est égal au coût total de production :

$$(164) \quad \int_{o}^{x'} (p_y - \pi_x) \, dX = o, \quad \int_{o}^{Y'} (p_y -- \pi_y) \, dY = o, \; ...$$

Le produit de la vente de la dernière parcelle de marchandise est égal au coût de production de cette parcelle

$$(165) \qquad p_x^o - \pi_x^o = o, \qquad p_y^o - \pi_y^o = o \; ...$$

149. Ces liaisons sont celles du type I, pour l'entreprise.

Lorsqu'elles sont vérifiées, le maximum d'ophélimité est atteint.

La démonstration se fait de deux manières, selon que

l'on exprime les liaisons sous la forme (α), ou sous la forme (β).

Ces deux formes ont été employées au § 91. La forme (β) a été employée au § 115.

De toutes façons on démontre que :

$$(166) \qquad\qquad \delta R = o$$

et par conséquent l'équation (161) donne :

$$(167) \qquad\qquad \delta U = o,$$

ce qui fait voir que le maximum d'ophélimité est réalisé.

De même pour la variation des coefficients de fabrication, on démontre encore l'équation (166), et, moyennant l'équation (161), on retrouve l'équation (167). C'est le procédé qui sert en tout autre cas analogue.

150. Les équations (162) peuvent ne pas être compatibles avec les équations (163) ; ou, ce qui revient au même les équations (164) peuvent ne pas être compatibles avec les équations (165). En ce cas l'entreprise ne peut pas agir rigoureusement selon le type I. Selon les circonstances, ce sera un système ou l'autre des équations incompatibles qui ne sera pas vérifié (§ 111). Alors le maximum d'ophélimité n'est pas réalisé.

151. Après avoir considéré les variations infinitésimales de l'ophélimité (indice d'ophélimité), il y a lieu de considérer les variations finies lorsqu'on passe d'un point à un autre, avec certaines liaisons. L'étude de la variation seconde de l'ophélimité peut servir, en certains cas (§ 121 à 126), à démontrer que, sous certaines conditions, l'ophélimité ne peut pas augmenter pour toutes les personnes composant la collectivité, lorsqu'on s'éloigne à une distance finie du point d'équilibre.

Evidemment ce n'est là qu'un cas très particulier d'un genre de recherches aussi importantes que variées.

152. Lorsque, pour un individu, il y a plusieurs points d'équilibre, pour chacun desquels un maximum d'ophélimité est réalisé, il y a lieu de rechercher le *maximum maximorum*. On peut aussi rechercher les différences des ophélimités (indices d'ophélimité) en des points différents, pour lesquels le maximum d'ophélimité peut ne pas être réalisé (§ 100). Ces recherches sont du plus grand intérêt au point de vue économique ; elles pourront nous donner des notions un peu plus précises de phénomènes qu'actuellement nous entrevoyons à peine.

TABLE DES MATIÈRES

d'intensité de la circulation, de l'emploi du crédit — 85 à 87.
Symptômes des crises. Théorie de Juglar et de des Essarts. —
88. Théorie de Jevons.

APPENDICE

p. 539 à 671

ADDITIONS

APPENDICE. — § 21 ; p. 557. Une étude remarquable sur la généralisation du concept de l'ophélimité a été publiée pendant que ce livre était en cours d'impression. Voir : *Giornale degli Economisti*, Rome, septembre 1908 : V. FURLAN, *Cenni su una generalizzazione del concetto d'ofelimità*.

§ 43 ; p. 571. Ce point de vue est développé en un savant article de M. E. Barone. Voir *Giornale degli Economisti*, Rome, septembre 1908 : E. BARONE, *Il ministro della produzione nello stato collettivista*.

INDEX ALPHABÉTIQUE

—

Les chiffres romains renvoient aux chapitres, les chiffres arabes renvoient aux paragraphes. Les caractères gras indiquent les principaux paragraphes d'une question.

———

A

M

O

TABLE DES AUTEURS CITÉS

ERRATA

—

Page	ligne	au lieu de	lire
482	2 *r*	*Réfilextions*	*Réflections*
487	3 *r*	des dirigeantes	des dirigeants
565	10 *r*	L'équilibre a eu lieu au point	L'équilibre a lieu au point
597	7 *d*	$\dfrac{d_1}{dp_y}$	$\dfrac{d\varphi_1}{dp_y}$
605	13 *r*	qui sont en général incompatibles.	qui sont en général incompatibles avec les données du problème.
621	5 *r*	$- d\mathrm{A}'''p^6{}_b d\mathrm{B}'''$	$- d\mathrm{A}''' - p^0{}_b d\mathrm{B}'''$
629	5 *r*	de descendre au dessous.	de dépasser cette limite.
634	1 *r*	$\displaystyle\int_0^{\mathrm{Y}''} p_y \mathrm{Y}$	$\displaystyle\int_0^{\mathrm{Y}''} p_y d\mathrm{Y}$
635	6 *d*	doivent, sous le signe intégral,	peuvent, sous le signe intégral,
661	3 *r*	Trouver	Trouvez
669	12 *d*	$\mathrm{X}' = \mathrm{X}',\ \mathrm{Y}' + \mathrm{Y}'',\ldots$	$\mathrm{X}' = \mathrm{X}'',\ \mathrm{Y}' = \mathrm{Y}'',\ldots$

Nota. — *r* = en remontant, *d* = en descendant.